메가스터디 고등수학 문제 기본서

CPR 라이트

수학 I

KB262987

구성과 특징 Structure

메가스터디 문제 기본서 **CPR라이트**는
학습 효과를 극대화하는 구성으로 쉽고 빠르게 학습할 수 있습니다.
메가스터디 개념 기본서 **메가헤르츠**와 함께 하면 더 큰 학습 효과를 얻을 수 있습니다.

Concept 개념 체크

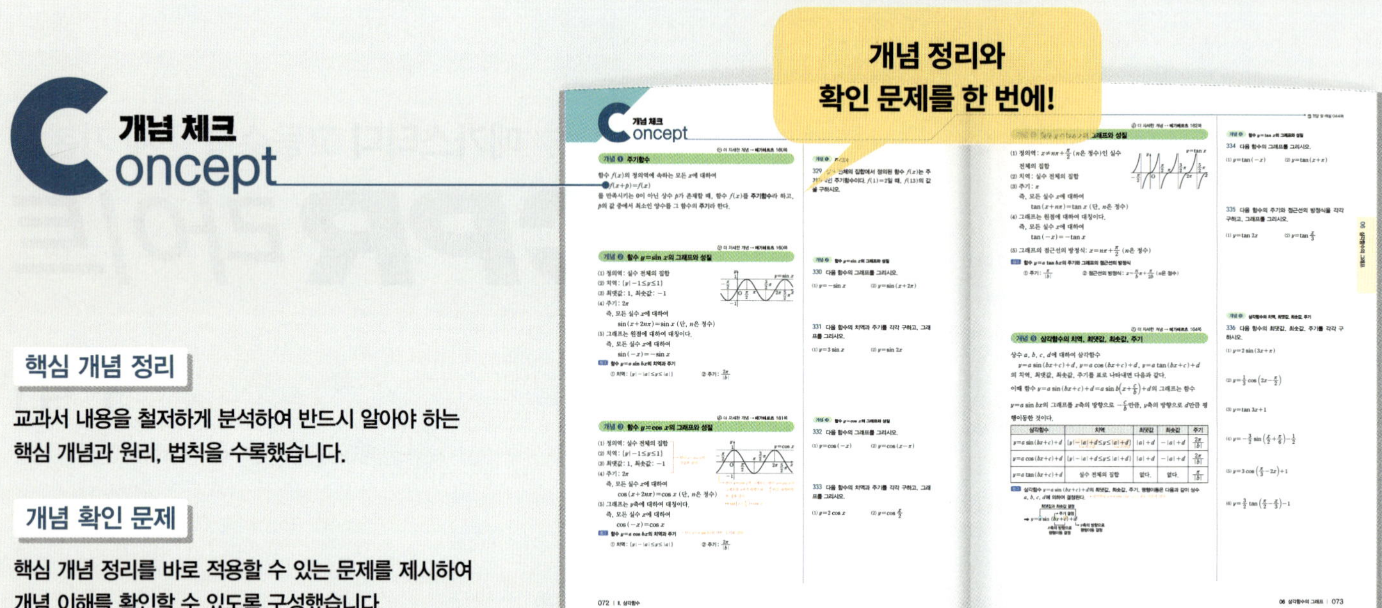

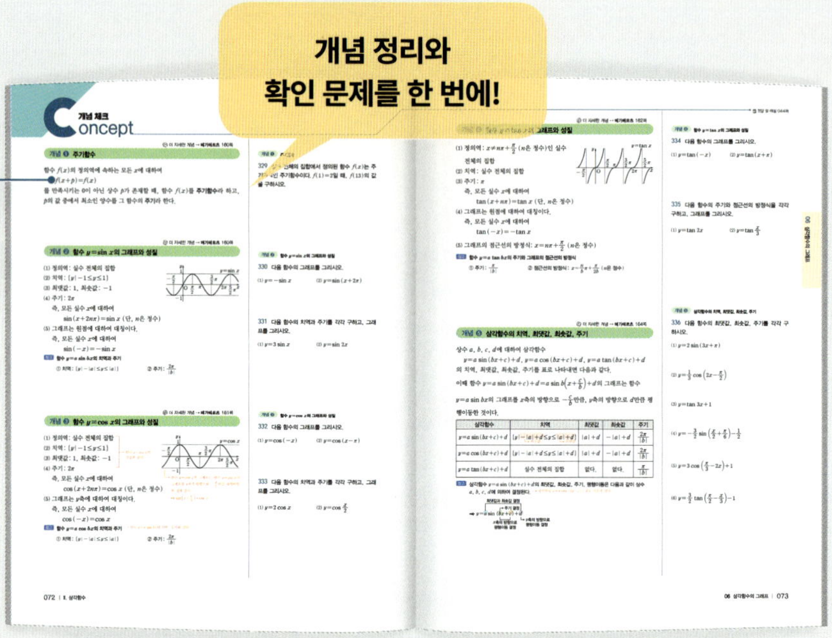

핵심 개념 정리

교과서 내용을 철저하게 분석하여 반드시 알아야 하는 핵심 개념과 원리, 법칙을 수록했습니다.

개념 확인 문제

핵심 개념 정리를 바로 적용할 수 있는 문제를 제시하여 개념 이해를 확인할 수 있도록 구성했습니다.

Pattern 유형 마스터

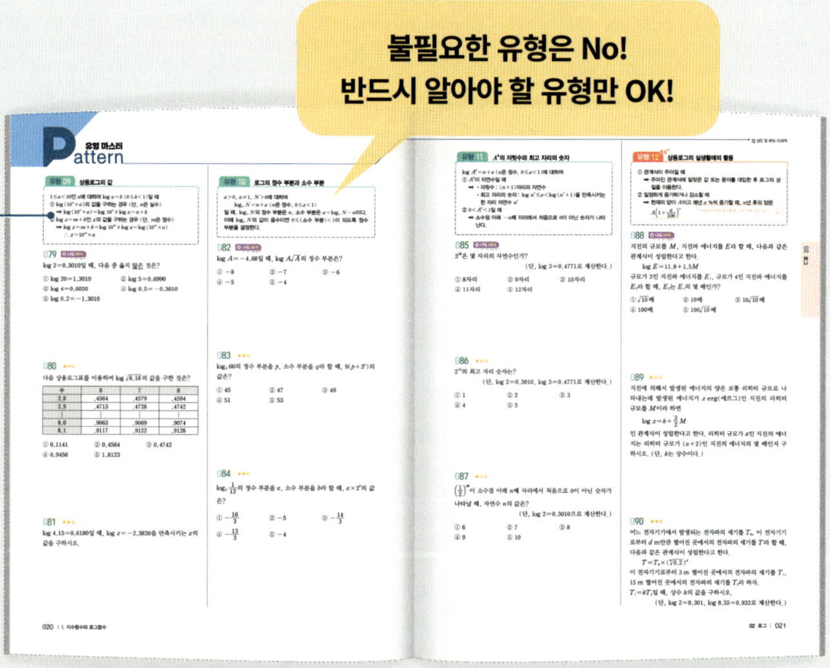

유형 분류 및 해결 전략

전국 고등학교의 기출문제를 유형별로 분류하고, 해결 전략을 제시하여 완전하게 학습할 수 있도록 했습니다.
특히 자주 출제되는 유형은 중요★로 표기했고, 각 문제마다 ★을 이용하여 난이도를 나타냈습니다.

대표 예제

각 유형에서 가장 자주 출제되는 문제를 대표 예제로 선정했습니다.

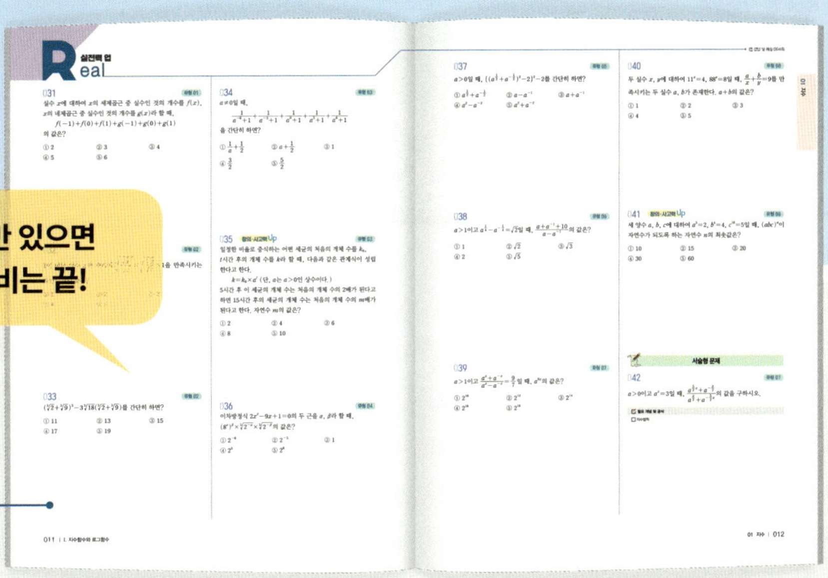

이 코너만 있으면 실전 대비는 끝!

Real 실전력 업

실전 대비 문제

실제 학교에서 출제되는 수준의 문제를 통해 학습한 내용을 스스로 평가하고 실전에 대비할 수 있도록 했습니다.

창의·사고력 Up

수학적 사고력과 창의력을 기를 수 있는 문제를 구성하여 종합적 문제 해결 능력을 높이고 고난도 문제에 대비할 수 있도록 했습니다.

서술형 문제

자주 출제되는 서술형 문제를 답안지 작성 시 꼭 필요한 개념 및 공식과 함께 제시하여 실전에 완벽하게 대비할 수 있도록 했습니다.

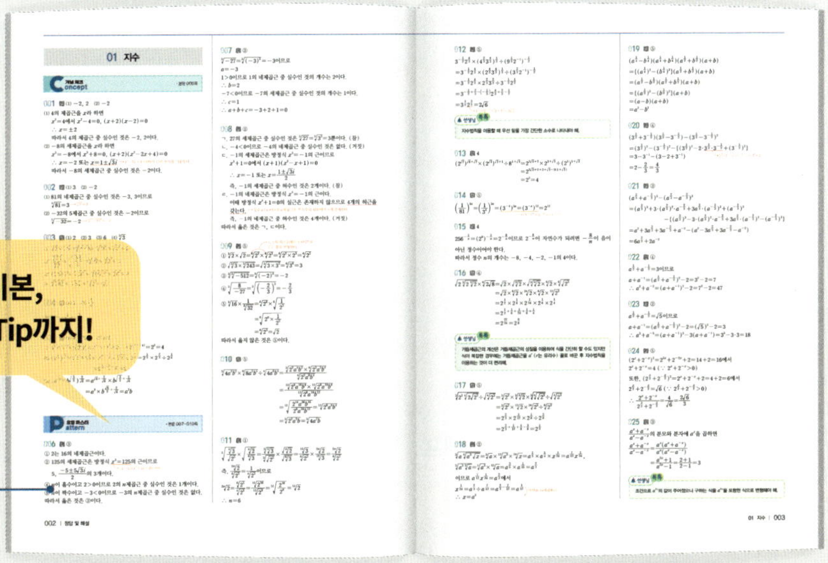

자세한 풀이는 기본, 다양한 부가 설명과 Tip까지!

정답 및 해설

첨삭 설명

풀이 과정에서 생기는 궁금증을 해결할 수 있는 도움말을 첨삭 설명으로 추가했습니다.

다른 풀이

다양한 각도에서 문제를 풀어 볼 수 있도록 다른 풀이를 제시했습니다.

선생님 톡톡

꼭 필요한 부분에 선생님이 직접 전하는 문제 해결의 노하우 또는 주의 사항을 제시했습니다.

One Point Lesson

Real 실전력 업 코너의 모든 문항에 문제 풀이의 핵심 전략을 제시했습니다.

빠른 정답

정답만 모아 빠르게 확인할 수 있도록 정답 및 해설 앞에 빠른 정답을 추가했습니다.
자세한 해설은 정답 및 해설을, 채점을 위한 정답 확인은 빠른 정답을 이용하면 편리합니다.

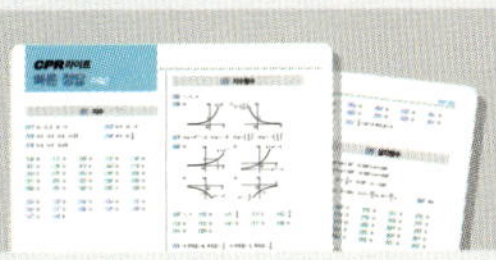

차례 Contents

01 지수

개념 체크

Concept

정답 및 해설 002쪽

더 자세한 개념 ⋯→ 메가헤르츠 008쪽

개념 ❶ 거듭제곱과 거듭제곱근

(1) **거듭제곱**: 어떤 수 a를 여러 번 곱한 a, a^2, a^3, $\cdots$, a^n, $\cdots$을 통틀어 a의 거듭제곱이라 하고, a^n에서 a를 거듭제곱의 밑, n을 거듭제곱의 지수라 한다.

a^n (← 지수: n, 밑: a)

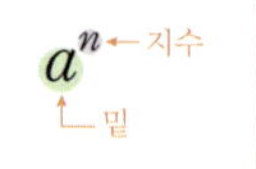

(2) **거듭제곱근**: n이 2 이상의 정수일 때, 실수 a에 대하여 n제곱하여 a가 되는 수, 즉 방정식 $x^n=a$를 만족시키는 x를 a의 n제곱근이라 한다. 또한, a의 제곱근, 세제곱근, 네제곱근, $\cdots$을 통틀어 a의 거듭제곱근이라 한다.

$x^n=a$ (x의 n제곱, a의 n제곱근)

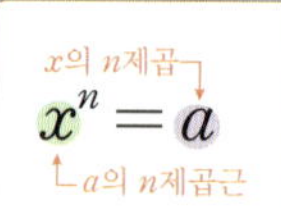

(3) 실수 a의 n제곱근 중 실수인 것은 다음과 같다.

	$a>0$	$a=0$	$a<0$
n이 짝수	$\sqrt[n]{a}$, $-\sqrt[n]{a}$	0	없다.
n이 홀수	$\sqrt[n]{a}$	0	$\sqrt[n]{a}$

참고 • $\sqrt[n]{a}$는 'n제곱근 a'라 읽는다.

• $\sqrt[n]{a^n}=\begin{cases} |a| & (n\text{은 짝수}) \\ a & (n\text{은 홀수}) \end{cases}$

더 자세한 개념 ⋯→ 메가헤르츠 010쪽

개념 ❷ 거듭제곱근의 성질

$a>0$, $b>0$이고 m, n이 2 이상의 자연수일 때

(1) $(\sqrt[n]{a})^n=a$

(2) $\sqrt[n]{a}\sqrt[n]{b}=\sqrt[n]{ab}$

(3) $\dfrac{\sqrt[n]{a}}{\sqrt[n]{b}}=\sqrt[n]{\dfrac{a}{b}}$

(4) $(\sqrt[n]{a})^m=\sqrt[n]{a^m}$

(5) $\sqrt[m]{\sqrt[n]{a}}=\sqrt[mn]{a}$

(6) $\sqrt[np]{a^{mp}}=\sqrt[n]{a^m}$ (p는 자연수)

더 자세한 개념 ⋯→ 메가헤르츠 015쪽

개념 ❸ 지수의 확장

(1) **0 또는 음의 정수인 지수의 정의**: $a\neq0$이고 n이 양의 정수일 때

① $a^0=1$　② $a^{-n}=\dfrac{1}{a^n}$

(2) **유리수인 지수의 정의**: $a>0$이고 m은 정수, n은 2 이상의 정수일 때

① $a^{\frac{m}{n}}=\sqrt[n]{a^m}$　② $a^{\frac{1}{n}}=\sqrt[n]{a}$

(3) **지수가 실수일 때의 지수법칙**: $a>0$, $b>0$이고 x, y가 실수일 때

① $a^xa^y=a^{x+y}$　② $a^x\div a^y=a^{x-y}$

③ $(a^x)^y=a^{xy}$　④ $(ab)^x=a^xb^x$

개념 ❶ 거듭제곱과 거듭제곱근

001 다음 거듭제곱근 중 실수인 것을 구하시오.

(1) 4의 제곱근

(2) -8의 세제곱근

002 다음 값을 구하시오.

(1) $\sqrt[4]{81}$

(2) $\sqrt[5]{-32}$

개념 ❷ 거듭제곱근의 성질

003 다음 값을 구하시오.

(1) $\sqrt[4]{2}\times\sqrt[4]{8}$

(2) $\dfrac{\sqrt[3]{54}}{\sqrt[3]{2}}$

(3) $(\sqrt[4]{36})^2$

(4) $\sqrt[4]{\sqrt[3]{81}}$

개념 ❸ 지수의 확장

004 다음 값을 구하시오.

(1) $\left(\dfrac{2}{3}\right)^0$

(2) 3^{-2}

005 다음 식을 간단히 하시오.

(1) $4^3\times2^{-4}$

(2) $(2^{\frac{2}{3}})^{\frac{3}{4}}\times\sqrt[3]{4}\div2^{\frac{1}{6}}$

(3) $(a^{\sqrt{6}}\times b^{\sqrt{\frac{3}{2}}})^{\frac{2}{\sqrt{6}}}$ (단, $a>0$, $b>0$)

Pattern 유형 마스터

정답 및 해설 002쪽

유형 01 거듭제곱근

실수 a의 n제곱근 중 실수인 것은 다음과 같다.

	$a>0$	$a=0$	$a<0$
n이 짝수	$\sqrt[n]{a}$, $-\sqrt[n]{a}$	0	없다.
n이 홀수	$\sqrt[n]{a}$	0	$\sqrt[n]{a}$

참고 실수 a $(a\neq0)$의 n제곱근은 복소수의 범위에서 n개 존재한다.
예를 들어, 1의 네제곱근은 -1, 1, $-i$, i의 4개이다.

006 대표 예제

다음 중 옳은 것은?

① 2는 -16의 네제곱근이다.
② 125의 세제곱근은 5뿐이다.
③ -2의 세제곱근 중 실수인 것은 $\sqrt[3]{-2}$ 뿐이다.
④ n이 홀수일 때, 2의 n제곱근 중 실수인 것은 2개이다.
⑤ n이 짝수일 때, -3의 n제곱근 중 실수인 것은 2개이다.

007 ★☆☆

-27의 세제곱근 중 실수인 것을 a, 1의 네제곱근 중 실수인 것의 개수를 b, -7의 세제곱근 중 실수인 것의 개수를 c라 할 때, $a+b+c$의 값은?

① -2 ② -1 ③ 0
④ 1 ⑤ 2

008 ★★☆

| 보기 |에서 옳은 것만을 있는 대로 고른 것은?

| 보기 |
ㄱ. 27의 세제곱근 중 실수인 것은 3뿐이다.
ㄴ. -4의 네제곱근 중 실수인 것은 $-\sqrt[4]{4}$뿐이다.
ㄷ. -1의 세제곱근 중 허수인 것은 2개이다.
ㄹ. -1의 네제곱근 중 허수인 것은 2개이다.

① ㄱ, ㄴ ② ㄱ, ㄷ ③ ㄴ, ㄷ
④ ㄴ, ㄹ ⑤ ㄷ, ㄹ

유형 02 거듭제곱근의 계산

근호 안의 수를 거듭제곱 꼴로 나타낸 후 거듭제곱근의 성질을 이용한다.
➡ $a>0$, $b>0$이고 m, n이 2 이상의 자연수일 때

① $(\sqrt[n]{a})^n=a$ ② $\sqrt[n]{a}\sqrt[n]{b}=\sqrt[n]{ab}$
③ $\dfrac{\sqrt[n]{a}}{\sqrt[n]{b}}=\sqrt[n]{\dfrac{a}{b}}$ ④ $(\sqrt[n]{a})^m=\sqrt[n]{a^m}$
⑤ $\sqrt[m]{\sqrt[n]{a}}=\sqrt[mn]{a}$ ⑥ $\sqrt[np]{a^{mp}}=\sqrt[n]{a^m}$ (p는 자연수)

009 대표 예제

다음 중 옳지 않은 것은?

① $\sqrt[3]{2}\times\sqrt{2}=\sqrt[6]{2^5}$ ② $\sqrt{\sqrt[3]{3}\times\sqrt[3]{243}}=3$
③ $\sqrt[3]{\sqrt[3]{-512}}=-2$ ④ $\sqrt[3]{\dfrac{8}{-27}}=-\dfrac{2}{3}$
⑤ $\sqrt[3]{16}\times\dfrac{1}{\sqrt[6]{32}}=2$

010 ★☆☆

$a>0$, $b>0$일 때, $\sqrt[3]{4a^4b^2}\times\sqrt[6]{8a^5b^4}\div\sqrt[4]{4a^6b^4}$을 간단히 하면?

① $\sqrt[3]{ab}$ ② $\sqrt[3]{a^2b}$ ③ $\sqrt[3]{ab^2}$
④ $\sqrt[3]{4ab}$ ⑤ $\sqrt[3]{4a^2b}$

011 ★★☆

$\sqrt[3]{\dfrac{\sqrt[4]{3}}{\sqrt{2^5}}}\times\sqrt{\dfrac{\sqrt[n]{2}}{\sqrt[6]{3}}}=\dfrac{1}{\sqrt[4]{2^3}}$이 성립할 때, 자연수 n의 값은?

① 6 ② 8 ③ 10
④ 12 ⑤ 14

유형 03 지수의 확장

$a>0$, $b>0$이고 x, y가 실수일 때
① $a^x a^y = a^{x+y}$ ② $a^x \div a^y = a^{x-y}$
③ $(a^x)^y = a^{xy}$ ④ $(ab)^x = a^x b^x$

012 대표 예제

$3^{-\frac{1}{2}} 2^{\frac{4}{3}} \times (4^{\frac{2}{3}} 3^{\frac{4}{3}})^{\frac{1}{2}} \div (9^{\frac{1}{3}} 2^{-1})^{-\frac{1}{2}}$의 값은?

① $\sqrt{3}$ ② $\sqrt{6}$ ③ $2\sqrt{2}$
④ $2\sqrt{3}$ ⑤ $2\sqrt{6}$

013 ★☆☆

$(2^{\sqrt{2}})^{\sqrt{6}+\sqrt{2}} \times (2^{\sqrt{3}})^{\sqrt{3}+1} \div 8^{1+\sqrt{3}}$의 값을 구하시오.

014 ★★☆

실수 a에 대하여 $3^{-a}=2$일 때, $\left(\frac{1}{81}\right)^{3a}$의 값은?

① 2^{-12} ② 2^{-6} ③ 2^3
④ 2^6 ⑤ 2^{12}

015 ★★☆

$256^{-\frac{1}{n}}$이 자연수가 되도록 하는 정수 n의 개수를 구하시오.

유형 04 중요★ 복잡한 거듭제곱근의 계산

거듭제곱근이 포함된 식을 정리할 때, 거듭제곱을 유리수인 지수로 나타낸 후 지수법칙을 이용한다.
➡ $a>0$이고 m, n이 2 이상의 자연수일 때
① $\sqrt[n]{a} = a^{\frac{1}{n}}$ ② $\sqrt[m]{\sqrt[n]{a}} = \sqrt[mn]{a} = a^{\frac{1}{mn}}$

016 대표 예제

$\sqrt{2\sqrt[3]{2\sqrt[4]{2}}} \times \sqrt[6]{2\sqrt{8}}$을 간단히 하면?

① $2^{\frac{3}{4}}$ ② $2^{\frac{7}{8}}$ ③ 2
④ $2^{\frac{9}{8}}$ ⑤ $2^{\frac{5}{4}}$

017 ★☆☆

$\sqrt[3]{2^2\sqrt[4]{2\sqrt{2^3}}} \div \sqrt{\sqrt[4]{2^3}}$을 간단히 하면?

① $2^{\frac{1}{6}}$ ② $2^{\frac{1}{4}}$ ③ $2^{\frac{1}{3}}$
④ $2^{\frac{5}{12}}$ ⑤ $2^{\frac{1}{2}}$

018 ★★☆

1이 아닌 모든 양수 a에 대하여

$$\sqrt[3]{a\sqrt[4]{a^3\sqrt{x}}} = \sqrt[5]{a^3\sqrt[3]{a}}$$

를 만족시키는 x를 a의 거듭제곱으로 나타낸 것은?

① a ② a^2 ③ a^3
④ a^4 ⑤ a^5

유형 05 지수가 유리수인 식의 계산

$a>0$, $b>0$이고 x, y가 실수일 때
① $(a^x+b^y)(a^x-b^y)=a^{2x}-b^{2y}$
② $(a^x\pm b^y)^2=a^{2x}\pm 2a^xb^y+b^{2y}$ (복부호동순)
③ $(a^x\pm b^y)^3=a^{3x}\pm 3a^{2x}b^y+3a^xb^{2y}\pm b^{3y}$ (복부호동순)
등의 곱셈 공식을 이용하여 식을 정리한다.

019 대표 예제

$a>0$, $b>0$일 때,

$$(a^{\frac{1}{4}}-b^{\frac{1}{4}})(a^{\frac{1}{4}}+b^{\frac{1}{4}})(a^{\frac{1}{2}}+b^{\frac{1}{2}})(a+b)$$

를 간단히 하면?

① $a+b$　② $a-b$　③ ab
④ a^2+b^2　⑤ a^2-b^2

020 ★☆☆

$(3^{\frac{1}{2}}+3^{-\frac{1}{2}})(3^{\frac{1}{2}}-3^{-\frac{1}{2}})-(3^{\frac{1}{2}}-3^{-\frac{1}{2}})^2$의 값은?

① $\frac{1}{3}$　② $\frac{2}{3}$　③ 1
④ $\frac{4}{3}$　⑤ $\frac{5}{3}$

021 ★★☆

$a>0$일 때, $(a^{\frac{2}{3}}+a^{-\frac{2}{3}})^3-(a^{\frac{2}{3}}-a^{-\frac{2}{3}})^3$을 간단히 하면?

① $2a^2+6a^{\frac{2}{3}}$　② $2a^2+6a^{-\frac{2}{3}}$　③ $6a^{\frac{2}{3}}+2a^{-2}$
④ $6a^{-\frac{2}{3}}+2a^{-2}$　⑤ $2a^2+6a^{\frac{2}{3}}+2a^{-2}$

유형 06 중요★ a^x+a^{-x} 꼴의 식의 값

실수 x에 대하여 a^x+a^{-x} $(a>0)$의 값이 주어질 때
① $a^{2x}+a^{-2x}=(a^x+a^{-x})^2-2$
② $a^{3x}+a^{-3x}=(a^x+a^{-x})^3-3(a^x+a^{-x})$
과 같이 $a^xa^{-x}=1$임을 이용하여 식의 값을 구한다.

022 대표 예제

$a>0$이고 $a^{\frac{1}{2}}+a^{-\frac{1}{2}}=3$일 때, a^2+a^{-2}의 값은?

① 41　② 43　③ 45
④ 47　⑤ 49

023 ★☆☆

$a>0$이고 $a^{\frac{1}{2}}+a^{-\frac{1}{2}}=\sqrt{5}$일 때, a^3+a^{-3}의 값은?

① 17　② 18　③ 19
④ 20　⑤ 21

024 ★★☆

$2^{2x}+2^{-2x}=14$일 때, $\dfrac{2^x+2^{-x}}{2^{\frac{x}{2}}+2^{-\frac{x}{2}}}$의 값은?

① $\frac{4}{3}$　② $\sqrt{2}$　③ $\frac{2\sqrt{5}}{3}$
④ $\frac{\sqrt{22}}{3}$　⑤ $\frac{2\sqrt{6}}{3}$

유형 07 중요 $\frac{a^x-a^{-x}}{a^x+a^{-x}}$ 꼴의 식의 값

주어진 식의 값을 이용할 수 있도록 $\frac{a^x-a^{-x}}{a^x+a^{-x}}$ 꼴의 분모와 분자에 a^x을 곱하여 식의 값을 대입한다.

025 대표 예제

$a>1$이고 $a^{2x}=2$일 때, $\frac{a^x+a^{-x}}{a^x-a^{-x}}$의 값은?

① 1 ② 2 ③ 3
④ 4 ⑤ 5

026 ★☆☆

$6^{\frac{1}{x}}=4$일 때, $\frac{2^x-2^{-x}}{2^x+2^{-x}}$의 값은?

① $\frac{5}{7}$ ② $\frac{3}{4}$ ③ $\frac{7}{9}$
④ $\frac{4}{5}$ ⑤ $\frac{9}{11}$

027 ★★☆

$9^x=2$일 때, $\frac{3^x+3^{-x}}{27^x+27^{-x}}$의 값은?

① $\frac{1}{6}$ ② $\frac{1}{3}$ ③ $\frac{1}{2}$
④ $\frac{2}{3}$ ⑤ $\frac{5}{6}$

유형 08 밑이 서로 다른 식이 주어졌을 때의 식의 값

$a^x=k$, $b^y=k$일 때, $a=k^{\frac{1}{x}}$, $b=k^{\frac{1}{y}}$이므로 (밑을 같게 통일한다.)
➡ $ab=k^{\frac{1}{x}+\frac{1}{y}}$, $\frac{a}{b}=k^{\frac{1}{x}-\frac{1}{y}}$

028 대표 예제

두 실수 x, y에 대하여 $24^x=36$, $54^y=216$일 때, $\frac{2}{x}+\frac{3}{y}$의 값은?

① 2 ② 4 ③ 6
④ 8 ⑤ 10

029 ★☆☆

두 실수 m, n에 대하여 $17^m=9$, $153^n=81$일 때, $\frac{2}{m}-\frac{4}{n}$의 값은?

① -2 ② -1 ③ 0
④ 1 ⑤ 2

030 ★★☆

세 실수 x, y, z에 대하여 $2^x=6^y=3^z$일 때, $\frac{1}{x}-\frac{1}{y}+\frac{1}{z}$의 값은? (단, $xyz\neq0$)

① -1 ② $-\frac{1}{2}$ ③ 0
④ $\frac{1}{2}$ ⑤ 1

031

유형 01

실수 x에 대하여 x의 세제곱근 중 실수인 것의 개수를 $f(x)$, x의 네제곱근 중 실수인 것의 개수를 $g(x)$라 할 때,

$$f(-1)+f(0)+f(1)+g(-1)+g(0)+g(1)$$

의 값은?

① 2　② 3　③ 4　④ 5　⑤ 6

032

유형 02

1이 아닌 양수 x에 대하여 $\sqrt[4]{\dfrac{\sqrt[6]{x^n}}{\sqrt{x}}}\times\sqrt[3]{\dfrac{\sqrt[4]{x}}{\sqrt{x}}}=1$을 만족시키는 자연수 n의 값은?

① 1　② 2　③ 3　④ 4　⑤ 5

033

유형 02

$(\sqrt[3]{2}+\sqrt[3]{9})^3-3\sqrt[3]{18}(\sqrt[3]{2}+\sqrt[3]{9})$를 간단히 하면?

① 11　② 13　③ 15　④ 17　⑤ 19

034

유형 03

$a\neq0$일 때,

$$\frac{1}{a^{-6}+1}+\frac{1}{a^{-3}+1}+\frac{1}{a^{0}+1}+\frac{1}{a^{3}+1}+\frac{1}{a^{6}+1}$$

을 간단히 하면?

① $\dfrac{1}{a}+\dfrac{1}{2}$　② $a+\dfrac{1}{2}$　③ 1　④ $\dfrac{3}{2}$　⑤ $\dfrac{5}{2}$

035 창의·사고력 Up

유형 03

일정한 비율로 증식하는 어떤 세균의 처음의 개체 수를 k_0, t시간 후의 개체 수를 k라 할 때, 다음과 같은 관계식이 성립한다고 한다.

$k=k_0\times a^t$ (단, a는 $a>0$인 상수이다.)

5시간 후 이 세균의 개체 수는 처음의 개체 수의 2배가 된다고 하면 15시간 후의 세균의 개체 수는 처음의 개체 수의 m배가 된다고 한다. 자연수 m의 값은?

① 2　② 4　③ 6　④ 8　⑤ 10

036

유형 04

이차방정식 $2x^2-9x+1=0$의 두 근을 α, β라 할 때, $(8^{\alpha})^{\beta}\times\sqrt[3]{2^{-\alpha}}\times\sqrt[3]{2^{-\beta}}$의 값은?

① 2^{-6}　② 2^{-3}　③ 1　④ 2^3　⑤ 2^6

037 유형 05

$a>0$일 때, $\{(a^{\frac{1}{2}}+a^{-\frac{1}{2}})^2-2\}^2-2$를 간단히 하면?

① $a^{\frac{1}{2}}+a^{-\frac{1}{2}}$ ② $a-a^{-1}$ ③ $a+a^{-1}$
④ a^2-a^{-2} ⑤ a^2+a^{-2}

038 유형 06

$a>1$이고 $a^{\frac{1}{4}}-a^{-\frac{1}{4}}=\sqrt{2}$일 때, $\frac{a+a^{-1}+10}{a-a^{-1}}$의 값은?

① 1 ② $\sqrt{2}$ ③ $\sqrt{3}$
④ 2 ⑤ $\sqrt{5}$

039 유형 07

$a>1$이고 $\frac{a^x+a^{-x}}{a^x-a^{-x}}=\frac{9}{7}$일 때, a^{8x}의 값은?

① 2^{10} ② 2^{12} ③ 2^{14}
④ 2^{16} ⑤ 2^{18}

040 유형 08

두 실수 x, y에 대하여 $11^x=4$, $88^y=8$일 때, $\frac{a}{x}+\frac{b}{y}=9$를 만족시키는 두 실수 a, b가 존재한다. $a+b$의 값은?

① 1 ② 2 ③ 3
④ 4 ⑤ 5

041 창의·사고력 Up 유형 08

세 양수 a, b, c에 대하여 $a^3=2$, $b^4=4$, $c^{10}=5$일 때, $(abc)^n$이 자연수가 되도록 하는 자연수 n의 최솟값은?

① 10 ② 15 ③ 20
④ 30 ⑤ 60

서술형 문제

042 유형 07

$a>0$이고 $a^x=3$일 때, $\frac{a^{\frac{5}{2}x}+a^{-\frac{x}{2}}}{a^{\frac{x}{2}}+a^{-\frac{5}{2}x}}$의 값을 구하시오.

필요 개념 및 공식
☐ 지수법칙

02 로그

개념 체크 Concept

정답 및 해설 006쪽

더 자세한 개념 ⋯→ 메가헤르츠 030쪽

개념 ❶ 로그의 정의와 성질

(1) **로그의 정의**

$a>0$, $a\neq1$, $N>0$에 대하여 $a^x=N$을 만족시키는 실수 x는 오직 하나 존재한다. 이 실수 x를 $\log_a N$과 같이 나타내고, a를 **밑**으로 하는 N의 **로그**라 한다. 즉,

$$a^x=N \Longleftrightarrow x=\log_a N$$

이때 N을 $\log_a N$의 **진수**라 한다.

$\log_a N$ (진수: N, 밑: a)

참고 특별한 언급 없이 $\log_a N$이 주어지면 $a>0$, $a\neq1$, $N>0$인 것으로 본다.

(2) **로그의 성질**

$a>0$, $a\neq1$, $M>0$, $N>0$일 때

① $\log_a 1=0$, $\log_a a=1$

② $\log_a MN=\log_a M+\log_a N$

③ $\log_a \dfrac{M}{N}=\log_a M-\log_a N$

④ $\log_a M^k=k\log_a M$ (단, k는 실수)

주의
- $\log_1 1\neq0$, $\log_1 1\neq1$ → 밑이 1인 로그는 정의되지 않는다.
- $\log_a (M+N)\neq\log_a M+\log_a N$, $\log_a M\times\log_a N\neq\log_a M+\log_a N$ → $\log_a MN=\log_a M+\log_a N$
- $\log_a (M-N)\neq\log_a M-\log_a N$, $\dfrac{\log_a M}{\log_a N}\neq\log_a M-\log_a N$ → $\log_a \dfrac{M}{N}=\log_a M-\log_a N$
- $(\log_a M)^k\neq k\log_a M$ → $\log_a M^k=k\log_a M$

더 자세한 개념 ⋯→ 메가헤르츠 037쪽

개념 ❷ 로그의 밑의 변환

(1) **로그의 밑의 변환**

$a>0$, $a\neq1$, $b>0$, $b\neq1$, $N>0$일 때

① $\log_a N=\dfrac{\log_b N}{\log_b a}$ ② $\log_a b=\dfrac{1}{\log_b a}$

참고
- $\log_a b\times\log_b a=1$
- $\log_a b\times\log_b c\times\log_c a=1$ (단, $c>0$, $c\neq1$)

(2) **로그의 밑의 변환에 의한 성질**

$a>0$, $a\neq1$, $b>0$일 때

① $\log_{a^m} b^n=\dfrac{n}{m}\log_a b$ (단, m, n은 실수, $m\neq0$)

② $a^{\log_c b}=b^{\log_c a}$ (단, $c>0$, $c\neq1$)

③ $a^{\log_a b}=b$

개념 ❶ 로그의 정의와 성질

043 다음 등식을 $x=\log_a N$ 꼴로 나타내시오.

(1) $3^2=9$ (2) $4^{-3}=\dfrac{1}{64}$

044 다음 값을 구하시오.

(1) $\log_2 32$ (2) $\log_3 \dfrac{1}{81}$

045 다음 등식을 만족시키는 x의 값을 구하시오.

(1) $\log_2 x=4$ (2) $\log_{\frac{1}{3}} x=3$

046 다음 값을 구하시오.

(1) $\log_2 2-\log_5 1$

(2) $\log_2 \dfrac{2}{7}+\log_2 56$

(3) $\dfrac{1}{2}\log_3 25+\log_3 \dfrac{1}{5}$

개념 ❷ 로그의 밑의 변환

047 $\log_5 2=a$, $\log_5 3=b$일 때, 다음을 a, b에 대한 식으로 나타내시오.

(1) $\log_2 3$

(2) $\log_6 5$

048 다음 값을 구하시오.

(1) $\log_2 3\times\log_3 8$

(2) $\log_4 32$

(3) $\log_{100} \dfrac{1}{1000}$

(4) $3^{\log_3 2}+2^{\log_4 9}$

정답 및 해설 006쪽

유형 01 로그의 정의

$a>0$, $a\neq1$, $N>0$일 때

$a^x=N \Longleftrightarrow x=\log_a N$

의 로그의 정의를 이용하여 로그로 표현되어 있는 식을 지수로 나타낸 후 지수법칙을 이용한다.

049 대표 예제

$\log_a 2=\frac{1}{3}$일 때, a^2의 값은?

① 16 ② 27 ③ 32
④ 64 ⑤ 81

050 ★☆☆

$a=\log_2 5$일 때, 8^a의 값은?

① 25 ② 32 ③ 64
④ 125 ⑤ 128

051 ★☆☆

$\log_a 3=2$, $\log_b 7=4$일 때, ab^2의 값은?

① $2\sqrt{2}$ ② 3 ③ $2\sqrt{3}$
④ 4 ⑤ $\sqrt{21}$

052 ★★☆

$\log_2\{\log_2(\log_3 x)\}=1$일 때, x의 값을 구하시오.

유형 02 로그의 밑과 진수의 조건

$\log_{f(x)} g(x)$가 정의되려면

① 밑의 조건 ➡ $f(x)>0$, $f(x)\neq1$

② 진수의 조건 ➡ $g(x)>0$

053 대표 예제

$\log_{3x-2}(7-x)$가 정의되도록 하는 모든 정수 x의 값의 합은?

① 17 ② 20 ③ 23
④ 26 ⑤ 29

054 ★☆☆

$\log_{x-1}(x^2-10x+24)$가 정의되도록 하는 정수 x의 최솟값은?

① 1 ② 2 ③ 3
④ 4 ⑤ 5

055 ★★☆

$\log_{|x-3|}(7x-x^2)$이 정의되도록 하는 정수 x의 개수는?

① 2 ② 3 ③ 4
④ 5 ⑤ 6

유형 03 중요★ 로그의 성질

$a>0$, $a\neq1$, $M>0$, $N>0$일 때
① $\log_a 1=0$, $\log_a a=1$
② $\log_a MN=\log_a M+\log_a N$
③ $\log_a \frac{M}{N}=\log_a M-\log_a N$
④ $\log_a M^k=k\log_a M$ (단, k는 실수)

056 대표 예제

$\log_3 12+\log_3 \frac{1}{\sqrt{2}}+\frac{1}{2}\log_3 \frac{1}{8}$의 값은?

① -2 ② -1 ③ 0
④ 1 ⑤ 2

057 ★☆☆

$\log_5\{\log_3(\log_2 8)\}$의 값은?

① -1 ② 0 ③ 1
④ 2 ⑤ 3

058 ★☆☆

$2\log_2 \sqrt[3]{2}-\frac{1}{3}\log_2 6+\log_2 \sqrt[3]{3}$의 값은?

① $\frac{1}{3}$ ② $\frac{2}{3}$ ③ 1
④ $\frac{4}{3}$ ⑤ $\frac{5}{3}$

059 ★★☆

세 양수 x, y, z가 $\log_6 3x+\log_6 8y+\log_6 \frac{z}{2}=2$를 만족시킬 때, $\{(2^x)^{3y}\}^z$의 값을 구하시오.

유형 04 로그의 밑의 변환

$a>0$, $a\neq1$, $b>0$, $b\neq1$, $N>0$일 때
① $\log_a N=\frac{\log_b N}{\log_b a}$
② $\log_a b=\frac{1}{\log_b a}$

060 대표 예제

$\log_3 5\times\log_5 7\times\log_7 9$의 값은?

① $\frac{1}{5}$ ② $\frac{1}{3}$ ③ 1
④ 2 ⑤ 7

061 ★☆☆

1이 아닌 양수 x에 대하여

$$\frac{1}{\log_2 x}+\frac{1}{\log_5 x}+\frac{1}{\log_7 x}=\log_x p$$

일 때, 양수 p의 값은?

① 10 ② 30 ③ 50
④ 70 ⑤ 90

062 ★★☆

$\log_2(\log_4 3)+\log_2(\log_5 4)+\log_2(\log_6 5)+\cdots+\log_2(\log_{81} 80)$

의 값은?

① -2 ② -1 ③ 0
④ 1 ⑤ 2

유형 05 중요 밑의 변환에 의한 성질

$a>0$, $a\neq1$, $b>0$일 때

① $\log_{a^m} b^n=\dfrac{n}{m}\log_a b$ (단, m, n은 실수, $m\neq0$)

② $a^{\log_c b}=b^{\log_c a}$ (단, $c>0$, $c\neq1$)

③ $a^{\log_a b}=b$

063 대표 예제

$(\log_{\sqrt{2}} 3-\log_4 \sqrt{3})\times\log_{\sqrt{3}} 4$의 값은?

① 3 ② 5 ③ 7 ④ 9 ⑤ 11

064 ★☆☆

$(\log_{\sqrt{5}} 9+\log_5 3)(\log_9 \sqrt{5}+\log_3 5)$의 값을 구하시오.

065 ★★☆

$(3^{\log_{\sqrt{3}} 2-\log_3 8})^2$의 값은?

① $\dfrac{1}{2}$ ② $\dfrac{1}{3}$ ③ $\dfrac{1}{4}$ ④ $\dfrac{1}{8}$ ⑤ $\dfrac{1}{9}$

066 ★★☆

$(\sqrt{3})^{2\log_3 2-\log_{\sqrt{3}} 2+\log_3 \sqrt{2}}$의 값은?

① 1 ② $\sqrt[4]{2}$ ③ $\sqrt{2}$ ④ 2 ⑤ $2\sqrt{2}$

유형 06 로그를 주어진 문자로 나타내기

$\log_a b=c$ 꼴을 이용하여 또 다른 로그의 값을 나타낼 때에는 다음과 같은 순서로 한다.

❶ 주어진 식과 구하는 식의 밑을 같게 한다.

❷ 구하는 식의 진수를 소인수분해하여 로그의 합으로 나타낸다.

❸ 주어진 식을 ❷의 식에 대입한다.

067 대표 예제

$\log_2 3=a$, $\log_2 5=b$일 때, $\log_{\frac{1}{2}} 75$를 a, b에 대한 식으로 나타낸 것은?

① $-a-2b$ ② $-a-b$ ③ $a-b$ ④ $a+b$ ⑤ $a+2b$

068 ★☆☆

$\log_2 3=x$, $\log_2 5=y$일 때, $\log_{60} 100$을 x, y에 대한 식으로 나타낸 것은?

① $\dfrac{2x+y}{x+y}$ ② $\dfrac{2y+1}{x+y}$ ③ $\dfrac{2x+y}{x+y+2}$ ④ $\dfrac{2y+2}{x+y+2}$ ⑤ $\dfrac{x+2y}{x+y+2}$

069 ★★☆

$\log_2 3=a$, $\log_3 5=b$일 때, $\log_{40} 150$을 a, b에 대한 식으로 나타낸 것은?

① $\dfrac{2ab+b+1}{ab+2}$ ② $\dfrac{ab+a+1}{ab+3}$ ③ $\dfrac{2ab+a+1}{ab+3}$ ④ $\dfrac{2ab+1}{ab+4}$ ⑤ $\dfrac{2a+1}{ab+4}$

유형 07 지수에 대한 식의 값

010쪽 유형 08을 로그를 이용하여 해결하는 방법이다.

$a^x=b^y=k$ 꼴의 조건이 주어지면 로그의 정의를 이용하여 x, y를 로그로 나타낸 후 구하는 식에 대입한다.

070 대표 예제

$16^a=9^b=6$일 때, $\frac{1}{2a}+\frac{1}{b}$의 값은?

① 1　② $\frac{3}{2}$　③ 2　④ $\frac{5}{2}$　⑤ 3

071 ★☆☆

$7^x=36$, $42^y=6$일 때, $\frac{2}{x}-\frac{1}{y}$의 값은?

① $-\frac{3}{2}$　② -1　③ $-\frac{1}{2}$　④ $\frac{1}{2}$　⑤ 1

072 ★★☆

세 실수 x, y, z에 대하여 $6^x=8^y=9^z$일 때, $\frac{1}{x}-\frac{1}{3y}-\frac{1}{2z}$의 값은? (단, $xyz\neq0$)

① -2　② -1　③ 0　④ 1　⑤ 2

유형 08 로그와 이차방정식

x에 대한 이차방정식 $ax^2+bx+c=0$의 두 근을 $\log_k \alpha$, $\log_k \beta$라 할 때

➡ ① $\log_k \alpha+\log_k \beta=\log_k \alpha\beta=-\frac{b}{a}$

② $\log_k \alpha\times\log_k \beta=\frac{c}{a}$

073 대표 예제

이차방정식 $x^2+3x-5=0$의 두 근이 $\log_2 a$, $\log_2 b$일 때, ab의 값은?

① $\frac{1}{8}$　② $\frac{1}{4}$　③ 1　④ 4　⑤ 8

074 ★★☆

이차방정식 $x^2-3\sqrt{5}x+9=0$의 두 근을 α, β라 할 때, $\log_{\alpha-\beta}\alpha+\log_{\alpha-\beta}\beta$의 값은? (단, $\alpha>\beta$)

① $\frac{1}{4}$　② $\frac{1}{3}$　③ $\frac{1}{2}$　④ 2　⑤ 3

075 ★★☆

이차방정식 $x^2-4x+2=0$의 두 근이 $\log_3 a$, $\log_3 b$일 때, $\log_a b+\log_b a$의 값은?

① 4　② 6　③ 8　④ 10　⑤ 12

정답 및 해설 008쪽

더 자세한 개념 ⋯→ 메가헤르츠 046쪽

개념 ③ 상용로그

(1) **상용로그**

10을 밑으로 하는 로그를 상용로그라 하고, 양수 N에 대하여 상용로그 $\log_{10} N$은 보통 밑 10을 생략하여 $\log N$과 같이 나타낸다.

(2) **상용로그표**

상용로그표는 0.01의 간격으로 1.00부터 9.99까지의 수에 대한 상용로그의 값을 반올림하여 소수점 아래 넷째 자리까지 나타낸 것이다.

예 상용로그표에서 $\log 2.15$의 값을 구하려면 2.1의 가로줄과 5의 세로줄이 만나는 곳에 있는 수 .3324를 찾으면 된다.
이때 .3324는 0.3324를 뜻하므로 $\log 2.15=0.3324$이다.

수	0	1	⋯	5	⋯	9
⋮	⋮	⋮	⋯	⋮	⋯	⋮
2.0	.3010	.3032	⋯	.3118	⋯	.3201
2.1	.3222	.3243	⋯	.3324	⋯	.3404
2.2	.3424	.3444	⋯	.3522	⋯	.3598
⋮	⋮	⋮	⋯	⋮	⋯	⋮

더 자세한 개념 ⋯→ 메가헤르츠 047쪽

개념 ④ 상용로그의 정수 부분과 소수 부분

양수 N에 대하여 상용로그는

$$\log N=n+\alpha \ (n\text{은 정수, } 0\le\alpha<1)$$

와 같이 나타낼 수 있다.

이때 n을 $\log N$의 정수 부분, α를 $\log N$의 소수 부분이라 한다.

예 ① $\log 63.5=1.8028=1+0.8028$이므로
$\log 63.5$의 정수 부분은 1, 소수 부분은 0.8028이다.
② $\log 0.00241=-2.6180=-3+0.3820$이므로
$\log 0.00241$의 정수 부분은 -3, 소수 부분은 0.3820이다.

개념 ③ 상용로그

076 다음 값을 구하시오.

(1) $\log 100$

(2) $\log \sqrt[5]{1000}$

(3) $\log \frac{1}{500}+\log \frac{1}{20}$

077 $\log 1.72=0.2355$임을 이용하여 다음 상용로그의 값을 구하시오.

(1) $\log 17.2$

(2) $\log 1720$

(3) $\log 0.172$

개념 ④ 상용로그의 정수 부분과 소수 부분

078 다음 $\log N$의 정수 부분과 소수 부분을 각각 구하시오.

(1) $\log N=1.5888$

(2) $\log N=-3.3478$

(3) $\log N=-0.3063$

유형 09 상용로그의 값

$1 \le a < 10$인 a에 대하여 $\log a = k\ (0 \le k < 1)$일 때
① $\log(10^n \times a)$의 값을 구하는 경우 (단, n은 실수)
➡ $\log(10^n \times a) = \log 10^n + \log a = n + k$
② $\log x = m + k$인 x의 값을 구하는 경우 (단, m은 정수)
➡ $\log x = m + k = \log 10^m + \log a = \log(10^m \times a)$
$\therefore x = 10^m \times a$

079 대표 예제

$\log 2 = 0.3010$일 때, 다음 중 옳지 않은 것은?

① $\log 20 = 1.3010$
② $\log 5 = 0.6990$
③ $\log 4 = 0.6020$
④ $\log 0.5 = -0.3010$
⑤ $\log 0.2 = -1.3010$

080 ★☆☆

다음 상용로그표를 이용하여 $\log \sqrt{8.18}$의 값을 구한 것은?

수	6	7	8
2.8	.4564	.4579	.4594
2.9	.4713	.4728	.4742
⋮	⋮	⋮	⋮
8.0	.9063	.9069	.9074
8.1	.9117	.9122	.9128

① 0.1141
② 0.4564
③ 0.4742
④ 0.9456
⑤ 1.8123

081 ★★☆

$\log 4.15 = 0.6180$일 때, $\log x = -2.3820$을 만족시키는 x의 값을 구하시오.

유형 10 로그의 정수 부분과 소수 부분

$a > 0$, $a \ne 1$, $N > 0$에 대하여
$\log_a N = n + \alpha$ (n은 정수, $0 \le \alpha < 1$)
일 때, $\log_a N$의 정수 부분은 n, 소수 부분은 $\alpha = \log_a N - n$이다.
이때 $\log_a N$의 값이 음수이면 $0 \le$(소수 부분)< 1이 되도록 정수 부분을 결정한다.

082 대표 예제

$\log A = -4.68$일 때, $\log A\sqrt{A}$의 정수 부분은?

① -8
② -7
③ -6
④ -5
⑤ -4

083 ★★☆

$\log_3 60$의 정수 부분을 p, 소수 부분을 q라 할 때, $9(p+3^q)$의 값은?

① 45
② 47
③ 49
④ 51
⑤ 53

084 ★★☆

$\log_2 \frac{1}{12}$의 정수 부분을 a, 소수 부분을 b라 할 때, $a \times 2^b$의 값은?

① $-\frac{16}{3}$
② -5
③ $-\frac{14}{3}$
④ $-\frac{13}{3}$
⑤ -4

유형 11 A^k의 자릿수와 최고 자리의 숫자

$\log A^k = n + \alpha$ (n은 정수, $0 \le \alpha < 1$)에 대하여
① A^k이 자연수일 때
➡ • 자릿수 : $(n+1)$자리의 자연수
• 최고 자리의 숫자 : $\log n' \le \alpha < \log (n'+1)$을 만족시키는 한 자리 자연수 n'
② $0 < A^k < 1$일 때
➡ 소수점 아래 $-n$째 자리에서 처음으로 0이 아닌 숫자가 나타난다.

085 대표 예제

3^{20}은 몇 자리의 자연수인가?

(단, $\log 3 = 0.4771$로 계산한다.)

① 8자리 ② 9자리 ③ 10자리
④ 11자리 ⑤ 12자리

086 ★☆☆

2^{15}의 최고 자리 숫자는?

(단, $\log 2 = 0.3010$, $\log 3 = 0.4771$로 계산한다.)

① 1 ② 2 ③ 3
④ 4 ⑤ 5

087 ★☆☆

$\left(\frac{1}{2}\right)^{20}$이 소수점 아래 n째 자리에서 처음으로 0이 아닌 숫자가 나타날 때, 자연수 n의 값은?

(단, $\log 2 = 0.3010$으로 계산한다.)

① 6 ② 7 ③ 8
④ 9 ⑤ 10

유형 12 중요★ 상용로그의 실생활에의 활용

① 관계식이 주어질 때
➡ 주어진 관계식에 알맞은 값 또는 문자를 대입한 후 로그의 성질을 이용한다.
② 일정하게 증가하거나 감소할 때
➡ 현재의 양이 A이고 매년 a %씩 증가할 때, n년 후의 양은 $A\left(1+\frac{a}{100}\right)^n$
→ 매년 a %씩 감소할 때, n년 후의 양은 $A\left(1-\frac{a}{100}\right)^n$

088 대표 예제

지진의 규모를 M, 지진파 에너지를 E라 할 때, 다음과 같은 관계식이 성립한다고 한다.

$$\log E = 11.8 + 1.5M$$

규모가 3인 지진파 에너지를 E_1, 규모가 4인 지진파 에너지를 E_2라 할 때, E_2는 E_1의 몇 배인가?

① $\sqrt{10}$배 ② 10배 ③ $10\sqrt{10}$배
④ 100배 ⑤ $100\sqrt{10}$배

089 ★☆☆

지진에 의해서 발생된 에너지의 양은 보통 리히터 규모로 나타내는데 발생된 에너지가 x erg(에르그)인 지진의 리히터 규모를 M이라 하면

$$\log x = k + \frac{3}{2}M$$

인 관계식이 성립한다고 한다. 리히터 규모가 a인 지진의 에너지는 리히터 규모가 $(a+2)$인 지진의 에너지의 몇 배인지 구하시오. (단, k는 상수이다.)

090 ★★☆

어느 전자기기에서 발생되는 전자파의 세기를 T_0, 이 전자기기로부터 d m만큼 떨어진 곳에서의 전자파의 세기를 T라 할 때, 다음과 같은 관계식이 성립한다고 한다.

$$T = T_0 \times (\sqrt[9]{0.2})^d$$

이 전자기기로부터 3 m 떨어진 곳에서의 전자파의 세기를 T_1, 15 m 떨어진 곳에서의 전자파의 세기를 T_2라 하자.
$T_1 = kT_2$일 때, 상수 k의 값을 구하시오.

(단, $\log 2 = 0.301$, $\log 8.55 = 0.932$로 계산한다.)

실전력 업

Real

091

유형 01

$x=\log_2(\sqrt{5}-2)$일 때, 4^x+4^{-x}의 값은?

① 16　② 18　③ 20　④ 22　⑤ 24

092

창의·사고력 Up

유형 02

모든 실수 x에 대하여 $\log_{a^2}(x^2+2ax+10)$이 정의되도록 하는 정수 a의 개수는?

① 3　② 4　③ 5　④ 6　⑤ 7

093

유형 03

1이 아닌 세 양수 a, b, c에 대하여 $abc=1$일 때, $\log_a b+\log_b a+\log_b c+\log_c b+\log_c a+\log_a c$의 값은?

① -6　② -3　③ 0　④ 3　⑤ 6

094

유형 04

1이 아닌 두 양수 a, b에 대하여 $\log_a 2=10$, $\log_b 4=5$일 때, $\log_a 8b$의 값은?

① 26　② 28　③ 30　④ 32　⑤ 34

095

유형 05

$2^{\log_2\left(1-\frac{1}{3^2}\right)+\log_2\left(1-\frac{1}{4^2}\right)+\log_2\left(1-\frac{1}{5^2}\right)+\cdots+\log_2\left(1-\frac{1}{20^2}\right)}$의 값은?

① $\frac{1}{10}$　② $\frac{3}{10}$　③ $\frac{1}{2}$　④ $\frac{7}{10}$　⑤ $\frac{9}{10}$

096

유형 06

$3^x=2$, $3^y=5$라 할 때, $\log_{90} 300$을 x, y에 대한 식으로 나타낸 것은?

① $\dfrac{x+2y+1}{x+y+2}$　② $\dfrac{2x+2y+1}{x+y+2}$　③ $\dfrac{x+2y+1}{x+y+1}$

④ $\dfrac{2x+y+1}{x+y+1}$　⑤ $\dfrac{2x+2y+1}{x+y+1}$

097

유형 07

두 양수 x, y에 대하여 $x^2y^5=1$일 때, $\log_x x^3y^2$의 값은?

(단, $x\neq1$)

① $\dfrac{11}{5}$　② $\dfrac{12}{5}$　③ $\dfrac{13}{5}$

④ $\dfrac{14}{5}$　⑤ 3

098

유형 07

세 실수 x, y, z에 대하여

$$a^x=b^y=c^z=\frac{1}{81},\ \frac{1}{x}+\frac{1}{y}+\frac{1}{z}=-\frac{1}{2}$$

일 때, abc의 값을 구하시오.

(단, a, b, c는 1이 아닌 양수이다.)

099

유형 08

이차방정식 $2x^2-8x+k=0$의 두 근이 $\log_2 a$, $\log_2 b$이다. $a+b=10$일 때, 상수 k의 값을 구하시오.

100

유형 09

양수 x에 대하여 $\log\sqrt{x}=0.48$일 때, $\log x^2+\log\dfrac{1}{\sqrt{x}}$의 값은?

① 0.72　② 0.96　③ 1.2

④ 1.44　⑤ 1.68

정답 및 해설 011쪽

101

유형 10

log 50의 정수 부분을 a, 소수 부분을 b라 할 때, $\frac{10^a+10^b}{10^a-10^b}$의 값은?

① 2　② $\frac{5}{2}$　③ 3　④ $\frac{7}{2}$　⑤ 4

102

유형 11

2^n이 17자리의 자연수가 되도록 하는 모든 자연수 n의 값의 합은? (단, $\log 2=0.3$으로 계산한다.)

① 161　② 162　③ 163　④ 164　⑤ 165

103 창의·사고력 Up

유형 12

빛이 어떤 유리판을 한 장 통과할 때마다 그 밝기가 10 %씩 감소한다고 한다. 밝기가 300 lx인 빛이 이 유리판을 6장 통과하였을 때의 빛의 밝기는 몇 lx인가? (단, lx는 빛의 밝기를 나타내는 단위이고, $\log 3=0.477$, $\log 1.59=0.201$로 계산한다.)

① 159 lx　② 168 lx　③ 180 lx　④ 193 lx　⑤ 201 lx

서술형 문제

104

유형 05

1보다 큰 세 실수 a, b, c에 대하여 $\log_a b : \log_c b=2:1$일 때, $\log_{\sqrt{c}} a+2\log_a c$의 값을 구하시오.

필요 개념 및 공식

☐ 로그의 밑의 변환　☐ 로그의 성질

03 지수함수

개념 체크 Concept

정답 및 해설 012쪽

더 자세한 개념 ···› 메가헤르츠 058쪽

개념 ❶ 지수함수의 뜻과 그래프

(1) **지수함수**

실수 전체의 집합을 정의역으로 하는 함수

$y=a^x\ (a>0,\ a\neq1)$

을 a를 밑으로 하는 지수함수라 한다.

참고 $y=a^x$에서 $a=1$이면 $y=1$이므로 상수함수가 된다.

(2) **지수함수 $y=a^x\ (a>0,\ a\neq1)$의 그래프와 성질**

① 정의역은 실수 전체의 집합이고, 치역은 양의 실수 전체의 집합이다.

② $a>1$일 때, x의 값이 증가하면 y의 값도 증가한다.

$0<a<1$일 때, x의 값이 증가하면 y의 값은 감소한다.

③ 그래프는 점 $(0,\ 1)$을 지나고, 점근선은 x축이다. ⟶ a의 값에 관계없이 $a^0=1$이므로 점 $(0,\ 1)$을 지난다.

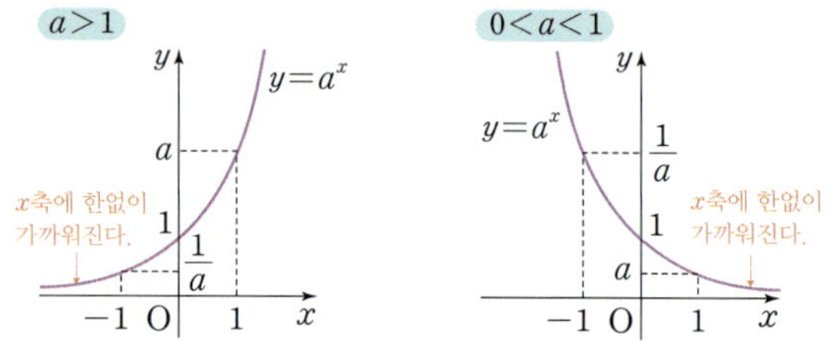

더 자세한 개념 ···› 메가헤르츠 061쪽

개념 ❷ 지수함수의 그래프의 평행이동과 대칭이동

지수함수 $y=a^x\ (a>0,\ a\neq1)$의 그래프를 평행이동 또는 대칭이동한 그래프의 식은 다음과 같다.

(1) x축의 방향으로 m만큼, y축의 방향으로 n만큼 평행이동

➡ $y=a^{x-m}+n$ ⟶ x 대신 $x-m$, y 대신 $y-n$을 대입

(2) x축에 대하여 대칭이동

➡ $y=-a^x$ ⟶ y 대신 $-y$를 대입

(3) y축에 대하여 대칭이동

➡ $y=\left(\frac{1}{a}\right)^x$ ⟶ x 대신 $-x$를 대입

(4) 원점에 대하여 대칭이동

➡ $y=-\left(\frac{1}{a}\right)^x$ ⟶ x 대신 $-x$, y 대신 $-y$를 대입

참고 지수함수 $y=a^{x-m}+n$의 정의역은 실수 전체의 집합, 치역은 $\{y\,|\,y>n\}$이고, 그래프의 점근선은 직선 $y=n$이다.

개념 ❶ 지수함수의 뜻과 그래프

105 지수함수인 것만을 | 보기 |에서 있는 대로 고르시오.

| 보기 |

ㄱ. $y=2^x$　　ㄴ. $y=x^5$

ㄷ. $y=(2-\sqrt{2})^{-x+1}$　　ㄹ. $y=\frac{1}{3^x}$

106 다음 지수함수의 그래프를 그리시오.

(1) $y=2^x$　　(2) $y=\left(\frac{1}{2}\right)^x$

개념 ❷ 지수함수의 그래프의 평행이동과 대칭이동

107 함수 $y=3^x$의 그래프를 다음과 같이 평행이동 또는 대칭이동한 그래프의 식을 구하시오.

(1) x축의 방향으로 1만큼, y축의 방향으로 -2만큼 평행이동

(2) x축에 대하여 대칭이동

(3) y축에 대하여 대칭이동

(4) 원점에 대하여 대칭이동

108 함수 $y=a^x\ (a>1)$의 그래프가 오른쪽 그림과 같을 때, 다음 함수의 그래프를 그리시오.

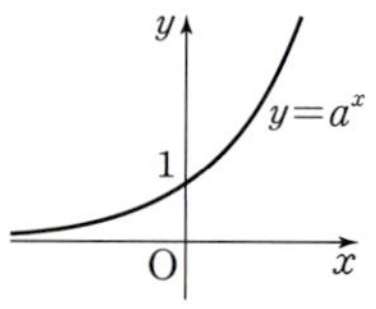

(1) $y=a^{x-2}$　　(2) $y=a^x-1$

(3) $y=-a^x$　　(4) $y=-\frac{1}{a^x}$

정답 및 해설 012쪽

유형 01 지수함수의 그래프

지수함수 $f(x)=a^x$ $(a>0,\ a\neq1)$에 대하여
① 정의역: 실수 전체의 집합, 치역: 양의 실수 전체의 집합
② $a>1$일 때 ➡ x의 값이 증가하면 y의 값도 증가
$0<a<1$일 때 ➡ x의 값이 증가하면 y의 값은 감소
③ 점근선은 x축 $(y=0)$이다.

109 대표 예제

함수 $f(x)=\left(\frac{1}{3}\right)^x$에 대한 설명으로 **| 보기 |**에서 옳은 것만을 있는 대로 고르시오.

| 보기 |
ㄱ. 치역은 양의 실수 전체의 집합이다.
ㄴ. $x_1<x_2$이면 $f(x_1)<f(x_2)$이다.
ㄷ. 점근선은 x축이다.

110 ★☆☆

다음 중 함수 $y=a^x$ $(a>1)$에 대한 설명으로 옳지 않은 것은?

① 그래프는 점 $(0,\ 1)$을 지난다.
② 그래프는 제1사분면과 제2사분면을 지난다.
③ 그래프의 점근선의 방정식은 $y=0$이다.
④ 치역은 양의 실수 전체의 집합이다.
⑤ x의 값이 증가하면 y의 값은 감소한다.

111 ★★☆

함수 $f(x)=a^x$ $(0<a<1)$이 $f(-1)-f(1)=\frac{15}{4}$를 만족시킬 때, 실수 a의 값을 구하시오.

유형 02 중요★ 지수함수의 그래프의 평행이동과 대칭이동

지수함수 $y=a^x$ $(a>0,\ a\neq1)$의 그래프를
① x축의 방향으로 m만큼, y축의 방향으로 n만큼 평행이동
➡ $y=a^{x-m}+n$
② x축에 대하여 대칭이동 ➡ $y=-a^x$
③ y축에 대하여 대칭이동 ➡ $y=\left(\frac{1}{a}\right)^x$
④ 원점에 대하여 대칭이동 ➡ $y=-\left(\frac{1}{a}\right)^x$

112 대표 예제

함수 $y=2^{2x}$의 그래프를 x축의 방향으로 m만큼, y축의 방향으로 n만큼 평행이동하였더니 함수 $y=\frac{1}{8}\times4^x+2$의 그래프와 일치하였다. mn의 값을 구하시오.

113 ★☆☆

함수 $y=4\times2^x+1$의 그래프를 y축에 대하여 대칭이동한 후 x축의 방향으로 1만큼, y축의 방향으로 a만큼 평행이동하였더니 함수 $y=b^{x-c}-1$의 그래프와 일치하였다. $a+b+c$의 값을 구하시오. (단, b, c는 상수이다.)

114 ★★☆

함수 $y=\left(\frac{4}{9}\right)^x$의 그래프를 평행이동 또는 대칭이동하여 겹쳐질 수 있는 그래프의 식인 것만을 **| 보기 |**에서 있는 대로 고른 것은?

| 보기 |
ㄱ. $y=\left(\frac{9}{4}\right)^{x-1}+1$
ㄴ. $y=\frac{2}{3}\times\left(\frac{4}{9}\right)^x$
ㄷ. $y=\left(\frac{3}{2}\right)^{2x}+2$

① ㄱ ② ㄷ ③ ㄱ, ㄴ
④ ㄴ, ㄷ ⑤ ㄱ, ㄴ, ㄷ

정답 및 해설 013쪽

유형 03 지수함수를 이용한 수의 대소 비교

대소를 비교하려는 수의 밑을 같게 한 후 지수함수의 성질을 이용한다.
① $a>1$일 때
➡ $x_1<x_2 \Longleftrightarrow a^{x_1}<a^{x_2}$
② $0<a<1$일 때
➡ $x_1<x_2 \Longleftrightarrow a^{x_1}>a^{x_2}$

115 대표 예제

세 수 $A=2^{\sqrt{3}}$, $B=\sqrt[3]{16}$, $C=\sqrt{8\sqrt[3]{2}}$의 대소 관계를 바르게 나타낸 것은?

① $A<B<C$ ② $A<C<B$ ③ $B<A<C$
④ $B<C<A$ ⑤ $C<A<B$

116 ★☆☆

세 수 $A=\frac{\sqrt{3}}{9}$, $B=\frac{\sqrt[3]{243}}{27}$, $C=\frac{\sqrt{81\sqrt{3}}}{81}$의 대소 관계를 바르게 나타낸 것은?

① $A<B<C$ ② $A<C<B$ ③ $B<A<C$
④ $B<C<A$ ⑤ $C<A<B$

117 ★★☆

$0<a<1$일 때, 세 수 a, a^a, a^{a^a}의 대소 관계를 바르게 나타낸 것은?

① $a<a^a<a^{a^a}$ ② $a<a^{a^a}<a^a$ ③ $a^a<a<a^{a^a}$
④ $a^a<a^{a^a}<a$ ⑤ $a^{a^a}<a<a^a$

유형 04 중요★ 지수함수의 그래프의 활용

지수함수 $y=a^x$ ($a>0$, $a\neq1$)에 대하여
① 그래프가 점 (p, q)를 지나면
➡ $q=a^p$
② 지수함수 $y=m\times a^x+n$ (m, n은 상수)의 점근선의 방정식은
➡ $y=n$

118 대표 예제

함수 $y=\left(\frac{1}{3}\right)^{x-m}+n$의 그래프가 그림과 같을 때, 두 상수 m, n에 대하여 mn의 값을 구하시오.

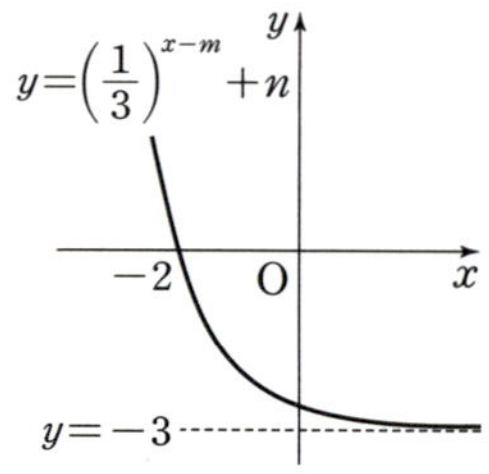

119 ★☆☆

그림과 같이 함수 $y=2^x$의 그래프 위의 두 점 $A(x_1, y_1)$, $B(x_2, y_2)$에 대하여 $y_1y_2=4$일 때, x_1+x_2의 값은?

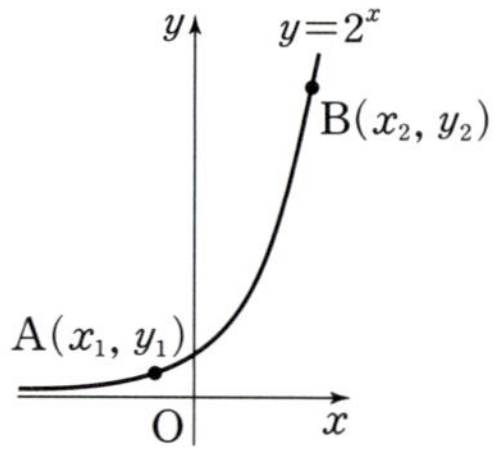

① 1 ② $\frac{3}{2}$
③ 2 ④ $\frac{5}{2}$
⑤ 3

120 ★★☆

그림과 같이 두 함수 $y=a^x$, $y=a^{2x}$ ($a>1$)의 그래프와 직선 $y=4$가 만나는 점을 각각 A, B라 하자. y축 위의 점 C에 대하여 삼각형 ABC의 넓이가 3일 때, 상수 a의 값은? (단, 점 C는 두 곡선과 y축이 만나는 점이다.)

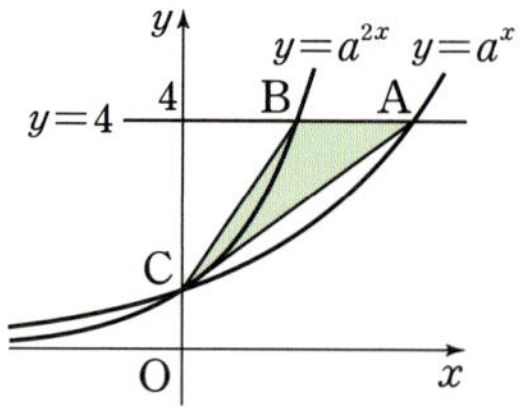

① $\sqrt{2}$ ② $\sqrt{3}$ ③ 2
④ $\sqrt{5}$ ⑤ $\sqrt{6}$

정답 및 해설 013쪽

더 자세한 개념 ⋯→ 메가헤르츠 068쪽

개념 ③ 지수함수의 최대·최소

정의역이 $\{x|m\le x\le n\}$일 때, 지수함수 $y=a^x$ $(a>0,\ a\ne1)$은

(1) $a>1$인 경우

$x=m$일 때 최솟값 a^m, $x=n$일 때 최댓값 a^n을 갖는다.

(2) $0<a<1$인 경우

$x=m$일 때 최댓값 a^m, $x=n$일 때 최솟값 a^n을 갖는다.

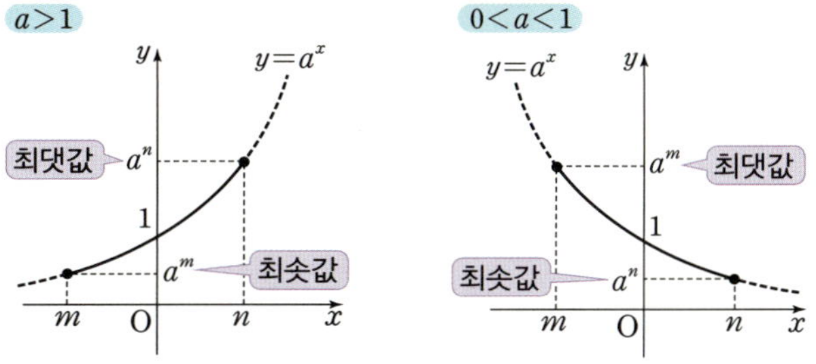

더 자세한 개념 ⋯→ 메가헤르츠 068쪽

개념 ④ 지수함수 $y=a^{f(x)}$ 꼴의 최대·최소

지수함수 $y=a^{f(x)}$ $(a>0,\ a\ne1)$에 대하여

(1) $a>1$인 경우

$f(x)$가 최대일 때 $a^{f(x)}$도 최대, $f(x)$가 최소일 때 $a^{f(x)}$도 최소이다.

(2) $0<a<1$인 경우

$f(x)$가 최대일 때 $a^{f(x)}$은 최소, $f(x)$가 최소일 때 $a^{f(x)}$은 최대이다.

더 자세한 개념 ⋯→ 메가헤르츠 069쪽

개념 ⑤ a^x 꼴이 반복되는 함수의 최대·최소

a^x $(a>0,\ a\ne1)$ 꼴이 반복되는 함수의 최대·최소는 다음과 같은 순서로 구한다.

❶ $a^x=t$ $(t>0)$로 치환하고, 주어진 x의 값의 범위로부터 t의 값의 범위를 구한다.

❷ ❶에서 구한 t의 값의 범위에서 t에 대한 함수의 최댓값 또는 최솟값을 구한다.

개념 ③ 지수함수의 최대·최소

121 다음 함수의 최댓값과 최솟값을 각각 구하시오.

(1) $y=2^x$ $(-1\le x\le 3)$

(2) $y=\left(\frac{1}{3}\right)^x$ $(0\le x\le 2)$

(3) $y=2^{-x}+1$ $(-1\le x\le 2)$

(4) $y=9\times3^x$ $(-4\le x\le -1)$

개념 ④ 지수함수 $y=a^{f(x)}$ 꼴의 최대·최소

122 다음 함수의 최댓값 또는 최솟값을 구하시오.

(1) $y=2^{x^2-1}$

(2) $y=3^{-x^2+2x}$

개념 ⑤ a^x 꼴이 반복되는 함수의 최대·최소

123 다음 함수의 최댓값 또는 최솟값을 구하시오.

(1) $y=4^x-2\times2^x$

(2) $y=-\left(\frac{1}{9}\right)^x+6\times\left(\frac{1}{3}\right)^x-6$

Pattern 유형 마스터

유형 05 중요★ 지수함수 $y=a^x$의 최대·최소

$p \le x \le q$에서 정의된 지수함수 $f(x)=a^{x-m}+n$ ($a>0$, $a \ne 1$이고, m, n은 상수)에 대하여

① $a>1$이면 ➡ 최댓값 $f(q)$, 최솟값 $f(p)$

② $0<a<1$이면 ➡ 최댓값 $f(p)$, 최솟값 $f(q)$

참고 지수함수 $f(x)=a^{x-m}+n$ ($a>0$, $a \ne 1$)은 증가하는 함수 또는 감소하는 함수이므로 범위의 경계에서 각각 최댓값과 최솟값을 갖는다.

124 대표 예제

정의역이 $\{x \mid -2 \le x \le 1\}$인 함수 $y=\left(\frac{1}{5}\right)^{2x+1}-1$의 최댓값을 M, 최솟값을 m이라 할 때, $\frac{M}{m}$의 값은?

① 125 ② 25 ③ -5
④ -25 ⑤ -125

125 ★☆☆

$0 \le x \le 2$에서 정의된 함수 $y=2^{x-1}+k$의 최솟값이 3일 때, 최댓값은 M이다. $M+k$의 값은? (단, k는 상수이다.)

① 5 ② 6 ③ 7
④ 8 ⑤ 9

126 ★★☆

정의역이 $\{x \mid -1 \le x \le 0\}$인 함수 $f(x)=2^{m-2x}+n$이 최댓값 6, 최솟값 0을 가질 때, 두 상수 m, n에 대하여 $m+n$의 값은?

① -2 ② -1 ③ 0
④ 1 ⑤ 2

유형 06 지수함수 $y=a^{f(x)}$ 꼴의 최대·최소

주어진 x의 값의 범위에서 함수 $f(x)$의 최댓값 또는 최솟값을 구한 후 a의 값의 범위에 따라 함수 $y=a^{f(x)}$의 최댓값 또는 최솟값을 구한다.

① $a>1$이면
➡ $f(x)$가 최대일 때 y도 최대, $f(x)$가 최소일 때 y도 최소

② $0<a<1$이면
➡ $f(x)$가 최대일 때 y는 최소, $f(x)$가 최소일 때 y는 최대

127 대표 예제

$1 \le x \le 4$에서 함수 $y=3^{x^2-4x+5}$은 최댓값 M, 최솟값 m을 갖는다. $M+m$의 값은?

① 242 ② 244 ③ 246
④ 248 ⑤ 250

128 ★☆☆

정의역이 $\{x \mid 1 \le x \le 3\}$인 함수 $y=\left(\frac{1}{2}\right)^{x^2+2x+a}+1$의 최댓값이 9일 때, 상수 a의 값은?

① -8 ② -6 ③ -4
④ -2 ⑤ 0

129 ★★☆

두 함수 $f(x)=2^{x^2+1}$, $g(x)=\left(\frac{1}{4}\right)^{x-3}$에 대하여 함수 $h(x)=f(x)g(x)$의 최솟값을 구하시오.

유형 07 a^x 꼴이 반복되는 함수의 최대·최소

a^x $(a>0,\ a\neq1)$ 꼴이 반복되는 함수의 최대·최소는 다음과 같은 순서로 구한다.
❶ $a^x=t$ $(t>0)$로 치환하고, t의 값의 범위를 구한다.
❷ ❶에서 구한 t의 값의 범위에서 t에 대한 함수의 최댓값 또는 최솟값을 구한다.

130 대표 예제

함수 $y=4^x-2^{x+2}+5$는 $x=a$에서 최솟값 b를 갖는다. $a+b$의 값은?

① -2　② -1　③ 0　④ 1　⑤ 2

131 ★☆☆

$1\le x\le 2$에서 정의된 함수 $y=9^x-4\times3^{x+1}+2$의 최댓값을 M, 최솟값을 m이라 할 때, $M-m$의 값은?

① 3　② 6　③ 9　④ 12　⑤ 15

132 ★★☆

함수 $y=\left(\frac{1}{4}\right)^x-k\times2^{1-x}+10$의 최솟값이 -6일 때, 양수 k의 값은?

① 1　② 2　③ 3　④ 4　⑤ 5

유형 08 산술평균과 기하평균을 이용한 지수함수의 최대·최소

a^x+a^{-x} $(a>0)$ 꼴을 포함한 함수의 최대·최소는 모든 실수 x에 대하여 $a^x>0$, $a^{-x}>0$이므로 산술평균과 기하평균의 관계를 이용한다.
➡ $a^x+a^{-x}\ge2\sqrt{a^x\cdot a^{-x}}=2$
(단, 등호는 $a^x=a^{-x}$, 즉 $x=0$일 때 성립)
임을 이용하여 최댓값 또는 최솟값을 구한다.

133 대표 예제

함수 $y=4^{x+1}+4^{-x}$의 최솟값은?

① 2　② 3　③ 4　④ 5　⑤ 6

134 ★☆☆

함수 $y=2^{x+1}+2^{3-x}$이 $x=a$에서 최솟값 b를 가질 때, $a+b$의 값은?

① 1　② 3　③ 5　④ 7　⑤ 9

135 ★★☆

함수 $y=3^{a+x}+3^{b-x}$이 $x=0$에서 최솟값 18을 가질 때, 두 상수 a, b에 대하여 a^2+b^2의 값은?

① 1　② 2　③ 4　④ 5　⑤ 8

정답 및 해설 015쪽

더 자세한 개념 ⋯→ 메가헤르츠 075쪽

개념 ❻ 지수방정식; 밑을 같게 할 수 있는 경우

주어진 방정식을 $a^{f(x)}=a^{g(x)}$ $(a>0,\ a\neq1)$ 꼴로 변형한 후

$$a^{f(x)}=a^{g(x)} \Longleftrightarrow f(x)=g(x)$$ ⟶ 지수함수 $y=a^x$ $(a>0,\ a\neq1)$이 일대일함수이므로 가능하다.

임을 이용하여 방정식 $f(x)=g(x)$를 푼다.

참고 지수에 미지수가 있는 방정식을 지수방정식이라 한다.

예 $2^x=4$

더 자세한 개념 ⋯→ 메가헤르츠 075쪽

개념 ❼ 지수방정식; a^x 꼴이 반복되는 경우

$a^x=t$로 치환하여 t에 대한 방정식을 푼다.

이때 $a^x>0$이므로 $t>0$임에 주의한다.

예 $(2^x)^2-2^x=0$

더 자세한 개념 ⋯→ 메가헤르츠 075쪽

개념 ❽ 지수방정식; 밑과 지수에 모두 미지수가 있는 경우

(1) **지수가 같은 경우**

밑이 같거나 지수가 0임을 이용한다. 즉,

$$g(x)^{f(x)}=h(x)^{f(x)} \Longleftrightarrow g(x)=h(x) \text{ 또는 } f(x)=0 \quad (g(x)>0,\ h(x)>0)$$

(2) **밑이 같은 경우**

지수가 같거나 밑이 1임을 이용한다. 즉,

$$f(x)^{g(x)}=f(x)^{h(x)} \Longleftrightarrow g(x)=h(x) \text{ 또는 } f(x)=1 \ (f(x)>0)$$

예 (1) $(x+1)^x=2^x$
(2) $x^{x+1}=x^{-x+1}$

개념 ❻ 지수방정식; 밑을 같게 할 수 있는 경우

136 다음 방정식을 푸시오.

(1) $2^x=128$

(2) $\left(\frac{1}{10}\right)^x=10$

(3) $3^{x-1}=\frac{\sqrt{3}}{3}$

(4) $4^x=\left(\frac{1}{2}\right)^{2x+1}$

개념 ❼ 지수방정식; a^x 꼴이 반복되는 경우

137 다음 방정식을 푸시오.

(1) $3^{2x}+3^x-2=0$

(2) $2^{2x}-6\times2^x+8=0$

(3) $\left(\frac{1}{9}\right)^x-\left(\frac{1}{3}\right)^x-6=0$

(4) $\left(\frac{1}{2}\right)^{2x-1}+\left(\frac{1}{2}\right)^x-1=0$

개념 ❽ 지수방정식; 밑과 지수에 모두 미지수가 있는 경우

138 다음 방정식을 푸시오.

(1) $(2x+1)^{1-x}=7^{1-x}$ $\left(x>-\frac{1}{2}\right)$

(2) $(x-1)^{2x+1}=(x-1)^7$ $(x>1)$

정답 및 해설 016쪽

유형 09 중요★ 지수방정식; 밑을 같게 할 수 있는 경우

$a>0$, $a\neq1$일 때

➡ $a^{f(x)}=a^{g(x)} \Longleftrightarrow f(x)=g(x)$

139 대표 예제

방정식 $16^x-2^{x^2+3}=0$의 모든 실근의 합은?

① 2 ② 4 ③ 6 ④ 8 ⑤ 10

140 ★☆☆

방정식 $\left(\frac{2}{3}\right)^{2x-1}=\left(\frac{3}{2}\right)^{x^2-2}$을 만족시키는 두 실근을 α, β라 할 때, $\alpha^2+\beta^2$의 값은?

① 2 ② 5 ③ 6 ④ 8 ⑤ 10

141 ★☆☆

방정식 $(2^x-4)(3^x-k)=0$의 두 근이 4, α일 때, $\alpha+k$의 값은? (단, k는 상수이다.)

① 74 ② 77 ③ 80 ④ 83 ⑤ 86

유형 10 중요★ 지수방정식; a^x 꼴이 반복되는 경우

$a^x=t$로 치환하여 t에 대한 방정식을 푼다.
이때 $t>0$임에 주의한다.

142 대표 예제

방정식 $3^{2x+1}-10\times3^x+3=0$의 두 실근의 곱은?

① -2 ② -1 ③ 0 ④ 1 ⑤ 2

143 ★☆☆

방정식 $2^{x+1}+2^{2-x}=9$의 두 실근이 α, β일 때 α^β의 값은? (단, $\alpha<\beta$)

① $\frac{1}{9}$ ② $\frac{1}{2}$ ③ 1 ④ 2 ⑤ 3

144 ★★☆

방정식 $2^x+2^{3-x}=k$의 한 근이 1일 때, 다른 한 근은? (단, k는 상수이다.)

① -2 ② -1 ③ 0 ④ 1 ⑤ 2

유형 11 지수방정식; 밑과 지수에 모두 미지수가 있는 경우

① 지수가 같은 경우
➡ 밑이 같거나 지수가 0임을 이용한다. 즉,
$g(x)^{f(x)}=h(x)^{f(x)} \Longleftrightarrow g(x)=h(x)$ 또는 $f(x)=0$
$(g(x)>0,\ h(x)>0)$

② 밑이 같은 경우
➡ 지수가 같거나 밑이 1임을 이용한다. 즉,
$f(x)^{g(x)}=f(x)^{h(x)} \Longleftrightarrow g(x)=h(x)$ 또는 $f(x)=1$
$(f(x)>0)$

145 대표 예제

방정식 $(x+1)^{x^2-1}=(2x-1)^{x^2-1}$의 모든 근의 합은? $\left(단,\ x>\frac{1}{2}\right)$

① $\frac{3}{2}$ ② 2 ③ $\frac{5}{2}$
④ 3 ⑤ $\frac{7}{2}$

146 ★☆☆

방정식 $(x^2-3x+3)^{x+3}=(x^2-3x+3)^{x^2-4x+9}$의 모든 근의 곱을 구하시오.

147 ★★☆

x에 대한 방정식 $(2x-1)^{x^2-4x}=(x+a)^{x^2-4x}$이 오직 하나의 근을 갖도록 하는 상수 a의 값은? $\left(단,\ x>\frac{1}{2},\ a\geq-\frac{1}{2}\right)$

① 0 ② 1 ③ 2
④ 3 ⑤ 4

유형 12 지수방정식이 포함된 연립방정식

$a>0,\ a\neq1,\ b>0,\ b\neq1$일 때, $a^x=A,\ b^y=B\ (A>0,\ B>0)$로 치환한 후 $A,\ B$에 대한 연립방정식을 푼다.

148 대표 예제

연립방정식 $\begin{cases}3\times2^x+2\times3^y=18\\2^{x-1}-3^{y-1}=1\end{cases}$의 해가 $x=\alpha,\ y=\beta$일 때, $\alpha+\beta$의 값은?

① 2 ② 3 ③ 4
④ 5 ⑤ 6

149 ★★☆

연립방정식 $\begin{cases}2^{x+1}+2^{y+1}=9\\2^{x+y+1}=4\end{cases}$의 해가 $x=\alpha,\ y=\beta$일 때, $\beta-\alpha$의 값은? (단, $\alpha<\beta$)

① 3 ② 5 ③ 7
④ 9 ⑤ 11

150 ★★☆

연립방정식 $\begin{cases}2^{x+1}-3^y=5\\4^x+9^y=25\end{cases}$의 해를 $x=\alpha,\ y=\beta$라 할 때, $10\alpha+\beta$의 값은?

① 10 ② 11 ③ 12
④ 21 ⑤ 22

유형 13 지수방정식의 응용

x에 대한 방정식 $(a^x)^2+m\times a^x+n=0$ ($a>0$, $a\neq1$, m, n은 상수)의 두 근이 α, β이면
➡ $a^x=t$ $(t>0)$로 치환했을 때, t에 대한 이차방정식 $t^2+mt+n=0$의 두 근은 a^α, a^β이다.

151 대표 예제

방정식 $2^{2x+1}-2^{x+4}+8=0$의 두 근을 α, β라 할 때, $\alpha+\beta$의 값은?

① 2 ② 3 ③ 4
④ 5 ⑤ 6

152 ★☆☆

방정식 $9^x-3^{x+2}+9=0$의 두 근을 α, β라 할 때, $9^\alpha+9^\beta$의 값은?

① 55 ② 57 ③ 59
④ 61 ⑤ 63

153 ★★☆

방정식 $4^x-m\times2^{x+1}+m+2=0$이 서로 다른 두 실근을 갖도록 하는 자연수 m의 최솟값은?

① 1 ② 2 ③ 3
④ 4 ⑤ 5

154 ★★★

방정식 $25^x-8\times5^x+m^2-9=0$이 오직 하나의 실근을 갖도록 하는 정수 m의 개수는?

① 5 ② 7 ③ 9
④ 11 ⑤ 13

정답 및 해설 018쪽

더 자세한 개념 ⋯→ 메가헤르츠 083쪽

개념 ⑨ 지수부등식; 밑을 같게 할 수 있는 경우

주어진 부등식을 $a^{f(x)}<a^{g(x)}$ $(a>0, a\neq1)$ 꼴로 변형한 후

(1) $a>1$인 경우

부등식 $f(x)<g(x)$를 푼다. ⟶ 지수의 부등호 방향 그대로

(2) $0<a<1$인 경우

부등식 $f(x)>g(x)$를 푼다. ⟶ 지수의 부등호 방향 반대로

참고 지수에 미지수가 있는 부등식을 지수부등식이라 한다.

예 $2^x\le4$

더 자세한 개념 ⋯→ 메가헤르츠 083쪽

개념 ⑩ 지수부등식; a^x 꼴이 반복되는 경우

$a^x=t$로 치환하여 t에 대한 부등식을 푼다.

이때 $a^x>0$이므로 $t>0$임에 주의한다.

예 $(2^x)^2-2^x>0$

더 자세한 개념 ⋯→ 메가헤르츠 083쪽

개념 ⑪ 지수부등식; 밑과 지수에 모두 미지수가 있는 경우

밑의 범위를 (밑)>1, $0<$(밑)<1, (밑)$=1$인 경우로 나누어 푼다.

예 $x^{x+1}\le x^{-x+1}$

개념 ⑨ 지수부등식; 밑을 같게 할 수 있는 경우

155 다음 부등식을 푸시오.

(1) $3^x>81$

(2) $\left(\frac{1}{5}\right)^x\le125$

(3) $\left(\frac{1}{2}\right)^{2x-3}<2\sqrt{2}$

(4) $8^{x-1}\ge2\times4^{2x+1}$

개념 ⑩ 지수부등식; a^x 꼴이 반복되는 경우

156 다음 부등식을 푸시오.

(1) $4^x-2^x-12\le0$

(2) $\left(\frac{1}{4}\right)^x-5\times\left(\frac{1}{2}\right)^x+4\le0$

(3) $3^{2x+1}+2\times3^x>1$

(4) $0.01^x-11\times0.1^x+10>0$

개념 ⑪ 지수부등식; 밑과 지수에 모두 미지수가 있는 경우

157 다음 부등식을 푸시오. (단, $x>0$)

(1) $x^x<x^2$

(2) $x^{x+1}\le x^{-x}$

정답 및 해설 019쪽

유형 14 중요★ 지수부등식; 밑을 같게 할 수 있는 경우

① $a>1$인 경우
➡ $a^{f(x)}<a^{g(x)} \Longleftrightarrow f(x)<g(x)$
② $0<a<1$인 경우
➡ $a^{f(x)}<a^{g(x)} \Longleftrightarrow f(x)>g(x)$

158 대표 예제

부등식 $\frac{27^x}{81} \geq \left(\frac{1}{3}\right)^{1-x}$을 만족시키는 자연수 x의 최솟값은?

① 2 ② 3 ③ 4
④ 5 ⑤ 6

159 ★☆☆

부등식 $3^{x^2-6x+1} \leq \left(\frac{1}{9}\right)^{x-3}$을 만족시키는 정수 x의 개수는?

① 6 ② 7 ③ 8
④ 9 ⑤ 10

160 ★★☆

부등식 $1 \leq \left(\frac{1}{3}\right)^{2x-1} \leq 9$를 만족시키는 x의 값의 범위가 $\alpha \leq x \leq \beta$일 때, $\alpha+\beta$의 값은?

① -2 ② -1 ③ 0
④ 1 ⑤ 2

유형 15 지수부등식; a^x 꼴이 반복되는 경우

$a^x=t$로 치환하여 t에 대한 부등식을 푼다.
이때 $t>0$임에 주의한다.

161 대표 예제

부등식 $3^{2x+1}-28 \times 3^{x-1}+1<0$의 해는?

① $-2<x<1$ ② $-2<x<2$ ③ $-1<x<2$
④ $0<x<2$ ⑤ $1<x<2$

162 ★☆☆

부등식 $3^{x+2}+3^{x-2} \geq 1+3^x \times 3^x$의 해가 $\alpha \leq x \leq \beta$일 때, $\alpha+\beta$의 값은?

① -2 ② -1 ③ 0
④ 1 ⑤ 2

163 ★★☆

연립부등식

$$\begin{cases} 2^{x^2-4}<(\sqrt{2})^{x+2} \\ 4^{x-2}-5 \times 2^{x-3}+1<0 \end{cases}$$

의 해가 $\alpha<x<\beta$일 때, $\alpha+\beta$의 값은?

① 3 ② $\frac{7}{2}$ ③ 4
④ $\frac{9}{2}$ ⑤ 5

정답 및 해설 020쪽

유형 16 지수부등식; 밑과 지수에 모두 미지수가 있는 경우

밑의 범위를 (밑)>1, 0<(밑)<1, (밑)=1인 경우로 나누어 푼다.

164 대표 예제

부등식 $x^{x^2+1} \le x^{2x+9}$을 만족시키는 정수 x의 개수는? (단, $x>0$)

① 4 ② 5 ③ 6 ④ 7 ⑤ 8

165 ★☆☆

부등식 $x^{4x^2-7x} \ge \frac{1}{x^3}$을 만족시키는 실수 x의 최솟값은? (단, $x>0$)

① $\frac{1}{4}$ ② $\frac{1}{2}$ ③ $\frac{3}{4}$ ④ 1 ⑤ $\frac{5}{4}$

166 ★☆☆

부등식 $x^{x^2+3} < x^{-x^2+7x}$의 해가 $a<x<b$ 또는 $c<x<d$일 때, $a-b+c+d$의 값은? (단, $x>0$, $b<c$)

① 3 ② $\frac{7}{2}$ ③ 4 ④ $\frac{9}{2}$ ⑤ 5

유형 17 지수방정식과 지수부등식의 실생활에의 활용

처음의 양 A, 단위시간 동안의 변화율 a에 대하여 t시간 후의 양 $f(t)$는
➡ $f(t)=A\times a^t$

167 대표 예제

1시간에 개체 수가 2배로 증식하는 박테리아가 있다. 이 박테리아가 처음 개체 수의 512배 이상으로 증식되는 데 최소 몇 시간이 걸리는가?

① 5시간 ② 6시간 ③ 7시간 ④ 8시간 ⑤ 9시간

168 ★★☆

어느 제약 회사에서 개발한 영양제는 복용하고 1시간 후 전체의 양의 $\frac{1}{2}$이 흡수되고, 이후 1시간마다 흡수되지 않고 남아 있는 양의 $\frac{1}{2}$이 흡수된다고 한다. 이 영양제 1000 mg을 복용한 후 흡수되지 않고 남아 있는 양이 62.5 mg이 되는 것은 복용하고 몇 시간 후인가?

① 1시간 ② 2시간 ③ 3시간 ④ 4시간 ⑤ 5시간

169 ★★☆

어느 정수기 회사에서 생산하는 필터는 필터를 통과하기 전의 물속 불순물의 양의 80 %를 걸러 준다고 한다. 이 필터를 통과하기 전의 물속 불순물의 양의 99.8 % 이상을 걸러 내려면 필터를 최소 몇 개 설치해야 하는지 구하시오.

정답 및 해설 021쪽

170

유형 02

함수 $y=4\times\left(\frac{1}{2}\right)^x+5$의 그래프는 함수 $y=a^x$의 그래프를 x축의 방향으로 m만큼, y축의 방향으로 n만큼 평행이동한 것과 같다. $a+m+n$의 값은? (단, $a>0$, $a\neq1$)

① $\frac{11}{2}$ ② $\frac{13}{2}$ ③ $\frac{15}{2}$
④ $\frac{17}{2}$ ⑤ $\frac{19}{2}$

171

유형 03

세 수 $A=\sqrt[3]{2}$, $B=\sqrt[4]{3}$, $C=\sqrt[6]{5}$의 대소 관계를 비교하시오.

172

유형 04

그림과 같이 두 함수 $y=a^x$, $y=a^{-x}$ $(a>1)$의 그래프와 직선 $x=1$의 교점을 각각 A, B라 하자. $\overline{\text{AB}}=\frac{5}{6}$일 때, 실수 a의 값은?

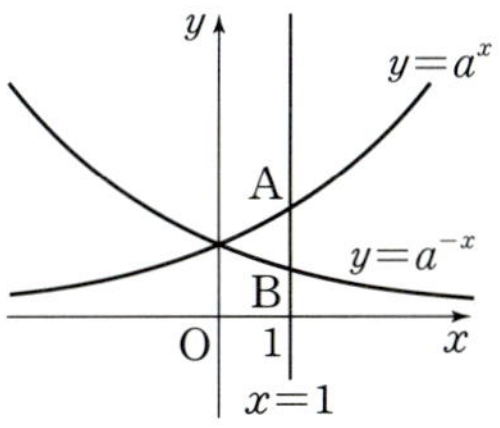

① $\frac{7}{6}$ ② $\frac{4}{3}$
③ $\frac{3}{2}$ ④ $\frac{5}{3}$ ⑤ $\frac{11}{6}$

173

유형 05

$a\leq x\leq1$에서 정의된 함수 $f(x)=\left(\frac{1}{2}\right)^{x+1}+b$의 최댓값은 $\frac{11}{4}$, 최솟값은 1이다. $a+b$의 값은?

(단, $a<1$이고, b는 상수이다.)

① $-\frac{5}{4}$ ② -1 ③ $-\frac{3}{4}$
④ $-\frac{1}{2}$ ⑤ $-\frac{1}{4}$

174

유형 07

함수 $y=2^{x+a}-4^x+b$는 $x=-2$에서 최댓값 $\frac{17}{16}$을 갖는다. 두 상수 a, b에 대하여 $a+b$의 값은?

① -1 ② $-\frac{1}{2}$ ③ 0
④ $\frac{1}{2}$ ⑤ 1

175 창의·사고력 Up

유형 08

함수 $y=4^x+4^{-x}+2^x+2^{-x}+1$의 최솟값은?

① 2 ② 3 ③ 4
④ 5 ⑤ 6

176

유형 09

함수 $f(x)=x^2+x$에 대하여 방정식 $\dfrac{3^{f(x+1)}}{9^{f(x-1)}}=\dfrac{1}{27}$의 모든 실근의 합을 구하시오.

177

유형 10

방정식 $a^x+\dfrac{1}{a^x}=\dfrac{17}{4}$의 한 근이 -2일 때, 다른 한 근을 b라 하자. $a+b$의 값은? (단, $a>1$)

① 3 ② 4 ③ 5 ④ 6 ⑤ 7

178

유형 13

방정식 $9^{x-1}-k\times3^{x-2}+1=0$이 서로 다른 두 양의 실근을 갖도록 하는 정수 k의 최댓값과 최솟값의 합을 구하시오.

179

유형 14

부등식 $\dfrac{1}{16^x}<\left(\dfrac{1}{2}\right)^{x^2}<\dfrac{1}{2}$을 만족시키는 모든 정수 x의 값의 합은?

① 1 ② 3 ③ 5 ④ 7 ⑤ 9

180 창의·사고력 Up

유형 15

부등식 $2^{x-1}+2^{5-x}\le a$를 만족시키는 x의 값의 범위가 $1\le x\le b$일 때, $a+b$의 값은? (단, a는 상수이다.)

① 21 ② 22 ③ 23 ④ 24 ⑤ 25

서술형 문제

181

유형 04

그림과 같이 함수 $y=(\sqrt{2})^x$의 그래프 위의 두 점 A, B에 대하여 선분 AB의 중점의 좌표가 $(2, 3)$이다. 두 점 A, B의 y좌표를 각각 a, b라 할 때, a^2+b^2의 값을 구하시오.

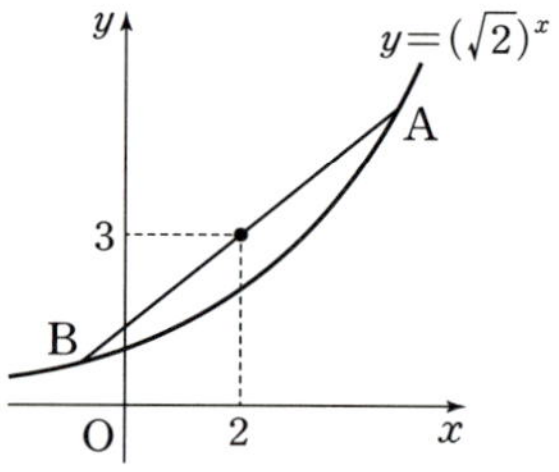

필요 개념 및 공식
- ☐ 지수법칙
- ☐ 곱셈 공식의 변형

04 로그함수

개념 ❶ 로그함수의 뜻과 그래프
개념 ❷ 로그함수의 그래프의 평행이동과 대칭이동

유형 01 ▸ 로그함수의 그래프
유형 02 ▸ 로그함수의 그래프의 평행이동과 대칭이동
유형 03 ▸ 지수함수와 로그함수의 역함수
유형 04 ▸ 로그함수를 이용한 수의 대소 비교
유형 05 ▸ 로그함수의 그래프의 활용

개념 ❸ 로그함수의 최대·최소
개념 ❹ 로그함수 $y=\log_a f(x)$ 꼴의 최대·최소
개념 ❺ $\log_a x$ 꼴이 반복되는 함수의 최대·최소
개념 ❻ 지수에 로그가 있는 함수의 최대·최소

유형 06 ▸ 로그함수 $y=\log_a f(x)$ 꼴의 최대·최소
유형 07 ▸ $\log_a x$ 꼴이 반복되는 함수의 최대·최소
유형 08 ▸ 지수에 로그가 있는 함수의 최대·최소
유형 09 ▸ 산술평균과 기하평균을 이용한 로그함수의 최대·최소

개념 ❼ 로그방정식; 밑 또는 진수를 같게 할 수 있는 경우
개념 ❽ 로그방정식; $\log_a x$ 꼴이 반복되는 경우
개념 ❾ 지수에 로그가 있는 방정식

유형 10 ▸ 로그방정식; 밑 또는 진수를 같게 할 수 있는 경우
유형 11 ▸ 로그방정식; $\log_a x$ 꼴이 반복되는 경우
유형 12 ▸ 지수에 로그가 있는 방정식
유형 13 ▸ 로그방정식의 응용

개념 ❿ 로그부등식; 밑을 같게 할 수 있는 경우
개념 ⓫ 로그부등식; $\log_a x$ 꼴이 반복되는 경우
개념 ⓬ 지수에 로그가 있는 부등식

유형 14 ▸ 로그부등식; 밑을 같게 할 수 있는 경우
유형 15 ▸ 로그부등식; $\log_a x$ 꼴이 반복되는 경우
유형 16 ▸ 지수에 로그가 있는 부등식
유형 17 ▸ 로그부등식의 응용
유형 18 ▸ 로그방정식과 로그부등식의 실생활에의 활용

정답 및 해설 023쪽

더 자세한 개념 ··· 메가헤르츠 094쪽

개념 ❶ 로그함수의 뜻과 그래프

(1) **로그함수**

지수함수 $y=a^x$ $(a>0,\ a\neq1)$의 역함수

$y=\log_a x$ $(a>0,\ a\neq1)$

를 a를 밑으로 하는 로그함수라 한다.

(2) **로그함수 $y=\log_a x$ $(a>0,\ a\neq1)$의 그래프와 성질**

① 정의역은 양의 실수 전체의 집합이고, 치역은 실수 전체의 집합이다.

② $a>1$일 때, x의 값이 증가하면 y의 값도 증가한다.

$0<a<1$일 때, x의 값이 증가하면 y의 값은 감소한다.

③ 그래프는 점 $(1,\ 0)$을 지나고, 점근선은 y축이다. → a의 값에 관계없이 $\log_a 1=0$이므로 점 $(1,\ 0)$을 지난다.

④ 지수함수 $y=a^x$의 그래프와 직선 $y=x$에 대하여 대칭이다.

$a>1$

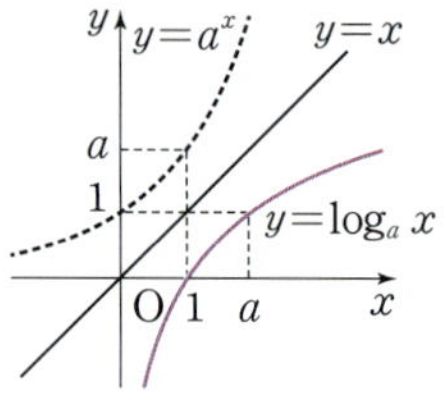

$0<a<1$

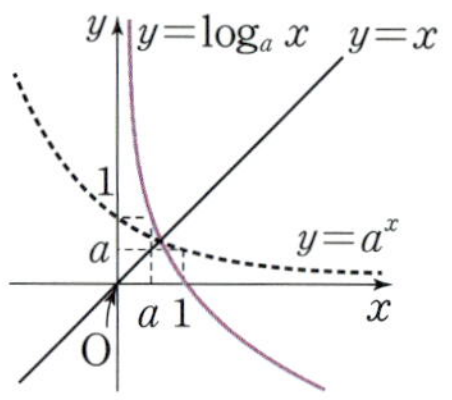

더 자세한 개념 ··· 메가헤르츠 096쪽

개념 ❷ 로그함수의 그래프의 평행이동과 대칭이동

로그함수 $y=\log_a x$ $(a>0,\ a\neq1)$의 그래프를 평행이동 또는 대칭이동한 그래프의 식은 다음과 같다.

(1) x축의 방향으로 m만큼, y축의 방향으로 n만큼 평행이동

➡ $y=\log_a(x-m)+n$ → x 대신 $x-m$, y 대신 $y-n$을 대입

(2) x축에 대하여 대칭이동

➡ $y=-\log_a x$ → y 대신 $-y$를 대입

(3) y축에 대하여 대칭이동

➡ $y=\log_a(-x)$ → x 대신 $-x$를 대입

(4) 원점에 대하여 대칭이동

➡ $y=-\log_a(-x)$ → x 대신 $-x$, y 대신 $-y$를 대입

(5) 직선 $y=x$에 대하여 대칭이동

➡ $y=a^x$ → x 대신 y, y 대신 x를 대입

참고 로그함수 $y=\log_a(x-m)+n$의 정의역은 $\{x|x>m\}$, 치역은 실수 전체의 집합이고, 그래프의 점근선은 직선 $x=m$이다.

개념 ❶ 로그함수의 뜻과 그래프

182 다음 함수의 역함수를 구하시오.

(1) $y=\left(\frac{1}{3}\right)^x$ (2) $y=\log_2 x$

183 다음 로그함수의 그래프를 그리시오.

(1) $y=\log_5 x$ (2) $y=\log_{\frac{1}{5}} x$

개념 ❷ 로그함수의 그래프의 평행이동과 대칭이동

184 함수 $y=\log_{\frac{1}{4}} x$의 그래프를 다음과 같이 평행이동 또는 대칭이동한 그래프의 식을 구하시오.

(1) x축의 방향으로 -1만큼, y축의 방향으로 2만큼 평행이동

(2) x축에 대하여 대칭이동

(3) y축에 대하여 대칭이동

(4) 원점에 대하여 대칭이동

185 함수 $y=\log_3 x$의 그래프를 이용하여 다음 함수의 그래프를 그리고, 정의역과 점근선의 방정식을 각각 구하시오.

(1) $y=\log_3(x-2)$ (2) $y=\log_3 3x$

(3) $y=\log_3(-x)$ (4) $y=\log_3 \frac{1}{x}$

정답 및 해설 024쪽

유형 01 로그함수의 그래프

로그함수 $y=\log_a x\ (a>0,\ a\neq1)$에 대하여
① 정의역 : 양의 실수 전체의 집합, 치역 : 실수 전체의 집합
② $a>1$일 때 ➡ x의 값이 증가하면 y의 값도 증가
$0<a<1$일 때 ➡ x의 값이 증가하면 y의 값은 감소
③ 점근선은 y축 $(x=0)$이다.
④ 지수함수 $y=a^x$의 그래프와 직선 $y=x$에 대하여 대칭이다.

186 대표 예제

함수 $y=\log_5 x$에 대한 설명으로 **보기** 에서 옳은 것만을 있는 대로 고르시오.

보기
ㄱ. 정의역과 치역이 같다.
ㄴ. 그래프는 점 $(5,\ 1)$을 지난다.
ㄷ. 일대일대응이다.
ㄹ. 그래프의 점근선은 x축이다.

187 ★☆☆

다음 중 함수 $y=\log_{\frac{1}{a}} x\ (a>1)$에 대한 설명으로 옳지 않은 것은?

① 그래프는 점 $(a,\ -1)$을 지난다.
② 치역은 실수 전체의 집합이다.
③ 그래프의 점근선은 y축이다.
④ x의 값이 증가하면 y의 값도 증가한다.
⑤ 함수 $y=\left(\frac{1}{a}\right)^x$의 그래프와 직선 $y=x$에 대하여 대칭이다.

188 ★★☆

함수 $y=\log_{\frac{2a}{a+5}} x$에서 x의 값이 증가할 때 y의 값은 감소하도록 하는 모든 자연수 a의 값의 합을 구하시오.

유형 02 중요★ 로그함수의 그래프의 평행이동과 대칭이동

로그함수 $y=\log_a x\ (a\neq1,\ a>0)$의 그래프를
① x축의 방향으로 m만큼, y축의 방향으로 n만큼 평행이동
➡ $y=\log_a(x-m)+n$
② x축에 대하여 대칭이동 ➡ $y=-\log_a x$
③ y축에 대하여 대칭이동 ➡ $y=\log_a(-x)$
④ 원점에 대하여 대칭이동 ➡ $y=-\log_a(-x)$
⑤ 직선 $y=x$에 대하여 대칭이동 ➡ $y=a^x$

189 대표 예제

함수 $y=\log_2 x$의 그래프를 x축의 방향으로 m만큼, y축의 방향으로 n만큼 평행이동한 그래프가 그림과 같을 때, mn의 값을 구하시오.

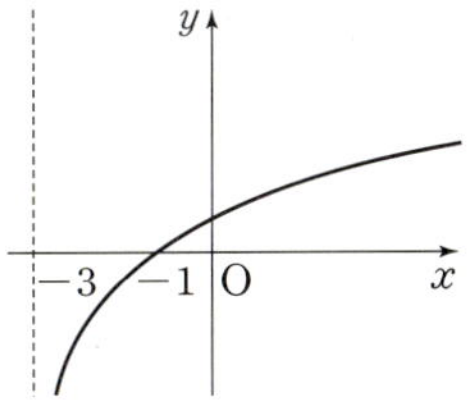

190 ★☆☆

함수 $y=2\log_4 x$의 그래프를 x축의 방향으로 a만큼 평행이동한 그래프와 함수 $y=\log_{a^2} bx$의 그래프가 점 $(6,\ 3)$에서 만날 때, $a+3b$의 값을 구하시오. (단, b는 상수이다.)

191 ★★☆

함수 $y=\log_5 x$의 그래프를 평행이동 또는 대칭이동하여 겹쳐질 수 있는 그래프의 식인 것만을 **보기** 에서 있는 대로 고른 것은?

보기
ㄱ. $y=5^{x-3}$　　ㄴ. $y=\log_{125} 125x^3$
ㄷ. $y=\log_5 \frac{10}{x}$　　ㄹ. $y=3\log_5(5-x)$

① ㄱ, ㄴ　② ㄱ, ㄷ　③ ㄴ, ㄹ
④ ㄱ, ㄴ, ㄷ　⑤ ㄴ, ㄷ, ㄹ

유형 03 지수함수와 로그함수의 역함수

① 함수 $y=\log_a (x-p)+q$ $(a>0,\ a\neq1)$의 역함수는 다음과 같은 순서로 구한다.
❶ x에 대하여 정리한다. ➡ $x=a^{y-q}+p$
❷ x와 y를 바꾼다. ➡ $y=a^{x-q}+p$
② 함수 $f(x)$의 역함수를 $g(x)$라 할 때
➡ $f(a)=b \Longleftrightarrow g(b)=a$

192 대표 예제

함수 $y=\log_3 (x-2)+4$의 역함수가 $y=3^{f(x)}+2$일 때, $f(3)$의 값은?

① -3　② -1　③ 1
④ 3　⑤ 5

193 ★☆☆

함수 $y=\log_2 (x-a)-3$의 역함수가 $y=b^{x+c}+1$일 때, 세 상수 a, b, c에 대하여 $a+b+c$의 값은?

① 2　② 3　③ 4
④ 5　⑤ 6

194 ★★☆

함수 $f(x)=\log_a x$의 그래프와 그 역함수의 그래프가 점 $\left(\frac{1}{2},\ 4a\right)$를 동시에 지날 때, 상수 a의 값은?
(단, $a>0$, $a\neq1$)

① $\frac{1}{16}$　② $\frac{1}{4}$　③ 2
④ 8　⑤ 16

유형 04 로그함수를 이용한 수의 대소 비교

대소를 비교하려는 수의 밑을 같게 한 후 로그함수의 성질을 이용한다.
① $a>1$일 때
➡ $x_1<x_2 \Longleftrightarrow \log_a x_1<\log_a x_2$
② $0<a<1$일 때
➡ $x_1<x_2 \Longleftrightarrow \log_a x_1>\log_a x_2$

195 대표 예제

세 수

$$A=2\log_3 11,\ B=2\log_9 50,\ C=5$$

의 대소 관계를 바르게 나타낸 것은?

① $A<B<C$　② $B<A<C$　③ $B<C<A$
④ $C<A<B$　⑤ $C<B<A$

196 ★☆☆

다음 세 수 중 가장 큰 수를 M이라 할 때, 3^M의 값은?

$$\log_{\frac{1}{3}} \frac{4}{17},\ \log_{\sqrt{3}} 2,\ \frac{1}{\log_5 3}$$

① 2　② 3　③ 4
④ 5　⑤ 6

197 ★☆☆

세 수

$$\log_{\frac{1}{10}} 20,\ 2\log_{\frac{1}{10}} \sqrt{7},\ \log \frac{1}{5}$$

중 가장 큰 수를 M, 가장 작은 수를 m이라 하자. $M+m$의 값은?

① -2　② $-\frac{1}{2}$　③ $\frac{1}{2}$
④ 1　⑤ 2

유형 05 중요★ 로그함수의 그래프의 활용

① 로그함수 $y=\log_a x$ $(a>0,\ a\neq1)$의 그래프가 점 $(p,\ q)$를 지나면
➡ $q=\log_a p \Longleftrightarrow a^q=p$
② • x축에 평행한 한 직선 위의 점 ➡ y좌표가 서로 같다.
• y축에 평행한 한 직선 위의 점 ➡ x좌표가 서로 같다.
• 직선 $y=x$ 위의 점 ➡ x좌표와 y좌표가 같다.

198 대표 예제

그림과 같이 함수 $y=\log_2 x$의 그래프 위의 두 점 A, B의 x좌표가 각각 a, b이다. $4a=b$일 때, $a+b+c$의 값은?

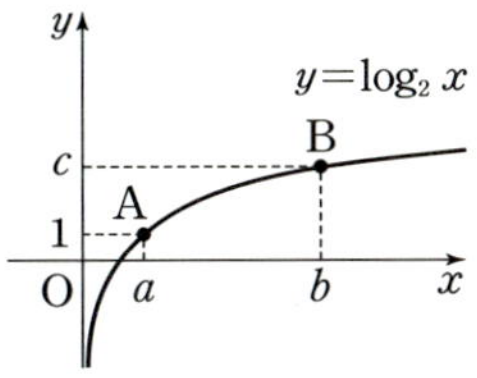

① 9 ② 11 ③ 13 ④ 15 ⑤ 17

199 ★☆☆

그림과 같이 좌표평면 위에 두 함수 $y=\log_a x$, $y=\log_2 x$의 그래프와 직선 $y=x$가 있고, 각 점선은 x축 또는 y축에 평행하다. 직선 A_2A_5의 기울기가 $\frac{4}{5}$일 때, 상수 a의 값은? (단, $1<a<2$)

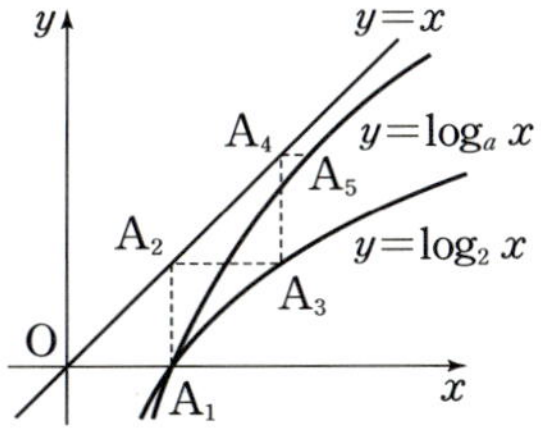

① $\frac{7}{6}$ ② $\frac{4}{3}$ ③ $\frac{3}{2}$ ④ $\frac{5}{3}$ ⑤ $\frac{11}{6}$

200 ★★☆

그림과 같이 함수 $f(x)=\log_a x$의 그래프 위의 점 P에서 x축, y축에 내린 수선의 발을 각각 Q, R라 하자. 사각형 OQPR가 넓이가 16인 정사각형일 때, $f(8)$의 값은?
(단, $a>1$이고, O는 원점이다.)

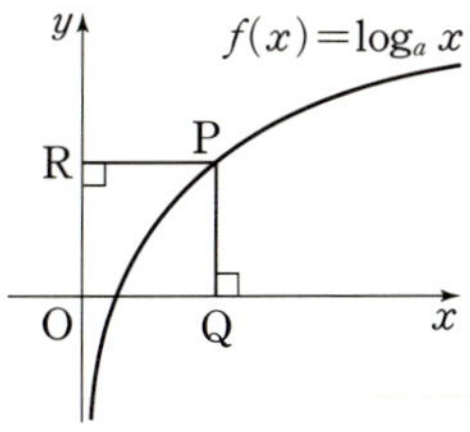

① 4 ② $\frac{9}{2}$ ③ 5 ④ $\frac{11}{2}$ ⑤ 6

201 ★★★

그림과 같이 좌표평면 위에 함수 $y=\log_a x$의 그래프와 직선 $y=x$가 있고, 각 점선은 x축 또는 y축에 평행하다. 다음 중 $a^{y_3-x_1}$의 값과 같은 것은? (단, $a>1$)

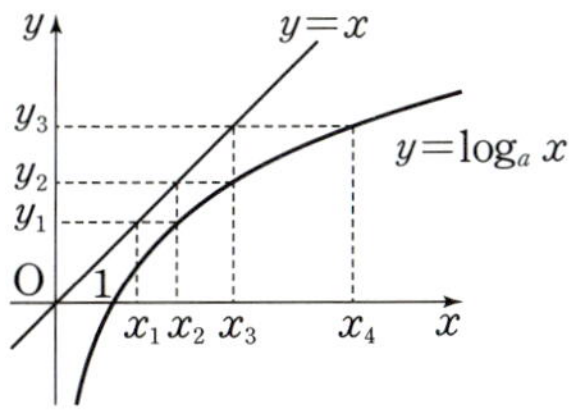

① x_1-y_2 ② y_3-x_2 ③ y_2+x_4 ④ $\frac{x_4}{y_2}$ ⑤ $\frac{y_3}{x_1}$

정답 및 해설 025쪽

더 자세한 개념 ⋯▸ 메가헤르츠 104쪽

개념 ❸ 로그함수의 최대·최소

정의역이 $\{x|m\le x\le n\}$일 때, 로그함수 $y=\log_a x$ $(a>0,\ a\ne1)$는

(1) $a>1$인 경우

$x=m$일 때 최솟값 $\log_a m$, $x=n$일 때 최댓값 $\log_a n$을 갖는다.

(2) $0<a<1$인 경우

$x=m$일 때 최댓값 $\log_a m$, $x=n$일 때 최솟값 $\log_a n$을 갖는다.

$a>1$

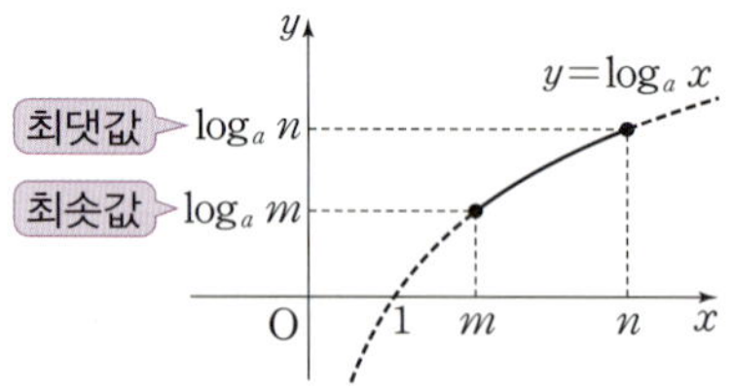

$0<a<1$

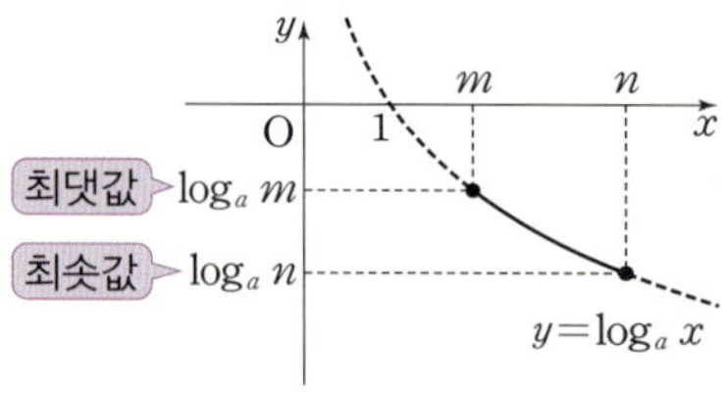

더 자세한 개념 ⋯▸ 메가헤르츠 104쪽

개념 ❹ 로그함수 $y=\log_a f(x)$ 꼴의 최대·최소

로그함수 $y=\log_a f(x)$ $(a>0,\ a\ne1)$에 대하여

(1) $a>1$인 경우

$f(x)$가 최대일 때 $\log_a f(x)$도 최대, $f(x)$가 최소일 때 $\log_a f(x)$도 최소이다.

(2) $0<a<1$인 경우

$f(x)$가 최대일 때 $\log_a f(x)$는 최소, $f(x)$가 최소일 때 $\log_a f(x)$는 최대이다.

더 자세한 개념 ⋯▸ 메가헤르츠 105쪽

개념 ❺ $\log_a x$ 꼴이 반복되는 함수의 최대·최소

$\log_a x$ $(a>0,\ a\ne1)$ 꼴이 반복되는 함수의 최대·최소는 다음과 같은 순서로 구한다.

❶ $\log_a x=t$로 치환하여 주어진 함수를 t에 대한 함수로 나타낸다.

❷ ❶에서 구한 함수의 최댓값 또는 최솟값을 구한다.

더 자세한 개념 ⋯▸ 메가헤르츠 105쪽

개념 ❻ 지수에 로그가 있는 함수의 최대·최소

지수에 $\log_a x$가 있는 함수의 최대·최소는 다음과 같은 순서로 구한다.

❶ 양변에 a를 밑으로 하는 로그를 취한 후 주어진 식을 정리한다.

❷ $\log_a x=t$로 치환하여 주어진 함수를 t에 대한 함수로 나타낸다.

❸ ❷에서 구한 함수의 최댓값 또는 최솟값을 구한다.

❹ ❸을 만족시키는 y의 최댓값 또는 최솟값을 구한다.

개념 ❸ 로그함수의 최대·최소

202 다음 함수의 최댓값과 최솟값을 각각 구하시오.

(1) $y=\log_2 x$ $(4\le x\le 32)$

(2) $y=-\log_3 x$ $\left(\frac{1}{3}\le x\le 27\right)$

(3) $y=\log_5(x-1)$ $(2\le x\le 20)$

(4) $y=\log_{\frac{1}{3}} 3x$ $(1\le x\le 9)$

개념 ❹ 로그함수 $y=\log_a f(x)$ 꼴의 최대·최소

203 다음 함수의 최댓값 또는 최솟값을 구하시오.

(1) $y=\log_2(x^2+4x+6)$

(2) $y=\log_{\frac{1}{3}}(x^2-2x+10)$

개념 ❺ $\log_a x$ 꼴이 반복되는 함수의 최대·최소

204 다음 함수의 최댓값 또는 최솟값을 구하시오.

(1) $y=(\log_2 x)^2-\log_2 x^2+4$

(2) $y=\log_3 x\times(\log_3 9x-3\log_3 x)$

개념 ❻ 지수에 로그가 있는 함수의 최대·최소

205 다음 함수의 최댓값과 최솟값을 각각 구하시오.

(1) $y=x^{\log_2 x}$ $(1\le x\le 4)$

(2) $y=\left(\frac{1}{x}\right)^{\log_3 x}$ $\left(\frac{1}{9}\le x\le 3\right)$

정답 및 해설 026쪽

유형 06 중요★ 로그함수 $y=\log_a f(x)$ 꼴의 최대·최소

주어진 x의 값의 범위에서 함수 $f(x)$의 최댓값 또는 최솟값을 구한 후 a의 값의 범위에 따라 함수 $y=\log_a f(x)$의 최댓값 또는 최솟값을 구한다.

① $a>1$이면
➡ $f(x)$가 최대일 때 y도 최대, $f(x)$가 최소일 때 y도 최소

② $0<a<1$이면
➡ $f(x)$가 최대일 때 y는 최소, $f(x)$가 최소일 때 y는 최대

206 대표 예제

$1\le x\le 4$에서 정의된 함수 $y=\log_2(x^2-4x+8)$의 최댓값을 M, 최솟값을 m이라 할 때, $M-m$의 값은?

① 1 ② 2 ③ 3 ④ 4 ⑤ 5

207 ★☆☆

정의역이 $\{x\,|\,4\le x\le 7\}$인 함수 $y=\log_{\frac{1}{3}}\dfrac{x+5}{x-3}$의 최댓값을 M, 최솟값을 m이라 할 때, $M+m$의 값은?

① -1 ② -2 ③ -3 ④ -4 ⑤ -5

208 ★★☆

함수 $y=\log_a(x+3)+\log_a(5-x)$의 최솟값이 -4일 때, 상수 a의 값은? (단, $a>0$, $a\ne1$)

① $\frac{1}{4}$ ② $\frac{1}{3}$ ③ $\frac{1}{2}$ ④ 2 ⑤ 3

유형 07 $\log_a x$ 꼴이 반복되는 함수의 최대·최소

$\log_a x$ $(a>0,\ a\ne1)$ 꼴이 반복되는 함수의 최대·최소는 다음과 같은 순서로 구한다.

❶ $\log_a x=t$로 치환하여 주어진 함수를 t에 대한 함수로 나타낸다.

❷ ❶에서 구한 함수의 최댓값 또는 최솟값을 구한다.

209 대표 예제

함수 $y=(\log_2 x)^2-4\log_2 2x+3$은 $x=a$에서 최솟값 b를 갖는다. $a+b$의 값은?

① -1 ② -2 ③ -3 ④ -4 ⑤ -5

210 ★☆☆

함수 $y=-2\left(\log_3\frac{1}{x}\right)^2-3\log_3 x^4+5$의 최댓값은?

① 19 ② 21 ③ 23 ④ 25 ⑤ 27

211 ★★☆

정의역이 $\left\{x\,\middle|\,\frac{1}{4}\le x\le 64\right\}$인 함수 $y=\log_4 16x\times\log_4\frac{4}{x}$의 최댓값과 최솟값의 곱은?

① $-\frac{45}{2}$ ② -20 ③ $-\frac{35}{2}$ ④ -15 ⑤ $-\frac{25}{2}$

정답 및 해설 027쪽

유형 08 지수에 로그가 있는 함수의 최대·최소

지수에 $\log_a x$가 있는 함수의 최대·최소는 다음과 같은 순서로 구한다.
❶ 양변에 a를 밑으로 하는 로그를 취한 후 주어진 식을 정리한다.
❷ $\log_a x=t$로 치환하여 주어진 함수를 t에 대한 함수로 나타낸다.
❸ ❷에서 구한 함수의 최댓값 또는 최솟값을 구한다.
❹ ❸을 만족시키는 y의 최댓값 또는 최솟값을 구한다.

212 대표 예제

정의역이 $\{x\,|\,1\le x\le 16\}$인 함수 $y=x^{\log_2 x-6}$의 최댓값을 M, 최솟값을 m이라 할 때, $\frac{M}{m}$의 값은?

① 32 ② 64 ③ 128 ④ 256 ⑤ 512

213 ★☆☆

함수 $y=27x^{\log_{\frac{1}{3}} x+2}$의 최댓값은?

① 9 ② 27 ③ 81 ④ 243 ⑤ 729

214 ★★☆

정의역이 $\left\{x\,\middle|\,\frac{1}{3}<x\le a\right\}$인 함수 $y=x^{8\log_{9x} 3}$의 최댓값이 1이 되도록 하는 a의 값은?

① 1 ② 3 ③ 9 ④ 27 ⑤ 81

유형 09 산술평균과 기하평균을 이용한 로그함수의 최대·최소

로그의 진수가 두 수의 합 또는 곱으로 주어진 함수의 최대·최소
➡ 로그의 성질을 이용하여 정리한 식의 진수가 두 양수의 합 또는 곱으로 주어지면 산술평균과 기하평균의 관계를 이용한다.

215 대표 예제

$x>0$, $y>0$일 때, $\log_6\left(x+\frac{4}{y}\right)+\log_6\left(y+\frac{16}{x}\right)$의 최솟값은?

① $\frac{1}{2}$ ② 1 ③ $\frac{3}{2}$ ④ 2 ⑤ $\frac{5}{2}$

216 ★☆☆

$x\ge 2$일 때, 함수 $y=\log_5 25x+\log_x 625$의 최솟값은?

① 0 ② 2 ③ 4 ④ 6 ⑤ 8

217 ★★☆

함수 $y=\log_{\frac{1}{2}}\left(x^2+\frac{9}{x^2+2}+4\right)$의 최댓값은?

① -5 ② -3 ③ -1 ④ 1 ⑤ 3

개념 체크 Concept

정답 및 해설 028쪽

더 자세한 개념 ⋯→ 메가헤르츠 111쪽

개념 ❼ 로그방정식; 밑 또는 진수를 같게 할 수 있는 경우

(1) **$\log_a f(x)=b$ 꼴인 경우**

$$\log_a f(x)=b \Longleftrightarrow f(x)=a^b$$

임을 이용한다.

(2) **밑을 같게 할 수 있는 경우**

주어진 방정식을 $\log_a f(x)=\log_a g(x)$ 꼴로 변형한 후

$$\log_a f(x)=\log_a g(x) \Longleftrightarrow f(x)=g(x)$$

└→ 로그함수 $y=\log_a x$ ($a>0$, $a\neq1$)는 일대일함수이므로 가능하다.

$(a>0,\ a\neq1,\ f(x)>0,\ g(x)>0)$

└→ 로그의 밑과 진수의 조건

임을 이용하여 방정식 $f(x)=g(x)$를 푼다.

(3) **진수가 같은 경우**

밑이 같거나 진수가 1임을 이용한다. 즉,

$$\log_{g(x)} f(x)=\log_{h(x)} f(x) \Longleftrightarrow g(x)=h(x) \text{ 또는 } f(x)=1$$

$$(g(x)>0,\ g(x)\neq1,\ h(x)>0,\ h(x)\neq1,\ f(x)>0)$$

참고 로그의 진수 또는 밑에 미지수가 있는 방정식을 로그방정식이라 한다.

예 (1) $\log_2 x=4$

(2) $\log_2 (x+1)=\log_2 (2x-1)$

(3) $\log_2 (x-1)=\log_x (x-1)$

더 자세한 개념 ⋯→ 메가헤르츠 111쪽

개념 ❽ 로그방정식; $\log_a x$ 꼴이 반복되는 경우

$\log_a x=t$로 치환하여 t에 대한 방정식을 푼다.

예 $(\log_2 x)^2+\log_2 x=0$

더 자세한 개념 ⋯→ 메가헤르츠 111쪽

개념 ❾ 지수에 로그가 있는 방정식

양변에 로그를 취하여 로그방정식으로 변형한 후 푼다.

예 $x^{\log x}=10$

개념 ❼ 로그방정식; 밑 또는 진수를 같게 할 수 있는 경우

218 다음 방정식을 푸시오.

(1) $\log_2(7x-3)=5$

(2) $\log_{x-3} 9=2$

(3) $\log_3(3x-2)=\log_3 7$

(4) $\log_{\frac{1}{3}} x=\log_3 \frac{3}{2}$

(5) $\log_{x^2} 7=\log_{5x-6} 7$

(6) $\log_{x+2}(3x-5)=\log_{3x-2}(3x-5)$

개념 ❽ 로그방정식; $\log_a x$ 꼴이 반복되는 경우

219 다음 방정식을 푸시오.

(1) $(\log x)^2-2\log x=0$

(2) $(\log_2 x-1)(\log_2 x+2)=4$

개념 ❾ 지수에 로그가 있는 방정식

220 다음 방정식을 푸시오.

(1) $x^{\log x}=x$

(2) $\frac{1}{3}x^{\log_3 x}=1$

유형 10 중요★ 로그방정식; 밑 또는 진수를 같게 할 수 있는 경우

① 밑을 같게 할 수 있는 경우
➡ $a>0$, $a\neq1$일 때
$\log_a f(x)=\log_a g(x) \Longleftrightarrow f(x)=g(x)$
② 진수가 같은 경우
➡ $\log_{g(x)} f(x)=\log_{h(x)} f(x)$
$\Longleftrightarrow g(x)=h(x)$ 또는 $f(x)=1$
이때 밑과 진수의 조건에 주의한다.

221 대표 예제
방정식 $\log_2(x-3)-2\log_2 3=1-\log_2(x+4)$의 해는?

① $x=4$ ② $x=\frac{9}{2}$ ③ $x=5$
④ $x=\frac{11}{2}$ ⑤ $x=6$

222 ★☆☆
방정식 $\log_9(x+3)^3=3\log_3(3-x)$의 해를 구하시오.

223 ★★☆
방정식 $\log_{x^2-6x+9}(x+3)=\log_{3-x}(x+3)$의 해는?

① $x=-2$ ② $x=-1$ ③ $x=0$
④ $x=1$ ⑤ $x=2$

유형 11 중요★ 로그방정식; $\log_a x$ 꼴이 반복되는 경우

$\log_a x=t$로 치환하여 t에 대한 방정식을 푼다.

224 대표 예제
방정식 $(\log_3 3x)^2+\log_{\frac{1}{3}} x=7$의 해를 구하시오.

225 ★☆☆
방정식 $\log_2 x-\log_x 64=-1$의 모든 근의 합은?

① $\frac{31}{8}$ ② 4 ③ $\frac{33}{8}$
④ $\frac{17}{4}$ ⑤ $\frac{35}{8}$

226 ★★☆
방정식 $\log_2 4x\times\log_x 2x=6$의 두 근을 α, β라 할 때, $|\alpha-\beta|$의 값은?

① 1 ② 2 ③ 3
④ 4 ⑤ 5

유형 12 지수에 로그가 있는 방정식

① $x^{\log_a f(x)}=g(x)$ 꼴인 경우
➡ 양변에 a를 밑으로 하는 로그를 취한다.
② $a^{\log_b x}$과 $x^{\log_b a}$ 꼴을 포함한 경우
➡ $a^{\log_b x}=x^{\log_b a}$임을 이용한다. → 로그의 밑의 변환에 의한 성질

227 대표 예제

방정식 $x^{\log_3 x}=\dfrac{9}{x}$의 모든 근의 합은?

① $\dfrac{26}{9}$ ② $\dfrac{28}{9}$ ③ $\dfrac{10}{3}$
④ $\dfrac{32}{9}$ ⑤ $\dfrac{34}{9}$

228 ★☆☆

방정식 $2^{\log 100x}=5^{\log \frac{1}{x}}$의 해를 구하시오.

229 ★★☆

방정식 $3^{\log_2 x}\times x^{\log_2 3}-3^{\log_2 x+1}-54=0$의 해는?

① $x=2$ ② $x=3$ ③ $x=4$
④ $x=5$ ⑤ $x=6$

유형 13 로그방정식의 응용

x에 대한 방정식 $(\log_a x)^2+m\log_a x+n=0$ $(a>0,\ a\neq1,\ m,\ n$은 상수$)$의 두 근이 $\alpha,\ \beta$이면
➡ $\log_a x=t$로 치환했을 때, t에 대한 이차방정식 $t^2+mt+n=0$의 두 근은 $\log_a \alpha,\ \log_a \beta$이다.

230 대표 예제

방정식 $(\log_5 x)^2-\log_5 x^4+\log_5 3=0$의 두 근의 곱이 5^n일 때, 자연수 n의 값을 구하시오.

231 ★★☆

방정식 $(8-\log_3 x)\log_3 x=a$가 1보다 큰 서로 다른 두 실근을 갖도록 하는 정수 a의 개수는?

① 13 ② 14 ③ 15
④ 16 ⑤ 17

232 ★★☆

방정식 $(\log_7 x)^3-a\log_7 x+a-1=0$이 오직 하나의 실근을 갖도록 하는 실수 a의 값의 범위는?

① $\dfrac{1}{4}<a<1$ ② $\dfrac{1}{2}<a<\dfrac{5}{4}$ ③ $a<\dfrac{3}{4}$
④ $0<a<1$ ⑤ $a<\dfrac{5}{4}$

개념 체크 Concept

정답 및 해설 030쪽

더 자세한 개념 ⋯→ 메가헤르츠 118쪽

개념 ⑩ 로그부등식; 밑을 같게 할 수 있는 경우

주어진 부등식을 $\log_a f(x) < \log_a g(x)$ ($a>0$, $a\neq1$) 꼴로 변형한 후

(1) $a>1$인 경우

부등식 $0<f(x)<g(x)$를 푼다.

(2) $0<a<1$인 경우

부등식 $f(x)>g(x)>0$을 푼다.

참고 로그의 진수 또는 밑에 미지수가 있는 부등식을 로그부등식이라 한다.

예 $\log_2 x \le 4$

더 자세한 개념 ⋯→ 메가헤르츠 118쪽

개념 ⑪ 로그부등식; $\log_a x$ 꼴이 반복되는 경우

$\log_a x = t$로 치환하여 t에 대한 부등식을 푼다.

예 $(\log_2 x)^2 + \log_2 x > 0$

더 자세한 개념 ⋯→ 메가헤르츠 118쪽

개념 ⑫ 지수에 로그가 있는 부등식

양변에 로그를 취하여 로그부등식으로 변형한 후 푼다.

이때 취하는 로그의 밑의 범위가 (밑)>1이면 부등호의 방향을 그대로 두고, $0<$(밑)<1이면 부등호의 방향을 반대로 바꾼다.

예 $x^{\log x} \ge 10$

개념 ⑩ 로그부등식; 밑을 같게 할 수 있는 경우

233 다음 부등식을 푸시오.

(1) $\log_3 (2-x) \ge 2$

(2) $\log_{\frac{1}{2}} x \ge -4$

(3) $\log_7 (2x-1) > \log_7 (x+1)$

(4) $\log_{\frac{1}{5}} x < \log_{\frac{1}{5}} (4-x)$

개념 ⑪ 로그부등식; $\log_a x$ 꼴이 반복되는 경우

234 다음 부등식을 푸시오.

(1) $(\log_2 x)^2 - 3\log_2 x \le 0$

(2) $(\log_{\frac{1}{2}} x)^2 \le 4$

개념 ⑫ 지수에 로그가 있는 부등식

235 다음 부등식을 푸시오.

(1) $x^{\log_3 x} < 9x$

(2) $x^{\log_{\frac{1}{2}} x} \le x^2$

정답 및 해설 031쪽

유형 14 중요★ 로그부등식; 밑을 같게 할 수 있는 경우

① $a>1$인 경우
➡ $\log_a f(x)<\log_a g(x) \Longleftrightarrow 0<f(x)<g(x)$
② $0<a<1$인 경우
➡ $\log_a f(x)<\log_a g(x) \Longleftrightarrow f(x)>g(x)>0$

236 대표 예제

부등식 $\log_3(x^2+2x-3)>\log_3(3x+3)$의 해는?

① $x>1$　② $1<x<2$　③ $x>3$
④ $2<x<7$　⑤ $x<7$

237 ★☆☆

다음 중 부등식 $\log_{\frac{1}{2}}(x^2+4x+6)\le\log_{\frac{1}{4}}9$를 만족시키지 않는 x의 값은?

① -5　② -4　③ -3
④ -2　⑤ -1

238 ★★☆

부등식 $\log_3(x-2)+\log_3(4-x)<0$의 해를 구하시오.

유형 15 로그부등식; $\log_a x$ 꼴이 반복되는 경우

$\log_a x=t$로 치환하여 t에 대한 부등식을 푼다.

239 대표 예제

부등식 $(\log_3 x+2)(\log_3 x-1)<4$의 해가 $a<x<b$일 때, ab의 값은?

① $\frac{1}{9}$　② $\frac{1}{3}$　③ 1
④ 3　⑤ 9

240 ★☆☆

부등식 $\log_{\frac{1}{4}}32x\times\log_2\frac{64}{x}\le0$을 만족시키는 실수 x의 최댓값은?

① 60　② 61　③ 62
④ 63　⑤ 64

241 ★★☆

연립부등식 $\begin{cases}(\log_3 x)^2+10<\log_3 x^7 \\ \dfrac{4}{(\log_5 x)^2}>1\end{cases}$ 을 만족시키는 정수 x의 개수는?

① 15　② 16　③ 17
④ 18　⑤ 19

유형 16 지수에 로그가 있는 부등식

① $x^{\log_a f(x)}<g(x)$ 꼴인 경우
➡ 양변에 a를 밑으로 하는 로그를 취한다.
② $a^{f(x)}<b^{g(x)}$ 꼴인 경우 → 밑이 다른 지수부등식
➡ 양변에 상용로그를 취한다.

242 대표 예제

부등식 $x^{\log_2 x}\le\frac{x^5}{64}$의 해는?

① $4\le x\le8$ ② $5\le x\le9$ ③ $6\le x\le10$
④ $7\le x\le11$ ⑤ $8\le x\le12$

243 ★☆☆

부등식 $x^{\log_{\frac{1}{2}} x}>ax^b$의 해가 $\frac{1}{4}<x<2$가 되도록 하는 두 상수 a, b에 대하여 $a+b$의 값은?

① $\frac{1}{4}$ ② $\frac{3}{4}$ ③ $\frac{5}{4}$
④ $\frac{7}{4}$ ⑤ $\frac{9}{4}$

244 ★★☆

부등식 $22^{x-1}>11^{x+1}$을 만족시키는 정수 x의 최솟값은?

① 4 ② 5 ③ 6
④ 7 ⑤ 8

유형 17 로그부등식의 응용

다음과 같은 경우에 이차방정식 $f(x)=0$의 판별식을 이용한다.
① 로그를 포함한 x에 대한 이차방정식 $f(x)=0$의 근의 조건이 주어진 경우
② 로그를 포함한 x에 대한 이차부등식 $f(x)>0$이 항상 성립하는 경우

245 대표 예제

임의의 양수 x에 대하여 부등식

$$(\log_3 x)^2-k\log_3 x+\frac{k}{2}+6\ge0$$

이 성립하도록 하는 실수 k의 최댓값을 M, 최솟값을 m이라 할 때, $M-m$의 값은?

① 2 ② 4 ③ 6
④ 8 ⑤ 10

246 ★☆☆

x에 대한 이차방정식 $x^2+x\log_2 a+\log_2\frac{a^2}{8}=0$이 서로 다른 두 허근을 갖도록 하는 자연수 a의 개수는?

① 56 ② 59 ③ 62
④ 65 ⑤ 68

247 ★★☆

모든 양수 x에 대하여 부등식 $x^{\log_2 ax}>\frac{1}{2}$이 성립하도록 하는 실수 a의 값의 범위가 $\alpha<a<\beta$일 때, $\frac{\beta}{\alpha}$의 값은?

① 12 ② 14 ③ 16
④ 18 ⑤ 20

유형 18 로그방정식과 로그부등식의 실생활에의 활용

처음의 양 A, 단위시간 동안의 변화율 a에 대하여 t시간 후의 양 $f(t)$는
➡ $f(t)=A\times a^t$

248 대표 예제

어느 커피 전문점의 매출액이 매월 일정하게 증가하여 30개월 후 첫 달 매출액의 4배가 되었다. 30개월 동안 이 커피 전문점의 매출액은 매월 몇 %씩 증가하였는가?

(단, $\log 1.047=0.02$, $\log 2=0.30$으로 계산한다.)

① 2 % ② 2.7 % ③ 3 %
④ 4.7 % ⑤ 5.7 %

249 ★☆☆

공기 중에 섞여 있는 미세먼지는 어느 공기청정기의 필터를 하나 통과할 때 마다 그 양이 20 %씩 감소한다고 한다. 미세먼지의 양을 처음 양의 1 %로 줄이려면 이 공기청정기의 필터를 몇 개 설치해야 하는가? (단, $\log 2=0.30$으로 계산한다.)

① 20개 ② 21개 ③ 22개
④ 23개 ⑤ 24개

250 ★★☆

어떤 자동차의 중고차 가격은 구입 이후 매년 전년보다 40 % 낮은 가격에 형성된다고 한다. 2022년에 2000만 원인 자동차를 구입했을 때, n년 후에 중고차 가격이 500만 원 이하로 떨어진다. 자연수 n의 값을 구하시오.

(단, $\log 2=0.30$, $\log 3=0.47$로 계산한다.)

251 ★★☆

두 국가 A, B는 2022년 이후에 매년 각각 5 %, 25 %씩 경제 성장을 할 것으로 예상된다. 2022년 기준으로 A 국가의 경제 규모가 B 국가의 경제 규모의 2배라 할 때, B 국가의 경제 규모가 A 국가의 경제 규모를 초과하는 것은 몇 년인가?

(단, $\log 2=0.30$, $\log 2.1=0.32$로 계산한다.)

① 2024년 ② 2025년 ③ 2026년
④ 2027년 ⑤ 2028년

252

유형 02

함수 $y=\log_3 x$의 그래프를 x축의 방향으로 m만큼, y축의 방향으로 n만큼 평행이동한 후 y축에 대하여 대칭이동한 그래프의 식이 $y=\log_3 f(x)$이다. 함수 $y=f(x)$의 그래프가 두 점 $(-1, 6)$, $\left(-\frac{2}{3}, 3\right)$을 지날 때, $\frac{n}{m}$의 값은?

① 3　② 4　③ 5　④ 6　⑤ 7

253

유형 03

함수 $f(x)=\log_2 \sqrt{3x+7}$에 대하여 함수 $g(x)$가 $(f\circ g)(x)=x$를 만족시킨다. 이때 $(g\circ g\circ f)(a)=3$을 만족시키는 상수 a의 값은?

① 2　② 3　③ 4　④ 5　⑤ 6

254

유형 06

정의역이 $\{x\,|\,3\le x\le a\}$인 함수 $y=\log_3(\sqrt{2x-6}+b)$의 치역이 $\{y\,|\,0\le y\le 2\}$일 때, ab의 값은? (단, b는 상수이다.)

① 32　② 33　③ 34　④ 35　⑤ 36

255

유형 07

함수 $y=(\log_5 x)^2+a\log_{25} x+b$가 $x=\frac{1}{25}$에서 최솟값 1을 가질 때, 두 상수 a, b에 대하여 $a+b$의 값은?

① 12　② 13　③ 14　④ 15　⑤ 16

256 창의·사고력 Up

유형 09

두 양수 x, y에 대하여 $x^2+y^2=16$일 때,
$\log_3(x^2y^2+2xy+1)$의 최댓값은?

① 2 ② 3 ③ 4
④ 5 ⑤ 6

257

유형 10

방정식 $\log_{\sqrt{2}}|x|=\log_2(x+4)+1$을 만족시키는 모든 근의 합은?

① 2 ② 3 ③ 4
④ 5 ⑤ 6

258

유형 12

방정식 $(2x)^{\log 2}-(5x)^{\log 5}=0$의 해는? (단, $x>0$)

① $x=\frac{1}{10}$ ② $x=\frac{1}{5}$ ③ $x=\frac{1}{2}$
④ $x=1$ ⑤ $x=2$

259

유형 04 + 유형 14

세 수

$A=\log_{\frac{1}{4}}32$, $B=\log_{\frac{1}{4}}(4x+12)$, $C=\log_{\frac{1}{2}}x$

에 대하여 $A<B<C$를 만족시키는 모든 자연수 x의 값의 합은?

① 6 ② 10 ③ 15
④ 21 ⑤ 28

260 창의·사고력 Up　　유형 14

부등식 $\log_2(\log_3 x)>2$의 해는?

① $0<x<1$　② $1<x<3$　③ $3<x<27$
④ $27<x<81$　⑤ $x>81$

261　　유형 15

부등식 $\log_5(2x-1)\times\{a-\log_5(2x-1)\}\geq b$의 해가 $\frac{3}{5}\leq x\leq 13$일 때, 두 상수 a, b에 대하여 $a-b$의 값은?

① -5　② -3　③ -1
④ 1　⑤ 3

262　　유형 18

어느 백화점에서 한과 세트를 만들어 팔고 있다. 이 백화점에서는 매출 신장을 위해 매년 그 전 해의 한과 세트 1개의 원가는 1 % 줄이고, 포장을 바꿔 1 % 높은 가격에 판매한다고 한다. 한과 세트 1개에 대한 마진율은

$$(\text{마진율})=\frac{(\text{판매가})-(\text{원가})}{(\text{원가})}$$

이다. 현재의 마진율이 1 %일 때, 이러한 전략으로 n년 후에 마진율이 10 % 이상이 된다고 한다. 자연수 n의 값을 구하시오.
(단, $\log 1.01=0.004$, $\log 1.1=0.041$, $\log 9.9=0.995$로 계산한다.)

서술형 문제

263　　유형 17

$\log_2 p\times\log_2 q=4$를 만족시키는 두 양수 p, q에 대하여 이차방정식 $x^2+2px+4q=0$이 서로 다른 두 실근을 갖도록 하는 p의 값의 범위를 구하시오.

필요 개념 및 공식
☐ 이차방정식의 판별식　☐ 로그부등식

05 삼각함수

정답 및 해설 036쪽

더 자세한 개념 ⋯→ 메가헤르츠 132쪽

개념 ❶ 일반각

(1) **시초선과 동경**

평면 위의 두 반직선 OX와 OP가 ∠XOP를 결정할 때, ∠XOP의 크기는 반직선 OP가 고정된 반직선 OX의 위치에서 점 O를 중심으로 반직선 OP의 위치까지 회전한 양으로 정한다.

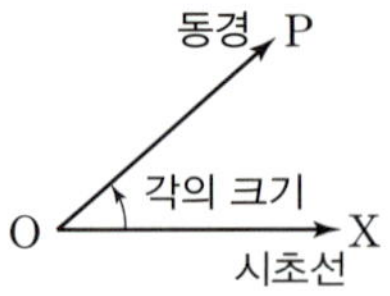

이때 반직선 OX를 시초선, 반직선 OP를 동경이라 한다.

(2) **일반각**

시초선 OX와 동경 OP가 나타내는 한 각의 크기를 α°라 하면 ∠XOP의 크기는

$360^\circ \times n + \alpha^\circ$ (n은 정수)

꼴로 나타낼 수 있고, 이것을 동경 OP가 나타내는 일반각이라 한다.

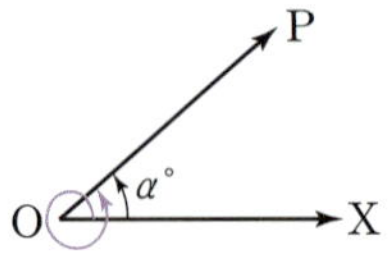

참고 일반각으로 나타낼 때, α°는 보통 $0^\circ \le \alpha^\circ < 360^\circ$인 것을 택한다.

더 자세한 개념 ⋯→ 메가헤르츠 136쪽

개념 ❷ 육십분법과 호도법

(1) **육십분법**: 원의 둘레를 360등분하여 각 호에 대한 중심각의 크기를 1도(°), 1도의 $\frac{1}{60}$을 1분(′), 1분의 $\frac{1}{60}$을 1초(″)로 정의하여 각의 크기를 나타내는 방법

(2) **1라디안**: 반지름의 길이가 r인 원에서 길이가 r인 호에 대한 중심각의 크기

(3) **호도법**: 라디안을 단위로 하여 각의 크기를 나타내는 방법

(4) $1\text{라디안}=\frac{180^\circ}{\pi}$, $1^\circ=\frac{\pi}{180}\text{라디안}$

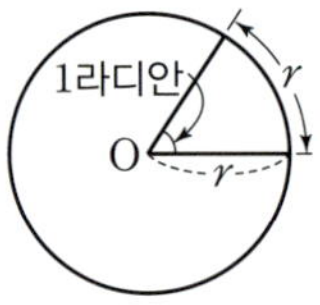

참고 일반적으로 호도법의 단위인 라디안은 생략한다.

더 자세한 개념 ⋯→ 메가헤르츠 137쪽

개념 ❸ 부채꼴의 호의 길이와 넓이

반지름의 길이가 r, 중심각의 크기가 θ(라디안)인 부채꼴의 호의 길이를 l, 넓이를 S라 하면

$$l=r\theta,\ S=\frac{1}{2}r^2\theta=\frac{1}{2}rl$$

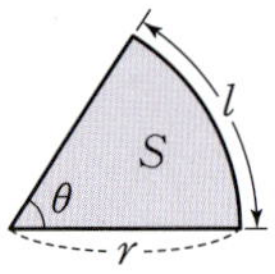

개념 ❶ 일반각

264 크기가 다음과 같은 각의 동경이 나타내는 일반각을 $360^\circ \times n + \alpha^\circ$ 꼴로 나타내시오.
(단, n은 정수, $0^\circ \le \alpha^\circ < 360^\circ$)

(1) 370°　　(2) 860°

(3) -50°　　(4) -470°

개념 ❷ 육십분법과 호도법

265 다음 각의 크기를 육십분법은 호도법으로, 호도법은 육십분법으로 나타내시오.

(1) 60°　　(2) -150°

(3) $\frac{\pi}{6}$　　(4) $-\frac{11}{6}\pi$

개념 ❸ 부채꼴의 호의 길이와 넓이

266 다음과 같은 부채꼴의 호의 길이 l과 넓이 S를 각각 구하시오.

(1) 반지름의 길이가 4, 중심각의 크기가 $\frac{5}{4}\pi$

(2) 반지름의 길이가 2, 중심각의 크기가 $\frac{11}{6}\pi$

267 반지름의 길이가 5, 호의 길이가 4π인 부채꼴의 넓이를 구하시오.

유형 01 일반각

시초선 OX와 동경 OP가 나타내는 한 각의 크기를 α°라 할 때, 동경 OP가 나타내는 일반각 θ는
➡ $\theta=360^\circ\times n+\alpha^\circ$ (단, n은 정수)

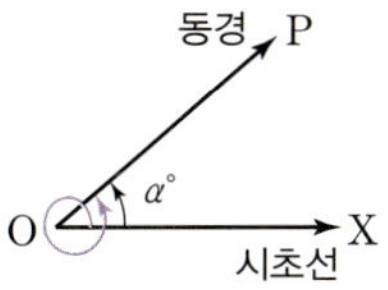

268 대표 예제

시초선 OX와 동경 OP의 위치가 그림과 같을 때, 다음 중 동경 OP가 나타낼 수 있는 각의 크기는?

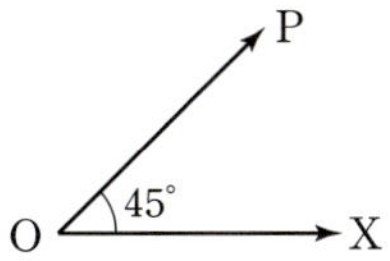

① -1045°　② -310°　③ 415°
④ 765°　⑤ 1100°

269 ★☆☆

정수 n에 대하여 다음 세 각

$\alpha=-760^\circ$, $\beta=-110^\circ$, $\gamma=1110^\circ$

를 $360^\circ\times n+\theta^\circ$ $(0^\circ\leq\theta^\circ<360^\circ)$ 꼴로 나타낼 때, θ의 값이 큰 것부터 차례대로 각을 나열한 것은?

① α, β, γ　② α, γ, β　③ β, γ, α
④ β, α, γ　⑤ γ, β, α

270 ★☆☆

| 보기 |의 각을 나타내는 동경 중에서 690°를 나타내는 동경과 일치하는 것만을 있는 대로 고른 것은?

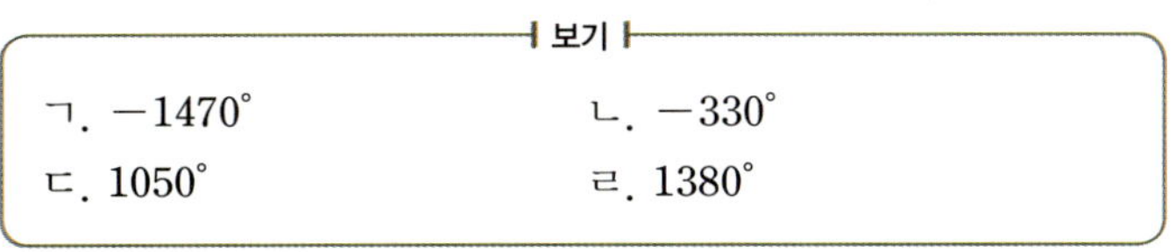

| 보기 |
ㄱ. -1470°　ㄴ. -330°
ㄷ. 1050°　ㄹ. 1380°

① ㄱ, ㄴ　② ㄱ, ㄷ　③ ㄴ, ㄹ
④ ㄱ, ㄷ, ㄹ　⑤ ㄴ, ㄷ, ㄹ

유형 02 사분면의 각

정수 n에 대하여 각 θ가
① 제1사분면의 각인 경우 ➡ $360^\circ\times n<\theta<360^\circ\times n+90^\circ$
② 제2사분면의 각인 경우 ➡ $360^\circ\times n+90^\circ<\theta<360^\circ\times n+180^\circ$
③ 제3사분면의 각인 경우 ➡ $360^\circ\times n+180^\circ<\theta<360^\circ\times n+270^\circ$
④ 제4사분면의 각인 경우 ➡ $360^\circ\times n+270^\circ<\theta<360^\circ\times n+360^\circ$

271 대표 예제

θ가 제3사분면의 각일 때, $\frac{\theta}{2}$는 제몇 사분면의 각인가?

① 제1사분면　② 제2사분면
③ 제3사분면　④ 제2사분면 또는 제4사분면
⑤ 제3사분면 또는 제4사분면

272 ★☆☆

2θ가 제1사분면의 각일 때, **| 보기 |**에서 각 θ를 나타내는 동경이 존재할 수 있는 사분면을 있는 대로 고른 것은?

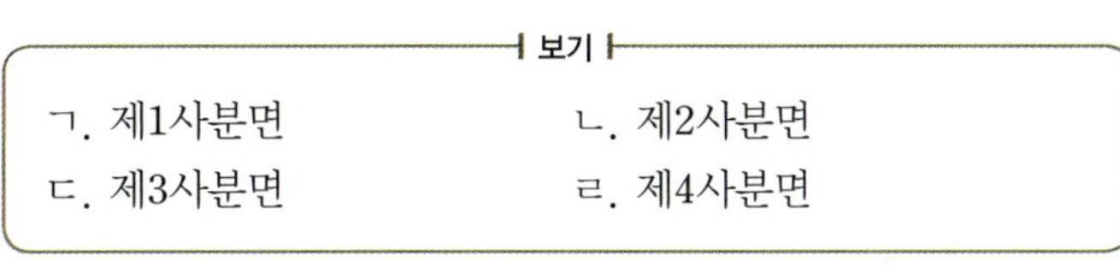

| 보기 |
ㄱ. 제1사분면　ㄴ. 제2사분면
ㄷ. 제3사분면　ㄹ. 제4사분면

① ㄱ, ㄴ　② ㄱ, ㄷ　③ ㄱ, ㄹ
④ ㄴ, ㄷ　⑤ ㄴ, ㄹ

273 ★★☆

θ가 제4사분면의 각일 때, 각 $\frac{\theta}{3}$를 나타내는 동경이 존재할 수 <u>없는</u> 사분면은?

① 제1사분면　② 제2사분면
③ 제3사분면　④ 제4사분면
⑤ 제2사분면 또는 제3사분면

유형 03 두 동경이 이루는 각의 크기

두 각 α, β를 나타내는 두 동경이 이루는 각의 크기를 θ라 하면
➡ $\alpha-\beta=360^\circ\times n\pm\theta$ (단, n은 정수)

274 대표 예제

각 θ를 나타내는 동경과 각 4θ를 나타내는 동경이 이루는 각의 크기가 60°일 때, 각 θ의 크기는? (단, $90^\circ<\theta<135^\circ$)

① 100° ② 105° ③ 110°
④ 115° ⑤ 120°

275 ★☆☆

각 θ를 나타내는 동경과 각 10θ를 나타내는 동경이 서로 수직일 때, 다음 중 각 θ의 크기가 될 수 있는 것은?

① 40° ② 45° ③ 50°
④ 55° ⑤ 60°

276 ★★☆

각 θ를 나타내는 동경과 각 6θ를 나타내는 동경이 이루는 각의 크기가 210°일 때, 가능한 각 θ의 크기의 개수는?
(단, $0^\circ<\theta<720^\circ$)

① 14 ② 16 ③ 18
④ 20 ⑤ 22

유형 04 한 직선 위에 있는 두 동경의 위치 관계

두 각 α, β를 나타내는 동경이 (단, n은 정수)
① 일치할 때 ➡ $\beta-\alpha=360^\circ\times n$
② 원점에 대하여 대칭일 때 ➡ $\beta-\alpha=360^\circ\times n+180^\circ$

①
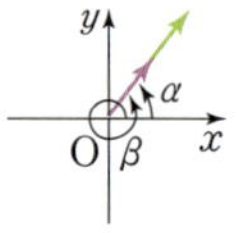

②
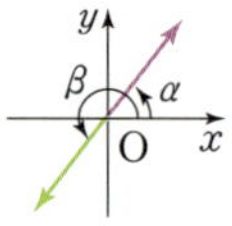

277 대표 예제

각 θ를 나타내는 동경과 각 4θ를 나타내는 동경이 일치할 때, 각 θ의 크기는? (단, $0^\circ<\theta<180^\circ$)

① 30° ② 60° ③ 90°
④ 120° ⑤ 150°

278 ★★☆

각 θ를 나타내는 동경과 각 5θ를 나타내는 동경이 원점에 대하여 대칭일 때, 각 θ의 크기를 구하시오. (단, $270^\circ<\theta<360^\circ$)

279 ★★☆

각 2θ를 나타내는 동경과 각 7θ를 나타내는 동경이 일치할 때, 가능한 각 θ의 크기의 개수를 구하시오. (단, $0^\circ\le\theta<900^\circ$)

280 ★★☆

각 θ를 나타내는 동경과 각 3θ를 나타내는 동경이 원점에 대하여 대칭일 때, 가능한 각 θ의 크기의 개수는?
(단, $0^\circ\le\theta<1800^\circ$)

① 9 ② 10 ③ 11
④ 12 ⑤ 13

유형 05 직선에 대하여 대칭인 두 동경의 위치 관계

두 각 α, β를 나타내는 동경이 (단, n은 정수)
① x축에 대하여 대칭일 때 ➡ $\alpha+\beta=360^\circ\times n$
② y축에 대하여 대칭일 때 ➡ $\alpha+\beta=360^\circ\times n+180^\circ$
③ 직선 $y=x$에 대하여 대칭일 때 ➡ $\alpha+\beta=360^\circ\times n+90^\circ$

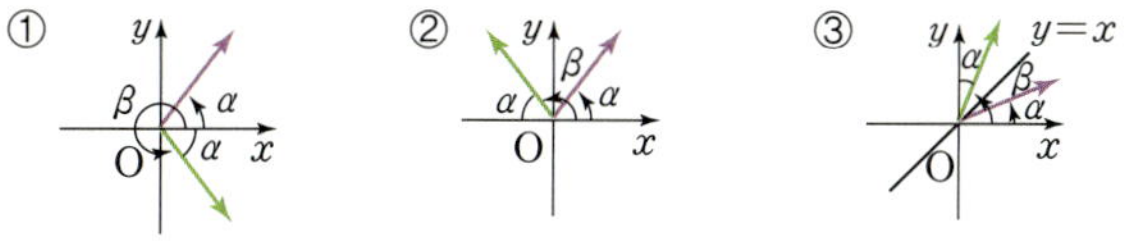

281 대표 예제

각 θ를 나타내는 동경과 각 3θ를 나타내는 동경이 x축에 대하여 대칭일 때, 각 θ의 크기는? (단, $0^\circ<\theta<180^\circ$)

① 60°　② 70°　③ 80°
④ 90°　⑤ 100°

282 ★★☆

각 θ를 나타내는 동경과 각 4θ를 나타내는 동경이 y축에 대하여 대칭일 때, 각 θ의 크기는? (단, $180^\circ<\theta<270^\circ$)

① 216°　② 225°　③ 234°
④ 243°　⑤ 252°

283 ★★☆

각 θ를 나타내는 동경과 각 2θ를 나타내는 동경이 직선 $y=x$에 대하여 대칭일 때, 각 θ의 크기는? (단, $90^\circ<\theta<180^\circ$)

① 105°　② 120°　③ 135°
④ 150°　⑤ 165°

유형 06 중요★ 육십분법과 호도법

① 육십분법의 각을 호도법의 각으로 나타내려면
　➡ (육십분법의 각) $\times\dfrac{\pi}{180}$
② 호도법의 각을 육십분법의 각으로 나타내려면
　➡ (호도법의 각) $\times\dfrac{180^\circ}{\pi}$

284 대표 예제

다음 중 옳지 않은 것은?

① $50^\circ=\dfrac{5}{18}\pi$　② $144^\circ=\dfrac{3}{5}\pi$　③ $\dfrac{3}{2}\pi=270^\circ$
④ $\dfrac{7}{6}\pi=210^\circ$　⑤ $-\dfrac{4}{9}\pi=-80^\circ$

285 ★☆☆

| 보기 |에서 옳은 것만을 있는 대로 고른 것은?

| 보기 |
ㄱ. $\dfrac{5}{3}\pi=300^\circ$　ㄴ. $\dfrac{\pi}{18}=12^\circ$
ㄷ. $195^\circ=\dfrac{7}{6}\pi$　ㄹ. $-126^\circ=-\dfrac{7}{10}\pi$

① ㄱ, ㄴ　② ㄱ, ㄷ　③ ㄱ, ㄹ
④ ㄴ, ㄷ　⑤ ㄴ, ㄹ

286 ★★☆

다음 중 각을 나타내는 동경이 존재하는 사분면이 나머지 넷과 다른 하나는?

① $\dfrac{\pi}{6}$　② 1100°　③ $\dfrac{29}{6}\pi$
④ -320°　⑤ $-\dfrac{11}{6}\pi$

정답 및 해설 039쪽

유형 07 중요★ 부채꼴의 호의 길이와 넓이

반지름의 길이가 r, 중심각의 크기가 θ(라디안)인 부채꼴에서 호의 길이 l과 부채꼴의 넓이 S는

① $l=r\theta$

② $S=\frac{1}{2}r^2\theta=\frac{1}{2}rl$

참고 (부채꼴의 둘레의 길이)$=2r+l=2r+r\theta$

287 대표 예제

호의 길이가 3π, 중심각의 크기가 $\frac{\pi}{4}$인 부채꼴의 넓이는?

① 10π ② 12π ③ 14π
④ 16π ⑤ 18π

288 ★☆☆

넓이가 12π, 중심각의 크기가 $\frac{2}{3}\pi$인 부채꼴의 호의 길이는?

① 3π ② $\frac{7}{2}\pi$ ③ 4π
④ $\frac{9}{2}\pi$ ⑤ 5π

289 ★☆☆

호의 길이가 6π이고 넓이가 24π인 부채꼴의 중심각의 크기는?

① $\frac{3}{4}\pi$ ② $\frac{7}{8}\pi$ ③ π
④ $\frac{9}{8}\pi$ ⑤ $\frac{5}{4}\pi$

유형 08 부채꼴의 호의 길이와 넓이의 활용

① 원뿔의 경우 전개도에서 옆면에 해당하는 부채꼴의 호의 길이와 밑면에 해당하는 원의 둘레의 길이가 같다.

② 실생활 문제의 경우 부채꼴을 찾아 호의 길이와 넓이를 이용한 식을 세운 후 푼다.

290 대표 예제

밑면인 원의 반지름의 길이가 2이고, 모선의 길이가 6인 원뿔의 겉넓이는?

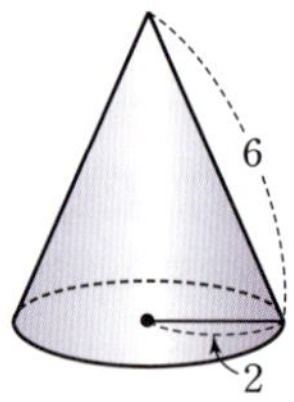

① 12π ② 13π
③ 14π ④ 15π
⑤ 16π

291 ★☆☆

그림과 같이 어느 자동차에 장착된 길이가 60 cm인 와이퍼에 길이가 50 cm인 고무판이 부착되어 있다. 이 와이퍼의 작동 반경이 $\frac{6}{7}\pi$일 때, 고무판이 회전하면서 닦는 유리창의 넓이는?

(단, 유리창은 평면이다.)

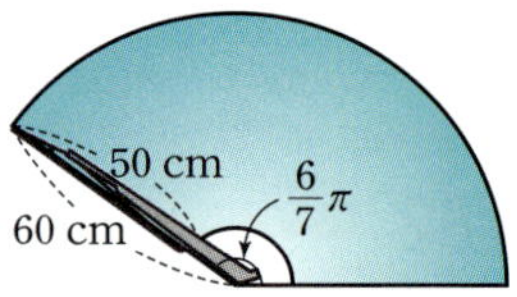

① $1300\pi\ \text{cm}^2$ ② $1400\pi\ \text{cm}^2$ ③ $1500\pi\ \text{cm}^2$
④ $1600\pi\ \text{cm}^2$ ⑤ $1700\pi\ \text{cm}^2$

292 ★★☆

모선의 길이가 4이고 옆면인 부채꼴의 넓이가 8π인 원뿔의 부피는?

① $\frac{4\sqrt{3}}{3}\pi$ ② $\frac{5\sqrt{3}}{3}\pi$ ③ $2\sqrt{3}\pi$
④ $\frac{7\sqrt{3}}{3}\pi$ ⑤ $\frac{8\sqrt{3}}{3}\pi$

정답 및 해설 039쪽

더 자세한 개념 ⋯→ 메가헤르츠 146쪽

개념 ❹ 삼각함수

좌표평면에서 각 θ를 나타내는 동경 OP와 중심이 원점이고 반지름의 길이가 r인 원의 교점을 $P(x, y)$라 할 때, 동경 OP가 나타내는 일반각의 크기 θ에 대하여

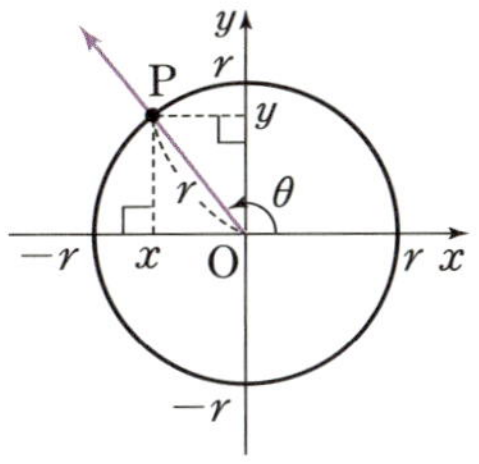

$\sin\theta=\frac{y}{r}$,

$\cos\theta=\frac{x}{r}$,

$\tan\theta=\frac{y}{x}$ $(x\neq0)$

이 함수들을 차례대로 θ에 대한 **사인함수**, **코사인함수**, **탄젠트함수**라 하고, 이와 같은 함수들을 통틀어 θ에 대한 **삼각함수**라 한다.

더 자세한 개념 ⋯→ 메가헤르츠 147쪽

개념 ❺ 삼각함수의 값의 부호

삼각함수의 값의 부호는 각 θ가 나타내는 동경이 위치한 사분면에 따라 다음과 같이 결정된다.

(1) $\sin\theta$

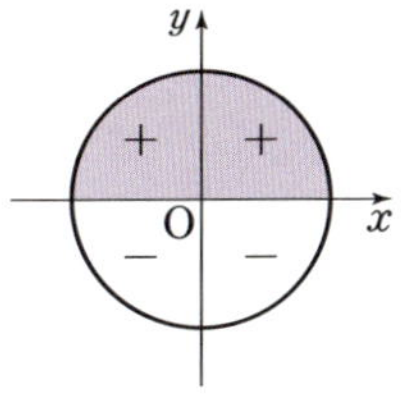

(2) $\cos\theta$

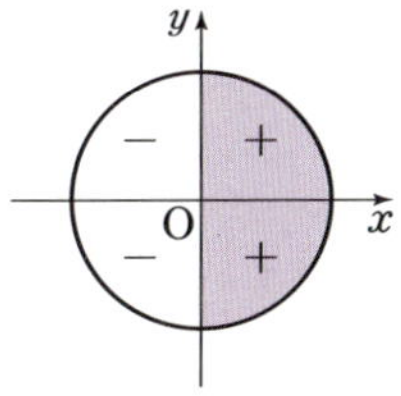

(3) $\tan\theta$

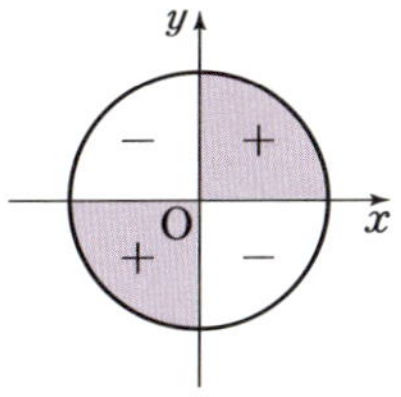

더 자세한 개념 ⋯→ 메가헤르츠 148쪽

개념 ❻ 삼각함수 사이의 관계

각 θ에 대하여 다음과 같은 관계가 성립한다.

(1) $\tan\theta=\frac{\sin\theta}{\cos\theta}$

(2) $\sin^2\theta+\cos^2\theta=1$

참고 $(\sin\theta)^2$, $(\cos\theta)^2$, $(\tan\theta)^2$을 각각 $\sin^2\theta$, $\cos^2\theta$, $\tan^2\theta$로 나타낸다.

개념 ❹ 삼각함수

293 원점 O와 점 P에 대하여 동경 OP가 나타내는 각의 크기를 θ라 할 때, 다음 점 P에 대하여 $\sin\theta$, $\cos\theta$, $\tan\theta$의 값을 각각 구하시오.

(1) $P(1, \sqrt{3})$

(2) $P(-2, 4)$

294 각 θ의 크기가 다음과 같을 때, $\sin\theta$, $\cos\theta$, $\tan\theta$의 값을 각각 구하시오.

(1) $\frac{5}{6}\pi$

(2) $-\frac{\pi}{6}$

개념 ❺ 삼각함수의 값의 부호

295 다음 조건을 동시에 만족시키는 θ는 제몇 사분면의 각인지 구하시오.

(1) $\sin\theta>0$, $\cos\theta<0$

(2) $\tan\theta>0$, $\sin\theta<0$

개념 ❻ 삼각함수 사이의 관계

296 θ가 제1사분면의 각이고 $\sin\theta=\frac{3}{5}$일 때, $\cos\theta$, $\tan\theta$의 값을 각각 구하시오.

297 θ가 제3사분면의 각이고 $\cos\theta=-\frac{\sqrt{2}}{2}$일 때, $\sin\theta$, $\tan\theta$의 값을 각각 구하시오.

Pattern 유형 마스터

유형 09 중요★ 삼각함수의 값

중심이 원점이고 반지름의 길이가 r인 원 위의 점 $P(x, y)$에 대하여 동경 OP가 x축의 양의 부분과 이루는 각의 크기를 θ라 하면

➡ $\sin\theta=\frac{y}{r}$, $\cos\theta=\frac{x}{r}$,

$\tan\theta=\frac{y}{x}$ $(x\neq0)$

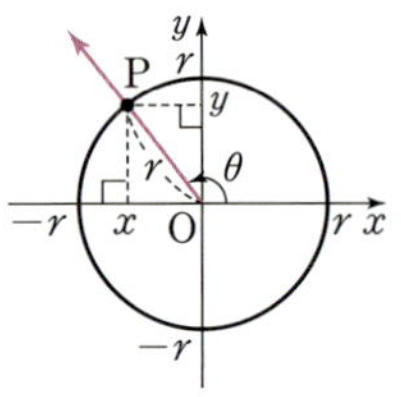

298 대표 예제

원점 O와 점 $P(-4, 3)$을 지나는 동경 OP가 나타내는 각의 크기를 θ라 할 때, $5\sin\theta+5\cos\theta-4\tan\theta$의 값은?

① -4　② -2　③ 0　④ 2　⑤ 4

299 ★☆☆

원점 O와 점 $P(1, -2)$를 지나는 동경 OP가 나타내는 각의 크기를 θ라 할 때, $\frac{\sin\theta\tan\theta}{\cos\theta+\sqrt{5}}$의 값은?

① $\frac{2}{9}$　② $\frac{1}{3}$　③ $\frac{4}{9}$　④ $\frac{5}{9}$　⑤ $\frac{2}{3}$

300 ★★☆

원점 O와 제2사분면에 있는 점 $P(a, 2\sqrt{5})$에 대하여 동경 OP가 나타내는 각의 크기를 θ라 할 때, $\cos\theta=-\frac{2}{3}$이다. $a+\overline{OP}$의 값은?

① 2　② $\frac{5}{2}$　③ 3　④ $\frac{7}{2}$　⑤ 4

유형 10 삼각함수의 값의 부호

각 사분면에서 양의 부호인 삼각함수는 다음과 같다.

① 제1사분면 : $\sin\theta$, $\cos\theta$, $\tan\theta$
② 제2사분면 : $\sin\theta$
③ 제3사분면 : $\tan\theta$
④ 제4사분면 : $\cos\theta$

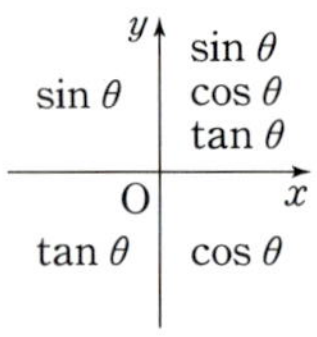

301 대표 예제

$\frac{\pi}{2}<\theta<\pi$일 때,

$$\sin\theta-\cos\theta+\tan\theta-|\sin\theta|+|\cos\theta|-|\tan\theta|$$

를 간단히 하면?

① 0　② $2(\sin\theta-\cos\theta)$　③ $2(\sin\theta+\tan\theta)$　④ $2(\tan\theta-\cos\theta)$　⑤ $2(\sin\theta-\cos\theta+\tan\theta)$

302 ★☆☆

$\sin\theta\cos\theta>0$, $\frac{\cos\theta}{\tan\theta}<0$을 동시에 만족시키는 각 θ는 제몇 사분면의 각인가?

① 제1사분면　② 제2사분면　③ 제3사분면　④ 제4사분면　⑤ 제1사분면 또는 제3사분면

303 ★★☆

$\sin\theta\cos\theta\neq0$일 때, $\sqrt{\frac{\sin\theta}{\cos\theta}}=-\frac{\sqrt{\sin\theta}}{\sqrt{\cos\theta}}$를 만족시키는 θ의 값이 될 수 있는 것은?

① $\frac{\pi}{3}$　② $\frac{2}{3}\pi$　③ $\frac{7}{6}\pi$　④ $\frac{13}{7}\pi$　⑤ $\frac{7}{3}\pi$

정답 및 해설 040쪽

유형 11 삼각함수 사이의 관계; 식 간단히 하기

① $\tan\theta=\frac{\sin\theta}{\cos\theta}$
② $\sin^2\theta+\cos^2\theta=1$ ➡ $\sin^2\theta=1-\cos^2\theta$, $\cos^2\theta=1-\sin^2\theta$

304 대표 예제

$(\sin\theta+\cos\theta)^3-2\sin\theta\cos\theta(\sin\theta+\cos\theta)$를 간단히 하면?

① 0 ② $2\sin\theta$ ③ $2\cos\theta$
④ $\sin\theta+\cos\theta$ ⑤ $\sin\theta\cos\theta$

305 ★☆☆

$\frac{\tan\theta}{\cos\theta}+\frac{1}{\cos^2\theta}$을 간단히 하면?

① 1 ② $\frac{1}{1-\sin\theta}$ ③ $\frac{1}{1+\sin\theta}$
④ $\frac{1}{1-\cos\theta}$ ⑤ $\frac{1}{1+\cos\theta}$

306 ★★☆

$\left(\frac{1}{\sin\theta}-1\right)\left(\frac{1}{\cos\theta}-1\right)\left(\frac{1}{\sin\theta}+1\right)\left(\frac{1}{\cos\theta}+1\right)$을 간단히 하면?

① -1 ② 0 ③ 1
④ $\frac{1}{\sin^2\theta}$ ⑤ $\frac{1}{\cos^2\theta}$

유형 12 삼각함수 사이의 관계; 식의 값 구하기

삼각함수 중 하나의 값을 알면
➡ $\tan\theta=\frac{\sin\theta}{\cos\theta}$, $\sin^2\theta+\cos^2\theta=1$
임을 이용하여 다른 삼각함수의 값을 구한다.

307 대표 예제

θ가 제2사분면의 각이고 $\sin\theta=\frac{1}{3}$일 때, $\frac{1}{\cos\theta}+\tan\theta$의 값은?

① $-2\sqrt{2}$ ② $-\sqrt{2}$ ③ 0
④ $\sqrt{2}$ ⑤ $2\sqrt{2}$

308 ★☆☆

$\cos\theta=-\frac{2}{3}$일 때, $\sin\theta+\tan\theta$의 값은? $\left(\text{단, } \pi<\theta<\frac{3}{2}\pi\right)$

① $\frac{\sqrt{5}}{6}$ ② $\frac{\sqrt{5}}{5}$ ③ $\frac{\sqrt{5}}{4}$
④ $\frac{\sqrt{5}}{3}$ ⑤ $\frac{\sqrt{5}}{2}$

309 ★★☆

$\frac{1-\cos\theta}{1+\cos\theta}=7+4\sqrt{3}$일 때, $\sin\theta$의 값은? $\left(\text{단, } \frac{\pi}{2}<\theta<\pi\right)$

① $\frac{1}{6}$ ② $\frac{1}{5}$ ③ $\frac{1}{4}$
④ $\frac{1}{3}$ ⑤ $\frac{1}{2}$

유형 13 중요★ 삼각함수 사이의 관계; $\sin\theta\pm\cos\theta=k$ 꼴

$\sin\theta\pm\cos\theta$ 또는 $\sin\theta\cos\theta$의 값이 주어졌을 때
➡ $(\sin\theta\pm\cos\theta)^2=1\pm2\sin\theta\cos\theta$ (복부호동순)
임을 이용하여 식의 값을 구한다.

310 대표 예제

$\sin\theta+\cos\theta=\frac{2}{3}$일 때, $\sin\theta\cos\theta$의 값을 구하시오.

311 ★☆☆

$\sin\theta-\cos\theta=\frac{1}{3}$일 때, $\sin^3\theta-\cos^3\theta$의 값은?

① $\frac{4}{9}$ ② $\frac{13}{27}$ ③ $\frac{14}{27}$
④ $\frac{5}{9}$ ⑤ $\frac{16}{27}$

312 ★☆☆

$\sin\theta\cos\theta=-\frac{7}{18}$일 때, $\cos\theta-\sin\theta$의 값은?

$\left(\text{단, } \frac{3}{2}\pi<\theta<2\pi\right)$

① $\frac{2}{3}$ ② $\frac{5}{6}$ ③ 1
④ $\frac{7}{6}$ ⑤ $\frac{4}{3}$

313 ★★☆

$\sin\theta+\cos\theta=\frac{\sqrt{7}}{4}$일 때, $\sin\theta-\cos\theta$의 값을 구하시오.

$\left(\text{단, } \frac{\pi}{2}<\theta<\pi\right)$

유형 14 삼각함수와 이차방정식

x에 대한 이차방정식 $ax^2+bx+c=0$의 두 근을 $\sin\theta$, $\cos\theta$라 할 때
➡ ① $\sin\theta+\cos\theta=-\frac{b}{a}$
② $\sin\theta\cos\theta=\frac{c}{a}$

314 대표 예제

이차방정식 $8x^2-4x+a=0$의 두 근이 $\sin\theta$, $\cos\theta$일 때, 상수 a의 값은?

① -3 ② $-\frac{5}{2}$ ③ -2
④ $-\frac{3}{2}$ ⑤ -1

315 ★☆☆

이차방정식 $6x^2-ax+1=0$의 두 근이 $\sin\theta$, $\cos\theta$일 때, 양수 a의 값은?

① $\sqrt{3}$ ② $2\sqrt{3}$ ③ $3\sqrt{3}$
④ $4\sqrt{3}$ ⑤ $5\sqrt{3}$

316 ★★☆

θ가 제2사분면의 각일 때, 이차방정식 $4x^2+2\sqrt{2}x-1=0$의 두 근을 $\sin\theta$, $\cos\theta$라 하자. $\sin\theta-\cos\theta$의 값은?

① $\frac{\sqrt{2}}{2}$ ② $\frac{\sqrt{3}}{2}$ ③ 1
④ $\frac{\sqrt{5}}{2}$ ⑤ $\frac{\sqrt{6}}{2}$

정답 및 해설 042쪽

317

유형 06

두 실수 a, b에 대하여 $\frac{a}{3}\pi=(15b)^\circ$, $(20a+40)^\circ=\frac{b}{18}\pi$일 때, $a+b$의 값은?

① 8 ② 9 ③ 10 ④ 11 ⑤ 12

318

유형 05 • 유형 06

각 θ를 나타내는 동경은 각 3θ를 나타내는 동경과 x축에 대하여 대칭이고, 각 6θ를 나타내는 동경과는 y축에 대하여 대칭이다. 각 θ의 크기의 최솟값은? (단, $\theta>0$)

① $\frac{\pi}{2}$ ② π ③ $\frac{3}{2}\pi$ ④ 2π ⑤ $\frac{5}{2}\pi$

319

유형 06 • 유형 07

| 보기 |에서 옳은 것만을 있는 대로 고른 것은?

| 보기 |

ㄱ. $1^\circ=\frac{\pi}{180}$라디안

ㄴ. 3라디안은 제3사분면의 각이다.

ㄷ. 중심각의 크기가 2라디안인 부채꼴의 호의 길이는 둘레의 길이의 $\frac{1}{2}$이다.

① ㄱ ② ㄷ ③ ㄱ, ㄴ ④ ㄱ, ㄷ ⑤ ㄱ, ㄴ, ㄷ

320

유형 08

그림과 같이 부채꼴 모양의 텃밭의 둘레에 울타리를 설치하려고 한다. 울타리의 길이가 40일 때, 텃밭의 넓이의 최댓값은?

① 60 ② 70 ③ 80 ④ 90 ⑤ 100

321

유형 09

제3사분면에 있는 점 P(a, b)는 반지름의 길이가 10이고 중심이 원점 O인 원 위의 점이다. 동경 OP가 나타내는 각의 크기를 θ라 할 때, $\tan\theta=\frac{1}{2}$이다. $a\sin\theta+b\cos\theta$의 값을 구하시오.

322 창의·사고력 Up

유형 02 • 유형 10

$\sin\theta>0$, $\cos\theta<0$일 때, 다음 중 각 $\frac{\theta}{2}$의 동경이 속하는 모든 영역을 좌표평면 위에 나타낸 것은? (단, 경계선은 제외한다.)

①
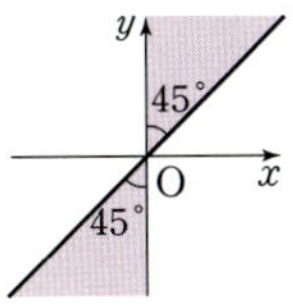

②
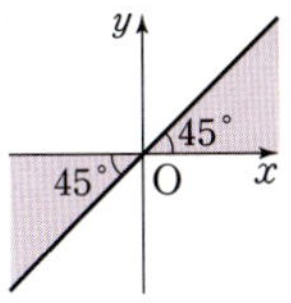

③
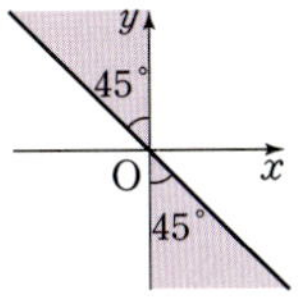

④
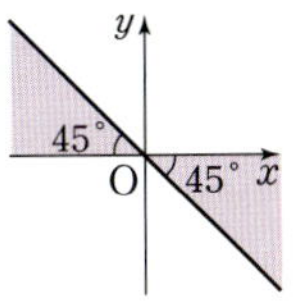

⑤
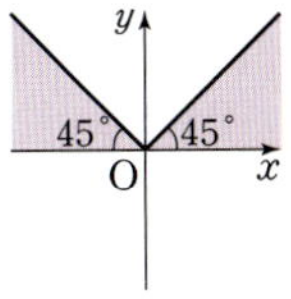

323 유형 11

$(\cos\theta+\tan\theta)^2+\left(\sin\theta+\frac{1}{\tan\theta}\right)^2-\left(\tan\theta-\frac{1}{\tan\theta}\right)^2$을 간단히 하면?

① $\sin\theta+\cos\theta$
② $\sin\theta+\cos\theta+1$
③ $2\sin\theta+2\cos\theta+1$
④ $2\sin\theta+2\cos\theta+2$
⑤ $2\sin\theta+2\cos\theta+3$

324 유형 12

θ가 제1사분면의 각이고 $\frac{\cos\theta}{1+\sin\theta}+\frac{\cos\theta}{1-\sin\theta}=\frac{5}{2}$일 때, $\frac{1}{\sin\theta}+\frac{1}{\tan\theta}$의 값은?

① 2
② $\frac{7}{3}$
③ $\frac{8}{3}$
④ 3
⑤ $\frac{10}{3}$

325 유형 13

θ가 제3사분면의 각이고 $\tan\theta+\frac{1}{\tan\theta}=4$일 때, $\sin\theta+\cos\theta$의 값은?

① $-\frac{\sqrt{6}}{2}$
② $-\frac{\sqrt{5}}{2}$
③ -1
④ $-\frac{\sqrt{3}}{2}$
⑤ $-\frac{\sqrt{2}}{2}$

326 창의·사고력 Up 유형 13

x에 대한 이차방정식

$$x^2-(2\sin\theta+1)x-(\cos^2\theta+\cos\theta)=0$$

의 두 근의 차가 $\sqrt{5}$일 때, $\tan\theta$의 값을 구하시오.

(단, $\cos\theta\neq0$)

327 유형 14

이차방정식 $5x^2-6x-a=0$의 두 근이 $\sin\theta+\cos\theta$, $\sin\theta-\cos\theta$일 때, 상수 a의 값은?

① $\frac{3}{5}$
② $\frac{4}{5}$
③ 1
④ $\frac{6}{5}$
⑤ $\frac{7}{5}$

서술형 문제

328 유형 04

각 θ를 나타내는 동경과 각 4θ를 나타내는 동경이 일직선 위에 있고 방향이 반대일 때, $\sin\theta$의 값을 구하시오.

(단, $0^\circ<\theta<90^\circ$)

필요 개념 및 공식

☐ 한 직선 위에 있는 두 동경의 위치 관계

06 삼각함수의 그래프

개념 체크 Concept

더 자세한 개념 ⋯→ 메가헤르츠 160쪽

개념 ❶ 주기함수

함수 $f(x)$의 정의역에 속하는 모든 x에 대하여

$$f(x+p)=f(x)$$

를 만족시키는 0이 아닌 상수 p가 존재할 때, 함수 $f(x)$를 **주기함수**라 하고, p의 값 중에서 최소인 양수를 그 함수의 **주기**라 한다.

더 자세한 개념 ⋯→ 메가헤르츠 160쪽

개념 ❷ 함수 $y=\sin x$의 그래프와 성질

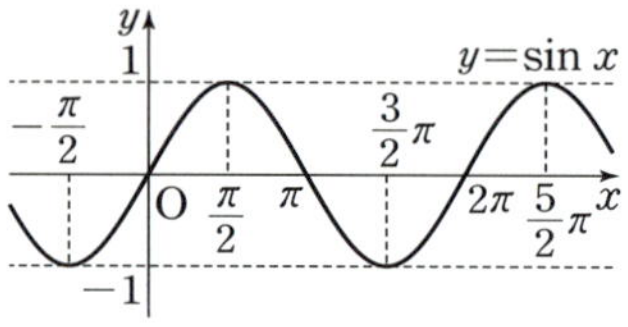

(1) 정의역: 실수 전체의 집합

(2) 치역: $\{y \mid -1\le y\le 1\}$

(3) 최댓값: 1, 최솟값: -1

(4) 주기: 2π

즉, 모든 실수 x에 대하여

$\sin(x+2n\pi)=\sin x$ (단, n은 정수)

(5) 그래프는 원점에 대하여 대칭이다.

즉, 모든 실수 x에 대하여

$\sin(-x)=-\sin x$

참고 **함수 $y=a\sin bx$의 치역과 주기**

① 치역: $\{y \mid -|a|\le y\le |a|\}$ ② 주기: $\frac{2\pi}{|b|}$

더 자세한 개념 ⋯→ 메가헤르츠 161쪽

개념 ❸ 함수 $y=\cos x$의 그래프와 성질

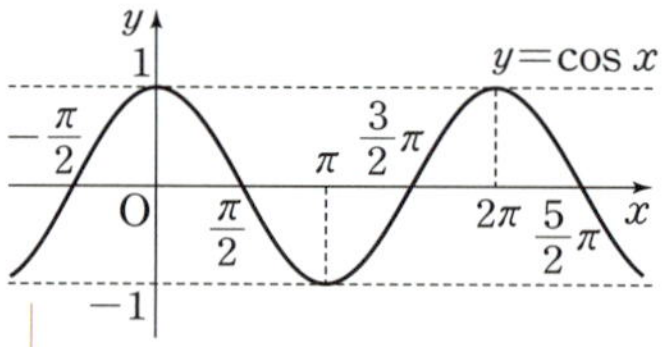

(1) 정의역: 실수 전체의 집합

(2) 치역: $\{y \mid -1\le y\le 1\}$

(3) 최댓값: 1, 최솟값: -1

(4) 주기: 2π

→ 함수 $y=\sin x$의 성질과 같다.

즉, 모든 실수 x에 대하여

$\cos(x+2n\pi)=\cos x$ (단, n은 정수)

(5) 그래프는 y축에 대하여 대칭이다.

즉, 모든 실수 x에 대하여

$\cos(-x)=\cos x$

→ 함수 $y=\cos x$의 그래프는 함수 $y=\sin x$의 그래프를 x축의 방향으로 $-\frac{\pi}{2}$만큼 평행이동한 것과 같다.
⇒ $\sin\left(x+\frac{\pi}{2}\right)=\cos x$

참고 **함수 $y=a\cos bx$의 치역과 주기** → 함수 $y=a\sin bx$의 치역, 주기와 같다.

① 치역: $\{y \mid -|a|\le y\le |a|\}$ ② 주기: $\frac{2\pi}{|b|}$

개념 ❶ 주기함수

329 실수 전체의 집합에서 정의된 함수 $f(x)$는 주기가 4인 주기함수이다. $f(1)=2$일 때, $f(13)$의 값을 구하시오.

개념 ❷ 함수 $y=\sin x$의 그래프와 성질

330 다음 함수의 그래프를 그리시오.

(1) $y=-\sin x$ (2) $y=\sin(x+2\pi)$

331 다음 함수의 치역과 주기를 각각 구하고, 그래프를 그리시오.

(1) $y=3\sin x$ (2) $y=\sin 2x$

개념 ❸ 함수 $y=\cos x$의 그래프와 성질

332 다음 함수의 그래프를 그리시오.

(1) $y=\cos(-x)$ (2) $y=\cos(x-\pi)$

333 다음 함수의 치역과 주기를 각각 구하고, 그래프를 그리시오.

(1) $y=2\cos x$ (2) $y=\cos\frac{x}{2}$

더 자세한 개념 ⋯→ 메가헤르츠 162쪽

개념 ❹ 함수 $y=\tan x$의 그래프와 성질

(1) 정의역 : $x \neq n\pi+\frac{\pi}{2}$ (n은 정수)인 실수 전체의 집합

(2) 치역 : 실수 전체의 집합

(3) 주기 : π

즉, 모든 실수 x에 대하여

$\tan(x+n\pi)=\tan x$ (단, n은 정수)

(4) 그래프는 원점에 대하여 대칭이다.

즉, 모든 실수 x에 대하여

$\tan(-x)=-\tan x$

(5) 그래프의 점근선의 방정식: $x=n\pi+\frac{\pi}{2}$ (n은 정수)

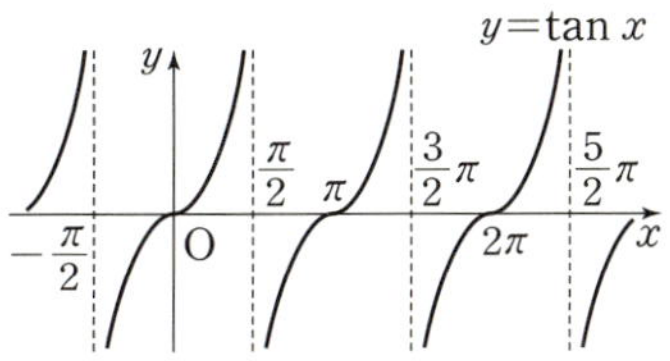

참고 함수 $y=a\tan bx$의 주기와 그래프의 점근선의 방정식

① 주기 : $\frac{\pi}{|b|}$　　② 점근선의 방정식 : $x=\frac{n}{b}\pi+\frac{\pi}{2b}$ (n은 정수)

더 자세한 개념 ⋯→ 메가헤르츠 164쪽

개념 ❺ 삼각함수의 치역, 최댓값, 최솟값, 주기

상수 a, b, c, d에 대하여 삼각함수

$y=a\sin(bx+c)+d$, $y=a\cos(bx+c)+d$, $y=a\tan(bx+c)+d$

의 치역, 최댓값, 최솟값, 주기를 표로 나타내면 다음과 같다.

이때 함수 $y=a\sin(bx+c)+d=a\sin b\left(x+\frac{c}{b}\right)+d$의 그래프는 함수 $y=a\sin bx$의 그래프를 x축의 방향으로 $-\frac{c}{b}$만큼, y축의 방향으로 d만큼 평행이동한 것이다.

삼각함수	치역	최댓값	최솟값	주기
$y=a\sin(bx+c)+d$	$\{y \mid -\lvert a\rvert+d \le y \le \lvert a\rvert+d\}$ (최솟값 ↳ $-\lvert a\rvert+d$, 최댓값 ↳ $\lvert a\rvert+d$)	$\lvert a\rvert+d$	$-\lvert a\rvert+d$	$\frac{2\pi}{\lvert b\rvert}$
$y=a\cos(bx+c)+d$	$\{y \mid -\lvert a\rvert+d \le y \le \lvert a\rvert+d\}$	$\lvert a\rvert+d$	$-\lvert a\rvert+d$	$\frac{2\pi}{\lvert b\rvert}$
$y=a\tan(bx+c)+d$	실수 전체의 집합	없다.	없다.	$\frac{\pi}{\lvert b\rvert}$

참고 삼각함수 $y=a\sin(bx+c)+d$의 최댓값, 최솟값, 주기, 평행이동은 다음과 같이 상수 a, b, c, d에 의하여 결정된다. → 삼각함수 $y=a\cos(bx+c)+d$도 다음과 같다.

➡ $y=a\sin(bx+c)+d$
- a : 최댓값과 최솟값 결정
- b : 주기 결정
- b, c : x축의 방향으로 평행이동 결정
- d : y축의 방향으로 평행이동 결정

개념 ❹ 함수 $y=\tan x$의 그래프와 성질

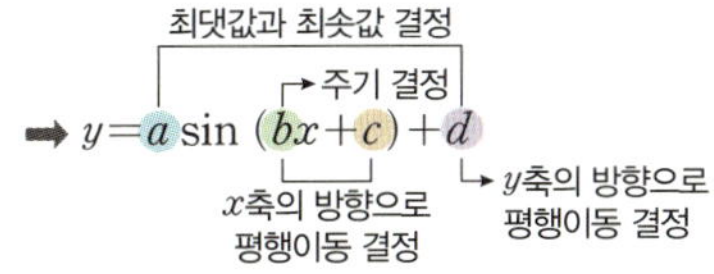

334 다음 함수의 그래프를 그리시오.

(1) $y=\tan(-x)$　　(2) $y=\tan(x+\pi)$

335 다음 함수의 주기와 점근선의 방정식을 각각 구하고, 그래프를 그리시오.

(1) $y=\tan 2x$　　(2) $y=\tan\frac{x}{3}$

개념 ❺ 삼각함수의 치역, 최댓값, 최솟값, 주기

336 다음 함수의 최댓값, 최솟값, 주기를 각각 구하시오.

(1) $y=2\sin(3x+\pi)$

(2) $y=\frac{1}{3}\cos\left(2x-\frac{\pi}{2}\right)$

(3) $y=\tan 3x+1$

(4) $y=-\frac{3}{2}\sin\left(\frac{x}{2}+\frac{\pi}{6}\right)-\frac{1}{2}$

(5) $y=3\cos\left(\frac{\pi}{3}-2x\right)+1$

(6) $y=\frac{3}{2}\tan\left(\frac{\pi}{2}-\frac{x}{3}\right)-1$

유형 01 중요★ 삼각함수의 그래프

	$y=a\sin bx$	$y=a\cos bx$	$y=a\tan bx$
정의역	실수 전체의 집합	실수 전체의 집합	$x\neq\frac{n\pi}{\lvert b\rvert}+\frac{\pi}{2\lvert b\rvert}$ (n은 정수)인 실수 전체의 집합
치역	$\{y\mid-\lvert a\rvert\leq y\leq\lvert a\rvert\}$ (최솟값: $-\lvert a\rvert$, 최댓값: $\lvert a\rvert$)	$\{y\mid-\lvert a\rvert\leq y\leq\lvert a\rvert\}$	실수 전체의 집합
주기	$\frac{2\pi}{\lvert b\rvert}$	$\frac{2\pi}{\lvert b\rvert}$	$\frac{\pi}{\lvert b\rvert}$

337 대표 예제

다음 중 함수 $f(x)=\frac{3}{2}\sin\frac{2}{3}\pi x$에 대한 다음 설명으로 옳지 않은 것은?

① 최댓값과 최솟값의 차는 3이다.
② 주기가 3인 주기함수이다.
③ 그래프는 점 $\left(\frac{3}{2},\ 0\right)$에 대하여 대칭이다.
④ 그래프는 직선 $x=3$에 대하여 대칭이다.
⑤ 모든 실수 x에 대하여 $f(x)=-f(-x)$이다.

338 ★☆☆

| 보기 |에서 함수 $f(x)=-\frac{3}{4}\cos\frac{\pi}{2}x$에 대한 설명으로 옳은 것만을 있는 대로 고르시오.

| 보기 |

ㄱ. 치역은 $\left\{y\,\middle|\,-\frac{\pi}{2}\leq y\leq\frac{\pi}{2}\right\}$이다.
ㄴ. 주기가 4인 주기함수이다.
ㄷ. 모든 실수 x에 대하여 $f(x)=f(-x)$이다.

339 ★★☆

| 보기 |에서 함수 $f(x)=3\tan\left(-\frac{x}{2}\right)$에 대한 설명으로 옳은 것만을 있는 대로 고르시오.

| 보기 |

ㄱ. 직선 $x=\pi$는 함수 $y=f(x)$의 그래프의 점근선이다.
ㄴ. 정의역의 모든 원소 x에 대하여 $f(x+4\pi)=f(x)$이다.
ㄷ. 두 함수 $y=f(-x)$, $y=-f(x)$의 그래프는 서로 일치한다.

유형 02 삼각함수의 그래프의 평행이동

함수 $y=a\sin bx$의 그래프를 x축의 방향으로 m만큼, y축의 방향으로 n만큼 평행이동한 그래프의 식은
➡ $y=a\sin b(x-m)+n$

참고 $y=a\sin(bx+c)+d$는 $y=a\sin b\left(x+\frac{c}{b}\right)+d$ 꼴로 나타낸다.
→ 함수 $y=a\sin bx$의 그래프를 x축의 방향으로 $-\frac{c}{b}$만큼, y축의 방향으로 d만큼 평행이동한 것이다.

340 대표 예제

함수 $y=2\sin(2x-4)+1$의 그래프는 함수 $y=2\sin 2x$의 그래프를 x축의 방향으로 m만큼, y축의 방향으로 n만큼 평행이동한 것이다. $m+n$의 값은?

① 1　② 2　③ 3
④ 4　⑤ 5

341 ★☆☆

함수 $y=a\tan bx$의 그래프를 x축의 방향으로 m만큼, y축의 방향으로 n만큼 평행이동하였더니 함수 $y=3\tan\left(\frac{x}{2}+1\right)+2$의 그래프와 일치하였다. $a+b+m+n$의 값을 구하시오. (단, a, b는 상수이다.)

342 ★★☆

함수 $y=3\cos\frac{x}{2}$의 그래프를 평행이동 또는 대칭이동하여 겹쳐질 수 있는 그래프의 식인 것만을 **| 보기 |**에서 있는 대로 고른 것은?

| 보기 |

ㄱ. $y=3\cos\left(\frac{x}{2}+\frac{\pi}{4}\right)+1$
ㄴ. $y=-3\cos\frac{x}{2}-1$
ㄷ. $y=3\sin\frac{x}{2}+1$

① ㄴ　② ㄷ　③ ㄱ, ㄴ
④ ㄱ, ㄷ　⑤ ㄱ, ㄴ, ㄷ

정답 및 해설 045쪽

유형 03 삼각함수의 그래프의 성질

① 함수 $f(x)=\sin x\ (0\le x\le\pi)$의 그래프는 직선 $x=\frac{\pi}{2}$에 대하여 대칭이다.

➡ $f(a)=f(b)=k\ (a\ne b)$일 때, $\frac{a+b}{2}=\frac{\pi}{2}$ $\quad\therefore a+b=\pi$

② 함수 $f(x)=\cos x\ (0\le x\le 2\pi)$의 그래프는 직선 $x=\pi$에 대하여 대칭이다.

➡ $f(a)=f(b)=k\ (a\ne b)$일 때, $\frac{a+b}{2}=\pi$ $\quad\therefore a+b=2\pi$

343 대표 예제

그림과 같이 $0\le x\le 4\pi$에서 함수 $y=\sin x$의 그래프와 직선 $y=k\,(0<k<1)$가 서로 다른 네 점에서 만난다. 네 점의 x좌표를 작은 것부터 차례대로 a, b, c, d라 할 때, $a+b+c+d$의 값은?

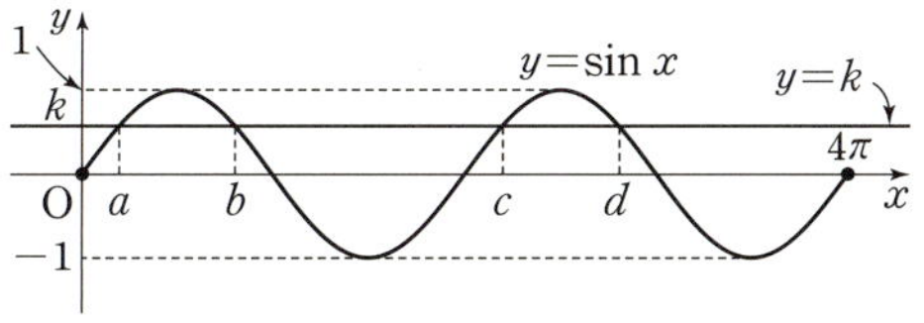

① 3π ② 4π ③ 5π
④ 6π ⑤ 7π

344 ★☆☆

그림과 같이 $x\ge 0$에서 함수 $y=5\cos\frac{x}{3}$의 그래프와 직선 $y=k\ (0<k<5)$가 만나는 점의 x좌표를 작은 것부터 차례대로 x_1, x_2, x_3, $\cdots$이라 할 때, x_9+x_{10}의 값을 구하시오.

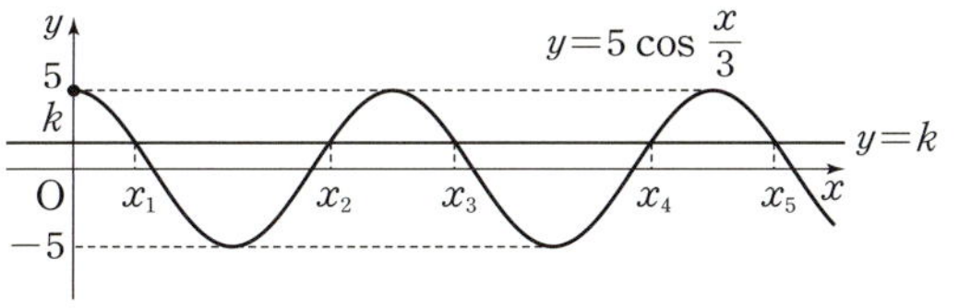

345 ★★☆

그림과 같이 $0\le x\le 6$에서 함수 $y=\tan\frac{\pi}{3}x$의 그래프와 두 직선 $y=k$, $y=5k$로 둘러싸인 도형의 넓이가 36일 때, 양수 k의 값을 구하시오. $\left(단,\ x\ne\frac{3}{2},\ x\ne\frac{9}{2}\right)$

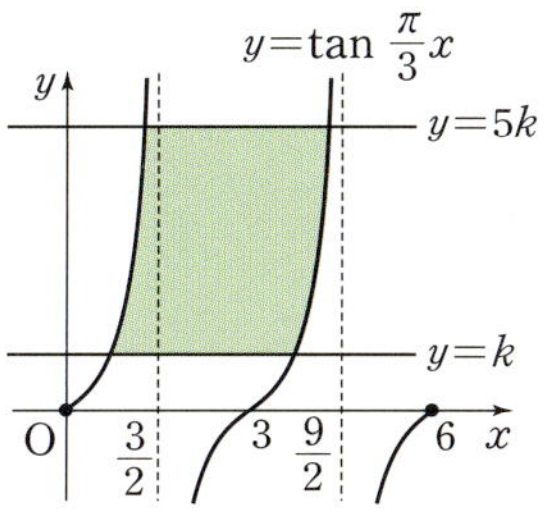

유형 04 중요★ 삼각함수의 미정계수의 결정; 조건이 주어진 경우

① $y=a\sin(bx+c)+d$, $y=a\cos(bx+c)+d$

➡ • a, d : 최댓값, 최솟값을 이용
 • b : 주기를 이용
 • b, c : x축에 대한 평행이동을 이용
 • d : y축에 대한 평행이동을 이용

② $y=a\tan(bx+c)+d$

➡ • a, d : 함숫값을 이용
 • b : 주기를 이용
 • b, c : x축에 대한 평행이동을 이용
 • d : y축에 대한 평행이동을 이용

346 대표 예제

함수 $f(x)=a\cos bx+c$의 최댓값과 최솟값이 각각 1, -3이고 주기가 $\frac{3}{2}\pi$일 때, 세 상수 a, b, c에 대하여 $a+b+c$의 값은? (단, $a>0$, $b>0$)

① 2 ② $\frac{7}{3}$ ③ $\frac{8}{3}$
④ 3 ⑤ $\frac{10}{3}$

347 ★☆☆

함수 $f(x)=a\sin bx+c$의 최댓값이 5이고, 최댓값과 최솟값의 차가 4이다. 모든 실수 x에 대하여 등식 $f(x+p)=f(x)$를 만족시키는 가장 작은 양수 p의 값이 $\frac{5}{3}\pi$일 때, 세 상수 a, b, c에 대하여 $a+b-c$의 값을 구하시오. (단, $a>0$, $b>0$)

348 ★★☆

함수 $f(x)=a\tan bx+c$의 그래프의 점근선의 방정식이 $x=2(2n+1)\pi$ (n은 정수)이고, $f(0)=-1$, $f(\pi)=3$일 때, 세 상수 a, b, c에 대하여 abc의 값은? (단, $b>0$)

① -2 ② -1 ③ 0
④ 1 ⑤ 2

유형 05 중요★ 삼각함수의 미정계수의 결정 ; 그래프가 주어진 경우

주어진 함수의 그래프에서 최댓값, 최솟값, 주기, 지나는 점의 좌표 등을 알아내어 삼각함수의 미정계수를 결정한다.

349 대표 예제

함수 $y=a\sin(bx+c)$의 그래프가 그림과 같을 때, 세 상수 a, b, c에 대하여 abc의 값은?

(단, $a>0$, $b>0$, $0<c<\pi$)

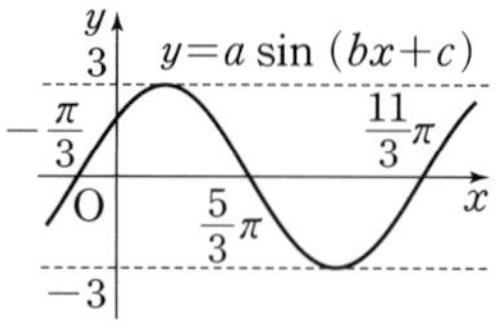

① $\frac{\pi}{4}$　② $\frac{\pi}{3}$　③ $\frac{\pi}{2}$
④ $\frac{2}{3}\pi$　⑤ $\frac{5}{4}\pi$

350 ★☆☆

함수 $y=\tan(ax+b)$의 그래프가 그림과 같을 때, 두 상수 a, b에 대하여 ab의 값을 구하시오.

$\left(단, a>0, 0<b<\frac{\pi}{2}\right)$

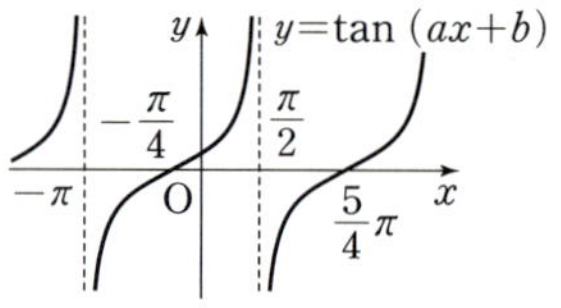

351 ★★☆

함수 $y=a\cos(bx-c)$의 그래프가 그림과 같을 때, 세 상수 a, b, c에 대하여 $a-b+c$의 값을 구하시오.

(단, $a>0$, $b>0$, $0<c<2\pi$)

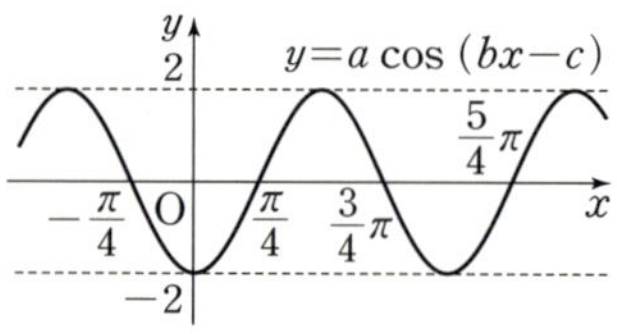

유형 06 절댓값 기호를 포함한 삼각함수

① 함수 $y=a|\sin bx|+c$, $y=a|\cos bx|+c$의 그래프
- $a>0$일 때 : 최댓값은 $a+c$, 최솟값은 c
  $a<0$일 때 : 최댓값은 c, 최솟값은 $a+c$
- 주기 : $\frac{\pi}{|b|}$ → 기존의 $\frac{1}{2}$배

② 함수 $y=a|\tan bx|+c$의 그래프
- $a>0$일 때 : 최댓값은 없고, 최솟값은 c
  $a<0$일 때 : 최댓값은 c, 최솟값은 없다.
- 주기 : $\frac{\pi}{|b|}$ → 변화 없음

참고 함수 $y=|\sin x|$의 그래프는 함수 $y=\sin x$의 그래프에서 $y\geq0$인 부분은 그대로 두고, $y<0$인 부분은 x축에 대하여 대칭이동한다.

352 대표 예제

함수 $y=a|\cos bx|+c$의 최댓값과 최솟값이 각각 3, 1이고 주기가 $\frac{\pi}{2}$일 때, 세 상수 a, b, c에 대하여 $a+b+c$의 값은?

(단, $a>0$, $b>0$)

① 3　② 4　③ 5
④ 6　⑤ 7

353 ★☆☆

함수 $f(x)=a|\sin bx|+c$의 최솟값은 -2이고, 주기는 2π이다. $f(\pi)=1$일 때, 세 상수 a, b, c에 대하여 abc의 값을 구하시오. (단, $a>0$, $b>0$)

354 ★★☆

$-\frac{\pi}{4}\leq x\leq\frac{\pi}{6}$에서 정의된 함수 $y=|\tan x|+1$의 최댓값과 최솟값의 합은?

① 1　② $\frac{3}{2}$　③ 2
④ $\frac{5}{2}$　⑤ 3

개념 체크 Concept

정답 및 해설 048쪽

더 자세한 개념 ⋯ 메가헤르츠 175쪽

개념 ❻ 삼각함수의 성질

(1) **$2n\pi+x$ (n은 정수)의 삼각함수**

$\sin(2n\pi+x)=\sin x$, $\cos(2n\pi+x)=\cos x$, $\tan(2n\pi+x)=\tan x$

(2) **$-x$의 삼각함수**

$\sin(-x)=-\sin x$, $\cos(-x)=\cos x$, $\tan(-x)=-\tan x$

(3) **$\pi\pm x$의 삼각함수**

$\sin(\pi\pm x)=\mp\sin x$, $\cos(\pi\pm x)=-\cos x$,

$\tan(\pi\pm x)=\pm\tan x$ (복부호동순)

(4) **$\frac{\pi}{2}\pm x$의 삼각함수**

$\sin\left(\frac{\pi}{2}\pm x\right)=\cos x$, $\cos\left(\frac{\pi}{2}\pm x\right)=\mp\sin x$,

$\tan\left(\frac{\pi}{2}\pm x\right)=\mp\frac{1}{\tan x}$ (복부호동순)

(5) **$\frac{3}{2}\pi\pm x$의 삼각함수**

$\sin\left(\frac{3}{2}\pi\pm x\right)=-\cos x$, $\cos\left(\frac{3}{2}\pi\pm x\right)=\pm\sin x$,

$\tan\left(\frac{3}{2}\pi\pm x\right)=\mp\frac{1}{\tan x}$ (복부호동순)

더 자세한 개념 ⋯ 메가헤르츠 177쪽

개념 ❼ 삼각함수를 포함한 식의 최대·최소

삼각함수를 포함한 식의 최대·최소는 다음과 같은 순서로 구한다.

❶ 삼각함수의 각이 $\pi+x$, $\frac{\pi}{2}-x$ 등과 같이 여러 가지로 표현되어 있으면 삼각함수의 성질을 이용하여 각을 x로 통일한다.

❷ 주어진 식에 $\sin x$, $\cos x$, $\tan x$ 등과 같이 여러 가지 삼각함수가 포함되어 있으면 삼각함수 사이의 관계를 이용하여 한 종류의 삼각함수로 통일한다.

❸ ❷에서 구한 식의 삼각함수를 t로 치환하고, t의 값의 범위를 구한다.

❹ t에 대한 함수의 그래프를 그리고 ❸에서 구한 t의 값의 범위에서 최댓값과 최솟값을 구한다.

참고 $\sin x=t$ 또는 $\cos x=t$로 치환하면 t의 값의 범위는 $-1\le t\le 1$이고, $\tan x=t$로 치환하면 t의 값의 범위는 실수 전체의 집합이다.

개념 ❻ 삼각함수의 성질

355 다음 삼각함수의 값을 구하시오.

(1) $\sin\left(-\frac{\pi}{4}\right)$

(2) $\cos\frac{7}{4}\pi$

(3) $\sin\frac{4}{3}\pi$

(4) $\tan\frac{13}{6}\pi$

(5) $\cos(-60^\circ)$

(6) $\sin 120^\circ$

(7) $\cos 225^\circ$

(8) $\tan 300^\circ$

개념 ❼ 삼각함수를 포함한 식의 최대·최소

356 다음 함수의 최댓값과 최솟값을 각각 구하시오.

(1) $y=\sin x-\sin(\pi+x)+1$

(2) $y=\sin x+\cos^2 x$

유형 마스터

Pattern

유형 07 중요* 여러 가지 각에 대한 삼각함수 ; 삼각함수의 값을 구할 수 있는 경우

다음과 같은 순서로 삼각함수를 변환한다.

❶ 주어진 삼각함수의 각을 $\frac{\pi}{2}\times n\pm\theta$ (n은 정수) 꼴로 나타낸다.

❷ n이 짝수이면 삼각함수는 그대로, n이 홀수이면 삼각함수를 $\sin\rightarrow\cos$, $\cos\rightarrow\sin$, $\tan\rightarrow\frac{1}{\tan}$로 바꾼다.

❸ θ를 예각으로 생각하여 각 $\frac{\pi}{2}\times n\pm\theta$가 나타내는 동경이 제몇 사분면에 있는지 구한 후 처음 주어진 삼각함수에 대한 부호를 찾아 부여한다.

357 대표 예제

$\sin\frac{5}{6}\pi+\cos\frac{5}{3}\pi+\tan\frac{5}{4}\pi$의 값은?

① -2 ② -1 ③ 0 ④ 1 ⑤ 2

358 ★☆☆

다음 삼각함수표를 이용하여 $\cos 100°+\sin 160°$의 값을 구하면?

θ	$\sin\theta$	$\cos\theta$	$\tan\theta$
10°	0.1736	0.9848	0.1763
20°	0.3420	0.9397	0.3640

① 0.0451 ② 0.1684 ③ 0.5156 ④ 0.5977 ⑤ 0.6428

359 ★★☆

$$\cos\frac{13}{6}\pi\cos\frac{11}{6}\pi+\sin\left(-\frac{\pi}{4}\right)\sin\frac{11}{4}\pi+\tan\frac{13}{6}\pi\tan\frac{10}{3}\pi$$

의 값을 구하시오.

유형 08 여러 가지 각에 대한 삼각함수 ; 삼각함수의 값을 구할 수 없는 경우

각의 크기의 합이 $\frac{\pi}{2}$ 또는 π인 것을 짝짓고 삼각함수 사이의 관계를 이용하여 간단히 한다.

360 대표 예제

$\sin\left(\frac{\pi}{2}-\theta\right)\cos(\pi+\theta)+\cos\left(\frac{\pi}{2}+\theta\right)\sin(\pi-\theta)$를 간단히 하면?

① -1 ② $-\sin\theta$ ③ $-\cos\theta$ ④ $\sin\theta$ ⑤ 1

361 ★★☆

$\sin^2 1°+\sin^2 2°+\sin^2 3°+\cdots+\sin^2 89°$의 값은?

① $\frac{87}{2}$ ② 44 ③ $\frac{89}{2}$ ④ 45 ⑤ $\frac{91}{2}$

362 ★★☆

$\tan 1°\times\tan 3°\times\tan 5°\times\cdots\times\tan 89°$의 값은?

① $\frac{1}{3}$ ② $\frac{\sqrt{3}}{3}$ ③ 1 ④ $\sqrt{3}$ ⑤ 3

유형 09 삼각함수를 포함한 식의 최대·최소; 일차식 꼴

일차식 꼴의 삼각함수를 포함한 식의 최대·최소는 다음과 같은 순서로 구한다.
❶ 주어진 삼각함수의 각과 함수를 한 종류로 통일한다.
❷ ① 절댓값 기호가 없는 경우: 삼각함수의 최대·최소를 이용한다.
② 절댓값 기호가 있는 경우: 삼각함수를 t로 치환한 후 t에 대한 함수의 그래프를 그려서 최대·최소를 구한다.

363 대표 예제

실수 전체의 집합에서 정의된 함수

$$y=\sin x+2\cos\left(x-\frac{\pi}{2}\right)+1$$

의 최댓값과 최솟값의 합은?

① 1 ② 2 ③ 3 ④ 4 ⑤ 5

364 ★☆☆

실수 전체의 집합에서 정의된 함수

$$y=\sin(\pi-x)-3\cos\left(\frac{3}{2}\pi-x\right)+a$$

의 최댓값이 3일 때, 최솟값은? (단, a는 상수이다.)

① -5 ② -4 ③ -3 ④ -2 ⑤ -1

365 ★★☆

실수 전체의 집합에서 정의된 함수

$$y=2|3\cos x-1|+1$$

의 최댓값을 M, 최솟값을 m이라 할 때, M^2+m^2의 값은?

① 70 ② 74 ③ 78 ④ 82 ⑤ 86

유형 10 중요★ 삼각함수를 포함한 식의 최대·최소 ; 이차식, 분수식 꼴

이차식 또는 분수식 꼴의 삼각함수를 포함한 식의 최대·최소는 다음과 같은 순서로 구한다.
❶ 삼각함수 사이의 관계와 삼각함수의 성질을 이용하여 주어진 삼각함수의 각과 함수를 한 종류로 통일한다.
❷ 삼각함수를 t로 치환한 후 t에 대한 함수의 그래프를 그려서 최대·최소를 구한다.

366 대표 예제

함수 $y=\sin^2 x+\cos x+1$의 최댓값은?

① $\frac{5}{4}$ ② $\frac{3}{2}$ ③ $\frac{7}{4}$ ④ 2 ⑤ $\frac{9}{4}$

367 ★☆☆

함수 $y=\dfrac{4\sin\left(\frac{\pi}{2}+x\right)+7}{2\cos x+3}$의 최댓값과 최솟값을 각각 M, m이라 할 때, $M-m$의 값은?

① $\frac{1}{5}$ ② $\frac{2}{5}$ ③ $\frac{3}{5}$ ④ $\frac{4}{5}$ ⑤ 1

368 ★★☆

함수 $y=\cos^2 x-2\cos\left(x+\frac{\pi}{2}\right)+a$의 최댓값이 3일 때, 최솟값을 m이라 하자. $a+m$의 값은? (단, a는 상수이다.)

① -1 ② $-\frac{1}{2}$ ③ 0 ④ $\frac{1}{2}$ ⑤ 1

더 자세한 개념 ···› 메가헤르츠 186쪽

개념 8 삼각방정식

삼각방정식은 다음과 같은 순서로 푼다.

❶ 주어진 방정식을 $\sin x=k$ (또는 $\cos x=k$ 또는 $\tan x=k$) 꼴로 나타낸다. → 두 종류 이상의 삼각함수를 포함한 방정식은 한 종류의 삼각함수로 통일한 후 이와 같은 꼴로 나타낸다.

❷ 좌표평면 위에 함수 $y=\sin x$ (또는 $y=\cos x$ 또는 $y=\tan x$)의 그래프와 직선 $y=k$를 각각 그린다.

❸ 주어진 범위에서 삼각함수의 그래프와 직선의 교점의 x좌표를 찾아 방정식의 해를 구한다.

참고 삼각함수의 각의 크기에 미지수가 있는 방정식을 삼각방정식이라 한다.

예 $2\sin x=1$, $\tan x=-1$

더 자세한 개념 ···› 메가헤르츠 193쪽

개념 9 삼각부등식

삼각부등식은 다음과 같은 순서로 푼다.

❶ 주어진 부등식을 등호로 바꾸어 삼각방정식의 해를 구한다.

❷ ❶의 풀이 과정에서 그린 삼각함수의 그래프에서 주어진 부등식을 만족시키는 x의 값의 범위를 구한다.

(1) $\sin x>k$ (또는 $\cos x>k$ 또는 $\tan x>k$) 꼴의 부등식의 해
함수 $y=\sin x$ (또는 $y=\cos x$ 또는 $y=\tan x$)의 그래프가 직선 $y=k$보다 위쪽에 있는 x의 값의 범위

(2) $\sin x<k$ (또는 $\cos x<k$ 또는 $\tan x<k$) 꼴의 부등식의 해
함수 $y=\sin x$ (또는 $y=\cos x$ 또는 $y=\tan x$)의 그래프가 직선 $y=k$보다 아래쪽에 있는 x의 값의 범위

$\tan x>k$ (또는 $\tan x<k$) 꼴의 부등식을 풀 때에는 함수 $y=\tan x$의 그래프의 점근선에 주의해야 한다.

참고 삼각함수의 각의 크기에 미지수가 있는 부등식을 삼각부등식이라 한다.

예 $2\sin x\geq 1$, $\tan x<-1$

개념 8 삼각방정식

369 다음 방정식을 푸시오. (단, $0\leq x<2\pi$)

(1) $\sin x=\frac{1}{2}$

(2) $\cos x=-\frac{\sqrt{2}}{2}$

(3) $\tan x=\sqrt{3}$

(4) $2\sin x+\sqrt{3}=0$

개념 9 삼각부등식

370 다음 부등식을 푸시오. (단, $0\leq x<2\pi$)

(1) $\sin x<-\frac{\sqrt{2}}{2}$

(2) $\cos x>\frac{\sqrt{3}}{2}$

(3) $\tan x\geq 1$

(4) $2\cos x+1\leq 0$

정답 및 해설 051쪽

유형 11 중요★ 삼각방정식; 일차식 꼴

삼각방정식은 다음과 같은 순서로 푼다.
❶ 주어진 방정식을 $\sin x=k$ (또는 $\cos x=k$ 또는 $\tan x=k$) 꼴로 나타낸다.
❷ 좌표평면 위에 함수 $y=\sin x$ (또는 $y=\cos x$ 또는 $y=\tan x$)의 그래프와 직선 $y=k$를 각각 그린다.
❸ 주어진 범위에서 삼각함수의 그래프와 직선의 교점의 x좌표를 찾아 방정식의 해를 구한다.

371 대표 예제

$0\le x<2\pi$일 때, 방정식 $\sin\left(x-\frac{\pi}{6}\right)=\frac{1}{2}$의 모든 실근의 합은?

① $\frac{\pi}{3}$　② $\frac{2}{3}\pi$　③ π
④ $\frac{4}{3}\pi$　⑤ $\frac{5}{3}\pi$

372 ★☆☆

$0\le x<2\pi$일 때, 방정식 $\tan\left(x-\frac{\pi}{4}\right)=\frac{\sqrt{3}}{3}$의 모든 실근의 합은?

① $\frac{7}{6}\pi$　② $\frac{4}{3}\pi$　③ $\frac{3}{2}\pi$
④ $\frac{5}{3}\pi$　⑤ $\frac{11}{6}\pi$

373 ★★☆

$0\le x<2\pi$일 때, 방정식 $\sqrt{3}\cos x=\sin x$의 두 실근 α, β $(\alpha<\beta)$에 대하여 $\frac{\beta}{\alpha}$의 값을 구하시오.

유형 12 중요★ 삼각방정식; 이차식 꼴

이차식 꼴의 삼각방정식은 다음과 같은 순서로 푼다.
❶ 삼각함수 사이의 관계와 삼각함수의 성질을 이용하여 주어진 삼각함수를 한 종류로 통일한다.
❷ 삼각함수에 대한 이차방정식을 푼다.
❸ 방정식의 해를 구한다.

374 대표 예제

$0\le x<2\pi$일 때, 방정식 $2\cos^2 x+3(\sin x-1)=0$의 모든 실근의 합은?

① $\frac{\pi}{2}$　② π　③ $\frac{3}{2}\pi$
④ 2π　⑤ $\frac{5}{2}\pi$

375 ★☆☆

$0\le x<2\pi$에서 방정식 $2\sin^2 x-\cos x-1=0$의 모든 실근의 합을 구하시오.

376 ★★☆

$0<x<2\pi$에서 방정식 $\tan x=\frac{3}{\tan x}$의 네 실근을 작은 것부터 차례대로 a, b, c, d라 할 때, $a+d-(b+c)$의 값은?

① -2π　② $-\pi$　③ 0
④ π　⑤ 2π

유형 13 삼각방정식의 응용

이차방정식의 판별식을 이용하여 삼각방정식을 세운다.
➡ 계수가 실수인 이차방정식 $ax^2+bx+c=0$의 판별식을 $D=b^2-4ac$라 하면
① $D>0 \Longleftrightarrow$ 서로 다른 두 실근
② $D=0 \Longleftrightarrow$ 중근
③ $D<0 \Longleftrightarrow$ 서로 다른 두 허근

377 대표 예제

x에 대한 이차방정식 $2x^2-2x+\sin\theta=0$이 오직 하나의 실근을 갖도록 하는 모든 θ의 값의 합은? (단, $0<\theta<2\pi$)

① $\frac{\pi}{6}$ ② $\frac{\pi}{2}$ ③ $\frac{5}{6}\pi$
④ π ⑤ $\frac{7}{6}\pi$

378 ★☆☆

x에 대한 이차방정식 $2x^2-4x\cos\theta+1=0$이 중근을 갖도록 하는 θ의 값을 α, β $(\alpha<\beta)$라 할 때, $\tan(\alpha+2\beta)$의 값은? (단, $0<\theta<\pi$)

① -1 ② $-\frac{\sqrt{3}}{3}$ ③ $\frac{\sqrt{3}}{3}$
④ 1 ⑤ $\sqrt{3}$

379 ★★☆

이차함수 $y=x^2-x\cos\theta-3\cos\theta+1$의 그래프와 직선 $y=x\cos\theta-\sin^2\theta$가 한 점에서 만나도록 하는 θ의 값을 α, β라 할 때, $\beta-\alpha$의 값은? (단, $0\le\theta<2\pi$, $\alpha<\beta$)

① π ② $\frac{7}{6}\pi$ ③ $\frac{4}{3}\pi$
④ $\frac{3}{2}\pi$ ⑤ $\frac{5}{3}\pi$

유형 14 중요★ 삼각부등식; 일차식 꼴

삼각부등식은 다음과 같은 순서로 푼다.
❶ 주어진 부등식을 등호로 바꾸어 삼각방정식의 해를 구한다.
❷ ❶의 풀이 과정에서 그린 삼각함수의 그래프에서 주어진 부등식을 만족시키는 x의 값의 범위를 구한다.

380 대표 예제

$0\le x<2\pi$일 때, 부등식 $2\sin\left(x-\frac{\pi}{6}\right)+\sqrt{3}\le 0$의 해가 $\alpha\le x\le\beta$이다. $\alpha+\beta$의 값은?

① $\frac{7}{3}\pi$ ② $\frac{8}{3}\pi$ ③ 3π
④ $\frac{10}{3}\pi$ ⑤ $\frac{11}{3}\pi$

381 ★☆☆

$0\le x<\pi$일 때, 부등식 $\sqrt{3}\tan 2x-1>0$을 푸시오.

382 ★★☆

$0\le x\le 8$일 때, 부등식 $-1\le 2\cos\frac{\pi}{4}x\le\sqrt{3}$을 만족시키는 정수 x의 개수는?

① 0 ② 2 ③ 4
④ 6 ⑤ 8

유형 15 삼각부등식; 이차식 꼴

이차식 꼴의 삼각부등식은 다음과 같은 순서로 푼다.
❶ 삼각함수 사이의 관계와 삼각함수의 성질을 이용하여 주어진 삼각함수를 한 종류로 통일한다.
❷ 삼각함수에 대한 이차부등식을 푼다.
❸ 부등식의 해를 구한다.

383 대표 예제

$0\le x<2\pi$일 때, 부등식

$$\cos^2 x-\sin^2 x+5\cos x+3\le 0$$

의 해가 $\alpha\le x\le\beta$이다. $\alpha+\beta$의 값은?

① $\frac{5}{3}\pi$ ② 2π ③ $\frac{7}{3}\pi$
④ $\frac{8}{3}\pi$ ⑤ 3π

384 ★☆☆

$0\le x<2\pi$일 때, 부등식

$$\sin^2 x-\cos^2 x+3\sin x+2<0$$

을 푸시오.

385 ★☆☆

$0\le x<\pi$일 때, 부등식 $\tan^2 x-(\sqrt{3}-1)\tan x<\sqrt{3}$의 해가 $a\le x<b$ 또는 $c<x<d$이다. $a+b+c+d$의 값은?

① $\frac{7}{4}\pi$ ② $\frac{11}{6}\pi$ ③ $\frac{23}{12}\pi$
④ 2π ⑤ $\frac{25}{12}\pi$

유형 16 삼각부등식의 응용

이차방정식의 판별식을 이용하여 삼각부등식을 세운다.
➡ 계수가 실수인 이차방정식 $ax^2+bx+c=0$의 판별식을 $D=b^2-4ac$라 하면
① $D>0 \Longleftrightarrow$ 서로 다른 두 실근
② $D=0 \Longleftrightarrow$ 중근
③ $D<0 \Longleftrightarrow$ 서로 다른 두 허근

386 대표 예제

x에 대한 이차방정식 $x^2+2x+\tan\theta=0$이 실근을 갖지 않도록 하는 θ의 값의 범위가 $\alpha<\theta<\beta$일 때, $\alpha+\beta$의 값은? (단, $0\le\theta<\pi$)

① $\frac{\pi}{4}$ ② $\frac{\pi}{2}$ ③ $\frac{3}{4}\pi$
④ π ⑤ $\frac{5}{4}\pi$

387 ★☆☆

모든 실수 x에 대하여 이차부등식 $x^2-4x\sin\theta+1\ge 0$이 성립하도록 하는 θ의 최댓값을 구하시오. $\left(\text{단, } \frac{\pi}{2}\le\theta\le\frac{3}{2}\pi\right)$

388 ★★★

x에 대한 이차방정식 $x^2-x\cos\theta+2\cos\theta-1=0$이 서로 다른 두 실근을 갖는다. 그중 한 근은 0보다 크고 1보다 작고 다른 한 근은 0보다 작거나 1보다 클 때, 다음 중 θ의 값이 될 수 있는 것은? $\left(\text{단, } 0\le\theta<\frac{\pi}{2}\right)$

① $\frac{13}{36}\pi$ ② $\frac{7}{18}\pi$ ③ $\frac{5}{12}\pi$
④ $\frac{4}{9}\pi$ ⑤ $\frac{17}{36}\pi$

389

유형 03

그림과 같이 $0 \le x \le \frac{5}{2}\pi$에서 정의된 함수 $f(x)=2\sin x$의 그래프와 직선 $y=k$ $(0<k<2)$가 서로 다른 세 점에서 만난다.

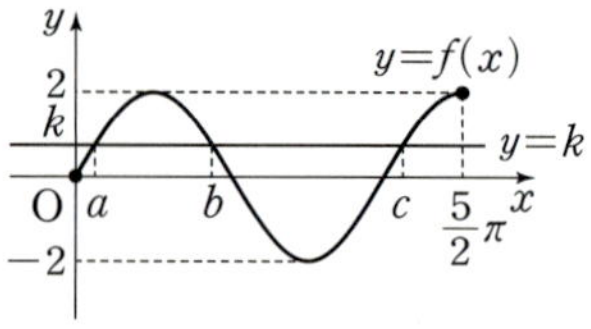

세 점의 x좌표를 작은 것부터 차례대로 a, b, c라 할 때, $f\left(\frac{c-b-2a}{6}\right)$의 값을 구하시오.

390

유형 03

그림과 같이 함수 $y=-\cos \pi x+1$ $(0\le x\le 2)$의 그래프와 x축으로 둘러싸인 도형의 넓이는?

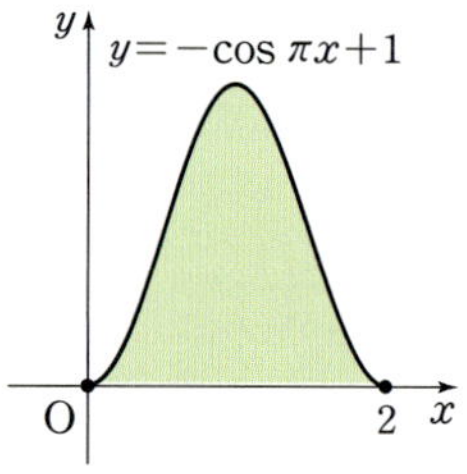

① 1 ② $\frac{3}{2}$
③ 2 ④ $\frac{5}{2}$
⑤ 3

391

유형 02 + 유형 04

함수 $y=-3\cos 2x$의 그래프를 x축의 방향으로 1만큼, y축의 방향으로 n만큼 평행이동하였더니 함수 $y=f(x)$의 그래프와 일치하였다. 함수 $f(x)$의 최댓값이 5이고 최솟값이 m일 때, $m+n$의 값은?

① -2 ② -1 ③ 0
④ 1 ⑤ 2

392

유형 04

함수 $f(x)=a\cos b\left(x+\frac{\pi}{2}\right)+c$가 다음 조건을 만족시킨다.

(가) 함수 $f(x)$의 주기는 4π이다.
(나) 함수 $f(x)$는 최댓값 6을 갖는다.

$f\left(\frac{\pi}{6}\right)=3$일 때, 세 상수 a, b, c에 대하여 $a+b+c$의 값은? (단, $a<0$, $b>0$)

① $\frac{1}{2}$ ② 1 ③ $\frac{3}{2}$
④ 2 ⑤ $\frac{5}{2}$

393

유형 06

함수 $y=a|\cos bx|+c$의 그래프가 그림과 같을 때, 세 상수 a, b, c에 대하여 $a+b+c$의 값은?
(단, $a>0$, $b>0$)

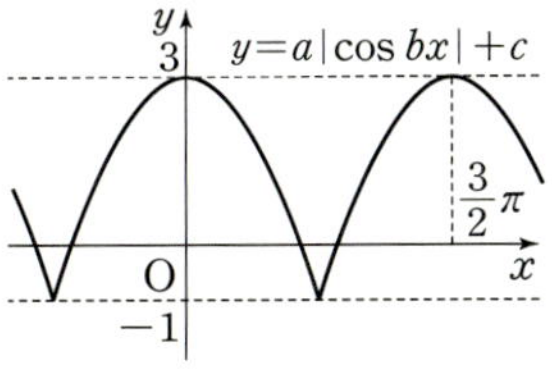

① $\frac{11}{3}$ ② $\frac{13}{3}$ ③ 5 ④ $\frac{17}{3}$ ⑤ $\frac{19}{3}$

395

유형 09

$\frac{5}{6}\pi \le x \le \frac{5}{3}\pi$에서 정의된 함수

$$y=a\cos x-\sin\left(x-\frac{\pi}{2}\right)-1$$

의 최솟값이 -3일 때, 최댓값을 M이라 하자. $a+M$의 값은? (단, a는 $a>-1$인 상수이다.)

① 1 ② 2 ③ 3 ④ 4 ⑤ 5

394 창의·사고력 Up

유형 08

그림과 같이 점 O를 중심으로 하는 반원의 호 AB를 8등분 하는 7개의 점을 점 A에 가까운 것부터 차례대로 A_1, A_2, A_3, $\cdots$, A_7이라 할 때,

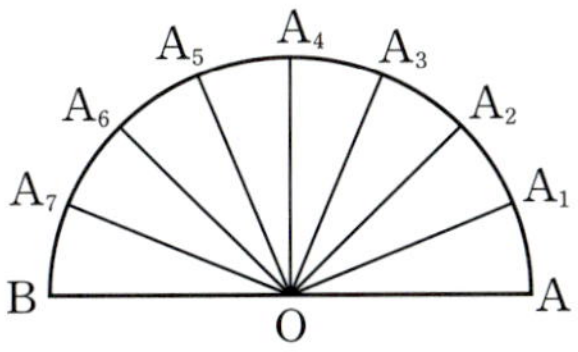

$\sin^2(\angle AOA_1)+\sin^2(\angle AOA_2)+\cdots+\sin^2(\angle AOA_7)$
의 값을 구하시오.

396

유형 10

함수 $y=\dfrac{2\cos\left(\frac{3}{2}\pi-x\right)-a+3}{\sin(\pi+x)+2}$의 최댓값이 1일 때, 최솟값을 m이라 하자. a^2+m^2의 값은? (단, a는 양의 상수이다.)

① 2 ② 5 ③ 8 ④ 10 ⑤ 13

정답 및 해설 055쪽

397

유형 11

방정식 $\sin x=\frac{1}{4\pi}x$의 서로 다른 실근의 개수는?

① 1 ② 3 ③ 5
④ 7 ⑤ 9

398

유형 12

$0\leq x<2\pi$일 때, 방정식 $2\cos\left(x-\frac{\pi}{2}\right)=\sqrt{2}\tan x$의 모든 실근의 합은?

① π ② 2π ③ 3π
④ 4π ⑤ 5π

399

창의·사고력 Up

유형 13

x에 대한 방정식 $4\sin^2 x+2\cos x+k=0$이 실근을 갖도록 하는 정수 k의 개수를 구하시오.

400

유형 15

$0\leq x<2\pi$일 때, 부등식 $\sin^2 x\geq\cos^2 x$의 해가 $a\leq x\leq b$ 또는 $c\leq x\leq d$이다. $a-b+c+d$의 값은? (단, $b<c$)

① $\frac{5}{2}\pi$ ② 3π ③ $\frac{7}{2}\pi$
④ 4π ⑤ $\frac{9}{2}\pi$

서술형 문제

401

유형 14

$0\leq x<2\pi$일 때, 부등식 $\frac{1}{2}<\sin x<\cos x$의 해를 구하시오.

필요 개념 및 공식

- □ 함수 $y=\sin x$의 그래프
- □ 함수 $y=\cos x$의 그래프
- □ 함수 $y=\tan x$의 그래프
- □ 삼각부등식

07 삼각함수의 활용

개념 체크 Concept

정답 및 해설 056쪽

더 자세한 개념 ⋯ 메가헤르츠 204쪽

개념 ① 사인법칙

삼각형 ABC의 외접원의 반지름의 길이를 R라 하면

$$\frac{a}{\sin A}=\frac{b}{\sin B}=\frac{c}{\sin C}=2R$$

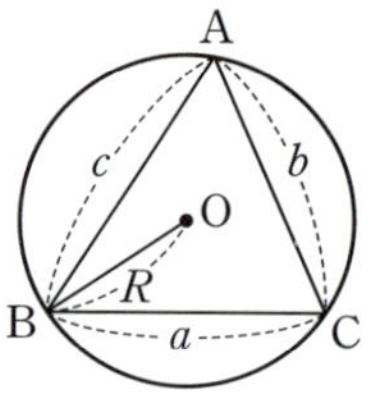

참고 삼각형 ABC에서 세 각 ∠A, ∠B, ∠C의 크기를 각각 A, B, C로 나타내고, 이들의 대변 BC, CA, AB의 길이를 각각 a, b, c로 나타낸다.

더 자세한 개념 ⋯ 메가헤르츠 205쪽

개념 ② 사인법칙의 변형

삼각형 ABC의 외접원의 반지름의 길이를 R라 하면

(1) $\sin A=\frac{a}{2R}$, $\sin B=\frac{b}{2R}$, $\sin C=\frac{c}{2R}$

(2) $a=2R\sin A$, $b=2R\sin B$, $c=2R\sin C$ ← (1)의 각각의 식에서 양변에 $2R$를 곱한 것이다.

(3) $a : b : c=\sin A : \sin B : \sin C$

주의 $a : b : c\neq A : B : C$

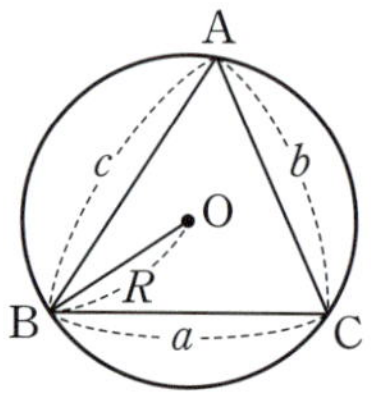

개념 ① 사인법칙

402 삼각형 ABC에 대하여 다음을 구하시오.

(1) $c=3\sqrt{2}$, $A=60°$, $C=45°$일 때, a의 값

(2) $b=8$, $B=135°$, $C=30°$일 때, c의 값

403 삼각형 ABC에 대하여 다음을 구하시오.

(1) $b=2$, $c=\sqrt{6}$, $B=45°$일 때, C의 크기

(2) $a=\sqrt{3}$, $b=3$, $B=120°$일 때, A의 크기

404 다음 조건을 만족시키는 삼각형 ABC의 외접원의 반지름의 길이를 구하시오.

(1) $a=6$, $A=60°$

(2) $b=10$, $B=135°$

개념 ② 사인법칙의 변형

405 삼각형 ABC의 외접원의 반지름의 길이가 2일 때, 다음을 구하시오.

(1) $a=4$일 때, A의 크기

(2) $b=2$일 때, B의 크기

406 삼각형 ABC의 외접원의 반지름의 길이가 1일 때, 다음을 구하시오.

(1) $A=45°$일 때, a의 값

(2) $C=150°$일 때, c의 값

407 삼각형 ABC에 대하여 $A=30°$, $B=30°$, $C=120°$일 때, $a : b : c$를 구하시오.

정답 및 해설 057쪽

유형 01 중요* 사인법칙

삼각형 ABC의 외접원의 반지름의 길이를 R라 하면
➡ $\frac{a}{\sin A}=\frac{b}{\sin B}=\frac{c}{\sin C}=2R$

408 대표 예제

삼각형 ABC에서 $a=3$, $B=45^\circ$, $C=75^\circ$일 때, b의 값은?

① 2 ② $\sqrt{5}$ ③ $\sqrt{6}$
④ $\sqrt{7}$ ⑤ $2\sqrt{2}$

409 ★☆☆

삼각형 ABC에서 $a=5$, $b=4$, $A=30^\circ$일 때, $\cos^2 B$의 값은?

① $\frac{3}{5}$ ② $\frac{16}{25}$ ③ $\frac{18}{25}$
④ $\frac{21}{25}$ ⑤ $\frac{24}{25}$

410 ★★☆

한 변의 길이가 3인 정삼각형 ABC의 외접원의 반지름의 길이는?

① $\sqrt{2}$ ② $\sqrt{3}$ ③ 2
④ $\sqrt{5}$ ⑤ $\sqrt{6}$

유형 02 사인법칙의 변형

삼각형 ABC의 외접원의 반지름의 길이를 R라 하면
➡ ① $\sin A=\frac{a}{2R}$, $\sin B=\frac{b}{2R}$, $\sin C=\frac{c}{2R}$
② $a=2R\sin A$, $b=2R\sin B$, $c=2R\sin C$
③ $a:b:c=\sin A:\sin B:\sin C$

411 대표 예제

삼각형 ABC에 대하여 $a:b:c=2:4:5$일 때,
$\frac{\sin A+2\sin B+\sin C}{2\sin A-\sin B+3\sin C}$의 값은?

① $\frac{1}{2}$ ② 1 ③ $\frac{3}{2}$
④ 2 ⑤ $\frac{5}{2}$

412 ★☆☆

삼각형 ABC에 대하여
$(a+b):(b+c):(c+a)=7:11:8$
일 때, $\frac{\sin A\sin B}{\sin^2 C}$의 값은?

① $\frac{1}{18}$ ② $\frac{1}{6}$ ③ $\frac{5}{18}$
④ $\frac{7}{18}$ ⑤ $\frac{1}{2}$

413 ★★☆

반지름의 길이가 5인 원에 내접하는 삼각형 ABC의 둘레의 길이가 20일 때, $\sin A+\sin B+\sin C$의 값은?

① 1 ② 2 ③ 3
④ 4 ⑤ 5

유형 03 사인법칙을 이용한 삼각형의 모양 판단

사인법칙을 이용하여 주어진 식을 삼각형의 세 변의 길이에 대한 관계식으로 변형한 후 삼각형의 형태를 파악한다.
이때 삼각형 ABC에서
① $a=b=c$이면 ➡ 정삼각형
② $a=b$이면 ➡ $a=b$인 이등변삼각형
③ $a^2=b^2+c^2$이면 ➡ $A=90°$인 직각삼각형

414 대표 예제
삼각형 ABC가 $\sin^2 A+\sin^2 B=\sin^2 C$를 만족시킬 때, 삼각형 ABC는 어떤 삼각형인가?

① 정삼각형 ② $a=b$인 이등변삼각형
③ $a=c$인 이등변삼각형 ④ $B=90°$인 직각삼각형
⑤ $C=90°$인 직각삼각형

415 ★☆☆
삼각형 ABC가 $a\sin A=b\sin B=c\sin C$를 만족시킬 때, 삼각형 ABC는 어떤 삼각형인가?

① 정삼각형 ② $a=b$인 이등변삼각형
③ $b=c$인 이등변삼각형 ④ $A=90°$인 직각삼각형
⑤ $C=90°$인 직각삼각형

416 ★★☆
삼각형 ABC에 대하여 x에 대한 이차방정식

$$(\sin B+\sin C)x^2+2x\sin A+\sin B-\sin C=0$$

이 중근을 가질 때, 삼각형 ABC는 어떤 삼각형인가?

① 정삼각형 ② $a=b$인 이등변삼각형
③ $A=90°$인 직각삼각형 ④ $B=90°$인 직각삼각형
⑤ $C=90°$인 직각삼각형

유형 04 사인법칙의 실생활에의 활용

주어진 여러 지점들 사이의 길이와 이루는 각의 크기를 알고 사인법칙을 이용한다.

417 대표 예제
그림과 같이 어느 도시의 세 지하철역 A, B, C가 있다. 서로 2 km 떨어진 두 지하철역 A, B에서 지하철역 C를 바라본 각의 크기가 각각 70°, 80°일 때, 두 지하철역 B, C 사이의 거리는? (단, $\sin 70°=0.94$로 계산한다.)

① 2.86 km ② 3.16 km
③ 3.46 km ④ 3.76 km
⑤ 4.06 km

418 ★★☆
그림과 같이 바다 위에 세 척의 선박 A, B, C가 있다. 두 선박 B, C 사이의 거리가 49 m이고, 두 선박 A, B에서 선박 C를 바라본 각의 크기가 각각 100°, 35°일 때, 두 선박 A, B 사이의 거리는? (단, $\sin 80°=0.98$로 계산한다.)

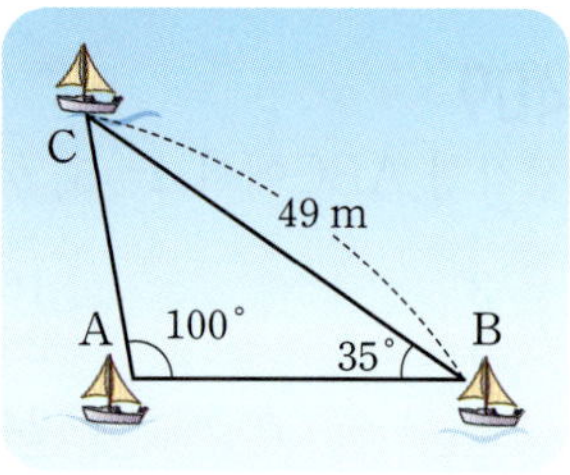

① $21\sqrt{2}$ m ② $23\sqrt{2}$ m ③ $25\sqrt{2}$ m
④ $27\sqrt{2}$ m ⑤ $29\sqrt{2}$ m

419 ★★★
어느 빌딩의 꼭대기를 P, 바닥을 Q라 하면 100 m 떨어진 두 지점 A, B에 대하여 $\angle PAB=65°$, $\angle PBA=55°$, $\angle PAQ=60°$이다. 이 빌딩의 높이는?
(단, $\sin 55°=0.82$로 계산한다.)

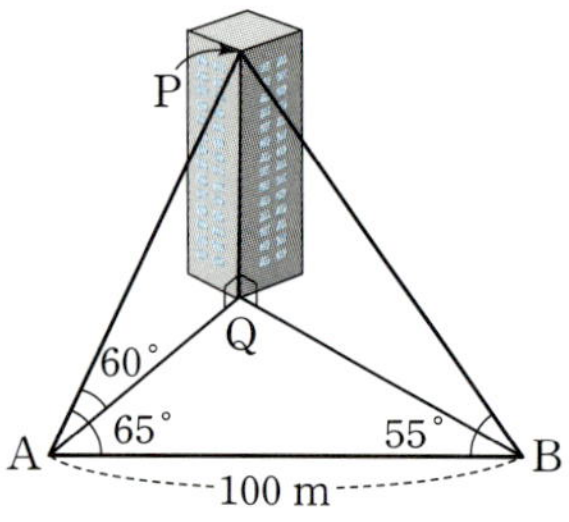

① 82 m ② 84 m ③ 86 m
④ 88 m ⑤ 90 m

개념 체크 Concept

정답 및 해설 058쪽

더 자세한 개념 ··· 메가헤르츠 213쪽

개념 ❸ 코사인법칙

삼각형 ABC에 대하여

(1) $a^2=b^2+c^2-2bc\cos A$

(2) $b^2=c^2+a^2-2ca\cos B$

(3) $c^2=a^2+b^2-2ab\cos C$

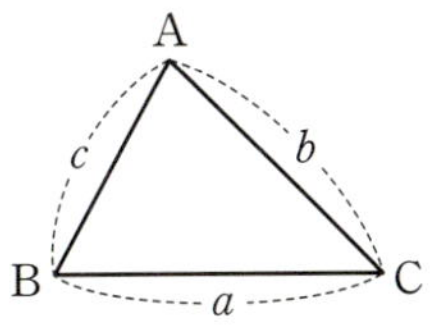

더 자세한 개념 ··· 메가헤르츠 214쪽

개념 ❹ 코사인법칙의 변형

삼각형 ABC에 대하여

(1) $\cos A=\dfrac{b^2+c^2-a^2}{2bc}$

(2) $\cos B=\dfrac{c^2+a^2-b^2}{2ca}$

(3) $\cos C=\dfrac{a^2+b^2-c^2}{2ab}$

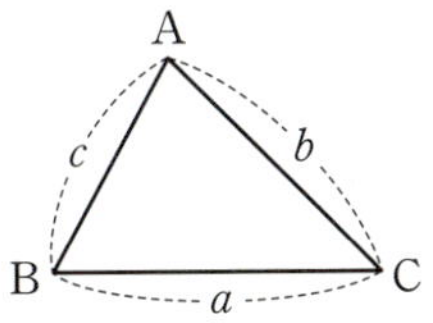

개념 ❸ 코사인법칙

420 삼각형 ABC에 대하여 다음을 구하시오.

(1) $a=3$, $c=2$, $B=60^\circ$일 때, b의 값

(2) $a=2$, $b=\sqrt{3}$, $C=30^\circ$일 때, c의 값

(3) $b=2\sqrt{2}$, $c=4$, $A=135^\circ$일 때, a의 값

개념 ❹ 코사인법칙의 변형

421 삼각형 ABC에 대하여 다음을 구하시오.

(1) $a=5$, $b=6$, $c=7$일 때, $\cos A$의 값

(2) $a=2$, $b=2$, $c=\sqrt{3}$일 때, $\cos C$의 값

422 삼각형 ABC에 대하여 다음을 구하시오.

(1) $a=5$, $b=\sqrt{19}$, $c=3$일 때, B의 크기

(2) $a=2$, $b=2\sqrt{3}$, $c=2$일 때, A의 크기

유형 05 중요 코사인법칙

삼각형 ABC에서
① $a^2=b^2+c^2-2bc\cos A$
② $b^2=c^2+a^2-2ca\cos B$
③ $c^2=a^2+b^2-2ab\cos C$

423 대표 예제
삼각형 ABC에서 $a=6$, $c=4$, $B=60°$일 때, 삼각형 ABC의 외접원의 반지름의 길이는?

① $2\sqrt{2}$ ② $\frac{2\sqrt{21}}{3}$ ③ $\frac{4\sqrt{6}}{3}$
④ $\frac{4\sqrt{7}}{3}$ ⑤ $\frac{8\sqrt{2}}{3}$

424 ★★☆
$a=3$, $c=2$, $B=120°$인 삼각형 ABC의 외접원의 넓이는?

① $\frac{16}{3}\pi$ ② $\frac{17}{3}\pi$ ③ 6π
④ $\frac{19}{3}\pi$ ⑤ $\frac{20}{3}\pi$

425 ★★☆
그림과 같이 반지름의 길이가 $\sqrt{2}$인 원에 내접하는 삼각형 ABC에 대하여 $a=2$, $c=\sqrt{2}$일 때, b의 값은?
(단, $B>90°$)

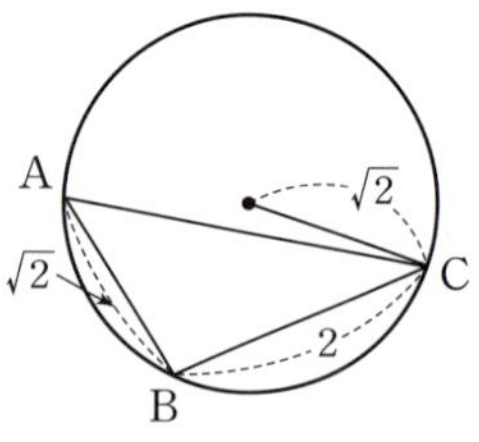

① $\sqrt{3}-1$ ② $\sqrt{3}$
③ 2 ④ $1+\sqrt{3}$
⑤ $2+\sqrt{2}$

유형 06 코사인법칙의 변형

삼각형 ABC에서
① $\cos A=\frac{b^2+c^2-a^2}{2bc}$
② $\cos B=\frac{c^2+a^2-b^2}{2ca}$
③ $\cos C=\frac{a^2+b^2-c^2}{2ab}$

426 대표 예제
삼각형 ABC에서 $a:b:c=2:\sqrt{2}:3$일 때, $\cos A$의 값은?

① $\frac{\sqrt{2}}{2}$ ② $\frac{7\sqrt{2}}{12}$ ③ $\frac{2\sqrt{2}}{3}$
④ $\frac{3\sqrt{2}}{4}$ ⑤ $\frac{5\sqrt{2}}{6}$

427 ★☆☆
삼각형 ABC에서 $\sin A:\sin B:\sin C=2:3:4$일 때, $\cos B$의 값은?

① $\frac{1}{2}$ ② $\frac{9}{16}$ ③ $\frac{5}{8}$
④ $\frac{11}{16}$ ⑤ $\frac{3}{4}$

428 ★★☆
그림과 같이 $\overline{AB}=4$, $\overline{BC}=7$, $\overline{CA}=5$인 삼각형 ABC의 선분 BC 위의 점 D에 대하여 $\overline{BD}=4$, $\overline{CD}=3$을 만족시킬 때, 선분 AD의 길이는?

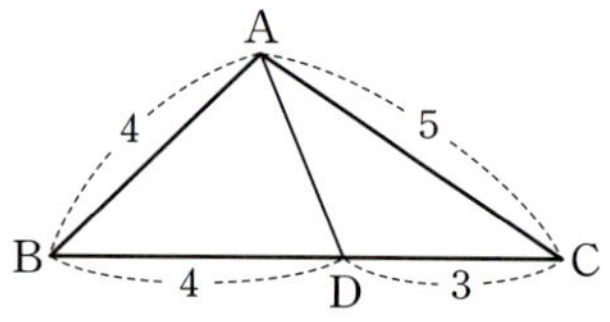

① $\sqrt{7}$ ② $\frac{8\sqrt{7}}{7}$ ③ $\frac{9\sqrt{7}}{7}$
④ $\frac{10\sqrt{7}}{7}$ ⑤ $\frac{11\sqrt{7}}{7}$

정답 및 해설 059쪽

유형 07 코사인법칙을 이용한 삼각형의 모양 판단

코사인법칙을 이용하여 주어진 식을 삼각형의 세 변의 길이에 대한 관계식으로 변형한 후 삼각형의 형태를 파악한다.
이때 삼각형 ABC에서
① $a=b=c$이면 ➡ 정삼각형
② $a=b$이면 ➡ $a=b$인 이등변삼각형
③ $a^2=b^2+c^2$이면 ➡ $A=90°$인 직각삼각형

429 대표 예제

삼각형 ABC가 $c\cos A=a\cos C$를 만족시킬 때, 삼각형 ABC는 어떤 삼각형인가?

① 정삼각형
② $a=c$인 이등변삼각형
③ $b=c$인 이등변삼각형
④ $B=90°$인 직각삼각형
⑤ $C=90°$인 직각삼각형

430 ★★☆

삼각형 ABC가 $2\sin A\cos B=\sin C$를 만족시킬 때, 삼각형 ABC는 어떤 삼각형인가?

① $a=b$인 이등변삼각형
② $a=c$인 이등변삼각형
③ $b=c$인 이등변삼각형
④ $A=90°$인 직각삼각형
⑤ $C=90°$인 직각삼각형

431 ★★★

삼각형 ABC가 $\cos A\sin^2 B=\cos B\sin^2 A$를 만족시킬 때, 삼각형 ABC는 어떤 삼각형인가?

① 정삼각형
② $a=b$인 이등변삼각형
③ $b=c$인 이등변삼각형
④ $A=90°$인 직각삼각형
⑤ $C=90°$인 직각삼각형

유형 08 코사인법칙의 실생활에의 활용

주어진 여러 지점들 사이의 길이와 이루는 각의 크기를 알고 코사인 법칙을 이용한다.

432 대표 예제

그림과 같이 긴바늘의 길이가 9 cm이고 짧은바늘의 길이가 6 cm인 시계가 8시를 가리킬 때, 두 바늘 끝 사이의 거리는?

① $4\sqrt{10}$ cm
② $3\sqrt{19}$ cm
③ $6\sqrt{5}$ cm
④ $10\sqrt{2}$ cm
⑤ $6\sqrt{6}$ cm

433 ★★☆

그림과 같이 어느 왕릉의 발굴 조사에서 부서진 원형 접시가 발견되었다. 접시의 둘레 위에 세 점을 잡아 삼각형을 그린 후 변의 길이를 재었더니 세 변의 길이가 각각 7 cm, 8 cm, 13 cm이었다. 원래 접시의 반지름의 길이는?

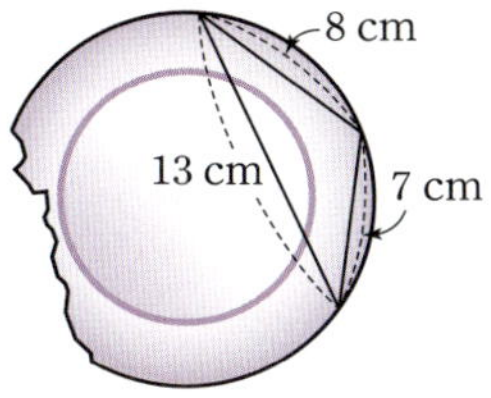

① $4\sqrt{3}$ cm
② $\frac{13\sqrt{3}}{3}$ cm
③ $\frac{14\sqrt{3}}{3}$ cm
④ $5\sqrt{3}$ cm
⑤ $\frac{16\sqrt{3}}{3}$ cm

434 ★★★

그림과 같은 도로에서 은혜는 선분 AB와 60°를 이루는 도로를 따라 지점 A에서 지점 C로 시속 4 km로 걸어서 출발했고, 동시에 영주는 지점 B에서 지점 C로 시속 20 km로 자전거를 타고 출발했다. 30분 후에 은혜와 영주가 지점 C에서 만났을 때, 두 지점 A, B 사이의 거리는?

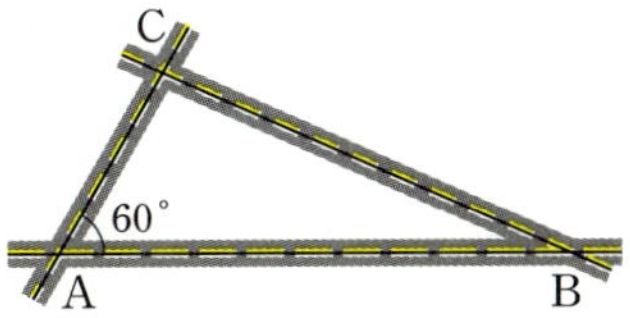

① $3\sqrt{10}$ km
② $(4\sqrt{6}-2)$ km
③ $(4\sqrt{6}+2)$ km
④ $(\sqrt{97}-1)$ km
⑤ $(\sqrt{97}+1)$ km

정답 및 해설 060쪽

더 자세한 개념 ⋯› 메가헤르츠 221쪽

개념 ❺ 삼각형의 넓이

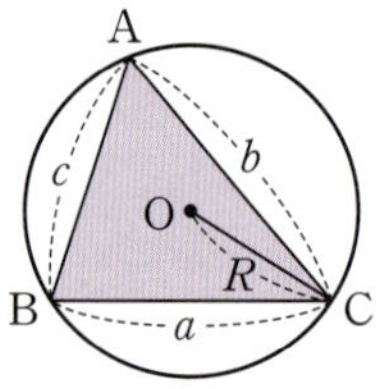

삼각형 ABC의 넓이를 S라 하면

(1) $S=\frac{1}{2}bc\sin A=\frac{1}{2}ca\sin B=\frac{1}{2}ab\sin C$

(2) 삼각형 ABC의 외접원의 반지름의 길이를 R라 하면

$S=\frac{abc}{4R}$ → $\frac{1}{2}ab\sin C=\frac{1}{2}ab\cdot\frac{c}{2R}=\frac{abc}{4R}$

$=2R^2\sin A\sin B\sin C$ → $\frac{1}{2}ab\sin C=\frac{1}{2}\cdot 2R\sin A\cdot 2R\sin B\cdot\sin C$ $=2R^2\sin A\sin B\sin C$

참고 **헤론의 공식**

삼각형 ABC의 세 변의 길이 a, b, c가 주어졌을 때, 삼각형 ABC의 넓이 S는

$S=\sqrt{s(s-a)(s-b)(s-c)}$ $\left(\text{단, } s=\frac{a+b+c}{2}\right)$

더 자세한 개념 ⋯› 메가헤르츠 222쪽

개념 ❻ 사각형의 넓이

(1) **평행사변형의 넓이**

평행사변형 ABCD에서 이웃하는 두 변의 길이가 각각 a, b이고, 그 끼인각의 크기가 θ일 때, 평행사변형 ABCD의 넓이를 S라 하면

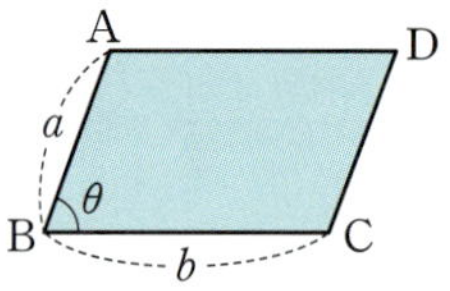

$S=ab\sin\theta$

참고 $S=\triangle\text{ABC}+\triangle\text{ACD}$
$=2\times(\triangle\text{ABC})$
$=2\times\frac{1}{2}ab\sin\theta$
$=ab\sin\theta$

(2) **사각형의 넓이**

사각형 ABCD에서 두 대각선의 길이가 각각 p, q이고, 두 대각선이 이루는 각의 크기가 θ일 때, 사각형 ABCD의 넓이를 S라 하면

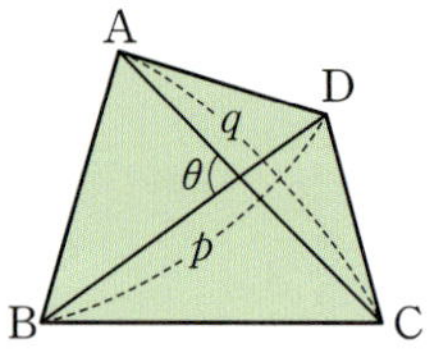

$S=\frac{1}{2}pq\sin\theta$

개념 ❺ 삼각형의 넓이

435 다음 조건을 만족시키는 삼각형 ABC의 넓이를 구하시오.

(1) $a=5$, $c=2$, $B=60°$

(2) $a=10$, $b=8$, $C=150°$

436 삼각형 ABC에 대하여 다음을 구하시오.

(1) $\triangle\text{ABC}=6$, $a=6$, $b=2$일 때, C의 크기

(2) $\triangle\text{ABC}=8$, $a=4$, $c=4\sqrt{2}$일 때, B의 크기

437 삼각형 ABC의 세 변의 길이의 곱이 48이고, 삼각형 ABC의 외접원의 반지름의 길이가 3일 때, 삼각형 ABC의 넓이를 구하시오.

개념 ❻ 사각형의 넓이

438 다음 조건을 만족시키는 평행사변형 ABCD의 넓이를 구하시오.

(1) $\overline{\text{AB}}=2$, $\overline{\text{BC}}=\sqrt{2}$, $B=60°$

(2) $\overline{\text{CD}}=\sqrt{2}$, $\overline{\text{DA}}=2\sqrt{2}$, $D=45°$

439 사각형 ABCD의 두 대각선 a, b의 길이와 두 대각선이 이루는 각 θ의 크기가 다음과 같을 때, 사각형 ABCD의 넓이를 구하시오.

(1) $a=4$, $b=3\sqrt{2}$, $\theta=45°$

(2) $a=6\sqrt{3}$, $b=2\sqrt{2}$, $\theta=120°$

정답 및 해설 061쪽

유형 09 중요★ 삼각형의 넓이 ; 두 변의 길이와 그 끼인각의 크기가 주어졌을 때

삼각형 ABC의 넓이를 S라 하면

➡ $S=\frac{1}{2}bc\sin A=\frac{1}{2}ca\sin B=\frac{1}{2}ab\sin C$

440 대표예제

삼각형 ABC에서 $a=4$, $b=6$, $B=60°$일 때, 삼각형 ABC의 넓이는?

① $2\sqrt{3}+4\sqrt{2}$ ② $2\sqrt{3}+5\sqrt{2}$ ③ $2\sqrt{3}+6\sqrt{2}$
④ $3\sqrt{3}+4\sqrt{2}$ ⑤ $3\sqrt{3}+5\sqrt{2}$

441 ★☆☆

삼각형 ABC에서 $a=4$, $b=\sqrt{3}$, $c=3$일 때, 삼각형 ABC의 넓이는?

① $\frac{\sqrt{23}}{2}$ ② $\sqrt{6}$ ③ $\frac{5}{2}$
④ $\sqrt{7}$ ⑤ $2\sqrt{2}$

442 ★★☆

$a=4$, $c=3$인 예각삼각형 ABC의 넓이가 $2\sqrt{5}$일 때, b의 값은?

① 2 ② $2\sqrt{2}$ ③ 3
④ $2\sqrt{3}$ ⑤ 4

유형 10 삼각형의 넓이 ; 외접원 또는 내접원의 반지름의 길이가 주어졌을 때

① 삼각형 ABC의 외접원의 반지름의 길이를 R, 삼각형 ABC의 넓이를 S라 하면

➡ $S=\frac{abc}{4R}$

$=2R^2\sin A\sin B\sin C$

② 삼각형 ABC의 내접원의 반지름의 길이를 r, 삼각형 ABC의 넓이를 S라 하면

➡ $S=\frac{1}{2}r(a+b+c)$

$S=\triangle ABI+\triangle BCI+\triangle CAI$

$=\frac{1}{2}rc+\frac{1}{2}ra+\frac{1}{2}rb=\frac{1}{2}r(a+b+c)$

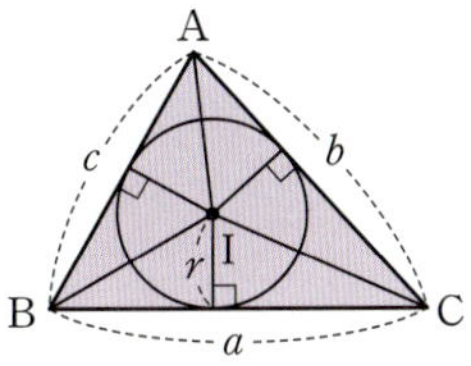

443 대표예제

$A=120°$, $B=30°$, $C=30°$인 삼각형 ABC의 외접원의 반지름의 길이가 6일 때, 삼각형 ABC의 넓이는?

① $5\sqrt{3}$ ② $6\sqrt{3}$ ③ $7\sqrt{3}$
④ $8\sqrt{3}$ ⑤ $9\sqrt{3}$

444 ★☆☆

$B=120°$, $C=45°$인 삼각형 ABC의 넓이가 $3-\sqrt{3}$이고, 삼각형 ABC에 외접하는 원의 반지름의 길이가 2일 때, $\sin A$의 값을 구하시오.

445 ★★☆

$a=2\sqrt{3}$, $c=4\sqrt{3}$, $B=60°$인 삼각형 ABC에 내접하는 원의 반지름의 길이는?

① $3-\sqrt{3}$ ② $3-\sqrt{2}$ ③ 3
④ $3+\sqrt{2}$ ⑤ $3+\sqrt{3}$

유형 11 평행사변형의 넓이

이웃하는 두 변의 길이가 각각 a, b이고, 그 끼인각의 크기가 θ인 평행사변형 ABCD의 넓이를 S라 하면
➡ $S=ab\sin\theta$

446 대표 예제

그림과 같이 $\overline{AB}=3$, $\overline{BC}=2$, $\sin A=\frac{1}{3}$인 평행사변형 ABCD의 넓이는?

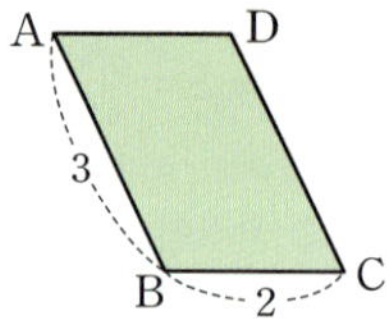

① 1 ② 2 ③ 3
④ 4 ⑤ 5

447 ★☆☆

그림과 같이 $\overline{AB}=3$, $\overline{AD}=5$, $\cos C=-\frac{1}{3}$인 평행사변형 ABCD의 넓이는?

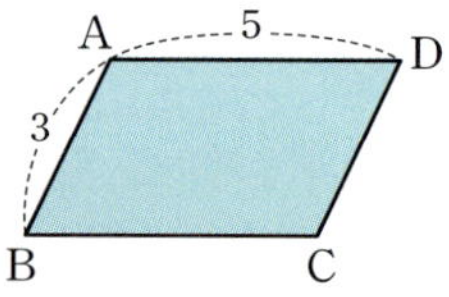

① $6\sqrt{2}$ ② $7\sqrt{2}$ ③ $8\sqrt{2}$
④ $9\sqrt{2}$ ⑤ $10\sqrt{2}$

448 ★★☆

그림과 같이 $\overline{AB}=4$, $\overline{BC}=8$, $\overline{CA}=6$인 평행사변형 ABCD의 넓이는?

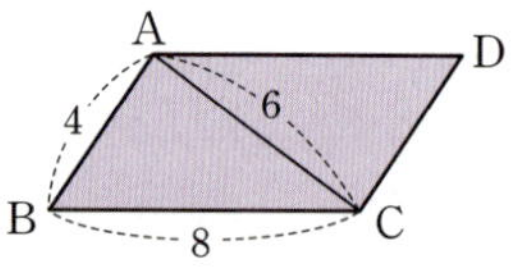

① $6\sqrt{15}$ ② $7\sqrt{15}$ ③ $8\sqrt{15}$
④ $9\sqrt{15}$ ⑤ $10\sqrt{15}$

유형 12 사각형의 넓이

두 대각선의 길이가 각각 p, q이고, 두 대각선이 이루는 각의 크기가 θ인 사각형 ABCD의 넓이를 S라 하면
➡ $S=\frac{1}{2}pq\sin\theta$

449 대표 예제

그림과 같이 $\overline{AC}=5$, $\overline{BD}=6$인 사각형 ABCD의 두 대각선의 교점 O에 대하여 $\angle COD=\theta$라 하자. $\cos\theta=\frac{4}{5}$일 때, 사각형 ABCD의 넓이는?

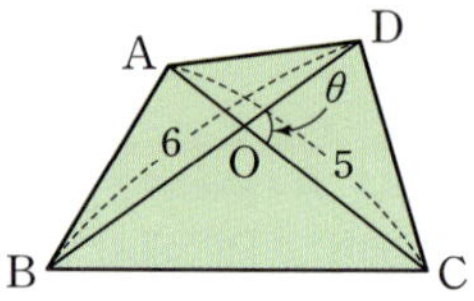

① 9 ② 12 ③ 15
④ 18 ⑤ 21

450 ★☆☆

그림과 같이 $\overline{BC}=4$, $\overline{BD}=7$, $\angle ABC=\angle CAB=60°$인 사각형 ABCD에 대하여 두 대각선 AC, BD의 교점을 O라 하자. $\angle AOD=120°$일 때, 사각형 ABCD의 넓이는?

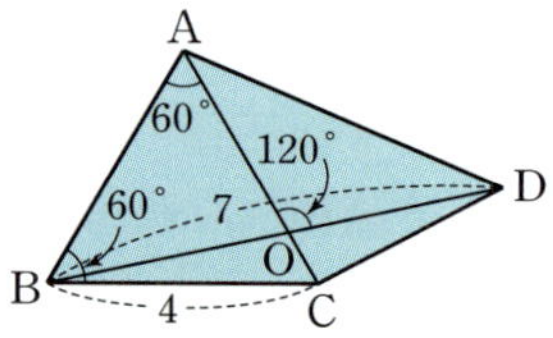

① $5\sqrt{3}$ ② $6\sqrt{3}$ ③ $7\sqrt{3}$
④ $8\sqrt{3}$ ⑤ $9\sqrt{3}$

451 ★★☆

그림과 같이 사각형 ABCD의 두 대각선 AC, BD의 교점을 O라 하자. $\overline{OA}=4$, $\overline{OB}=3$, $\overline{OD}=3$, $\overline{AB}=3$이고, 사각형 ABCD의 넓이가 $10\sqrt{5}$일 때, 선분 OC의 길이는?

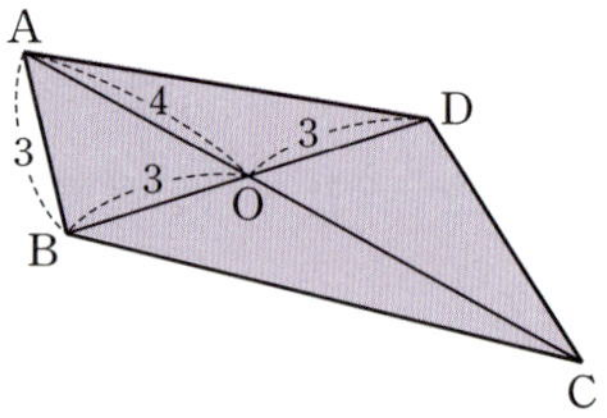

① 3 ② 4 ③ 5
④ 6 ⑤ 7

452

유형 01

삼각형 ABC에서 $a=4$, $A=60°$일 때, c의 최댓값은?

① $\frac{4\sqrt{3}}{3}$ ② $2\sqrt{3}$ ③ $\frac{8\sqrt{3}}{3}$

④ $\frac{10\sqrt{3}}{3}$ ⑤ $4\sqrt{3}$

453

유형 01

그림과 같이 $\angle ABD=30°$, $\angle ACD=75°$, $\angle BDA=90°$, $\overline{BC}=10$일 때, 선분 CD의 길이는?

$\left(단, \sin 15°=\frac{1}{4}로 계산한다.\right)$

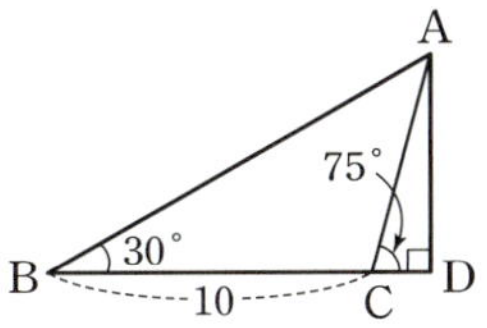

① $\sqrt{2}$ ② $\frac{5\sqrt{2}}{4}$ ③ $\frac{3\sqrt{2}}{2}$

④ $\sqrt{3}$ ⑤ $\frac{3\sqrt{3}}{2}$

454

유형 02

그림과 같이 원 위의 네 점 A, B, C, D에 대하여 $\overline{AC}=4$, $\overline{CD}=3$, $\sin(\angle CBD)=\frac{3}{5}$일 때, $\sin(\angle ABC)$의 값은?

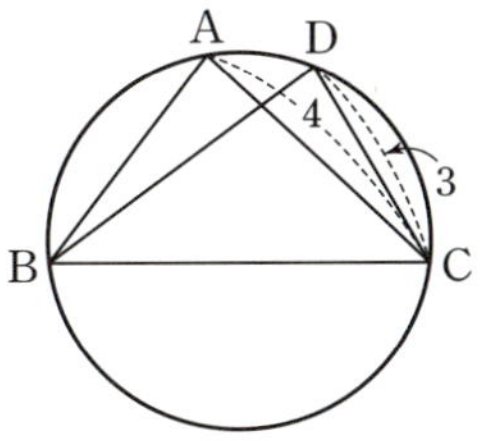

① $\frac{2}{5}$ ② $\frac{1}{2}$ ③ $\frac{3}{5}$

④ $\frac{2}{3}$ ⑤ $\frac{4}{5}$

455

유형 02

삼각형 ABC에 대하여

$$\sin(A+B) : \sin(B+C) : \sin(C+A)=4:2:3$$

일 때, $\frac{c^2}{ab}$의 값은?

① $\frac{5}{3}$ ② 2 ③ $\frac{7}{3}$

④ $\frac{8}{3}$ ⑤ 3

456

유형 03

삼각형 ABC가 $\cos^2 A+\cos^2 B=1+\cos^2 C$를 만족시킬 때, 삼각형 ABC는 어떤 삼각형인가?

① 정삼각형 ② $a=c$인 이등변삼각형

③ $A=90°$인 직각삼각형 ④ $C=90°$인 직각삼각형

⑤ $a=b$인 직각이등변삼각형

457 창의·사고력 Up

유형 02 + 유형 05

그림과 같이 $B=120°$, $b=2\sqrt{7}$인 삼각형 ABC가

$$\sin A+3\sin C=\sqrt{7}\sin B$$

를 만족시킬 때, c의 값을 구하시오.

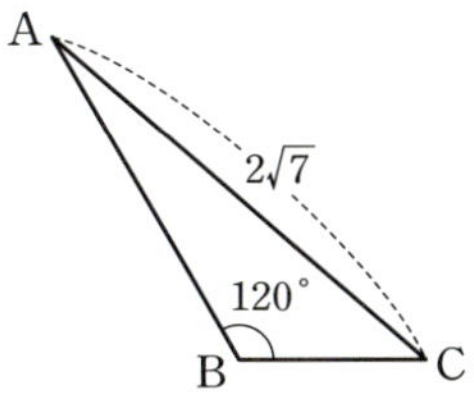

정답 및 해설 063쪽

458

유형 06

$a=7$, $b=8$, $c=5$인 삼각형 ABC의 외접원의 넓이는?

① 16π ② $\frac{49}{3}\pi$ ③ $\frac{50}{3}\pi$

④ 17π ⑤ $\frac{52}{3}\pi$

459

유형 08

그림과 같이 50 m 떨어진 두 지점 A, B에서 열기구 C를 올려본 각의 크기가 각각 45°, 30°이다. 지점 C에서 지면에 수직으로 내린 지점 D에 대하여 ∠ADB=30°일 때, 지면에서부터 열기구까지의 높이는?

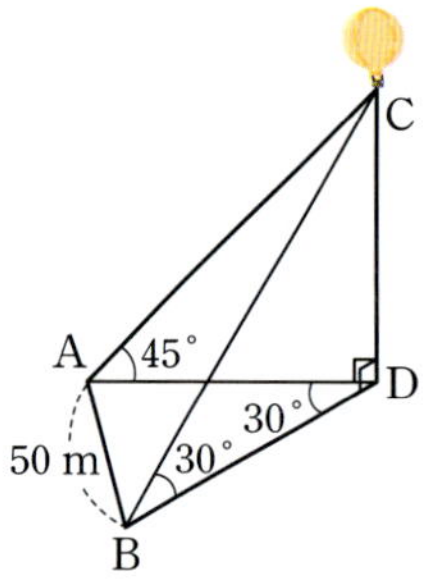

① 45 m ② 50 m

③ 55 m ④ 60 m

⑤ 65 m

460

유형 09

그림과 같이 원에 내접하는 사각형 ABCD에서 $\overline{BC}=6$, $\overline{CD}=6$, $\overline{DA}=10$, $B=120°$일 때, 사각형 ABCD의 넓이는?

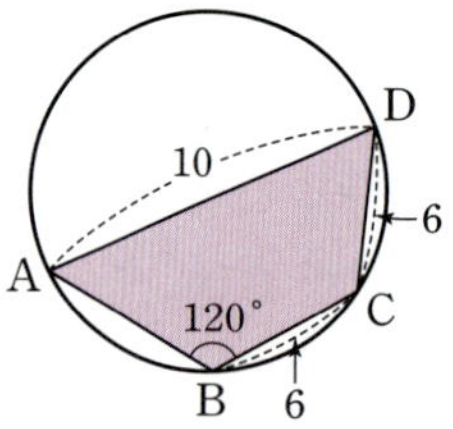

① $18\sqrt{3}$ ② $19\sqrt{3}$

③ $20\sqrt{3}$ ④ $21\sqrt{3}$

⑤ $22\sqrt{3}$

461 창의·사고력 Up

유형 11

그림과 같이 $\overline{AC}=6$, $\overline{BD}=5\sqrt{2}$, $B=60°$인 평행사변형 ABCD의 넓이는?

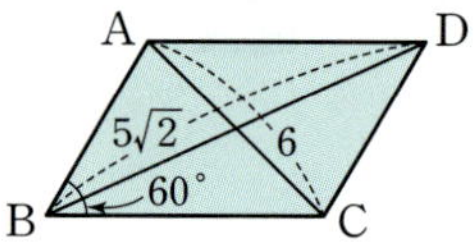

① $\frac{7\sqrt{3}}{2}$ ② $4\sqrt{3}$ ③ $\frac{9\sqrt{3}}{2}$

④ $5\sqrt{3}$ ⑤ $\frac{11\sqrt{3}}{2}$

462

유형 12

그림과 같이 좌표평면 위의 네 점 O(0, 0), A(6, 0), B(4, 6), C(0, 8)을 꼭짓점으로 하는 사각형 OABC의 두 대각선 AC와 OB의 교점을 P라 하자. ∠APB=θ라 할 때, $\sin\theta$의 값은?

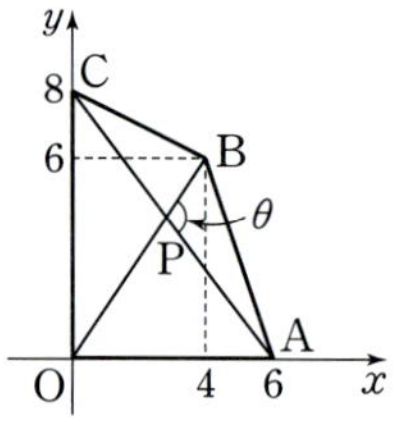

① $\frac{11\sqrt{13}}{65}$ ② $\frac{\sqrt{13}}{5}$ ③ $\frac{3\sqrt{13}}{13}$

④ $\frac{17\sqrt{13}}{65}$ ⑤ $\frac{19\sqrt{13}}{65}$

서술형 문제

463

유형 06

삼각형 ABC에서 $a=4$, $b=8$일 때, A의 크기가 최대가 되도록 하는 c의 값을 구하시오.

필요 개념 및 공식

☐ 코사인법칙 ☐ 산술평균과 기하평균의 관계

08 등차수열

- 개념 ❶ 수열
- 개념 ❷ 등차수열의 일반항
- 개념 ❸ 등차중항

- 유형 01 수열의 일반항
- 유형 02 등차수열의 일반항
- 유형 03 등차수열의 항
- 유형 04 두 수 사이에 수를 넣어서 만든 등차수열
- 유형 05 등차중항
- 유형 06 등차수열을 이루는 수

- 개념 ❹ 등차수열의 합
- 개념 ❺ 수열의 합과 일반항 사이의 관계

- 유형 07 등차수열의 합
- 유형 08 두 개 이상의 등차수열의 합
- 유형 09 부분의 합이 주어진 등차수열의 합
- 유형 10 등차수열의 합의 최대·최소
- 유형 11 나머지가 같은 자연수의 합
- 유형 12 수열의 합과 일반항 사이의 관계

개념 체크 Concept

정답 및 해설 065쪽

더 자세한 개념 ⋯▸ 메가헤르츠 234쪽

개념 ❶ 수열

(1) **수열** : 차례대로 나열된 수의 열

(2) **항** : 수열을 이루고 있는 각각의 수를 그 수열의 항이라 한다.
이때 각 항을 앞에서부터 차례대로
첫째항, 둘째항, 셋째항, ⋯ 또는 제1항, 제2항, 제3항, ⋯
이라 한다.

(3) **일반항** : 일반적으로 수열을 a_1, a_2, a_3, ⋯, a_n, ⋯과 같이 나타내고, 제n항 a_n을 이 수열의 일반항이라 한다.
또한, 일반항이 a_n인 수열을 간단히 $\{a_n\}$과 같이 나타낸다.

참고 수열은 정의역이 자연수 전체의 집합 N이고 공역이 실수 전체의 집합 R인 함수 $f : N \longrightarrow R$, $f(n)=a_n$으로도 볼 수 있다.

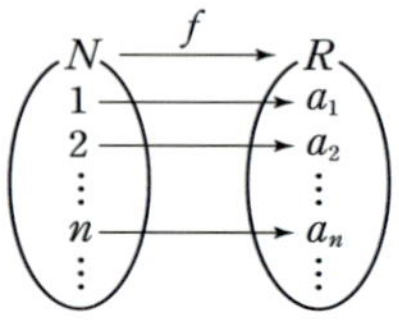

더 자세한 개념 ⋯▸ 메가헤르츠 236쪽

개념 ❷ 등차수열의 일반항

(1) **등차수열** : 첫째항부터 차례대로 일정한 수를 더하여 만든 수열

(2) **공차** : 등차수열에서 더하는 일정한 수

(3) **등차수열의 일반항** : 첫째항이 a, 공차가 d인 등차수열의 일반항 a_n은

$$a_n=a+(n-1)d \ (\text{단, } n=1,\ 2,\ 3,\ \cdots)$$

참고 등차수열의 일반항은 $pn+q$ (p, q는 상수) 꼴이다.
➡ 첫째항: $p+q$, 공차: p

더 자세한 개념 ⋯▸ 메가헤르츠 237쪽

개념 ❸ 등차중항

세 수 a, b, c가 이 순서대로 등차수열을 이룰 때, b를 a와 c의 **등차중항**이라 한다.

이때 $b-a=c-b$이므로

$$b=\frac{a+c}{2}$$

개념 ❶ 수열

464 다음 수열의 제2항과 제4항을 각각 구하시오.

(1) 2, 4, 8, 16, 32, ⋯

(2) 1, 0, 1, 0, 1, ⋯

465 수열 $\{a_n\}$의 일반항이 다음과 같을 때, 첫째항부터 제4항까지 차례대로 나열하시오.

(1) $a_n=3n-2$

(2) $a_n=n^2-1$

개념 ❷ 등차수열의 일반항

466 다음 등차수열의 공차를 구하시오.

(1) 1, 3, 5, 7, ⋯

(2) 10, 7, 4, 1, ⋯

467 다음 등차수열의 일반항 a_n을 구하시오.

(1) 첫째항이 3, 공차가 -2인 수열

(2) 2, 5, 8, 11, 14, ⋯

468 첫째항이 50이고 공차가 -4인 등차수열 $\{a_n\}$에 대하여 다음 물음에 답하시오.

(1) 제20항을 구하시오.

(2) -2는 제몇 항인지 구하시오.

개념 ❸ 등차중항

469 세 수 11, x, 7이 이 순서대로 등차수열을 이룰 때, x의 값을 구하시오.

정답 및 해설 065쪽

유형 01 수열의 일반항

① 각 항이 일정한 수의 배수 또는 배수에 일정한 수를 더하거나 뺀 경우인지 확인한다.
② 각 항이 거듭제곱 또는 거듭제곱에서 일정한 수를 더하거나 뺀 경우인지 확인한다.
③ 분수로 나타낸 수열의 경우 분자, 분모의 관계를 각각 확인한다.

470 대표 예제

수열

$1\times2,\ 2\times3,\ 3\times4,\ 4\times5,\ 5\times6,\ \cdots$

의 일반항을 a_n이라 할 때, a_{10}의 값은?

① 80 ② 90 ③ 100
④ 110 ⑤ 120

471 ★☆☆

수열

$\frac{4}{5},\ \frac{8}{7},\ \frac{12}{5},\ \frac{16}{7},\ 4,\ \frac{24}{7},\ \cdots$

의 일반항을 a_n이라 할 때, a_{25}의 값은?

① 18 ② 20 ③ 22
④ 24 ⑤ 26

472 ★★☆

수열

$9,\ 99,\ 999,\ 9999,\ 99999,\ \cdots$

의 일반항은 $a_n=10^n+\alpha$이고, 수열

$2,\ 22,\ 222,\ 2222,\ 22222,\ \cdots$

의 일반항은 $b_n=\beta(10^n+\gamma)$이다. 세 상수 α, β, γ에 대하여 $\alpha\beta\gamma$의 값은?

① $\frac{1}{9}$ ② $\frac{2}{9}$ ③ $\frac{1}{3}$
④ $\frac{4}{9}$ ⑤ $\frac{5}{9}$

유형 02 중요★ 등차수열의 일반항

① 첫째항이 a, 공차가 d인 등차수열 $\{a_n\}$의 일반항 a_n은
➡ $a_n=a+(n-1)d$ (단, $n=1,\ 2,\ 3,\ \cdots$)
② 일반항이 $a_n=pn+q$인 등차수열 $\{a_n\}$의 공차는 p이다.
③ 등차수열 $\{a_n\}$의 공차가 d일 때
➡ $d=a_2-a_1=a_3-a_2=a_4-a_3=\cdots$

473 대표 예제

제3항이 3, 제10항이 31인 등차수열의 공차는?

① 1 ② 2 ③ 3
④ 4 ⑤ 5

474 ★☆☆

등차수열 $\{a_n\}$에서

$a_3+a_7=26,\ a_{10}+a_{15}=71$

일 때, a_{20}의 값을 구하시오.

475 ★☆☆

등차수열 $\{a_n\}$의 일반항 a_n이 $a_n=3n+k$이고 첫째항은 공차의 2배일 때, 상수 k의 값은?

① 1 ② 3 ③ 5
④ 7 ⑤ 9

476 ★★☆

두 등차수열 $\{a_n\}$, $\{b_n\}$에 대하여

$a_3+b_3=16,\ a_6+b_6=34$

일 때, a_9+b_9의 값을 구하시오.

유형 03 등차수열의 항

첫째항이 a, 공차가 d인 등차수열 $\{a_n\}$에서
① 처음으로 양수가 되는 항
➡ $a+(n-1)d>0$을 만족시키는 자연수 n의 최솟값을 구한다.
② 처음으로 음수가 되는 항
➡ $a+(n-1)d<0$을 만족시키는 자연수 n의 최솟값을 구한다.
③ $a_k=p$를 만족시키는 항
➡ $a+(k-1)d=p$를 만족시키는 자연수 k의 값을 구한다.

477 대표 예제

제5항이 55, 제10항이 40인 등차수열 $\{a_n\}$에서 처음으로 음수가 되는 항은 제몇 항인가?

① 제21항 ② 제22항 ③ 제23항
④ 제24항 ⑤ 제25항

478 ★☆☆

등차수열 $\{a_n\}$에서

$$a_8+a_{17}=0,\ a_{15}-a_{10}=20$$

일 때, $a_k=58$을 만족시키는 자연수 k의 값은?

① 26 ② 27 ③ 28
④ 29 ⑤ 30

479 ★★☆

공차가 양수인 등차수열 $\{a_n\}$의 첫째항과 공차의 합이 -57, 차가 65일 때, $a_k a_{k+1}<0$을 만족시키는 자연수 k의 값은?

① 15 ② 16 ③ 17
④ 18 ⑤ 19

유형 04 두 수 사이에 수를 넣어서 만든 등차수열

두 수 a, b 사이에 n개의 수를 넣어 등차수열을 만들면
➡ ① a는 첫째항이고, b는 제$(n+2)$항이다.
② $b=a+(n+1)d$ (단, d는 공차)

480 대표 예제

두 수 5와 20 사이에 9개의 수 a_1, a_2, a_3, $\cdots$, a_9를 넣어

$$5,\ a_1,\ a_2,\ a_3,\ \cdots,\ a_9,\ 20$$

이 이 순서대로 등차수열을 이루도록 할 때, a_6의 값은?

① 11 ② 12 ③ 13
④ 14 ⑤ 15

481 ★★☆

두 수 38과 -2 사이에 n개의 수 a_1, a_2, a_3, $\cdots$, a_n을 넣어

$$38,\ a_1,\ a_2,\ a_3,\ \cdots,\ a_n,\ -2$$

가 이 순서대로 등차수열을 이루도록 하였다. $a_9=20$일 때, n의 값은?

① 16 ② 17 ③ 18
④ 19 ⑤ 20

482 ★★★

두 수 -1과 23 사이에 7개의 수를 넣고, 23과 41 사이에 n개의 수를 넣어

$$-1,\ a_1,\ a_2,\ \cdots,\ a_7,\ 23,\ b_1,\ b_2,\ \cdots,\ b_n,\ 41$$

이 이 순서대로 등차수열을 이루도록 할 때, n의 값은?

① 5 ② 6 ③ 7
④ 8 ⑤ 9

유형 05 중요★ 등차중항

세 수 a, b, c가 이 순서대로 등차수열을 이루면 $b-a=c-b$이므로
➡ $b=\frac{a+c}{2} \Longleftrightarrow 2b=a+c$

483 대표 예제

세 수 $2a$, 7, $3a^2-2$가 이 순서대로 등차수열을 이루도록 하는 양수 a의 값은?

① 1 ② 2 ③ 3
④ 4 ⑤ 5

484 ★☆☆

두 자연수 a, b에 대하여 세 수 -3, a, b가 이 순서대로 등차수열을 이루고, 세 수 a^2, 13, b^2도 이 순서대로 등차수열을 이룰 때, $a+b$의 값은?

① 4 ② 5 ③ 6
④ 7 ⑤ 8

485 ★★☆

두 실수 k, l과 이차방정식 $x^2-3x-7=0$의 두 근 α, β에 대하여 세 수 α, k, β가 이 순서대로 등차수열을 이루고, 세 수 $\frac{1}{\alpha}$, l, $\frac{1}{\beta}$도 이 순서대로 등차수열을 이룰 때, $k-l$의 값은?

① $\frac{9}{7}$ ② $\frac{10}{7}$ ③ $\frac{11}{7}$
④ $\frac{12}{7}$ ⑤ $\frac{13}{7}$

유형 06 등차수열을 이루는 수

① 세 수가 등차수열을 이루면 ➡ 세 수를 각각 $a-d$, a, $a+d$로 놓고 조건을 만족시키는 방정식을 세워서 푼다.
② 네 수가 등차수열을 이루면 ➡ 네 수를 각각 $a-3d$, $a-d$, $a+d$, $a+3d$로 놓고 조건을 만족시키는 방정식을 세워서 푼다.

486 대표 예제

등차수열을 이루는 세 수의 합이 9이고, 곱이 -48일 때, 세 수 중 가장 큰 수와 가장 작은 수의 차는?

① 10 ② 11 ③ 12
④ 13 ⑤ 14

487 ★★☆

등차수열을 이루는 네 수의 합이 64이고, 네 수 중 가장 큰 수는 가장 작은 수의 7배일 때, 이 수열의 공차를 구하시오.

488 ★★☆

삼차방정식 $x^3-3x^2+kx+15=0$의 세 실근이 등차수열을 이룰 때, 상수 k의 값은?

① -10 ② -11 ③ -12
④ -13 ⑤ -14

정답 및 해설 067쪽

더 자세한 개념 ⋯→ 메가헤르츠 247쪽

개념 ❹ 등차수열의 합

등차수열의 첫째항부터 제n항까지의 합을 S_n이라 하면

(1) 첫째항이 a, 제n항이 l일 때

$$S_n=\frac{n(a+l)}{2}$$ → 첫째항과 제n항을 알 때

(2) 첫째항이 a, 공차가 d일 때

$$S_n=\frac{n\{2a+(n-1)d\}}{2}$$ → 첫째항과 공차를 알 때

참고 첫째항이 a, 공차가 d일 때, (1)의 식에서 제n항 l은 $l=a+(n-1)d$이므로 이를 대입하면 (2)의 식이 얻어진다.

더 자세한 개념 ⋯→ 메가헤르츠 248쪽

개념 ❺ 수열의 합과 일반항 사이의 관계

수열 $\{a_n\}$의 첫째항부터 제n항까지의 합을 S_n이라 하면

$$a_1=S_1,\ a_n=S_n-S_{n-1}\ (n\geq 2)$$

예 수열 $\{a_n\}$의 첫째항부터 제n항까지의 합 S_n이 $S_n=n^2-2n$일 때

① $a_1=S_1=1^2-2=-1$

② $a_7=S_7-S_6=(7^2-2\cdot 7)-(6^2-2\cdot 6)=35-24=11$

개념 ❹ 등차수열의 합

489 다음을 구하시오.

(1) 첫째항이 -12, 제15항이 44인 등차수열의 첫째항부터 제15항까지의 합

(2) 첫째항이 -3, 공차가 5인 등차수열의 첫째항부터 제20항까지의 합

490 다음 등차수열의 첫째항부터 제10항까지의 합을 구하시오.

(1) 5, 7, 9, 11, 13, ⋯

(2) 30, 26, 22, 18, 14, ⋯

개념 ❺ 수열의 합과 일반항 사이의 관계

491 수열 $\{a_n\}$의 첫째항부터 제n항까지의 합 S_n이 다음과 같을 때, a_{10}의 값을 구하시오.

(1) $S_n=n+3$

(2) $S_n=n^2+n$

492 수열 $\{a_n\}$의 첫째항부터 제n항까지의 합 S_n이 다음과 같을 때, 일반항 a_n을 구하시오.

(1) $S_n=n^2-4$

(2) $S_n=2n^2+n$

정답 및 해설 067쪽

유형 07 중요★ 등차수열의 합

등차수열의 첫째항부터 제n항까지의 합을 S_n이라 하면

① 첫째항 a와 제n항 l을 알 때 ➡ $S_n=\frac{n(a+l)}{2}$

② 첫째항 a와 공차 d를 알 때 ➡ $S_n=\frac{n\{2a+(n-1)d\}}{2}$

493 대표 예제

$a_3=17$, $a_7=33$인 등차수열 $\{a_n\}$의 첫째항부터 제15항까지의 합을 구하시오.

494 ★☆☆

첫째항과 공차가 같은 등차수열 $\{a_n\}$에 대하여 제10항이 20일 때, 첫째항부터 제20항까지의 합은?

① 420 ② 430 ③ 440
④ 450 ⑤ 460

495 ★★☆

첫째항이 2, 제k항이 -40인 등차수열 $\{a_n\}$의 첫째항부터 제k항까지의 합이 -418일 때, 수열 $\{a_n\}$의 공차는?

① -10 ② -8 ③ -6
④ -4 ⑤ -2

496 ★★☆

등차수열 $\{a_n\}$이

$$a_3+a_4+a_5=30,\ a_7+a_8+a_9=66$$

을 만족시킬 때, 제11항부터 제20항까지의 합을 구하시오.

유형 08 두 개 이상의 등차수열의 합

두 등차수열 $\{a_n\}$, $\{b_n\}$의 첫째항이 각각 a, b이고 공차가 각각 d, d'일 때

① 수열 $\{a_n+b_n\}$은 첫째항이 $a+b$, 공차가 $d+d'$인 등차수열이다.

② 수열 $\{a_n-b_n\}$은 첫째항이 $a-b$, 공차가 $d-d'$인 등차수열이다.

497 대표 예제

두 등차수열 $\{a_n\}$, $\{b_n\}$의 첫째항의 합이 5, 공차의 합이 7일 때, $(a_1+a_2+a_3+\cdots+a_{15})+(b_1+b_2+b_3+\cdots+b_{15})$의 값은?

① 806 ② 808 ③ 810
④ 812 ⑤ 814

498 ★☆☆

두 등차수열 $\{a_n\}$, $\{b_n\}$의 첫째항이 각각 2, 5이고 공차가 각각 3, -2일 때,

$$(a_1+a_2+a_3+\cdots+a_{11})-(b_1+b_2+b_3+\cdots+b_{11})$$

의 값은?

① 240 ② 242 ③ 244
④ 246 ⑤ 248

499 ★★☆

두 등차수열 $\{a_n\}$, $\{b_n\}$의 일반항이 각각

$$a_n=(1-\sqrt{2})n+2-\sqrt{2},\ b_n=(1+\sqrt{2})n-1+\sqrt{2}$$

일 때, $(a_1+a_2+a_3+\cdots+a_{20})+(b_1+b_2+b_3+\cdots+b_{20})$의 값은?

① 420 ② 425 ③ 430
④ 435 ⑤ 440

유형 09 부분의 합이 주어진 등차수열의 합

첫째항이 a, 공차가 d인 등차수열 $\{a_n\}$의 첫째항부터 제n항까지의 합을 S_n이라 하면

① 부분의 합 S_n, S_{2n}이 주어진 경우

연립방정식 $\begin{cases} S_n=\dfrac{n\{2a+(n-1)d\}}{2} \\ S_{2n}=\dfrac{2n\{2a+(2n-1)d\}}{2} \end{cases}$ 를 풀어 a, d의 값을 각각 구한다.

② 임의의 자연수 k에 대하여 수열

S_k, $S_{2k}-S_k$, $S_{3k}-S_{2k}$, $\cdots$

는 등차수열을 이룬다.

500 대표 예제

등차수열 $\{a_n\}$의 첫째항부터 제n항까지의 합을 S_n이라 하자. $S_{10}=165$, $S_{20}=630$일 때, S_{30}의 값은?

① 1365 ② 1375 ③ 1385
④ 1395 ⑤ 1405

501 ★★☆

등차수열 $\{a_n\}$의 첫째항부터 제n항까지의 합을 S_n이라 하자. $S_1=58$, $S_5=250$일 때, $S_k=S_{2k}$를 만족시키는 자연수 k의 값은?

① 8 ② 9 ③ 10
④ 11 ⑤ 12

502 ★★☆

등차수열 $\{a_n\}$의 첫째항부터 제n항까지의 합을 S_n이라 하자. $S_{10}=190$, $S_{15}+S_{35}=0$일 때, $a_5+a_6+a_7+\cdots+a_{15}$의 값은?

① 100 ② 110 ③ 120
④ 130 ⑤ 140

유형 10 중요★ 등차수열의 합의 최대·최소

등차수열 $\{a_n\}$의 첫째항부터 제n항까지의 합을 S_n이라 할 때

① 첫째항이 양수, 공차가 음수이고, a_k에서 처음으로 음수가 되면
➡ S_n의 최댓값은 S_{k-1}이다.

② 첫째항이 음수, 공차가 양수이고, a_k에서 처음으로 양수가 되면
➡ S_n의 최솟값은 S_{k-1}이다.

503 대표 예제

등차수열 $\{a_n\}$의 첫째항부터 제n항까지의 합을 S_n이라 하자. $S_1=44$, $a_5=32$일 때, S_n의 최댓값은?

① 333 ② 337 ③ 341
④ 345 ⑤ 349

504 ★☆☆

제2항이 -52, 제6항이 -40인 등차수열 $\{a_n\}$의 첫째항부터 제n항까지의 합을 S_n이라 하면 S_n은 $n=k$에서 최솟값을 갖는다. 자연수 k의 값은?

① 15 ② 17 ③ 19
④ 21 ⑤ 23

505 ★★☆

첫째항이 -100, 공차가 d인 등차수열 $\{a_n\}$의 첫째항부터 제n항까지의 합을 S_n이라 하자. S_n이 오직 $n=13$에서만 최솟값을 가질 때, 정수 d의 값은?

① 2 ② 4 ③ 6
④ 8 ⑤ 10

유형 11 나머지가 같은 자연수의 합

① 자연수 d의 배수를 작은 것부터 차례대로 나열하면
➡ d, $2d$, $3d$, $\cdots$
즉, 첫째항과 공차가 모두 d인 등차수열이 된다.
② 자연수 d로 나누었을 때의 나머지가 a $(0 \le a < d)$인 자연수를 작은 것부터 차례대로 나열하면
➡ a, $a+d$, $a+2d$, $\cdots$
즉, 첫째항이 a, 공차가 d인 등차수열이 된다.

506 대표예제

100과 200 사이에 있는 자연수 중에서 6으로 나누었을 때의 나머지가 3인 수의 총합은?

① 2380 ② 2390 ③ 2400
④ 2410 ⑤ 2420

507 ★★☆

두 자리의 자연수 중에서 4 또는 7로 나누어떨어지는 수의 총합은?

① 1745 ② 1748 ③ 1751
④ 1754 ⑤ 1757

508 ★★★

자연수 k의 배수 중에서 100 이하인 수의 총합이 230일 때, k의 값은?

① 21 ② 23 ③ 25
④ 27 ⑤ 29

유형 12 수열의 합과 일반항 사이의 관계

수열 $\{a_n\}$의 첫째항부터 제n항까지의 합 S_n이 주어지면
① (i) $n=1$일 때, $a_1=S_1$
(ii) $n \ge 2$일 때, $a_n=S_n-S_{n-1}$
임을 이용하여 일반항 a_n을 구한다.
② $S_n=An^2+Bn+C$ (A, B, C는 상수)일 때
• $C=0$이면 수열 $\{a_n\}$은 첫째항부터 등차수열을 이룬다.
• $C \ne 0$이면 수열 $\{a_n\}$은 제2항부터 등차수열을 이룬다.

509 대표예제

첫째항부터 제n항까지의 합 S_n이 $S_n=n^2+3n$인 수열 $\{a_n\}$에 대하여 $a_1+a_3+a_5+\cdots+a_{49}$의 값은?

① 1250 ② 1300 ③ 1350
④ 1400 ⑤ 1450

510 ★★☆

첫째항부터 등차수열을 이루는 수열 $\{a_n\}$의 첫째항부터 제n항까지의 합 S_n이 $S_n=2n^2+kn+3-k$일 때, 일반항 a_n은 $a_n=pn+q$이다. 이때 pq의 값은? (단, k, p, q는 상수이다.)

① 4 ② 6 ③ 8
④ 10 ⑤ 12

511 ★★☆

첫째항부터 제n항까지의 합이 각각 n^2-15n, $2n^2+kn$인 두 수열 $\{a_n\}$, $\{b_n\}$에 대하여 $a_8=b_8$일 때, $a_{16}-b_{16}$의 값은? (단, k는 상수이다.)

① -16 ② -6 ③ 4
④ 14 ⑤ 24

512

유형 02

첫째항이 2인 등차수열 $\{a_n\}$에 대하여

$$a_1-a_2+a_3-a_4+\cdots+a_{49}-a_{50}=75$$

일 때, a_{10}의 값은?

① -30　② -25　③ -20
④ -15　⑤ -10

513

유형 03

두 등차수열 $\{a_n\}$, $\{b_n\}$의 첫째항이 각각 30, -15이고 공차가 각각 -4, 2이다. 수열 $\{b_n\}$의 제k항이 수열 $\{a_n\}$의 제k항보다 작을 때, 자연수 k의 최댓값은?

① 8　② 9　③ 10
④ 11　⑤ 12

514

유형 04

두 수 a와 -37 사이에 18개의 수 a_1, a_2, a_3, $\cdots$, a_{18}을 넣어

$$a,\ a_1,\ a_2,\ a_3,\ \cdots,\ a_{18},\ -37$$

이 이 순서대로 등차수열을 이루도록 하였다. $a=|a_1|$일 때, a의 값은?

① 1　② 2　③ 3
④ 4　⑤ 5

515

유형 05

그림과 같이 가로, 세로, 대각선 방향에 쓰여 있는 세 수가 각각 순서대로 등차수열을 이룬다. 예를 들어, 1, a, b가 이 순서대로 등차수열을 이루고, 1, c, 5도 이 순서대로 등차수열을 이루고, 1, d, f도 이 순서대로 등차수열을 이룬다.
이때 $a+b+c+d+e+f$의 값을 구하시오.

1	a	b
c	d	9
5	e	f

516

창의·사고력 Up　유형 06

그림과 같이 네 변의 길이가 등차수열을 이루는 사각형 ABCD가 있다. 네 변의 길이의 합은 8이고 두 점 B, D를 이은 선분 BD에 대하여

$$\overline{BD}<\overline{BC},\ \angle DAB=\angle DBC=90^\circ$$

일 때, 네 변 중 가장 짧은 변의 길이는?

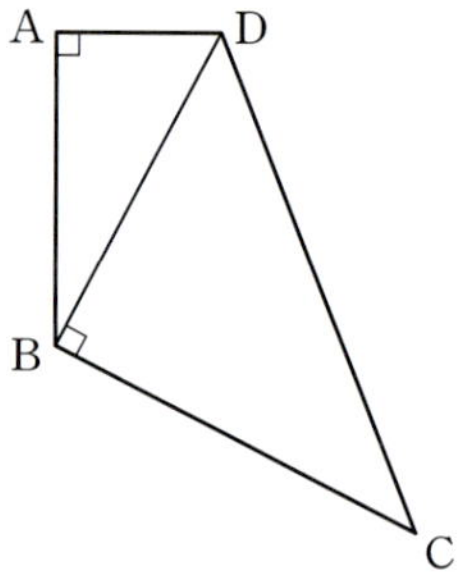

① $12\sqrt{2}-16$　② $12\sqrt{2}-14$　③ $12\sqrt{2}-12$
④ $12\sqrt{2}-10$　⑤ $12\sqrt{2}-8$

517 유형 03 + 유형 07

첫째항이 -32, 제25항이 40인 등차수열 $\{a_n\}$에 대하여
$|a_1|+|a_2|+|a_3|+\cdots+|a_{30}|$의 값은?

① 716 ② 717 ③ 718
④ 719 ⑤ 720

518 유형 07

그림과 같이 좌표평면 위에 점 $P_n(n, 0)$ $(n=1, 2, 3, \cdots)$과 직선 $y=3x+2$가 있다. 점 P_n을 지나고 x축에 수직인 직선이 직선 $y=3x+2$와 만나는 점을 Q_n이라 하자.

$$\overline{P_1Q_1}+\overline{P_2Q_2}+\overline{P_3Q_3}+\cdots+\overline{P_kQ_k}=185$$

일 때, 자연수 k의 값은?

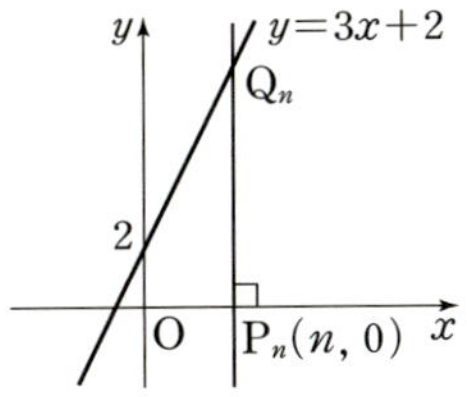

① 10 ② 12 ③ 14
④ 16 ⑤ 18

519 유형 04 + 유형 07

두 수 -8과 13 사이에 n개의 수를 넣고, 두 수 13과 52 사이에 $2n$개의 수를 넣어

$$-8, a_1, a_2, \cdots, a_n, 13, b_1, b_2, \cdots, b_{2n}, 52$$

가 이 순서대로 등차수열을 이루도록 할 때, 이 수열의 모든 항의 합은?

① 460 ② 462 ③ 464
④ 466 ⑤ 468

520 유형 08

수열

$$1, -1, 3, 2, 5, 5, 7, 8, 9, 11, \cdots$$

의 첫째항부터 제40항까지의 합은?

① 930 ② 940 ③ 950
④ 960 ⑤ 970

521 유형 09

공차가 d인 등차수열 $\{a_n\}$의 첫째항부터 제5항까지의 합이 305, 제10항부터 제20항까지의 합이 275이다. 등차수열 $\{a_n\}$의 첫째항부터 제k항까지의 합이 390일 때, $k-d$의 값을 구하시오.

522 창의·사고력 Up

유형 10

첫째항이 51, 공차가 정수인 등차수열 $\{a_n\}$의 첫째항부터 제n항까지의 합을 S_n이라 하자. S_n이 $n=k$, $n=l$에서 최댓값을 가질 때, a_k의 값을 구하시오. (단, $10<k<l<50$)

523

유형 05 + 유형 12

수열 $\{a_n\}$에 대하여

$$a_1+a_3+a_5+\cdots+a_{2n-1}=2n^2-21n,$$
$$a_2+a_4+a_6+\cdots+a_{2n}=2n^2+kn$$

이 성립한다. 이 수열이 첫째항부터 등차수열을 이룰 때, 수열 $\{a_n\}$의 제11항부터 제20항까지의 합은?

① 100 ② 102 ③ 104
④ 106 ⑤ 108

524

유형 08 + 유형 12

두 등차수열 $\{a_n\}$, $\{b_n\}$의 첫째항부터 제n항까지의 합을 각각 S_n, T_n이라 하자.

$$S_{29}+T_{29}=563,\ S_{30}+T_{30}=600$$

일 때, a_1+b_1의 값은?

① -5 ② -1 ③ 3
④ 7 ⑤ 11

서술형 문제

525

유형 06

직각삼각형 ABC의 세 변의 길이가 등차수열을 이룬다고 한다. 세 변의 길이의 합이 24일 때, 직각삼각형 ABC의 넓이를 구하시오.

필요 개념 및 공식
- ☐ 등차수열을 이루는 수

526

유형 10

첫째항이 -30인 등차수열 $\{a_n\}$에 대하여

$$a_1+a_2+a_3+\cdots+a_8=a_1+a_2+a_3+\cdots+a_{13}$$

이 성립할 때, $a_1+a_2+a_3+\cdots+a_n$의 최솟값을 구하시오.

필요 개념 및 공식
- ☐ 등차수열의 합
- ☐ 등차수열의 일반항

09 등비수열

정답 및 해설 073쪽

더 자세한 개념 ⋯→ 메가헤르츠 260쪽

개념 ❶ 등비수열의 일반항

(1) **등비수열**: 첫째항부터 차례대로 일정한 수를 곱하여 만든 수열
(2) **공비**: 등비수열에서 곱하는 일정한 수
(3) **등비수열의 일반항**: 첫째항이 a, 공비가 r $(r\neq0)$인 등비수열의 일반항 a_n은

$a_n=ar^{n-1}$ (단, $n=1, 2, 3, \cdots$)

참고 등비수열의 일반항은 $p^n\times q$ (p, q는 상수) 꼴이다.
➡ 첫째항: pq, 공비: p

더 자세한 개념 ⋯→ 메가헤르츠 262쪽

개념 ❷ 등비중항

0이 아닌 세 수 a, b, c가 이 순서대로 등비수열을 이룰 때, b를 a와 c의 **등비중항**이라 한다.

이때 $\frac{b}{a}=\frac{c}{b}$이므로

$b^2=ac$

개념 ❶ 등비수열의 일반항

527 다음 등비수열의 공비를 구하시오.

(1) $1, 2, 4, 8, \cdots$

(2) $125, 25, 5, 1, \cdots$

528 다음 등비수열의 일반항 a_n을 구하시오.

(1) 첫째항이 3, 공비가 -4인 수열

(2) $9, 3, 1, \frac{1}{3}, \frac{1}{9}, \cdots$

529 첫째항이 4이고 공비가 $\frac{1}{2}$인 등비수열 $\{a_n\}$에 대하여 다음 물음에 답하시오.

(1) 제5항을 구하시오.

(2) $\frac{1}{32}$은 제몇 항인지 구하시오.

개념 ❷ 등비중항

530 다음 세 수가 주어진 순서대로 등비수열을 이룰 때, 양수 x의 값을 구하시오.

(1) $2, x, 18$

(2) $-3, x, -\frac{4}{3}$

정답 및 해설 073쪽

유형 01 중요★ 등비수열의 일반항

① 첫째항이 a, 공비가 r인 등비수열 $\{a_n\}$의 일반항 a_n은
➡ $a_n=ar^{n-1}$ (단, $n=1, 2, 3, \cdots$)
② 일반항이 $a_n=ap^n$인 등비수열 $\{a_n\}$의 공비는 p이다.
③ 등비수열 $\{a_n\}$의 공비가 r일 때
➡ $r=\frac{a_2}{a_1}=\frac{a_3}{a_2}=\frac{a_4}{a_3}=\cdots$

531 대표 예제

제2항이 -9, 제5항이 243인 등비수열 $\{a_n\}$에 대하여 a_3의 값은? (단, 공비는 실수이다.)

① -81 ② -27 ③ 9
④ 27 ⑤ 81

532 ★☆☆

공비가 음수인 등비수열 $\{a_n\}$에 대하여

$a_2=18$, $a_3 : a_5=4 : 1$

일 때, a_4의 값을 구하시오.

533 ★★☆

등비수열 $\{a_n\}$에 대하여 $\frac{a_2+a_3+a_4}{a_5+a_6+a_7}=\frac{1}{5}$일 때, $\frac{a_{10}}{a_1}$의 값을 구하시오.

534 ★★☆

등비수열 $\{a_n\}$의 첫째항이 $\frac{1}{2}$, 공비가 2일 때,
$\log_2 a_1+\log_2 a_2+\log_2 a_3+\cdots+\log_2 a_{10}$의 값은?

① 35 ② 37 ③ 39
④ 41 ⑤ 43

유형 02 등비수열의 항

일반항이 $a_n=ar^{n-1}$인 등비수열 $\{a_n\}$에서
① 처음으로 $a_n>k$를 만족시키는 항
➡ $ar^{n-1}>k$를 만족시키는 자연수 n의 최솟값을 구한다.
② $a_n=k$를 만족시키는 항
➡ $ar^{n-1}=k$를 만족시키는 자연수 n의 값을 구한다.

535 대표 예제

첫째항이 5, 공비가 3인 등비수열 $\{a_n\}$에 대하여 $a_n>1000$을 만족시키는 자연수 n의 최솟값을 구하시오.

536 ★☆☆

공비가 $-\sqrt{2}$인 등비수열 $\{a_n\}$에 대하여 $a_4=8$일 때, $a_k=128$을 만족시키는 자연수 k의 값은?

① 10 ② 11 ③ 12
④ 13 ⑤ 14

537 ★★☆

$a_2=12$, $a_4=3$이고 공비가 양수인 등비수열 $\{a_n\}$에 대하여 처음으로 $\frac{1}{20}$보다 작아지는 항은 제몇 항인가?

① 제9항 ② 제10항 ③ 제11항
④ 제12항 ⑤ 제13항

유형 03 두 수 사이에 수를 넣어서 만든 등비수열

두 수 a, b 사이에 n개의 수를 넣어 등비수열을 만들면
➡ ① a는 첫째항이고, b는 제$(n+2)$항이다.
② $b=ar^{n+1}$ (단, r는 공비)

538 대표 예제

두 수 3과 192 사이에 두 실수 a, b를 넣어

$3,\ a,\ b,\ 192$

가 이 순서대로 등비수열을 이루도록 할 때, $a+b$의 값은?

① 58 ② 60 ③ 62 ④ 64 ⑤ 66

539 ★☆☆

두 수 32와 162 사이에 3개의 양수 x, y, z를 넣어

$32,\ x,\ y,\ z,\ 162$

가 이 순서대로 등비수열을 이루도록 할 때, $x+y+z$의 값은?

① 220 ② 224 ③ 228 ④ 232 ⑤ 236

540 ★★☆

두 수 6과 $-\frac{2}{81}$ 사이에 n개의 수 a_1, a_2, a_3, $\cdots$, a_n을 넣어

$6,\ a_1,\ a_2,\ a_3,\ \cdots,\ a_n,\ -\frac{2}{81}$

가 이 순서대로 등비수열을 이루도록 하였다. 이 수열의 공비가 $-\frac{1}{3}$일 때, 자연수 n의 값을 구하시오.

유형 04 등비중항 (중요★)

0이 아닌 세 수 a, b, c가 이 순서대로 등비수열을 이루면
$\frac{b}{a}=\frac{c}{b}$이므로
➡ $b^2=ac$

541 대표 예제

세 양수 a, $2a+1$, $8a+4$가 이 순서대로 등비수열을 이루도록 하는 a의 값은?

① $\frac{1}{2}$ ② 1 ③ $\frac{3}{2}$ ④ 2 ⑤ $\frac{5}{2}$

542 ★☆☆

다항식 $f(x)=x^2+x+a$를 각각 $x+1$, $x-1$, $x-4$로 나누었을 때의 나머지가 이 순서대로 등비수열을 이룰 때, 상수 a의 값은?

① $\frac{1}{4}$ ② $\frac{1}{2}$ ③ 1 ④ 2 ⑤ 4

543 ★★☆

이차방정식 $x^2-kx+8=0$의 서로 다른 두 실근 α, β에 대하여 α, β, $\alpha\beta$가 이 순서대로 등비수열을 이룰 때, 상수 k의 값은?

① 3 ② 4 ③ 5 ④ 6 ⑤ 7

유형 05 등비수열을 이루는 수

세 수가 등비수열을 이루면
➡ 세 수를 각각 a, ar, ar^2으로 놓고 조건을 만족시키는 방정식을 세워서 푼다.

544 대표 예제

등비수열을 이루는 세 실수의 합이 3이고 곱이 -8일 때, 세 수 중 가장 작은 수는?

① -1 ② -2 ③ -3
④ -4 ⑤ -5

545 ★★☆

삼차방정식 $x^3+14x^2-84x+m=0$의 서로 다른 세 실근이 등비수열을 이룰 때, 상수 m의 값은?

① -216 ② -108 ③ -72
④ 108 ⑤ 216

546 ★★☆

곡선 $y=2x^3-kx^2-10x$와 직선 $y=16x-16$이 서로 다른 세 점에서 만나고 교점의 x좌표가 등비수열을 이룰 때, 상수 k의 값은?

① 5 ② 7 ③ 9
④ 11 ⑤ 13

유형 06 등비수열의 활용

도형의 길이, 넓이, 부피 등이 일정한 비율로 변할 때, 주어진 조건 또는 그림에서 규칙성을 파악하여 수열의 일반항을 구한다.

547 대표 예제

떨어뜨린 높이의 $\frac{2}{5}$를 다시 튀어 오르는 공이 있다. 이 공을 5 m 높이에서 떨어뜨렸을 때, 20번째 튀어 오른 공의 높이는?

① $\frac{2^{20}}{5^{20}}$ m ② $\frac{2^{20}}{5^{19}}$ m ③ $\frac{2^{20}}{5^{18}}$ m
④ $\frac{2^{20}}{5^{17}}$ m ⑤ $\frac{2^{20}}{5^{16}}$ m

548 ★★☆

그림과 같이 한 변의 길이가 2인 정사각형 모양의 종이에서 각 변의 중점을 이어서 정사각형을 그리는 시행을 계속할 때, n번째에 그린 정사각형을 A_n이라 하자. 정사각형 A_{10}의 한 변의 길이를 구하시오.

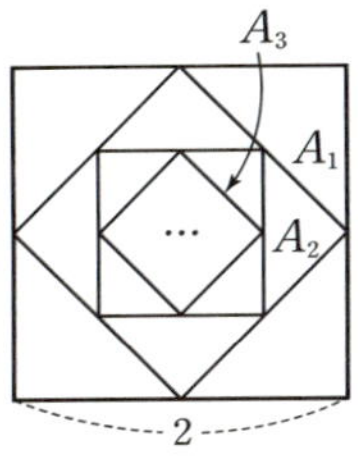

549 ★★☆

넓이가 16인 정삼각형 모양의 종이가 있다. 1회의 시행에서 각 변의 중점을 이어서 만든 정삼각형을 오려 낸다. 2회의 시행에서는 1회의 시행의 결과로 남은 3개의 작은 정삼각형에서 같은 방법으로 만든 정삼각형을 오려 내어 그림과 같은 결과를 얻는다. 이와 같은 시행을 15회 반복한 후 남아 있는 종이의 넓이는?

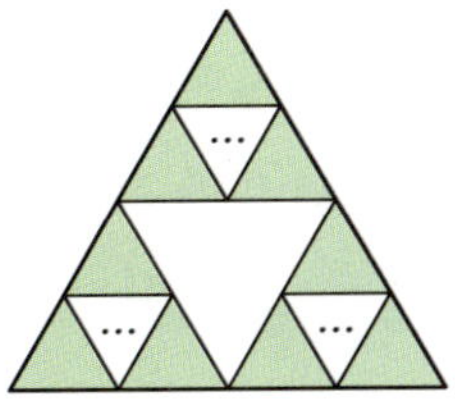

① $\frac{3^{13}}{4^{15}}$ ② $\frac{3^{14}}{4^{15}}$ ③ $\frac{3^{14}}{4^{13}}$
④ $\frac{3^{15}}{4^{13}}$ ⑤ $\frac{3^{15}}{4^{12}}$

개념 체크 Concept

정답 및 해설 075쪽

더 자세한 개념 → 메가헤르츠 271쪽

개념 ❸ 등비수열의 합

첫째항이 a, 공비가 r인 등비수열의 첫째항부터 제n항까지의 합을 S_n이라 하면

(1) $r\neq1$일 때

$$S_n=\frac{a(1-r^n)}{1-r} \quad \rightarrow r<1\text{일 때}$$

$$=\frac{a(r^n-1)}{r-1} \quad \rightarrow r>1\text{일 때}$$

(2) $r=1$일 때

$$S_n=na$$

개념 ❸ 등비수열의 합

550 다음을 구하시오.

(1) 첫째항이 4, 공비가 2인 등비수열의 첫째항부터 제6항까지의 합

(2) 첫째항이 1, 공비가 $\frac{1}{2}$인 등비수열의 첫째항부터 제8항까지의 합

551 다음 등비수열의 첫째항부터 제10항까지의 합을 구하시오.

(1) $2,\ 6,\ 18,\ 54,\ 162,\ \cdots$

(2) $-3,\ 3\sqrt{2},\ -6,\ 6\sqrt{2},\ -12,\ \cdots$

더 자세한 개념 → 메가헤르츠 272쪽

개념 ❹ 원리합계

연이율이 r이고 1년마다 복리로 일정한 금액 a원씩을 n년 동안 적립할 때, n년째 말의 적립금의 원리합계 S_n은

(1) 매년 초에 적립하는 경우

$$S_n=\frac{a(1+r)\{(1+r)^n-1\}}{r}\text{(원)}$$

→ 첫째항이 $a(1+r)$, 공비가 $(1+r)$인 등비수열의 첫째항부터 제n항까지의 합

(2) 매년 말에 적립하는 경우

$$S_n=\frac{a\{(1+r)^n-1\}}{r}\text{(원)}$$

→ 첫째항이 a, 공비가 $(1+r)$인 등비수열의 첫째항부터 제n항까지의 합

참고 복리법 : 원금에 이자를 합한 금액을 다시 원금으로 보고 이자를 계산하는 방법

개념 ❹ 원리합계

552 연이율이 1 %이고 1년마다 복리로 10만 원씩 3년 동안 적립할 때, 3년째 말의 적립금의 원리합계를 구하시오.

(1) 매년 초에 적립하는 경우

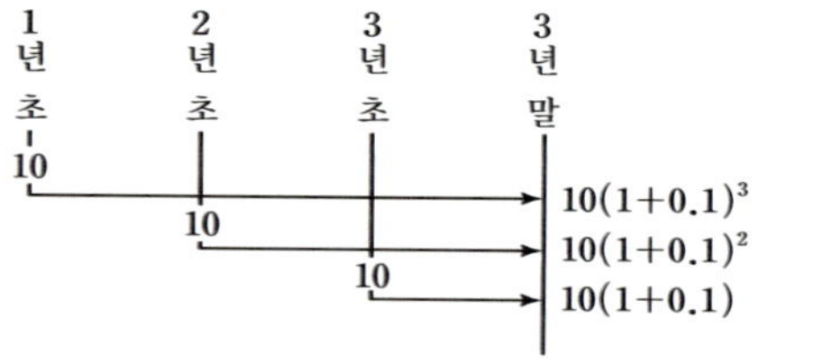

➡ $10(1+0.1)+10(1+0.1)^2+10(1+0.1)^3$

$=$ ____________ (만 원)

(2) 매년 말에 적립하는 경우

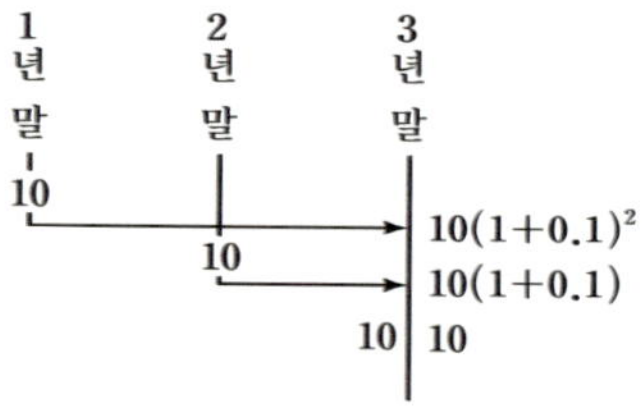

➡ $10+10(1+0.1)+10(1+0.1)^2$

$=$ ____________ (만 원)

정답 및 해설 075쪽

유형 07 중요* 등비수열의 합

첫째항이 a, 공비가 r인 등비수열의 첫째항부터 제n항까지의 합을 S_n이라 하면

① $r\neq1$일 때, $S_n=\frac{a(1-r^n)}{1-r}=\frac{a(r^n-1)}{r-1}$

② $r=1$일 때, $S_n=na$

553 대표 예제

$a_3=12$, $a_6=96$이고 공비가 실수인 등비수열 $\{a_n\}$의 첫째항부터 제6항까지의 합은?

① 177 ② 180 ③ 183 ④ 186 ⑤ 189

554 ★★☆

모든 항이 양수인 등비수열 $\{a_n\}$의 첫째항부터 제n항까지의 합을 S_n이라 하자.

$a_3+a_5=5$, $a_6+a_8=40$

일 때, $4S_8$의 값을 구하시오.

555 ★★★

공비가 실수인 등비수열 $\{a_n\}$에 대하여 $a_3=\frac{3}{2}$, $a_6=-\frac{3}{16}$일 때

$$a_1^2+a_2^2+a_3^2+\cdots+a_{10}^2=k\left(1-\frac{1}{2^{20}}\right)$$

을 만족시키는 실수 k의 값은?

① 36 ② 48 ③ 60 ④ 72 ⑤ 84

유형 08 부분의 합이 주어진 등비수열의 합

첫째항이 a, 공비가 r인 등비수열 $\{a_n\}$의 첫째항부터 제n항까지의 합을 S_n이라 하면

① 부분의 합 S_n, S_{2n}이 주어진 경우

$\begin{cases} S_n=\frac{a(r^n-1)}{r-1} \\ S_{2n}=\frac{a(r^{2n}-1)}{r-1}=\frac{a(r^n-1)(r^n+1)}{r-1} \end{cases}$ 이므로

➡ $S_{2n}\div S_n=r^n+1$

② 임의의 자연수 k에 대하여 수열

S_k, $S_{2k}-S_k$, $S_{3k}-S_{2k}$, $\cdots$

는 등비수열을 이룬다.

556 대표 예제

등비수열 $\{a_n\}$의 첫째항부터 제n항까지의 합을 S_n이라 하자. $S_4=6$, $S_8=24$일 때, S_{20}의 값은?

① 716 ② 726 ③ 736 ④ 746 ⑤ 756

557 ★★☆

등비수열 $\{a_n\}$에 대하여

$a_1+a_2+a_3+\cdots+a_{16}=160$,

$a_2+a_4+a_6+\cdots+a_{16}=40$

일 때, 수열 $\{a_n\}$의 공비는?

① $\frac{1}{6}$ ② $\frac{1}{5}$ ③ $\frac{1}{4}$ ④ $\frac{1}{3}$ ⑤ $\frac{1}{2}$

558 ★★☆

등비수열 $\{a_n\}$에 대하여

$a_1+a_2+a_3=5$, $a_4+a_5+a_6=10$

일 때, $a_7+a_8+a_9+\cdots+a_{30}$의 값은?

① $5(2^9-4)$ ② $5(2^{10}-4)$ ③ $5(2^{10}-1)$ ④ $10(2^{10}-4)$ ⑤ $10(2^{10}-1)$

정답 및 해설 076쪽

유형 09 등비수열의 합과 일반항 사이의 관계

수열 $\{a_n\}$의 첫째항부터 제n항까지의 합 S_n이 주어지면
① (i) $n=1$일 때, $a_1=S_1$
(ii) $n\geq2$일 때, $a_n=S_n-S_{n-1}$
임을 이용하여 일반항 a_n을 구한다.
② $S_n=Ar^n+B$ (A, B는 상수, $r\neq0$, $r\neq1$)일 때
- $A+B=0$이면 수열 $\{a_n\}$은 첫째항부터 등비수열을 이룬다.
- $A+B\neq0$이면 수열 $\{a_n\}$은 제2항부터 등비수열을 이룬다.

559 대표 예제

수열 $\{a_n\}$의 첫째항부터 제n항까지의 합을 S_n이라 하자. $S_n=3\times2^{n+1}+k$일 때, 수열 $\{a_n\}$이 첫째항부터 등비수열을 이루도록 하는 상수 k의 값은?

① -6 ② -4 ③ -2
④ 2 ⑤ 4

560 ★☆☆

수열 $\{a_n\}$의 첫째항부터 제n항까지의 합 S_n이 $S_n=10n^2-16n$, 수열 $\{b_n\}$의 첫째항부터 제n항까지의 합 T_n이 $T_n=p^n-4$이다. $a_4=b_4$일 때, 자연수 p의 값은?

① 2 ② 3 ③ 4
④ 5 ⑤ 6

561 ★★☆

수열 $\{a_n\}$의 첫째항부터 제n항까지의 합 S_n이

$S_n=4^n+1$

일 때, 수열 $\{a_{2n}\}$의 공비는?

① 2 ② 4 ③ 8
④ 16 ⑤ 32

유형 10 원리합계

연이율이 r이고 1년마다 복리로 a원씩 n년 동안 적립할 때, n년째 말의 적립금의 원리합계 S_n은
① 매년 초에 적립하는 경우
➡ $S_n=a(1+r)+a(1+r)^2+a(1+r)^3+\cdots+a(1+r)^n$
$=\dfrac{a(1+r)\{(1+r)^n-1\}}{r}$(원)
② 매년 말에 적립하는 경우
➡ $S_n=a+a(1+r)+a(1+r)^2+\cdots+a(1+r)^{n-1}$
$=\dfrac{a\{(1+r)^n-1\}}{r}$(원)

562 대표 예제

연이율이 3 %이고 1년마다 복리로 매년 초에 100만 원 씩 10년 동안 적립할 때, 10년째 말의 적립금의 원리합계는? (단, $1.03^{10}=1.33$으로 계산한다.)

① 1030만 원 ② 1133만 원 ③ 1200만 원
④ 1230만 원 ⑤ 1330만 원

563 ★★☆

연이율이 5 %이고 1년마다 복리로 매년 말에 50만 원씩 5년 동안 적립할 때, 5년째 말의 적립금의 원리합계를 구하시오. (단, $1.05^5=1.28$로 계산한다.)

564 ★★★

연이율이 4 %이고 1년마다 복리로 매년 초에 일정한 금액을 10년 동안 적립하여 10년째 말에 6240만 원이 되게 하려고 할 때, 매년 초에 얼마씩 적립해야 하는가? (단, $1.04^{10}=1.48$로 계산한다.)

① 460만 원 ② 470만 원 ③ 480만 원
④ 490만 원 ⑤ 500만 원

565 유형 01

등비수열 $\{a_n\}$에 대하여

$$a_2+a_5=-\frac{26}{9},\ a_1a_2a_3=-27$$

일 때, a_6의 값은? (단, 공비는 실수이다.)

① $-\frac{1}{9}$　② $-\frac{1}{27}$　③ $-\frac{1}{81}$
④ $\frac{1}{81}$　⑤ $\frac{1}{27}$

566 유형 02

모든 항이 양수인 두 등비수열 $\{a_n\}$, $\{b_n\}$에 대하여

$$a_3=b_4,\ a_5=b_8$$

이 성립할 때, $a_{17}=b_k$를 만족시키는 자연수 k의 값은?

① 24　② 26　③ 28
④ 30　⑤ 32

567 유형 03

두 수 3과 81 사이에 5개의 양수 a_1, a_2, a_3, a_4, a_5를 넣어

$$3,\ a_1,\ a_2,\ a_3,\ a_4,\ a_5,\ 81$$

이 이 순서대로 등비수열을 이루도록 하였다.
$a_1a_2a_3a_4a_5$의 값은?

① 3^5　② $3^{\frac{15}{2}}$　③ 3^{10}
④ $3^{\frac{25}{2}}$　⑤ 3^{15}

568 유형 04

세 양수 10, $y+1$, x는 이 순서대로 등차수열을 이루고, 9, $-2y$, x^2은 이 순서대로 등비수열을 이룰 때, $x+y$의 값을 구하시오.

569 유형 05

어느 직육면체의 가로의 길이, 세로의 길이, 높이가 이 순서대로 등비수열을 이룬다고 한다. 직육면체의 겉넓이가 112, 부피가 64일 때, 이 직육면체의 모든 모서리의 길이의 합을 구하시오.

570 창의·사고력 Up 유형 06

그림과 같이 한 변의 길이가 1인 정삼각형을 T_0이라 하자. T_0의 세 변을 각각 삼등분한 후 T_0의 외부에 가운데 선분을 한 변으로 하는 정삼각형을 그리고 가운데 선분을 지워서 만든 도형을 T_1이라 하자. T_1의 12개의 선분을 각각 삼등분한 후 T_1의 외부에 가운데 선분을 한 변으로 하는 정삼각형을 그리고 가운데 선분을 지워서 만든 도형을 T_2라 하자. 이와 같은 시행을 10회 반복한 후 만들어진 도형 T_{10}의 둘레의 길이는?

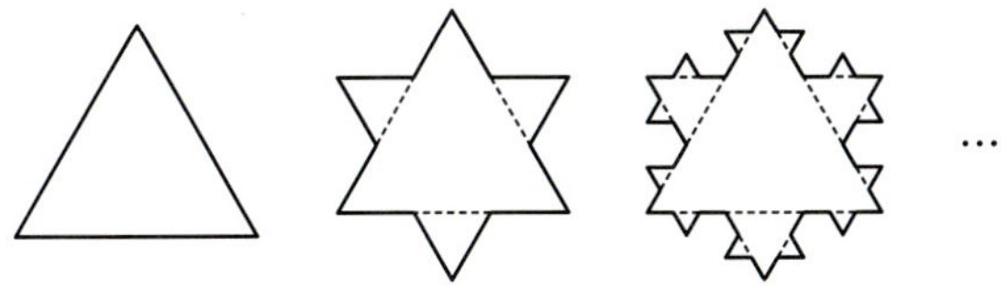

T_0　T_1　T_2　…

① $\frac{2^{10}}{3^9}$　② $\frac{2^{20}}{3^9}$　③ $\frac{2^{30}}{3^9}$
④ $\frac{3^{10}}{2^9}$　⑤ $\frac{3^{20}}{2^9}$

571 유형 07

이차방정식 $x^2+x+1=0$의 두 근을 α, β라 할 때,

$$\left(1-\frac{1}{\alpha}+\frac{1}{\alpha^2}-\cdots-\frac{1}{\alpha^{19}}\right)\left(1-\frac{1}{\beta}+\frac{1}{\beta^2}-\cdots-\frac{1}{\beta^{19}}\right)$$

의 값은?

① 1 ② 3 ③ 5
④ 7 ⑤ 9

572 유형 07

어느 지역에 400만 m^3의 천연가스가 매장되어 있다. 2010년에 이 지역의 천연가스의 채굴량은 10만 m^3이고 매년 10 %씩 채굴량을 늘린다고 한다. 이 천연가스가 모두 고갈되는 해는 몇 년인가?

(단, $1.1^{16}=4.6$, $1.1^{17}=5.1$, $1.1^{18}=5.6$으로 계산한다.)

① 2025년 ② 2026년 ③ 2027년
④ 2028년 ⑤ 2029년

573 유형 08

공비가 실수인 등비수열 $\{a_n\}$의 첫째항부터 제n항까지의 합을 S_n이라 하자. $S_{20}=40$, $\frac{S_{30}}{S_{10}}=13$일 때, S_{40}의 값은?

① 320 ② 340 ③ 360
④ 380 ⑤ 400

574 창의·사고력 Up 유형 08

모든 항이 서로 다른 등비수열 $\{a_n\}$에 대하여

$$S_n=\frac{1}{a_1}+\frac{1}{a_2}+\frac{1}{a_3}+\cdots+\frac{1}{a_n}$$

이라 하자. $S_{10}=4S_5$일 때, $S_{15}=kS_5$를 만족시키는 상수 k의 값을 구하시오. (단, $a_n\neq 0$)

575 유형 09

수열 $\{a_n\}$의 첫째항부터 제n항까지의 합을 S_n이라 하면 $S_n=p^{n+1}-q$이다. 수열 $\{a_n\}$이 첫째항부터 공비가 $\frac{1}{2}$인 등비수열을 이룰 때, $p+q$의 값은? (단, p, q는 상수이다.)

① $\frac{1}{16}$ ② $\frac{1}{8}$ ③ $\frac{1}{4}$
④ $\frac{1}{2}$ ⑤ 1

서술형 문제

576 유형 02

첫째항이 30, 공비가 $-\frac{1}{2}$인 등비수열 $\{a_n\}$에 대하여 $\frac{1}{100}<a_n<1$을 만족시키는 모든 자연수 n의 값의 합을 구하시오.

필요 개념 및 공식	
□ 등비수열의 일반항	□ 지수부등식

10 수열의 합

개념 체크 Concept

정답 및 해설 080쪽

더 자세한 개념 ···› 메가헤르츠 284쪽

개념 ❶ 합의 기호 $\sum$의 뜻

수열 $\{a_n\}$의 첫째항부터 제n항까지의 합 $a_1+a_2+a_3+\cdots+a_n$을 합의 기호 $\sum$를 사용하여 $\sum_{k=1}^{n} a_k$와 같이 나타낸다. 즉,

$$a_1+a_2+a_3+\cdots+a_n=\sum_{k=1}^{n} a_k$$

참고
- $\sum_{k=1}^{n} a_k$는 k 대신 다른 문자를 사용하여 $\sum_{i=1}^{n} a_i$, $\sum_{j=1}^{n} a_j$ 등과 같이 나타낼 수 있다.
- $m \le n$일 때, 수열 $\{a_n\}$의 제m항부터 제n항까지의 합은 $\sum_{k=m}^{n} a_k$와 같이 나타낸다.

더 자세한 개념 ···› 메가헤르츠 285쪽

개념 ❷ $\sum$의 성질

(1) $\sum_{k=1}^{n} (a_k+b_k)=\sum_{k=1}^{n} a_k+\sum_{k=1}^{n} b_k$

(2) $\sum_{k=1}^{n} (a_k-b_k)=\sum_{k=1}^{n} a_k-\sum_{k=1}^{n} b_k$

(3) $\sum_{k=1}^{n} ca_k=c\sum_{k=1}^{n} a_k$ (단, c는 상수)

(4) $\sum_{k=1}^{n} c=cn$ (단, c는 상수)

주의 $\sum_{k=1}^{n} a_kb_k \neq \sum_{k=1}^{n} a_k \cdot \sum_{k=1}^{n} b_k$

더 자세한 개념 ···› 메가헤르츠 291쪽

개념 ❸ 자연수의 거듭제곱의 합

(1) $\sum_{k=1}^{n} k=1+2+3+\cdots+n=\frac{n(n+1)}{2}$

(2) $\sum_{k=1}^{n} k^2=1^2+2^2+3^2+\cdots+n^2=\frac{n(n+1)(2n+1)}{6}$

(3) $\sum_{k=1}^{n} k^3=1^3+2^3+3^3+\cdots+n^3=\left\{\frac{n(n+1)}{2}\right\}^2$

예 (1) $\sum_{k=1}^{10} k=\frac{10\cdot 11}{2}=55$

(2) $\sum_{k=1}^{10} k^2=\frac{10\cdot 11\cdot 21}{6}=385$

(3) $\sum_{k=1}^{10} k^3=\left(\frac{10\cdot 11}{2}\right)^2=55^2=3025$

개념 ❶ 합의 기호 $\sum$의 뜻

577 다음을 합의 기호 $\sum$를 사용하지 않은 합의 꼴로 나타내시오.

(1) $\sum_{k=1}^{4} 2k$

(2) $\sum_{n=1}^{5} 2^{n-1}$

578 다음을 합의 기호 $\sum$를 사용하여 나타내시오.

(1) $2+2+2+2+2+2+2+2$

(2) $1+\frac{1}{2}+\frac{1}{3}+\cdots+\frac{1}{50}$

개념 ❷ $\sum$의 성질

579 $\sum_{k=1}^{8} a_k=10$, $\sum_{k=1}^{8} b_k=-6$일 때, 다음 식의 값을 구하시오.

(1) $\sum_{k=1}^{8} (a_k+3)$

(2) $\sum_{k=1}^{8} (3b_k+4)$

(3) $\sum_{k=1}^{8} (a_k-2b_k)$

개념 ❸ 자연수의 거듭제곱의 합

580 다음 식의 값을 구하시오.

(1) $\sum_{k=1}^{10} (2k+2)$

(2) $\sum_{k=1}^{5} (3k^2-4k+1)$

(3) $\sum_{k=1}^{6} k(k+1)(k-1)$

Pattern 유형 마스터

정답 및 해설 080쪽

유형 01 합의 기호 Σ

① $\sum_{k=1}^{n} a_k = a_1+a_2+a_3+\cdots+a_n$

② $\sum_{k=1}^{n} a_{2k-1} = a_1+a_3+a_5+\cdots+a_{2n-1}$

③ $\sum_{k=1}^{n} a_{2k} = a_2+a_4+a_6+\cdots+a_{2n}$

④ $\sum_{k=1}^{n} (a_{2k-1}+a_{2k}) = a_1+a_2+a_3+a_4+\cdots+a_{2n-1}+a_{2n} = \sum_{k=1}^{2n} a_k$

⑤ $\sum_{k=m}^{n} a_k = a_m+a_{m+1}+a_{m+2}+\cdots+a_n$ (단, $m \le n$)

581 대표 예제

$\sum_{k=1}^{n} (a_{2k-1}+a_{2k}) = 2n^2$일 때, $\sum_{k=1}^{10} a_k$의 값은?

① 5 ② 25 ③ 50 ④ 100 ⑤ 200

582 ★☆☆

$\sum_{k=1}^{n} (a_{3k-2}+a_{3k-1}+a_{3k}) = 4^n$일 때, $\sum_{k=1}^{15} a_k$의 값은?

① 2^{10} ② 2^{12} ③ 2^{14} ④ 2^{16} ⑤ 2^{18}

583 ★☆☆

$\sum_{k=1}^{n} a_k = n^2-n$일 때, $\sum_{k=1}^{15} a_{2k-1} + \sum_{k=1}^{15} a_{2k}$의 값을 구하시오.

584 ★★☆

$\sum_{k=1}^{n} a_k = 4n^2$, $\sum_{k=1}^{n} a_{2k} = 5n$일 때, $\sum_{k=1}^{5} a_{2k-1}$의 값을 구하시오.

유형 02 Σ의 성질

① $\sum_{k=1}^{n} (a_k+b_k) = \sum_{k=1}^{n} a_k + \sum_{k=1}^{n} b_k$

② $\sum_{k=1}^{n} (a_k-b_k) = \sum_{k=1}^{n} a_k - \sum_{k=1}^{n} b_k$

③ $\sum_{k=1}^{n} ca_k = c\sum_{k=1}^{n} a_k$ (단, c는 상수)

④ $\sum_{k=1}^{n} c = cn$ (단, c는 상수)

585 대표 예제

$\sum_{k=1}^{20} a_k = 5$, $\sum_{k=1}^{20} a_k^2 = 20$일 때, $\sum_{k=1}^{20} (a_k+1)^2$의 값은?

① 40 ② 50 ③ 60 ④ 70 ⑤ 80

586 ★☆☆

$\sum_{k=1}^{n} a_k = 3n^2$, $\sum_{k=1}^{n} b_k = -4n$일 때, $\sum_{k=1}^{20} (a_k+10b_k+15)$의 값은?

① 400 ② 500 ③ 600 ④ 700 ⑤ 800

587 ★☆☆

$\sum_{k=1}^{10} (a_k+b_k) = -20$, $\sum_{k=1}^{10} (2a_k-3b_k) = 100$일 때, $\sum_{k=1}^{10} a_k$의 값을 구하시오.

588 ★★☆

$\sum_{k=1}^{20} (a_k+b_k)^2 = 50$, $\sum_{k=1}^{20} (a_k^2+b_k^2) = 30$일 때, $\sum_{k=1}^{20} a_k b_k$의 값을 구하시오.

유형 03 $\sum_{k=1}^{n} r^k$ 꼴의 계산

$$\sum_{k=1}^{n} r^k = r + r^2 + r^3 + \cdots + r^n = \frac{r(r^n-1)}{r-1} \ (\text{단, } r \neq 1)$$

→ 첫째항이 r, 공비가 r인 등비수열의 첫째항부터 제n항까지의 합

589 대표 예제

$\sum_{k=1}^{6} (2^k+1)^2$의 값은?

① 5518　② 5618　③ 5718
④ 5818　⑤ 5918

590 ★☆☆

$\sum_{k=1}^{10} (3^k-3^{-k})^2$의 값은?

① $\frac{9^9}{8}-\frac{1}{8}\left(\frac{1}{9}\right)^8-21$　② $\frac{9^9}{8}-\frac{1}{8}\left(\frac{1}{9}\right)^9-21$
③ $\frac{9^{10}}{8}-\frac{1}{8}\left(\frac{1}{9}\right)^9-21$　④ $\frac{9^{10}}{8}-\frac{1}{8}\left(\frac{1}{9}\right)^{10}-21$
⑤ $\frac{9^{11}}{8}-\frac{1}{8}\left(\frac{1}{9}\right)^{10}-21$

591 ★★☆

첫째항이 1, 공비가 3인 등비수열 $\{a_n\}$에 대하여 첫째항부터 제n항까지의 합을 S_n이라 할 때, $\sum_{k=1}^{20} S_k$의 값은?

① $\frac{3^{20}}{4}-\frac{43}{4}$　② $\frac{3^{21}}{4}-\frac{43}{4}$　③ $\frac{3^{21}}{4}-\frac{33}{4}$
④ $\frac{3^{22}}{4}-\frac{43}{4}$　⑤ $\frac{3^{22}}{4}-\frac{33}{4}$

유형 04 중요★ 자연수의 거듭제곱의 합

① $\sum_{k=1}^{n} k = 1+2+3+\cdots+n = \frac{n(n+1)}{2}$

② $\sum_{k=1}^{n} k^2 = 1^2+2^2+3^2+\cdots+n^2 = \frac{n(n+1)(2n+1)}{6}$

③ $\sum_{k=1}^{n} k^3 = 1^3+2^3+3^3+\cdots+n^3 = \left\{\frac{n(n+1)}{2}\right\}^2$

592 대표 예제

$\sum_{k=1}^{10} (2k)^2 + \sum_{k=1}^{10} (2k+1)^2$의 값은?

① 3010　② 3110　③ 3210
④ 3310　⑤ 3410

593 ★☆☆

$\sum_{k=1}^{10} (k^3-k^2) + \sum_{i=1}^{10} (i^2+i+1)$의 값을 구하시오.

594 ★★☆

$\sum_{k=1}^{n+1} (k^2-3k) = 28$을 만족시키는 자연수 n의 값은?

① 3　② 4　③ 5
④ 6　⑤ 7

595 ★★☆

$\sum_{k=1}^{10} \frac{6(1^2+2^2+3^2+\cdots+k^2)}{k}$의 값을 구하시오.

유형 05 ∑를 이용한 수열의 합

등차수열이나 등비수열이 아닌 수열의 합은 다음과 같은 순서로 구한다.
❶ 주어진 수열의 일반항 a_n을 구한다. → 규칙성을 찾아서 a_n을 유추한다.
❷ ∑의 성질과 자연수의 거듭제곱의 합을 이용하여 수열의 합을 구한다.

596 대표예제

$1\times4+2\times5+3\times6+\cdots+15\times18$의 값은?

① 1200 ② 1300 ③ 1400
④ 1500 ⑤ 1600

597 ★☆☆

수열 1×2^2, 2×3^2, 3×4^2, $\cdots$의 첫째항부터 제10항까지의 합은?

① 3700 ② 3750 ③ 3800
④ 3850 ⑤ 3900

598 ★★☆

수열 1, 1+2, 1+2+4, 1+2+4+8, $\cdots$의 첫째항부터 제30항까지의 합이 2^a-b일 때, 두 자연수 a, b에 대하여 $a+b$의 값은? (단, $b<100$)

① 63 ② 64 ③ 65
④ 127 ⑤ 128

유형 06 모든 항에 n이 포함된 수열의 합

모든 항에 n이 포함된 수열의 합은 다음과 같은 순서로 구한다.
❶ 주어진 수열의 제k항 a_k를 k와 n에 대한 식으로 나타낸다.
❷ ∑의 성질과 자연수의 거듭제곱의 합을 이용하여 수열의 합을 구한다. 이때 n은 상수임에 주의한다.

599 대표예제

$S_n=\frac{1}{n}+\frac{2}{n}+\frac{3}{n}+\cdots+\frac{n}{n}$일 때, S_{25}의 값은?

① 10 ② 11 ③ 12
④ 13 ⑤ 14

600 ★★☆

수열의 합

$$\frac{1^2}{n(n+1)}+\frac{2^2}{n(n+1)}+\frac{3^2}{n(n+1)}+\cdots+\frac{n^2}{n(n+1)}$$

을 간단히 하면?

① $\frac{n+1}{6}$ ② $\frac{2n+1}{6}$ ③ $\frac{n+1}{3}$
④ $\frac{2n+1}{3}$ ⑤ $\frac{n+1}{2}$

601 ★★☆

자연수 n에 대하여

$$1\times n+2\times(n-1)+3\times(n-2)+\cdots+n\times1$$
$$=\frac{n(n+a)(n+b)}{c}$$

일 때, $a+b+c$의 값은? (단, a, b, c는 자연수이다.)

① 8 ② 9 ③ 10
④ 11 ⑤ 12

정답 및 해설 083쪽

유형 07 Σ를 여러 개 포함한 식의 계산

Σ를 여러 개 포함한 식은 안쪽의 Σ부터 계산한다.
이때 Σ가 어떤 문자에 대한 식인지 파악하고, 상수인 것과 상수가 아닌 것을 구분하여 계산한다.

602 대표 예제

$\sum_{n=1}^{8}\left\{\sum_{k=1}^{n}(k+n)\right\}$의 값은?

① 300 ② 324 ③ 348 ④ 372 ⑤ 396

603 ★☆☆

$\sum_{n=1}^{6}\left(\sum_{m=1}^{n}mn\right)$의 값을 구하시오.

604 ★★☆

$\sum_{n=1}^{5}\left[\sum_{m=1}^{n}\left\{\sum_{k=1}^{m}(n+a)\right\}\right]=210$일 때, 상수 a의 값을 구하시오.

605 ★★☆

이차방정식 $x^2-13x+30=0$의 두 근을 m, n이라 할 때, $\sum_{i=1}^{m}\left\{\sum_{j=1}^{n}(i+j)\right\}$의 값은? (단, m, n은 자연수이다.)

① 210 ② 215 ③ 220 ④ 225 ⑤ 230

유형 08 Σ로 표현된 수열의 합과 일반항 사이의 관계

수열 $\{a_n\}$의 첫째항부터 제n항까지의 합을 S_n이라 하면
(i) $n=1$일 때, $a_1=S_1$
(ii) $n\geq 2$일 때, $a_n=S_n-S_{n-1}=\sum_{k=1}^{n}a_k-\sum_{k=1}^{n-1}a_k$
임을 이용하여 일반항 a_n을 구한다.

606 대표 예제

수열 $\{a_n\}$에 대하여 $\sum_{k=1}^{n}a_k=n^2$일 때, $\sum_{k=1}^{10}a_{2k-1}$의 값은?

① 180 ② 185 ③ 190 ④ 195 ⑤ 200

607 ★★☆

수열 $\{a_n\}$에 대하여 $\sum_{k=1}^{n}a_k=n^3-2n^2+n$일 때, $\sum_{k=1}^{5}a_{2k}$의 값은?

① 440 ② 450 ③ 460 ④ 470 ⑤ 480

608 ★★☆

수열 $\{a_n\}$에 대하여 $\sum_{k=1}^{n}a_k=3^n-1$일 때, $\sum_{k=1}^{10}\frac{1}{a_k}$의 값은?

① $\frac{3}{4}\left(1-\frac{1}{3^9}\right)$ ② $\frac{3}{4}\left(1-\frac{1}{3^{10}}\right)$ ③ $\frac{3}{4}\left(1-\frac{1}{3^{11}}\right)$ ④ $\frac{9}{4}\left(1-\frac{1}{3^{10}}\right)$ ⑤ $\frac{9}{4}\left(1-\frac{1}{3^{11}}\right)$

정답 및 해설 084쪽

더 자세한 개념 ⋯▸ 메가헤르츠 299쪽

개념 ❹ 분모가 곱으로 표현된 수열의 합

분모가 곱으로 표현된 수열의 합은 부분분수로 변형하여 구한다.

① $\displaystyle\sum_{k=1}^{n}\frac{1}{k(k+1)}=\sum_{k=1}^{n}\left(\frac{1}{k}-\frac{1}{k+1}\right)$

② $\displaystyle\sum_{k=1}^{n}\frac{1}{(k+a)(k+b)}=\frac{1}{b-a}\sum_{k=1}^{n}\left(\frac{1}{k+a}-\frac{1}{k+b}\right)$ (단, $a\neq b$)

참고 부분분수로의 변형

➡ $\displaystyle\frac{1}{AB}=\frac{1}{B-A}\left(\frac{1}{A}-\frac{1}{B}\right)$ (단, $A\neq B$)

더 자세한 개념 ⋯▸ 메가헤르츠 300쪽

개념 ❺ 분모에 무리식을 포함한 수열의 합

분모에 무리식을 포함한 수열의 합은 분모를 유리화하여 구한다.

$$\sum_{k=1}^{n}\frac{1}{\sqrt{k}+\sqrt{k+1}}=\sum_{k=1}^{n}\frac{\sqrt{k+1}-\sqrt{k}}{(\sqrt{k+1}+\sqrt{k})(\sqrt{k+1}-\sqrt{k})}$$
$$=\sum_{k=1}^{n}(\sqrt{k+1}-\sqrt{k})$$

더 자세한 개념 ⋯▸ 메가헤르츠 302쪽

개념 ❻ (등차수열)×(등비수열) 꼴의 수열의 합

(등차수열)×(등비수열) 꼴의 수열의 합은 다음과 같은 순서로 구한다.

❶ 주어진 수열의 합을 S로 놓는다.
❷ 등비수열의 공비를 r라 할 때, $S-rS$를 계산한다. (단, $r\neq 1$)
❸ ❷에서 S를 구한다.

더 자세한 개념 ⋯▸ 메가헤르츠 303쪽

개념 ❼ 군수열

$1,\ 1,\ 2,\ 1,\ 2,\ 3,\ 1,\ 2,\ 3,\ 4,\ \cdots$

와 같이

$(1),\ (1,\ 2),\ (1,\ 2,\ 3),\ (1,\ 2,\ 3,\ 4),\ \cdots$

로 묶으면 규칙성을 갖는 군수열 문제는 다음과 같은 순서로 푼다.

❶ 수열의 각 항이 갖는 규칙을 파악하여 군으로 묶는다. (군: 각각의 묶음)
❷ 각 군의 항의 개수를 파악한다.
❸ 각 군의 첫 번째 항(또는 마지막 항)이 갖는 규칙성을 조사하여 구하는 값과의 관계를 찾는다.

개념 ❹ 분모가 곱으로 표현된 수열의 합

609 다음 식의 값을 구하시오.

(1) $\displaystyle\sum_{k=1}^{10}\frac{1}{k(k+1)}$

(2) $\displaystyle\sum_{k=2}^{11}\frac{2}{(k-1)(k+1)}$

개념 ❺ 분모에 무리식을 포함한 수열의 합

610 다음 식의 값을 구하시오.

(1) $\displaystyle\sum_{k=1}^{15}\frac{2}{\sqrt{k}+\sqrt{k+1}}$

(2) $\displaystyle\sum_{k=1}^{4}\frac{4}{\sqrt{2k-1}+\sqrt{2k+1}}$

개념 ❻ (등차수열)×(등비수열) 꼴의 수열의 합

611 $1\times 2+2\times 2^2+3\times 2^3+\cdots+10\times 2^{10}$의 값을 구하시오.

개념 ❼ 군수열

612 수열

$1,\ 1,\ 2,\ 1,\ 2,\ 3,\ 1,\ 2,\ 3,\ 4,\ \cdots$

에 대하여

$(1),\ (1,\ 2),\ (1,\ 2,\ 3),\ (1,\ 2,\ 3,\ 4),\ \cdots$

로 묶었을 때, 다음 물음에 답하시오.

(1) n번째 군을 구하시오.

(2) 첫 번째 군부터 n번째 군까지의 항의 개수를 구하시오.

(3) 제50항을 구하시오.

유형 마스터 Pattern

유형 09 중요 분모가 곱으로 표현된 수열의 합

유리식을 포함한 수열의 합은 부분분수로 변형하여 $k=1, 2, 3, \cdots, n$을 차례대로 대입한 후 주어진 식을 간단히 하여 구한다.

➡ ① $\displaystyle\sum_{k=1}^{n}\frac{1}{k(k+1)}=\sum_{k=1}^{n}\left(\frac{1}{k}-\frac{1}{k+1}\right)$

② $\displaystyle\sum_{k=1}^{n}\frac{1}{(k+a)(k+b)}=\frac{1}{b-a}\sum_{k=1}^{n}\left(\frac{1}{k+a}-\frac{1}{k+b}\right)$ (단, $a\neq b$)

613 대표 예제

수열의 합

$$\frac{1}{2^2-1}+\frac{1}{4^2-1}+\frac{1}{6^2-1}+\cdots+\frac{1}{20^2-1}$$

의 값은?

① $\frac{2}{7}$ ② $\frac{1}{3}$ ③ $\frac{8}{21}$
④ $\frac{3}{7}$ ⑤ $\frac{10}{21}$

614 ★☆☆

수열의 합

$$1+\frac{1}{1+2}+\frac{1}{1+2+3}+\cdots+\frac{1}{1+2+3+\cdots+100}$$

의 값을 구하시오.

615 ★★☆

자연수 전체의 집합을 정의역으로 하는 두 함수

$f(n)=2n+2,\ g(n)=n^2-1$

에 대하여 $\displaystyle\sum_{k=1}^{10}\frac{4}{(g\circ f)(k)}$의 값은?

① $\frac{12}{23}$ ② $\frac{38}{69}$ ③ $\frac{40}{69}$
④ $\frac{14}{23}$ ⑤ $\frac{44}{69}$

유형 10 분모에 무리식을 포함한 수열의 합

분모에 무리식을 포함한 수열의 합은 분모를 유리화하여 구한다.

➡ $\displaystyle\sum_{k=1}^{n}\frac{1}{\sqrt{k}+\sqrt{k+1}}=\sum_{k=1}^{n}\frac{\sqrt{k+1}-\sqrt{k}}{(\sqrt{k+1}+\sqrt{k})(\sqrt{k+1}-\sqrt{k})}$

$\displaystyle=\sum_{k=1}^{n}(\sqrt{k+1}-\sqrt{k})$

616 대표 예제

수열의 합

$$\frac{2}{\sqrt{1}+\sqrt{3}}+\frac{2}{\sqrt{2}+\sqrt{4}}+\frac{2}{\sqrt{3}+\sqrt{5}}+\cdots+\frac{2}{\sqrt{7}+\sqrt{9}}$$

의 값은?

① $1+\sqrt{2}$ ② $2+\sqrt{2}$ ③ $3+\sqrt{2}$
④ $2+2\sqrt{2}$ ⑤ $3+2\sqrt{2}$

617 ★★☆

수열 $\{a_n\}$에 대하여 $a_n=\dfrac{\sqrt{2n-1}+\sqrt{2n+1}}{2}$일 때,

$\displaystyle\sum_{k=1}^{n}\frac{1}{a_k}=8$을 만족시키는 자연수 n의 값은?

① 21 ② 40 ③ 41
④ 80 ⑤ 81

618 ★★☆

$\displaystyle\sum_{k=1}^{8}\frac{k+1}{\sqrt{k^2+k}+\sqrt{k^2+3k+2}}$의 값은?

① $\frac{1}{2}(3\sqrt{10}-\sqrt{3})$ ② $\frac{1}{2}(3\sqrt{10}-\sqrt{2})$
③ $3\sqrt{10}-2$ ④ $3\sqrt{10}-\sqrt{3}$
⑤ $3\sqrt{10}-\sqrt{2}$

정답 및 해설 084쪽

유형 11 로그를 포함한 수열의 합

$a>0$, $a\neq1$이고 $m>0$, $n>0$일 때, 로그를 포함한 수열의 합은

$$\log_a m+\log_a n=\log_a mn,\ \log_a m-\log_a n=\log_a \frac{m}{n}$$

임을 이용하여 주어진 식을 간단히 한 후 구한다.

619 대표 예제

수열 $\{a_n\}$에 대하여 $a_n=\log_2 \dfrac{n+1}{n}$일 때, $\sum_{k=1}^{31} a_k$의 값을 구하시오.

620 ★★☆

$\sum_{k=1}^{n} \log_5 \dfrac{2k+3}{2k+1}=3$을 만족시키는 자연수 n의 값은?

① 185 ② 186 ③ 187
④ 188 ⑤ 189

621 ★★☆

$\sum_{k=2}^{27} \log_3 \dfrac{k^2-1}{k^2}$의 값은?

① $\log_3 12-3$ ② $\log_3 14-3$ ③ $4\log_3 2-3$
④ $\log_3 14-4$ ⑤ $4\log_3 2-4$

유형 12 (등차수열)×(등비수열) 꼴의 수열의 합

(등차수열)×(등비수열) 꼴의 수열의 합은 다음과 같은 순서로 구한다.
❶ 주어진 수열의 합을 S로 놓는다.
❷ 등비수열의 공비를 r라 할 때, $S-rS$를 계산한다. (단, $r\neq1$)
❸ ❷에서 S를 구한다.

622 대표 예제

$\sum_{k=1}^{10} k\times2^{k-1}=a\times2^{10}+b$일 때, 두 자연수 a, b에 대하여 $a+b$의 값은? (단, $1\leq b\leq10$)

① 8 ② 9 ③ 10
④ 11 ⑤ 12

623 ★★☆

$\dfrac{1}{2}+\dfrac{2}{2^2}+\dfrac{3}{2^3}+\cdots+\dfrac{20}{2^{20}}$의 값은?

① $2-\dfrac{11}{2^{19}}$ ② $2-\dfrac{21}{2^{20}}$ ③ $2-\dfrac{5}{2^{18}}$
④ $2-\dfrac{19}{2^{20}}$ ⑤ $2-\dfrac{9}{2^{19}}$

624 ★★☆

$f(x)=x+3x^2+5x^3+\cdots+19x^{10}$일 때, $f(3)$의 값은?

① $3^{11}-3$ ② $3^{12}-3$ ③ $3^{13}-3$
④ $3^{12}+3$ ⑤ $3^{13}+3$

정답 및 해설 086쪽

유형 13 군수열

① 군수열 문제는 다음과 같은 순서로 푼다.
❶ 수열의 각 항이 갖는 규칙을 파악하여 규칙성을 갖는 군으로 나눈다.
❷ 각 군의 항의 개수를 파악한다.
❸ 각 군의 첫 번째 항(또는 마지막 항)이 갖는 규칙성을 조사하여 구하는 값과의 관계를 찾는다.
② 분수로 이루어진 군수열은 분모 또는 분자가 같은 것끼리 묶거나 분모 또는 분자가 수열을 이루는 것끼리 묶는다.
③ 순서쌍으로 이루어진 군수열은 각 성분의 합 또는 곱이 같은 것끼리 묶는다.

625 대표 예제

수열

$1,\ 2,\ 1,\ 3,\ 2,\ 1,\ 4,\ 3,\ 2,\ 1,\ \cdots$

에서 처음으로 나타나는 20은 제몇 항인가?

① 제188항　② 제189항　③ 제190항
④ 제191항　⑤ 제192항

626 ★★☆

다음 수열에서 제70항은?

$$\frac{1}{2},\ \frac{1}{3},\ \frac{2}{3},\ \frac{1}{4},\ \frac{2}{4},\ \frac{3}{4},\ \frac{1}{5},\ \frac{2}{5},\ \frac{3}{5},\ \frac{4}{5},\ \cdots$$

① $\frac{3}{13}$　② $\frac{4}{13}$　③ $\frac{5}{13}$
④ $\frac{3}{14}$　⑤ $\frac{2}{7}$

627 ★★☆

다음 수열에서 제110항을 $(a,\ b)$라 할 때, $a-b$의 값은?

$(1,\ 3),\ (3,\ 1),\ (1,\ 5),\ (3,\ 3),\ (5,\ 1),$
$(1,\ 7),\ (3,\ 5),\ (5,\ 3),\ (7,\ 1),\ \cdots$

① -8　② -4　③ 0
④ 4　⑤ 8

628 ★★☆

다음과 같이 자연수를 규칙적으로 나열할 때, 제10행의 왼쪽에서 3번째에 있는 수는?

제1행	1
제2행	2 3
제3행	4 5 6
제4행	7 8 9 10
⋮	⋮

① 48　② 49　③ 50
④ 51　⑤ 52

정답 및 해설 086쪽

629

유형 01

수열 $\{a_n\}$에 대하여

$$a_1=1,\ \sum_{k=1}^{n}(a_k+a_{k+1})=n^2+2n$$

일 때, $\sum_{k=1}^{10}a_k=55$이다. a_{10}의 값은?

① 10　② 11　③ 12
④ 13　⑤ 14

630

유형 02

수열 $\{a_n\}$이 모든 자연수 n에 대하여 $a_n \neq -1$이고

$$\sum_{k=1}^{10}\frac{{a_k}^2}{a_k+1}=50,\ \sum_{k=1}^{10}\frac{1}{a_k+1}=5$$

일 때, $\sum_{k=1}^{10}a_k$의 값은?

① 50　② 55　③ 60
④ 65　⑤ 70

631

유형 03

다항식 $f(x)=x^n(x-1)$을 $x-4$로 나누었을 때의 나머지를 a_n이라 할 때, $\sum_{k=1}^{100}a_k$의 값은?

① $4^{99}-1$　② $4^{100}-4$　③ $4^{100}-1$
④ $4^{101}-4$　⑤ $4^{101}-1$

632

유형 06

$$\left(\frac{n+1}{n}\right)^2+\left(\frac{n+2}{n}\right)^2+\left(\frac{n+3}{n}\right)^2+\cdots+\left(\frac{2n}{n}\right)^2=\frac{5(n-2)^2}{n}$$

을 만족시키는 자연수 n의 값은?

① 5　② 6　③ 7
④ 8　⑤ 9

633 창의·사고력 Up

유형 07

$\sum_{n=1}^{10}\left(\sum_{k=1}^{n}2^k\sin\frac{kn\pi}{2}\right)$의 값은?

① 540　② 546　③ 552
④ 558　⑤ 564

634

유형 08

수열 $\{a_n\}$에 대하여 $a_1,\ a_2,\ a_3,\ \cdots,\ a_n$의 평균이 $2n+1$일 때, $\sum_{k=1}^{10}a_{2k}$의 값은?

① 410　② 420　③ 430
④ 440　⑤ 450

635 유형 09

자연수 n에 대하여

$$S_n=\sum_{k=1}^{n}\frac{k(k+1)}{1^3+2^3+3^3+\cdots+k^3}$$

일 때, $S_m=\frac{27}{7}$을 만족시키는 자연수 m의 값은?

① 21 ② 23 ③ 25 ④ 27 ⑤ 29

636 유형 10

$a_1=-1$이고, 공차가 양수인 등차수열 $\{a_n\}$에 대하여

$\sum_{k=1}^{10}\frac{1}{\sqrt{a_k+1}+\sqrt{a_{k+1}+1}}=\sqrt{2}$일 때, a_5의 값은?

① 16 ② 17 ③ 18 ④ 19 ⑤ 20

637 유형 11

$\sum_{k=1}^{62}\log_{\sqrt{6}}\{\log_{k+1}(k+2)\}$의 값은?

① 2 ② 4 ③ 6 ④ 8 ⑤ 10

638 유형 12

첫째항이 1, 공비가 $\frac{1}{2}$인 등비수열 $\{a_n\}$에 대하여 $\sum_{k=1}^{10}ka_k$의 값은?

① $2-3\left(\frac{1}{2}\right)^8$ ② $2-3\left(\frac{1}{2}\right)^7$ ③ $4-3\left(\frac{1}{2}\right)^8$ ④ $4-3\left(\frac{1}{2}\right)^7$ ⑤ $4-3\left(\frac{1}{2}\right)^6$

639 창의·사고력 Up 유형 13

그림과 같이 바둑판 모양의 표에 자연수를 규칙적으로 배열할 때, 위에서 10번째 줄의 왼쪽에서 5번째에 있는 수를 구하시오.

1	2	5	10	⋯
4	3	6	11	
9	8	7	12	
16	15	14	13	
⋮				⋱

서술형 문제

640 유형 01 + 유형 04

등차수열 $\{a_n\}$에 대하여

$$\sum_{k=1}^{3}a_{3k-2}=30,\ \sum_{k=2}^{5}a_{3k-1}=84$$

일 때, $\sum_{k=1}^{10}{a_k}^2$의 값을 구하시오.

필요 개념 및 공식
☐ 합의 기호 Σ ☐ 등차수열의 일반항 ☐ 자연수의 거듭제곱의 합

11 수학적 귀납법

개념 체크 Concept

더 자세한 개념 ⋯→ 메가헤르츠 314쪽

개념 ❶ 수열의 귀납적 정의

수열을 처음 몇 개의 항과 이웃하는 여러 항 사이의 관계식으로 정의하는 것을 수열의 **귀납적 정의**라 한다.

일반적으로 수열 $\{a_n\}$에서

(i) 첫째항 a_1의 값

(ii) 이웃하는 두 항 a_n, a_{n+1} $(n=1, 2, 3, \cdots)$ 사이의 관계식

이 주어지면 관계식에 $n=1, 2, 3, \cdots$을 차례대로 대입하여 수열 $\{a_n\}$의 모든 항을 구할 수 있다.

참고 어떤 수열 $\{a_n\}$을 정의할 때, 일반항 a_n 또는 귀납적 정의를 이용할 수 있다.

예 수열 $\{a_n\}$이 $1, 2, 3, 4, \cdots$일 때
- 일반항을 이용한 정의: $a_n=n$
- 귀납적 정의: $a_1=1$, $a_{n+1}=a_n+1$

더 자세한 개념 ⋯→ 메가헤르츠 315쪽

개념 ❷ 등차수열의 귀납적 정의

다음은 모두 첫째항이 a, 공차가 d인 등차수열 $\{a_n\}$의 귀납적 정의이다.
(단, $n=1, 2, 3, \cdots$)

(1) $a_1=a$, $a_{n+1}=a_n+d$

(2) $a_1=a$, $a_{n+1}-a_n=d$ (일정)

(3) $a_1=a$, $a_2=a+d$, $a_{n+2}-a_{n+1}=a_{n+1}-a_n$

(4) $a_1=a$, $a_2=a+d$, $2a_{n+1}=a_n+a_{n+2}$

참고 (3), (4)의 경우에는 a_1의 값뿐만 아니라 a_2의 값도 주어져야 한다.

더 자세한 개념 ⋯→ 메가헤르츠 316쪽

개념 ❸ 등비수열의 귀납적 정의

다음은 모두 첫째항이 a, 공비가 r인 등비수열 $\{a_n\}$의 귀납적 정의이다.
(단, $n=1, 2, 3, \cdots$)

(1) $a_1=a$, $a_{n+1}=ra_n$

(2) $a_1=a$, $\dfrac{a_{n+1}}{a_n}=r$ (일정)

(3) $a_1=a$, $a_2=ar$, $\dfrac{a_{n+2}}{a_{n+1}}=\dfrac{a_{n+1}}{a_n}$

(4) $a_1=a$, $a_2=ar$, ${a_{n+1}}^2=a_na_{n+2}$

참고 (3), (4)의 경우에는 a_1의 값뿐만 아니라 a_2의 값도 주어져야 한다.

개념 ❶ 수열의 귀납적 정의

641 다음과 같이 정의된 수열 $\{a_n\}$에서 제4항을 구하시오. (단, $n=1, 2, 3, \cdots$)

(1) $a_1=3$, $a_{n+1}=2a_n-1$

(2) $a_1=1$, $a_2=2$, $a_{n+2}=a_n-a_{n+1}$

개념 ❷ 등차수열의 귀납적 정의

642 다음 등차수열을 $\{a_n\}$이라 할 때, 수열 $\{a_n\}$을 귀납적으로 정의하시오.

(1) $-1, 2, 5, 8, \cdots$

(2) $2, -2, -6, -10, \cdots$

643 다음과 같이 정의된 수열 $\{a_n\}$의 일반항 a_n을 구하시오. (단, $n=1, 2, 3, \cdots$)

(1) $a_1=3$, $a_{n+1}=a_n+2$

(2) $a_1=-3$, $a_{n+1}-a_n=-1$

개념 ❸ 등비수열의 귀납적 정의

644 다음 등비수열을 $\{a_n\}$이라 할 때, 수열 $\{a_n\}$을 귀납적으로 정의하시오.

(1) $2, 4, 8, 16, \cdots$

(2) $27, 9, 3, 1, \cdots$

645 다음과 같이 정의된 수열 $\{a_n\}$의 일반항 a_n을 구하시오. (단, $n=1, 2, 3, \cdots$)

(1) $a_1=2$, $a_{n+1}=3a_n$

(2) $a_1=3$, $\dfrac{a_{n+1}}{a_n}=\dfrac{1}{2}$

정답 및 해설 089쪽

더 자세한 개념 ⋯→ 메가헤르츠 317쪽

개념 ❹ $a_{n+1}=a_n+f(n)$ 꼴의 수열의 귀납적 정의

수열 $\{a_n\}$이 $a_{n+1}=a_n+f(n)$ 꼴로 정의될 때, 제n항은 다음과 같은 순서로 구한다.

❶ $a_{n+1}=a_n+f(n)$에 $n=1, 2, 3, \cdots, n-1$을 차례대로 대입한다.

❷ ❶에서 얻은 식들을 변끼리 더한다.

➡ $a_n=a_1+f(1)+f(2)+f(3)+\cdots+f(n-1)$

$\quad =a_1+\sum_{k=1}^{n-1} f(k)$

더 자세한 개념 ⋯→ 메가헤르츠 317쪽

개념 ❺ $a_{n+1}=a_nf(n)$ 꼴의 수열의 귀납적 정의

수열 $\{a_n\}$이 $a_{n+1}=a_nf(n)$ 꼴로 정의될 때, 제n항은 다음과 같은 순서로 구한다.

❶ $a_{n+1}=a_nf(n)$에 $n=1, 2, 3, \cdots, n-1$을 차례대로 대입한다.

❷ ❶에서 얻은 식들을 변끼리 곱한다.

➡ $a_n=a_1f(1)f(2)f(3)\cdot\cdots\cdot f(n-1)$

개념 ❹ $a_{n+1}=a_n+f(n)$ 꼴의 수열의 귀납적 정의

646 다음과 같이 정의된 수열 $\{a_n\}$에서 제10항을 구하시오. (단, $n=1, 2, 3, \cdots$)

(1) $a_1=3$, $a_{n+1}=a_n+n$

(2) $a_1=1$, $a_{n+1}=a_n-3n$

(3) $a_1=2$, $a_{n+1}-a_n=-n+1$

개념 ❺ $a_{n+1}=a_nf(n)$ 꼴의 수열의 귀납적 정의

647 다음과 같이 정의된 수열 $\{a_n\}$에서 제10항을 구하시오. (단, $n=1, 2, 3, \cdots$)

(1) $a_1=10$, $a_{n+1}=\frac{n}{n+1}a_n$

(2) $a_1=\frac{1}{5}$, $a_{n+1}=\frac{n+2}{n}a_n$

(3) $a_1=1$, $a_{n+1}\div a_n=3^n$

유형 마스터 Pattern

유형 01 귀납적으로 정의된 수열 $\{a_n\}$의 항 구하기

귀납적으로 정의된 수열 $\{a_n\}$에서 제k항을 구할 때
➡ ① k가 비교적 작은 수 (보통 10 이하)이면 a_1 또는 a_2의 값과 이웃한 항들 사이의 관계식을 이용하여 제k항까지 차례대로 구한다.
② k가 큰 수이면 a_1, a_2, a_3, …을 차례대로 구한 후 반복되는 규칙을 찾아 제k항을 구한다.

648 대표 예제

수열 $\{a_n\}$이

$$a_1=3,\ a_{n+1}=\begin{cases} \dfrac{a_n}{n} & (a_n \geq 5\text{인 경우}) \\ a_n+n & (a_n<5\text{인 경우}) \end{cases} \quad (n=1,\ 2,\ 3,\ \cdots)$$

으로 정의될 때, a_6의 값은?

① $\frac{4}{5}$ ② 1 ③ $\frac{6}{5}$
④ $\frac{7}{5}$ ⑤ $\frac{8}{5}$

649 ★☆☆

수열 $\{a_n\}$이

$$a_1=a,\ a_2=b,\ a_{n+2}=2a_n-a_{n+1}\ (n=1,\ 2,\ 3,\ \cdots)$$

로 정의되고 $a_4=5$, $a_6=13$일 때, 두 상수 a, b에 대하여 $a+b$의 값은?

① 3 ② 4 ③ 5
④ 6 ⑤ 7

650 ★★☆

수열 $\{a_n\}$이

$$a_1=2,\ a_{n+1}=2a_n+2\ (n=1,\ 2,\ 3,\ \cdots)$$

로 정의될 때, a_{10}의 값은?

① 2044 ② 2046 ③ 2048
④ 2050 ⑤ 2052

유형 02 중요★ 등차수열의 귀납적 정의

수열 $\{a_n\}$에 대하여
① $a_{n+1}=a_n+d$ 또는 $a_{n+1}-a_n=d$
➡ 공차가 d인 등차수열
② $2a_{n+1}=a_n+a_{n+2}$ 또는 $a_{n+2}-a_{n+1}=a_{n+1}-a_n$
➡ 등차수열

651 대표 예제

수열 $\{a_n\}$이

$$a_1=30,\ a_{n+1}+4=a_n\ (n=1,\ 2,\ 3,\ \cdots)$$

으로 정의될 때, $a_k=2$를 만족시키는 자연수 k의 값은?

① 6 ② 7 ③ 8
④ 9 ⑤ 10

652 ★☆☆

수열 $\{a_n\}$이

$$a_1=a,\ a_n-a_{n+1}+3=0\ (n=1,\ 2,\ 3,\ \cdots)$$

으로 정의될 때, $a_{10}=10$을 만족시키는 상수 a의 값은?

① -20 ② -17 ③ -14
④ -11 ⑤ -8

653 ★★☆

수열 $\{a_n\}$이

$$a_1=a,\ a_2=b,\ a_{n+2}-a_{n+1}=a_{n+1}-a_n\ (n=1,\ 2,\ 3,\ \cdots)$$

으로 정의되고 $3a_3=a_8$, $a_6=22$일 때, 두 상수 a, b에 대하여 $a+b$의 값은?

① 2 ② 4 ③ 6
④ 8 ⑤ 10

정답 및 해설 090쪽

유형 03 중요★ 등비수열의 귀납적 정의

수열 $\{a_n\}$에 대하여

① $a_{n+1}=ra_n$ 또는 $\frac{a_{n+1}}{a_n}=r$

➡ 공비가 r인 등비수열

② $a_{n+1}{}^2=a_na_{n+2}$ 또는 $\frac{a_{n+2}}{a_{n+1}}=\frac{a_{n+1}}{a_n}$

➡ 등비수열

654 대표 예제

수열 $\{a_n\}$이

$$a_1=5,\ \frac{a_{n+1}}{2}=a_n\ (n=1,\ 2,\ 3,\ \cdots)$$

으로 정의될 때, $a_k>1000$을 만족시키는 자연수 k의 최솟값은?

① 8 ② 9 ③ 10 ④ 11 ⑤ 12

655 ★☆☆

수열 $\{a_n\}$이

$$a_1=729,\ \frac{a_n+3}{a_{n+1}+1}=3\ (n=1,\ 2,\ 3,\ \cdots)$$

으로 정의될 때, $a_{10}=3^k$이다. 상수 k의 값은?

① -5 ② -4 ③ -3 ④ -2 ⑤ -1

656 ★★☆

수열 $\{a_n\}$이

$$a_1=2,\ a_{n+1}{}^2=a_na_{n+2}\ (n=1,\ 2,\ 3,\ \cdots)$$

로 정의되고 $\frac{a_{10}}{a_2}+\frac{a_{12}}{a_4}+\frac{a_{14}}{a_6}=12$일 때, a_{25}의 값은?

① 8 ② 16 ③ 32 ④ 64 ⑤ 128

유형 04 S_n이 주어진 수열의 귀납적 정의

$a_{n+1}=S_{n+1}-S_n\ (n\ge1)$임을 이용하여 수열 $\{a_n\}$의 특징을 파악한다.

657 대표 예제

수열 $\{a_n\}$의 첫째항부터 제n항까지의 합을 S_n이라 하자. $S_n=2a_n-3\ (n=1,\ 2,\ 3,\ \cdots)$일 때, a_5의 값은?

① 42 ② 44 ③ 46 ④ 48 ⑤ 50

658 ★☆☆

수열 $\{a_n\}$의 첫째항부터 제n항까지의 합을 S_n이라 하자. $S_n=2a_n+3n\ (n=1,\ 2,\ 3,\ \cdots)$일 때, a_2-a_5의 값은?

① 80 ② 82 ③ 84 ④ 86 ⑤ 88

659 ★★☆

수열 $\{a_n\}$의 첫째항부터 제n항까지의 합을 S_n이라 하자. $a_1=3,\ S_{n+1}=a_n-2\ (n=1,\ 2,\ 3,\ \cdots)$일 때, a_6의 값은?

① -3 ② -1 ③ 1 ④ 3 ⑤ 5

유형 05 $a_{n+1}=a_n+f(n)$ 또는 $a_{n+1}=a_nf(n)$ 꼴의 수열의 귀납적 정의

① $a_{n+1}=a_n+f(n)$ 꼴
➡ $n=1, 2, 3, \cdots, n-1$을 차례대로 대입하여 변끼리 더한다.
$\therefore a_n=a_1+f(1)+f(2)+f(3)+\cdots+f(n-1)$
② $a_{n+1}=a_nf(n)$ 꼴
➡ $n=1, 2, 3, \cdots, n-1$을 차례대로 대입하여 변끼리 곱한다.
$\therefore a_n=a_1f(1)f(2)f(3)\cdots\cdots f(n-1)$

660 대표 예제

수열 $\{a_n\}$이

$a_1=1,\ a_{n+1}=4^na_n\ (n=1, 2, 3, \cdots)$

으로 정의될 때, $\log_2 a_{20}$의 값은?

① 320 ② 340 ③ 360
④ 380 ⑤ 400

661 ★☆☆

수열 $\{a_n\}$이

$$a_1=3,\ a_{n+1}-a_n=\frac{1}{\sqrt{n+1}+\sqrt{n}}\ (n=1, 2, 3, \cdots)$$

로 정의될 때, a_{25}의 값은?

① 3 ② 4 ③ 5
④ 6 ⑤ 7

662 ★★☆

수열 $\{a_n\}$이

$a_1=10,\ a_{n+1}=a_n\log_{n+1}(n+2)\ (n=1, 2, 3, \cdots)$

로 정의될 때, a_{15}의 값은?

① 32 ② 36 ③ 40
④ 44 ⑤ 48

유형 06 수열의 귀납적 정의의 활용

수열의 귀납적 정의의 활용 문제는 다음과 같은 순서로 푼다.
❶ 문제에서 주어진 조건을 파악하여 a_n과 a_{n+1} 사이의 관계식을 구한다.
❷ ❶의 관계식을 이용하거나 $n=1, 2, 3, \cdots$을 차례대로 대입한다.

663 대표 예제

어느 물탱크에 현재 2000 L의 물이 들어 있고, 물은 매일 전날 남은 양의 20 %를 사용하고 200 L를 새로 채워 넣는다. 오늘부터 n일째 되는 날 물탱크에 남아 있는 물의 양을 a_n L라 할 때,

$a_{n+1}=sa_n+t\ (n=1, 2, 3, \cdots)$

가 성립한다. 두 상수 s, t에 대하여 st의 값은?

① 80 ② 100 ③ 120
④ 140 ⑤ 160

664 ★★☆

어느 공장에서 현재 100 t의 원료 A를 보유하고 있다. 이 공장에서는 원료 A를 하루 동안 보유한 양의 40 %를 소모하고 10 t을 보충한다. 원료 A의 양이 40 t 미만이 되는 날은 며칠 후인가?

① 3일 후 ② 4일 후 ③ 5일 후
④ 6일 후 ⑤ 7일 후

665 ★★★

어느 배양액에 미생물을 배양하면 1시간마다 2마리는 죽고 나머지는 각각 4마리로 분열한다. 이 배양액에 미생물 3마리를 넣고 1시간 간격으로 관찰하였다. 배양을 시작하고 n시간 후 배양액 속의 미생물의 수를 a_n이라 할 때,

$a_{n+1}=4a_n+k\ (n=1, 2, 3, \cdots)$

가 성립한다. m시간 후 500마리 넘게 관찰되었을 때, $m-k$의 최솟값을 구하시오. (단, k, m은 상수이다.)

개념 체크

Concept

정답 및 해설 092쪽

더 자세한 개념 ···› 메가헤르츠 327쪽

개념 6 수학적 귀납법

자연수 n에 대한 명제 $p(n)$이 모든 자연수 n에 대하여 성립함을 증명하려면 다음 두 가지를 보이면 된다.

(i) $n=1$일 때, 명제 $p(n)$이 성립한다.

(ii) $n=k$일 때, 명제 $p(n)$이 성립한다고 가정하면
$n=k+1$일 때도 명제 $p(n)$이 성립한다.

이와 같은 방법으로 자연수에 대한 어떤 명제가 참임을 증명하는 방법을 **수학적 귀납법**이라 한다.

참고 자연수 n에 대한 명제 $p(n)$이 m ($m\geq 2$인 자연수) 이상인 모든 자연수 n에 대하여 성립함을 증명하려면 다음 두 가지를 보이면 된다.

(i) $n=m$일 때, 명제 $p(n)$이 성립한다.

(ii) $n=k$ ($k\geq m$)일 때, 명제 $p(n)$이 성립한다고 가정하면
$n=k+1$일 때도 명제 $p(n)$이 성립한다.

개념 6 수학적 귀납법

666 다음은 모든 자연수 n에 대하여

$$1+3+5+\cdots+(2n-1)=n^2$$

이 성립함을 수학적 귀납법으로 증명한 것이다.

> (i) $n=1$일 때,
> (좌변)=(우변)= (가)
> 이므로 주어진 등식이 성립한다.
> (ii) $n=k$일 때, 주어진 등식이 성립한다고 가정하면
> $1+3+5+\cdots+(2k-1)=k^2$
> 위의 식의 양변에 $2k+1$을 더하면
> $1+3+5+\cdots+(2k-1)+(2k+1)=k^2+(2k+1)$
> = (나)
> 따라서 $n=k+1$일 때도 주어진 등식이 성립한다.
> (i), (ii)에서 모든 자연수 n에 대하여 주어진 등식이 성립한다.

위의 (가), (나)에 알맞은 것을 써넣으시오.

667 $h>0$일 때, $n\geq 2$인 모든 자연수 n에 대하여

$$(1+h)^n>1+nh$$

가 성립함을 수학적 귀납법으로 증명한 것이다.

> (i) $n=2$일 때,
> (좌변)$=(1+h)^2=1+2h+h^2$,
> (우변)$=1+2h$
> 이때 $h^2>0$이므로 주어진 부등식이 성립한다.
> (ii) $n=k$ ($k\geq 2$)일 때, 주어진 부등식이 성립한다고 가정하면
> $(1+h)^k>1+kh$
> $1+h>0$이므로 위의 식의 양변에 (가) 를 곱하면
> $(1+h)^{\text{(나)}}>(1+kh)\times($ (가) $)$
> $>1+($ (나) $)h$
> 따라서 $n=k+1$일 때도 주어진 부등식이 성립한다.
> (i), (ii)에서 $n\geq 2$인 모든 자연수 n에 대하여 주어진 부등식이 성립한다.

위의 (가), (나)에 알맞은 것을 써넣으시오.

유형 07 수학적 귀납법

모든 자연수 n에 대하여 명제 $p(n)$이
(i) $p(a)$가 참이다.
(ii) $p(k)$가 참이면 $p(k+b)$도 참이다.
를 모두 만족시키면 $p(a)$, $p(a+b)$, $p(a+2b)$, …가 모두 참이다.
(단, a, b는 자연수이다.)

668 대표 예제

모든 짝수 n에 대하여 명제 $p(n)$이 성립함을 수학적 귀납법으로 증명하려면 다음을 보여야 한다.

(i) $n=$ (가) 일 때, $p(n)$이 성립함을 보인다.
(ii) $n=k$일 때, $p(n)$이 성립한다고 가정하면
$n=$ (나) 일 때도 $p(n)$이 성립함을 보인다.

위의 (가), (나)에 알맞은 것을 차례대로 나열하면?

① 1, $k+1$ ② 1, $k+2$ ③ 2, $k+1$
④ 2, $k+2$ ⑤ 2, $2k$

669 ★☆☆

집합 $X=\{3, 7, 11, 15, 19, \cdots\}$의 모든 원소 x에 대하여 명제 $p(x)$가 성립함을 수학적 귀납법으로 증명하려고 한다. | 보기 |에서 반드시 보여야 하는 것만을 있는 대로 고른 것은?

| 보기 |
ㄱ. $p(1)$이 참이다.
ㄴ. $p(3)$이 참이다.
ㄷ. $p(k)$가 참이면 $p(3k-2)$도 참이다.
ㄹ. $p(k)$가 참이면 $p(k+4)$도 참이다.

① ㄱ, ㄴ ② ㄱ, ㄷ ③ ㄴ, ㄷ
④ ㄴ, ㄹ ⑤ ㄷ, ㄹ

670 ★★☆

자연수 n에 대하여 명제 $p(n)$이 다음 조건을 만족시킬 때, 반드시 참인 명제는?

(가) $p(1)$, $p(3)$이 모두 참이다.
(나) $p(k)$가 참이면 $p(2k)$도 참이다.

① $p(94)$ ② $p(96)$ ③ $p(98)$
④ $p(100)$ ⑤ $p(102)$

671 ★★☆

자연수 n에 대하여 명제 $p(n)$이 참이면 $p(n+2)$가 참이다. 3 이상의 자연수 n에 대하여 명제 $p(n)$이 성립함을 수학적 귀납법으로 증명하려면 $p(a)$, $p(b)$가 반드시 참임을 보여야 한다. 두 자연수 a, b에 대하여 $a+b$의 값은?

① 6 ② 7 ③ 8
④ 9 ⑤ 10

정답 및 해설 092쪽

유형 08 수학적 귀납법을 이용한 등식의 증명 (중요★)

모든 자연수 n에 대하여 등식이 성립함을 증명하려면
(i) $n=1$일 때, 등식이 성립함을 보인다.
(ii) $n=k$일 때, 등식이 성립한다고 가정한다.
(iii) (ii)의 등식의 양변에 적당한 식을 더하여 $n=k+1$일 때도 등식이 성립함을 보인다.

672 대표 예제

다음은 모든 자연수 n에 대하여

$$1+2+2^2+\cdots+2^{n-1}=2^n-1$$

이 성립함을 수학적 귀납법으로 증명한 것이다.

> (i) $n=1$일 때,
> (좌변)=(우변)=1
> 이므로 주어진 등식이 성립한다.
> (ii) $n=k$일 때, 주어진 등식이 성립한다고 가정하면
> $$1+2+2^2+\cdots+2^{k-1}=2^k-1$$
> 위의 식의 양변에 $\boxed{(가)}$을 더하면
> $$1+2+2^2+\cdots+2^{k-1}+\boxed{(가)}=2^k-1+\boxed{(가)}$$
> $$=\boxed{(나)}$$
> 따라서 $n=k+1$일 때도 주어진 등식이 성립한다.
> (i), (ii)에서 모든 자연수 n에 대하여 주어진 등식이 성립한다.

위의 (가), (나)에 알맞은 것은?

	(가)	(나)
①	2^k-1	$2^{k+1}-1$
②	2^k	$2^{k+1}-1$
③	2^k	2^{k+1}
④	2^k+1	2^{k+1}
⑤	2^k+1	$2^{k+1}+1$

673 ★★☆

다음은 모든 자연수 n에 대하여

$$\frac{1}{1\times3}+\frac{1}{3\times5}+\cdots+\frac{1}{(2n-1)(2n+1)}=\frac{n}{2n+1}$$

이 성립함을 수학적 귀납법으로 증명한 것이다.

> (i) $n=1$일 때,
> (좌변)=(우변)=$\boxed{(가)}$
> 이므로 주어진 등식이 성립한다.
> (ii) $n=k$일 때, 주어진 등식이 성립한다고 가정하면
> $$\frac{1}{1\times3}+\frac{1}{3\times5}+\cdots+\frac{1}{(2k-1)(2k+1)}=\frac{k}{2k+1}$$
> 위의 식의 양변에 $\boxed{(나)}$을 더하면
> $$\frac{1}{1\times3}+\frac{1}{3\times5}+\cdots+\frac{1}{(2k-1)(2k+1)}+\boxed{(나)}$$
> $$=\frac{k}{2k+1}+\boxed{(나)}$$
> $$=\frac{k+1}{2k+3}$$
> $$=\frac{k+1}{2(k+1)+1}$$
> 따라서 $n=k+1$일 때도 주어진 등식이 성립한다.
> (i), (ii)에서 모든 자연수 n에 대하여 주어진 등식이 성립한다.

위의 (가)에 알맞은 수를 a, (나)에 알맞은 식을 $f(k)$라 할 때, $f\left(\frac{1}{a}\right)$의 값은?

① $\frac{1}{51}$ ② $\frac{1}{54}$ ③ $\frac{1}{57}$
④ $\frac{1}{60}$ ⑤ $\frac{1}{63}$

유형 09 수학적 귀납법을 이용한 부등식의 증명

모든 자연수 n에 대하여 부등식이 성립함을 증명하려면
(i) $n=1$일 때, 부등식이 성립함을 보인다.
(ii) $n=k$일 때, 부등식이 성립한다고 가정한다.
(iii) $A>B$이면 $A\pm C>B\pm C$이고, $A>B$, $B>C$이면 $A>C$임을 이용하여 $n=k+1$일 때도 부등식이 성립함을 보인다.

674 대표 예제

다음은 2 이상의 모든 자연수 n에 대하여

$$1+\frac{1}{2^2}+\frac{1}{3^2}+\cdots+\frac{1}{n^2}<2-\frac{1}{n}$$

이 성립함을 수학적 귀납법으로 증명한 것이다.

(i) $n=2$일 때,

$$(\text{좌변})=\frac{5}{4},\ (\text{우변})=\frac{3}{2}$$

이므로 주어진 부등식이 성립한다.
(ii) $n=k\ (k\geq 2)$일 때, 주어진 부등식이 성립한다고 가정하면

$$1+\frac{1}{2^2}+\frac{1}{3^2}+\cdots+\frac{1}{k^2}<2-\frac{1}{k}$$

위의 식의 양변에 [(가)]를 더하면

$$1+\frac{1}{2^2}+\frac{1}{3^2}+\cdots+\frac{1}{k^2}+\boxed{(가)}$$
$$<2-\frac{1}{k}+\boxed{(가)}=2-\frac{\boxed{(나)}}{k(k+1)^2}$$
$$<2-\frac{k^2+k}{k(k+1)^2}=2-\frac{1}{k+1}$$

따라서 $n=k+1$일 때도 주어진 부등식이 성립한다.
(i), (ii)에서 2 이상의 모든 자연수 n에 대하여 주어진 부등식이 성립한다.

위의 (가), (나)에 알맞은 것은?

	(가)	(나)
①	$\frac{1}{(k+1)^2}$	k^2+k
②	$\frac{1}{(k+1)^2}$	k^2+k+1
③	$\frac{2}{(k+1)^2}$	k^2+k+1
④	$\frac{2}{(k+1)^2}$	$(k+1)^2$
⑤	$\frac{1}{k+1}$	$(k+1)^2$

675 ★★☆

다음은 모든 자연수 n에 대하여 부등식

$$(n+2)!>3^n$$

이 성립함을 수학적 귀납법으로 증명한 것이다.

(i) $n=1$일 때,

$$(\text{좌변})=\boxed{(가)},\ (\text{우변})=3$$

이므로 주어진 부등식이 성립한다.
(ii) $n=m$일 때, 주어진 부등식이 성립한다고 가정하면

$$(m+2)!>\boxed{(나)}$$

이므로

$$(m+3)!=(m+3)\times(m+2)!$$
$$>(m+3)\times\boxed{(나)}$$

이때 m은 자연수이므로

$$(m+3)!>(m+3)\times\boxed{(나)}$$
$$>3\times\boxed{(나)}$$
$$=\boxed{(다)}$$

따라서 $n=m+1$일 때도 주어진 부등식이 성립한다.
(i), (ii)에서 모든 자연수 n에 대하여 주어진 부등식이 성립한다.

위의 (가)에 알맞은 수를 a, (나), (다)에 알맞은 식을 각각 $f(m)$, $g(m)$이라 할 때, $\frac{f(a)}{g(2)}$의 값은?

① 23 ② 25 ③ 27 ④ 29 ⑤ 31

676 유형 01

수열 $\{a_n\}$이

$$a_1=2,\ a_{n+1}=1-\frac{1}{a_n}\ (n=1,\ 2,\ 3,\ \cdots)$$

로 정의될 때, $a_1+a_2+a_3+\cdots+a_{50}$의 값은?

① 26 ② $\frac{53}{2}$ ③ 27
④ $\frac{55}{2}$ ⑤ 28

677 유형 02

수열 $\{a_n\}$이

$$a_1=68,\ a_3=62,\ a_{n+2}-2a_{n+1}+a_n=0\ (n=1,\ 2,\ 3,\ \cdots)$$

으로 정의될 때, 자연수 k에 대하여 $f(k)=\sum_{n=1}^{k} a_n$의 최댓값은?

① 801 ② 803 ③ 805
④ 807 ⑤ 809

678 유형 02

첫째항이 31인 수열 $\{a_n\}$이 모든 자연수 n에 대하여 다음 조건을 만족시킨다.

(가) $a_n>0$
(나) $4(a_{n+1}+a_n)^2=16a_na_{n+1}+9$

a_{51}의 값은?

① 100 ② 102 ③ 104
④ 106 ⑤ 108

679 유형 03

수열 $\{a_n\}$이

$$a_1=\frac{1}{p},\ \log_2 a_{n+1}-\log_2 a_n=2\ (n=1,\ 2,\ 3,\ \cdots)$$

로 정의될 때, 첫째항부터 제n항까지의 합을 S_n이라 하자. S_6의 값이 자연수가 되도록 하는 소수 p의 최댓값은?

① 3 ② 5 ③ 7
④ 11 ⑤ 13

680 유형 04

수열 $\{a_n\}$의 첫째항부터 제n항까지의 합을 S_n이라 하자.

$$a_1=4,\ 2S_n=(n+1)a_n\ (n=1,\ 2,\ 3,\ \cdots)$$

일 때, a_{10}의 값은?

① 34 ② 36 ③ 38
④ 40 ⑤ 42

681 창의·사고력 Up 유형 06

평면 위에 n개의 원이 있다. 이때 임의의 두 원은 서로 다른 두 점에서 만나고 어떤 세 개의 원도 한 점에서 만나지 않는다. 이 n개의 원들의 교점의 개수를 a_n이라 할 때, a_{15}의 값은? (단, $n\geq 2$)

① 206 ② 208 ③ 210
④ 212 ⑤ 214

682

유형 08

다음은 모든 자연수 n에 대하여

$$\sum_{k=1}^{n}\{k(k+1)\times(k+1)!+(k+2)!\}$$
$$=(n+1)\times(n+2)!-2$$

가 성립함을 수학적 귀납법으로 증명한 것이다.

> 주어진 등식의 좌변을 간단히 하면
>
> $$\sum_{k=1}^{n}\{k(k+1)\times(k+1)!+(k+2)!\}$$
> $$=\sum_{k=1}^{n}[\{k(k+1)+(k+2)\}\times(k+1)!]$$
> $$=\sum_{k=1}^{n}\{(k^2+2k+2)\times(k+1)!\}$$
>
> (i) $n=1$일 때,
>
> $(\text{좌변})=(1^2+2\times1+2)\times2!=10$,
>
> $(\text{우변})=2\times3!-2=10$
>
> 이므로 주어진 등식이 성립한다.
>
> (ii) $n=m$일 때, 주어진 등식이 성립한다고 가정하면
>
> $$\sum_{k=1}^{m}\{k(k+1)\times(k+1)!+(k+2)!\}$$
> $$=(m+1)\times(m+2)!-2$$
>
> 위의 식의 양변에 ((가))$\times(m+2)!$을 더하면
>
> $$\sum_{k=1}^{m+1}\{k(k+1)\times(k+1)!+(k+2)!\}$$
> $$=(m+1)\times(m+2)!-2+(\boxed{(가)})\times(m+2)!$$
> $$=(\boxed{(나)})\times(m+2)!-2$$
> $$=(m+2)\times(m+3)!-2$$
>
> 따라서 $n=m+1$일 때도 주어진 등식이 성립한다.
>
> (i), (ii)에서 모든 자연수 n에 대하여 주어진 등식이 성립한다

위의 (가), (나)에 알맞은 식을 각각 $f(m)$, $g(m)$이라 할 때, $f(4)+g(2)$의 값은?

① 49 ② 51 ③ 53 ④ 55 ⑤ 57

683

유형 09

다음은 모든 자연수 n에 대하여 부등식

$$1-\frac{1}{2}+\frac{1}{3}-\frac{1}{4}+\cdots+\frac{1}{2n-1}-\frac{1}{2n}<1-\frac{1}{4n}$$

이 성립함을 수학적 귀납법으로 증명한 것이다.

> (i) $n=1$일 때,
>
> $(\text{좌변})=\frac{1}{2}$, $(\text{우변})=\frac{3}{4}$
>
> 이므로 주어진 부등식이 성립한다.
>
> (ii) $n=k$일 때, 주어진 부등식이 성립한다고 가정하면
>
> $$1-\frac{1}{2}+\frac{1}{3}-\frac{1}{4}+\cdots+\frac{1}{2k-1}-\frac{1}{2k}<\boxed{(가)}$$
>
> 위의 식의 양변에 (나) 을 더하면
>
> $$1-\frac{1}{2}+\frac{1}{3}-\frac{1}{4}+\cdots+\frac{1}{2k-1}-\frac{1}{2k}+\boxed{(나)}$$
> $$<1-\frac{1}{4k}+\boxed{(나)}$$
> $$<1-\frac{1}{4(k+1)}$$
>
> 따라서 $n=k+1$일 때도 주어진 부등식이 성립한다.
>
> (i), (ii)에서 모든 자연수 n에 대하여 주어진 부등식이 성립한다.

위의 (가), (나)에 알맞은 식을 각각 $f(k)$, $g(k)$라 할 때, $f(14)+g(3)$의 값은?

① 1 ② 3 ③ 5 ④ 7 ⑤ 9

서술형 문제

684

유형 03

수열 $\{a_n\}$이 모든 자연수 n에 대하여 다음 조건을 만족시킬 때, a_1, a_2, a_3, $\cdots$, a_{10} 중 정수인 항의 개수를 구하시오.

> (가) $a_2=2$, $a_4=4$
>
> (나) $a_{n+1}=\sqrt{a_n a_{n+2}}$

필요 개념 및 공식

☐ 등비수열의 귀납적 정의 ☐ 등비수열의 일반항

CPR Lite

CPR Lite

메가스터디 책으로 내/가/스/터/디

메가스터디 고등수학 문제 기본서

CPR 라이트

수학 I

정답 및 해설

Concept Pattern Real

Lite

메가스터디BOOKS

CPR 라이트

빠른 정답 수학Ⅰ

01 지수

001 (1) $-2, 2$ (2) -2　002 (1) 3 (2) -2

003 (1) 2 (2) 3 (3) 6 (4) $\sqrt[3]{3}$　004 (1) 1 (2) $\frac{1}{9}$

005 (1) 4 (2) 2 (3) a^2b

006 ③	007 ③	008 ②	009 ⑤	010 ⑤
011 ①	012 ⑤	013 4	014 ⑤	015 4
016 ④	017 ⑤	018 ②	019 ⑤	020 ④
021 ③	022 ④	023 ②	024 ⑤	025 ③
026 ①	027 ④	028 ②	029 ①	030 ③

031 ⑤	032 ⑤	033 ①	034 ⑤	035 ④
036 ③	037 ⑤	038 ③	039 ②	040 ③
041 ④	042 9			

02 로그

043 (1) $2=\log_3 9$ (2) $-3=\log_4 \frac{1}{64}$　044 (1) 5 (2) -4

045 (1) 16 (2) $\frac{1}{27}$　046 (1) 1 (2) 4 (3) 0

047 (1) $\frac{b}{a}$ (2) $\frac{1}{a+b}$　048 (1) 3 (2) $\frac{5}{2}$ (3) $-\frac{3}{2}$ (4) 5

049 ④	050 ④	051 ⑤	052 81	053 ②
054 ③	055 ②	056 ④	057 ②	058 ①
059 512	060 ④	061 ④	062 ①	063 ③
064 $\frac{25}{4}$	065 ③	066 ②	067 ①	068 ④
069 ③	070 ③	071 ②	072 ③	073 ①
074 ④	075 ②			

076 (1) 2 (2) $\frac{3}{5}$ (3) -4　077 (1) 1.2355 (2) 3.2355 (3) -0.7645

078 (1) 정수 부분 : 1, 소수 부분 : 0.5888
(2) 정수 부분 : -4, 소수 부분 : 0.6522
(3) 정수 부분 : -1, 소수 부분 : 0.6937

079 ⑤	080 ②	081 0.00415	082 ①	083 ②
084 ①	085 ③	086 ③	087 ②	088 ③
089 $\frac{1}{1000}$배	090 8.55			

091 ②	092 ②	093 ②	094 ⑤	095 ④
096 ②	097 ①	098 9	099 6	100 ④
101 ③	102 ⑤	103 ①	104 5	

03 지수함수

105 ㄱ, ㄷ, ㄹ

106 (1) (2)

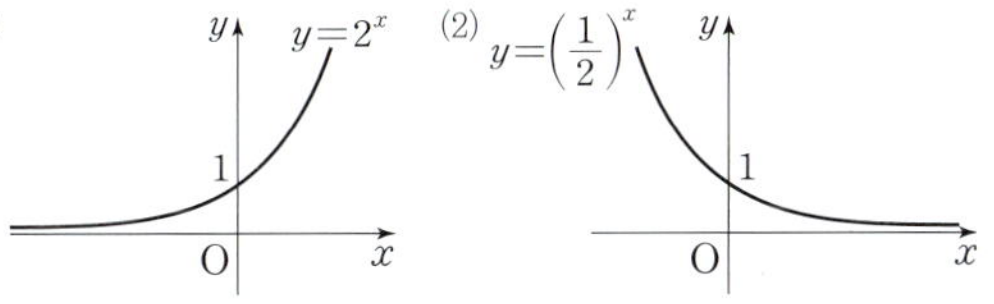

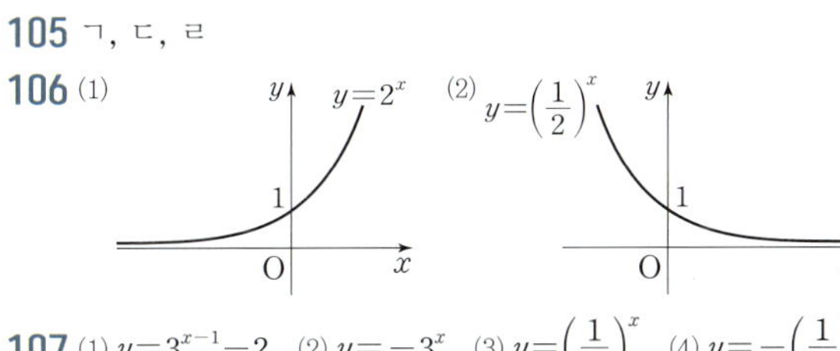

107 (1) $y=3^{x-1}-2$ (2) $y=-3^x$ (3) $y=\left(\frac{1}{3}\right)^x$ (4) $y=-\left(\frac{1}{3}\right)^x$

108 (1)

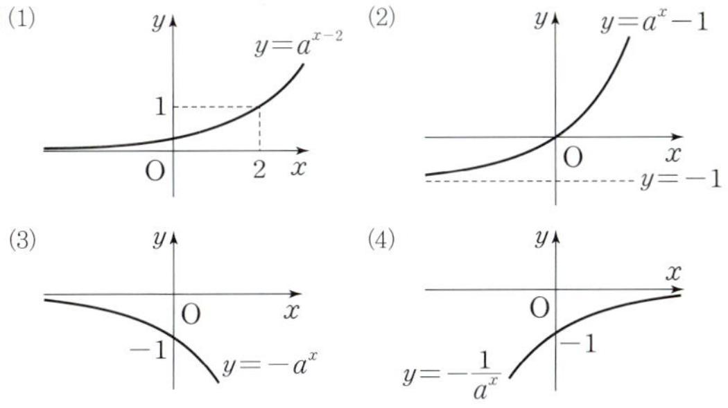

109 ㄱ, ㄷ	110 ⑤	111 $\frac{1}{4}$	112 3	113 $\frac{3}{2}$
114 ⑤	115 ④	116 ⑤	117 ②	118 3
119 ③	120 ①			

121 (1) 최댓값 : 8, 최솟값 : $\frac{1}{2}$ (2) 최댓값 : 1, 최솟값 : $\frac{1}{9}$
(3) 최댓값 : 3, 최솟값 : $\frac{5}{4}$ (4) 최댓값 : 3, 최솟값 : $\frac{1}{9}$

122 (1) 최솟값 : $\frac{1}{2}$ (2) 최댓값 : 3

123 (1) 최솟값 : -1 (2) 최댓값 : 3

124 ⑤	125 ③	126 ②	127 ③	128 ②
129 64	130 ⑤	131 ③	132 ④	133 ③
134 ⑤	135 ⑤			

136 (1) $x=7$ (2) $x=-1$ (3) $x=\frac{1}{2}$ (4) $x=-\frac{1}{4}$

137 (1) $x=0$ (2) $x=1$ 또는 $x=2$ (3) $x=-1$ (4) $x=1$

138 (1) $x=1$ 또는 $x=3$ (2) $x=2$ 또는 $x=3$

139 ②	140 ⑤	141 ④	142 ②	143 ③
144 ⑤	145 ④	146 6	147 ④	148 ②
149 ①	150 ④	151 ①	152 ⑤	153 ③
154 ③				

155 (1) $x>4$ (2) $x\geq-3$ (3) $x>\frac{3}{4}$ (4) $x\leq-6$

156 (1) $x\leq2$ (2) $-2\leq x\leq0$ (3) $x>-1$ (4) $x<-1$ 또는 $x>0$

157 (1) $1<x<2$ (2) $0<x\leq1$

158 ①	159 ②	160 ③	161 ①	162 ③
163 ②	164 ①	165 ③	166 ②	167 ⑤
168 ④	169 4개			

170 ③	171 $A<C<B$		172 ③	173 ①
174 ③	175 ④	176 5	177 ②	178 16
179 ③	180 ②	181 28		

440 ③ 441 ① 442 ③ 443 ⑤ 444 $\frac{\sqrt{6}-\sqrt{2}}{4}$
445 ① 446 ② 447 ⑤ 448 ① 449 ①
450 ③ 451 ④

452 ③ 453 ② 454 ⑤ 455 ④ 456 ④
457 4 458 ② 459 ② 460 ④ 461 ①
462 ④ 463 $4\sqrt{3}$

08 등차수열

464 (1) 4, 16 (2) 0, 0
465 (1) 1, 4, 7, 10 (2) 0, 3, 8, 15
466 (1) 2 (2) -3
467 (1) $a_n=-2n+5$ (2) $a_n=3n-1$
468 (1) -26 (2) 제14항
469 9

470 ④ 471 ② 472 ② 473 ④ 474 58
475 ② 476 52 477 ④ 478 ② 479 ②
480 ④ 481 ④ 482 ① 483 ② 484 ③
485 ④ 486 ① 487 8 488 ④

489 (1) 240 (2) 890
490 (1) 140 (2) 120
491 (1) 1 (2) 20
492 (1) $a_1=-3$, $a_n=2n-1\ (n\geq 2)$ (2) $a_n=4n-1$

493 555 494 ① 495 ⑤ 496 445 497 ③
498 ② 499 ⑤ 500 ④ 501 ③ 502 ②
503 ④ 504 ③ 505 ④ 506 ③ 507 ②
508 ② 509 ② 510 ① 511 ①

512 ② 513 ① 514 ① 515 39 516 ①
517 ④ 518 ① 519 ② 520 ③ 521 42
522 3 523 ① 524 ③ 525 24 526 -165

09 등비수열

527 (1) 2 (2) $\frac{1}{5}$
528 (1) $a_n=3\cdot(-4)^{n-1}$ (2) $a_n=\left(\frac{1}{3}\right)^{n-3}$
529 (1) $\frac{1}{4}$ (2) 제8항
530 (1) 6 (2) 2

531 ④ 532 $\frac{9}{2}$ 533 125 534 ① 535 6
536 ③ 537 ② 538 ② 539 ③ 540 4
541 ① 542 ① 543 ④ 544 ② 545 ①
546 ⑤ 547 ② 548 $\frac{1}{16}$ 549 ④

550 (1) 252 (2) $\frac{255}{128}$
551 (1) $3^{10}-1$ (2) $93(\sqrt{2}-1)$
552 (1) $110(1.1^3-1)$ (2) $100(1.1^3-1)$

553 ⑤ 554 255 555 ② 556 ② 557 ④
558 ② 559 ① 560 ② 561 ④ 562 ②
563 280만 원 564 ⑤

565 ② 566 ⑤ 567 ④ 568 10 569 56
570 ② 571 ② 572 ② 573 ⑤ 574 13
575 ⑤ 576 27

10 수열의 합

577 (1) $2+4+6+8$ (2) $1+2+4+8+16$
578 (1) $\sum_{k=1}^{8} 2$ (2) $\sum_{k=1}^{50} \frac{1}{k}$
579 (1) 34 (2) 14 (3) 22
580 (1) 130 (2) 110 (3) 420

581 ③ 582 ① 583 870 584 375 585 ②
586 ④ 587 8 588 10 589 ③ 590 ⑤
591 ② 592 ④ 593 3090 594 ③ 595 945
596 ⑤ 597 ④ 598 ① 599 ④ 600 ②
601 ② 602 ② 603 266 604 2 605 ④
606 ③ 607 ④ 608 ②

609 (1) $\frac{10}{11}$ (2) $\frac{175}{132}$
610 (1) 6 (2) 4
611 (1) $9\times 2^{11}+2$
612 (1) $(1, 2, 3, \cdots, n)$ (2) $\frac{n(n+1)}{2}$ (3) 5

613 ⑤ 614 $\frac{200}{101}$ 615 ③ 616 ② 617 ②
618 ② 619 5 620 ② 621 ② 622 ③
623 ① 624 ⑤ 625 ④ 626 ② 627 ①
628 ①

629 ① 630 ② 631 ④ 632 ③ 633 ②
634 ③ 635 ④ 636 ④ 637 ① 638 ④
639 96 640 2020

11 수학적 귀납법

641 (1) 17 (2) 3
642 (1) $a_1=-1$, $a_{n+1}=a_n+3\ (n=1, 2, 3, \cdots)$
(2) $a_1=2$, $a_{n+1}=a_n-4\ (n=1, 2, 3, \cdots)$
643 (1) $a_n=2n+1$ (2) $a_n=-n-2$
644 (1) $a_1=2$, $a_{n+1}=2a_n\ (n=1, 2, 3, \cdots)$
(2) $a_1=27$, $a_{n+1}=\frac{1}{3}a_n\ (n=1, 2, 3, \cdots)$
645 (1) $a_n=2\cdot 3^{n-1}$ (2) $a_n=3\cdot\left(\frac{1}{2}\right)^{n-1}$
646 (1) 48 (2) -134 (3) -34
647 (1) 1 (2) 11 (3) 3^{45}

648 ③ 649 ③ 650 ② 651 ③ 652 ②
653 ④ 654 ② 655 ③ 656 ⑤ 657 ④
658 ③ 659 ⑤ 660 ④ 661 ⑤ 662 ③
663 ⑤ 664 ② 665 14

666 (가) 1 (나) $(k+1)^2$
667 (가) $1+h$ (나) $k+1$

668 ④ 669 ④ 670 ② 671 ② 672 ②
673 ⑤ 674 ② 675 ③

676 ② 677 ③ 678 ④ 679 ⑤ 680 ④
681 ③ 682 ⑤ 683 ① 684 5

331 (1) 치역 : $\{y \mid -3\le y\le 3\}$, 주기 : 2π

함수의 그래프 :

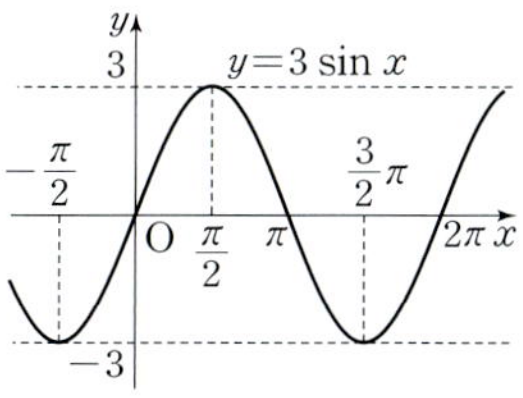

(2) 치역 : $\{y \mid -1\le y\le 1\}$, 주기 : π

함수의 그래프 :

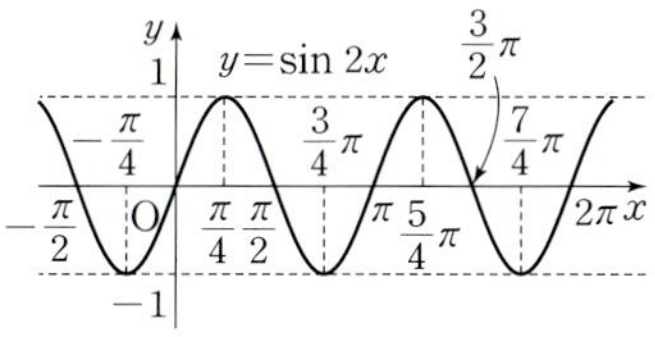

332 (1)

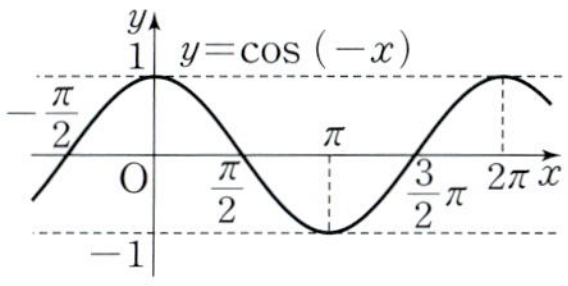

(2)

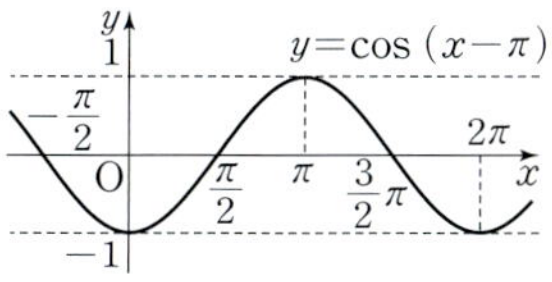

333 (1) 치역 : $\{y \mid -2\le y\le 2\}$, 주기 : 2π

함수의 그래프 :

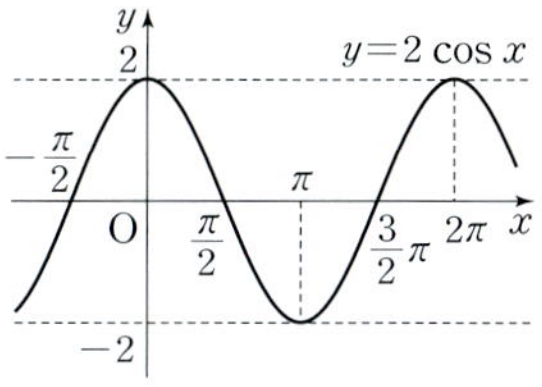

(2) 치역 : $\{y \mid -1\le y\le 1\}$, 주기 : 4π

함수의 그래프 :

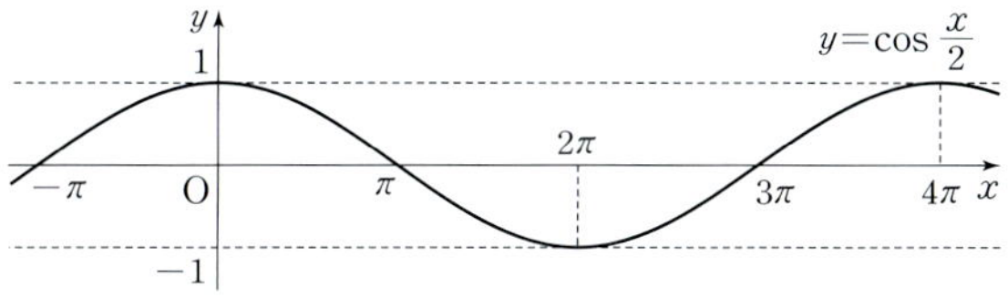

334 (1)

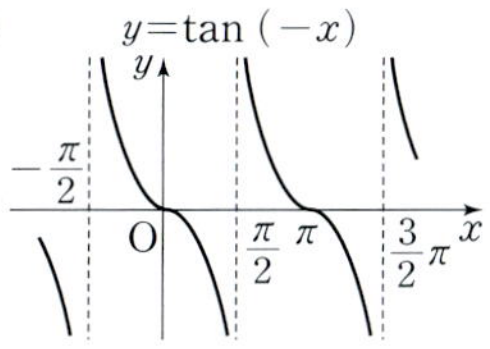

(2)

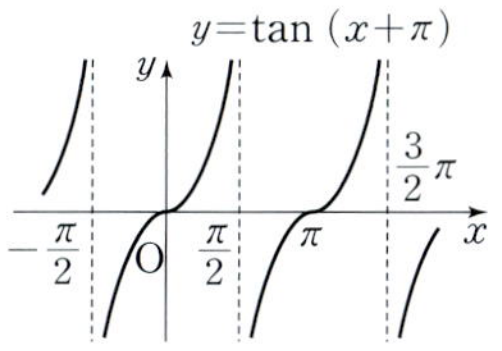

335 (1) 주기 : $\frac{\pi}{2}$, 점근선의 방정식 : $x=\frac{n}{2}\pi+\frac{\pi}{4}$ (n은 정수)

함수의 그래프 :

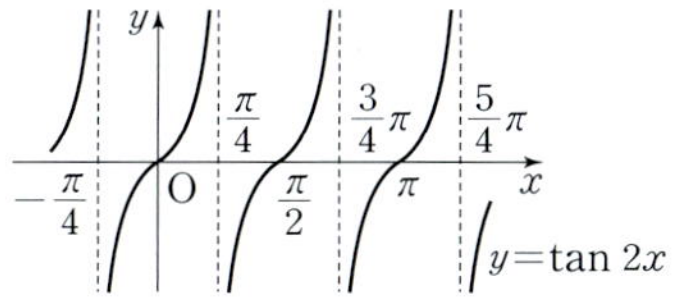

(2) 주기 : 3π, 점근선의 방정식 : $x=3n\pi+\frac{3}{2}\pi$ (n은 정수)

함수의 그래프 :

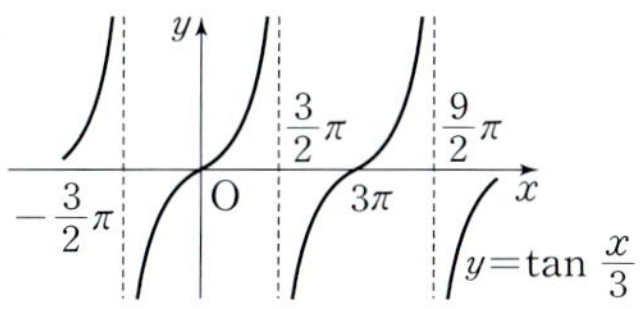

336 (1) 최댓값 : 2, 최솟값 : -2, 주기 : $\frac{2}{3}\pi$

(2) 최댓값 : $\frac{1}{3}$, 최솟값 : $-\frac{1}{3}$, 주기 : π

(3) 최댓값 : 없다., 최솟값 : 없다., 주기 : $\frac{\pi}{3}$

(4) 최댓값 : 1, 최솟값 : -2, 주기 : 4π

(5) 최댓값 : 4, 최솟값 : -2, 주기 : π

(6) 최댓값 : 없다., 최솟값 : 없다., 주기 : 3π

337 ④ **338** ㄴ, ㄷ **339** ㄱ, ㄴ, ㄷ **340** ③ **341** $\frac{7}{2}$
342 ⑤ **343** ④ **344** 54π **345** 3 **346** ②
347 $\frac{1}{5}$ **348** ② **349** ① **350** $\frac{\pi}{9}$ **351** π
352 ③ **353** -3 **354** ⑤

355 (1) $-\frac{\sqrt{2}}{2}$ (2) $\frac{\sqrt{2}}{2}$ (3) $-\frac{\sqrt{3}}{2}$ (4) $\frac{\sqrt{3}}{3}$ (5) $\frac{1}{2}$ (6) $\frac{\sqrt{3}}{2}$ (7) $-\frac{\sqrt{2}}{2}$ (8) $-\sqrt{3}$

356 (1) 최댓값 : 3, 최솟값 : -1 (2) 최댓값 : $\frac{5}{4}$, 최솟값 : -1

357 ⑤ **358** ② **359** $\frac{5}{4}$ **360** ① **361** ③
362 ③ **363** ② **364** ① **365** ④ **366** ⑤
367 ④ **368** ③

369 (1) $x=\frac{\pi}{6}$ 또는 $x=\frac{5}{6}\pi$ (2) $x=\frac{3}{4}\pi$ 또는 $x=\frac{5}{4}\pi$

(3) $x=\frac{\pi}{3}$ 또는 $x=\frac{4}{3}\pi$ (4) $x=\frac{4}{3}\pi$ 또는 $x=\frac{5}{3}\pi$

370 (1) $\frac{5}{4}\pi<x<\frac{7}{4}\pi$ (2) $0\le x<\frac{\pi}{6}$ 또는 $\frac{11}{6}\pi<x<2\pi$

(3) $\frac{\pi}{4}\le x<\frac{\pi}{2}$ 또는 $\frac{5}{4}\pi\le x<\frac{3}{2}\pi$ (4) $\frac{2}{3}\pi\le x\le\frac{4}{3}\pi$

371 ④ **372** ⑤ **373** 4 **374** ③ **375** 3π
376 ③ **377** ④ **378** ① **379** ③ **380** ④
381 $\frac{\pi}{12}<x<\frac{\pi}{4}$ 또는 $\frac{7}{12}\pi<x<\frac{3}{4}\pi$ **382** ③ **383** ②
384 $\frac{7}{6}\pi<x<\frac{3}{2}\pi$ 또는 $\frac{3}{2}\pi<x<\frac{11}{6}\pi$ **385** ⑤ **386** ③
387 $\frac{7}{6}\pi$ **388** ④

389 1 **390** ③ **391** ④ **392** ⑤ **393** ①
394 4 **395** ① **396** ② **397** ④ **398** ③
399 7 **400** ① **401** $\frac{\pi}{6}<x<\frac{\pi}{4}$

07 삼각함수의 활용

402 (1) $3\sqrt{3}$ (2) $4\sqrt{2}$ **403** (1) 60° 또는 120° (2) 30°
404 (1) $2\sqrt{3}$ (2) $5\sqrt{2}$ **405** (1) 90° (2) 30° 또는 150°
406 (1) $\sqrt{2}$ (2) 1 **407** $1:1:\sqrt{3}$

408 ③ **409** ④ **410** ② **411** ② **412** ③
413 ② **414** ⑤ **415** ① **416** ④ **417** ④
418 ③ **419** ①

420 (1) $\sqrt{7}$ (2) 1 (3) $2\sqrt{10}$ **421** (1) $\frac{5}{7}$ (2) $\frac{5}{8}$
422 (1) 60° (2) 30°

423 ② **424** ④ **425** ④ **426** ② **427** ④
428 ② **429** ② **430** ① **431** ② **432** ②
433 ② **434** ⑤

435 (1) $\frac{5\sqrt{3}}{2}$ (2) 20 **436** (1) 90° (2) 45° 또는 135°
437 4 **438** (1) $\sqrt{6}$ (2) $2\sqrt{2}$ **439** (1) 6 (2) $9\sqrt{2}$

04 로그함수

182 (1) $y=\log_{\frac{1}{3}} x$ (2) $y=2^x$

183 (1)

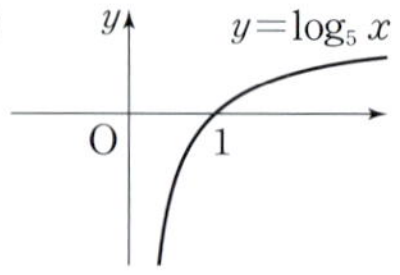

(2)

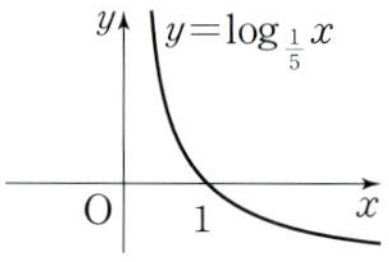

184 (1) $y=\log_{\frac{1}{4}}(x+1)+2$ (2) $y=-\log_{\frac{1}{4}} x$

(3) $y=\log_{\frac{1}{4}}(-x)$ (4) $y=-\log_{\frac{1}{4}}(-x)$

185 (1)

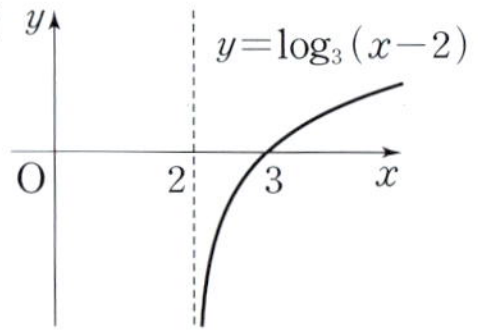

(2)

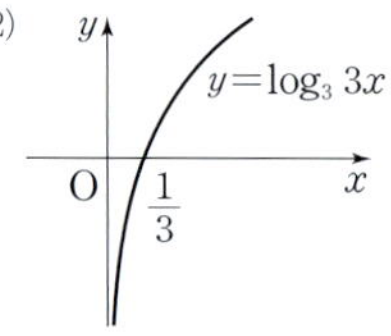

(3)

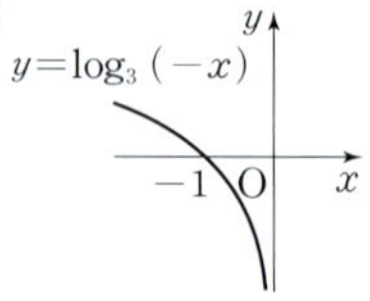

(4)

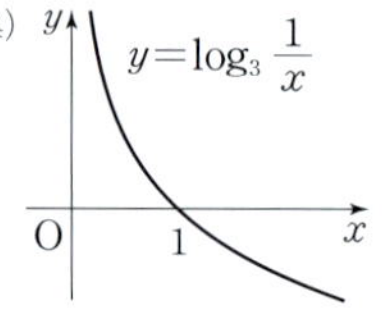

186 ㄴ, ㄷ **187** ④ **188** 10 **189** 3 **190** 30
191 ④ **192** ② **193** ⑤ **194** ① **195** ②
196 ④ **197** ① **198** ③ **199** ③ **200** ⑤
201 ④

202 (1) 최댓값 : 5, 최솟값 : 2 (2) 최댓값 : 1, 최솟값 : -3

(3) 최댓값 : $\log_5 19$, 최솟값 : 0 (4) 최댓값 : -1, 최솟값 : -3

203 (1) 최솟값 : 1 (2) 최댓값 : -2

204 (1) 최솟값 : 3 (2) 최댓값 : $\frac{1}{2}$

205 (1) 최댓값 : 16, 최솟값 : 1 (2) 최댓값 : 1, 최솟값 : $\frac{1}{81}$

206 ① **207** ③ **208** ③ **209** ① **210** ③
211 ① **212** ⑤ **213** ③ **214** ① **215** ④
216 ④ **217** ②

218 (1) $x=5$ (2) $x=6$ (3) $x=3$ (4) $x=\frac{2}{3}$ (5) $x=2$ 또는 $x=3$ (6) $x=2$

219 (1) $x=1$ 또는 $x=100$ (2) $x=\frac{1}{8}$ 또는 $x=4$

220 (1) $x=1$ 또는 $x=10$ (2) $x=\frac{1}{3}$ 또는 $x=3$

221 ③ **222** $x=1$ **223** ① **224** $x=\frac{1}{27}$ 또는 $x=9$
225 ③ **226** ② **227** ② **228** $x=\frac{1}{4}$ **229** ③
230 4 **231** ③ **232** ③

233 (1) $x\le -7$ (2) $0<x\le 16$ (3) $x>2$ (4) $2<x<4$

234 (1) $1\le x\le 8$ (2) $\frac{1}{4}\le x\le 4$

235 (1) $\frac{1}{3}<x<9$ (2) $0<x\le\frac{1}{4}$ 또는 $x\ge 1$

236 ③ **237** ④ **238** $2<x<3$ 또는 $3<x<4$ **239** ②
240 ⑤ **241** ① **242** ① **243** ③ **244** ⑤
245 ⑤ **246** ② **247** ③ **248** ④ **249** ①
250 3 **251** ③

252 ④ **253** ① **254** ④ **255** ② **256** ③
257 ① **258** ① **259** ② **260** ⑤ **261** ⑤
262 5 **263** $\frac{1}{2}<p<1$ 또는 $p>4$

05 삼각함수

264 (1) $360^\circ\times n+10^\circ$ (2) $360^\circ\times n+140^\circ$

(3) $360^\circ\times n+310^\circ$ (4) $360^\circ\times n+250^\circ$

265 (1) $\frac{\pi}{3}$ (2) $-\frac{5}{6}\pi$ (3) 30° (4) -330°

266 (1) $l=5\pi$, $S=10\pi$ (2) $l=\frac{11}{3}\pi$, $S=\frac{11}{3}\pi$ **267** 10π

268 ④ **269** ① **270** ② **271** ④ **272** ②
273 ① **274** ① **275** ③ **276** ④ **277** ④
278 315° **279** 13 **280** ② **281** ④ **282** ⑤
283 ④ **284** ② **285** ③ **286** ③ **287** ⑤
288 ③ **289** ① **290** ⑤ **291** ③ **292** ⑤

293 (1) $\sin\theta=\frac{\sqrt{3}}{2}$, $\cos\theta=\frac{1}{2}$, $\tan\theta=\sqrt{3}$

(2) $\sin\theta=\frac{2\sqrt{5}}{5}$, $\cos\theta=-\frac{\sqrt{5}}{5}$, $\tan\theta=-2$

294 (1) $\sin\theta=\frac{1}{2}$, $\cos\theta=-\frac{\sqrt{3}}{2}$, $\tan\theta=-\frac{\sqrt{3}}{3}$

(2) $\sin\theta=-\frac{1}{2}$, $\cos\theta=\frac{\sqrt{3}}{2}$, $\tan\theta=-\frac{\sqrt{3}}{3}$

295 (1) 제2사분면 (2) 제3사분면 **296** $\cos\theta=\frac{4}{5}$, $\tan\theta=\frac{3}{4}$

297 $\sin\theta=-\frac{\sqrt{2}}{2}$, $\tan\theta=1$

298 ④ **299** ⑤ **300** ① **301** ④ **302** ③
303 ② **304** ④ **305** ② **306** ③ **307** ②
308 ① **309** ⑤ **310** $-\frac{5}{18}$ **311** ② **312** ⑤
313 $\frac{5}{4}$ **314** ① **315** ④ **316** ⑤

317 ③ **318** ② **319** ④ **320** ⑤ **321** 8
322 ① **323** ⑤ **324** ④ **325** ① **326** -1
327 ⑤ **328** $\frac{\sqrt{3}}{2}$

06 삼각함수의 그래프

329 2

330 (1)

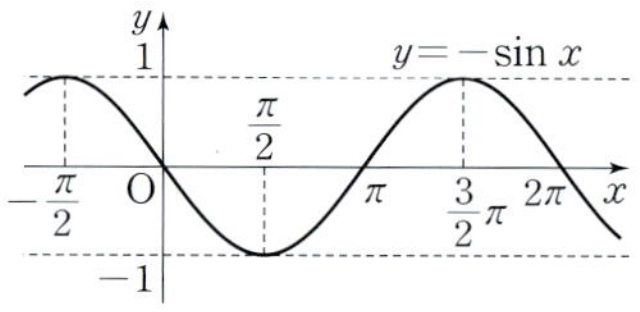

(2)

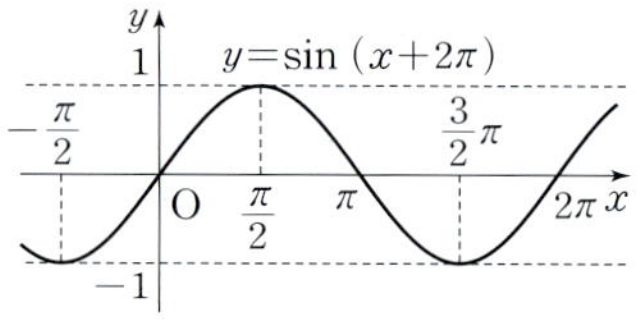

메가스터디 고등수학 문제 기본서

CPR 라이트

수학 I

정답 및 해설

01 지수

개념 체크 Concept

• 본문 006쪽

001 답 (1) $-2,\ 2$ (2) -2

(1) 4의 제곱근을 x라 하면

$x^2=4$에서 $x^2-4=0,\ (x+2)(x-2)=0$

$\therefore x=\pm 2$

따라서 4의 제곱근 중 실수인 것은 $-2,\ 2$이다.

(2) -8의 세제곱근을 x라 하면

$x^3=-8$에서 $x^3+8=0,\ (x+2)(x^2-2x+4)=0$

$\therefore x=-2$ 또는 $x=1\pm\sqrt{3}i$ → $x^2-2x+4=0$에서 근의 공식을 이용한다.

따라서 -8의 세제곱근 중 실수인 것은 -2이다.

002 답 (1) 3 (2) -2

(1) 81의 네제곱근 중 실수인 것은 $-3,\ 3$이므로

$\sqrt[4]{81}=3$ → $\sqrt[4]{3^4}=3$

(2) -32의 5제곱근 중 실수인 것은 -2이므로

$\sqrt[5]{-32}=-2$ → $\sqrt[5]{(-2)^5}=-2$

003 답 (1) 2 (2) 3 (3) 6 (4) $\sqrt[3]{3}$

(1) $\sqrt[4]{2}\times\sqrt[4]{8}=\sqrt[4]{2\times 8}=\sqrt[4]{16}=\sqrt[4]{2^4}=2$

(2) $\dfrac{\sqrt[3]{54}}{\sqrt[3]{2}}=\sqrt[3]{\dfrac{54}{2}}=\sqrt[3]{27}=\sqrt[3]{3^3}=3$

(3) $(\sqrt[4]{36})^2=\sqrt[4]{36^2}=\sqrt[4]{(6^2)^2}=\sqrt[4]{6^4}=6$

(4) $\sqrt[4]{\sqrt[3]{81}}=\sqrt[12]{81}=\sqrt[12]{3^4}=\sqrt[3]{3}$

004 답 (1) 1 (2) $\dfrac{1}{9}$

(2) $3^{-2}=\dfrac{1}{3^2}=\dfrac{1}{9}$

005 답 (1) 4 (2) 2 (3) a^2b

(1) $4^3\times 2^{-4}=(2^2)^3\times 2^{-4}=2^6\times 2^{-4}=2^{6+(-4)}=2^2=4$

(2) $(2^{\frac{2}{3}})^{\frac{3}{4}}\times\sqrt[3]{4}\div 2^{\frac{1}{6}}=2^{\frac{2}{3}\times\frac{3}{4}}\times\sqrt[3]{2^2}\div 2^{\frac{1}{6}}=2^{\frac{1}{2}}\times 2^{\frac{2}{3}}\div 2^{\frac{1}{6}}$

$=2^{\frac{1}{2}+\frac{2}{3}-\frac{1}{6}}=2$

(3) $(a^{\sqrt{6}}\times b^{\sqrt{\frac{3}{2}}})^{\frac{2}{\sqrt{6}}}=a^{\sqrt{6}\times\frac{2}{\sqrt{6}}}\times b^{\sqrt{\frac{3}{2}}\times\frac{2}{\sqrt{6}}}$

$=a^2\times b^{\frac{\sqrt{6}}{2}\times\frac{2}{\sqrt{6}}}=a^2b$

유형 마스터 Pattern

• 본문 007~010쪽

006 답 ③

① 2는 16의 네제곱근이다.

② 125의 세제곱근은 방정식 $x^3=125$의 근이므로 → $(x-5)(x^2+5x+25)=0$

5, $\dfrac{-5\pm 5\sqrt{3}i}{2}$의 3개이다.

④ n이 홀수이고 $2>0$이므로 2의 n제곱근 중 실수인 것은 1개이다.

⑤ n이 짝수이고 $-3<0$이므로 -3의 n제곱근 중 실수인 것은 없다.

따라서 옳은 것은 ③이다.

007 답 ③

$\sqrt[3]{-27}=\sqrt[3]{(-3)^3}=-3$이므로

$a=-3$

$1>0$이므로 1의 네제곱근 중 실수인 것의 개수는 2이다.

$\therefore b=2$

$-7<0$이므로 -7의 세제곱근 중 실수인 것의 개수는 1이다.

$\therefore c=1$

$\therefore a+b+c=-3+2+1=0$

008 답 ②

ㄱ. 27의 세제곱근 중 실수인 것은 $\sqrt[3]{27}=\sqrt[3]{3^3}=3$뿐이다. (참)

ㄴ. $-4<0$이므로 -4의 네제곱근 중 실수인 것은 없다. (거짓)

ㄷ. -1의 세제곱근은 방정식 $x^3=-1$의 근이므로

$x^3+1=0$에서 $(x+1)(x^2-x+1)=0$

$\therefore x=-1$ 또는 $x=\dfrac{1\pm\sqrt{3}i}{2}$

즉, -1의 세제곱근 중 허수인 것은 2개이다. (참)

ㄹ. -1의 네제곱근은 방정식 $x^4=-1$의 근이다.

이때 방정식 $x^4+1=0$의 실근은 존재하지 않으므로 4개의 허근을 갖는다. → 실수 $a\ (a\neq 0)$의 n제곱근은 복소수의 범위에서 n개 존재한다.

즉, -1의 네제곱근 중 허수인 것은 4개이다. (거짓)

따라서 옳은 것은 ㄱ, ㄷ이다.

009 답 ⑤

→ 3, 2의 최소공배수가 6이므로 $\sqrt[6]{\square}$ 꼴로 변형한다.

① $\sqrt[3]{2}\times\sqrt{2}=\sqrt[6]{2^2}\times\sqrt[6]{2^3}=\sqrt[6]{2^2\times 2^3}=\sqrt[6]{2^5}$

② $\sqrt{\sqrt[3]{3}\times\sqrt[3]{243}}=\sqrt{\sqrt[3]{3\times 3^5}}=\sqrt[6]{3^6}=3$

③ $\sqrt[3]{\sqrt[3]{-512}}=\sqrt[9]{(-2)^9}=-2$

④ $\sqrt[3]{\dfrac{8}{-27}}=\sqrt[3]{\left(-\dfrac{2}{3}\right)^3}=-\dfrac{2}{3}$

⑤ $\sqrt[3]{16}\times\dfrac{1}{\sqrt[6]{32}}=\sqrt[6]{2^8}\times\sqrt[6]{\dfrac{1}{2^5}}$

$=\sqrt[6]{2^8\times\dfrac{1}{2^5}}$

$=\sqrt[6]{2^3}=\sqrt{2}$

따라서 옳지 않은 것은 ⑤이다.

010 답 ⑤

$\sqrt[3]{4a^4b^2}\times\sqrt[6]{8a^5b^4}\div\sqrt[4]{4a^6b^4}=\dfrac{\sqrt[3]{2^2a^4b^2}\times\sqrt[6]{2^3a^5b^4}}{\sqrt[4]{2^2a^6b^4}}$

$=\dfrac{\sqrt[12]{2^8a^{16}b^8}\times\sqrt[12]{2^6a^{10}b^8}}{\sqrt[12]{2^6a^{18}b^{12}}}$

$=\sqrt[12]{\dfrac{2^{14}a^{26}b^{16}}{2^6a^{18}b^{12}}}=\sqrt[12]{2^8a^8b^4}$

$=\sqrt[3]{2^2a^2b}=\sqrt[3]{4a^2b}$

011 답 ①

$\sqrt[3]{\dfrac{\sqrt[4]{3}}{\sqrt{2^5}}}\times\sqrt{\dfrac{\sqrt[n]{2}}{\sqrt[6]{3}}}=\dfrac{\sqrt[3]{\sqrt[4]{3}}}{\sqrt[3]{\sqrt{2^5}}}\times\dfrac{\sqrt{\sqrt[n]{2}}}{\sqrt{\sqrt[6]{3}}}=\dfrac{\sqrt[12]{3}}{\sqrt[6]{2^5}}\times\dfrac{\sqrt[2n]{2}}{\sqrt[12]{3}}=\dfrac{\sqrt[2n]{2}}{\sqrt[6]{2^5}}$

즉, $\dfrac{\sqrt[2n]{2}}{\sqrt[6]{2^5}}=\dfrac{1}{\sqrt[4]{2^3}}$이므로

$\sqrt[2n]{2}=\dfrac{\sqrt[6]{2^5}}{\sqrt[4]{2^3}}=\dfrac{\sqrt[12]{2^{10}}}{\sqrt[12]{2^9}}=\sqrt[12]{\dfrac{2^{10}}{2^9}}=\sqrt[12]{2}$

$\therefore n=6$

012 답 ⑤

$3^{-\frac{1}{2}}2^{\frac{4}{3}}\times(4^{\frac{2}{3}}3^{\frac{4}{3}})^{\frac{1}{2}}\div(9^{\frac{1}{3}}2^{-1})^{-\frac{1}{2}}$

$=3^{-\frac{1}{2}}2^{\frac{4}{3}}\times(2^{\frac{4}{3}}3^{\frac{4}{3}})^{\frac{1}{2}}\div(3^{\frac{2}{3}}2^{-1})^{-\frac{1}{2}}$

$=3^{-\frac{1}{2}}2^{\frac{4}{3}}\times2^{\frac{2}{3}}3^{\frac{2}{3}}\div3^{-\frac{1}{3}}2^{\frac{1}{2}}$

$=3^{-\frac{1}{2}+\frac{2}{3}-(-\frac{1}{3})}2^{\frac{4}{3}+\frac{2}{3}-\frac{1}{2}}$

$=3^{\frac{1}{2}}2^{\frac{3}{2}}=2\sqrt{6}$

→ $2^{\frac{3}{2}}=2^{1+\frac{1}{2}}=2\times2^{\frac{1}{2}}=2\sqrt{2}$

선생님 톡톡

지수법칙을 이용할 때 우선 밑을 가장 간단한 소수로 나타내야 해.

013 답 4

$(2^{\sqrt{2}})^{\sqrt{6}+\sqrt{2}}\times(2^{\sqrt{3}})^{\sqrt{3}+1}\div8^{1+\sqrt{3}}=2^{2\sqrt{3}+2}\times2^{3+\sqrt{3}}\div(2^3)^{1+\sqrt{3}}$

$=2^{2\sqrt{3}+2+3+\sqrt{3}-3(1+\sqrt{3})}$

$=2^2=4$

014 답 ⑤

$\left(\frac{1}{81}\right)^{3a}=\left(\frac{1}{3^4}\right)^{3a}=(3^{-4})^{3a}=(3^{-a})^{12}=2^{12}$

→ $(3^{-4})^{3a}=3^{-12a}=(3^{-a})^{12}$

015 답 4

$256^{-\frac{1}{n}}=(2^8)^{-\frac{1}{n}}=2^{-\frac{8}{n}}$이므로 $2^{-\frac{8}{n}}$이 자연수가 되려면 $-\frac{8}{n}$이 음이 아닌 정수이어야 한다.
따라서 정수 n의 개수는 -8, -4, -2, -1의 4이다.

016 답 ④

$\sqrt{2\sqrt[3]{2\sqrt[4]{2}}}\times\sqrt[6]{2\sqrt{8}}=\sqrt{2}\times\sqrt{\sqrt[3]{2}}\times\sqrt{\sqrt[3]{\sqrt[4]{2}}}\times\sqrt[6]{2}\times\sqrt[6]{\sqrt{2^3}}$

$=\sqrt{2}\times\sqrt[6]{2}\times\sqrt[24]{2}\times\sqrt[6]{2}\times\sqrt[12]{2^3}$

$=2^{\frac{1}{2}}\times2^{\frac{1}{6}}\times2^{\frac{1}{24}}\times2^{\frac{1}{6}}\times2^{\frac{1}{4}}$

$=2^{\frac{1}{2}+\frac{1}{6}+\frac{1}{24}+\frac{1}{6}+\frac{1}{4}}$

$=2^{\frac{27}{24}}=2^{\frac{9}{8}}$

선생님 톡톡

거듭제곱근의 계산은 거듭제곱근의 성질을 이용하여 식을 간단히 할 수도 있지만 식이 복잡한 경우에는 거듭제곱근을 a^r (r는 유리수) 꼴로 바꾼 후 지수법칙을 이용하는 것이 더 편리해.

017 답 ⑤

$\sqrt[3]{2^2\sqrt[4]{2\sqrt{2^3}}}\div\sqrt{\sqrt[4]{2^3}}=\sqrt[3]{2^2}\times\sqrt[3]{\sqrt[4]{2}}\times\sqrt[3]{\sqrt[4]{\sqrt{2^3}}}\div\sqrt{\sqrt[4]{2^3}}$

$=\sqrt[3]{2^2}\times\sqrt[12]{2}\times\sqrt[24]{2^3}\div\sqrt[8]{2^3}$

$=2^{\frac{2}{3}}\times2^{\frac{1}{12}}\times2^{\frac{1}{8}}\div2^{\frac{3}{8}}$

$=2^{\frac{2}{3}+\frac{1}{12}+\frac{1}{8}-\frac{3}{8}}=2^{\frac{1}{2}}$

018 답 ②

$\sqrt[3]{a\sqrt[4]{a^3\sqrt{x}}}=\sqrt[3]{a}\times\sqrt[12]{a^3}\times\sqrt[24]{x}=a^{\frac{1}{3}}\times a^{\frac{1}{4}}\times x^{\frac{1}{24}}=a^{\frac{7}{12}}x^{\frac{1}{24}}$,

$\sqrt[5]{a^3\sqrt[3]{a}}=\sqrt[5]{a^3}\times\sqrt[15]{a}=a^{\frac{3}{5}}\times a^{\frac{1}{15}}=a^{\frac{2}{3}}$

이므로 $a^{\frac{7}{12}}x^{\frac{1}{24}}=a^{\frac{2}{3}}$에서

$x^{\frac{1}{24}}=a^{\frac{2}{3}}\div a^{\frac{7}{12}}=a^{\frac{2}{3}-\frac{7}{12}}=a^{\frac{1}{12}}$) 양변을 24제곱한다.

$\therefore x=a^2$

019 답 ⑤

$(a^{\frac{1}{4}}-b^{\frac{1}{4}})(a^{\frac{1}{4}}+b^{\frac{1}{4}})(a^{\frac{1}{2}}+b^{\frac{1}{2}})(a+b)$

$=\{(a^{\frac{1}{4}})^2-(b^{\frac{1}{4}})^2\}(a^{\frac{1}{2}}+b^{\frac{1}{2}})(a+b)$

$=(a^{\frac{1}{2}}-b^{\frac{1}{2}})(a^{\frac{1}{2}}+b^{\frac{1}{2}})(a+b)$

$=\{(a^{\frac{1}{2}})^2-(b^{\frac{1}{2}})^2\}(a+b)$

$=(a-b)(a+b)$

$=a^2-b^2$

020 답 ④

$(3^{\frac{1}{2}}+3^{-\frac{1}{2}})(3^{\frac{1}{2}}-3^{-\frac{1}{2}})-(3^{\frac{1}{2}}-3^{-\frac{1}{2}})^2$

$=(3^{\frac{1}{2}})^2-(3^{-\frac{1}{2}})^2-\{(3^{\frac{1}{2}})^2-2\cdot3^{\frac{1}{2}}\cdot3^{-\frac{1}{2}}+(3^{-\frac{1}{2}})^2\}$

$=3-3^{-1}-(3-2+3^{-1})$

→ $3^{\frac{1}{2}}\cdot3^{-\frac{1}{2}}=3^{\frac{1}{2}+(-\frac{1}{2})}=3^0=1$

$=2-\frac{2}{3}=\frac{4}{3}$

021 답 ③

$(a^{\frac{2}{3}}+a^{-\frac{2}{3}})^3-(a^{\frac{2}{3}}-a^{-\frac{2}{3}})^3$

$=(a^{\frac{2}{3}})^3+3\cdot(a^{\frac{2}{3}})^2\cdot a^{-\frac{2}{3}}+3a^{\frac{2}{3}}\cdot(a^{-\frac{2}{3}})^2+(a^{-\frac{2}{3}})^3$

$-\{(a^{\frac{2}{3}})^3-3\cdot(a^{\frac{2}{3}})^2\cdot a^{-\frac{2}{3}}+3a^{\frac{2}{3}}\cdot(a^{-\frac{2}{3}})^2-(a^{-\frac{2}{3}})^3\}$

$=a^2+3a^{\frac{2}{3}}+3a^{-\frac{2}{3}}+a^{-2}-(a^2-3a^{\frac{2}{3}}+3a^{-\frac{2}{3}}-a^{-2})$

$=6a^{\frac{2}{3}}+2a^{-2}$

022 답 ④

$a^{\frac{1}{2}}+a^{-\frac{1}{2}}=3$이므로

$a+a^{-1}=(a^{\frac{1}{2}}+a^{-\frac{1}{2}})^2-2=3^2-2=7$

$\therefore a^2+a^{-2}=(a+a^{-1})^2-2=7^2-2=47$

023 답 ②

$a^{\frac{1}{2}}+a^{-\frac{1}{2}}=\sqrt{5}$이므로

$a+a^{-1}=(a^{\frac{1}{2}}+a^{-\frac{1}{2}})^2-2=(\sqrt{5})^2-2=3$

$\therefore a^3+a^{-3}=(a+a^{-1})^3-3(a+a^{-1})=3^3-3\cdot3=18$

024 답 ⑤

$(2^x+2^{-x})^2=2^{2x}+2^{-2x}+2=14+2=16$에서

$2^x+2^{-x}=4$ ($\because 2^x+2^{-x}>0$)

또한, $(2^{\frac{x}{2}}+2^{-\frac{x}{2}})^2=2^x+2^{-x}+2=4+2=6$에서

$2^{\frac{x}{2}}+2^{-\frac{x}{2}}=\sqrt{6}$ ($\because 2^{\frac{x}{2}}+2^{-\frac{x}{2}}>0$)

$\therefore \frac{2^x+2^{-x}}{2^{\frac{x}{2}}+2^{-\frac{x}{2}}}=\frac{4}{\sqrt{6}}=\frac{2\sqrt{6}}{3}$

025 답 ③

$\frac{a^x+a^{-x}}{a^x-a^{-x}}$의 분모와 분자에 a^x을 곱하면

$\frac{a^x+a^{-x}}{a^x-a^{-x}}=\frac{a^x(a^x+a^{-x})}{a^x(a^x-a^{-x})}$

$=\frac{a^{2x}+1}{a^{2x}-1}=\frac{2+1}{2-1}=3$

선생님 톡톡

조건으로 a^{2x}의 값이 주어졌으니 구하는 식을 a^{2x}을 포함한 식으로 변형해야 해.

026 답 ①

$6^{\frac{1}{x}}=4$에서 $6=4^x$

$\dfrac{2^x-2^{-x}}{2^x+2^{-x}}$의 분모와 분자에 2^x을 곱하면

$$\frac{2^x-2^{-x}}{2^x+2^{-x}}=\frac{2^x(2^x-2^{-x})}{2^x(2^x+2^{-x})}$$
$$=\frac{4^x-1}{4^x+1}$$
$$=\frac{6-1}{6+1}=\frac{5}{7}$$

$2^x\cdot 2^x=2^{x+x}=2^{2x}=(2^2)^x=4^x$

027 답 ④

$\dfrac{3^x+3^{-x}}{27^x+27^{-x}}$의 분모와 분자에 3^x을 곱하면

$$\frac{3^x+3^{-x}}{27^x+27^{-x}}=\frac{3^x(3^x+3^{-x})}{3^x(27^x+27^{-x})}$$
$$=\frac{3^x(3^x+3^{-x})}{3^x(3^{3x}+3^{-3x})}$$
$$=\frac{3^{2x}+1}{3^{4x}+3^{-2x}}=\frac{9^x+1}{(9^x)^2+(9^x)^{-1}}$$
$$=\frac{2+1}{2^2+2^{-1}}=\frac{2}{3}$$

028 답 ②

$24^x=36$에서

$24=36^{\frac{1}{x}}=(6^2)^{\frac{1}{x}}=6^{\frac{2}{x}}$ ······ ㉠

$54^y=216$에서

$54=216^{\frac{1}{y}}=(6^3)^{\frac{1}{y}}=6^{\frac{3}{y}}$ ······ ㉡

㉠×㉡을 하면

$24\times 54=6^{\frac{2}{x}}\cdot 6^{\frac{3}{y}}$, $6^4=6^{\frac{2}{x}+\frac{3}{y}}$

$\therefore \dfrac{2}{x}+\dfrac{3}{y}=4$

029 답 ①

$17^m=9$에서

$17=9^{\frac{1}{m}}=(3^2)^{\frac{1}{m}}=3^{\frac{2}{m}}$ ······ ㉠

$153^n=81$에서

$153=81^{\frac{1}{n}}=(3^4)^{\frac{1}{n}}=3^{\frac{4}{n}}$ ······ ㉡

㉠÷㉡을 하면

$\dfrac{17}{153}=3^{\frac{2}{m}}\div 3^{\frac{4}{n}}$, $3^{-2}=3^{\frac{2}{m}-\frac{4}{n}}$

$\therefore \dfrac{2}{m}-\dfrac{4}{n}=-2$

030 답 ③

$2^x=6^y=3^z=k\ (k>0)$라 하면 $xyz\neq0$에서 $k\neq1$

$x\neq0,\ y\neq0,\ z\neq0$

밑을 k로 통일하기 위한 과정이다.

$2^x=k$에서 $2=k^{\frac{1}{x}}$ ······ ㉠

$6^y=k$에서 $6=k^{\frac{1}{y}}$ ······ ㉡

$3^z=k$에서 $3=k^{\frac{1}{z}}$ ······ ㉢

㉠÷㉡×㉢을 하면

$2\div6\times3=k^{\frac{1}{x}}\div k^{\frac{1}{y}}\times k^{\frac{1}{z}}$, $1=k^{\frac{1}{x}-\frac{1}{y}+\frac{1}{z}}$

$\therefore \dfrac{1}{x}-\dfrac{1}{y}+\dfrac{1}{z}=0\ (\because k\neq1)$

실전력 업 Real

· 본문 011~012쪽

031 답 ⑤

One Point Lesson

x의 값의 범위를 $x>0$, $x=0$, $x<0$으로 나누어 $g(x)$의 값을 구한다.

x의 세제곱근 중 실수인 것은 $\sqrt[3]{x}$이므로 $f(x)=1$

$\therefore f(-1)=f(0)=f(1)=1$

$x>0$일 때, x의 네제곱근 중 실수인 것은 $\pm\sqrt[4]{x}$이므로 $g(x)=2$

$x=0$일 때, 0의 네제곱근은 0뿐이므로 $g(0)=1$

$x<0$일 때, x의 네제곱근 중 실수인 것은 없으므로 $g(x)=0$

$\therefore f(-1)+f(0)+f(1)+g(-1)+g(0)+g(1)$
$=1+1+1+0+1+2=6$

032 답 ⑤

One Point Lesson

거듭제곱근의 성질을 이용하여 근호를 1개로 간단히 한다.

$$\sqrt[4]{\frac{\sqrt[6]{x^n}}{\sqrt{x}}}\times\sqrt[3]{\frac{\sqrt[4]{x}}{\sqrt{x}}}=\frac{\sqrt[4]{\sqrt[6]{x^n}}}{\sqrt[4]{\sqrt{x}}}\times\frac{\sqrt[3]{\sqrt[4]{x}}}{\sqrt[3]{\sqrt{x}}}=\frac{\sqrt[24]{x^n}}{\sqrt[8]{x}}\times\frac{\sqrt[12]{x}}{\sqrt[6]{x}}$$
$$=\frac{\sqrt[24]{x^n}}{\sqrt[24]{x^3}}\times\frac{\sqrt[24]{x^2}}{\sqrt[24]{x^4}}=\sqrt[24]{\frac{x^{n+2}}{x^7}}$$
$$=\sqrt[24]{\frac{x^n}{x^5}}=1$$

$\therefore n=5$

033 답 ①

One Point Lesson

거듭제곱근의 성질, 곱셈 공식을 이용한다.

$(\sqrt[3]{2}+\sqrt[3]{9})^3-3\sqrt[3]{18}(\sqrt[3]{2}+\sqrt[3]{9})$
$=(\sqrt[3]{2}+\sqrt[3]{9})^3-3\sqrt[3]{2}\cdot\sqrt[3]{9}(\sqrt[3]{2}+\sqrt[3]{9})$
$=(\sqrt[3]{2})^3+(\sqrt[3]{9})^3$
$=2+9=11$

$(a+b)^3-3ab(a+b)=a^3+b^3$

034 답 ⑤

One Point Lesson

구하는 식의 분모와 분자에 a^6 또는 a^3을 곱한다.

분모와 분자에 a^6을 곱한다. 분모와 분자에 a^3을 곱한다.

$$\frac{1}{a^{-6}+1}+\frac{1}{a^{-3}+1}+\frac{1}{a^0+1}+\frac{1}{a^3+1}+\frac{1}{a^6+1}$$

$a^0=1$

$$=\frac{a^6}{1+a^6}+\frac{a^3}{1+a^3}+\frac{1}{1+1}+\frac{1}{a^3+1}+\frac{1}{a^6+1}$$
$$=\frac{a^6+1}{1+a^6}+\frac{a^3+1}{1+a^3}+\frac{1}{2}$$
$$=1+1+\frac{1}{2}=\frac{5}{2}$$

035 답 ④

One Point Lesson

주어진 관계식에 알맞은 값을 각각 대입한다.

5시간 후 이 세균의 개체 수는 처음의 개체 수의 2배가 되므로

$2k_0=k_0\times a^5$ $\quad\therefore a^5=2$

따라서 15시간 후의 세균의 개체 수는

$k_0 \times a^{15} = k_0 \times (a^5)^3 = 8k_0$

$\therefore\ m=8$

036 답 ③

One Point Lesson

이차방정식의 근과 계수의 관계, 지수법칙을 이용한다.

이차방정식의 근과 계수의 관계에 의하여

$\alpha+\beta=\frac{9}{2},\ \alpha\beta=\frac{1}{2}$

$$\begin{aligned}\therefore\ (8^{\alpha})^{\beta}\times\sqrt[3]{2^{-\alpha}}\times\sqrt[3]{2^{-\beta}} &= (2^3)^{\alpha\beta}\times 2^{-\frac{\alpha}{3}}\times 2^{-\frac{\beta}{3}}\\ &= 2^{3\alpha\beta-\frac{\alpha+\beta}{3}}\\ &= 2^{3\times\frac{1}{2}-\frac{9}{2}\times\frac{1}{3}}\\ &= 2^0=1\end{aligned}$$

037 답 ⑤

One Point Lesson

곱셈 공식을 이용하여 주어진 식을 전개하여 정리한다.

$$\begin{aligned}\{(a^{\frac{1}{2}}+a^{-\frac{1}{2}})^2-2\}^2-2 &= \{(a^{\frac{1}{2}})^2+2a^{\frac{1}{2}}a^{-\frac{1}{2}}+(a^{-\frac{1}{2}})^2-2\}^2-2\\ &= (a+2+a^{-1}-2)^2-2\\ &= (a+a^{-1})^2-2\\ &= a^2+2aa^{-1}+a^{-2}-2\\ &= a^2+2+a^{-2}-2\\ &= a^2+a^{-2}\end{aligned}$$

038 답 ③

One Point Lesson

곱셈 공식을 이용하여 $a+a^{-1}$의 값을 구한다.

$a^{\frac{1}{4}}-a^{-\frac{1}{4}}=\sqrt{2}$이므로

$a^{\frac{1}{2}}+a^{-\frac{1}{2}}=(a^{\frac{1}{4}}-a^{-\frac{1}{4}})^2+2=(\sqrt{2})^2+2=4$

$a+a^{-1}=(a^{\frac{1}{2}}+a^{-\frac{1}{2}})^2-2=4^2-2=14$

한편,

$(a-a^{-1})^2=(a+a^{-1})^2-4=14^2-4=192$

이고 $a>1$이므로 $a>a^{-1}$

$\therefore\ a-a^{-1}=8\sqrt{3}$

$\therefore\ \frac{a+a^{-1}+10}{a-a^{-1}}=\frac{14+10}{8\sqrt{3}}=\frac{24}{8\sqrt{3}}=\sqrt{3}$

039 답 ②

One Point Lesson

주어진 등식의 좌변의 분모와 분자에 a^x을 곱하여 a^{2x}의 값을 구한다.

$\frac{a^x+a^{-x}}{a^x-a^{-x}}$의 분모와 분자에 a^x을 곱하면

$\frac{a^x+a^{-x}}{a^x-a^{-x}}=\frac{a^x(a^x+a^{-x})}{a^x(a^x-a^{-x})}=\frac{a^{2x}+1}{a^{2x}-1}=\frac{9}{7}$

에서 $7(a^{2x}+1)=9(a^{2x}-1)$

$2a^{2x}=16 \qquad \therefore\ a^{2x}=8$

$\therefore\ a^{8x}=(a^{2x})^4=8^4=(2^3)^4=2^{12}$

040 답 ③

One Point Lesson

주어진 두 등식에서 11, 88을 각각 밑이 2인 지수로 나타낸다.

$11^x=4$에서 $11=4^{\frac{1}{x}}=2^{\frac{2}{x}}$ ······ ㉠

$88^y=8$에서 $88=8^{\frac{1}{y}}=2^{\frac{3}{y}}$ ······ ㉡

㉡÷㉠을 하면

$\frac{88}{11}=2^{\frac{3}{y}}\div 2^{\frac{2}{x}},\ 2^3=2^{\frac{3}{y}-\frac{2}{x}}$

$\therefore\ -\frac{2}{x}+\frac{3}{y}=3$

따라서 $-\frac{6}{x}+\frac{9}{y}=9$이므로 (양변에 3을 곱한다.)

$a=-6,\ b=9$

$\therefore\ a+b=-6+9=3$

041 답 ④

One Point Lesson

$a^m=p,\ b^n=q$일 때, $a=p^{\frac{1}{m}},\ b=q^{\frac{1}{n}}$이므로 $ab=p^{\frac{1}{m}}q^{\frac{1}{n}}$임을 이용한다.

$a^3=2$에서 $a=2^{\frac{1}{3}}$ ······ ㉠

$b^4=4$에서 $b=4^{\frac{1}{4}}=2^{\frac{1}{2}}$ ······ ㉡

$c^{10}=5$에서 $c=5^{\frac{1}{10}}$ ······ ㉢

㉠×㉡×㉢을 하면

$abc=2^{\frac{1}{3}}\times 2^{\frac{1}{2}}\times 5^{\frac{1}{10}}=2^{\frac{5}{6}}5^{\frac{1}{10}}$

$\therefore\ (abc)^n=2^{\frac{5n}{6}}5^{\frac{n}{10}}$

이때 $(abc)^n$이 자연수가 되려면 $\frac{5n}{6},\ \frac{n}{10}$이 음이 아닌 정수이어야 한다.

즉, n은 6의 배수면서 10의 배수이어야 하므로 n은 30의 배수이다.

따라서 자연수 n의 최솟값은 30이다. (6과 10의 최소공배수)

042 답 9

$\frac{a^{\frac{5}{2}x}+a^{-\frac{x}{2}}}{a^{\frac{x}{2}}+a^{-\frac{5}{2}x}}$의 분모와 분자에 $a^{\frac{x}{2}}$을 곱하면

$\frac{a^{\frac{5}{2}x}+a^{-\frac{x}{2}}}{a^{\frac{x}{2}}+a^{-\frac{5}{2}x}}=\frac{a^{\frac{x}{2}}(a^{\frac{5}{2}x}+a^{-\frac{x}{2}})}{a^{\frac{x}{2}}(a^{\frac{x}{2}}+a^{-\frac{5}{2}x})}=\frac{a^{3x}+1}{a^x+a^{-2x}}$ ❶

$a^x=3$이므로

$$\begin{aligned}\frac{a^{3x}+1}{a^x+a^{-2x}} &= \frac{(a^x)^3+1}{a^x+(a^x)^{-2}}=\frac{3^3+1}{3+3^{-2}}\\ &= \frac{27+1}{3+\frac{1}{9}}=9\end{aligned}$$ ❷

채점 기준	배점 비율
❶ 분모와 분자에 $a^{\frac{x}{2}}$을 곱하여 구하는 식 정리하기	50%
❷ $a^x=3$을 대입하여 식의 값 구하기	50%

02 로그

Concept 개념 체크

• 본문 014쪽

043 답 (1) $2=\log_3 9$ (2) $-3=\log_4 \frac{1}{64}$

044 답 (1) 5 (2) −4

(1) $\log_2 32=x$라 하면 로그의 정의에 의하여
$2^x=32=2^5$ $\therefore x=5$

(2) $\log_3 \frac{1}{81}=x$라 하면 로그의 정의에 의하여
$3^x=\frac{1}{81}=3^{-4}$ $\therefore x=-4$

045 답 (1) 16 (2) $\frac{1}{27}$

(1) $\log_2 x=4$에서 $2^4=x$ $\therefore x=16$

(2) $\log_{\frac{1}{3}} x=3$에서 $\left(\frac{1}{3}\right)^3=x$ $\therefore x=\frac{1}{27}$

046 답 (1) 1 (2) 4 (3) 0

(1) $\log_2 2-\log_5 1=1-0=1$

(2) $\log_2 \frac{2}{7}+\log_2 56=\log_2\left(\frac{2}{7}\cdot 56\right)=\log_2 16$
$=\log_2 2^4=4$

(3) $\frac{1}{2}\log_3 25+\log_3 \frac{1}{5}=\log_3 25^{\frac{1}{2}}+\log_3 \frac{1}{5}=\log_3 5+\log_3 \frac{1}{5}$
$=\log_3\left(5\cdot\frac{1}{5}\right)=\log_3 1=0$

047 답 (1) $\frac{b}{a}$ (2) $\frac{1}{a+b}$

(1) $\log_2 3=\frac{\log_5 3}{\log_5 2}=\frac{b}{a}$

(2) $\log_6 5=\frac{1}{\log_5 6}=\frac{1}{\log_5(2\cdot 3)}$
$=\frac{1}{\log_5 2+\log_5 3}=\frac{1}{a+b}$

048 답 (1) 3 (2) $\frac{5}{2}$ (3) $-\frac{3}{2}$ (4) 5

(1) $\log_2 3\times\log_3 8=\log_2 3\times\frac{\log_2 8}{\log_2 3}$
$=\log_2 8=\log_2 2^3=3$

(2) $\log_4 32=\log_{2^2} 2^5=\frac{5}{2}\log_2 2=\frac{5}{2}$

(3) $\log_{100}\frac{1}{1000}=\log_{10^2} 10^{-3}=-\frac{3}{2}\log_{10} 10=-\frac{3}{2}$

(4) $3^{\log_3 2}+2^{\log_4 9}=2+9^{\log_4 2}=2+9^{\log_{2^2} 2}$
$=2+9^{\frac{1}{2}}=2+3=5$

다른 풀이

(1) $\log_2 3\times\log_3 8=\frac{\log_{10} 3}{\log_{10} 2}\times\frac{\log_{10} 8}{\log_{10} 3}=\frac{\log_{10} 8}{\log_{10} 2}$
$=\frac{\log_{10} 2^3}{\log_{10} 2}=\frac{3\log_{10} 2}{\log_{10} 2}=3$

(4) $2^{\log_4 9}=2^{\log_{2^2} 3^2}=2^{\log_2 3}=3$

Pattern 유형 마스터

• 본문 015~018쪽

049 답 ④

$\log_a 2=\frac{1}{3}$에서 로그의 정의에 의하여
$a^{\frac{1}{3}}=2$, $(a^{\frac{1}{3}})^6=2^6$
$\therefore a^2=64$

050 답 ④

$a=\log_2 5$에서 $2^a=5$
$\therefore 8^a=(2^3)^a=(2^a)^3=5^3=125$

051 답 ⑤

$\log_a 3=2$에서 $a^2=3$
$\therefore a=\sqrt{3}$ ($\because a>0$) → 밑 a는 $a>0$, $a\neq 1$이므로
$\log_b 7=4$에서 $b^4=7$
$\therefore b^2=\sqrt{7}$ ($\because b^2>0$)
$\therefore ab^2=\sqrt{3}\cdot\sqrt{7}=\sqrt{21}$

052 답 81

$\log_2\{\log_2(\log_3 x)\}=1$에서
$\log_2(\log_3 x)=2$, $\log_3 x=2^2=4$
$\therefore x=3^4=81$

053 답 ②

밑의 조건에서 $3x-2>0$, $3x-2\neq 1$
$x>\frac{2}{3}$, $x\neq 1$
$\therefore \frac{2}{3}<x<1$ 또는 $x>1$ …… ㉠
진수의 조건에서 $7-x>0$
$\therefore x<7$ …… ㉡
㉠, ㉡의 공통부분을 구하면
$\frac{2}{3}<x<1$ 또는 $1<x<7$
따라서 정수 x는 2, 3, 4, 5, 6이므로 그 합은
$2+3+4+5+6=20$

054 답 ③

밑의 조건에서 $x-1>0$, $x-1\neq 1$
$x>1$, $x\neq 2$
$\therefore 1<x<2$ 또는 $x>2$ …… ㉠
진수의 조건에서 $x^2-10x+24>0$
$(x-4)(x-6)>0$
$\therefore x<4$ 또는 $x>6$ …… ㉡
㉠, ㉡의 공통부분을 구하면
$1<x<2$ 또는 $2<x<4$ 또는 $x>6$
따라서 정수 x의 최솟값은 3이다.

055 답 ②

밑의 조건에서 $|x-3|>0$ (→ $x-3\neq 0$), $|x-3|\neq 1$ (→ $x-3\neq 1$, $x-3\neq -1$)
$\therefore x\neq 2$, $x\neq 3$, $x\neq 4$ …… ㉠
진수의 조건에서 $7x-x^2>0$, $x^2-7x<0$
$x(x-7)<0$ $\therefore 0<x<7$ …… ㉡
㉠, ㉡의 공통부분에서 정수 x의 개수는 1, 5, 6의 3이다.

056 답 ④

$$\log_3 12+\log_3 \frac{1}{\sqrt{2}}+\frac{1}{2}\log_3 \frac{1}{8}=\log_3 12+\log_3 \frac{1}{\sqrt{2}}+\log_3\left(\frac{1}{8}\right)^{\frac{1}{2}}$$
$$=\log_3 12+\log_3 \frac{1}{\sqrt{2}}+\log_3 \frac{1}{2\sqrt{2}}$$
$$=\log_3\left(12\cdot\frac{1}{\sqrt{2}}\cdot\frac{1}{2\sqrt{2}}\right)$$
$$=\log_3 3=1$$

057 답 ②

$$\log_5\{\log_3(\log_2 8)\}=\log_5\{\log_3(\log_2 2^3)\}=\log_5(\log_3 3)$$
$$=\log_5 1=0$$

058 답 ①

$$2\log_2 \sqrt[3]{2}-\frac{1}{3}\log_2 6+\log_2 \sqrt[3]{3}=\log_2(\sqrt[3]{2})^2-\log_2 6^{\frac{1}{3}}+\log_2 \sqrt[3]{3}$$
$$=\log_2 \sqrt[3]{4}-\log_2 \sqrt[3]{6}+\log_2 \sqrt[3]{3}$$
$$=\log_2 \frac{\sqrt[3]{4}\cdot\sqrt[3]{3}}{\sqrt[3]{6}}=\log_2 \sqrt[3]{2}$$
$$=\log_2 2^{\frac{1}{3}}=\frac{1}{3}$$

059 답 512

$$\log_6 3x+\log_6 8y+\log_6 \frac{z}{2}=\log_6\left(3x\cdot 8y\cdot\frac{z}{2}\right)$$
$$=\log_6 12xyz$$

이므로 $\log_6 12xyz=2$에서

$12xyz=6^2=36$ $\quad\therefore\ xyz=3$

$\therefore\ \{(2^x)^{3y}\}^z=2^{3xyz}=2^{3\cdot 3}=2^9=512$

060 답 ④

$$\log_3 5\times\log_5 7\times\log_7 9=\log_3 5\times\frac{\log_3 7}{\log_3 5}\times\frac{\log_3 9}{\log_3 7}$$
$$=\log_3 9=\log_3 3^2=2$$

다른 풀이

$$\log_3 5\times\log_5 7\times\log_7 9=\frac{\log_{10} 5}{\log_{10} 3}\times\frac{\log_{10} 7}{\log_{10} 5}\times\frac{\log_{10} 9}{\log_{10} 7}$$
$$=\frac{\log_{10} 9}{\log_{10} 3}=\frac{\log_{10} 3^2}{\log_{10} 3}=\frac{2\log_{10} 3}{\log_{10} 3}=2$$

061 답 ④

$$\frac{1}{\log_2 x}+\frac{1}{\log_5 x}+\frac{1}{\log_7 x}=\log_x 2+\log_x 5+\log_x 7$$
$$=\log_x(2\cdot 5\cdot 7)=\log_x 70$$

$\therefore\ p=70$

062 답 ①

$$\log_2(\log_4 3)+\log_2(\log_5 4)+\log_2(\log_6 5)+\cdots+\log_2(\log_{81} 80)$$
$$=\log_2(\log_4 3\cdot\log_5 4\cdot\log_6 5\cdot\cdots\cdot\log_{81} 80)$$
$$=\log_2\left(\frac{\log_2 3}{\log_2 4}\cdot\frac{\log_2 4}{\log_2 5}\cdot\frac{\log_2 5}{\log_2 6}\cdot\cdots\cdot\frac{\log_2 80}{\log_2 81}\right)$$
$$=\log_2\left(\frac{\log_2 3}{\log_2 81}\right)=\log_2\left(\frac{\log_2 3}{\log_2 3^4}\right)=\log_2\left(\frac{\log_2 3}{4\log_2 3}\right)$$
$$=\log_2 \frac{1}{4}=\log_2 2^{-2}=-2$$

063 답 ③

$$(\log_{\sqrt{2}} 3-\log_4 \sqrt{3})\times\log_{\sqrt{3}} 4=(\log_{2^{\frac{1}{2}}} 3-\log_{2^2} 3^{\frac{1}{2}})\times\log_{3^{\frac{1}{2}}} 2^2$$
$$=\left(2\log_2 3-\frac{1}{4}\log_2 3\right)\times 4\log_3 2$$
$$=\frac{7}{4}\log_2 3\times 4\log_3 2=7$$

064 답 $\frac{25}{4}$

$$(\log_{\sqrt{5}} 9+\log_5 3)(\log_9 \sqrt{5}+\log_3 5)$$
$$=(\log_{5^{\frac{1}{2}}} 3^2+\log_5 3)(\log_{3^2} 5^{\frac{1}{2}}+\log_3 5)$$
$$=(4\log_5 3+\log_5 3)\left(\frac{1}{4}\log_3 5+\log_3 5\right)$$
$$=5\log_5 3\cdot\frac{5}{4}\log_3 5=\frac{25}{4}$$

065 답 ③

$$\log_{\sqrt{3}} 2-\log_3 8=\log_{3^{\frac{1}{2}}} 2-\log_3 2^3=2\log_3 2-3\log_3 2$$
$$=-\log_3 2=\log_3 2^{-1}=\log_3 \frac{1}{2}$$

$$\therefore\ (3^{\log_{\sqrt{3}} 2-\log_3 8})^2=(3^{\log_3 \frac{1}{2}})^2=\left(\frac{1}{2}\right)^2=\frac{1}{4}$$

066 답 ②

$$2\log_3 2-\log_{\sqrt{3}} 2+\log_3 \sqrt{2}=2\log_3 2-\log_{3^{\frac{1}{2}}} 2+\log_3 \sqrt{2}$$
$$=2\log_3 2-2\log_3 2+\log_3 \sqrt{2}$$
$$=\log_3 \sqrt{2}$$

$$\therefore\ (\sqrt{3})^{2\log_3 2-\log_{\sqrt{3}} 2+\log_3 \sqrt{2}}=(\sqrt{3})^{\log_3 \sqrt{2}}=(\sqrt{2})^{\log_3 \sqrt{3}}$$
$$=(\sqrt{2})^{\log_3 3^{\frac{1}{2}}}=(\sqrt{2})^{\frac{1}{2}}=\sqrt[4]{2}$$

067 답 ①

$$\log_{\frac{1}{2}} 75=\log_{2^{-1}}(3\cdot 5^2)=-\log_2(3\cdot 5^2)$$
$$=-(\log_2 3+\log_2 5^2)=-(\log_2 3+2\log_2 5)$$
$$=-(a+2b)=-a-2b$$

068 답 ④

$$\log_{60} 100=\frac{\log_2 100}{\log_2 60}=\frac{\log_2(2^2\cdot 5^2)}{\log_2(2^2\cdot 3\cdot 5)}$$
$$=\frac{\log_2 2^2+\log_2 5^2}{\log_2 2^2+\log_2 3+\log_2 5}$$
$$=\frac{2+2\log_2 5}{2+\log_2 3+\log_2 5}$$
$$=\frac{2y+2}{x+y+2}$$

069 답 ③

$\log_3 2=\frac{1}{a}$, $\log_3 5=b$이므로

$$\log_{40} 150=\frac{\log_3 150}{\log_3 40}=\frac{\log_3(2\cdot 3\cdot 5^2)}{\log_3(2^3\cdot 5)}$$
$$=\frac{\log_3 2+\log_3 3+\log_3 5^2}{\log_3 2^3+\log_3 5}$$
$$=\frac{\log_3 2+1+2\log_3 5}{3\log_3 2+\log_3 5}$$
$$=\frac{\frac{1}{a}+1+2b}{\frac{3}{a}+b}=\frac{2ab+a+1}{ab+3}$$

070 답 ③

$16^a=9^b=6$에서 $a=\log_{16}6$, $b=\log_9 6$

$\therefore \frac{1}{2a}+\frac{1}{b}=\frac{1}{2\log_{16}6}+\frac{1}{\log_9 6}=\frac{1}{2}\log_6 16+\log_6 9$

$=\log_6 16^{\frac{1}{2}}+\log_6 9=\log_6 4+\log_6 9$

$=\log_6(4\cdot 9)=\log_6 36$

$=\log_6 6^2=2$

다른 풀이

$16^a=6$에서 $16=6^{\frac{1}{a}}$, $2^4=6^{\frac{1}{a}}$ $\quad\therefore 2^2=6^{\frac{1}{2a}}$ ······ ㉠

$9^b=6$에서 $9=6^{\frac{1}{b}}$ $\quad\therefore 3^2=6^{\frac{1}{b}}$ ······ ㉡

㉠×㉡을 하면

$2^2\times 3^2=6^{\frac{1}{2a}}\times 6^{\frac{1}{b}}$, $6^2=6^{\frac{1}{2a}+\frac{1}{b}}$

$\therefore \frac{1}{2a}+\frac{1}{b}=2$

선생님 톡톡

지수법칙을 이용하는 것보다 로그의 정의와 성질을 이용하는 것이 더 쉬워.

071 답 ②

$7^x=36$에서 $x=\log_7 36=\log_7 6^2=2\log_7 6$

$42^y=6$에서 $y=\log_{42}6$

$\therefore \frac{2}{x}-\frac{1}{y}=\frac{2}{2\log_7 6}-\frac{1}{\log_{42}6}=\log_6 7-\log_6 42$

$=\log_6\frac{7}{42}=\log_6\frac{1}{6}=\log_6 6^{-1}=-1$

다른 풀이

$7^x=36$에서 $7=6^{\frac{2}{x}}$ ······ ㉠

$42^y=6$에서 $42=6^{\frac{1}{y}}$ ······ ㉡

㉠÷㉡을 하면

$\frac{7}{42}=6^{\frac{2}{x}}\div 6^{\frac{1}{y}}$, $6^{-1}=6^{\frac{2}{x}-\frac{1}{y}}$

$\therefore \frac{2}{x}-\frac{1}{y}=-1$

072 답 ③

$6^x=8^y=9^z=k\ (k>0)$라 하면 $xyz\neq 0$에서

$x=\log_6 k$

$y=\log_8 k=\log_{2^3}k=\frac{1}{3}\log_2 k$

$z=\log_9 k=\log_{3^2}k=\frac{1}{2}\log_3 k$

$\therefore \frac{1}{x}-\frac{1}{3y}-\frac{1}{2z}=\frac{1}{\log_6 k}-\frac{1}{3\cdot\frac{1}{3}\log_2 k}-\frac{1}{2\cdot\frac{1}{2}\log_3 k}$

$=\log_k 6-\log_k 2-\log_k 3$

$=\log_k\frac{6}{2\cdot 3}=\log_k 1=0$

다른 풀이

$6^x=8^y=9^z=k\ (k>0)$라 하면 $xyz\neq 0$에서

$k\neq 1$

$6^x=k$에서 $6=k^{\frac{1}{x}}$ ······ ㉠

$8^y=k$에서 $8=k^{\frac{1}{y}}$ $\quad\therefore 2=k^{\frac{1}{3y}}$ ······ ㉡

$9^z=k$에서 $9=k^{\frac{1}{z}}$ $\quad\therefore 3=k^{\frac{1}{2z}}$ ······ ㉢

㉠÷㉡÷㉢을 하면

$6\div 2\div 3=k^{\frac{1}{x}}\div k^{\frac{1}{3y}}\div k^{\frac{1}{2z}}$, $1=k^{\frac{1}{x}-\frac{1}{3y}-\frac{1}{2z}}$

$\therefore \frac{1}{x}-\frac{1}{3y}-\frac{1}{2z}=0\ (\because k\neq 1)$

073 답 ①

이차방정식의 근과 계수의 관계에 의하여

$\log_2 a+\log_2 b=\log_2 ab=-3$

$\therefore ab=2^{-3}=\frac{1}{8}$

074 답 ④

이차방정식의 근과 계수의 관계에 의하여

$\alpha+\beta=3\sqrt{5}$, $\alpha\beta=9$

이때

$(\alpha-\beta)^2=(\alpha+\beta)^2-4\alpha\beta=(3\sqrt{5})^2-4\cdot 9=45-36=9$

이므로

$\alpha-\beta=3\ (\because \alpha>\beta)$

$\therefore \log_{\alpha-\beta}\alpha+\log_{\alpha-\beta}\beta=\log_{\alpha-\beta}\alpha\beta=\log_3 9=\log_3 3^2=2$

075 답 ②

이차방정식의 근과 계수의 관계에 의하여

$\log_3 a+\log_3 b=4$, $\log_3 a\cdot\log_3 b=2$

$\therefore \log_a b+\log_b a=\frac{\log_3 b}{\log_3 a}+\frac{\log_3 a}{\log_3 b}=\frac{(\log_3 a)^2+(\log_3 b)^2}{\log_3 a\cdot\log_3 b}$

$=\frac{(\log_3 a+\log_3 b)^2-2\log_3 a\cdot\log_3 b}{\log_3 a\cdot\log_3 b}$

$=\frac{4^2-2\cdot 2}{2}=6$

개념 체크 Concept

• 본문 019쪽

076 답 (1) 2 (2) $\frac{3}{5}$ (3) -4

(1) $\log 100=\log 10^2=2$

(2) $\log\sqrt[5]{1000}=\log\sqrt[5]{10^3}=\log 10^{\frac{3}{5}}=\frac{3}{5}$

(3) $\log\frac{1}{500}+\log\frac{1}{20}=\log\left(\frac{1}{500}\cdot\frac{1}{20}\right)=\log\frac{1}{10000}$

$=\log 10^{-4}=-4$

077 답 (1) 1.2355 (2) 3.2355 (3) -0.7645

(1) $\log 17.2=\log(10\times 1.72)=\log 10+\log 1.72$

$=1+0.2355=1.2355$

(2) $\log 1720=\log(10^3\times 1.72)=\log 10^3+\log 1.72$

$=3+0.2355=3.2355$

(3) $\log 0.172=\log(10^{-1}\times 1.72)=\log 10^{-1}+\log 1.72$

$=-1+0.2355=-0.7645$

078 답 (1) 정수 부분: 1, 소수 부분: 0.5888

(2) 정수 부분: -4, 소수 부분: 0.6522

(3) 정수 부분: -1, 소수 부분: 0.6937

(1) $\log N=1.5888=1+0.5888$

이므로 정수 부분은 1, 소수 부분은 0.5888이다.

(2) $\log N = -3.3478 = -4 + (1-0.3478) = -4 + 0.6522$ ← $0 \le$ (소수 부분) < 1이므로 -0.3478은 소수 부분이 아니다.
이므로 정수 부분은 -4, 소수 부분은 0.6522이다.
(3) $\log N = -0.3063 = -1 + (1-0.3063) = -1 + 0.6937$
이므로 정수 부분은 -1, 소수 부분은 0.6937이다.

유형 마스터 Pattern

• 본문 020~021쪽

079 답 ⑤

① $\log 20 = \log(10\times 2) = \log 10 + \log 2 = 1 + 0.3010 = 1.3010$

② $\log 5 = \log \frac{10}{2} = \log 10 - \log 2 = 1 - 0.3010 = 0.6990$

③ $\log 4 = \log 2^2 = 2\log 2 = 2\times 0.3010 = 0.6020$

④ $\log 0.5 = \log \frac{1}{2} = -\log 2 = -0.3010$

⑤ $\log 0.2 = \log(10^{-1}\times 2) = \log 10^{-1} + \log 2$
$= -1 + 0.3010 = -0.6990$

따라서 옳지 않은 것은 ⑤이다.

> **선생님 톡톡**
> log 2의 값이 주어져 있으므로 보기의 상용로그를 log 2가 포함되도록 변형해야 해.

080 답 ②

상용로그표에서 $\log 8.18 = 0.9128$이므로

$\log \sqrt{8.18} = \log 8.18^{\frac{1}{2}} = \frac{1}{2}\log 8.18$

$= \frac{1}{2}\times 0.9128 = 0.4564$

081 답 0.00415

$\log x = -2.3820 = -3 + (1-0.3820) = -3 + 0.6180$
$= \log(10^{-3}\times 4.15) = \log 0.00415$

$\therefore x = 0.00415$

082 답 ①

$\log A\sqrt{A} = \frac{3}{2}\log A = \frac{3}{2}\times(-4.68)$
$= -7.02 = -8 + 0.98$

따라서 $\log A\sqrt{A}$의 정수 부분은 -8이다.

083 답 ②

$\log_3 27 < \log_3 60 < \log_3 81$에서 $3 < \log_3 60 < 4$이므로

$\log_3 60 = 3.\times\times\times$

$\therefore p = 3,$

$q = \log_3 60 - 3 = \log_3 60 - \log_3 3^3 = \log_3 \frac{60}{27} = \log_3 \frac{20}{9}$

$\therefore 9(p + 3^q) = 9(3 + 3^{\log_3 \frac{20}{9}})$

$= 9\left(3 + \frac{20}{9}\right) = 47$

084 답 ①

$\log_2 \frac{1}{16} < \log_2 \frac{1}{12} < \log_2 \frac{1}{8}$에서 $-4 < \log_2 \frac{1}{12} < -3$이므로

$\log_2 \frac{1}{12} = -3.\times\times\times$

$\therefore a = -4,$

$b = \log_2 \frac{1}{12} - (-4) = \log_2 \frac{1}{12} + 4 = \log_2 \frac{1}{12} + \log_2 2^4$

$= \log_2\left(\frac{1}{12}\times 16\right) = \log_2 \frac{4}{3}$

$\therefore a\times 2^b = (-4)\times 2^{\log_2 \frac{4}{3}} = (-4)\times \frac{4}{3} = -\frac{16}{3}$

085 답 ③

$\log 3^{20} = 20\log 3 = 20\times 0.4771 = 9.542$

따라서 $\log 3^{20}$의 정수 부분은 9이므로 ← $9 < \log 3^{20} < 10$이므로 $\log 10^9 < \log 3^{20} < \log 10^{10}$

3^{20}은 10자리의 자연수이다.

086 답 ③

$\log 2^{15} = 15\log 2 = 15\times 0.3010 = 4.515$

$\log 2^{15}$의 소수 부분은 0.515이고,

$\log 3 = 0.4771$, $\log 4 = 2\log 2 = 2\times 0.3010 = 0.6020$이므로

$\log 3 < 0.515 < \log 4$, $4 + \log 3 < 4.515 < 4 + \log 4$

$\log(3\times 10^4) < \log 2^{15} < \log(4\times 10^4)$

$\therefore 3\times 10^4 < 2^{15} < 4\times 10^4$

따라서 2^{15}의 최고 자리의 숫자는 3이다.

087 답 ②

$\log\left(\frac{1}{2}\right)^{20} = \log 2^{-20} = -20\log 2 = -20\times 0.3010$

$= -6.02 = -7 + 0.98$

따라서 $\log\left(\frac{1}{2}\right)^{20}$의 정수 부분은 -7이므로 $\left(\frac{1}{2}\right)^{20}$은 소수점 아래 7째 자리에서 처음으로 0이 아닌 숫자가 나타난다.

$\therefore n = 7$

088 답 ③

규모가 3인 지진파 에너지가 E_1이므로

$\log E_1 = 11.8 + 1.5\times 3 = 16.3$

규모가 4인 지진파 에너지가 E_2이므로

$\log E_2 = 11.8 + 1.5\times 4 = 17.8$

$\therefore \log \frac{E_2}{E_1} = \log E_2 - \log E_1 = 17.8 - 16.3 = 1.5$

$\therefore \frac{E_2}{E_1} = 10^{1.5} = 10^{\frac{3}{2}} = 10\sqrt{10}$

따라서 $E_2 = 10\sqrt{10}E_1$이므로 E_2는 E_1의 $10\sqrt{10}$배이다.

089 답 $\frac{1}{1000}$배

리히터 규모가 a인 지진의 에너지를 x_a erg라 하면

$\log x_a = k + \frac{3}{2}a$

리히터 규모가 $(a+2)$인 지진의 에너지를 x_{a+2} erg라 하면

$\log x_{a+2} = k + \frac{3}{2}(a+2) = k + 3 + \frac{3}{2}a$

$\therefore \log \frac{x_a}{x_{a+2}} = \log x_a - \log x_{a+2}$

$= \left(k + \frac{3}{2}a\right) - \left(k + 3 + \frac{3}{2}a\right) = -3$

$\therefore \frac{x_a}{x_{a+2}} = 10^{-3} = \frac{1}{1000}$

따라서 $x_a = \frac{1}{1000}x_{a+2}$이므로 리히터 규모가 a인 지진의 에너지는 리히터 규모가 $(a+2)$인 지진의 에너지의 $\frac{1}{1000}$배이다.

090 답 8.55

전자기기로부터 3 m 떨어진 곳에서의 전자파의 세기가 T_1이므로

$T_1=T_0\times(\sqrt[9]{0.2})^3$

전자기기로부터 15 m 떨어진 곳에서의 전자파의 세기가 T_2이므로

$T_2=T_0\times(\sqrt[9]{0.2})^{15}$

$\therefore \dfrac{T_1}{T_2}=\dfrac{T_0\times(\sqrt[9]{0.2})^3}{T_0\times(\sqrt[9]{0.2})^{15}}=(\sqrt[9]{0.2})^{-12}=0.2^{-\frac{4}{3}}$

양변에 상용로그를 취하면

$\log\dfrac{T_1}{T_2}=\log 0.2^{-\frac{4}{3}}=-\dfrac{4}{3}\log 0.2$

$=-\dfrac{4}{3}\log(2\times10^{-1})=-\dfrac{4}{3}(\log 2-1)$

$=-\dfrac{4}{3}(0.301-1)=0.932=\log 8.55$

따라서 $\dfrac{T_1}{T_2}=8.55$에서 $T_1=8.55\,T_2$이므로 $k=8.55$이다.

실전력 업 Real

• 본문 022~024쪽

091 답 ②

One Point Lesson

로그의 정의를 이용하여 2^x의 값을 구하고, 지수법칙을 이용한다.

$x=\log_2(\sqrt{5}-2)$에서 $2^x=\sqrt{5}-2$이므로

$4^x=(2^2)^x=(2^x)^2=(\sqrt{5}-2)^2=9-4\sqrt{5}$

$4^{-x}=(4^x)^{-1}=\dfrac{1}{9-4\sqrt{5}}=9+4\sqrt{5}$

$\dfrac{1}{9-4\sqrt{5}}=\dfrac{9+4\sqrt{5}}{(9-4\sqrt{5})(9+4\sqrt{5})}=\dfrac{9+4\sqrt{5}}{9^2-(4\sqrt{5})^2}=9+4\sqrt{5}$

$\therefore 4^x+4^{-x}=(9-4\sqrt{5})+(9+4\sqrt{5})=18$

092 답 ②

One Point Lesson

로그의 밑과 진수의 조건을 동시에 만족시키는 a의 값의 범위를 구한다.

밑의 조건에서 $a^2>0$, $a^2\neq1$

$\therefore a\neq-1,\ a\neq0,\ a\neq1$ …… ㉠

진수의 조건에서 모든 실수 x에 대하여 $x^2+2ax+10>0$이어야 하므로 이차방정식 $x^2+2ax+10=0$의 판별식을 D라 하면

$\dfrac{D}{4}=a^2-10<0,\ (a+\sqrt{10})(a-\sqrt{10})<0$

$\therefore -\sqrt{10}<a<\sqrt{10}$ …… ㉡

㉠, ㉡의 공통부분에서 정수 a의 개수는 $-3,\ -2,\ 2,\ 3$의 4이다.

093 답 ②

One Point Lesson

로그의 밑이 같은 것끼리 묶어서 로그의 성질을 이용한다.

$abc=1$이므로 $ab=\dfrac{1}{c},\ bc=\dfrac{1}{a},\ ac=\dfrac{1}{b}$

$\therefore \log_a b+\log_b a+\log_b c+\log_c b+\log_c a+\log_a c$

$=(\log_a b+\log_a c)+(\log_b a+\log_b c)+(\log_c b+\log_c a)$

$=\log_a bc+\log_b ac+\log_c ab$

$=\log_a\dfrac{1}{a}+\log_b\dfrac{1}{b}+\log_c\dfrac{1}{c}$

$=\log_a a^{-1}+\log_b b^{-1}+\log_c c^{-1}$

$=(-1)+(-1)+(-1)=-3$

094 답 ⑤

One Point Lesson

주어진 등식과 구하는 식을 밑이 2인 로그로 통일한다.

$\log_a 2=10$에서 $\log_2 a=\dfrac{1}{10}$

$\log_b 4=\log_b 2^2=2\log_b 2=5$에서

$\log_b 2=\dfrac{5}{2}\qquad\therefore \log_2 b=\dfrac{2}{5}$

$\therefore \log_a 8b=\dfrac{\log_2 8b}{\log_2 a}=\dfrac{\log_2 2^3+\log_2 b}{\log_2 a}=\dfrac{3+\frac{2}{5}}{\frac{1}{10}}=34$

다른 풀이

$\log_a 2=10$에서 $a^{10}=2\qquad\therefore a=2^{\frac{1}{10}}$

$\log_b 4=5$에서 $b^5=4=2^2\qquad\therefore b=2^{\frac{2}{5}}$

$\therefore \log_a 8b=\log_{2^{\frac{1}{10}}}(2^3\cdot2^{\frac{2}{5}})=\log_{2^{\frac{1}{10}}}2^{\frac{17}{5}}$

$=10\cdot\dfrac{17}{5}\log_2 2=34$

095 답 ④

One Point Lesson

로그의 성질을 이용하여 지수를 간단히 한다.

$\log_2\left(1-\dfrac{1}{3^2}\right)+\log_2\left(1-\dfrac{1}{4^2}\right)+\log_2\left(1-\dfrac{1}{5^2}\right)+\cdots+\log_2\left(1-\dfrac{1}{20^2}\right)$

$=\log_2\left\{\left(1-\dfrac{1}{3^2}\right)\left(1-\dfrac{1}{4^2}\right)\left(1-\dfrac{1}{5^2}\right)\cdots\cdots\left(1-\dfrac{1}{20^2}\right)\right\}$

$=\log_2\left\{\left(1-\dfrac{1}{3}\right)\left(1+\dfrac{1}{3}\right)\left(1-\dfrac{1}{4}\right)\left(1+\dfrac{1}{4}\right)\left(1-\dfrac{1}{5}\right)\left(1+\dfrac{1}{5}\right)\cdots\right.$

$\left.\cdot\left(1-\dfrac{1}{20}\right)\left(1+\dfrac{1}{20}\right)\right\}$

$=\log_2\left(\dfrac{2}{3}\cdot\dfrac{4}{3}\cdot\dfrac{3}{4}\cdot\dfrac{5}{4}\cdot\dfrac{4}{5}\cdot\dfrac{6}{5}\cdots\cdots\dfrac{19}{20}\cdot\dfrac{21}{20}\right)$

$=\log_2\left(\dfrac{2}{3}\cdot\dfrac{21}{20}\right)=\log_2\dfrac{7}{10}$

$\therefore 2^{\log_2\left(1-\frac{1}{3^2}\right)+\log_2\left(1-\frac{1}{4^2}\right)+\log_2\left(1-\frac{1}{5^2}\right)+\cdots+\log_2\left(1-\frac{1}{20^2}\right)}=2^{\log_2\frac{7}{10}}=\dfrac{7}{10}$

096 답 ②

One Point Lesson

로그의 정의를 이용하여 x, y를 로그로 나타낸다.

$3^x=2$에서 $\log_3 2=x$

$3^y=5$에서 $\log_3 5=y$

$\therefore \log_{90}300=\dfrac{\log_3 300}{\log_3 90}=\dfrac{\log_3(2^2\cdot3\cdot5^2)}{\log_3(2\cdot3^2\cdot5)}$

$=\dfrac{2\log_3 2+1+2\log_3 5}{\log_3 2+2+\log_3 5}=\dfrac{2x+2y+1}{x+y+2}$

097 답 ①

One Point Lesson

주어진 등식의 양변에 x를 밑으로 하는 로그를 취한다.

$x^2y^5=1$의 양변에 x를 밑으로 하는 로그를 취하면

$\log_x x^2y^5=\log_x 1,\ \log_x x^2+\log_x y^5=0$

$2+5\log_x y=0\qquad\therefore \log_x y=-\dfrac{2}{5}$

$\therefore \log_x x^3y^2 = \log_x x^3 + \log_x y^2 = 3 + 2\log_x y$

$= 3 + 2\cdot\left(-\frac{2}{5}\right) = \frac{11}{5}$

다른 풀이

$x^2y^5 = 1$에서 $y^5 = x^{-2}$ $\quad \therefore y^2 = x^{-\frac{4}{5}}$

$\therefore \log_x x^3y^2 = \log_x (x^3 \cdot x^{-\frac{4}{5}}) = \log_x x^{\frac{11}{5}} = \frac{11}{5}$

098 답 9

One Point Lesson

로그의 정의를 이용하여 x, y, z를 로그로 나타낸 후 주어진 등식에 대입한다.

$a^x = b^y = c^z = \frac{1}{81} = 3^{-4}$에서

$x = -4\log_a 3$, $y = -4\log_b 3$, $z = -4\log_c 3$

$\therefore \frac{1}{x} + \frac{1}{y} + \frac{1}{z} = -\frac{1}{4\log_a 3} + \left(-\frac{1}{4\log_b 3}\right) + \left(-\frac{1}{4\log_c 3}\right)$

$= -\frac{1}{4}(\log_3 a + \log_3 b + \log_3 c)$

$= -\frac{1}{4}\log_3 abc$

이때 $\frac{1}{x} + \frac{1}{y} + \frac{1}{z} = -\frac{1}{2}$이므로

$-\frac{1}{4}\log_3 abc = -\frac{1}{2}$, $\log_3 abc = 2$

$\therefore abc = 3^2 = 9$

099 답 6

One Point Lesson

이차방정식의 근과 계수의 관계를 이용하여 a, b의 값을 각각 구한다.

이차방정식의 근과 계수의 관계에 의하여

$\log_2 a + \log_2 b = 4$, $\log_2 a \cdot \log_2 b = \frac{k}{2}$

$\log_2 a + \log_2 b = 4$에서 $\log_2 ab = 4$

$\therefore ab = 2^4 = 16$ $\quad \cdots\cdots$ ㉠

이때 $a + b = 10$이므로 $b = 10 - a$를 ㉠에 대입하면

$a(10-a) = 16$, $a^2 - 10a + 16 = 0$

$(a-2)(a-8) = 0$

$\therefore a = 2$ 또는 $a = 8$

따라서 $a = 2$, $b = 8$ 또는 $a = 8$, $b = 2$이므로

$\log_2 a \cdot \log_2 b = \frac{k}{2}$에서

$\frac{k}{2} = \log_2 2 \cdot \log_2 8 = 1 \cdot \log_2 2^3 = 3$

$\therefore k = 6$

100 답 ④

One Point Lesson

구하는 식을 간단히 정리한 후 $\log x$의 값을 대입한다.

$\log\sqrt{x} = 0.48$에서

$\frac{1}{2}\log x = 0.48$ $\quad \therefore \log x = 0.96$

$\therefore \log x^2 + \log\frac{1}{\sqrt{x}} = 2\log x - \frac{1}{2}\log x$

$= \frac{3}{2}\log x = \frac{3}{2} \times 0.96 = 1.44$

101 답 ③

One Point Lesson

$\log N = n + \alpha$ (n은 정수, $0 \le \alpha < 1$)일 때, 상용로그 $\log N$의 정수 부분은 n, 소수 부분은 $\alpha = \log N - n$이다.

$\log 10 < \log 50 < \log 100$에서 $1 < \log 50 < 2$이므로

$\log 50 = 1.\times\times\times$

$\therefore a = 1$,

$b = \log 50 - 1 = \log 50 - \log 10 = \log\frac{50}{10} = \log 5$

$\therefore \frac{10^a + 10^b}{10^a - 10^b} = \frac{10 + 10^{\log 5}}{10 - 10^{\log 5}} = \frac{10 + 5}{10 - 5} = 3$

102 답 ⑤

One Point Lesson

A^k이 $(n+1)$자리의 자연수이면 $n \le \log A^k < n+1$이다.

2^n이 17자리의 자연수가 되려면 $\log 2^n$의 정수 부분이 16이어야 한다.

$16 \le \log 2^n < 17$, $16 \le n\log 2 < 17$

$16 \le n \times 0.3 < 17$

$\therefore 53.\times\times\times \le n < 56.\times\times\times$

따라서 자연수 n의 값은 54, 55, 56이므로 그 합은

$54 + 55 + 56 = 165$

103 답 ①

One Point Lesson

빛이 이 유리판을 n장 통과하면 그 밝기는 처음 밝기의 $\left(1 - \frac{10}{100}\right)^n$배이다.

밝기가 300 lx인 빛이 이 유리판을 6장 통과하였을 때의 빛의 밝기는

$300\left(1 - \frac{10}{100}\right)^6 = 300 \times 0.9^6$(lx)

(→ 밝기가 10 %씩 감소하므로 통과한 빛의 밝기는 90 %이다.)

이때

$\log(300 \times 0.9^6) = \log(3 \times 10^2) + 6\log(3^2 \times 10^{-1})$

$= \log 3 + 2 + 6(2\log 3 - 1)$

$= 13\log 3 - 4 = 13 \times 0.477 - 4$

$= 2.201 = 2 + 0.201$

$= \log 10^2 + \log 1.59$

$= \log(10^2 \times 1.59)$

$= \log 159$

이므로 밝기가 300 lx인 빛이 이 유리판을 6장 통과하였을 때의 빛의 밝기는 159 lx이다.

104 답 5

$\log_a b : \log_c b = 2 : 1$에서 $2\log_c b = \log_a b$

$\frac{2}{\log_b c} = \frac{1}{\log_b a}$, $2\log_b a = \log_b c$

$\log_b a^2 = \log_b c$

$\therefore a^2 = c$

❶

$\therefore \log_{\sqrt{c}} a + 2\log_a c = \log_{\sqrt{a^2}} a + 2\log_a a^2$

$= \log_a a + 4\log_a a$

$= 1 + 4 = 5$

❷

채점 기준	배점 비율
❶ a, c 사이의 관계식 구하기	60 %
❷ 주어진 식의 값 구하기	40 %

03 지수함수

개념 체크 Concept • 본문 026쪽

105 답 ㄱ, ㄷ, ㄹ

ㄴ. $y=x^5$은 다항함수이다.

106 답 해설 참조

(1) 밑이 1보다 크므로 함수 $y=2^x$의 그래프는 오른쪽 그림과 같다.

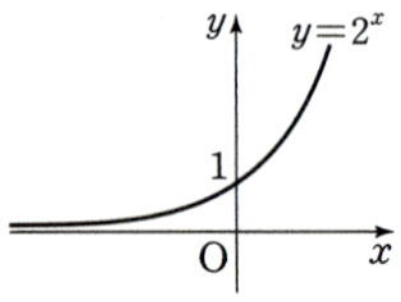

(2) 밑이 0보다 크고 1보다 작으므로 함수 $y=\left(\frac{1}{2}\right)^x$의 그래프는 오른쪽 그림과 같다.

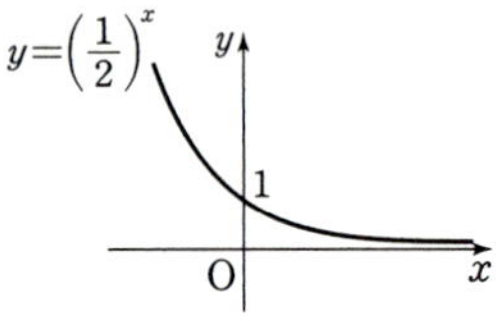

107 답 (1) $y=3^{x-1}-2$ (2) $y=-3^x$ (3) $y=\left(\frac{1}{3}\right)^x$ (4) $y=-\left(\frac{1}{3}\right)^x$

(1) $y-(-2)=3^{x-1}$에서 $y=3^{x-1}-2$

(2) $-y=3^x$에서 $y=-3^x$

(3) $y=3^{-x}$에서 $y=(3^{-1})^x$ $\quad\therefore y=\left(\frac{1}{3}\right)^x$

(4) $-y=3^{-x}$에서 $y=-(3^{-1})^x$ $\quad\therefore y=-\left(\frac{1}{3}\right)^x$

108 답 해설 참조

(1) 함수 $y=a^{x-2}$의 그래프는 함수 $y=a^x$의 그래프를 x축의 방향으로 2만큼 평행이동한 것이므로 오른쪽 그림과 같다.

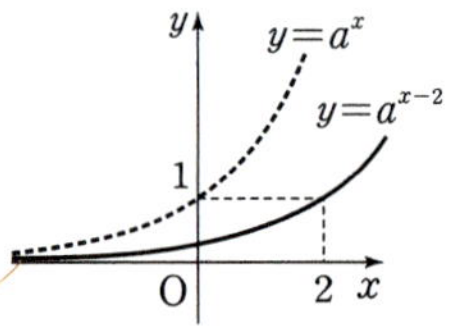

이 그래프는 x의 값이 증가하면 y의 값도 증가하며, 점 (2, 1)을 지나고 점근선은 x축이다.

(2) 함수 $y=a^x-1$의 그래프는 함수 $y=a^x$의 그래프를 y축의 방향으로 -1만큼 평행이동한 것이므로 오른쪽 그림과 같다.

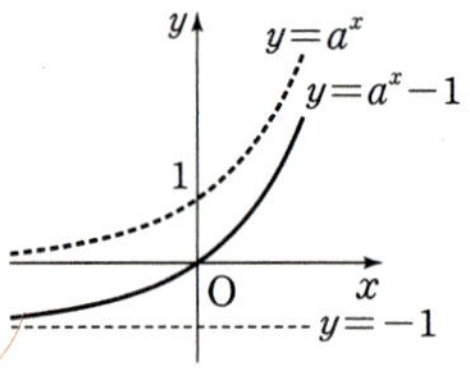

이 그래프는 x의 값이 증가하면 y의 값도 증가하며, 원점을 지나고 점근선은 직선 $y=-1$이다.

(3) 함수 $y=-a^x$의 그래프는 함수 $y=a^x$의 그래프를 x축에 대하여 대칭이동한 것이므로 오른쪽 그림과 같다.

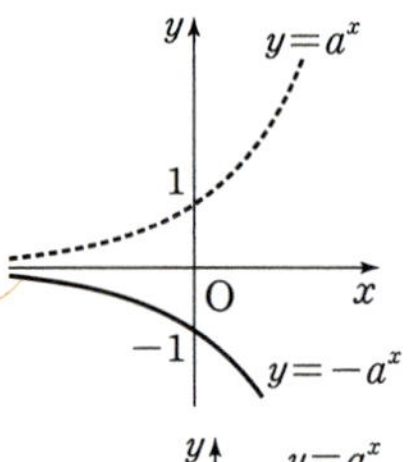

이 그래프는 x의 값이 증가하면 y의 값은 감소하며, 점 (0, -1)을 지나고 점근선은 x축이다.

(4) $y=-\frac{1}{a^x}$에서 $-y=\left(\frac{1}{a}\right)^x$이므로

$y=-a^{-x}$

즉, 함수 $y=-\frac{1}{a^x}$의 그래프는 함수 $y=a^x$의 그래프를 원점에 대하여 대칭이동한 것이므로 오른쪽 그림과 같다.

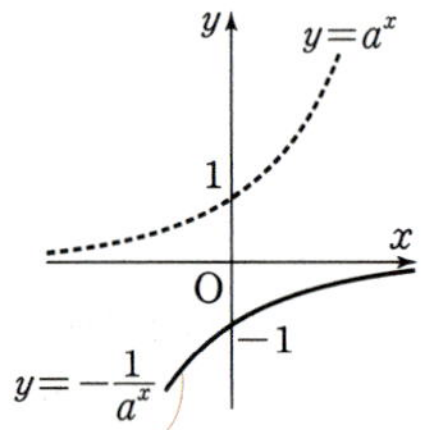

이 그래프는 x의 값이 증가하면 y의 값도 증가하며, 점 (0, -1)을 지나고 점근선은 x축이다.

유형 마스터 Pattern • 본문 027~028쪽

109 답 ㄱ, ㄷ

ㄱ. 임의의 실수 x에 대하여 $\left(\frac{1}{3}\right)^x>0$이므로 함수 $f(x)$의 치역은 양의 실수 전체의 집합이다. (참)

ㄴ. 밑이 0보다 크고 1보다 작으므로 $x_1<x_2$이면 $f(x_1)>f(x_2)$이다. (거짓)

ㄷ. 함수 $f(x)=\left(\frac{1}{3}\right)^x$의 그래프가 x축에 한없이 가까워지므로 점근선은 x축이다. (참)

따라서 옳은 것은 ㄱ, ㄷ이다.

110 답 ⑤

① $a^0=1$이므로 그래프는 점 (0, 1)을 지난다.

② 함수 $y=a^x$ $(a>1)$의 그래프는 오른쪽 그림과 같으므로 제1사분면과 제2사분면을 지난다.

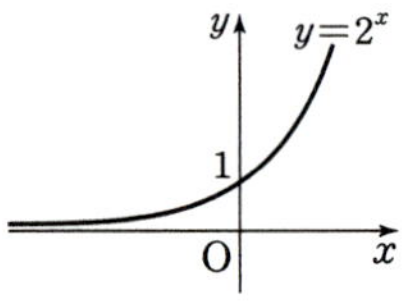

⑤ $a>1$이므로 x의 값이 증가하면 y의 값도 증가한다.

따라서 옳지 않은 것은 ⑤이다.

111 답 $\frac{1}{4}$

$f(-1)-f(1)=\frac{15}{4}$에서

$a^{-1}-a=\frac{15}{4}$, $\frac{1}{a}-a=\frac{15}{4}$

위의 식의 양변에 $4a$를 곱하여 정리하면

$4a^2+15a-4=0$, $(a+4)(4a-1)=0$

$\therefore a=\frac{1}{4}$ ($\because 0<a<1$)

112 답 3

함수 $y=2^{2x}$의 그래프를 x축의 방향으로 m만큼, y축의 방향으로 n만큼 평행이동한 그래프의 식은 (x 대신 $x-m$을 대입, y 대신 $y-n$을 대입)

$y-n=2^{2(x-m)}$, $y=2^{2x}\times2^{-2m}+n$

$\therefore y=\frac{1}{2^{2m}}\times4^x+n$

위의 식이 $y=\frac{1}{8}\times4^x+2$와 일치하므로

$\frac{1}{2^{2m}}=\frac{1}{8}$, $n=2$

$\frac{1}{2^{2m}}=\frac{1}{8}=\frac{1}{2^3}$에서

$2m=3$ $\quad\therefore m=\frac{3}{2}$

$\therefore mn=\frac{3}{2}\times2=3$

113 답 $\frac{3}{2}$

$y=4\times2^x+1$에서 $y=2^{x+2}+1$이므로 이 함수의 그래프를 y축에 대하여 대칭이동한 그래프의 식은

$y=2^{-x+2}+1$

위의 식의 그래프를 x축의 방향으로 1만큼, y축의 방향으로 a만큼 평행이동한 그래프의 식은

$y-a=2^{-(x-1)+2}+1$ 함수식을 $y=b^{x-c}-1$의 x의 계수가 1이므로

$\therefore y=\left(\frac{1}{2}\right)^{x-3}+a+1$ 밑을 $\frac{1}{2}$로 나타내어 x의 계수를 1로 만든다.

위의 식이 $y=b^{x-c}-1$과 일치하므로

$a+1=-1$, $b=\frac{1}{2}$, $c=3$

$a+1=-1$에서

$a=-2$

$\therefore a+b+c=-2+\frac{1}{2}+3=\frac{3}{2}$

114 답 ⑤

ㄱ. $y=\left(\frac{9}{4}\right)^{x-1}+1$에서 $y=\left(\frac{4}{9}\right)^{-x+1}+1$

즉, $y-1=\left(\frac{4}{9}\right)^{-(x-1)}$이므로 함수 $y=\left(\frac{9}{4}\right)^{x-1}+1$의 그래프는 함수 $y=\left(\frac{4}{9}\right)^{x}$의 그래프를 y축에 대하여 대칭이동한 후 x축의 방향으로 1만큼, y축의 방향으로 1만큼 평행이동한 것이다.

ㄴ. $\frac{2}{3}=\left(\frac{4}{9}\right)^{\frac{1}{2}}$이므로

$y=\frac{2}{3}\times\left(\frac{4}{9}\right)^{x}=\left(\frac{4}{9}\right)^{\frac{1}{2}}\times\left(\frac{4}{9}\right)^{x}=\left(\frac{4}{9}\right)^{x+\frac{1}{2}}$

즉, 함수 $y=\frac{2}{3}\times\left(\frac{4}{9}\right)^{x}$의 그래프는 함수 $y=\left(\frac{4}{9}\right)^{x}$의 그래프를 x축의 방향으로 $-\frac{1}{2}$만큼 평행이동한 것이다.

ㄷ. $y=\left(\frac{3}{2}\right)^{2x}+2=\left(\frac{4}{9}\right)^{-x}+2$

즉, 함수 $y=\left(\frac{3}{2}\right)^{2x}+2$의 그래프는 함수 $y=\left(\frac{4}{9}\right)^{x}$의 그래프를 y축에 대하여 대칭이동한 후 y축의 방향으로 2만큼 평행이동한 것이다.

따라서 겹쳐질 수 있는 그래프의 식은 ㄱ, ㄴ, ㄷ이다.

115 답 ④

$A=2^{\sqrt{3}}$

$B=\sqrt[3]{16}=(2^4)^{\frac{1}{3}}=2^{\frac{4}{3}}$

$C=\sqrt{8\sqrt[3]{2}}=(2^3\cdot 2^{\frac{1}{3}})^{\frac{1}{2}}=2^{\frac{10}{3}\cdot\frac{1}{2}}=2^{\frac{5}{3}}$

이때 $\frac{4}{3}<\frac{5}{3}<\sqrt{3}$이고 밑이 1보다 크므로

$2^{\frac{4}{3}}<2^{\frac{5}{3}}<2^{\sqrt{3}}$ $\frac{5}{3}\fallingdotseq 1.666$, $\sqrt{3}\fallingdotseq 1.732$

$\therefore B<C<A$

116 답 ⑤

$A=\frac{\sqrt{3}}{9}=3^{\frac{1}{2}}\cdot 3^{-2}=3^{-\frac{3}{2}}$

$B=\frac{\sqrt[3]{243}}{27}=3^{\frac{5}{3}}\cdot 3^{-3}=3^{-\frac{4}{3}}$

$C=\frac{\sqrt{81\sqrt{3}}}{81}=(3^4\cdot 3^{\frac{1}{2}})^{\frac{1}{2}}\cdot 3^{-4}=3^{\frac{9}{2}\cdot\frac{1}{2}}\cdot 3^{-4}=3^{\frac{9}{4}}\cdot 3^{-4}=3^{-\frac{7}{4}}$

이때 $-\frac{7}{4}<-\frac{3}{2}<-\frac{4}{3}$이고 밑이 1보다 크므로

$3^{-\frac{7}{4}}<3^{-\frac{3}{2}}<3^{-\frac{4}{3}}$ $-\frac{21}{12}<-\frac{18}{12}<-\frac{16}{12}$

$\therefore C<A<B$

117 답 ②

$f(x)=a^x$이라 하면 $0<a<1$이므로

$f(0)>f(a)>f(1)$ $0<a<1$이므로 x의 값이 증가하면 $f(x)$의 값은 감소한다.

$\therefore a<a^a<1$ ······ ㉠

㉠에서

$f(a)>f(a^a)>f(1)$

$\therefore a<a^{a^a}<a^a$

118 답 3

주어진 함수의 그래프의 점근선의 방정식이 $y=-3$이므로

$n=-3$

또한, 그래프가 점 $(-2, 0)$을 지나므로

$0=\left(\frac{1}{3}\right)^{-2-m}-3$, $3^{m+2}=3$

$m+2=1$ $\therefore m=-1$

$\therefore mn=(-1)\cdot(-3)=3$

119 답 ③

두 점 $A(x_1, y_1)$, $B(x_2, y_2)$가 함수 $y=2^x$의 그래프 위의 점이므로

$y_1=2^{x_1}$, $y_2=2^{x_2}$

이때 $y_1y_2=4$이므로

$y_1y_2=2^{x_1}\cdot 2^{x_2}=2^{x_1+x_2}=4=2^2$

$\therefore x_1+x_2=2$

120 답 ①

점 C의 좌표가 $(0, 1)$이고 삼각형 ABC의 넓이가 3이므로

$\frac{1}{2}\cdot(4-1)\cdot\overline{AB}=3$ $\therefore \overline{AB}=2$

$B(k, a^{2k})$, $A(k+2, a^{k+2})$ $(k>0)$이라 하면 $a^{2k}=a^{k+2}$이므로

$2k=k+2$ $\therefore k=2$ $\overline{AB}=2$이고 점 A의 x좌표가 점 B의 x좌표보다 크므로 점 B의 x좌표를 k라 하면 점 A의 x좌표는 $k+2$이다.

점 B의 y좌표가 4이므로

$a^{2\cdot 2}=a^4=4$

$\therefore a=\sqrt{2}$ ($\because a>1$)

개념 체크 Concept • 본문 029쪽

121 답 (1) 최댓값: 8, 최솟값: $\frac{1}{2}$ (2) 최댓값: 1, 최솟값: $\frac{1}{9}$ (3) 최댓값: 3, 최솟값: $\frac{5}{4}$ (4) 최댓값: 3, 최솟값: $\frac{1}{9}$

(1) 함수 $y=2^x$은 x의 값이 증가하면 y의 값도 증가하므로

$-1\le x\le 3$에서

$x=3$일 때 최댓값 $2^3=8$,

$x=-1$일 때 최솟값 $2^{-1}=\frac{1}{2}$

을 갖는다.

(2) 함수 $y=\left(\frac{1}{3}\right)^x$은 x의 값이 증가하면 y의 값은 감소하므로

$0\le x\le 2$에서

$x=0$일 때 최댓값 $\left(\frac{1}{3}\right)^0=1$,

$x=2$일 때 최솟값 $\left(\frac{1}{3}\right)^2=\frac{1}{9}$

을 갖는다.

(3) 함수 $y=2^{-x}+1$은 x의 값이 증가하면 y의 값은 감소하므로
$-1\le x\le 2$에서

함수 $y=2^{-x}$의 그래프를 y축의 방향으로 1만큼 평행이동한 것이다.

$x=-1$일 때 최댓값 $2^{-(-1)}+1=3$,

$x=2$일 때 최솟값 $2^{-2}+1=\frac{1}{4}+1=\frac{5}{4}$

를 갖는다.

(4) $y=9\times 3^x=3^2\times 3^x=3^{x+2}$

함수 $y=3^x$의 그래프를 x축의 방향으로 -2만큼 평행이동한 것이다.

즉, 함수 $y=3^{x+2}$은 x의 값이 증가하면 y의 값도 증가하므로
$-4\le x\le -1$에서

$x=-1$일 때 최댓값 $3^{-1+2}=3$,

$x=-4$일 때 최솟값 $3^{-4+2}=\frac{1}{9}$

을 갖는다.

122 답 (1) 최솟값 : $\frac{1}{2}$ (2) 최댓값 : 3

(1) $f(x)=x^2-1$이라 하면 함수 $y=2^{f(x)}$은 밑이 1보다 크므로
$f(0)=-1$, 즉 $x=0$일 때 최솟값 $2^{f(0)}=2^{-1}=\frac{1}{2}$을 갖는다.

(2) $f(x)=-x^2+2x$라 하면 $f(x)=-(x-1)^2+1$
함수 $y=3^{f(x)}$은 밑이 1보다 크므로 $f(1)=1$, 즉 $x=1$일 때 최댓값 $3^{f(1)}=3^1=3$을 갖는다.

123 답 (1) 최솟값 : -1 (2) 최댓값 : 3

(1) $y=4^x-2\times 2^x=(2^x)^2-2\times 2^x$

$2^x=t\ (t>0)$라 하면

$y=t^2-2t=(t-1)^2-1$

$2^x=1=2^0$에서 $x=0$

이므로 $t=1$, 즉 $x=0$일 때 최솟값 -1을 갖는다.

(2) $y=-\left(\frac{1}{9}\right)^x+6\times\left(\frac{1}{3}\right)^x-6=-\left\{\left(\frac{1}{3}\right)^x\right\}^2+6\cdot\left(\frac{1}{3}\right)^x-6$

$\left(\frac{1}{3}\right)^x=t\ (t>0)$라 하면

$y=-t^2+6t-6=-(t-3)^2+3$

이므로 $t=3$, 즉 $x=-1$일 때 최댓값 3을 갖는다.

$\left(\frac{1}{3}\right)^x=3=\left(\frac{1}{3}\right)^{-1}$에서 $x=-1$

유형 마스터 Pattern

• 본문 030~031쪽

124 답 ⑤

함수 $y=\left(\frac{1}{5}\right)^{2x+1}-1$은 x의 값이 증가하면 y의 값은 감소하므로

$-2\le x\le 1$에서

$x=-2$일 때 최댓값 $\left(\frac{1}{5}\right)^{-3}-1=125-1=124$,

$x=1$일 때 최솟값 $\left(\frac{1}{5}\right)^3-1=\frac{1}{125}-1=-\frac{124}{125}$

를 갖는다.

따라서 $M=124$, $m=-\frac{124}{125}$이므로

$\frac{M}{m}=\frac{124}{-\frac{124}{125}}=-125$

125 답 ③

함수 $y=2^{x-1}+k$는 x의 값이 증가하면 y의 값도 증가하므로
$0\le x\le 2$에서

$x=0$일 때 최솟값 $2^{-1}+k=\frac{1}{2}+k$를 갖고, 최솟값이 3이므로

$\frac{1}{2}+k=3 \quad \therefore k=\frac{5}{2}$

또한, $x=2$일 때 최댓값 $2+\frac{5}{2}=\frac{9}{2}$를 가지므로

$M=\frac{9}{2}$

$\therefore M+k=\frac{9}{2}+\frac{5}{2}=7$

126 답 ②

$f(x)=2^{m-2x}+n=2^{-2\left(x-\frac{m}{2}\right)}+n=\left(\frac{1}{4}\right)^{x-\frac{m}{2}}+n$

즉, 함수 $f(x)$는 x의 값이 증가하면 y의 값은 감소하므로
$-1\le x\le 0$에서

$x=-1$일 때 최댓값 $f(-1)=2^{m+2}+n$을 갖고, 최댓값이 6이므로

$2^{m+2}+n=4\cdot 2^m+n=6$ …… ㉠

또한, $x=0$일 때 최솟값 $f(0)=2^m+n$을 갖고, 최솟값이 0이므로

$2^m+n=0$ …… ㉡

㉡에서 $2^m=-n$이므로 이를 ㉠에 대입하면

$4\cdot(-n)+n=6 \quad \therefore n=-2$

$2^m=2$에서 $m=1$ ← $n=-2$를 ㉡에 대입

$\therefore m+n=1+(-2)=-1$

127 답 ③

$f(x)=x^2-4x+5$라 하면 $f(x)=(x-2)^2+1$

$1\le x\le 4$에서 $f(1)=2$, $f(2)=1$, $f(4)=5$이므로

$1\le f(x)\le 5$

함수 $y=3^{f(x)}$은 밑이 1보다 크므로

$f(4)=5$, 즉 $x=4$일 때 최댓값 $3^{f(4)}=3^5=243$,

$f(2)=1$, 즉 $x=2$일 때 최솟값 $3^{f(2)}=3^1=3$

을 갖는다.

따라서 $M=243$, $m=3$이므로

$M+m=243+3=246$

128 답 ②

$f(x)=x^2+2x+a$라 하면 $f(x)=(x+1)^2+a-1$

$1\le x\le 3$에서 $f(1)=a+3$, $f(3)=a+15$이므로

$a+3\le f(x)\le a+15$

함수 $y=\left(\frac{1}{2}\right)^{f(x)}+1$은 밑이 0보다 크고 1보다 작으므로

$f(1)=a+3$, 즉 $x=1$일 때 최댓값을 갖는다.

$\left(\frac{1}{2}\right)^{f(1)}+1=\left(\frac{1}{2}\right)^{a+3}+1=9$에서

$\left(\frac{1}{2}\right)^{a+3}=8$, $\left(\frac{1}{2}\right)^{a+3}=\left(\frac{1}{2}\right)^{-3}$

$a+3=-3 \quad \therefore a=-6$

129 답 64

$h(x)=f(x)g(x)$

$=2^{x^2+1}\cdot\left(\frac{1}{4}\right)^{x-3}=2^{x^2+1}\cdot(2^{-2})^{x-3}$

$=2^{x^2+1}\cdot 2^{-2x+6}=2^{x^2-2x+7}$

밑을 같게 하여 하나의 함수로 나타낸다.

이때 $p(x)=x^2-2x+7$이라 하면 $p(x)=(x-1)^2+6$

함수 $h(x)=2^{p(x)}$은 밑이 1보다 크므로 $p(1)=6$, 즉 $x=1$일 때 최솟값 $2^{p(1)}=2^6=64$를 갖는다.

130 답 ⑤

$y=4^x-2^{x+2}+5=(2^x)^2-4\cdot 2^x+5$

$2^x=t\ (t>0)$라 하면

$y=t^2-4t+5=(t-2)^2+1$

이므로 $t=2$, 즉 $x=1$일 때 최솟값 1을 갖는다.

따라서 $a=1,\ b=1$이므로 ($2^x=2$에서 $x=1$)

$a+b=1+1=2$

선생님 톡톡

이차함수의 최대·최소를 이용하므로 **고등 수학(상)** 의 **06 이차방정식과 이차함수**에서 이차함수의 최대·최소를 복습하는 것이 좋아.

131 답 ③

$y=9^x-4\times 3^{x+1}+2=(3^x)^2-12\times 3^x+2$

$3^x=t\ (t>0)$라 하면 $1\le x\le 2$에서 $3\le t\le 9$

이때

$y=t^2-12t+2=(t-6)^2-34$

이므로 $t=6$일 때 최솟값 -34,

$t=3$ 또는 $t=9$일 때 최댓값 -25를 갖는다. ($(3-6)^2-34=-25$, $(9-6)^2-34=-25$)

따라서 $M=-25,\ m=-34$이므로

$M-m=-25-(-34)=9$

132 답 ④

$y=\left(\frac{1}{4}\right)^x-k\times 2^{1-x}+10=\left\{\left(\frac{1}{2}\right)^x\right\}^2-2k\times\left(\frac{1}{2}\right)^x+10$

$\left(\frac{1}{2}\right)^x=t\ (t>0)$라 하면

$y=t^2-2kt+10=(t-k)^2-k^2+10$

이므로 $t=k$일 때 최솟값 $-k^2+10$을 갖는다.

$-k^2+10=-6$에서

$k^2=16$

$\therefore k=4\ (\because k>0)$

133 답 ③

$4^{x+1}>0,\ 4^{-x}>0$이므로 산술평균과 기하평균의 관계에 의하여

$4^{x+1}+4^{-x}\ge 2\sqrt{4^{x+1}\cdot 4^{-x}}$

$=2\sqrt{4}=2\cdot 2$

$=4$ $\left(\text{단, 등호는 } 4^{x+1}=4^{-x},\ \text{즉 } x=-\frac{1}{2}\text{일 때 성립}\right)$

따라서 주어진 함수의 최솟값은 4이다.

134 답 ⑤

$2^{x+1}>0,\ 2^{3-x}>0$이므로 산술평균과 기하평균의 관계에 의하여

$2^{x+1}+2^{3-x}\ge 2\sqrt{2^{x+1}\cdot 2^{3-x}}$

$=2\sqrt{2^4}=2\cdot 4=8$

이때 등호는 $2^{x+1}=2^{3-x}$일 때 성립하므로

$x+1=3-x,\ 2x=2$

$\therefore x=1$

따라서 $a=1,\ b=8$이므로

$a+b=1+8=9$

135 답 ⑤

$3^{a+x}>0,\ 3^{b-x}>0$이므로 산술평균과 기하평균의 관계에 의하여

$3^{a+x}+3^{b-x}\ge 2\sqrt{3^{a+x}\cdot 3^{b-x}}$

$=2\sqrt{3^{a+b}}=18$

$\therefore \sqrt{3^{a+b}}=9$ ...... ㉠

이때 등호는 $3^{a+x}=3^{b-x}$일 때 성립하고 이를 만족시키는 x의 값이 0이므로

$a+0=b-0$ $\quad\therefore a=b$

㉠에서 $3^{\frac{a+b}{2}}=9$이므로 $a=b$를 대입하면

$3^{\frac{a+a}{2}}=3^a=9=3^2$ $\quad\therefore a=b=2$

$\therefore a^2+b^2=2^2+2^2=8$

개념 체크 Concept

• 본문 032쪽

136 답 (1) $x=7$ (2) $x=-1$ (3) $x=\frac{1}{2}$ (4) $x=-\frac{1}{4}$

(1) $2^x=128$에서 $2^x=2^7$

$\therefore x=7$

(2) $\left(\frac{1}{10}\right)^x=10$에서

$(10^{-1})^x=10,\ 10^{-x}=10$

$-x=1$ $\quad\therefore x=-1$

(3) $3^{x-1}=\frac{\sqrt{3}}{3}$에서 $3^{x-1}=3^{-\frac{1}{2}}$

$x-1=-\frac{1}{2}$ $\quad\therefore x=\frac{1}{2}$

(4) $4^x=\left(\frac{1}{2}\right)^{2x+1}$에서

$(2^2)^x=(2^{-1})^{2x+1},\ 2^{2x}=2^{-2x-1}$

$2x=-2x-1,\ 4x=-1$ $\quad\therefore x=-\frac{1}{4}$

137 답 (1) $x=0$ (2) $x=1$ 또는 $x=2$ (3) $x=-1$ (4) $x=1$

(1) $3^{2x}+3^x-2=0$에서 $(3^x)^2+3^x-2=0$

$3^x=t\ (t>0)$라 하면

$t^2+t-2=0,\ (t+2)(t-1)=0$

$\therefore t=1\ (\because t>0)$

즉, $3^x=1=3^0$이므로

$x=0$

(2) $2^{2x}-6\times 2^x+8=0$에서 $(2^x)^2-6\times 2^x+8=0$

$2^x=t\ (t>0)$라 하면

$t^2-6t+8=0,\ (t-2)(t-4)=0$

$\therefore t=2$ 또는 $t=4$

즉, $2^x=2$ 또는 $2^x=4=2^2$이므로

$x=1$ 또는 $x=2$

(3) $\left(\frac{1}{9}\right)^x-\left(\frac{1}{3}\right)^x-6=0$에서 $\left\{\left(\frac{1}{3}\right)^x\right\}^2-\left(\frac{1}{3}\right)^x-6=0$

$\left(\frac{1}{3}\right)^x=t\ (t>0)$라 하면

$t^2-t-6=0,\ (t+2)(t-3)=0$

$\therefore t=3\ (\because t>0)$

즉, $\left(\frac{1}{3}\right)^x=3=\left(\frac{1}{3}\right)^{-1}$이므로

$x=-1$

(4) $\left(\frac{1}{2}\right)^{2x-1}+\left(\frac{1}{2}\right)^{x}-1=0$에서 $2\left\{\left(\frac{1}{2}\right)^{x}\right\}^{2}+\left(\frac{1}{2}\right)^{x}-1=0$

$\left(\frac{1}{2}\right)^{x}=t\ (t>0)$라 하면

$2t^2+t-1=0,\ (t+1)(2t-1)=0$

$\therefore t=\frac{1}{2}\ (\because t>0)$

즉, $\left(\frac{1}{2}\right)^{x}=\frac{1}{2}$이므로

$x=1$

138 답 (1) $x=1$ 또는 $x=3$ (2) $x=2$ 또는 $x=3$

(1) (i) 밑이 같은 경우 → 지수가 $1-x$로 같으므로 밑이 같으면 된다.

$2x+1=7 \quad \therefore x=3$

(ii) 지수가 0인 경우 → $a^0=1\ (a\neq0)$이므로

양변의 지수가 모두 $1-x$이므로

$1-x=0 \quad \therefore x=1$

(i), (ii)에서 주어진 방정식의 해는

$x=1$ 또는 $x=3$

(2) (i) 지수가 같은 경우 → 밑이 $x-1$로 같으므로 지수가 같으면 된다.

$2x+1=7 \quad \therefore x=3$

(ii) 밑이 1인 경우 → $1^a=1$ (a는 실수)이므로

양변의 밑이 모두 $x-1$이므로

$x-1=1 \quad \therefore x=2$

(i), (ii)에서 주어진 방정식의 해는

$x=2$ 또는 $x=3$

유형 마스터 Pattern · 본문 033~035쪽

139 답 ②

$16^x-2^{x^2+3}=0$에서 $2^{4x}=2^{x^2+3}$ → 밑이 같으므로 지수끼리 같아야 한다.

$4x=x^2+3,\ x^2-4x+3=0$

$(x-1)(x-3)=0$

$\therefore x=1$ 또는 $x=3$

따라서 모든 실근의 합은

$1+3=4$

다른 풀이

이차방정식 $x^2-4x+3=0$에서 근과 계수의 관계에 의하여 두 근의 합은 4이므로 구하는 모든 실근의 합은 4이다.

(판별식)>0이므로 서로 다른 두 실근을 갖는다. / 위의 이차방정식의 근과 같다.

140 답 ⑤

$\left(\frac{2}{3}\right)^{2x-1}=\left(\frac{3}{2}\right)^{x^2-2}$에서 $\left(\frac{2}{3}\right)^{2x-1}=\left(\frac{2}{3}\right)^{-x^2+2}$

$2x-1=-x^2+2,\ x^2+2x-3=0$

$(x+3)(x-1)=0$

$\therefore x=-3$ 또는 $x=1$

따라서 $\alpha=-3,\ \beta=1$ 또는 $\alpha=1,\ \beta=-3$이므로

$\alpha^2+\beta^2=(-3)^2+1^2=10$

다른 풀이

이차방정식 $x^2+2x-3=0$의 두 실근이 $\alpha,\ \beta$이므로 이차방정식의 근과 계수의 관계에 의하여

$\alpha+\beta=-2,\ \alpha\beta=-3$

$\therefore \alpha^2+\beta^2=(\alpha+\beta)^2-2\alpha\beta$

$=(-2)^2-2\cdot(-3)=10$

141 답 ④

$(2^x-4)(3^x-k)=0$에서

$2^x=4$ 또는 $3^x=k$

$2^x=4$에서 $2^x=2^2 \quad \therefore x=2$ → 두 근 4, α 중 한 근이 2이므로 $\alpha=2$

이때 주어진 방정식의 두 근이 4, α이므로 $\alpha=2$이다.

한편, $3^x=k$에서 주어진 방정식의 근이 4이므로

$k=3^4=81$

$\therefore \alpha+k=2+81=83$

142 답 ②

$3^{2x+1}-10\times3^x+3=0$에서 $3\times(3^x)^2-10\times3^x+3=0$

$3^x=t\ (t>0)$라 하면

$3t^2-10t+3=0,\ (3t-1)(t-3)=0$

$\therefore t=\frac{1}{3}$ 또는 $t=3$

즉, $3^x=3^{-1}$ 또는 $3^x=3$이므로

$x=-1$ 또는 $x=1$

따라서 두 실근의 곱은

$(-1)\times1=-1$

143 답 ③

$2^{x+1}+2^{2-x}=9$의 양변에 2^x을 곱하여 정리하면 → 좌변의 2^{-x}을 소거한다.

$2^{2x+1}-9\times2^x+2^2=0,\ 2\times(2^x)^2-9\times2^x+4=0$

$2^x=t\ (t>0)$라 하면

$2t^2-9t+4=0,\ (2t-1)(t-4)=0$

$\therefore t=\frac{1}{2}$ 또는 $t=4$

즉, $2^x=2^{-1}$ 또는 $2^x=2^2$이므로

$x=-1$ 또는 $x=2$

이때 $\alpha<\beta$이므로 $\alpha=-1,\ \beta=2$

$\therefore \alpha^\beta=(-1)^2=1$

144 답 ⑤

방정식 $2^x+2^{3-x}=k$의 한 근이 1이므로

$2+2^2=k \quad \therefore k=6$ → 방정식에 $x=1$을 대입한다.

이때 $2^x=t\ (t>0)$라 하면 주어진 방정식은

$t+\frac{8}{t}=6,\ t^2-6t+8=0$

$(t-2)(t-4)=0$

$\therefore t=2$ 또는 $t=4$

즉, $2^x=2$ 또는 $2^x=2^2$이므로

$x=1$ 또는 $x=2$ → $x=1$은 문제에서 주어진 근이다.

따라서 주어진 방정식의 다른 한 근은 2이다.

145 답 ④

(i) 밑이 같은 경우 → 지수가 x^2-1로 같으므로 밑이 같으면 된다.

$x+1=2x-1 \quad \therefore x=2$

(ii) 지수가 0인 경우 → $a^0=1\ (a\neq0)$이므로

양변의 지수가 모두 x^2-1이므로

$x^2-1=0 \quad \therefore x=1\ \left(\because x>\frac{1}{2}\right)$

(i), (ii)에서 주어진 방정식의 해는 $x=1$ 또는 $x=2$이므로 모든 근의 합은 $1+2=3$이다.

146 답 6

(i) 지수가 같은 경우 → 밑이 x^2-3x+3으로 같으므로 지수가 같으면 된다.

$x+3=x^2-4x+9$

$x^2-5x+6=0,\ (x-2)(x-3)=0$

$\therefore\ x=2$ 또는 $x=3$

(ii) 밑이 1인 경우 → $1^a=1$ (a는 실수)이므로

양변의 밑이 모두 x^2-3x+3이므로

$x^2-3x+3=1$

$x^2-3x+2=0,\ (x-1)(x-2)=0$

$\therefore\ x=1$ 또는 $x=2$

(i), (ii)에서 주어진 방정식의 해는 $x=1$ 또는 $x=2$ 또는 $x=3$이므로 모든 근의 곱은

$1\cdot2\cdot3=6$

147 답 ④

(i) 밑이 같은 경우 → 지수가 x^2-4x로 같으므로 밑이 같으면 된다.

$2x-1=x+a \qquad \therefore\ x=a+1$ …… ㉠

(ii) 지수가 0인 경우 → $a^0=1\ (a\neq0)$이므로

양변의 지수가 모두 x^2-4x이므로

$x^2-4x=0,\ x(x-4)=0$

$\therefore\ x=4\ \left(\because\ x>\frac{1}{2}\right)$ …… ㉡

(i), (ii)에서 주어진 방정식이 오직 하나의 근을 가지려면

$a+1=4$ → ㉠=㉡이어야 한다.

$\therefore\ a=3$

148 답 ②

$\begin{cases}3\times2^x+2\times3^y=18\\2^{x-1}-3^{y-1}=1\end{cases}$에서 $\begin{cases}3\times2^x+2\times3^y=18\\\dfrac{2^x}{2}-\dfrac{3^y}{3}=1\end{cases}$

$2^x=A,\ 3^y=B\ (A>0,\ B>0)$라 하면

$\begin{cases}3A+2B=18\\\dfrac{A}{2}-\dfrac{B}{3}=1\end{cases}$

위의 연립방정식을 풀면 $A=4,\ B=3$

즉, $2^x=2^2,\ 3^y=3$이므로

$x=2,\ y=1$

따라서 $\alpha=2,\ \beta=1$이므로

$\alpha+\beta=2+1=3$

149 답 ①

$\begin{cases}2^{x+1}+2^{y+1}=9\\2^{x+y+1}=4\end{cases}$에서 $\begin{cases}2\cdot2^x+2\cdot2^y=9\\2\cdot2^x\cdot2^y=4\end{cases}$

$2^x=A,\ 2^y=B\ (A>0,\ B>0)$라 하면

$\begin{cases}2A+2B=9 & \cdots\cdots ㉠\\2AB=4 & \cdots\cdots ㉡\end{cases}$

㉠에서 $2B=9-2A$이므로 ㉡에 대입하면

$A(9-2A)=4,\ 2A^2-9A+4=0$

$(2A-1)(A-4)=0$

$\therefore\ A=\frac{1}{2},\ B=4$ 또는 $A=4,\ B=\frac{1}{2}$ → $A=\frac{1}{2},\ A=4$를 ㉡에 각각 대입

즉, $2^x=2^{-1},\ 2^y=2^2$ 또는 $2^x=2^2,\ 2^y=2^{-1}$이므로

$x=-1,\ y=2$ 또는 $x=2,\ y=-1$

이때 $\alpha<\beta$이므로 $\alpha=-1,\ \beta=2$

$\therefore\ \beta-\alpha=2-(-1)=3$

150 답 ④

$\begin{cases}2^{x+1}-3^y=5\\4^x+9^y=25\end{cases}$에서 $\begin{cases}2\cdot2^x-3^y=5\\(2^x)^2+(3^y)^2=25\end{cases}$

$2^x=A,\ 3^y=B\ (A>0,\ B>0)$라 하면

$\begin{cases}2A-B=5 & \cdots\cdots ㉠\\A^2+B^2=25 & \cdots\cdots ㉡\end{cases}$

㉠에서 $B=2A-5$이므로 ㉡에 대입하면

$A^2+(2A-5)^2=25$

$5A^2-20A=0,\ 5A(A-4)=0$

$\therefore\ A=4\ (\because\ A>0),\ B=3$ → $A=4$를 ㉠에 대입

즉, $2^x=2^2,\ 3^y=3$이므로

$x=2,\ y=1$

따라서 $\alpha=2,\ \beta=1$이므로

$\therefore\ 10\alpha+\beta=10\cdot2+1=21$

151 답 ①

$2^{2x+1}-2^{x+4}+8=0$에서 $2\cdot(2^x)^2-16\cdot2^x+8=0$

$2^x=t\ (t>0)$라 하면

$2t^2-16t+8=0$

$\therefore\ t^2-8t+4=0$ …… ㉠

이차방정식 ㉠의 두 근이 $2^\alpha,\ 2^\beta$이므로 이차방정식의 근과 계수의 관계에 의하여

$2^\alpha\cdot2^\beta=2^{\alpha+\beta}=4=2^2$

$\therefore\ \alpha+\beta=2$

152 답 ⑤

$9^x-3^{x+2}+9=0$에서 $(3^x)^2-9\cdot3^x+9=0$

$3^x=t\ (t>0)$라 하면

$t^2-9t+9=0$ …… ㉠

이차방정식 ㉠의 두 근이 $3^\alpha,\ 3^\beta$이므로 이차방정식의 근과 계수의 관계에 의하여

$3^\alpha+3^\beta=9,\ 3^\alpha\cdot3^\beta=9$

$\therefore\ 9^\alpha+9^\beta=(3^\alpha)^2+(3^\beta)^2$

$=(3^\alpha+3^\beta)^2-2\cdot3^\alpha\cdot3^\beta$

$=9^2-2\cdot9=63$

153 답 ③

$4^x-m\times2^{x+1}+m+2=0$에서 $(2^x)^2-2m\times2^x+m+2=0$

$2^x=t\ (t>0)$라 하면

$t^2-2mt+m+2=0$ …… ㉠

주어진 방정식이 서로 다른 두 실근을 가지려면 t에 대한 이차방정식 ㉠이 서로 다른 두 양의 실근을 가져야 한다. → $t>0$이므로

(i) 이차방정식 ㉠의 판별식을 D라 하면

$\frac{D}{4}=(-m)^2-(m+2)>0$

$m^2-m-2>0,\ (m+1)(m-2)>0$

$\therefore\ m<-1$ 또는 $m>2$

(ii) (두 근의 합)$=2m>0$

$\therefore\ m>0$

(iii) (두 근의 곱)$=m+2>0$

$\therefore\ m>-2$

(i), (ii), (iii)에서 공통부분을 구하면

$m>2$

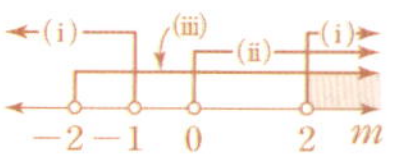

따라서 자연수 m의 최솟값은 3이다.

해설 속 칠판 **이차방정식의 실근의 부호**

계수가 실수인 x에 대한 이차방정식 $ax^2+bx+c=0$의 판별식을 D라 할 때

(1) 두 근이 모두 양수이려면 ➡ $D\ge0,\ -\frac{b}{a}>0,\ \frac{c}{a}>0$

(2) 두 근이 모두 음수이려면 ➡ $D\ge0,\ -\frac{b}{a}<0,\ \frac{c}{a}>0$

(3) 두 근이 서로 다른 부호이려면 ➡ $\frac{c}{a}<0$

154 답 ③

$25^x-8\times5^x+m^2-9=0$에서

$(5^x)^2-8\times5^x+m^2-9=0$

$5^x=t\ (t>0)$라 하면

$t^2-8t+m^2-9=0$ …… ㉠

주어진 방정식이 오직 하나의 실근을 가지려면 방정식 ㉠이 하나의 양의 실근을 가져야 한다.

즉, 이차방정식 ㉠이 양의 중근을 갖거나 두 근이 (양의 실근, 0) 또는 (양의 실근, 음의 실근)이면 된다.

$f(t)=t^2-8t+m^2-9$라 하면 $t>0$이므로 다음의 세 가지 경우에 방정식 ㉠이 하나의 양의 실근을 갖는다.

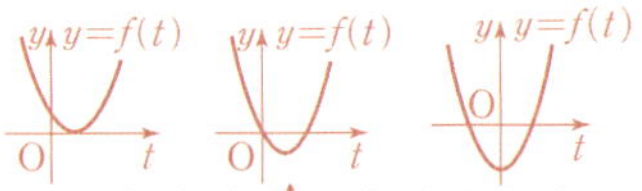

(i) 양의 중근을 갖는 경우

이차방정식 ㉠의 판별식을 D라 하자.

(두 근의 합)$=8>0$이므로 $D=0$이면 양의 중근을 갖는다.

$\frac{D}{4}=(-4)^2-(m^2-9)=0$

$25-m^2=0$ $\therefore m=\pm5$

(ii) 한 근이 양수이고 다른 한 근이 0 또는 음수인 경우

두 근의 곱이 0보다 작거나 같아야 한다.

(두 근의 곱)$=m^2-9\le0$

$(m+3)(m-3)\le0$ $\therefore -3\le m\le3$

(i), (ii)에서 조건을 만족시키는 정수 m의 개수는

$-5,\ -3,\ -2,\ -1,\ 0,\ 1,\ 2,\ 3,\ 5$의 9이다.

개념 체크 Concept • 본문 036쪽

155 답 (1) $x>4$ (2) $x\ge-3$ (3) $x>\frac{3}{4}$ (4) $x\le-6$

(1) $3^x>81$에서 $3^x>3^4$

밑이 1보다 크므로

$x>4$

(2) $\left(\frac{1}{5}\right)^x\le125$에서 $\left(\frac{1}{5}\right)^x\le\left(\frac{1}{5}\right)^{-3}$

밑이 0보다 크고 1보다 작으므로

$x\ge-3$

(3) $\left(\frac{1}{2}\right)^{2x-3}<2\sqrt{2}$에서 $\left(\frac{1}{2}\right)^{2x-3}<\left(\frac{1}{2}\right)^{-\frac{3}{2}}$

→ $2\sqrt{2}=\sqrt{2^3}=2^{\frac{3}{2}}=\left(\frac{1}{2}\right)^{-\frac{3}{2}}$

밑이 0보다 크고 1보다 작으므로

$2x-3>-\frac{3}{2}$

$\therefore x>\frac{3}{4}$

(4) $8^{x-1}\ge2\times4^{2x+1}$에서 $2^{3x-3}\ge2^{4x+3}$

→ $8^{x-1}=(2^3)^{x-1}=2^{3x-3}$
$2\times4^{2x+1}=2\times(2^2)^{2x+1}=2\times2^{4x+2}$
$=2^{4x+3}$

밑이 1보다 크므로

$3x-3\ge4x+3$

$\therefore x\le-6$

다른 풀이

(2) $\left(\frac{1}{5}\right)^x\le125$에서 $5^{-x}\le5^3$

밑이 1보다 크므로

$-x\le3$ $\therefore x\ge-3$

(3) $\left(\frac{1}{2}\right)^{2x-3}=2^{-2x+3}$, $2\sqrt{2}=2^{\frac{3}{2}}$이므로 주어진 부등식은

$2^{-2x+3}<2^{\frac{3}{2}}$

밑이 1보다 크므로

$-2x+3<\frac{3}{2}$ $\therefore x>\frac{3}{4}$

156 답 (1) $x\le2$ (2) $-2\le x\le0$ (3) $x>-1$ (4) $x<-1$ 또는 $x>0$

(1) $4^x-2^x-12\le0$에서 $(2^x)^2-2^x-12\le0$

$2^x=t\ (t>0)$라 하면

$t^2-t-12\le0,\ (t+3)(t-4)\le0$

$\therefore -3\le t\le4$

이때 $t>0$이므로 $0<t\le4$ → 이 부등식은 연립부등식 $\begin{cases}t>0\\t\le4\end{cases}$와 같은데 $t>0$, 즉 $2^x>0$은 모든 실수 x에 대하여 성립하므로 $t\le4$인 해만 구하면 된다.

즉, $2^x\le2^2$이고 밑이 1보다 크므로

$x\le2$

(2) $\left(\frac{1}{4}\right)^x-5\times\left(\frac{1}{2}\right)^x+4\le0$에서 $\left\{\left(\frac{1}{2}\right)^x\right\}^2-5\times\left(\frac{1}{2}\right)^x+4\le0$

$\left(\frac{1}{2}\right)^x=t\ (t>0)$라 하면

$t^2-5t+4\le0,\ (t-1)(t-4)\le0$

$\therefore 1\le t\le4$

즉, $\left(\frac{1}{2}\right)^0\le\left(\frac{1}{2}\right)^x\le\left(\frac{1}{2}\right)^{-2}$이고 밑이 0보다 크고 1보다 작으므로

$-2\le x\le0$

(3) $3^{2x+1}+2\times3^x>1$에서 $3\times(3^x)^2+2\times3^x-1>0$

$3^x=t\ (t>0)$라 하면

$3t^2+2t-1>0,\ (t+1)(3t-1)>0$

$\therefore t<-1$ 또는 $t>\frac{1}{3}$

이때 $t>0$이므로 $t>\frac{1}{3}$

즉, $3^x>3^{-1}$이고 밑이 1보다 크므로

$x>-1$

(4) $0.01^x-11\times0.1^x+10>0$에서 $(0.1^x)^2-11\times0.1^x+10>0$

$0.1^x=t\ (t>0)$라 하면

$t^2-11t+10>0,\ (t-1)(t-10)>0$

$\therefore t<1$ 또는 $t>10$

이때 $t>0$이므로 $0<t<1$ 또는 $t>10$

(i) $0<t<1$일 때 → 항상 $t>0$이므로 $t<1$의 해만 구하면 된다.

$0.1^x<0.1^0$이고 밑이 0보다 크고 1보다 작으므로

$x>0$

(ii) $t>10$일 때

$0.1^x>0.1^{-1}$이고 밑이 0보다 크고 1보다 작으므로

$x<-1$

(i), (ii)에서 주어진 부등식의 해는

$x<-1$ 또는 $x>0$

157 답 (1) $1<x<2$ (2) $0<x\le1$

(1) (i) $x>1$일 때 → 밑이 1보다 클 때

$x<2$

그런데 $x>1$이므로 $1<x<2$

(ii) $0<x<1$일 때 → 밑이 0보다 크고 1보다 작을 때

$x>2$

그런데 $0<x<1$이므로 주어진 부등식을 만족시키는 x의 값은 존재하지 않는다.

(iii) $x=1$일 때 → 밑이 1일 때

$1^1<1^2$이므로 주어진 부등식이 성립하지 않는다.

(i), (ii), (iii)에서 주어진 부등식의 해는

$1<x<2$

(2) (i) $x>1$일 때

$x+1\leq -x \quad \therefore x\leq -\frac{1}{2}$

그런데 $x>1$이므로 주어진 부등식을 만족시키는 x의 값은 존재하지 않는다.

(ii) $0<x<1$일 때

$x+1\geq -x \quad \therefore x\geq -\frac{1}{2}$

그런데 $0<x<1$이므로 $0<x<1$

(iii) $x=1$일 때

$1^2\leq 1^{-1}$이므로 주어진 부등식이 성립한다.

(i), (ii), (iii)에서 주어진 부등식의 해는

$0<x\leq 1$

유형 마스터 Pattern

• 본문 037~038쪽

158 답 ①

$\frac{27^x}{81}\geq\left(\frac{1}{3}\right)^{1-x}$에서 $3^{3x-4}\geq 3^{x-1}$

밑이 1보다 크므로

$3x-4\geq x-1 \quad \therefore x\geq\frac{3}{2}$

따라서 자연수 x의 최솟값은 2이다.

다른 풀이

$\frac{27^x}{81}\geq\left(\frac{1}{3}\right)^{1-x}$에서 $\left(\frac{1}{3}\right)^{4-3x}\geq\left(\frac{1}{3}\right)^{1-x}$

밑이 0보다 크고 1보다 작으므로

$4-3x\leq 1-x \quad \therefore x\geq\frac{3}{2}$

159 답 ②

$3^{x^2-6x+1}\leq\left(\frac{1}{9}\right)^{x-3}$에서 $3^{x^2-6x+1}\leq 3^{-2x+6}$

밑이 1보다 크므로

$x^2-6x+1\leq -2x+6$

$x^2-4x-5\leq 0,\ (x+1)(x-5)\leq 0$

$\therefore -1\leq x\leq 5$

따라서 정수 x의 개수는 $-1, 0, 1, \cdots, 5$의 7이다.

160 답 ③

$1\leq\left(\frac{1}{3}\right)^{2x-1}\leq 9$에서 $\left(\frac{1}{3}\right)^0\leq\left(\frac{1}{3}\right)^{2x-1}\leq\left(\frac{1}{3}\right)^{-2}$

밑이 0보다 크고 1보다 작으므로

$-2\leq 2x-1\leq 0$

(i) $-2\leq 2x-1$에서

$x\geq -\frac{1}{2}$

(ii) $2x-1\leq 0$에서

$x\leq\frac{1}{2}$

(i), (ii)에서 주어진 부등식의 해는

$-\frac{1}{2}\leq x\leq\frac{1}{2}$

따라서 $\alpha=-\frac{1}{2}$, $\beta=\frac{1}{2}$이므로

$\alpha+\beta=-\frac{1}{2}+\frac{1}{2}=0$

161 답 ①

$3^{2x+1}-28\times 3^{x-1}+1<0$에서 $3\times(3^x)^2-\frac{28}{3}\times 3^x+1<0$

$3^x=t\ (t>0)$라 하면

$3t^2-\frac{28}{3}t+1<0$

$9t^2-28t+3<0,\ (9t-1)(t-3)<0$

$\therefore \frac{1}{9}<t<3$

즉, $3^{-2}<3^x<3^1$이고 밑이 1보다 크므로

$-2<x<1$

162 답 ③

$3^{x+2}+3^{x-2}\geq 1+3^x\times 3^x$에서 $9\times 3^x+\frac{1}{9}\times 3^x\geq 1+(3^x)^2$

$3^x=t\ (t>0)$라 하면

$9t+\frac{1}{9}t\geq 1+t^2$

$9t^2-82t+9\leq 0,\ (9t-1)(t-9)\leq 0$

$\therefore \frac{1}{9}\leq t\leq 9$

즉, $3^{-2}\leq 3^x\leq 3^2$이고 밑이 1보다 크므로

$-2\leq x\leq 2$

따라서 $\alpha=-2$, $\beta=2$이므로

$\alpha+\beta=-2+2=0$

다른 풀이

$\alpha\leq x\leq\beta$에서 $3^\alpha\leq 3^x\leq 3^\beta$

즉, $3^\alpha\leq t\leq 3^\beta$에서 이차방정식 $9t^2-82t+9=0$의 두 근이 3^α, 3^β이므로 이차방정식의 근과 계수의 관계에 의하여

$3^\alpha\times 3^\beta=3^{\alpha+\beta}=1$

$\therefore \alpha+\beta=0$

163 답 ②

(i) $2^{x^2-4}<(\sqrt{2})^{x+2}$에서 $2^{x^2-4}<2^{\frac{x+2}{2}}$

밑이 1보다 크므로

$x^2-4<\frac{x+2}{2},\ 2x^2-x-10<0$

$(x+2)(2x-5)<0$

$\therefore -2<x<\frac{5}{2}$

(ii) $4^{x-2}-5\times 2^{x-3}+1<0$에서 $\frac{1}{16}\times(2^x)^2-\frac{5}{8}\times 2^x+1<0$

$2^x=t\ (t>0)$라 하면

$\frac{1}{16}t^2-\frac{5}{8}t+1<0$

$t^2-10t+16<0$, $(t-2)(t-8)<0$

$\therefore 2<t<8$

즉, $2^1<2^x<2^3$이고 밑이 1보다 크므로

$1<x<3$

(i), (ii)에서 주어진 부등식의 해는

$1<x<\frac{5}{2}$

따라서 $\alpha=1$, $\beta=\frac{5}{2}$이므로

$\alpha+\beta=1+\frac{5}{2}=\frac{7}{2}$

164 답 ①

(i) $x>1$일 때 → 밑이 1보다 클 때

$x^2+1\le 2x+9$, $x^2-2x-8\le 0$

$(x+2)(x-4)\le 0$

$\therefore -2\le x\le 4$

그런데 $x>1$이므로 $1<x\le 4$

(ii) $0<x<1$일 때 → 밑이 0보다 크고 1보다 작을 때

$x^2+1\ge 2x+9$, $(x+2)(x-4)\ge 0$

$\therefore x\le -2$ 또는 $x\ge 4$

그런데 $0<x<1$이므로 주어진 부등식을 만족시키는 x의 값은 존재하지 않는다.

(iii) $x=1$일 때 → 밑이 1일 때

$1^2\le 1^{11}$이므로 주어진 부등식이 성립한다.

(i), (ii), (iii)에서 주어진 부등식의 해는

$1\le x\le 4$

따라서 정수 x의 개수는 1, 2, 3, 4의 4이다.

165 답 ③

$x^{4x^2-7x}\ge\frac{1}{x^3}$에서 $x^{4x^2-7x}\ge x^{-3}$

(i) $x>1$일 때

$4x^2-7x\ge -3$, $4x^2-7x+3\ge 0$

$(4x-3)(x-1)\ge 0$

$\therefore x\le\frac{3}{4}$ 또는 $x\ge 1$

그런데 $x>1$이므로 $x>1$

(ii) $0<x<1$일 때

$4x^2-7x\le -3$, $(4x-3)(x-1)\le 0$

$\therefore \frac{3}{4}\le x\le 1$

그런데 $0<x<1$이므로 $\frac{3}{4}\le x<1$

(iii) $x=1$일 때

$1^{-3}\ge 1^{-3}$이므로 주어진 부등식이 성립한다.

(i), (ii), (iii)에서 주어진 부등식의 해는

$x\ge\frac{3}{4}$

따라서 실수 x의 최솟값은 $\frac{3}{4}$이다.

166 답 ②

(i) $x>1$일 때

$x^2+3<-x^2+7x$, $2x^2-7x+3<0$

$(2x-1)(x-3)<0$

$\therefore \frac{1}{2}<x<3$

그런데 $x>1$이므로 $1<x<3$

(ii) $0<x<1$일 때

$x^2+3>-x^2+7x$, $(2x-1)(x-3)>0$

$\therefore x<\frac{1}{2}$ 또는 $x>3$

그런데 $0<x<1$이므로 $0<x<\frac{1}{2}$

(iii) $x=1$일 때

$1^4<1^6$이므로 주어진 부등식이 성립하지 않는다.

(i), (ii), (iii)에서 주어진 부등식의 해는

$0<x<\frac{1}{2}$ 또는 $1<x<3$

따라서 $a=0$, $b=\frac{1}{2}$, $c=1$, $d=3$이므로

$a-b+c+d=0-\frac{1}{2}+1+3=\frac{7}{2}$

167 답 ⑤

이 박테리아의 처음 개체 수를 A라 하면 n시간 후 박테리아의 개체 수는

$A\cdot 2^n$

처음 개체 수의 512배 이상으로 증식되려면

$A\cdot 2^n\ge 512A$, $2^n\ge 512$

$2^n\ge 2^9$

$\therefore n\ge 9$

따라서 이 박테리아가 처음 개체 수의 512배 이상으로 증식되는 데 최소 9시간이 걸린다.

168 답 ④

이 영양제 1000 mg을 복용하고 n시간 후 흡수되지 않고 남아 있는 양은

$\left\{1000\times\left(\frac{1}{2}\right)^n\right\}$ mg

흡수되지 않고 남아 있는 양이 62.5 mg이려면

$1000\times\left(\frac{1}{2}\right)^n=62.5$

$\left(\frac{1}{2}\right)^n=\frac{1}{16}=\left(\frac{1}{2}\right)^4$

$\therefore n=4$

따라서 이 영양제 1000 mg을 복용하고 4시간 후이다.

169 답 4개

이 필터는 필터를 통과하기 전의 물속 불순물의 양의 80 %를 걸러 주므로 남아 있는 불순물의 양은 20 %이다.

물속 불순물의 양의 99.8 % 이상을 걸러 내려면 남아 있는 불순물의 양이 0.2 % 이하이어야 한다.

필터를 통과하기 전의 물속 불순물의 양을 A라 하면 n개의 필터를 통과한 후의 물속 불순물의 양은

$A\times\left(\frac{20}{100}\right)^n=A\times\left(\frac{1}{5}\right)^n$

남아 있는 불순물의 양이 0.2 % 이하이어야 하므로

$A\times\left(\frac{1}{5}\right)^n\le A\times\frac{0.2}{100}$, $\left(\frac{1}{5}\right)^n\le\frac{1}{500}$

$5^n\ge 500$

이때 $5^3=125$, $5^4=625$이므로

$n\ge 4$

따라서 필터를 최소 4개 설치해야 한다.

실전력 업 Real · 본문 039~040쪽

170 답 ③

One Point Lesson

평행이동한 그래프의 식을 주어진 식과 비교한다.

함수 $y=a^x$의 그래프를 x축의 방향으로 m만큼, y축의 방향으로 n만큼 평행이동한 그래프의 식은

$y-n=a^{x-m}$, $y=a^x\times a^{-m}+n$

$\therefore\ y=\frac{1}{a^m}\times a^x+n$

위의 식이 $y=4\times\left(\frac{1}{2}\right)^x+5$와 일치하므로

$\frac{1}{a^m}=4$, $a=\frac{1}{2}$, $n=5$

$\frac{1}{\left(\frac{1}{2}\right)^m}=4$에서

$\frac{1}{\left(\frac{1}{2}\right)^m}=\frac{1}{\frac{1}{2^m}}=2^m$

$2^m=2^2$

$\therefore\ m=2$

$\therefore\ a+m+n=\frac{1}{2}+2+5=\frac{15}{2}$

171 답 $A<C<B$

One Point Lesson

밑을 같게 할 수 없을 때에는 지수를 같게 하여 밑의 크기를 비교한다.

세 자연수 3, 4, 6의 최소공배수가 12이므로

$A=\sqrt[3]{2}=2^{\frac{1}{3}}=(2^4)^{\frac{1}{12}}=16^{\frac{1}{12}}$

$\therefore\ A^{12}=16$

$B=\sqrt[4]{3}=3^{\frac{1}{4}}=(3^3)^{\frac{1}{12}}=27^{\frac{1}{12}}$

$\therefore\ B^{12}=27$

$C=\sqrt[6]{5}=5^{\frac{1}{6}}=(5^2)^{\frac{1}{12}}=25^{\frac{1}{12}}$

$\therefore\ C^{12}=25$

이때 $16<25<27$이므로

$A^{12}<C^{12}<B^{12}$

$\therefore\ A<C<B$ ($\because$ $A>0$, $B>0$, $C>0$)

172 답 ③

One Point Lesson

선분 AB의 길이를 a에 대한 식으로 나타낸다.

두 점 A, B의 x좌표는 1이고 각각 두 함수 $y=a^x$, $y=a^{-x}$의 그래프 위의 점이므로

$A(1,\ a)$, $B(1,\ a^{-1})$

이때 $\overline{AB}=\frac{5}{6}$이므로

$\overline{AB}=a-a^{-1}=a-\frac{1}{a}=\frac{5}{6}$

에서

$6a^2-5a-6=0$, $(3a+2)(2a-3)=0$

$\therefore\ a=\frac{3}{2}$ ($\because$ $a>1$)

173 답 ①

One Point Lesson

함수 $f(x)$의 증가 또는 감소를 이용하여 최댓값, 최솟값을 a, b에 대한 식으로 나타낸다.

함수 $f(x)=\left(\frac{1}{2}\right)^{x+1}+b$는 x의 값이 증가하면 y의 값은 감소하므로

$a\le x\le 1$에서

$x=a$일 때 최댓값 $f(a)=\left(\frac{1}{2}\right)^{a+1}+b$를 갖고, 최댓값이 $\frac{11}{4}$이므로

$\left(\frac{1}{2}\right)^{a+1}+b=\frac{11}{4}$ …… ㉠

또한, $x=1$일 때 최솟값 $f(1)=\left(\frac{1}{2}\right)^{1+1}+b=\frac{1}{4}+b$를 갖고, 최솟값이 1이므로

$\frac{1}{4}+b=1$ $\quad\therefore\ b=\frac{3}{4}$

$b=\frac{3}{4}$을 ㉠에 대입하면

$\left(\frac{1}{2}\right)^{a+1}+\frac{3}{4}=\frac{11}{4}$, $\left(\frac{1}{2}\right)^{a+1}=2=\left(\frac{1}{2}\right)^{-1}$

$a+1=-1$ $\quad\therefore\ a=-2$

$\therefore\ a+b=-2+\frac{3}{4}=-\frac{5}{4}$

174 답 ③

One Point Lesson

이차함수가 $x=a$에서 최댓값 b를 가지면 $y=-(x-a)^2+b$이다.

$y=2^{x+a}-4^x+b=-(2^x)^2+2^a\cdot 2^x+b$

$2^x=t$ $(t>0)$라 하면

$y=-t^2+2^at+b$ …… ㉠

한편, 주어진 함수는 $x=-2$, 즉 $t=\frac{1}{4}$일 때 최댓값 $\frac{17}{16}$을 가지므로

$t=2^{-2}=\frac{1}{4}$

$y=-\left(t-\frac{1}{4}\right)^2+\frac{17}{16}=-t^2+\frac{1}{2}t+1$ …… ㉡

㉠=㉡에서

$a=-1$, $b=1$

$2^a=\frac{1}{2}=2^{-1}$

$\therefore\ a+b=-1+1=0$

175 답 ④

One Point Lesson

곱셈 공식을 이용하여 주어진 식을 변형한 후 공통부분을 한 문자로 치환한다.

$2^x+2^{-x}=t$라 하면 $2^x>0$, $2^{-x}>0$이므로 산술평균과 기하평균의 관계에 의하여

$4^x+4^{-x}=(2^x)^2+(2^{-x})^2=(2^x+2^{-x})^2-2$이므로 2^x+2^{-x}에 대한 식으로 나타낼 수 있다.

$t=2^x+2^{-x}$

$\ge 2\sqrt{2^x\cdot 2^{-x}}=2$ (단, 등호는 $2^x=2^{-x}$, 즉 $x=0$일 때 성립)

이때 $4^x+4^{-x}=(2^x+2^{-x})^2-2=t^2-2$이므로 주어진 함수는

$y=(t^2-2)+t+1=t^2+t-1$

$=\left(t+\frac{1}{2}\right)^2-\frac{5}{4}$ $(t\ge 2)$

따라서 주어진 함수는 $t=2$일 때 최솟값 5를 갖는다.

176 답 5

One Point Lesson

주어진 방정식의 밑을 같게 한다.

$\frac{3^{f(x+1)}}{9^{f(x-1)}}=\frac{1}{27}$에서

$3^{f(x+1)}=3^{-3}\cdot 3^{2f(x-1)}$, $3^{f(x+1)}=3^{2f(x-1)-3}$

즉, $f(x+1)=2f(x-1)-3$이므로

$(x+1)^2+(x+1)=2\{(x-1)^2+(x-1)\}-3$

$x^2+3x+2=2(x^2-x)-3$

$\therefore x^2-5x-5=0$

따라서 이차방정식의 근과 계수의 관계에 의하여 두 근의 합은 5이므로 구하는 모든 실근의 합은 5이다.

→ (판별식)>0이므로 서로 다른 두 실근을 갖는다.

→ 위의 이차방정식의 근과 같다.

177 답 ②

One Point Lesson

한 근을 주어진 방정식에 대입하여 a의 값을 구한다.

방정식 $a^x+\frac{1}{a^x}=\frac{17}{4}$의 한 근이 -2이므로

$a^{-2}+\frac{1}{a^{-2}}=\frac{17}{4}$, $\frac{1}{a^2}+a^2=\frac{17}{4}$

$4a^4-17a^2+4=0$, $(4a^2-1)(a^2-4)=0$

$(2a+1)(2a-1)(a+2)(a-2)=0$

$\therefore a=2\ (\because a>1)$

이때 $2^x+\frac{1}{2^x}=\frac{17}{4}$에서 $2^x=t\ (t>0)$라 하면

$t+\frac{1}{t}=\frac{17}{4}$, $4t^2-17t+4=0$

$(4t-1)(t-4)=0$

$\therefore t=\frac{1}{4}$ 또는 $t=4$

즉, $2^x=2^{-2}$ 또는 $2^x=2^2$이므로

$x=-2$ 또는 $x=2$

따라서 $b=2$이므로

→ $x=-2$는 문제에서 주어진 근이다.

$a+b=2+2=4$

178 답 16

One Point Lesson

이차방정식의 실근의 위치 조건을 이용한다.

$9^{x-1}-k\times 3^{x-2}+1=0$에서 $9^x-k\times 3^x+9=0$

$3^x=t\ (t>0)$라 하면

$t^2-kt+9=0$ …… ㉠

주어진 방정식이 서로 다른 두 양의 실근을 가지려면 $x>0$일 때 $3^x>1$이므로 t에 대한 이차방정식 ㉠의 서로 다른 두 근이 모두 1보다 커야 한다.

(i) 이차방정식 ㉠의 판별식을 D라 하면

$D=(-k)^2-4\times 1\times 9>0$

$\therefore k<-6$ 또는 $k>6$

(ii) $f(t)=t^2-kt+9$라 하면

$f(1)=1-k+9>0$

$\therefore k<10$

→ 두 근이 모두 1보다 크므로 $f(1)>0$이어야 한다.

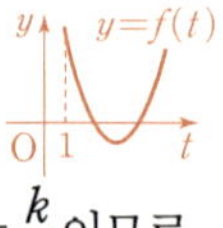

(iii) 이차함수 $y=f(t)$의 그래프의 축의 방정식이 $t=\frac{k}{2}$이므로

$\frac{k}{2}>1$ → 그래프의 축이 직선 $x=1$보다 오른쪽에 있어야 한다.

$\therefore k>2$

(i), (ii), (iii)에서 조건을 만족시키는 실수 k의 값의 범위는

$6<k<10$

따라서 정수 k의 최댓값은 9, 최솟값은 7이므로 그 합은

$9+7=16$

해설 속 칠판 이차방정식의 실근의 위치; 두 근이 서로 같은 범위에 있는 경우

x에 대한 이차방정식 $ax^2+bx+c=0\ (a>0)$의 판별식을 D, $f(x)=ax^2+bx+c$라 하면

(1) 두 근이 모두 p보다 크다. ➡ $D\ge 0$, $f(p)>0$, $-\frac{b}{2a}>p$

(2) 두 근이 모두 p보다 작다. ➡ $D\ge 0$, $f(p)>0$, $-\frac{b}{2a}<p$

(3) 두 근 사이에 p가 있다 ➡ $f(p)<0$

(4) 두 근이 모두 p, q 사이에 있다.

➡ $D\ge 0$, $f(p)>0$, $f(q)>0$, $p<-\frac{b}{2a}<q$

179 답 ③

One Point Lesson

밑을 $\frac{1}{2}$로 통일한다.

$\frac{1}{16^x}<\left(\frac{1}{2}\right)^{x^2}<\frac{1}{2}$에서 $\left(\frac{1}{2}\right)^{4x}<\left(\frac{1}{2}\right)^{x^2}<\left(\frac{1}{2}\right)^1$

밑이 0보다 크고 1보다 작으므로

$1<x^2<4x$

(i) $1<x^2$에서

$x^2-1>0$, $(x+1)(x-1)>0$

$\therefore x<-1$ 또는 $x>1$

(ii) $x^2<4x$에서

$x^2-4x<0$, $x(x-4)<0$

$\therefore 0<x<4$

(i), (ii)에서 주어진 부등식의 해는

$1<x<4$

따라서 정수 x의 값은 2, 3이므로 그 합은

$2+3=5$

180 답 ②

One Point Lesson

공통부분을 t로 치환한 후 주어진 해를 이용하여 t에 대한 이차부등식을 세운다.

$2^{x-1}+2^{5-x}\le a$에서 $\frac{1}{2}\cdot 2^x+32\cdot\frac{1}{2^x}\le a$

$2^x=t\ (t>0)$라 하면

$\frac{1}{2}t+\frac{32}{t}\le a$

$t^2-2at+64\le 0$ …… ㉠

한편, $1\le x\le b$에서 $2^1\le 2^x\le 2^b$

즉, 해가 $2\le t\le 2^b$이고 t^2의 계수가 1인 이차부등식은

$(t-2)(t-2^b)\le 0$

$\therefore t^2-(2+2^b)t+2\cdot 2^b\le 0$ …… ㉡

㉠=㉡에서

$2a=2+2^b$, $64=2\cdot 2^b$

$\therefore a=17,\ b=5$

$\therefore a+b=17+5=22$

→ $64=2^{b+1}$, $2^6=2^{b+1}$
$6=b+1$ $\quad\therefore b=5$
$b=5$를 $2a=2+2^b$에 대입하면
$2a=2+2^5=34$ $\quad\therefore a=17$

해설 속 칠판 해가 주어진 이차부등식

(1) 해가 $\alpha<x<\beta$이고 x^2의 계수가 1인 이차부등식

➡ $(x-\alpha)(x-\beta)<0 \Longleftrightarrow x^2-(\alpha+\beta)x+\alpha\beta<0$

(2) 해가 $x<\alpha$ 또는 $x>\beta\ (\alpha<\beta)$이고 x^2의 계수가 1인 이차부등식

➡ $(x-\alpha)(x-\beta)>0 \Longleftrightarrow x^2-(\alpha+\beta)x+\alpha\beta>0$

181 답 28

두 점 A, B의 좌표를 각각 $A(x_1, a)$, $B(x_2, b)$라 하면 선분 AB의 중점의 좌표가 (2, 3)이므로

$\frac{x_1+x_2}{2}=2$, $\frac{a+b}{2}=3$ ❶

두 점 A, B가 함수 $y=(\sqrt{2})^x$의 그래프 위의 점이므로

$a=(\sqrt{2})^{x_1}=2^{\frac{x_1}{2}}$, $b=(\sqrt{2})^{x_2}=2^{\frac{x_2}{2}}$

$\therefore ab=2^{\frac{x_1}{2}}\cdot 2^{\frac{x_2}{2}}=2^{\frac{x_1+x_2}{2}}$

$=2^2=4$ ❷

$\therefore a^2+b^2=(a+b)^2-2ab=6^2-2\cdot 4=28$ ❸

채점 기준	배점 비율
❶ 두 점 A, B의 좌표에 대한 관계식 구하기	20 %
❷ ab의 값 구하기	50 %
❸ a^2+b^2의 값 구하기	30 %

04 로그함수

개념 체크 Concept · 본문 042쪽

182 답 (1) $y=\log_{\frac{1}{3}} x$ (2) $y=2^x$

(1) 주어진 함수는 $\{x \mid x$는 실수$\}$에서 $\{y \mid y>0\}$으로의 일대일대응이다.

$y=\left(\frac{1}{3}\right)^x$에서 $x=\log_{\frac{1}{3}} y$

x와 y를 바꾸면

$y=\log_{\frac{1}{3}} x$

(2) 주어진 함수는 $\{x \mid x>0\}$에서 $\{y \mid y$는 실수$\}$로의 일대일대응이다.

$y=\log_2 x$에서 $x=2^y$

x와 y를 바꾸면

$y=2^x$

183 답 해설 참조

(1) 밑이 1보다 크므로 함수 $y=\log_5 x$의 그래프는 오른쪽 그림과 같다.

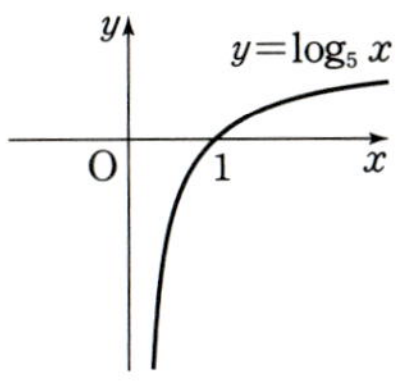

(2) 밑이 0보다 크고 1보다 작으므로 함수 $y=\log_{\frac{1}{5}} x$의 그래프는 오른쪽 그림과 같다.

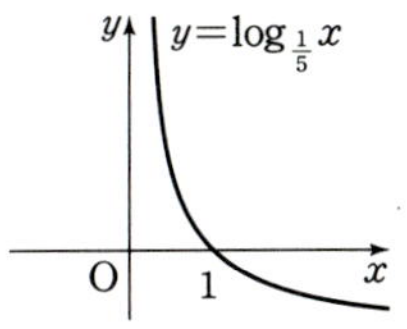

184 답 (1) $y=\log_{\frac{1}{4}}(x+1)+2$ (2) $y=-\log_{\frac{1}{4}} x$ (3) $y=\log_{\frac{1}{4}}(-x)$ (4) $y=-\log_{\frac{1}{4}}(-x)$

(1) $y-2=\log_{\frac{1}{4}}\{x-(-1)\}$에서 $y=\log_{\frac{1}{4}}(x+1)+2$

(2) $-y=\log_{\frac{1}{4}} x$에서 $y=-\log_{\frac{1}{4}} x$

(4) $-y=\log_{\frac{1}{4}}(-x)$에서 $y=-\log_{\frac{1}{4}}(-x)$

185 답 해설 참조

(1) 함수 $y=\log_3(x-2)$의 그래프는 함수 $y=\log_3 x$의 그래프를 x축의 방향으로 2만큼 평행이동한 것이므로 오른쪽 그림과 같다.

따라서 정의역은 $\{x \mid x>2\}$이고 점근선의 방정식은 $x=2$이다.

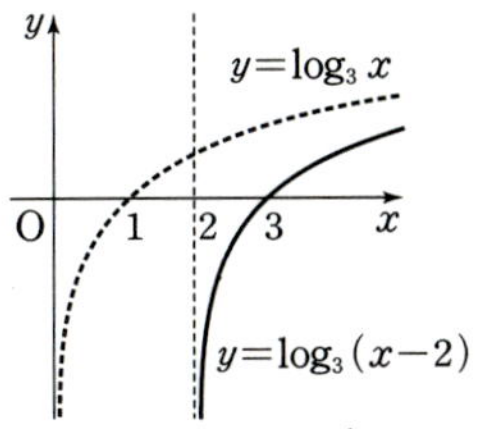

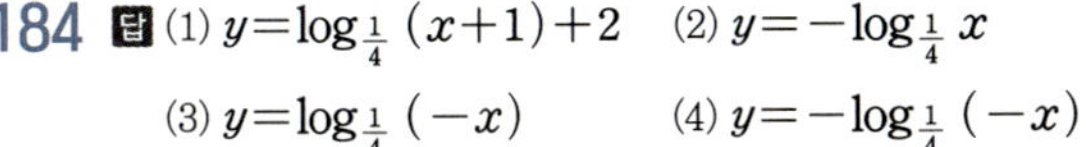

(2) $y=\log_3 3x=\log_3 x+1$에서 함수 $y=\log_3 3x$의 그래프는 함수 $y=\log_3 x$의 그래프를 y축의 방향으로 1만큼 평행이동한 것이므로 오른쪽 그림과 같다.

$\log_3 x+\log_3 3=\log_3 x+1$

따라서 정의역은 $\{x \mid x>0\}$이고 점근선의 방정식은 $x=0$이다.

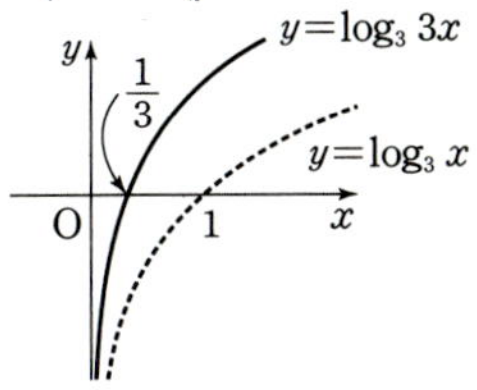

(3) 함수 $y=\log_3(-x)$의 그래프는 함수 $y=\log_3 x$의 그래프를 y축에 대하여 대칭이동한 것이므로 오른쪽 그림과 같다.
따라서 정의역은 $\{x|x<0\}$이고 점근선의 방정식은 $x=0$이다.

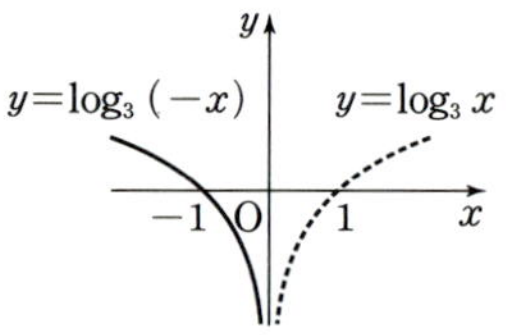

(4) $y=\log_3 \frac{1}{x}=\log_3 x^{-1}=-\log_3 x$에서
함수 $y=\log_3 \frac{1}{x}$의 그래프는 함수 $y=\log_3 x$의 그래프를 x축에 대하여 대칭이동한 것이므로 오른쪽 그림과 같다.
따라서 정의역은 $\{x|x>0\}$이고 점근선의 방정식은 $x=0$이다.

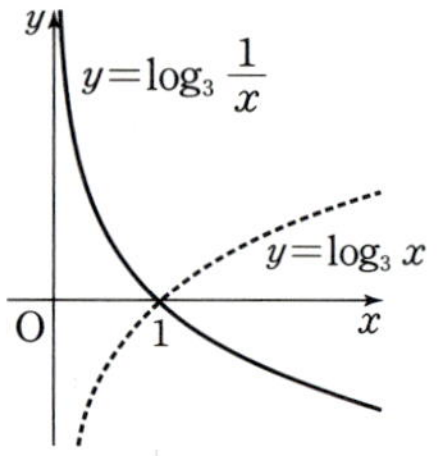

유형 마스터 Pattern · 본문 043~045쪽

186 답 ㄴ, ㄷ

ㄱ. 정의역은 양의 실수 전체의 집합, 치역은 실수 전체의 집합이다. (거짓)

ㄴ. $\log_5 5=1$이므로 그래프는 점 $(5, 1)$을 지난다. (참)

ㄷ. $x_1\neq x_2$이면 $\log_5 x_1\neq\log_5 x_2$이고 치역과 공역이 같으므로 일대일대응이다. (참)

ㄹ. 그래프의 점근선은 y축이다. (거짓)

따라서 옳은 것은 ㄴ, ㄷ이다.

187 답 ④

① $\log_{\frac{1}{a}} a=\log_{a^{-1}} a=-\log_a a=-1$이므로 그래프는 점 $(a, -1)$을 지난다.

④ $0<\frac{1}{a}<1$이므로 x의 값이 증가하면 y의 값은 감소한다.

따라서 옳지 않은 것은 ④이다.

188 답 10

함수 $y=\log_{\frac{2a}{a+5}} x$에서 x의 값이 증가할 때 y의 값은 감소하려면

$0<\frac{2a}{a+5}<1$이어야 한다.

$\frac{2a}{a+5}>0$에서 $2a>0$ ($\because a>0$) $\quad\therefore a>0$ ⋯⋯ ㉠

$\frac{2a}{a+5}<1$에서 $2a<a+5$ $\quad\therefore a<5$ ⋯⋯ ㉡

㉠, ㉡의 공통부분을 구하면

$0<a<5$

따라서 자연수 a의 값은 1, 2, 3, 4이므로 그 합은

$1+2+3+4=10$

189 답 3

함수 $y=\log_2 x$의 그래프를 x축의 방향으로 m만큼, y축의 방향으로 n만큼 평행이동한 그래프의 식은

$y=\log_2(x-m)+n$ → 점근선의 방정식은 $x=m$이다.

주어진 함수의 그래프의 점근선의 방정식이 $x=-3$이므로

$m=-3$

또한, 그래프가 점 $(-1, 0)$을 지나므로

$0=\log_2(-1+3)+n \quad\therefore n=-1$

$\therefore mn=(-3)\cdot(-1)=3$

190 답 30

$y=2\log_4 x=\log_2 x$이므로 함수 $y=2\log_4 x$의 그래프를 x축의 방향으로 a만큼 평행이동한 그래프의 식은

$y=\log_2(x-a)$

이때 함수 $y=\log_2(x-a)$의 그래프가 점 $(6, 3)$을 지나므로

$3=\log_2(6-a)$에서

$6-a=2^3 \quad\therefore a=-2$

함수 $y=\log_{(-2)^2} bx=\log_4 bx$의 그래프도 점 $(6, 3)$을 지나므로

$3=\log_4 6b$에서

$6b=4^3 \quad\therefore b=\frac{32}{3}$

$\therefore a+3b=(-2)+3\cdot\frac{32}{3}=30$

191 답 ④

ㄱ. 함수 $y=5^{x-3}$의 그래프는 함수 $y=\log_5 x$의 그래프를 직선 $y=x$에 대하여 대칭이동한 후 x축의 방향으로 3만큼 평행이동한 것이다. (→ $y=5^x$)

ㄴ. $y=\log_{125} 125x^3=\log_{125} x^3+\log_{125} 125$
$=\log_{5^3} x^3+1=\log_5 x+1$
이므로 함수 $y=\log_{125} 125x^3$의 그래프는 함수 $y=\log_5 x$의 그래프를 y축의 방향으로 1만큼 평행이동한 것이다.

ㄷ. $y=\log_5 \frac{10}{x}=-\log_5 x+\log_5 10$
이므로 함수 $y=\log_5 \frac{10}{x}$의 그래프는 함수 $y=\log_5 x$의 그래프를 x축에 대하여 대칭이동한 후 y축의 방향으로 $\log_5 10$만큼 평행이동한 것이다. (→ $y=-\log_5 x$)

ㄹ. $y=3\log_5(5-x)=3\log_5\{-(x-5)\}$
이므로 함수 $y=3\log_5(5-x)$의 그래프는 함수 $y=3\log_5 x$의 그래프를 y축에 대하여 대칭이동한 후 x축의 방향으로 5만큼 평행이동한 것이다. (→ $y=3\log_5(-x)$)

따라서 겹쳐질 수 있는 그래프의 식은 ㄱ, ㄴ, ㄷ이다.

192 답 ②

$y=\log_3(x-2)+4$에서

$y-4=\log_3(x-2)$

$3^{y-4}=x-2 \quad\therefore x=3^{y-4}+2$

x와 y를 바꾸면

$y=3^{x-4}+2 \quad\therefore f(x)=x-4$

$\therefore f(3)=3-4=-1$

193 답 ⑤

$y=\log_2(x-a)-3$에서

$y+3=\log_2(x-a)$

$x-a=2^{y+3} \quad\therefore x=2^{y+3}+a$

x와 y를 바꾸면 $y=2^{x+3}+a$

따라서 $a=1$, $b=2$, $c=3$이므로

$a+b+c=1+2+3=6$

194 답 ①

함수 $f(x)$의 역함수를 $f^{-1}(x)$라 하면 함수 $y=f^{-1}(x)$의 그래프가 점 $\left(\frac{1}{2}, 4a\right)$를 지난다.

$f^{-1}\left(\frac{1}{2}\right)=4a$이므로 $f(4a)=\frac{1}{2}$

즉, $\log_a 4a=\frac{1}{2}$에서

$4a=a^{\frac{1}{2}}$, $16a^2=a$

$\therefore a=\frac{1}{16}$ ($\because a>0$)

선생님 톡톡

위의 문제와 같이 함수 $y=f(x)$와 그 역함수 $y=f^{-1}(x)$의 그래프의 교점이 반드시 직선 $y=x$ 위에 존재하는 것은 아니다.

195 답 ②

$A=2\log_3 11=\log_3 11^2=\log_3 121$

$B=2\log_9 50=2\log_{3^2} 50=\log_3 50$ → 밑을 3으로 같게 한다.

$C=5=\log_3 3^5=\log_3 243$

이때 $50<121<243$이고 밑이 1보다 크므로

$\log_3 50<\log_3 121<\log_3 243$

$\therefore B<A<C$

196 답 ④

$\log_{\frac{1}{3}}\frac{4}{17}=-\log_3\frac{4}{17}=\log_3\frac{17}{4}$

$\log_{\sqrt{3}} 2=2\log_3 2=\log_3 4$

$\frac{1}{\log_5 3}=\log_3 5$

이때 $4<\frac{17}{4}<5$이고 밑이 1보다 크므로

$\log_3 4<\log_3\frac{17}{4}<\log_3 5$

$\therefore \log_{\sqrt{3}} 2<\log_{\frac{1}{3}}\frac{4}{17}<\frac{1}{\log_5 3}$

따라서 $M=\frac{1}{\log_5 3}$이므로

$3^M=3^{\frac{1}{\log_5 3}}=3^{\log_3 5}=5$

197 답 ①

$2\log_{\frac{1}{10}}\sqrt{7}=\log_{\frac{1}{10}}(\sqrt{7})^2=\log_{\frac{1}{10}} 7$

$\log\frac{1}{5}=\log_{(10)^{-1}}\left(\frac{1}{5}\right)^{-1}=\log_{\frac{1}{10}} 5$

이때 $5<7<20$이고 밑이 0보다 크고 1보다 작으므로

$\log_{\frac{1}{10}} 20<\log_{\frac{1}{10}} 7<\log_{\frac{1}{10}} 5$

따라서 가장 큰 수는 $\log_{\frac{1}{10}} 5$, 가장 작은 수는 $\log_{\frac{1}{10}} 20$이므로

$M=\log\frac{1}{5}=\log_{\frac{1}{10}} 5$, $m=\log_{\frac{1}{10}} 20$

$\therefore M+m=\log_{\frac{1}{10}} 5+\log_{\frac{1}{10}} 20=\log_{\frac{1}{10}} 100=-2$

198 답 ③

$A(a, 1)$이므로 $\log_2 a=1$에서

$a=2$

$4a=b$이므로

$b=4\cdot 2=8$

$B(b, c)$이므로

$c=\log_2 8=\log_2 2^3=3$

$\therefore a+b+c=2+8+3=13$

199 답 ③

주어진 함수의 그래프에서

$A_1(1, 0)$, $A_2(1, 1)$, $A_3(2, 1)$, $A_4(2, 2)$, $A_5(a^2, 2)$

이때 직선 A_2A_5의 기울기가 $\frac{4}{5}$이므로 $\frac{2-1}{a^2-1}=\frac{4}{5}$에서

$4a^2-4=5$, $4a^2=9$

$\therefore a=\frac{3}{2}$ ($\because 1<a<2$)

200 답 ⑤

점 P의 x좌표를 k ($k>0$)라 하면 정사각형 OQPR의 한 변의 길이는 k이다.

정사각형 OQPR의 넓이가 16이므로 $k^2=16$에서

$k=4$ ($\because k>0$)

즉, $P(4, 4)$이므로 $4=\log_a 4$에서

$a^4=4$ $\quad\therefore a=\sqrt{2}$ ($\because a>1$)

$\therefore f(8)=\log_{\sqrt{2}} 8=\log_{2^{\frac{1}{2}}} 2^3=6\log_2 2=6$

201 답 ④

주어진 함수의 그래프에서

$x_1=y_1$, $x_2=y_2$, $x_3=y_3$이고,

$\log_a x_2=y_1$, $\log_a x_3=y_2$, $\log_a x_4=y_3$이므로

$x_2=a^{y_1}$, $x_3=a^{y_2}$, $x_4=a^{y_3}$

$\therefore a^{y_3-x_1}=\frac{a^{y_3}}{a^{x_1}}=\frac{a^{y_3}}{a^{y_1}}=\frac{x_4}{x_2}=\frac{x_4}{y_2}$

개념 체크 Concept · 본문 046쪽

202 답 (1) 최댓값 : 5, 최솟값 : 2
(2) 최댓값 : 1, 최솟값 : -3
(3) 최댓값 : $\log_5 19$, 최솟값 : 0
(4) 최댓값 : -1, 최솟값 : -3

(1) 함수 $y=\log_2 x$는 x의 값이 증가하면 y의 값도 증가하므로
$4\le x\le 32$에서
$x=32$일 때 최댓값 $\log_2 32=5$,
$x=4$일 때 최솟값 $\log_2 4=2$
를 갖는다.

(2) 함수 $y=-\log_3 x$, 즉 $y=\log_{\frac{1}{3}} x$는 x의 값이 증가하면 y의 값은 감소하므로 $\frac{1}{3}\le x\le 27$에서
$x=\frac{1}{3}$일 때 최댓값 $\log_{\frac{1}{3}}\frac{1}{3}=1$,
$x=27$일 때 최솟값 $\log_{\frac{1}{3}} 27=-3$
을 갖는다.

(3) 함수 $y=\log_5(x-1)$은 x의 값이 증가하면 y의 값도 증가하므로
$2\le x\le 20$에서
$x=20$일 때 최댓값 $\log_5(20-1)=\log_5 19$,
$x=2$일 때 최솟값 $\log_5(2-1)=0$
을 갖는다.

(4) 함수 $y=\log_{\frac{1}{3}} 3x$는 x의 값이 증가하면 y의 값은 감소하므로
$1\le x\le 9$에서
$x=1$일 때 최댓값 $\log_{\frac{1}{3}} 3=-1$,

$x=9$일 때 최솟값 $\log_{\frac{1}{3}} 27=-3$
을 갖는다.

203 답 (1) 최솟값 : 1 (2) 최댓값 : −2

(1) $f(x)=x^2+4x+6$이라 하면 $f(x)=(x+2)^2+2$
함수 $y=\log_2 f(x)$는 밑이 1보다 크므로 $f(-2)=2$, 즉 $x=-2$일 때 최솟값 $\log_2 f(-2)=\log_2 2=1$을 갖는다.

(2) $f(x)=x^2-2x+10$이라 하면 $f(x)=(x-1)^2+9$
함수 $y=\log_{\frac{1}{3}} f(x)$는 밑이 0보다 크고 1보다 작으므로 $f(1)=9$, 즉 $x=1$일 때 최댓값 $\log_{\frac{1}{3}} f(1)=\log_{\frac{1}{3}} 9=-2$를 갖는다.

204 답 (1) 최솟값 : 3 (2) 최댓값 : $\frac{1}{2}$

(1) $y=(\log_2 x)^2-\log_2 x^2+4$
$=(\log_2 x)^2-2\log_2 x+4$
$\log_2 x=t$라 하면
$y=t^2-2t+4=(t-1)^2+3$
이므로 $t=1$, 즉 $x=2$일 때 최솟값 3을 갖는다.

(2) $y=\log_3 x\times(\log_3 9x-3\log_3 x)$
$=\log_3 x\times(\log_3 9+\log_3 x-3\log_3 x)$
$=\log_3 x\times(2-2\log_3 x)$
$\log_3 x=t$라 하면
$y=t(2-2t)=-2t^2+2t=-2\left(t-\frac{1}{2}\right)^2+\frac{1}{2}$
이므로 $t=\frac{1}{2}$, 즉 $x=\sqrt{3}$일 때 최댓값 $\frac{1}{2}$을 갖는다.

205 답 (1) 최댓값 : 16, 최솟값 : 1 (2) 최댓값 : 1, 최솟값 : $\frac{1}{81}$

(1) $y=x^{\log_2 x}$의 양변에 밑이 2인 로그를 취하면
$\log_2 y=\log_2 x^{\log_2 x}$
$=(\log_2 x)(\log_2 x)$
$=(\log_2 x)^2$
$\log_2 x=t$라 하면 $1\le x\le 4$에서 $0\le t\le 2$
이때 $\log_2 y=t^2$이므로 $\log_2 y$는
$t=2$일 때 최댓값 4를 갖는다.
즉, $\log_2 y=4$에서 $y=16$
$t=0$일 때 최솟값 0을 갖는다.
즉, $\log_2 y=0$에서 $y=1$
따라서 주어진 함수의 최댓값은 16, 최솟값은 1이다.

(2) $y=\left(\frac{1}{x}\right)^{\log_3 x}=x^{-\log_3 x}$의 양변에 밑이 3인 로그를 취하면
$\log_3 y=\log_3 x^{-\log_3 x}$
$=(-\log_3 x)(\log_3 x)$
$=-(\log_3 x)^2$
$\log_3 x=t$라 하면 $\frac{1}{9}\le x\le 3$에서 $-2\le t\le 1$
이때 $\log_3 y=-t^2$이므로 $\log_3 y$는
$t=0$일 때 최댓값 0을 갖는다.
즉, $\log_3 y=0$에서 $y=1$
$t=-2$일 때 최솟값 -4를 갖는다.
즉, $\log_3 y=-4$에서 $y=\frac{1}{81}$
따라서 주어진 함수의 최댓값은 1, 최솟값은 $\frac{1}{81}$이다.

유형 마스터 Pattern • 본문 047~048쪽

206 답 ①

$f(x)=x^2-4x+8$이라 하면
$f(x)=(x-2)^2+4$
$1\le x\le 4$에서 $f(2)=4$, $f(4)=8$이므로
$4\le f(x)\le 8$
함수 $y=\log_2 f(x)$는 밑이 1보다 크므로
$f(4)=8$, 즉 $x=4$일 때 최댓값 $\log_2 f(4)=\log_2 8=3$,
$f(2)=4$, 즉 $x=2$일 때 최솟값 $\log_2 f(2)=\log_2 4=2$
를 갖는다.
따라서 $M=3$, $m=2$이므로
$M-m=3-2=1$

선생님 톡톡
함수 $y=\log_a f(x)$에서 $f(x)$의 치역이 주어진 함수의 정의역임에 유의하자.

207 답 ③

$f(x)=\frac{x+5}{x-3}$라 하면 $f(x)=\frac{x-3+8}{x-3}=\frac{8}{x-3}+1$
$4\le x\le 7$에서 함수 $y=f(x)$의 그래프는 오른쪽 그림과 같으므로 함수 $f(x)$는 $x=4$일 때 최댓값 9, $x=7$일 때 최솟값 3을 갖는다.

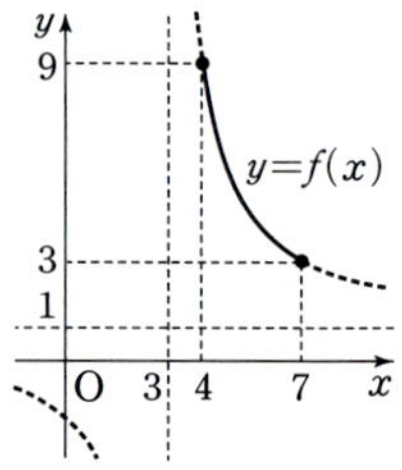

$\therefore 3\le f(x)\le 9$
함수 $y=\log_{\frac{1}{3}} f(x)$는 밑이 0보다 크고 1보다 작으므로
$f(7)=3$, 즉 $x=7$일 때 최댓값
$\log_{\frac{1}{3}} f(7)=\log_{\frac{1}{3}} 3=-1$,
$f(4)=9$, 즉 $x=4$일 때 최솟값 $\log_{\frac{1}{3}} f(4)=\log_{\frac{1}{3}} 9=-2$
를 갖는다.
따라서 $M=-1$, $m=-2$이므로
$M+m=(-1)+(-2)=-3$

208 답 ③

진수의 조건에서
$x+3>0$, $5-x>0$
$\therefore -3<x<5$
$y=\log_a(x+3)+\log_a(5-x)$
$=\log_a(x+3)(5-x)$
$f(x)=(x+3)(5-x)$라 하면
$f(x)=-x^2+2x+15$
$=-(x-1)^2+16$
함수 $f(x)$는 $-3<x<5$에서 $x=1$일 때 최댓값 16을 갖고, 최솟값은 없다.
이때 함수 $y=\log_a f(x)$는 밑 a가 0보다 크고 1보다 작아야 최솟값을 갖는다.
즉, $0<a<1$에서 함수 $y=\log_a f(x)$는 $f(1)=16$, 즉 $x=1$일 때 최솟값 $\log_a f(1)=\log_a 16=-4$를 갖는다.
$\log_a 16=-4$에서
$4\log_a 2=-4$, $\log_a 2=-1$
$\therefore a=\frac{1}{2}$

209 답 ①

$y=(\log_2 x)^2-4\log_2 2x+3$

$=(\log_2 x)^2-4\log_2 x-4\log_2 2+3$

$=(\log_2 x)^2-4\log_2 x-1$

$\log_2 x=t$라 하면

$y=t^2-4t-1=(t-2)^2-5$

이므로 $t=2$, 즉 $x=4$일 때 최솟값 -5를 갖는다.

따라서 $a=4$, $b=-5$이므로

$a+b=4+(-5)=-1$

210 답 ③

$y=-2\left(\log_3 \frac{1}{x}\right)^2-3\log_3 x^4+5$

$=-2(-\log_3 x)^2-12\log_3 x+5$

$\log_3 x=t$라 하면

$y=-2t^2-12t+5=-2(t+3)^2+23$

이므로 $t=-3$일 때 최댓값 23을 갖는다.

211 답 ①

$y=\log_4 16x\times\log_4 \frac{4}{x}$

$=(\log_4 16+\log_4 x)(\log_4 4-\log_4 x)$

$=(2+\log_4 x)(1-\log_4 x)$

$=-(\log_4 x)^2-\log_4 x+2$

$\log_4 x=t$라 하면 $\frac{1}{4}\le x\le 64$에서 $-1\le t\le 3$이고

$y=-t^2-t+2=-\left(t+\frac{1}{2}\right)^2+\frac{9}{4}$

이므로 $t=-\frac{1}{2}$일 때 최댓값 $\frac{9}{4}$,

$t=3$일 때 최솟값 -10

을 갖는다.

따라서 최댓값과 최솟값의 곱은

$\frac{9}{4}\times(-10)=-\frac{45}{2}$

212 답 ⑤

$x>0$이므로 $y=x^{\log_2 x-6}$에서 $y>0$이다.

$y=x^{\log_2 x-6}$의 양변에 밑이 2인 로그를 취하면

$\log_2 y=\log_2 x^{\log_2 x-6}=(\log_2 x-6)\log_2 x$

$=(\log_2 x)^2-6\log_2 x$

$\log_2 x=t$라 하면 $1\le x\le 16$에서 $0\le t\le 4$이고

$\log_2 y=t^2-6t=(t-3)^2-9$

이므로 $\log_2 y$는

$t=3$일 때 최솟값 -9를 갖는다.

즉, $\log_2 y=-9$에서 $y=\frac{1}{512}$

$t=0$일 때 최댓값 0을 갖는다.

즉, $\log_2 y=0$에서 $y=1$

따라서 $M=1$, $m=\frac{1}{512}$이므로

$\frac{M}{m}=512$

213 답 ③

$y=27x^{\log_{\frac{1}{3}} x+2}$의 양변에 밑이 $\frac{1}{3}$인 로그를 취하면

$\log_{\frac{1}{3}} y=\log_{\frac{1}{3}} 27x^{\log_{\frac{1}{3}} x+2}=\log_{\frac{1}{3}} 27+\log_{\frac{1}{3}} x^{\log_{\frac{1}{3}} x+2}$

$=-3+(\log_{\frac{1}{3}} x+2)\log_{\frac{1}{3}} x$

$=(\log_{\frac{1}{3}} x)^2+2\log_{\frac{1}{3}} x-3$

$\log_{\frac{1}{3}} x=t$라 하면

$\log_{\frac{1}{3}} y=t^2+2t-3=(t+1)^2-4$

이므로 $\log_{\frac{1}{3}} y$는

$t=-1$일 때 최솟값 -4를 갖는다.

$\log_{\frac{1}{3}} y$는 밑이 0보다 크고 1보다 작으므로 $\log_{\frac{1}{3}} y$가 최소일 때 y가 최대이다.

$\log_{\frac{1}{3}} y=-4$에서 $y=81$

따라서 주어진 함수의 최댓값은 81이다.

214 답 ①

$y=x^{8\log_{9x} 3}$의 양변에 밑이 3인 로그를 취하면

$\log_3 y=\log_3 x^{8\log_{9x} 3}=8\log_{9x} 3\cdot\log_3 x$

$=\frac{8\log_3 x}{\log_3 9x}=\frac{8\log_3 x}{\log_3 x+2}$

$\log_3 x=t$라 하면 $\frac{1}{3}<x\le a$에서 $-1<t\le\log_3 a$이고

$\log_3 y=\frac{8t}{t+2}=\frac{8(t+2)-16}{t+2}=-\frac{16}{t+2}+8$

$t>-2$에서 함수 $\log_3 y=-\frac{16}{t+2}+8$의 그래프는 오른쪽 그림과 같으므로 $t=\log_3 a$일 때 최댓값 $\log_3 1=0$을 갖는다.

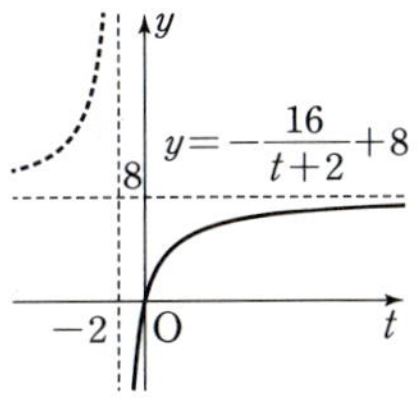

즉, $0=-\frac{16}{\log_3 a+2}+8$에서

$\log_3 a+2=2$, $\log_3 a=0$

$\therefore a=1$

215 답 ④

$\log_6\left(x+\frac{4}{y}\right)+\log_6\left(y+\frac{16}{x}\right)=\log_6\left(x+\frac{4}{y}\right)\left(y+\frac{16}{x}\right)$

$=\log_6\left(xy+\frac{64}{xy}+20\right)$

이때 $x>0$, $y>0$에서 $xy>0$이므로 산술평균과 기하평균의 관계에 의하여

$xy+\frac{64}{xy}\ge 2\sqrt{xy\cdot\frac{64}{xy}}=16$

$\left(\text{단, 등호는 } xy=\frac{64}{xy}\text{, 즉 } xy=8\text{일 때 성립}\right)$

따라서 주어진 식의 최솟값은

$\log_6(16+20)=\log_6 36=2$

216 답 ④

$y=\log_5 25x+\log_x 625=2+\log_5 x+4\log_x 5$

$=2+\log_5 x+\frac{4}{\log_5 x}$

이때 $x\ge 2$에서 $\log_5 x>0$이므로 산술평균과 기하평균의 관계에 의하여

$\log_5 x+\frac{4}{\log_5 x}\ge 2\sqrt{\log_5 x\cdot\frac{4}{\log_5 x}}=4$

$\left(\text{단, 등호는 } \log_5 x=\frac{4}{\log_5 x}\text{, 즉 } x=25\text{일 때 성립}\right)$

따라서 주어진 함수의 최솟값은

$2+4=6$

217 답 ②

$f(x)=x^2+\frac{9}{x^2+2}+4$라 하면

$f(x)=x^2+2+\frac{9}{x^2+2}+2$

$x^2+2>0$이므로 산술평균과 기하평균의 관계에 의하여

$f(x)\geq 2\sqrt{(x^2+2)\cdot\left(\frac{9}{x^2+2}\right)}+2$

$=2\sqrt{9}+2=8$

$\left(\text{단, 등호는 } x^2+2=\frac{9}{x^2+2}\text{, 즉 } x=\pm 1\text{일 때 성립}\right)$

따라서 함수 $f(x)$의 최솟값은 8이므로 주어진 함수의 최댓값은

$\log_{\frac{1}{2}} 8=-3$

→ 밑이 0보다 크고 1보다 작다.

개념 체크 Concept

• 본문 049쪽

218 답 (1) $x=5$ (2) $x=6$ (3) $x=3$ (4) $x=\frac{2}{3}$ (5) $x=2$ 또는 $x=3$ (6) $x=2$

(1) 진수의 조건에서 $7x-3>0$

$\therefore x>\frac{3}{7}$ …… ㉠

$\log_2(7x-3)=5$에서

$7x-3=2^5$ $\therefore x=5$

$x=5$는 ㉠을 만족시키므로 주어진 방정식의 해이다.

(2) 밑의 조건에서 $x-3>0$, $x-3\neq 1$

$\therefore x>3$, $x\neq 4$ …… ㉠

$\log_{x-3} 9=2$에서

$9=(x-3)^2$, $x-3=3$

$\therefore x=6$

$x=6$은 ㉠을 만족시키므로 주어진 방정식의 해이다.

(3) 진수의 조건에서 $3x-2>0$

$\therefore x>\frac{2}{3}$ …… ㉠

$\log_3(3x-2)=\log_3 7$에서

$3x-2=7$ $\therefore x=3$

$x=3$은 ㉠을 만족시키므로 주어진 방정식의 해이다.

(4) 진수의 조건에서 $x>0$ …… ㉠

$\log_{\frac{1}{3}} x=\log_3 \frac{3}{2}$에서

$-\log_3 x=\log_3 \frac{3}{2}$, $\log_3 \frac{1}{x}=\log_3 \frac{3}{2}$

$\frac{1}{x}=\frac{3}{2}$ $\therefore x=\frac{2}{3}$

$x=\frac{2}{3}$는 ㉠을 만족시키므로 주어진 방정식의 해이다.

(5) 밑의 조건에서

$x^2>0$, $x^2\neq 1$, $5x-6>0$, $5x-6\neq 1$

$\therefore x>\frac{6}{5}$, $x\neq\frac{7}{5}$ …… ㉠

$\log_{x^2} 7=\log_{5x-6} 7$에서

$x^2=5x-6$, $x^2-5x+6=0$

$(x-2)(x-3)=0$

$\therefore x=2$ 또는 $x=3$

$x=2$, $x=3$은 모두 ㉠을 만족시키므로 주어진 방정식의 해이다.

(6) 밑의 조건에서

$x+2>0$, $x+2\neq 1$, $3x-2>0$, $3x-2\neq 1$

$\therefore x>\frac{2}{3}$, $x\neq 1$ …… ㉠

진수의 조건에서 $3x-5>0$

$\therefore x>\frac{5}{3}$ …… ㉡

㉠, ㉡의 공통부분을 구하면

$x>\frac{5}{3}$ …… ㉢

(i) 밑이 같은 경우 → 진수가 $3x-5$로 같으므로 밑이 같으면 된다.

$x+2=3x-2$ $\therefore x=2$

(ii) 진수가 1인 경우 → $\log_a 1=0$ ($a>0$, $a\neq 1$)이므로

$3x-5=1$ $\therefore x=2$

(i), (ii)에서 $x=2$는 ㉢을 만족시키므로 주어진 방정식의 해이다.

219 답 (1) $x=1$ 또는 $x=100$ (2) $x=\frac{1}{8}$ 또는 $x=4$

(1) 진수의 조건에서 $x>0$ …… ㉠

$\log x=t$라 하면 주어진 방정식은

$t^2-2t=0$, $t(t-2)=0$

$\therefore t=0$ 또는 $t=2$

즉, $\log x=0$ 또는 $\log x=2$이므로

$x=1$ 또는 $x=100$

$x=1$, $x=100$은 모두 ㉠을 만족시키므로 주어진 방정식의 해이다.

(2) 진수의 조건에서 $x>0$ …… ㉠

$\log_2 x=t$라 하면 주어진 방정식은

$(t-1)(t+2)=4$, $t^2+t-6=0$, $(t+3)(t-2)=0$

$\therefore t=-3$ 또는 $t=2$

즉, $\log_2 x=-3$ 또는 $\log_2 x=2$이므로

$x=\frac{1}{8}$ 또는 $x=4$

$x=\frac{1}{8}$, $x=4$는 모두 ㉠을 만족시키므로 주어진 방정식의 해이다.

220 답 (1) $x=1$ 또는 $x=10$ (2) $x=\frac{1}{3}$ 또는 $x=3$

(1) 진수의 조건에서 $x>0$ …… ㉠

$x^{\log x}=x$의 양변에 상용로그를 취하면

$\log x^{\log x}=\log x$, $(\log x)^2=\log x$

$\log x=t$라 하면

$t^2=t$, $t^2-t=0$, $t(t-1)=0$

$\therefore t=0$ 또는 $t=1$

즉, $\log x=0$ 또는 $\log x=1$이므로

$x=1$ 또는 $x=10$

$x=1$, $x=10$은 모두 ㉠을 만족시키므로 주어진 방정식의 해이다.

(2) 진수의 조건에서 $x>0$ …… ㉠

$\frac{1}{3}x^{\log_3 x}=1$의 양변에 밑이 3인 로그를 취하면

$\log_3 \frac{1}{3}x^{\log_3 x}=0$, $\log_3 \frac{1}{3}+\log_3 x^{\log_3 x}=0$

$-1+(\log_3 x)^2=0$

$\log_3 x=t$라 하면

$-1+t^2=0$, $t^2=1$

$\therefore t=-1$ 또는 $t=1$

즉, $\log_3 x=-1$ 또는 $\log_3 x=1$이므로

$x=\frac{1}{3}$ 또는 $x=3$

$x=\frac{1}{3}$, $x=3$은 모두 ㉠을 만족시키므로 주어진 방정식의 해이다.

유형 마스터 Pattern

• 본문 050~051쪽

221 답 ③

진수의 조건에서

$x-3>0,\ x+4>0$

$x>3,\ x>-4$

$\therefore\ x>3$ …… ㉠

$\log_2(x-3)-2\log_2 3=1-\log_2(x+4)$에서

$\log_2(x-3)+\log_2(x+4)=1+\log_2 9$

$\log_2(x-3)(x+4)=\log_2 18$

$(x-3)(x+4)=18$

$x^2+x-30=0,\ (x+6)(x-5)=0$

$\therefore\ x=5$ ($\because$ ㉠)

222 답 $x=1$

진수의 조건에서

$(x+3)^3>0,\ 3-x>0$

$x>-3,\ x<3$

$\therefore\ -3<x<3$ …… ㉠

$\log_9(x+3)^3=3\log_3(3-x)$에서

$\log_{3^2}(x+3)^3=3\log_3(3-x)$

$\frac{3}{2}\log_3(x+3)=3\log_3(3-x)$

$\log_3(x+3)=2\log_3(3-x)$

$\log_3(x+3)=\log_3(3-x)^2$

$x+3=(3-x)^2,\ x^2-7x+6=0$

$(x-1)(x-6)=0$

$\therefore\ x=1$ ($\because$ ㉠)

223 답 ①

밑과 진수의 조건에서

$x^2-6x+9>0,\ x^2-6x+9\neq1,\ 3-x>0,\ 3-x\neq1,\ x+3>0$ ($x\neq3,\ x\neq2,\ x\neq4,\ x<3,\ x\neq2,\ x>-3$)

$\therefore\ -3<x<2$ 또는 $2<x<3$ …… ㉠

(i) 밑이 같은 경우

$x^2-6x+9=3-x$

$x^2-5x+6=0,\ (x-2)(x-3)=0$

$\therefore\ x=2$ 또는 $x=3$

$x=2,\ x=3$은 모두 ㉠을 만족시키지 않는다.

(ii) 진수가 1인 경우

$x+3=1$

$\therefore\ x=-2$

$x=-2$는 ㉠을 만족시킨다.

(i), (ii)에서 주어진 방정식의 해는 $x=-2$이다.

224 답 $x=\frac{1}{27}$ 또는 $x=9$

$(\log_3 3x)^2+\log_{\frac{1}{3}}x=7$에서

$(1+\log_3 x)^2-\log_3 x=7$

$\log_3 x=t$라 하면

$(1+t)^2-t=7$

$t^2+t-6=0,\ (t+3)(t-2)=0$

$\therefore\ t=-3$ 또는 $t=2$

즉, $\log_3 x=-3$ 또는 $\log_3 x=2$이므로

$x=\frac{1}{27}$ 또는 $x=9$

225 답 ③

밑과 진수의 조건에서

$x>0,\ x\neq1$ …… ㉠

$\log_2 x-\log_x 64=-1$에서

$\log_2 x-\frac{\log_2 64}{\log_2 x}=-1,\ \log_2 x-\frac{6}{\log_2 x}=-1$

$\log_2 x=t\ (t\neq0)$라 하면 (㉠에서 $x\neq1$)

$t-\frac{6}{t}=-1,\ t^2+t-6=0$

$(t+3)(t-2)=0$

$\therefore\ t=-3$ 또는 $t=2$

즉, $\log_2 x=-3$ 또는 $\log_2 x=2$이므로

$x=\frac{1}{8}$ 또는 $x=4$

따라서 모든 근의 합은

$\frac{1}{8}+4=\frac{33}{8}$

226 답 ②

밑과 진수의 조건에서

$x>0,\ x\neq1$

$\log_2 4x\times\log_x 2x=6$에서

$(2+\log_2 x)\left(\frac{\log_2 2x}{\log_2 x}\right)=6$

$(2+\log_2 x)\left(\frac{1+\log_2 x}{\log_2 x}\right)=6$

$\log_2 x=t$라 하면

$(2+t)\left(\frac{1}{t}+1\right)=6,\ t+\frac{2}{t}-3=0$

$t^2-3t+2=0,\ (t-1)(t-2)=0$

$\therefore\ t=1$ 또는 $t=2$

즉, $\log_2 x=1$ 또는 $\log_2 x=2$이므로

$x=2$ 또는 $x=4$

따라서 $\alpha=2,\ \beta=4$ 또는 $\alpha=4,\ \beta=2$이므로

$|\alpha-\beta|=2$

227 답 ②

$x^{\log_3 x}=\frac{9}{x}$의 양변에 밑이 3인 로그를 취하면

$\log_3 x^{\log_3 x}=\log_3\frac{9}{x},\ (\log_3 x)^2=2-\log_3 x$

$\log_3 x=t$라 하면

$t^2=2-t,\ t^2+t-2=0$

$(t+2)(t-1)=0$

$\therefore\ t=-2$ 또는 $t=1$

즉, $\log_3 x=-2$ 또는 $\log_3 x=1$이므로

$x=\frac{1}{9}$ 또는 $x=3$

따라서 주어진 방정식의 모든 근의 합은

$\frac{1}{9}+3=\frac{28}{9}$

228 답 $x=\frac{1}{4}$

$2^{\log 100x}=5^{\log\frac{1}{x}}$의 양변에 상용로그를 취하면

$\log 2^{\log 100x}=\log 5^{\log\frac{1}{x}}$

$\log 100x \cdot \log 2 = \log \frac{1}{x} \cdot \log 5$

$(2+\log x)\log 2 = (-\log x)\log \frac{10}{2}$

$(2+\log x)\log 2 = \log x \cdot (\log 2 - 1)$

$2\log 2 + \log x \cdot \log 2 = \log x \cdot \log 2 - \log x$

$2\log 2 = -\log x$, $\log 2^{-2} = \log x$

$\therefore x = \frac{1}{4}$

229 답 ③

$3^{\log_2 x} \times x^{\log_2 3} - 3^{\log_2 x + 1} - 54 = 0$에서

$3^{\log_2 x} \times 3^{\log_2 x} - 3 \times 3^{\log_2 x} - 54 = 0$

$3^{\log_2 x} = t\ (t>0)$라 하면

$t^2 - 3t - 54 = 0$, $(t+6)(t-9) = 0$

$\therefore t = 9\ (\because t>0)$

즉, $3^{\log_2 x} = 9 = 3^2$이므로

$\log_2 x = 2 \qquad \therefore x = 4$

230 답 4

$(\log_5 x)^2 - \log_5 x^4 + \log_5 3 = 0$에서

$(\log_5 x)^2 - 4\log_5 x + \log_5 3 = 0$

$\log_5 x = t$라 하면

$t^2 - 4t + \log_5 3 = 0 \qquad \cdots\cdots ㉠$

이때 주어진 방정식의 두 근을 α, β라 하면 방정식 ㉠의 두 근은 $\log_5 \alpha$, $\log_5 \beta$이므로 이차방정식의 근과 계수의 관계에 의하여

$\log_5 \alpha + \log_5 \beta = \log_5 \alpha\beta = 4$

$\therefore \alpha\beta = 5^4$

따라서 자연수 n의 값은 4이다.

231 답 ③

$(8 - \log_3 x)\log_3 x = a$에서

$(\log_3 x)^2 - 8\log_3 x + a = 0$

$\log_3 x = t$라 하면

$t^2 - 8t + a = 0 \qquad \cdots\cdots ㉠$

주어진 방정식이 1보다 큰 서로 다른 두 실근을 가지려면 방정식 ㉠은 서로 다른 두 양의 실근을 가져야 한다. → $x>1$이므로 $\log_3 x>0$

(i) 이차방정식 ㉠의 판별식을 D라 하면

$\frac{D}{4} = (-4)^2 - a > 0 \qquad \therefore a < 16$

(ii) (두 근의 합) $= 8 > 0$

(iii) (두 근의 곱) $= a > 0$

(i), (ii), (iii)에서 공통부분을 구하면

$0 < a < 16$

따라서 정수 a의 개수는 1, 2, 3, …, 15의 15이다.

232 답 ③

$\log_7 x = t$라 하면 주어진 방정식은

$t^3 - at + a - 1 = 0$

$f(t) = t^3 - at + a - 1$이라 하면 $f(1) = 0$이므로 조립제법에 의하여

1	1	0	$-a$	$a-1$
		1	1	$-a+1$
	1	1	$-a+1$	0

이므로 $f(t) = (t-1)(t^2+t-a+1)$

이때 방정식 $f(t) = 0$이 오직 하나의 실근을 갖는 경우는 다음과 같다.

(i) $t^2+t-a+1=0$이 서로 다른 두 허근을 갖는 경우

이차방정식 $t^2+t-a+1=0$의 판별식을 D라 하면

$D = 1^2 - 4(-a+1) < 0$

$4a - 3 < 0 \qquad \therefore a < \frac{3}{4}$

(ii) $t^2+t-a+1=0$이 1을 중근으로 갖는 경우

$D = 1^2 - 4(-a+1) = 0$

$4a - 3 = 0 \qquad \therefore a = \frac{3}{4}$

그런데 $a = \frac{3}{4}$이면 이차방정식 $t^2+t-a+1=0$은 1을 근으로 갖지 않는다. → $t^2+t-\frac{3}{4}+1=\left(t+\frac{1}{2}\right)^2=0 \quad \therefore t=-\frac{1}{2}$

(i), (ii)에서 $a < \frac{3}{4}$

개념 체크 Concept

· 본문 052쪽

233 답 (1) $x \le -7$ (2) $0 < x \le 16$ (3) $x > 2$ (4) $2 < x < 4$

(1) 진수의 조건에서 $2 - x > 0$

$\therefore x < 2 \qquad \cdots\cdots ㉠$

$\log_3(2-x) \ge 2$에서 $\log_3(2-x) \ge \log_3 9$

밑이 1보다 크므로

$2 - x \ge 9$

$\therefore x \le -7 \qquad \cdots\cdots ㉡$

㉠, ㉡의 공통부분을 구하면

$x \le -7$

(2) 진수의 조건에서 $x > 0 \qquad \cdots\cdots ㉠$

$\log_{\frac{1}{2}} x \ge -4$에서 $-\log_2 x \ge -4$

$\log_2 x \le 4$, $\log_2 x \le \log_2 16$

밑이 1보다 크므로

$x \le 16 \qquad \cdots\cdots ㉡$

㉠, ㉡의 공통부분을 구하면

$0 < x \le 16$

(3) 진수의 조건에서 $2x - 1 > 0$, $x + 1 > 0$

$\therefore x > \frac{1}{2} \qquad \cdots\cdots ㉠$

주어진 부등식에서 밑이 1보다 크므로

$2x - 1 > x + 1$

$\therefore x > 2 \qquad \cdots\cdots ㉡$

㉠, ㉡의 공통부분을 구하면

$x > 2$

(4) 진수의 조건에서 $x > 0$, $4 - x > 0$

$\therefore 0 < x < 4 \qquad \cdots\cdots ㉠$

주어진 부등식에서 밑이 0보다 크고 1보다 작으므로

$x > 4 - x$

$\therefore x > 2 \qquad \cdots\cdots ㉡$

㉠, ㉡의 공통부분을 구하면

$2 < x < 4$

234 답 (1) $1 \le x \le 8$ (2) $\frac{1}{4} \le x \le 4$

(1) 진수의 조건에서 $x > 0 \qquad \cdots\cdots ㉠$

$\log_2 x = t$라 하면 주어진 부등식은

$t^2-3t\le 0$, $t(t-3)\le 0$
$\therefore 0\le t\le 3$
즉, $0\le \log_2 x\le 3$이므로
$\log_2 1\le \log_2 x\le \log_2 8$
밑이 1보다 크므로 $1\le x\le 8$ …… ㉡
㉠, ㉡의 공통부분을 구하면
$1\le x\le 8$

(2) 진수의 조건에서 $x>0$ …… ㉠
$\log_{\frac{1}{2}} x=t$라 하면 주어진 부등식은
$t^2\le 4$, $t^2-4\le 0$
$(t+2)(t-2)\le 0$
$\therefore -2\le t\le 2$
즉, $-2\le \log_{\frac{1}{2}} x\le 2$이므로
$-2\le -\log_2 x\le 2$, $-2\le \log_2 x\le 2$
$\therefore \log_2 \frac{1}{4}\le \log_2 x\le \log_2 4$
밑이 1보다 크므로 $\frac{1}{4}\le x\le 4$ …… ㉡
㉠, ㉡의 공통부분을 구하면
$\frac{1}{4}\le x\le 4$

235 답 (1) $\frac{1}{3}<x<9$ (2) $0<x\le \frac{1}{4}$ 또는 $x\ge 1$

(1) 진수의 조건에서 $x>0$ …… ㉠
$x^{\log_3 x}<9x$의 양변에 밑이 3인 로그를 취하면
$\log_3 x^{\log_3 x}<\log_3 9x$, $(\log_3 x)^2<\log_3 x+2$
$\log_3 x=t$라 하면
$t^2<t+2$, $t^2-t-2<0$
$(t+1)(t-2)<0$
$\therefore -1<t<2$
즉, $-1<\log_3 x<2$이므로
$\log_3 \frac{1}{3}<\log_3 x<\log_3 9$
밑이 1보다 크므로 $\frac{1}{3}<x<9$ …… ㉡
㉠, ㉡의 공통부분을 구하면
$\frac{1}{3}<x<9$

(2) 진수의 조건에서 $x>0$ …… ㉠
$x^{\log_{\frac{1}{2}} x}\le x^2$의 양변에 밑이 $\frac{1}{2}$인 로그를 취하면
$\log_{\frac{1}{2}} x^{\log_{\frac{1}{2}} x}\ge \log_{\frac{1}{2}} x^2$ ← 밑 $\frac{1}{2}$이 0보다 크고 1보다 작으므로 부등호의 방향이 바뀐다.
$(\log_{\frac{1}{2}} x)^2\ge 2\log_{\frac{1}{2}} x$
$\log_{\frac{1}{2}} x=t$라 하면
$t^2\ge 2t$, $t^2-2t\ge 0$
$t(t-2)\ge 0$
$\therefore t\le 0$ 또는 $t\ge 2$
즉, $\log_{\frac{1}{2}} x\le 0$ 또는 $\log_{\frac{1}{2}} x\ge 2$이므로
$\log_{\frac{1}{2}} x\le \log_{\frac{1}{2}} 1$ 또는 $\log_{\frac{1}{2}} x\ge \log_{\frac{1}{2}} \frac{1}{4}$
밑이 0보다 크고 1보다 작으므로
$x\le \frac{1}{4}$ 또는 $x\ge 1$ …… ㉡
㉠, ㉡의 공통부분을 구하면
$0<x\le \frac{1}{4}$ 또는 $x\ge 1$

유형 마스터 Pattern • 본문 053~055쪽

236 답 ③

진수의 조건에서 $x^2+2x-3>0$, $3x+3>0$
$(x+3)(x-1)>0$, $3x>-3$
$x<-3$ 또는 $x>1$, $x>-1$
$\therefore x>1$ …… ㉠
주어진 부등식에서 밑이 1보다 크므로
$x^2+2x-3>3x+3$
$x^2-x-6>0$, $(x+2)(x-3)>0$
$\therefore x<-2$ 또는 $x>3$ …… ㉡
㉠, ㉡의 공통부분을 구하면
$x>3$

237 답 ④

진수의 조건에서 $x^2+4x+6=(x+2)^2+2>0$이므로 모든 실수 x에 대하여 0보다 크다.
$\log_{\frac{1}{2}}(x^2+4x+6)\le \log_{\frac{1}{4}} 9$에서
$\log_{\frac{1}{2}}(x^2+4x+6)\le \log_{(\frac{1}{2})^2} 3^2$
$\therefore \log_{\frac{1}{2}}(x^2+4x+6)\le \log_{\frac{1}{2}} 3$
밑이 0보다 크고 1보다 작으므로
$x^2+4x+6\ge 3$, $x^2+4x+3\ge 0$
$(x+3)(x+1)\ge 0$
$\therefore x\le -3$ 또는 $x\ge -1$
따라서 주어진 부등식을 만족시키지 않는 x의 값은 ④이다.

238 답 $2<x<3$ 또는 $3<x<4$

진수의 조건에서 $x-2>0$, $4-x>0$
$\therefore 2<x<4$ …… ㉠
$\log_3(x-2)+\log_3(4-x)<0$에서
$\log_3(x-2)(4-x)<\log_3 1$
밑이 1보다 크므로
$(x-2)(4-x)<1$
$x^2-6x+9>0$, $(x-3)^2>0$
$\therefore x\ne 3$ …… ㉡
㉠, ㉡의 공통부분을 구하면
$2<x<3$ 또는 $3<x<4$

239 답 ②

진수의 조건에서 $x>0$ …… ㉠
$\log_3 x=t$라 하면 주어진 부등식은
$(t+2)(t-1)<4$, $t^2+t-6<0$
$(t+3)(t-2)<0$
$\therefore -3<t<2$
즉, $-3<\log_3 x<2$이므로
$\log_3 \frac{1}{27}<\log_3 x<\log_3 9$
밑이 1보다 크므로
$\frac{1}{27}<x<9$ …… ㉡
㉠, ㉡의 공통부분을 구하면
$\frac{1}{27}<x<9$

따라서 $a=\frac{1}{27}$, $b=9$이므로

$ab=\frac{1}{27}\cdot 9=\frac{1}{3}$

240 답 ⑤

진수의 조건에서

$x>0$ …… ㉠

$\log_{\frac{1}{4}} 32x\times\log_2 \frac{64}{x}\le 0$에서

$-\frac{1}{2}\log_2 32x\times\log_2 \frac{64}{x}\le 0$

$\log_2 32x\times\log_2 \frac{64}{x}\ge 0$

$(5+\log_2 x)(6-\log_2 x)\ge 0$

$\log_2 x=t$라 하면

$(5+t)(6-t)\ge 0$, $(t+5)(t-6)\le 0$

$\therefore -5\le t\le 6$

즉, $-5\le\log_2 x\le 6$이므로

$\log_2 \frac{1}{32}\le\log_2 x\le\log_2 64$

밑이 1보다 크므로

$\frac{1}{32}\le x\le 64$ …… ㉡

㉠, ㉡의 공통부분을 구하면

$\frac{1}{32}\le x\le 64$

따라서 주어진 부등식을 만족시키는 실수 x의 최댓값은 64이다.

241 답 ①

진수의 조건에서

$x>0$ …… ㉠

$(\log_3 x)^2+10<\log_3 x^7$에서

$(\log_3 x)^2+10<7\log_3 x$

$\log_3 x=t$라 하면

$t^2+10<7t$, $t^2-7t+10<0$

$(t-2)(t-5)<0$

$\therefore 2<t<5$

즉, $2<\log_3 x<5$이므로

$\log_3 9<\log_3 x<\log_3 243$

밑이 1보다 크므로

$9<x<243$ …… ㉡

$\frac{4}{(\log_5 x)^2}>1$에서 $\log_5 x=s$ ($s\ne 0$)라 하면 → s는 분모이므로

$\frac{4}{s^2}>1$, $s^2<4$, $(s+2)(s-2)<0$

$\therefore -2<s<0$ 또는 $0<s<2$ ($\because s\ne 0$)

즉, $-2<\log_5 x<0$ 또는 $0<\log_5 x<2$이므로

$\log_5 \frac{1}{25}<\log_5 x<\log_5 1$ 또는 $\log_5 1<\log_5 x<\log_5 25$

밑이 1보다 크므로

$\frac{1}{25}<x<1$ 또는 $1<x<25$ …… ㉢

㉠, ㉡, ㉢의 공통부분을 구하면

$9<x<25$

따라서 주어진 연립부등식을 만족시키는 정수 x의 개수는 10, 11, 12, ⋯, 24의 15이다.

242 답 ①

진수의 조건에서 $x>0$ …… ㉠

$x^{\log_2 x}\le\frac{x^5}{64}$의 양변에 밑이 2인 로그를 취하면

$\log_2 x^{\log_2 x}\le\log_2 x^5-\log_2 64$

$(\log_2 x)^2\le 5\log_2 x-6$

$\log_2 x=t$라 하면

$t^2\le 5t-6$, $t^2-5t+6\le 0$

$(t-2)(t-3)\le 0$

$\therefore 2\le t\le 3$

즉, $2\le\log_2 x\le 3$이므로 $\log_2 4\le\log_2 x\le\log_2 8$

밑이 1보다 크므로

$4\le x\le 8$ …… ㉡

㉠, ㉡의 공통부분을 구하면

$4\le x\le 8$

243 답 ③

$x^{\log_{\frac{1}{2}} x}>ax^b$의 양변에 밑이 $\frac{1}{2}$인 로그를 취하면

$\log_{\frac{1}{2}} x^{\log_{\frac{1}{2}} x}<\log_{\frac{1}{2}} ax^b$

$(\log_{\frac{1}{2}} x)^2<b\log_{\frac{1}{2}} x+\log_{\frac{1}{2}} a$

$\log_{\frac{1}{2}} x=t$라 하면

$t^2<bt+\log_{\frac{1}{2}} a$

$t^2-bt-\log_{\frac{1}{2}} a<0$ …… ㉠

한편, $\frac{1}{4}<x<2$에서 $\log_{\frac{1}{2}}\left(\frac{1}{2}\right)^{-1}<\log_{\frac{1}{2}} x<\log_{\frac{1}{2}}\left(\frac{1}{2}\right)^2$ → 밑이 0보다 크고 1보다 작으므로

$\therefore -1<t<2$

즉, 부등식 ㉠의 해가 $-1<t<2$이어야 하므로

$(t+1)(t-2)<0$

$\therefore t^2-t-2<0$ …… ㉡

㉠=㉡에서

$b=1$, $\log_{\frac{1}{2}} a=2$ $\therefore a=\frac{1}{4}$, $b=1$

$\therefore a+b=\frac{1}{4}+1=\frac{5}{4}$

244 답 ⑤

$22^{x-1}>11^{x+1}$의 양변에 상용로그를 취하면

$\log 22^{x-1}>\log 11^{x+1}$

$(x-1)\log 22>(x+1)\log 11$

$x(\log 22-\log 11)>\log 11+\log 22$

$x\log 2>\log 242$

$\therefore x>\frac{\log 242}{\log 2}=\log_2 242=7.\times\times\times$ → $2^7=128$, $2^8=256$이므로 $\log_2 2^7<\log_2 242<\log_2 2^8$

따라서 정수 x의 최솟값은 8이다.

245 답 ⑤

$\log_3 x=t$라 하면 주어진 부등식은

$t^2-kt+\frac{k}{2}+6\ge 0$ …… ㉠

부등식 ㉠이 모든 실수 t에 대하여 성립해야 하므로 이차방정식 → $x>0$이므로

$t^2-kt+\frac{k}{2}+6=0$의 판별식을 D라 하면

$D=(-k)^2-4\left(\frac{k}{2}+6\right)\le 0$

$k^2-2k-24\le 0$, $(k+4)(k-6)\le 0$

$\therefore -4\le k\le 6$

따라서 $M=6$, $m=-4$이므로
$M-m=6-(-4)=10$

246 답 ②

x에 대한 이차방정식 $x^2+x\log_2 a+\log_2 \frac{a^2}{8}=0$이 서로 다른 두 허근을 가지려면 이 이차방정식의 판별식을 D라 할 때

$D=(\log_2 a)^2-4\log_2 \frac{a^2}{8}<0$
$(\log_2 a)^2-4(\log_2 a^2-3)<0$
$(\log_2 a)^2-8\log_2 a+12<0$
$\log_2 a=t$라 하면
$t^2-8t+12<0$, $(t-2)(t-6)<0$
$\therefore\ 2<t<6$
즉, $2<\log_2 a<6$이므로 $\log_2 4<\log_2 a<\log_2 64$
밑이 1보다 크므로
$4<a<64$
따라서 자연수 a의 개수는 5, 6, 7, ⋯, 63의 59이다.

247 답 ③

$x^{\log_2 ax}>\frac{1}{2}$의 양변에 밑이 2인 로그를 취하면

$\log_2 x^{\log_2 ax}>\log_2 \frac{1}{2}$, $\log_2 ax\cdot\log_2 x>-1$
$(\log_2 a+\log_2 x)\log_2 x>-1$
$\log_2 x=t$라 하면
$(\log_2 a+t)t>-1$
$t^2+t\log_2 a+1>0$ ⋯⋯ ㉠
부등식 ㉠이 모든 실수 t에 대하여 성립해야 하므로 이차방정식 $t^2+t\log_2 a+1=0$의 판별식을 D라 하면 ($x>0$이므로)
$D=(\log_2 a)^2-4<0$
$(\log_2 a+2)(\log_2 a-2)<0$
$-2<\log_2 a<2$, $\log_2 \frac{1}{4}<\log_2 a<\log_2 4$
밑이 1보다 크므로
$\frac{1}{4}<a<4$
따라서 $\alpha=\frac{1}{4}$, $\beta=4$이므로
$\frac{\beta}{\alpha}=\frac{4}{\frac{1}{4}}=16$

248 답 ④

첫 달 매출액을 A라 하고, 매출액 증가율을 a %라 하면

$A\left(1+\frac{a}{100}\right)^{30}=4A$ $\quad\therefore \left(1+\frac{a}{100}\right)^{30}=4$
양변에 상용로그를 취하면
$\log\left(1+\frac{a}{100}\right)^{30}=\log 4$
$30\log\left(1+\frac{a}{100}\right)=2\log 2$
$\log\left(1+\frac{a}{100}\right)=\frac{1}{15}\log 2=\frac{1}{15}\times 0.30=0.02$
이때 $\log 1.047=0.02$이므로
$1+\frac{a}{100}=1.047$ $\quad\therefore a=4.7$
따라서 30개월 동안 이 커피 전문점의 매출액은 매월 4.7 %씩 증가하였다.

249 답 ①

공기청정기의 필터의 개수를 n, 처음 미세먼지의 양을 A라 하면 공기청정기를 통과하고 난 후의 미세먼지의 양은

$A\times\left(\frac{80}{100}\right)^n$
미세먼지의 양을 처음 양의 1 %로 줄이려면
$A\times\left(\frac{80}{100}\right)^n=A\times\frac{1}{100}$
$\left(\frac{8}{10}\right)^n=\frac{1}{100}$
양변에 상용로그를 취하면
$\log\left(\frac{8}{10}\right)^n=\log\frac{1}{100}$
$n(\log 2^3-\log 10)=-2$
$n(3\log 2-1)=-2$
$\therefore\ n=\frac{2}{1-3\log 2}=\frac{2}{1-3\times 0.30}=20$
따라서 공기청정기의 필터를 20개 설치해야 한다.

250 답 3

m년 후 중고차 가격은
$\{2000\times(0.6)^m\}$만 원
2000만 원인 자동차의 n년 후 가격이 500만 원 이하로 떨어지려면
$2000\times(0.6)^m\le 500$
$4\times(0.6)^m\le 1$
양변에 상용로그를 취하면
$\log\{4\times(0.6)^m\}\le 0$
$\log 4+m\log 0.6\le 0$
$2\log 2+m(\log 3-\log 5)\le 0$
$2\log 2+m\{\log 3-(1-\log 2)\}\le 0$
$2\times 0.30+m\{0.47-(1-0.30)\}\le 0$
$0.60-0.23m\le 0$
$\therefore\ m\ge\frac{0.60}{0.23}=2.\times\times\times$
따라서 3년 후에 중고차 가격이 500만 원 이하로 떨어지므로
$n=3$

251 답 ③

2022년에 두 국가 A, B의 경제 규모를 각각 $2k$, k라 하면 n년 후 두 국가 A, B의 경제규모는 각각

$2k\times(1.05)^n$, $k\times(1.25)^n$
B 국가의 경제 규모가 A 국가의 경제 규모를 초과하려면
$2k\times(1.05)^n<k\times(1.25)^n$에서
$2\times(1.05)^n<(1.25)^n$
양변에 상용로그를 취하면
$\log\{2\times(1.05)^n\}<\log(1.25)^n$
$\log 2+n\log 1.05<n\log 1.25$
$\log 2<n\log 1.25-n\log 1.05$
$\log 2<n\log\frac{1.25}{1.05}$, $\log 2<n\log\frac{25}{21}$
$\log 2<n(\log 25-\log 21)$
$\log 2<n(2\log 5-\log 21)$
$\log 2<n\{2(1-\log 2)-(1+\log 2.1)\}$
$0.30<n\{2(1-0.30)-(1+0.32)\}$
$0.30<0.08n$
$\therefore\ n>\frac{0.30}{0.08}=3.75$

따라서 4년 후인 2026년에 B 국가의 경제 규모가 A 국가의 경제 규모를 초과한다.

Real 실전력 업 · 본문 056~058쪽

252 답 ④

One Point Lesson

평행이동한 후 대칭이동한 그래프의 식을 하나의 로그로 나타낸다.

함수 $y=\log_3 x$의 그래프를 x축의 방향으로 m만큼, y축의 방향으로 n만큼 평행이동한 그래프의 식은

$y=\log_3(x-m)+n$

$=\log_3(x-m)+\log_3 3^n$

$=\log_3 3^n(x-m)$

$=\log_3(3^n x-3^n m)$

함수 $y=\log_3(3^n x-3^n m)$의 그래프를 y축에 대하여 대칭이동한 그래프의 식은

$y=\log_3(-3^n x-3^n m)$ ← $y=\log_3\{-(3^n x-3^n m)\}$으로 착각하여 $y=\log_3(-3^n x+3^n m)$으로 계산하지 말자. x가 $-x$로만 바뀔 뿐이다.

$\therefore f(x)=-3^n x-3^n m$

이때 함수 $y=f(x)$의 그래프가 두 점 $(-1, 6)$, $\left(-\frac{2}{3}, 3\right)$을 지나므로

$3^n-3^n m=6 \quad \therefore 3^n m=3^n-6 \quad \cdots\cdots$ ㉠

$3^n\cdot\frac{2}{3}-3^n m=3 \quad \cdots\cdots$ ㉡

㉠을 ㉡에 대입하여 정리하면

$\frac{1}{3}\cdot 3^n=3 \quad \therefore n=2$

$n=2$를 ㉠에 대입하면

$3^2\cdot m=3^2-6 \quad \therefore m=\frac{1}{3}$

$\therefore \frac{n}{m}=\frac{2}{\frac{1}{3}}=6$

253 답 ①

One Point Lesson

합성함수와 역함수의 성질을 이용한다.

함수 $f(x)$는 치역이 실수 전체의 집합인 일대일함수이므로 $(f\circ g)(x)=x$에서 $g(x)$는 함수 $f(x)$의 역함수이다.

$\therefore (g\circ f)(x)=x$

$(g\circ g\circ f)(x)=g(x)$이므로

$(g\circ g\circ f)(a)=3$에서

$g(a)=3$

즉, $f(3)=a$이므로

$f(3)=\log_2\sqrt{16}=\log_2 4=2$

$\therefore a=2$

해설 속 칠판 **합성함수의 성질**

세 함수 f, g, h에 대하여

(1) $(f\circ g)(x)\neq(g\circ f)(x)$

(2) $(h\circ g\circ f)(x)=(h\circ(g\circ f))(x)=((h\circ g)\circ f)(x)$

254 답 ④

One Point Lesson

먼저 로그의 진수인 무리함수가 최댓값과 최솟값을 갖는 x의 값을 구한다.

$f(x)=\sqrt{2x-6}+b$ ($f(x)=\sqrt{2(x-3)}+b$)라 하면 함수 $y=f(x)$의 그래프의 개형은 오른쪽 그림과 같으므로 함수 $y=f(x)$는 $3\le x\le a$에서 $x=a$일 때 최댓값, $x=3$일 때 최솟값을 갖는다.

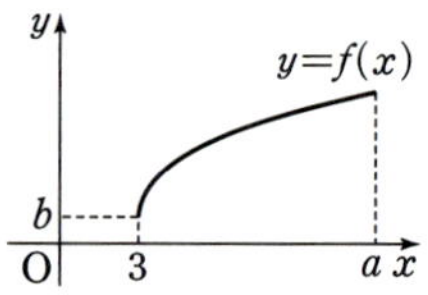

$y=\log_3 f(x)$에서 밑이 1보다 크고 치역이 $\{y\,|\,0\le y\le 2\}$이므로

$x=3$일 때 최솟값 0을 갖는다.

즉, $0=\log_3(\sqrt{2\cdot 3-6}+b)=\log_3 b$에서

$b=1$

$x=a$일 때 최댓값 2를 갖는다.

즉, $2=\log_3(\sqrt{2a-6}+1)$에서

$\sqrt{2a-6}+1=9$, $\sqrt{2a-6}=8$

$2a-6=64 \quad \therefore a=35$

$\therefore ab=35\cdot 1=35$

255 답 ②

One Point Lesson

반복되는 부분을 치환하여 이차함수의 최솟값을 구한다.

$y=(\log_5 x)^2+a\log_{25}x+b$

$=(\log_5 x)^2+\frac{a}{2}\log_5 x+b$

$\log_5 x=t$라 하면

$y=t^2+\frac{a}{2}t+b=\left(t+\frac{a}{4}\right)^2-\frac{a^2}{16}+b$

이므로 $t=-\frac{a}{4}$일 때 최솟값 $-\frac{a^2}{16}+b$를 갖는다.

이때 $x=\frac{1}{25}$, 즉 $t=-2$에서 최솟값 1을 가지므로

$-\frac{a}{4}=-2$에서 $a=8$

$-\frac{a^2}{16}+b=1$에서 $-4+b=1 \quad \therefore b=5$

$\therefore a+b=8+5=13$

256 답 ③

One Point Lesson

산술평균과 기하평균의 관계를 이용하여 x^2+y^2과 xy 사이의 관계를 파악한다.

$\log_3(x^2y^2+2xy+1)=\log_3(xy+1)^2$

$x>0$, $y>0$이므로 산술평균과 기하평균의 관계에 의하여

$x^2+y^2\ge 2\sqrt{x^2\cdot y^2}=2xy$ (단, 등호는 $x^2=y^2$, 즉 $x=y$일 때 성립)

이때 $x^2+y^2=16$이므로

$16\ge 2xy$, $xy\le 8$

$\therefore xy+1\le 9$

따라서 주어진 식의 최댓값은

$\log_3 9^2=\log_3 3^4=4$

257 답 ①

One Point Lesson

밑을 2로 같게 하여 로그방정식을 푼다.

진수의 조건에서 $x\neq0$, $x+4>0$

$x\neq0$, $x>-4$

$\therefore\ -4<x<0$ 또는 $x>0$ ...... ㉠

$\log_{\sqrt{2}}|x|=\log_2(x+4)+1$에서

$2\log_2|x|=\log_2(x+4)+\log_2 2$

$\log_2|x|^2=\log_2(2x+8)$

$\log_2 x^2=\log_2(2x+8)$

$x^2=2x+8$, $x^2-2x-8=0$ → 여기에서 근과 계수의 관계를 바로 사용하지 않은 이유는 두 근이 모두 ㉠을 만족시키는지 알 수 없기 때문이다.

$(x+2)(x-4)=0$

$\therefore\ x=-2$ 또는 $x=4$

$x=-2$, $x=4$는 모두 ㉠을 만족시키므로 주어진 방정식의 모든 근의 합은

$-2+4=2$

258 답 ①

One Point Lesson

주어진 방정식의 양변에 상용로그를 취한다.

$(2x)^{\log 2}-(5x)^{\log 5}=0$에서

$(2x)^{\log 2}=(5x)^{\log 5}$

양변에 상용로그를 취하면 → $x>0$이므로 진수의 조건을 만족시킨다.

$\log 2\cdot\log 2x=\log 5\cdot\log 5x$

$\log 2\cdot(\log 2+\log x)=\log 5\cdot(\log 5+\log x)$

$(\log 2)^2+\log 2\cdot\log x=(\log 5)^2+\log 5\cdot\log x$

$\log x\cdot(\log 5-\log 2)=(\log 2)^2-(\log 5)^2$

$\log x=-\dfrac{(\log 5+\log 2)(\log 5-\log 2)}{\log 5-\log 2}$

$\log x=-(\log 5+\log 2)$

$\log x=-1$

$\therefore\ x=\dfrac{1}{10}$

259 답 ②

One Point Lesson

주어진 세 수에 대한 로그부등식을 세운 후 푼다.

진수의 조건에서

$4x+12>0$, $x>0$

$\therefore\ x>0$ ...... ㉠

$C=\log_{\frac{1}{2}}x=\log_{\frac{1}{4}}x^2$이고 $A<B<C$에서

$\log_{\frac{1}{4}}32<\log_{\frac{1}{4}}(4x+12)<\log_{\frac{1}{4}}x^2$

밑이 0보다 크고 1보다 작으므로

$32>4x+12>x^2$

$32>4x+12$에서

$4x<20$

$\therefore\ x<5$ ...... ㉡

$4x+12>x^2$에서 $x^2-4x-12<0$

$(x+2)(x-6)<0$

$\therefore\ -2<x<6$ ...... ㉢

㉠, ㉡, ㉢의 공통부분을 구하면

$0<x<5$

따라서 모든 자연수 x의 값의 합은

$1+2+3+4=10$

260 답 ⑤

One Point Lesson

로그의 밑을 같게 하는 과정을 두 번 반복한다.

진수의 조건에서 $x>0$, $\log_3 x>0$

$\therefore\ x>1$ ...... ㉠

$\log_2(\log_3 x)>2$에서

$\log_2(\log_3 x)>\log_2 4$

밑이 1보다 크므로

$\log_3 x>4$

$\log_3 x>\log_3 81$

밑이 1보다 크므로

$x>81$ ...... ㉡

㉠, ㉡의 공통부분을 구하면

$x>81$

261 답 ⑤

One Point Lesson

주어진 해를 이용하여 이차부등식을 세운다.

$\log_5(2x-1)=t$라 하면 주어진 부등식은

$t(a-t)\geq b$

$\therefore\ t^2-at+b\leq0$ ...... ㉠

$\dfrac{3}{5}\leq x\leq13$에서 $\dfrac{1}{5}\leq 2x-1\leq25$

$-1\leq\log_5(2x-1)\leq2$ ($\because$ (밑)>1)

$\therefore\ -1\leq t\leq2$

즉, 부등식 ㉠의 해가 $-1\leq t\leq2$이어야 하므로

$(t+1)(t-2)\leq0$에서 $t^2-t-2\leq0$

따라서 $a=1$, $b=-2$이므로

$a-b=1-(-2)=3$

262 답 5

One Point Lesson

m년 후의 마진율을 m에 대한 식으로 세운다.

현재의 한과 세트 1개의 원가를 a, 판매가를 b라 하면 마진율은

$\dfrac{b-a}{a}=\dfrac{b}{a}-1$

현재의 마진율이 1 %이므로

$\dfrac{b}{a}-1=\dfrac{1}{100}$ $\quad\therefore\ \dfrac{b}{a}=\dfrac{101}{100}$

m년 후의 마진율은

$\dfrac{(1.01)^m b-(0.99)^m a}{(0.99)^m a}=\dfrac{(1.01)^m b}{(0.99)^m a}-1$

$\dfrac{(1.01)^m b}{(0.99)^m a}-1\geq\dfrac{10}{100}$에서

$\dfrac{(1.01)^m}{(0.99)^m}\times\dfrac{101}{100}\geq\dfrac{110}{100}$

$\dfrac{(1.01)^m}{(0.99)^m}\geq\dfrac{110}{101}$

양변에 상용로그를 취하면

$\log\dfrac{(1.01)^m}{(0.99)^m}\geq\log\dfrac{110}{101}$

$m(\log 1.01-\log 0.99)\geq\log 110-\log 101$

$m\{\log 1.01-(\log 9.9-1)\}\geq(\log 1.1+2)-(\log 1.01+2)$

$m\{0.004-(0.995-1)\}\ge(0.041+2)-(0.004+2)$

$0.009m\ge0.037$

$\therefore\ m\ge\frac{0.037}{0.009}=4.\times\times\times$

따라서 마진율이 10 % 이상이 되는 것은 5년 후이므로

$n=5$

263 답 $\frac{1}{2}<p<1$ 또는 $p>4$

이차방정식 $x^2+2px+4q=0$이 서로 다른 두 실근을 가지려면 이차방정식 $x^2+2px+4q=0$의 판별식을 D라 할 때

$\frac{D}{4}=p^2-4q>0\qquad\therefore\ p^2>4q$

$\log_2 p\times\log_2 q=4$에서

$\log_2 q=\frac{4}{\log_2 p}$ ...... ㉠

$p^2>4q$에서

$\log_2 p^2>\log_2 4q$ → 밑이 1보다 크므로

$2\log_2 p>2+\log_2 q$

$2\log_2 p>2+\frac{4}{\log_2 p}$ ($\because$ ㉠)

$\log_2 p>1+\frac{2}{\log_2 p}$

❶

$\log_2 p=t$라 하면

$t>1+\frac{2}{t}$

(i) $t>0$인 경우

$t^2>t+2,\ t^2-t-2>0$

$(t+1)(t-2)>0$

$\therefore\ t>2$ ($\because\ t>0$)

(ii) $t<0$인 경우

$t^2<t+2,\ t^2-t-2<0$

$(t+1)(t-2)<0$

$\therefore\ -1<t<0$ ($\because\ t<0$)

(i), (ii)에서 $-1<t<0$ 또는 $t>2$

❷

따라서 $-1<\log_2 p<0$ 또는 $\log_2 p>2$이므로

$\log_2\frac{1}{2}<\log_2 p<\log 1$ 또는 $\log_2 p>\log_2 4$

$\therefore\ \frac{1}{2}<p<1$ 또는 $p>4$

❸

채점 기준	배점 비율
❶ 이차방정식의 판별식과 주어진 조건을 이용하여 $\log_2 p$에 대한 부등식 세우기	40%
❷ 치환을 이용하여 $\log_2 p$의 값의 범위 구하기	40%
❸ p의 값의 범위 구하기	20%

05 삼각함수

개념 체크 Concept

•본문 060쪽

264 답 (1) $360°\times n+10°$ (2) $360°\times n+140°$ (3) $360°\times n+310°$ (4) $360°\times n+250°$

(1) $370°=360°+10°$이므로 일반각은

$360°\times n+10°$

(2) $860°=360°\times2+140°$이므로 일반각은

$360°\times n+140°$

(3) $-50°=360°\times(-1)+310°$이므로 일반각은

$360°\times n+310°$

(4) $-470°=360°\times(-2)+250°$이므로 일반각은

$360°\times n+250°$

265 답 (1) $\frac{\pi}{3}$ (2) $-\frac{5}{6}\pi$ (3) 30° (4) −330°

(1) $60°=60\times\frac{\pi}{180}=\frac{\pi}{3}$

(2) $-150°=-150\times\frac{\pi}{180}=-\frac{5}{6}\pi$

(3) $\frac{\pi}{6}=\frac{\pi}{6}\times\frac{180°}{\pi}=30°$

(4) $-\frac{11}{6}\pi=-\frac{11}{6}\pi\times\frac{180°}{\pi}=-330°$

266 답 (1) $l=5\pi,\ S=10\pi$ (2) $l=\frac{11}{3}\pi,\ S=\frac{11}{3}\pi$

(1) $l=4\cdot\frac{5}{4}\pi=5\pi,\ S=\frac{1}{2}\cdot4^2\cdot\frac{5}{4}\pi=10\pi$ → 또는 $\frac{1}{2}\cdot4\cdot5\pi=10\pi$

(2) $l=2\cdot\frac{11}{6}\pi=\frac{11}{3}\pi,\ S=\frac{1}{2}\cdot2^2\cdot\frac{11}{6}\pi=\frac{11}{3}\pi$ → 또는 $\frac{1}{2}\cdot2\cdot\frac{11}{3}\pi=\frac{11}{3}\pi$

267 답 10π

$\frac{1}{2}\cdot5\cdot4\pi=10\pi$

유형 마스터 Pattern

•본문 061~064쪽

268 답 ④

① $-1045°=360°\times(-3)+35°$

② $-310°=360°\times(-1)+50°$

③ $415°=360°\times1+55°$

④ $765°=360°\times2+45°$

⑤ $1100°=360°\times3+20°$

따라서 동경 OP가 나타낼 수 있는 각의 크기는 ④이다.

269 답 ①

세 각 $\alpha,\ \beta,\ \gamma$를 일반각으로 나타내면

$\alpha=360°\times(-3)+320°\qquad\therefore\ \theta=320$

$\beta=360°\times(-1)+250°\qquad\therefore\ \theta=250$

$\gamma=360°\times3+30°\qquad\therefore\ \theta=30$

따라서 θ의 값이 큰 것부터 차례대로 각을 나열하면 $\alpha,\ \beta,\ \gamma$이다.

270 답 ②

$690° = 360° \times 1 + 330°$

ㄱ. $-1470° = 360° \times (-5) + 330°$

ㄴ. $-330° = 360° \times (-1) + 30°$

ㄷ. $1050° = 360° \times 2 + 330°$

ㄹ. $1380° = 360° \times 3 + 300°$

따라서 690°를 나타내는 동경과 일치하는 것은 ㄱ, ㄷ이다.

271 답 ④

θ가 제3사분면의 각이므로

$360° \times n + 180° < \theta < 360° \times n + 270°$ (n은 정수)

$\therefore 180° \times n + 90° < \frac{\theta}{2} < 180° \times n + 135°$

이때 정수 k에 대하여

(i) $n = 2k$일 때 → $180° \times n$ 꼴을 $360° \times k$ 꼴로 나타내기 위해 $n=2k$, $n=2k+1$로 나누어 계산한다.

$180° \times 2k + 90° < \frac{\theta}{2} < 180° \times 2k + 135°$

$\therefore 360° \times k + 90° < \frac{\theta}{2} < 360° \times k + 135°$ → $90° < \frac{\theta}{2} < 135°$인 동경의 위치와 같다.

즉, $\frac{\theta}{2}$는 제2사분면의 각이다.

(ii) $n = 2k+1$일 때

$180° \times (2k+1) + 90° < \frac{\theta}{2} < 180° \times (2k+1) + 135°$

$\therefore 360° \times k + 270° < \frac{\theta}{2} < 360° \times k + 315°$ → $270° < \frac{\theta}{2} < 315°$인 동경의 위치와 같다.

즉, $\frac{\theta}{2}$는 제4사분면의 각이다.

(i), (ii)에서 각 $\frac{\theta}{2}$는 제2사분면 또는 제4사분면의 각이다.

272 답 ②

2θ가 제1사분면의 각이므로

$360° \times n < 2\theta < 360° \times n + 90°$ (n은 정수)

$\therefore 180° \times n < \theta < 180° \times n + 45°$

이때 정수 k에 대하여

(i) $n = 2k$일 때 → $180° \times n$ 꼴을 $360° \times k$ 꼴로 나타내기 위해 $n=2k$, $n=2k+1$로 나누어 계산한다.

$180° \times 2k < \theta < 180° \times 2k + 45°$

$\therefore 360° \times k < \theta < 360° \times k + 45°$ → $0° < \theta < 45°$인 동경의 위치와 같다.

즉, θ는 제1사분면의 각이다.

(ii) $n = 2k+1$일 때

$180° \times (2k+1) < \theta < 180° \times (2k+1) + 45°$

$\therefore 360° \times k + 180° < \theta < 360° \times k + 225°$ → $180° < \theta < 225°$인 동경의 위치와 같다.

즉, θ는 제3사분면의 각이다.

(i), (ii)에서 각 θ를 나타내는 동경이 존재할 수 있는 사분면은 제1사분면 또는 제3사분면이므로 ㄱ, ㄷ이다.

273 답 ①

θ가 제4사분면의 각이므로

$360° \times n + 270° < \theta < 360° \times n + 360°$ (n은 정수)

$\therefore 120° \times n + 90° < \frac{\theta}{3} < 120° \times n + 120°$

이때 정수 k에 대하여

(i) $n = 3k$일 때 → $120° \times n$ 꼴을 $360° \times k$ 꼴로 나타내기 위해 $n=3k$, $n=3k+1$, $n=3k+2$로 나누어 계산한다.

$120° \times 3k + 90° < \frac{\theta}{3} < 120° \times 3k + 120°$

$\therefore 360° \times k + 90° < \frac{\theta}{3} < 360° \times k + 120°$ → $90° < \frac{\theta}{3} < 120°$인 동경의 위치와 같다.

즉, $\frac{\theta}{3}$는 제2사분면의 각이다.

(ii) $n = 3k+1$ (k는 정수)일 때

$120° \times (3k+1) + 90° < \frac{\theta}{3} < 120° \times (3k+1) + 120°$

$\therefore 360° \times k + 210° < \frac{\theta}{3} < 360° \times k + 240°$ → $210° < \frac{\theta}{3} < 240°$인 동경의 위치와 같다.

즉, $\frac{\theta}{3}$는 제3사분면의 각이다.

(iii) $n = 3k+2$ (k는 정수)일 때

$120° \times (3k+2) + 90° < \frac{\theta}{3} < 120° \times (3k+2) + 120°$

$\therefore 360° \times k + 330° < \frac{\theta}{3} < 360° \times k + 360°$ → $330° < \frac{\theta}{3} < 360°$인 동경의 위치와 같다.

즉, $\frac{\theta}{3}$는 제4사분면의 각이다.

(i), (ii), (iii)에서 각 $\frac{\theta}{3}$를 나타내는 동경이 존재할 수 없는 사분면은 제1사분면이다.

274 답 ①

두 각 θ, 4θ를 나타내는 동경이 이루는 각의 크기가 60°이므로

$4\theta - \theta = 360° \times n \pm 60°$ (n은 정수)

$3\theta = 360° \times n \pm 60°$ $\quad \therefore \theta = 120° \times n \pm 20°$

이때 $90° < \theta < 135°$이므로

$90° < 120° \times n \pm 20° < 135°$

(i) $90° < 120° \times n - 20° < 135°$일 때, $\frac{11}{12} < n < \frac{31}{24}$

(ii) $90° < 120° \times n + 20° < 135°$일 때, $\frac{7}{12} < n < \frac{23}{24}$

(i), (ii)에서 $n=1$이므로 $\theta = 100°$이다. → (i)의 경우이므로 $n=1$을 $120° \times n - 20°$에 대입한다.

275 답 ③

두 각 θ, 10θ를 나타내는 동경이 서로 수직이므로 (수직: 90°)

$10\theta - \theta = 360° \times n \pm 90°$ (n은 정수)

$9\theta = 360° \times n \pm 90°$ $\quad \therefore \theta = 40° \times n \pm 10°$

따라서 각 θ의 크기가 될 수 있는 것은

$\cdots$, $-10°$, $10°$, $30°$, $50°$, $70°$, $90°$, $\cdots$

이므로 ③이다.

276 답 ④

두 각 θ, 6θ를 나타내는 동경이 이루는 각의 크기가 210°이므로

$6\theta - \theta = 360° \times n \pm 210°$ (n은 정수)

$5\theta = 360° \times n \pm 210°$

$\therefore \theta = 72° \times n \pm 42°$

이때 $0° < \theta < 720°$이므로

$0° < 72° \times n \pm 42° < 720°$

(i) $0° < 72° \times n - 42° < 720°$일 때, $\frac{7}{12} < n < \frac{127}{12}$

(ii) $0° < 72° \times n + 42° < 720°$일 때, $-\frac{7}{12} < n < \frac{113}{12}$

(i), (ii)에서 $n = 0, 1, 2, \cdots, 9, 10$이므로

$n=0$일 때, $\theta = 42°$ → (ii)의 경우

$n=1$일 때, $\theta = 72° \pm 42°$ → (i), (ii)의 경우

$n=2$일 때, $\theta = 144° \pm 42°$ → (i), (ii)의 경우

$\vdots$ $\qquad \vdots$

$n=9$일 때, $\theta = 648° \pm 42°$ → (i), (ii)의 경우

$n=10$일 때, $\theta = 720° - 42°$ → (i)의 경우

따라서 가능한 각 θ의 크기의 개수는

$1 + 2 \cdot 9 + 1 = 20$

277 답 ④

두 각 θ, 4θ를 나타내는 동경이 일치하므로

$4\theta-\theta=360^\circ\times n$ (n은 정수)

$3\theta=360^\circ\times n$ $\quad\therefore \theta=120^\circ\times n$ …… ㉠

이때 $0^\circ<\theta<180^\circ$이므로

$0^\circ<120^\circ\times n<180^\circ$

$\therefore 0<n<\frac{3}{2}$

따라서 $n=1$이므로 $\theta=120^\circ$이다.

($n=1$을 ㉠에 대입한다.)

선생님 톡톡

두 각 θ와 4θ를 나타내는 동경이 일치한다고 해서 항상 $\theta=4\theta$는 아니야.
두 동경이 일치한다는 것은 n바퀴 회전해서 일치하는 것도 포함하기 때문에 $4\theta=\theta+360^\circ\times n$의 관계가 성립하는 거지.

278 답 315°

두 각 θ, 5θ를 나타내는 동경이 원점에 대하여 대칭이므로

$5\theta-\theta=360^\circ\times n+180^\circ$ (n은 정수)

$4\theta=360^\circ\times n+180^\circ$ $\quad\therefore \theta=90^\circ\times n+45^\circ$ …… ㉠

이때 $270^\circ<\theta<360^\circ$이므로

$270^\circ<90^\circ\times n+45^\circ<360^\circ$

$\therefore \frac{5}{2}<n<\frac{7}{2}$

따라서 $n=3$이므로 $\theta=315^\circ$이다.

($n=3$을 ㉠에 대입한다.)

279 답 13

두 각 2θ, 7θ를 나타내는 동경이 일치하므로

$7\theta-2\theta=360^\circ\times n$ (n은 정수)

$5\theta=360^\circ\times n$ $\quad\therefore \theta=72^\circ\times n$ …… ㉠

이때 $0^\circ\le\theta<900^\circ$이므로

$0^\circ\le72^\circ\times n<900^\circ$

$\therefore 0\le n<\frac{25}{2}$

따라서 $n=0, 1, 2, \cdots, 12$이므로 가능한 각 θ의 크기의 개수는 $0^\circ, 72^\circ, 144^\circ, \cdots, 864^\circ$의 13

($n=0, 1, 2, \cdots, 12$를 각각 ㉠에 대입한다.)

280 답 ②

두 각 θ, 3θ를 나타내는 동경이 원점에 대하여 대칭이므로

$3\theta-\theta=360^\circ\times n+180^\circ$ (n은 정수)

$2\theta=360^\circ\times n+180^\circ$ $\quad\therefore \theta=180^\circ\times n+90^\circ$ …… ㉠

이때 $0^\circ\le\theta<1800^\circ$이므로

$0^\circ\le180^\circ\times n+90^\circ<1800^\circ$

$\therefore -\frac{1}{2}\le n<\frac{19}{2}$

따라서 $n=0, 1, 2, \cdots, 9$이므로 가능한 각 θ의 크기의 개수는 $90^\circ, 270^\circ, 450^\circ, \cdots, 1710^\circ$의 10

($n=0, 1, 2, \cdots, 9$를 각각 ㉠에 대입한다.)

281 답 ④

두 각 θ, 3θ를 나타내는 동경이 x축에 대하여 대칭이므로

$\theta+3\theta=360^\circ\times n$ (n은 정수)

$4\theta=360^\circ\times n$ $\quad\therefore \theta=90^\circ\times n$ …… ㉠

이때 $0^\circ<\theta<180^\circ$이므로

$0^\circ<90^\circ\times n<180^\circ$

$\therefore 0<n<2$

따라서 $n=1$이므로 $\theta=90^\circ$이다.

($n=1$을 ㉠에 대입한다.)

282 답 ⑤

두 각 θ, 4θ를 나타내는 동경이 y축에 대하여 대칭이므로

$\theta+4\theta=360^\circ\times n+180^\circ$ (n은 정수)

$5\theta=360^\circ\times n+180^\circ$ $\quad\therefore \theta=72^\circ\times n+36^\circ$ …… ㉠

이때 $180^\circ<\theta<270^\circ$이므로

$180^\circ<72^\circ\times n+36^\circ<270^\circ$ $\quad\therefore 2<n<\frac{13}{4}$

따라서 $n=3$이므로 $\theta=252^\circ$이다.

($n=3$을 ㉠에 대입한다.)

283 답 ④

두 각 θ, 2θ를 나타내는 동경이 직선 $y=x$에 대하여 대칭이므로

$\theta+2\theta=360^\circ\times n+90^\circ$ (n은 정수)

$3\theta=360^\circ\times n+90^\circ$ $\quad\therefore \theta=120^\circ\times n+30^\circ$ …… ㉠

이때 $90^\circ<\theta<180^\circ$이므로

$90^\circ<120^\circ\times n+30^\circ<180^\circ$ $\quad\therefore \frac{1}{2}<n<\frac{5}{4}$

따라서 $n=1$이므로 $\theta=150^\circ$이다.

($n=1$을 ㉠에 대입한다.)

284 답 ②

① $50^\circ=50\times\frac{\pi}{180}=\frac{5}{18}\pi$

② $144^\circ=144\times\frac{\pi}{180}=\frac{4}{5}\pi$

③ $\frac{3}{2}\pi=\frac{3}{2}\pi\times\frac{180^\circ}{\pi}=270^\circ$

④ $\frac{7}{6}\pi=\frac{7}{6}\pi\times\frac{180^\circ}{\pi}=210^\circ$

⑤ $-\frac{4}{9}\pi=-\frac{4}{9}\pi\times\frac{180^\circ}{\pi}=-80^\circ$

따라서 옳지 않은 것은 ②이다.

선생님 톡톡

삼각함수 단원에서 육십분법과 호도법 모두 중요하므로 변환하는 방법을 정확히 알고, 변환할 수 있어야 해.

285 답 ③

ㄱ. $\frac{5}{3}\pi=\frac{5}{3}\pi\times\frac{180^\circ}{\pi}=300^\circ$ (참)

ㄴ. $\frac{\pi}{18}=\frac{\pi}{18}\times\frac{180^\circ}{\pi}=10^\circ$ (거짓)

ㄷ. $195^\circ=195\times\frac{\pi}{180}=\frac{13}{12}\pi$ (거짓)

ㄹ. $-126^\circ=-126\times\frac{\pi}{180}=-\frac{7}{10}\pi$ (참)

따라서 옳은 것은 ㄱ, ㄹ이다.

286 답 ③

① $\frac{\pi}{6}=\frac{\pi}{6}\times\frac{180^\circ}{\pi}=30^\circ$이므로 제1사분면이다.

② $1100^\circ=360^\circ\times3+20^\circ$이므로 제1사분면이다.

③ $\frac{29}{6}\pi=2\pi\times2+\frac{5}{6}\pi$이고 $\frac{5}{6}\pi=\frac{5}{6}\pi\times\frac{180^\circ}{\pi}=150^\circ$이므로 제2사분면이다.

④ $-320^\circ=360^\circ\times(-1)+40^\circ$이므로 제1사분면이다.

⑤ $-\frac{11}{6}\pi=2\pi\times(-1)+\frac{\pi}{6}$이고 $\frac{\pi}{6}=\frac{\pi}{6}\times\frac{180^\circ}{\pi}=30^\circ$이므로 제1사분면이다.

따라서 나머지 넷과 다른 하나는 ③이다.

287 답 ⑤

부채꼴의 반지름의 길이를 r라 하면

$3\pi=r\cdot\frac{\pi}{4}$ $\quad\therefore r=12$

따라서 구하는 부채꼴의 넓이는

$\frac{1}{2}\cdot\underset{r^2}{\underline{12^2}}\cdot\underset{\theta}{\underline{\frac{\pi}{4}}}=18\pi$

다른 풀이

부채꼴의 반지름의 길이가 12이므로 부채꼴의 넓이는

$\frac{1}{2}\cdot\underset{r}{\underline{12}}\cdot\underset{l}{\underline{3\pi}}=18\pi$

> **선생님 톡톡**
> 부채꼴의 넓이를 구하는 공식은 두 가지이니까 두 가지 방법으로 구해 보고 답을 비교해 봐.

288 답 ③

부채꼴의 반지름의 길이를 r라 하면

$12\pi=\frac{1}{2}\cdot r^2\cdot\frac{2}{3}\pi$

$r^2=36$ $\quad\therefore r=6\ (\because r>0)$

따라서 구하는 부채꼴의 호의 길이는

$6\cdot\frac{2}{3}\pi=4\pi$

289 답 ①

부채꼴의 반지름의 길이를 r라 하면

$24\pi=\frac{1}{2}\cdot r\cdot 6\pi$ $\quad\therefore r=8$

이때 부채꼴의 중심각의 크기를 θ라 하면

$6\pi=8\cdot\theta$ $\quad\therefore \theta=\frac{3}{4}\pi$

따라서 구하는 부채꼴의 중심각의 크기는 $\frac{3}{4}\pi$이다.

290 답 ⑤

밑면인 원의 넓이는

$\pi\cdot 2^2=4\pi$

또한, 옆면에 해당하는 부채꼴의 호의 길이는 밑면인 원의 둘레의 길이와 같으므로

$2\pi\cdot 2=4\pi$

이고, 넓이는

$\frac{1}{2}\cdot 6\cdot 4\pi=12\pi$

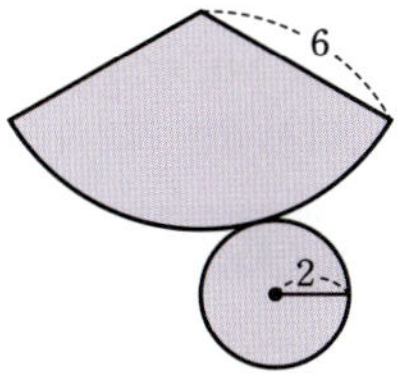

따라서 구하는 원뿔의 겉넓이는

$4\pi+12\pi=16\pi$

> **선생님 톡톡**
> 원뿔에 대한 문제는 원뿔의 전개도를 그리면 쉽게 해결할 수 있어.

291 답 ③

$60-50=10(\text{cm})$이므로 구하는 넓이는 반지름의 길이가 60 cm이고 중심각의 크기가 $\frac{6}{7}\pi$인 부채꼴의 넓이에서 반지름의 길이가 10 cm이고 중심각의 크기가 $\frac{6}{7}\pi$인 부채꼴의 넓이를 뺀 것과 같다.

따라서 유리창의 넓이는

$\frac{1}{2}\cdot 60^2\cdot\frac{6}{7}\pi-\frac{1}{2}\cdot 10^2\cdot\frac{6}{7}\pi=1500\pi(\text{cm}^2)$

292 답 ⑤

원뿔의 전개도는 오른쪽 그림과 같고 옆면인 부채꼴의 넓이가 8π이므로 부채꼴의 호의 길이를 l이라 하면

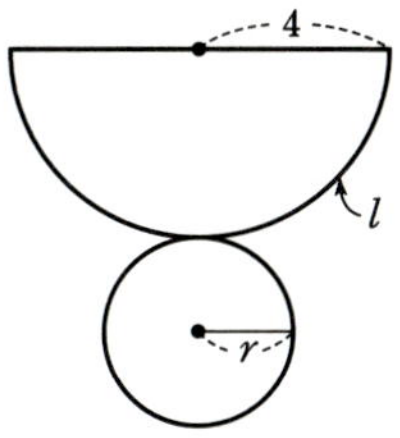

$8\pi=\frac{1}{2}\cdot 4\cdot l$ $\quad\therefore l=4\pi$

이때 부채꼴의 호의 길이는 밑면인 원의 둘레의 길이와 같으므로 밑면인 원의 반지름의 길이를 r라 하면

$4\pi=2\pi r$ $\quad\therefore r=2$

원뿔의 높이를 h라 하면

$4^2=h^2+2^2$, $h^2=12$ $\quad\therefore h=2\sqrt{3}\ (\because h>0)$

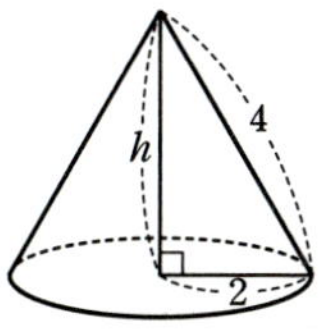

따라서 구하는 원뿔의 부피는

$\frac{1}{3}\cdot\pi\cdot 2^2\cdot 2\sqrt{3}=\frac{8\sqrt{3}}{3}\pi$

> **해설 속 칠판** 원뿔의 부피
> 높이가 h이고, 밑면인 원의 반지름의 길이가 r인 원뿔의 부피 V는
> ➡ $V=\frac{1}{3}\pi r^2h$

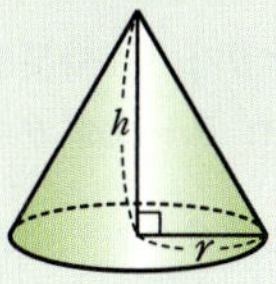

개념 체크 Concept • 본문 065쪽

293 답 (1) $\sin\theta=\frac{\sqrt{3}}{2}$, $\cos\theta=\frac{1}{2}$, $\tan\theta=\sqrt{3}$

(2) $\sin\theta=\frac{2\sqrt{5}}{5}$, $\cos\theta=-\frac{\sqrt{5}}{5}$, $\tan\theta=-2$

(1) $\overline{\text{OP}}=\sqrt{1^2+(\sqrt{3})^2}=2$이므로

$\sin\theta=\frac{\sqrt{3}}{2}$, $\cos\theta=\frac{1}{2}$, $\tan\theta=\frac{\sqrt{3}}{1}=\sqrt{3}$

(2) $\overline{\text{OP}}=\sqrt{(-2)^2+4^2}=2\sqrt{5}$이므로

$\sin\theta=\frac{4}{2\sqrt{5}}=\frac{2\sqrt{5}}{5}$, $\cos\theta=\frac{-2}{2\sqrt{5}}=-\frac{\sqrt{5}}{5}$, $\tan\theta=\frac{4}{-2}=-2$

294 답 (1) $\sin\theta=\frac{1}{2}$, $\cos\theta=-\frac{\sqrt{3}}{2}$, $\tan\theta=-\frac{\sqrt{3}}{3}$

(2) $\sin\theta=-\frac{1}{2}$, $\cos\theta=\frac{\sqrt{3}}{2}$, $\tan\theta=-\frac{\sqrt{3}}{3}$

(1) 오른쪽 그림과 같이 원점 O를 중심으로 하고 반지름의 길이가 1인 원과 각 $\theta=\frac{5}{6}\pi$를 나타내는 동경의 교점을 P, 점 P에서 x축에 내린 수선의 발을 H라 하자.

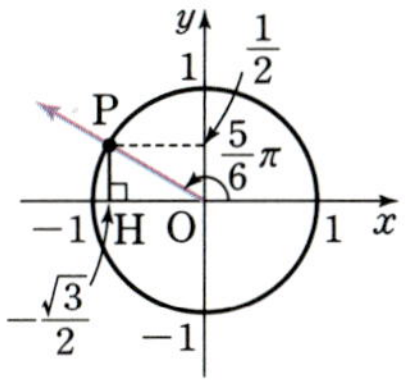

$\overline{\text{OP}}=1$, $\angle\text{POH}=\frac{\pi}{6}$이므로

$\text{P}\left(-\frac{\sqrt{3}}{2},\ \frac{1}{2}\right)$에서

$\sin\theta=\frac{1}{2}$, $\cos\theta=-\frac{\sqrt{3}}{2}$, $\tan\theta=-\frac{\sqrt{3}}{3}$

(2) 오른쪽 그림과 같이 원점 O를 중심으로 하고 반지름의 길이가 1인 원과 각 $\theta=-\frac{\pi}{6}$를 나타내는 동경의 교점을 P, 점 P에서 x축에 내린 수선의 발을 H라 하자.

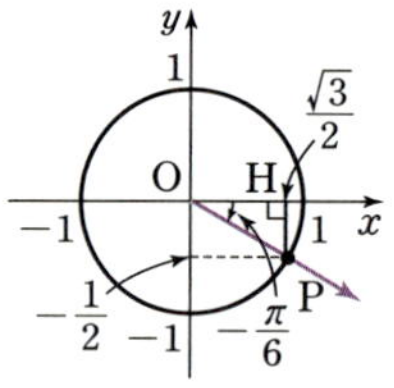

$\overline{OP}=1$, $\angle POH=\frac{\pi}{6}$이므로

$P\left(\frac{\sqrt{3}}{2}, -\frac{1}{2}\right)$에서

$\sin\theta=-\frac{1}{2}$, $\cos\theta=\frac{\sqrt{3}}{2}$, $\tan\theta=-\frac{\sqrt{3}}{3}$

295 답 (1) 제2사분면 (2) 제3사분면

(1) $\sin\theta>0$에서 θ는 제1사분면 또는 제2사분면의 각이고, $\cos\theta<0$에서 θ는 제2사분면 또는 제3사분면의 각이다. 따라서 θ는 제2사분면의 각이다.

(2) $\tan\theta>0$에서 θ는 제1사분면 또는 제3사분면의 각이고, $\sin\theta<0$에서 θ는 제3사분면 또는 제4사분면의 각이다. 따라서 θ는 제3사분면의 각이다.

296 답 $\cos\theta=\frac{4}{5}$, $\tan\theta=\frac{3}{4}$

각 θ가 제1사분면의 각이므로 $\cos\theta>0$이고,

$\sin^2\theta+\cos^2\theta=1$에서 (문제에서 주어지지 않았지만 이용할 수 있어야 한다.)

$\cos^2\theta=1-\sin^2\theta=1-\left(\frac{3}{5}\right)^2=\frac{16}{25}$이므로 $\cos\theta=\frac{4}{5}$,

$\tan\theta=\frac{\sin\theta}{\cos\theta}=\frac{3}{4}$

297 답 $\sin\theta=-\frac{\sqrt{2}}{2}$, $\tan\theta=1$

각 θ가 제3사분면의 각이므로 $\sin\theta<0$이고,

$\sin^2\theta+\cos^2\theta=1$에서 (문제에서 주어지지 않았지만 이용할 수 있어야 한다.)

$\sin^2\theta=1-\cos^2\theta=1-\left(-\frac{\sqrt{2}}{2}\right)^2=\frac{1}{2}$이므로 $\sin\theta=-\frac{\sqrt{2}}{2}$,

$\tan\theta=\frac{\sin\theta}{\cos\theta}=1$

유형 마스터 Pattern

• 본문 066~068쪽

298 답 ④

$\overline{OP}=\sqrt{(-4)^2+3^2}=5$이므로

$\sin\theta=\frac{3}{5}$, $\cos\theta=-\frac{4}{5}$, $\tan\theta=-\frac{3}{4}$

$\therefore 5\sin\theta+5\cos\theta-4\tan\theta$

$=5\cdot\frac{3}{5}+5\cdot\left(-\frac{4}{5}\right)-4\cdot\left(-\frac{3}{4}\right)$

$=2$

299 답 ⑤

$\overline{OP}=\sqrt{1^2+(-2)^2}=\sqrt{5}$이므로

$\sin\theta=-\frac{2\sqrt{5}}{5}$, $\cos\theta=\frac{\sqrt{5}}{5}$, $\tan\theta=-2$

$\therefore \frac{\sin\theta\tan\theta}{\cos\theta+\sqrt{5}}=\frac{\left(-\frac{2\sqrt{5}}{5}\right)\cdot(-2)}{\frac{\sqrt{5}}{5}+\sqrt{5}}=\frac{2}{3}$

300 답 ①

$\overline{OP}=\sqrt{a^2+(2\sqrt{5})^2}$

$=\sqrt{a^2+20}$ ······ ㉠

이때 $\cos\theta=-\frac{2}{3}$이므로

$\frac{a}{\sqrt{a^2+20}}=-\frac{2}{3}$

$3a=-2\sqrt{a^2+20}$, $a^2=16$

$\therefore a=-4$ ($\because a<0$) (점 $P(a, 2\sqrt{5})$가 제2사분면 위의 점이므로 $a<0$이다.)

$a=-4$를 ㉠에 대입하면

$\overline{OP}=\sqrt{16+20}=6$

$\therefore a+\overline{OP}=-4+6=2$

301 답 ④

$\frac{\pi}{2}<\theta<\pi$이므로 θ는 제2사분면의 각이다.

따라서 $\sin\theta>0$, $\cos\theta<0$, $\tan\theta<0$이므로

$\sin\theta-\cos\theta+\tan\theta-|\sin\theta|+|\cos\theta|-|\tan\theta|$

$=\sin\theta-\cos\theta+\tan\theta-\sin\theta+(-\cos\theta)-(-\tan\theta)$

$=2(\tan\theta-\cos\theta)$

해설 속 칠판 절댓값의 성질

$|a|=\sqrt{a^2}=\begin{cases}-a & (a<0)\\ a & (a\geq 0)\end{cases}$

302 답 ③

$\sin\theta\cos\theta>0$에서

$\sin\theta>0$, $\cos\theta>0$ 또는 $\sin\theta<0$, $\cos\theta<0$

즉, θ는 제1사분면 또는 제3사분면의 각이다. ······ ㉠

또한, $\frac{\cos\theta}{\tan\theta}<0$에서 $\frac{\cos^2\theta}{\sin\theta}<0$이므로 ($\cos^2\theta>0$이므로 $\sin\theta<0$)

θ는 제3사분면 또는 제4사분면의 각이다. ······ ㉡

따라서 각 θ는 제3사분면의 각이다. (㉠, ㉡에서 공통인 사분면을 찾는다.)

303 답 ②

$\sqrt{\frac{\sin\theta}{\cos\theta}}=-\frac{\sqrt{\sin\theta}}{\sqrt{\cos\theta}}$이므로

$\sin\theta>0$, $\cos\theta<0$

따라서 θ는 제2사분면의 각이므로 θ의 값이 될 수 있는 것은 ②이다.

해설 속 칠판 음수의 제곱근

(1) $a<0$, $b<0$일 때

➡ $\sqrt{a}\sqrt{b}=-\sqrt{ab}$

(2) $a>0$, $b<0$일 때

➡ $\frac{\sqrt{a}}{\sqrt{b}}=-\sqrt{\frac{a}{b}}$

304 답 ④

$(\sin\theta+\cos\theta)^3-2\sin\theta\cos\theta(\sin\theta+\cos\theta)$

$=\sin^3\theta+3\sin^2\theta\cos\theta+3\sin\theta\cos^2\theta+\cos^3\theta$

$-2\sin^2\theta\cos\theta-2\sin\theta\cos^2\theta$

$=\sin^3\theta+\sin^2\theta\cos\theta+\sin\theta\cos^2\theta+\cos^3\theta$

$=\sin\theta(\sin^2\theta+\cos^2\theta)+\cos\theta(\sin^2\theta+\cos^2\theta)$

$=\sin\theta+\cos\theta$ (1) (1)

다른 풀이

$(\sin\theta+\cos\theta)^3-2\sin\theta\cos\theta(\sin\theta+\cos\theta)$
$=(\sin\theta+\cos\theta)\{(\sin\theta+\cos\theta)^2-2\sin\theta\cos\theta\}$
$=(\sin\theta+\cos\theta)(\underline{\sin^2\theta+\cos^2\theta})$ → 1
$=\sin\theta+\cos\theta$

305 답 ②

$\dfrac{\tan\theta}{\cos\theta}+\dfrac{1}{\cos^2\theta}=\dfrac{\sin\theta}{\cos^2\theta}+\dfrac{1}{\cos^2\theta}$
$=\dfrac{\sin\theta+1}{\cos^2\theta}$
$=\dfrac{\sin\theta+1}{1-\sin^2\theta}$ ← $\sin^2\theta+\cos^2\theta=1$에서 $\cos^2\theta=1-\sin^2\theta$
$=\dfrac{1+\sin\theta}{(1-\sin\theta)(1+\sin\theta)}$
$=\dfrac{1}{1-\sin\theta}$

306 답 ③

$\left(\dfrac{1}{\sin\theta}-1\right)\left(\dfrac{1}{\cos\theta}-1\right)\left(\dfrac{1}{\sin\theta}+1\right)\left(\dfrac{1}{\cos\theta}+1\right)$
$=\left(\dfrac{1}{\sin\theta}-1\right)\left(\dfrac{1}{\sin\theta}+1\right)\left(\dfrac{1}{\cos\theta}-1\right)\left(\dfrac{1}{\cos\theta}+1\right)$
$=\left(\dfrac{1}{\sin^2\theta}-1\right)\left(\dfrac{1}{\cos^2\theta}-1\right)$
$=\dfrac{1-\sin^2\theta}{\sin^2\theta}\cdot\dfrac{1-\cos^2\theta}{\cos^2\theta}$
$=\dfrac{\cos^2\theta}{\sin^2\theta}\cdot\dfrac{\sin^2\theta}{\cos^2\theta}=1$ ← $\sin^2\theta+\cos^2\theta=1$에서 $1-\sin^2\theta=\cos^2\theta$, $1-\cos^2\theta=\sin^2\theta$

307 답 ②

$\cos^2\theta=1-\sin^2\theta$
$=1-\left(\dfrac{1}{3}\right)^2=\dfrac{8}{9}$

이때 θ가 제2사분면의 각이므로 $\cos\theta<0$이다. 즉,

$\cos\theta=-\dfrac{2\sqrt{2}}{3}$, $\tan\theta=\dfrac{\sin\theta}{\cos\theta}=\dfrac{\frac{1}{3}}{-\frac{2\sqrt{2}}{3}}=-\dfrac{1}{2\sqrt{2}}$

$\therefore \dfrac{1}{\cos\theta}+\tan\theta=-\dfrac{3}{2\sqrt{2}}+\left(-\dfrac{1}{2\sqrt{2}}\right)=-\sqrt{2}$

선생님 톡톡

각 θ가 존재하는 사분면을 알고 $\sin\theta$, $\cos\theta$의 값의 부호를 결정할 수 있어야 해.
이때 $\tan\theta$의 값과 부호는 $\dfrac{\sin\theta}{\cos\theta}$에서 자동으로 결정돼.

308 답 ①

$\sin^2\theta=1-\cos^2\theta$
$=1-\left(-\dfrac{2}{3}\right)^2=\dfrac{5}{9}$

이때 $\underline{\pi<\theta<\dfrac{3}{2}\pi}$에서 $\sin\theta<0$이다. 즉,
→ 제3사분면

$\sin\theta=-\dfrac{\sqrt{5}}{3}$, $\tan\theta=\dfrac{\sin\theta}{\cos\theta}=\dfrac{-\frac{\sqrt{5}}{3}}{-\frac{2}{3}}=\dfrac{\sqrt{5}}{2}$

$\therefore \sin\theta+\tan\theta=-\dfrac{\sqrt{5}}{3}+\dfrac{\sqrt{5}}{2}=\dfrac{\sqrt{5}}{6}$

309 답 ⑤

$\dfrac{1-\cos\theta}{1+\cos\theta}=7+4\sqrt{3}$에서
$1-\cos\theta=(7+4\sqrt{3})(1+\cos\theta)$
$(8+4\sqrt{3})\cos\theta=-6-4\sqrt{3}$
$\therefore \cos\theta=-\dfrac{3+2\sqrt{3}}{4+2\sqrt{3}}=-\dfrac{\sqrt{3}}{2}$ ← $\dfrac{(3+2\sqrt{3})(4-2\sqrt{3})}{(4+2\sqrt{3})(4-2\sqrt{3})}=\dfrac{12-6\sqrt{3}+8\sqrt{3}-12}{16-12}=\dfrac{\sqrt{3}}{2}$
$\therefore \sin^2\theta=1-\cos^2\theta=1-\left(-\dfrac{\sqrt{3}}{2}\right)^2=\dfrac{1}{4}$

이때 $\underline{\dfrac{\pi}{2}<\theta<\pi}$에서 $\sin\theta>0$이다. 즉,
→ 제2사분면

$\sin\theta=\dfrac{1}{2}$

310 답 $-\dfrac{5}{18}$

$\sin\theta+\cos\theta=\dfrac{2}{3}$에서
$(\sin\theta+\cos\theta)^2=\underline{\sin^2\theta}+2\sin\theta\cos\theta+\underline{\cos^2\theta}$ → 1
$=1+2\sin\theta\cos\theta$
$=\dfrac{4}{9}$

이므로 $2\sin\theta\cos\theta=-\dfrac{5}{9}$

$\therefore \sin\theta\cos\theta=-\dfrac{5}{18}$

311 답 ②

$\sin\theta-\cos\theta=\dfrac{1}{3}$에서
$(\sin\theta-\cos\theta)^2=\underline{\sin^2\theta}-2\sin\theta\cos\theta+\underline{\cos^2\theta}$ → 1
$=1-2\sin\theta\cos\theta$
$=\dfrac{1}{9}$

이므로

$2\sin\theta\cos\theta=\dfrac{8}{9}$ $\quad\therefore \sin\theta\cos\theta=\dfrac{4}{9}$

$\therefore \sin^3\theta-\cos^3\theta$
$=(\sin\theta-\cos\theta)(\underline{\sin^2\theta}+\sin\theta\cos\theta+\underline{\cos^2\theta})$ → 1
$=(\sin\theta-\cos\theta)(1+\sin\theta\cos\theta)$
$=\dfrac{1}{3}\cdot\left(1+\dfrac{4}{9}\right)=\dfrac{13}{27}$

선생님 톡톡

이 문제는 $\sin^3\theta-\cos^3\theta=(\sin\theta-\cos\theta)(1+\sin\theta\cos\theta)$임을 알고 $\sin\theta\cos\theta$의 값을 구하여 해결한 거야.
이처럼 이 유형은 a^3+b^3, a^3-b^3 등의 인수분해, $(a+b)^2$과 $(a-b)^2$ 사이의 관계 등을 알아야 해결할 수 있어.

312 답 ⑤

$(\cos\theta-\sin\theta)^2=\underline{\sin^2\theta}-2\sin\theta\cos\theta+\underline{\cos^2\theta}$ → 1
$=1-2\sin\theta\cos\theta$
$=1-2\cdot\left(-\dfrac{7}{18}\right)=\dfrac{16}{9}$

이때 $\underline{\dfrac{3}{2}\pi<\theta<2\pi}$이므로 $\sin\theta<0$, $\cos\theta>0$에서
→ 제4사분면

$\cos\theta-\sin\theta>0$

$\therefore \cos\theta-\sin\theta=\dfrac{4}{3}$

313 답 $\frac{5}{4}$

$\sin\theta+\cos\theta=\frac{\sqrt{7}}{4}$에서

$(\sin\theta+\cos\theta)^2=\sin^2\theta+2\sin\theta\cos\theta+\cos^2\theta$ (→ 1)

$=1+2\sin\theta\cos\theta$

$=\frac{7}{16}$

이므로

$2\sin\theta\cos\theta=-\frac{9}{16}$ $\quad\therefore \sin\theta\cos\theta=-\frac{9}{32}$

$\therefore (\sin\theta-\cos\theta)^2=\sin^2\theta-2\sin\theta\cos\theta+\cos^2\theta$

$=1-2\sin\theta\cos\theta$ (→ 1)

$=1-2\cdot\left(-\frac{9}{32}\right)=\frac{25}{16}$

이때 $\frac{\pi}{2}<\theta<\pi$이므로 $\sin\theta>0$, $\cos\theta<0$에서

$\sin\theta-\cos\theta>0$ (→ 제2사분면)

$\therefore \sin\theta-\cos\theta=\frac{5}{4}$

314 답 ①

이차방정식의 근과 계수의 관계에 의하여

$\sin\theta+\cos\theta=\frac{1}{2}$, $\sin\theta\cos\theta=\frac{a}{8}$

$\sin\theta+\cos\theta=\frac{1}{2}$에서

$(\sin\theta+\cos\theta)^2=\sin^2\theta+2\sin\theta\cos\theta+\cos^2\theta$ (→ 1)

$=1+2\sin\theta\cos\theta$

$=1+2\cdot\frac{a}{8}=\frac{1}{4}$

이므로

$\frac{a}{4}=-\frac{3}{4}$

$\therefore a=-3$

315 답 ④

이차방정식의 근과 계수의 관계에 의하여

$\sin\theta+\cos\theta=\frac{a}{6}$, $\sin\theta\cos\theta=\frac{1}{6}$

$\sin\theta+\cos\theta=\frac{a}{6}$에서

$(\sin\theta+\cos\theta)^2=\sin^2\theta+2\sin\theta\cos\theta+\cos^2\theta$ (→ 1)

$=1+2\sin\theta\cos\theta$

$=1+2\cdot\frac{1}{6}=\frac{a^2}{36}$

이므로

$a^2=48$

$\therefore a=4\sqrt{3}$ ($\because a>0$)

316 답 ⑤

이차방정식의 근과 계수의 관계에 의하여

$\sin\theta+\cos\theta=-\frac{\sqrt{2}}{2}$, $\sin\theta\cos\theta=-\frac{1}{4}$

$\therefore (\sin\theta-\cos\theta)^2=(\sin\theta+\cos\theta)^2-4\sin\theta\cos\theta$

$=\left(-\frac{\sqrt{2}}{2}\right)^2-4\cdot\left(-\frac{1}{4}\right)=\frac{3}{2}$

이때 θ가 제2사분면의 각이므로 $\sin\theta>0$, $\cos\theta<0$에서

$\sin\theta-\cos\theta>0$

$\therefore \sin\theta-\cos\theta=\frac{\sqrt{6}}{2}$

실전력 업 Real

• 본문 069~070쪽

317 답 ③

One Point Lesson

주어진 두 식의 양변을 육십분법 또는 호도법으로 각각 통일한다.

$\frac{a}{3}\pi=\frac{a}{3}\pi\times\frac{180^\circ}{\pi}=(60a)^\circ$

이므로 $\frac{a}{3}\pi=(15b)^\circ$에서 $(60a)^\circ=(15b)^\circ$

$\therefore 4a=b$ $\quad\cdots\cdots$ ㉠

$(20a+40)^\circ=(20a+40)\times\frac{\pi}{180}=\frac{a+2}{9}\pi$

이므로 $(20a+40)^\circ=\frac{b}{18}\pi$에서 $\frac{a+2}{9}\pi=\frac{b}{18}\pi$

$\therefore 2a+4=b$ $\quad\cdots\cdots$ ㉡

㉠, ㉡을 연립하여 풀면

$a=2$, $b=8$

$\therefore a+b=2+8=10$

318 답 ②

One Point Lesson

정수 n에 대하여 두 각 θ_1, θ_2가 나타내는 동경이 x축에 대하여 대칭이면 $\theta_1+\theta_2=2n\pi$, y축에 대하여 대칭이면 $\theta_1+\theta_2=(2n+1)\pi$이다.

두 각 θ, 3θ를 나타내는 동경이 x축에 대하여 대칭이므로

$\theta+3\theta=2m\pi$ (m은 정수)

$4\theta=2m\pi$ $\quad\therefore \theta=\frac{m}{2}\pi$ $\quad\cdots\cdots$ ㉠

또한, 두 각 θ, 6θ를 나타내는 동경이 y축에 대하여 대칭이므로

$\theta+6\theta=(2n+1)\pi$ (n은 정수)

$7\theta=(2n+1)\pi$ $\quad\therefore \theta=\frac{2n+1}{7}\pi$ $\quad\cdots\cdots$ ㉡

㉠=㉡에서 $\frac{m}{2}=\frac{2n+1}{7}$이므로 m은 2의 배수, $2n+1$은 7의 배수이다.

따라서 $m=2$, $n=3$일 때 각 θ의 크기는 최솟값 π를 갖는다. (→ $\frac{m}{2}=\frac{2n+1}{7}=1$)

319 답 ④

One Point Lesson

라디안의 정의를 정확히 알고 문제를 해결한다.

ㄱ. 1라디안은 반지름의 길이가 r인 원에서 길이가 r인 호에 대한 중심각의 크기이므로

$2\pi=360^\circ$

$\therefore 1^\circ=\frac{\pi}{180}$ (라디안) (참)

ㄴ. 1라디안$=\frac{180^\circ}{\pi}$이므로 3라디안$=\frac{540^\circ}{\pi}$ (→ π는 약 3.14이므로 $\frac{540^\circ}{\pi}$는 약 171.97°이다.)

$90^\circ<\frac{540^\circ}{\pi}<180^\circ$이므로 3라디안은 제2사분면의 각이다. (거짓)

ㄷ. 반지름의 길이가 r이고 중심각의 크기가 2라디안인 부채꼴의 호의 길이는 $2r$이므로 부채꼴의 둘레의 길이는

$2r+2r=4r$ (→ 호의 길이, → $2\times$(반지름의 길이))

즉, 부채꼴의 호의 길이는 둘레의 길이의 $\frac{1}{2}$이다. (참)

따라서 옳은 것은 ㄱ, ㄷ이다.

320 답 ⑤

One Point Lesson

텃밭의 반지름의 길이를 r라 하고, 호의 길이를 r에 대한 식으로 나타낸다.

부채꼴 모양의 텃밭의 반지름의 길이를 r라 할 때, 호의 길이는
$40-2r$
이므로 이 부채꼴 모양의 텃밭의 넓이는
$\frac{1}{2}\cdot r\cdot(40-2r)=-r^2+20r=-(r-10)^2+100$
따라서 텃밭의 넓이는 $r=10$일 때, 최댓값 100을 갖는다.

321 답 8

One Point Lesson

직선 OP의 기울기는 $\tan\theta=\frac{1}{2}$이다.

$\tan\theta=\frac{1}{2}$이므로 직선 OP의 기울기는 $\frac{1}{2}$이다.
즉, 점 P는 직선 $y=\frac{1}{2}x$ 위의 점이므로
$b=\frac{1}{2}a$
$\therefore a=2b$ ······ ㉠
또한, 점 P는 원 $x^2+y^2=100$ 위의 점이므로
(→ $x^2+y^2=10^2$, 즉 중심이 (0, 0)이고 반지름의 길이가 10인 원의 방정식이다.)
$a^2+b^2=100$ ······ ㉡
㉠, ㉡을 연립하여 풀면
(→ 점 P(a, b)는 제3사분면 위의 점이므로 $a<0$, $b<0$)
$a=-4\sqrt{5}$, $b=-2\sqrt{5}$ ($\because a<0, b<0$)
따라서 $\sin\theta=\frac{-2\sqrt{5}}{10}=-\frac{\sqrt{5}}{5}$, $\cos\theta=\frac{-4\sqrt{5}}{10}=-\frac{2\sqrt{5}}{5}$이므로
(→ $\frac{b}{10}$, → $\frac{a}{10}$)
$a\sin\theta+b\cos\theta=(-4\sqrt{5})\cdot\left(-\frac{\sqrt{5}}{5}\right)+(-2\sqrt{5})\cdot\left(-\frac{2\sqrt{5}}{5}\right)=8$

해설 속 칠판 직선의 기울기와 탄젠트함수의 관계

직선이 x축의 양의 방향과 이루는 각의 크기가 θ일 때
➡ (직선의 기울기)$=\tan\theta$

322 답 ①

One Point Lesson

$\sin\theta>0$, $\cos\theta<0$이면 θ는 제2사분면의 각이다.

$\sin\theta>0$, $\cos\theta<0$에서 θ는 제2사분면의 각이므로
$360^\circ\times n+90^\circ<\theta<360^\circ\times n+180^\circ$ (n은 정수)
$\therefore 180^\circ\times n+45^\circ<\frac{\theta}{2}<180^\circ\times n+90^\circ$
이때 정수 k에 대하여
(i) $n=2k$일 때
(→ $180^\circ\times n$ 꼴을 $360^\circ\times k$ 꼴로 나타내기 위해 $n=2k$, $n=2k+1$로 나누어 계산한다.)
$180^\circ\times 2k+45^\circ<\frac{\theta}{2}<180^\circ\times 2k+90^\circ$
$\therefore 360^\circ\times k+45^\circ<\frac{\theta}{2}<360^\circ\times k+90^\circ$
(→ $45^\circ<\theta<90^\circ$인 동경의 위치와 같다.)
(ii) $n=2k+1$일 때
$180^\circ\times(2k+1)+45^\circ<\frac{\theta}{2}<180^\circ\times(2k+1)+90^\circ$
$\therefore 360^\circ\times k+225^\circ<\frac{\theta}{2}<360^\circ\times k+270^\circ$
(→ $225^\circ<\theta<270^\circ$인 동경의 위치와 같다.)
(i), (ii)에서 각 $\frac{\theta}{2}$의 동경이 속하는 모든 영역을 좌표평면 위에 나타낸 것은 ①이다.

323 답 ⑤

One Point Lesson

주어진 식을 전개하여 삼각함수 사이의 관계를 이용한다.

$$(\cos\theta+\tan\theta)^2+\left(\sin\theta+\frac{1}{\tan\theta}\right)^2-\left(\tan\theta-\frac{1}{\tan\theta}\right)^2$$
$$=\cos^2\theta+2\cos\theta\tan\theta+\tan^2\theta+\sin^2\theta+2\cdot\frac{\sin\theta}{\tan\theta}+\frac{1}{\tan^2\theta}-\left(\tan^2\theta-2+\frac{1}{\tan^2\theta}\right)$$
$$=(\cos^2\theta+\sin^2\theta)+2\cos\theta\cdot\frac{\sin\theta}{\cos\theta}+2\sin\theta\cdot\frac{\cos\theta}{\sin\theta}+2$$
$$=2\sin\theta+2\cos\theta+3$$

324 답 ④

One Point Lesson

먼저 주어진 등식을 통분하고 $1-\sin^2\theta=\cos^2\theta$를 이용하여 간단히 한다.

$$\frac{\cos\theta}{1+\sin\theta}+\frac{\cos\theta}{1-\sin\theta}=\frac{\cos\theta-\sin\theta\cos\theta+\cos\theta+\sin\theta\cos\theta}{(1+\sin\theta)(1-\sin\theta)}$$
$$=\frac{2\cos\theta}{1-\sin^2\theta}=\frac{2\cos\theta}{\cos^2\theta}=\frac{2}{\cos\theta}=\frac{5}{2}$$
(→ $\sin^2\theta+\cos^2\theta=1$에서 $1-\sin^2\theta=\cos^2\theta$)

에서 $5\cos\theta=4$
$\therefore \cos\theta=\frac{4}{5}$
$\therefore \sin^2\theta=1-\cos^2\theta=1-\left(\frac{4}{5}\right)^2=\frac{9}{25}$
이때 θ는 제1사분면의 각이므로 $\sin\theta>0$이다. 즉,
$\sin\theta=\frac{3}{5}$, $\tan\theta=\frac{\sin\theta}{\cos\theta}=\frac{\frac{3}{5}}{\frac{4}{5}}=\frac{3}{4}$
$\therefore \frac{1}{\sin\theta}+\frac{1}{\tan\theta}=\frac{5}{3}+\frac{4}{3}=3$

325 답 ①

One Point Lesson

먼저 $\sin\theta\cos\theta$의 값을 구한다.

$$\tan\theta+\frac{1}{\tan\theta}=\frac{\sin\theta}{\cos\theta}+\frac{\cos\theta}{\sin\theta}=\frac{\sin^2\theta+\cos^2\theta}{\sin\theta\cos\theta}=\frac{1}{\sin\theta\cos\theta}=4$$
에서 $\sin\theta\cos\theta=\frac{1}{4}$
$\therefore (\sin\theta+\cos\theta)^2=\sin^2\theta+2\sin\theta\cos\theta+\cos^2\theta=1+2\sin\theta\cos\theta=1+2\cdot\frac{1}{4}=\frac{3}{2}$
이때 θ가 제3사분면의 각이므로 $\sin\theta<0$, $\cos\theta<0$에서
$\sin\theta+\cos\theta<0$
$\therefore \sin\theta+\cos\theta=-\frac{\sqrt{6}}{2}$

326 답 -1

One Point Lesson

주어진 이차방정식의 두 근을 α, β라 하고, 곱셈 공식의 변형을 이용한다.

주어진 이차방정식의 두 근을 α, β라 하면 근과 계수의 관계에 의하여

$\alpha+\beta=2\sin\theta+1$, $\alpha\beta=-\cos^2\theta-\cos\theta$

이때 두 근의 차가 $\sqrt{5}$, 즉 $|\alpha-\beta|=\sqrt{5}$이므로 $(\alpha-\beta)^2=5$에서

$$\begin{aligned}(\alpha-\beta)^2&=(\alpha+\beta)^2-4\alpha\beta\\&=(2\sin\theta+1)^2-4(-\cos^2\theta-\cos\theta)\\&=4\sin^2\theta+4\sin\theta+1+4\cos^2\theta+4\cos\theta\\&=4(\sin^2\theta+\cos^2\theta)+4(\sin\theta+\cos\theta)+1\\&=4(\sin\theta+\cos\theta)+5=5\end{aligned}$$

이므로 $\sin\theta+\cos\theta=0$

$\therefore \sin\theta=-\cos\theta$

$\therefore \tan\theta=\dfrac{\sin\theta}{\cos\theta}=\dfrac{-\cos\theta}{\cos\theta}=-1$

327 답 ⑤

One Point Lesson

먼저 이차방정식의 근과 계수의 관계를 이용하여 $\sin\theta$의 값을 구한다.

이차방정식의 근과 계수의 관계에 의하여

$(\sin\theta+\cos\theta)+(\sin\theta-\cos\theta)=\dfrac{6}{5}$ ...... ㉠

$(\sin\theta+\cos\theta)(\sin\theta-\cos\theta)=-\dfrac{a}{5}$ ...... ㉡

㉠에서 $2\sin\theta=\dfrac{6}{5}$ $\quad\therefore \sin\theta=\dfrac{3}{5}$

㉡에서 $\cos^2\theta-\sin^2\theta=\dfrac{a}{5}$, $(1-\sin^2\theta)-\sin^2\theta=\dfrac{a}{5}$

$1-2\sin^2\theta=\dfrac{a}{5}$, $1-2\cdot\left(\dfrac{3}{5}\right)^2=\dfrac{a}{5}$, $\dfrac{7}{25}=\dfrac{a}{5}$

$\therefore a=\dfrac{7}{5}$

328 답 $\dfrac{\sqrt{3}}{2}$

각 θ를 나타내는 동경과 각 4θ를 나타내는 동경이 일직선 위에 있고 방향이 반대이므로 두 동경은 원점에 대하여 대칭이다. ❶

$4\theta-\theta=360°\times n+180°$ (n은 정수)

$3\theta=360°\times n+180°$ $\quad\therefore \theta=120°\times n+60°$

이때 $0°<\theta<90°$이므로

$0°<120°\times n+60°<90°$

$\therefore -\dfrac{1}{2}<n<\dfrac{1}{4}$

따라서 $n=0$이므로 $\theta=60°$이다. ❷

$\therefore \sin\theta=\sin 60°=\dfrac{\sqrt{3}}{2}$ ❸

채점 기준	배점 비율
❶ 두 각 θ, 4θ의 위치 관계 파악하기	30%
❷ θ의 값 구하기	50%
❸ $\sin\theta$의 값 구하기	20%

06 삼각함수의 그래프

개념 체크 Concept • 본문 072~073쪽

329 답 2

함수 $f(x)$의 주기가 4이므로 모든 실수 x에 대하여 $f(x+4)=f(x)$

$\therefore f(13)=f(9)=f(5)=f(1)=2$

330 답 해설 참조

(1) 함수 $y=-\sin x$의 그래프는 함수 $y=\sin x$의 그래프를 x축에 대하여 대칭이동한 것이므로 오른쪽 그림과 같다.

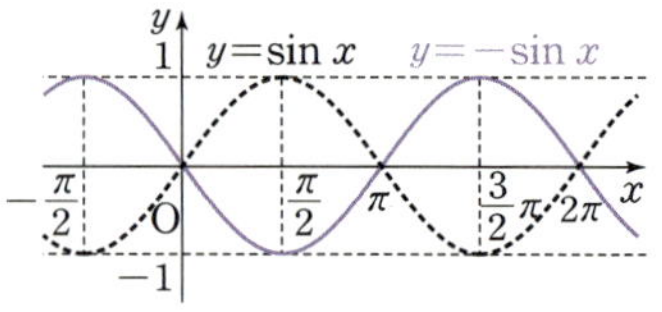

(2) 함수 $y=\sin x$의 주기가 2π이므로 모든 실수 x에 대하여 $\sin(x+2\pi)=\sin x$
따라서 함수 $y=\sin(x+2\pi)$의 그래프는 오른쪽 그림과 같이 함수 $y=\sin x$의 그래프와 일치한다.

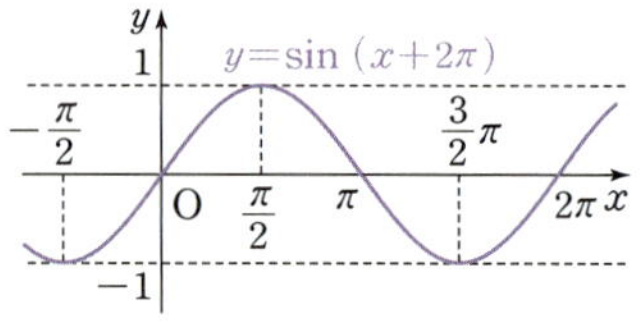

331 답 해설 참조

(1) 치역: $-3\le 3\sin x\le 3$이므로 $\{y\,|\,-3\le y\le 3\}$

주기: $\dfrac{2\pi}{|1|}=2\pi$

함수의 그래프:

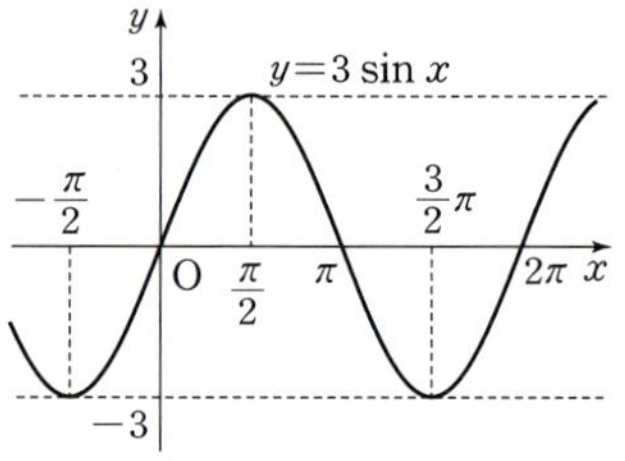

(2) 치역: $-1\le \sin 2x\le 1$이므로 $\{y\,|\,-1\le y\le 1\}$

주기: $\dfrac{2\pi}{|2|}=\pi$

함수의 그래프:

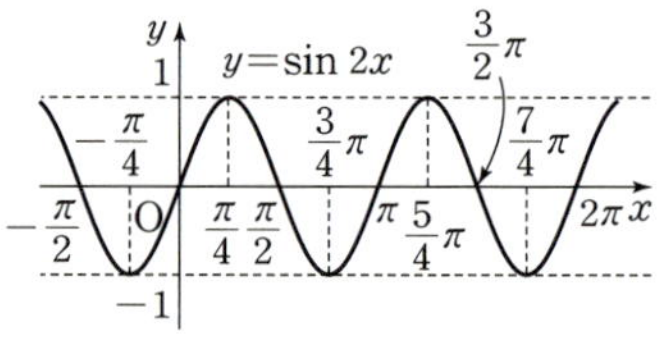

332 답 해설 참조

(1) 함수 $y=\cos(-x)$의 그래프는 함수 $y=\cos x$의 그래프를 y축에 대하여 대칭이동한 것이고, 함수 $y=\cos x$의 그래프는 y축에 대하여 대칭이므로 오른쪽 그림과 같이 함수 $y=\cos x$의 그래프와 일치한다.

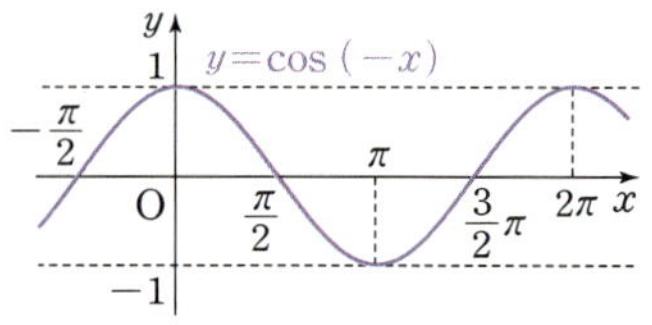

(2) 함수 $y=\cos(x-\pi)$의 그래프는 함수 $y=\cos x$의 그래프를 x축의 방향으로 π만큼 평행이동한 것이므로 오른쪽 그림과 같다.

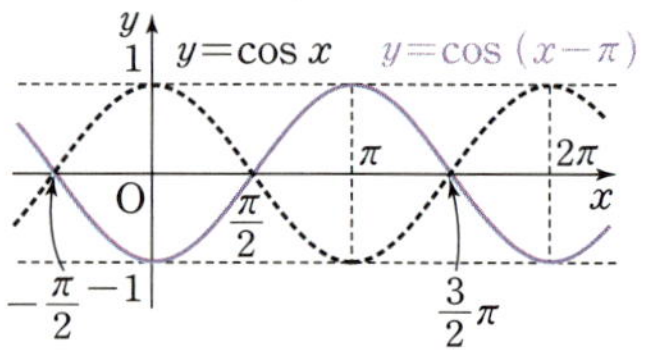

333 답 해설 참조

(1) 치역 : $-2 \le 2\cos x \le 2$이므로 $\{y \mid -2 \le y \le 2\}$

주기 : $\dfrac{2\pi}{|1|}=2\pi$, 함수의 그래프 :

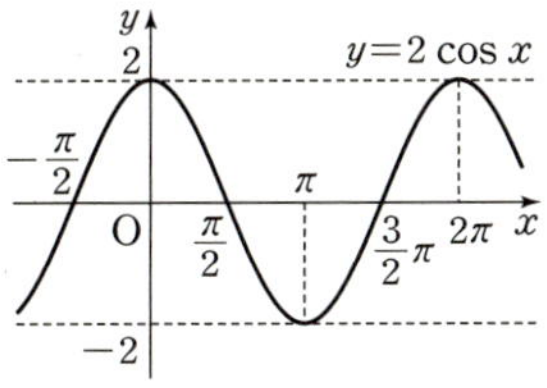

(2) 치역 : $-1 \le \cos\dfrac{x}{2} \le 1$이므로 $\{y \mid -1 \le y \le 1\}$

주기 : $\dfrac{2\pi}{\left|\dfrac{1}{2}\right|}=4\pi$

함수의 그래프 :

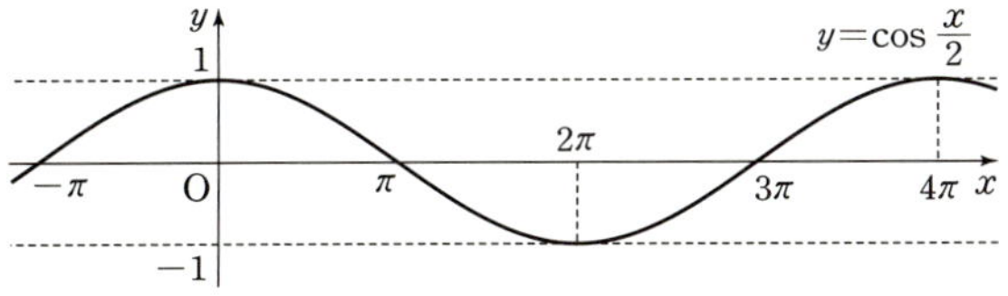

334 답 해설 참조

(1) 함수 $y=\tan(-x)$의 그래프는 함수 $y=\tan x$의 그래프를 y축에 대하여 대칭이동한 것이므로 오른쪽 그림과 같다.

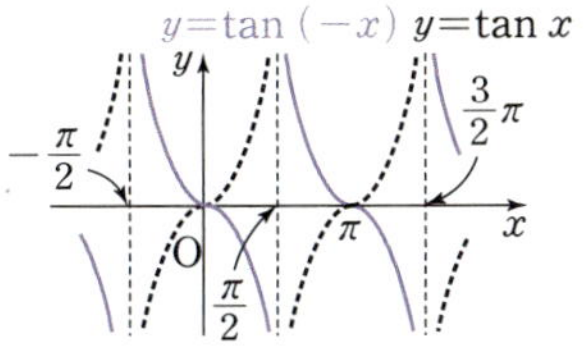

다른 풀이

함수 $y=\tan x$의 그래프는 원점에 대하여 대칭이므로

$\tan(-x)=-\tan x$

따라서 함수 $y=\tan(-x)$의 그래프는 함수 $y=-\tan x$의 그래프와 같다.

(2) 함수 $y=\tan x$의 주기가 π이므로 모든 실수 x에 대하여

$\tan(x+\pi)=\tan x$

따라서 함수 $y=\tan(x+\pi)$의 그래프는 오른쪽 그림과 같이 함수 $y=\tan x$의 그래프와 일치한다.

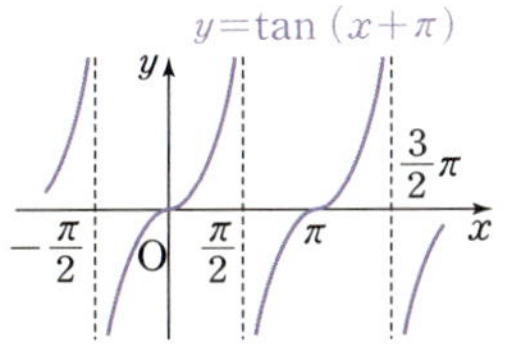

335 답 해설 참조

(1) 주기 : $\dfrac{\pi}{|2|}=\dfrac{\pi}{2}$

점근선의 방정식 : $x=\dfrac{n}{2}\pi+\dfrac{\pi}{2\cdot 2}=\dfrac{n}{2}\pi+\dfrac{\pi}{4}$ (n은 정수)

함수의 그래프 :

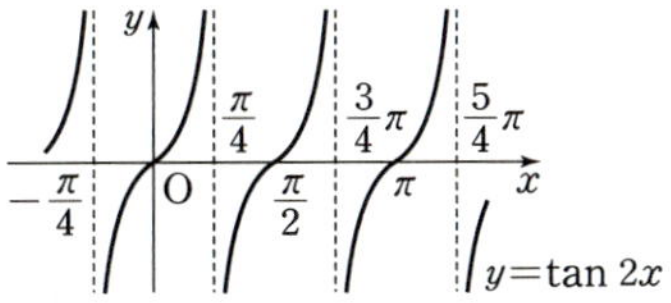

(2) 주기 : $\dfrac{\pi}{\left|\dfrac{1}{3}\right|}=3\pi$

점근선의 방정식 : $x=\dfrac{n}{\dfrac{1}{3}}\pi+\dfrac{\pi}{2\cdot\dfrac{1}{3}}=3n\pi+\dfrac{3}{2}\pi$ (n은 정수)

함수의 그래프 :

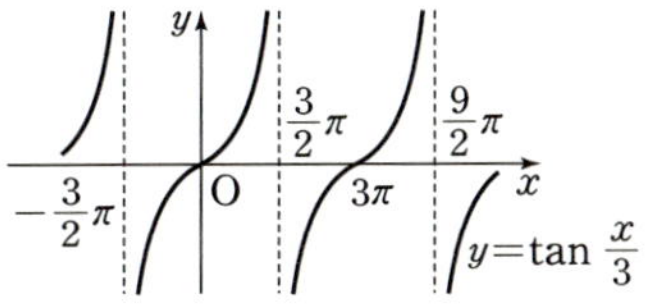

336 답 (1) 최댓값 : 2, 최솟값 : −2, 주기 : $\dfrac{2}{3}\pi$

(2) 최댓값 : $\dfrac{1}{3}$, 최솟값 : $-\dfrac{1}{3}$, 주기 : π

(3) 최댓값 : 없다., 최솟값 : 없다., 주기 : $\dfrac{\pi}{3}$

(4) 최댓값 : 1, 최솟값 : −2, 주기 : 4π

(5) 최댓값 : 4, 최솟값 : −2, 주기 : π

(6) 최댓값 : 없다., 최솟값 : 없다., 주기 : 3π

(1) 최댓값 : $|2|=2$, 최솟값 : $-|2|=-2$, 주기 : $\dfrac{2\pi}{|3|}=\dfrac{2}{3}\pi$

(2) 최댓값 : $\left|\dfrac{1}{3}\right|=\dfrac{1}{3}$, 최솟값 : $-\left|\dfrac{1}{3}\right|=-\dfrac{1}{3}$, 주기 : $\dfrac{2\pi}{|2|}=\pi$

(3) 최댓값, 최솟값 : 없다., 주기 : $\dfrac{\pi}{|3|}=\dfrac{\pi}{3}$

(4) 최댓값 : $\left|-\dfrac{3}{2}\right|+\left(-\dfrac{1}{2}\right)=1$,

최솟값 : $-\left|-\dfrac{3}{2}\right|+\left(-\dfrac{1}{2}\right)=-2$,

주기 : $\dfrac{2\pi}{\left|\dfrac{1}{2}\right|}=4\pi$

(5) 최댓값 : $|3|+1=4$, 최솟값 : $-|3|+1=-2$,

주기 : $\dfrac{2\pi}{|-2|}=\pi$

(6) 최댓값, 최솟값 : 없다., 주기 : $\dfrac{\pi}{\left|-\dfrac{1}{3}\right|}=3\pi$

유형 마스터 Pattern • 본문 074~076쪽

337 답 ④

함수 $y=\dfrac{3}{2}\sin\dfrac{2}{3}\pi x$의 그래프는 다음 그림과 같다.

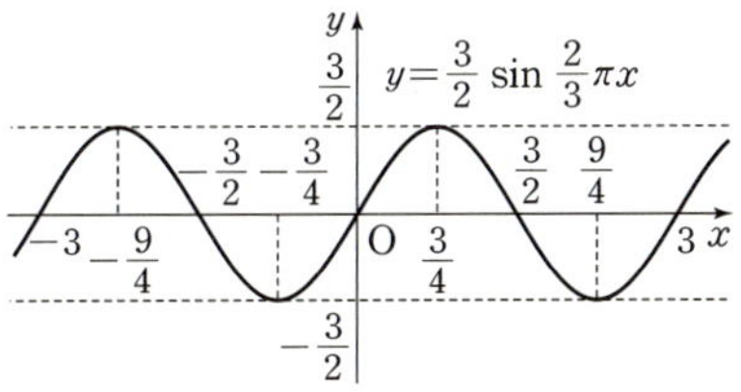

① 최댓값과 최솟값은 각각 $\dfrac{3}{2}$, $-\dfrac{3}{2}$이므로 최댓값과 최솟값의 차는

$\dfrac{3}{2}-\left(-\dfrac{3}{2}\right)=3$

② 주기는 $\dfrac{2\pi}{\left|\dfrac{2}{3}\pi\right|}=3$이다. → 위의 그림에서 $0\le x\le 3$에서의 그래프가 반복된다.

③ 점 …, $(-3, 0)$, $\left(-\dfrac{3}{2}, 0\right)$, $(0, 0)$, $\left(\dfrac{3}{2}, 0\right)$, $(3, 0)$, …에 대하여 대칭이다. → 원점에 대하여 대칭

④ 직선 …, $x=-\dfrac{9}{4}$, $x=-\dfrac{3}{4}$, $x=\dfrac{3}{4}$, $x=\dfrac{9}{4}$, …에 대하여 대칭이므로 직선 $x=3$에 대하여 대칭인 것은 아니다.

⑤ 함수 $y=f(x)$의 그래프는 원점에 대하여 대칭이므로 모든 실수 x에 대하여 $f(-x)=-f(x)$이다.

$\therefore f(x)=-f(-x)$

따라서 옳지 않은 것은 ④이다.

338 답 ㄴ, ㄷ

함수 $y=-\frac{3}{4}\cos\frac{\pi}{2}x$의 그래프는 다음 그림과 같다.

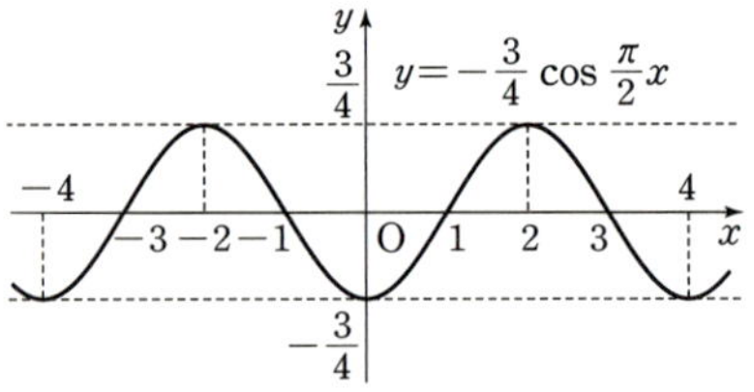

ㄱ. 치역은 $\left\{y \middle| -\frac{3}{4}\le y\le\frac{3}{4}\right\}$이다. (거짓)

ㄴ. 주기는 $\frac{2\pi}{\left|\frac{\pi}{2}\right|}=4$이다. (참)
→ 위의 그림에서 $-2\le x\le 2$에서의 그래프가 반복된다.

ㄷ. 함수 $y=f(x)$의 그래프는 y축에 대하여 대칭이므로 모든 실수 x에 대하여 $f(x)=f(-x)$이다. (참)

따라서 옳은 것은 ㄴ, ㄷ이다.

339 답 ㄱ, ㄴ, ㄷ

ㄱ. 함수 $f(x)=3\tan\left(-\frac{x}{2}\right)$의 그래프는 다음 그림과 같다.

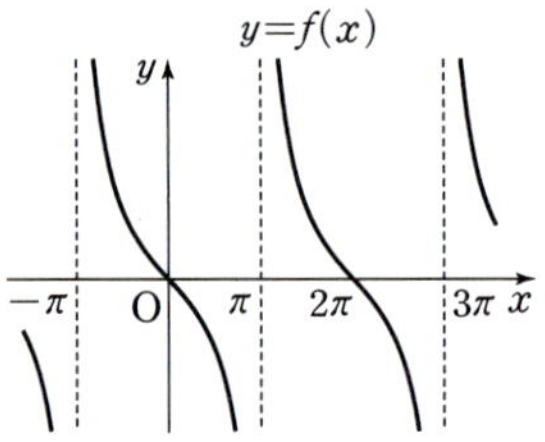

즉, 함수 $y=f(x)$의 그래프의 점근선의 방정식은
$\cdots$, $x=-3\pi$, $x=-\pi$, $x=\pi$, $x=3\pi$, $\cdots$이다. (참)
→ $x=2n\pi+\pi$ (n은 정수)

ㄴ. 함수 $f(x)=3\tan\left(-\frac{x}{2}\right)$의 주기는

$\frac{\pi}{\left|-\frac{1}{2}\right|}=2\pi$ → 위의 그림에서 $-\pi<x<\pi$에서의 그래프가 반복된다.

이므로 정의역의 모든 원소 x에 대하여
$f(x)=f(x+2\pi)=f(x+4\pi)=\cdots$ → 주기가 2π인 주기함수이므로
$\therefore f(x+4\pi)=f(x)$ (참)

ㄷ. 함수 $y=f(x)$의 그래프는 원점에 대하여 대칭이므로 모든 실수 x에 대하여 $f(-x)=-f(x)$이다. (참)

따라서 옳은 것은 ㄱ, ㄴ, ㄷ이다.

340 답 ③

$y=2\sin(2x-4)+1=2\sin 2(x-2)+1$ → 괄호 안의 x의 계수를 1로 나타내어야 한다.

즉, 함수 $y=2\sin(2x-4)+1$의 그래프는 함수 $y=2\sin 2x$의 그래프를 x축의 방향으로 2만큼, y축의 방향으로 1만큼 평행이동한 것이다.

따라서 $m=2$, $n=1$이므로
$m+n=2+1=3$

341 답 $\frac{7}{2}$

$y=3\tan\left(\frac{x}{2}+1\right)+2=3\tan\frac{1}{2}(x+2)+2$ → 괄호 안의 x의 계수를 1로 나타내어야 한다.

즉, 함수 $y=3\tan\left(\frac{x}{2}+1\right)+2$의 그래프는 함수 $y=3\tan\frac{x}{2}$의 그래프를 x축의 방향으로 -2만큼, y축의 방향으로 2만큼 평행이동한 것이다.

따라서 $a=3$, $b=\frac{1}{2}$, $m=-2$, $n=2$이므로
$a+b+m+n=3+\frac{1}{2}+(-2)+2=\frac{7}{2}$

342 답 ⑤

ㄱ. $y=3\cos\left(\frac{x}{2}+\frac{\pi}{4}\right)+1=3\cos\frac{1}{2}\left(x+\frac{\pi}{2}\right)+1$이므로 함수 $y=3\cos\left(\frac{x}{2}+\frac{\pi}{4}\right)+1$의 그래프는 함수 $y=3\cos\frac{x}{2}$의 그래프를 x축의 방향으로 $-\frac{\pi}{2}$만큼, y축의 방향으로 1만큼 평행이동한 것과 같다.

ㄴ. 함수 $y=-3\cos\frac{x}{2}-1$의 그래프는 함수 $y=3\cos\frac{x}{2}$의 그래프를 x축에 대하여 대칭이동한 후 y축의 방향으로 -1만큼 평행이동한 것과 같다. → $y=-3\cos\frac{x}{2}$

ㄷ. 두 함수 $y=3\cos\frac{x}{2}$, $y=3\sin\frac{x}{2}+1$의 그래프는 다음 그림과 같다.

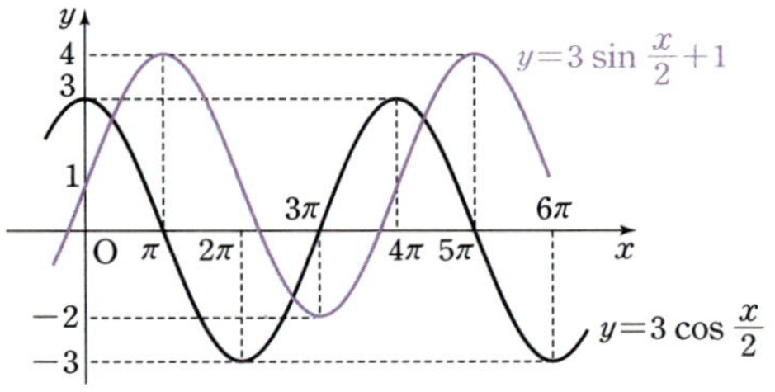

즉, 함수 $y=3\sin\frac{x}{2}+1$의 그래프는 함수 $y=3\cos\frac{x}{2}$의 그래프를 x축의 방향으로 π만큼, y축의 방향으로 1만큼 평행이동한 것과 같다.

따라서 겹쳐질 수 있는 그래프의 식은 ㄱ, ㄴ, ㄷ이다.

343 답 ④

함수 $y=\sin x$의 그래프는 직선 $x=\frac{\pi}{2}$에 대하여 대칭이므로
→ 함수 $y=\sin x$의 그래프는 직선 $\cdots$, $x=\frac{\pi}{2}$, $x=\frac{3}{2}\pi$, $x=\frac{5}{2}\pi$, $x=\frac{7}{2}\pi$, $\cdots$에 대하여 대칭이다.

$\frac{a+b}{2}=\frac{\pi}{2}$ $\quad\therefore a+b=\pi$

또한, 함수 $y=\sin x$의 그래프는 직선 $x=\frac{5}{2}\pi$에 대하여 대칭이므로

$\frac{c+d}{2}=\frac{5}{2}\pi$ $\quad\therefore c+d=5\pi$

$\therefore a+b+c+d=(a+b)+(c+d)=\pi+5\pi=6\pi$

다른 풀이

함수 $y=\sin x$의 그래프는 직선 $x=\frac{3}{2}\pi$에 대하여 대칭이므로

$\frac{a+d}{2}=\frac{3}{2}\pi$, $\frac{b+c}{2}=\frac{3}{2}\pi$

$\therefore a+d=3\pi$, $b+c=3\pi$

$\therefore a+b+c+d=(a+d)+(b+c)=3\pi+3\pi=6\pi$

344 답 54π

함수 $y=5\cos\frac{x}{3}$의 그래프는 직선 $x=3\pi$에 대하여 대칭이므로
→ 함수 $y=5\cos\frac{x}{3}$의 그래프는 직선 $\cdots$, $x=3\pi$, $x=6\pi$, $x=9\pi$, $\cdots$에 대하여 대칭이다.

$\frac{x_1+x_2}{2}=3\pi$ $\quad\therefore x_1+x_2=6\pi$

함수 $y=5\cos\frac{x}{3}$의 그래프는 직선 $x=9\pi$에 대하여 대칭이므로

$\frac{x_3+x_4}{2}=9\pi$ $\quad\therefore x_3+x_4=18\pi$

⋮ 같은 방법으로 $\frac{x_5+x_6}{2}=15\pi$에서 $x_5+x_6=30\pi$, $\frac{x_7+x_8}{2}=21\pi$에서 $x_7+x_8=42\pi$

함수 $y=5\cos\frac{x}{3}$의 그래프는 직선 $x=27\pi$에 대하여 대칭이므로

$\frac{x_9+x_{10}}{2}=27\pi \qquad \therefore x_9+x_{10}=54\pi$

345 답 3

오른쪽 그림과 같이 빗금친 두 부분의 넓이가 서로 같으므로 구하는 도형의 넓이는 가로의 길이가 함수 $y=\tan\frac{\pi}{3}x$의 주기인 3, 세로의 길이가 $5k-k=4k$인 직사각형의 넓이와 같다.

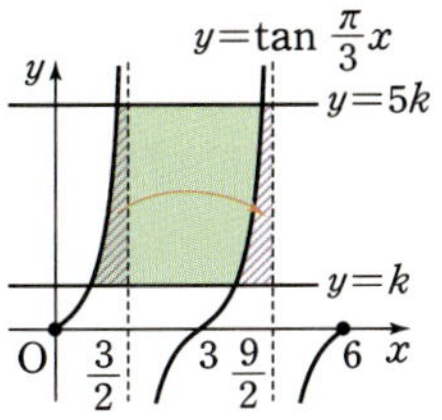

이때 구하는 도형의 넓이가 36이므로

$3\cdot4k=36 \qquad \therefore k=3$

346 답 ②

주어진 함수의 최댓값과 최솟값이 각각 1, -3이므로

$|a|+c=1,\ -|a|+c=-3$

$\therefore a+c=1,\ -a+c=-3\ (\because a>0)$

위의 두 식을 연립하여 풀면

$a=2,\ c=-1$

또한, 주기가 $\frac{3}{2}\pi$이므로

$\frac{2\pi}{|b|}=\frac{3}{2}\pi,\ |b|=\frac{4}{3}$

$\therefore b=\frac{4}{3}\ (\because b>0)$

$\therefore a+b+c=2+\frac{4}{3}+(-1)=\frac{7}{3}$

347 답 $\frac{1}{5}$

주어진 함수의 최댓값이 5이므로

$|a|+c=5 \qquad \therefore a+c=5\ (\because a>0)$ …… ㉠

또한, 최댓값과 최솟값의 차가 4이므로

$a+c-(-a+c)=4$에서

$2a=4 \qquad \therefore a=2$

$a=2$를 ㉠에 대입하면

$2+c=5 \qquad \therefore c=3$

한편, $f(x+p)=f(x)$를 만족시키는 가장 작은 양수 p의 값이 $\frac{5}{3}\pi$이므로 함수 $f(x)$의 주기는 $\frac{5}{3}\pi$이다. 즉,

$\frac{2\pi}{|b|}=\frac{5}{3}\pi,\ |b|=\frac{6}{5} \qquad \therefore b=\frac{6}{5}\ (\because b>0)$

$\therefore a+b-c=2+\frac{6}{5}-3=\frac{1}{5}$

348 답 ②

점근선의 방정식 $x=2(2n+1)\pi$ (n은 정수)에서

$n=0$일 때 $x=2\pi$, $n=1$일 때 $x=6\pi$ (함수 $y=\tan x$의 그래프에서는 이웃한 두 점근선 사이의 거리가 주기이다.)

이므로 함수 $f(x)$의 주기는 $6\pi-2\pi=4\pi$이다. 즉,

$\frac{\pi}{|b|}=4\pi,\ |b|=\frac{1}{4} \qquad \therefore b=\frac{1}{4}\ (\because b>0)$

또한, $f(0)=-1$, $f(\pi)=3$이므로

$f(0)=c=-1$

$f(\pi)=a\tan\frac{\pi}{4}-1=a\cdot1-1=3 \qquad \therefore a=4$

$\therefore abc=4\cdot\frac{1}{4}\cdot(-1)=-1$

349 답 ①

주어진 함수의 그래프에서 최댓값과 최솟값이 각각 3, -3이므로

$|a|=3 \qquad \therefore a=3\ (\because a>0)$

또한, 주기는 $\frac{11}{3}\pi-\left(-\frac{\pi}{3}\right)=4\pi$이므로 ($-\frac{\pi}{3}\le x\le\frac{11}{3}\pi$에서의 그래프가 반복된다.)

$\frac{2\pi}{|b|}=4\pi,\ |b|=\frac{1}{2} \qquad \therefore b=\frac{1}{2}\ (\because b>0)$

즉, 주어진 함수식은 $y=3\sin\left(\frac{1}{2}x+c\right)$이고, 그래프가 점 $\left(-\frac{\pi}{3},\ 0\right)$을 지나므로

$0=3\sin\left\{\frac{1}{2}\cdot\left(-\frac{\pi}{3}\right)+c\right\}$

$\sin\left(-\frac{\pi}{6}+c\right)=0$

$\therefore c=\frac{\pi}{6}\ (\because 0<c<\pi)$

$\therefore abc=3\cdot\frac{1}{2}\cdot\frac{\pi}{6}=\frac{\pi}{4}$

350 답 $\frac{\pi}{9}$

주어진 함수의 그래프에서 주기는 $\frac{\pi}{2}-(-\pi)=\frac{3}{2}\pi$이므로 ($-\pi<x<\frac{\pi}{2}$에서의 그래프가 반복된다.)

$\frac{\pi}{|a|}=\frac{3}{2}\pi,\ |a|=\frac{2}{3} \qquad \therefore a=\frac{2}{3}\ (\because a>0)$

즉, 주어진 함수식은 $y=\tan\left(\frac{2}{3}x+b\right)$이고, 그래프가 점 $\left(-\frac{\pi}{4},\ 0\right)$을 지나므로

$0=\tan\left(-\frac{\pi}{6}+b\right) \qquad \therefore b=\frac{\pi}{6}\ \left(\because 0<b<\frac{\pi}{2}\right)$

$\therefore ab=\frac{2}{3}\cdot\frac{\pi}{6}=\frac{\pi}{9}$

351 답 π

주어진 함수의 그래프에서 최댓값과 최솟값이 각각 2, -2이므로

$|a|=2 \qquad \therefore a=2\ (\because a>0)$

또한, 주기는 $\frac{5}{4}\pi-\frac{\pi}{4}=\pi$이므로 ($\frac{\pi}{4}\le x\le\frac{5}{4}\pi$에서의 그래프가 반복된다.)

$\frac{2\pi}{|b|}=\pi,\ |b|=2 \qquad \therefore b=2\ (\because b>0)$

즉, 주어진 함수식은 $y=2\cos(2x-c)$이고, 그래프가 점 $\left(\frac{3}{4}\pi,\ 0\right)$을 지나므로

$0=2\cos\left(\frac{3}{2}\pi-c\right)$

$\cos\left(\frac{3}{2}\pi-c\right)=0$

$\therefore c=\pi\ (\because 0<c<2\pi)$

$\therefore a-b+c=2-2+\pi=\pi$

352 답 ③

주어진 함수의 최댓값과 최솟값이 각각 3, 1이므로

$a+c=3,\ c=1 \qquad \therefore a=2,\ c=1$

또한, 주기가 $\frac{\pi}{2}$이므로

$\frac{\pi}{|b|}=\frac{\pi}{2},\ |b|=2 \qquad \therefore b=2\ (\because b>0)$

$\therefore a+b+c=2+2+1=5$

선생님 톡톡

$-1\le\cos bx\le1$이므로 $0\le|\cos bx|\le1$
$0\le a|\cos bx|\le a$
$\therefore c\le a|\cos bx|+c\le a+c$
즉, 함수 $y=a|\cos bx|+c$의 최댓값은 $a+c$, 최솟값은 c이다.

353 답 -3

함수 $f(x)$의 최솟값이 -2이므로
$c=-2$
또한, 주기가 2π이므로
$\frac{\pi}{|b|}=2\pi,\ |b|=\frac{1}{2}\qquad\therefore b=\frac{1}{2}\ (\because b>0)$
$\therefore f(x)=a\left|\sin\frac{x}{2}\right|-2$
이때 $f(\pi)=1$이므로
$f(\pi)=a\left|\sin\frac{\pi}{2}\right|-2=a-2=1$
에서 $a=3$
$\therefore abc=3\cdot\frac{1}{2}\cdot(-2)=-3$

354 답 ⑤

$-\frac{\pi}{4}\le x\le\frac{\pi}{6}$에서 함수
$y=|\tan x|+1$의 그래프는 오른쪽 그림과 같다.

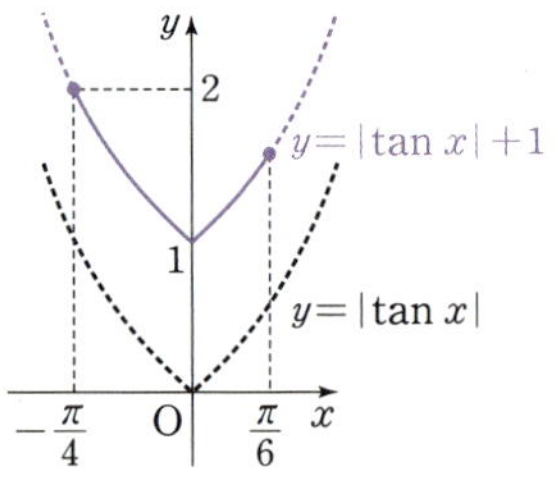

따라서 함수 $y=|\tan x|+1$은
$x=-\frac{\pi}{4}$일 때 최댓값
$\tan\left|-\frac{\pi}{4}\right|+1=\tan\frac{\pi}{4}+1$
$=1+1=2$
$x=0$일 때 최솟값
$\tan|0|+1=0+1=1$
을 가지므로 최댓값과 최솟값의 합은
$2+1=3$

개념 체크 Concept
• 본문 077쪽

355 답 (1) $-\frac{\sqrt{2}}{2}$ (2) $\frac{\sqrt{2}}{2}$ (3) $-\frac{\sqrt{3}}{2}$ (4) $\frac{\sqrt{3}}{3}$ (5) $\frac{1}{2}$ (6) $\frac{\sqrt{3}}{2}$ (7) $-\frac{\sqrt{2}}{2}$ (8) $-\sqrt{3}$

(1) $\sin\left(-\frac{\pi}{4}\right)=-\sin\frac{\pi}{4}=-\frac{\sqrt{2}}{2}$

(2) $\cos\frac{7}{4}\pi=\cos\left(2\pi-\frac{\pi}{4}\right)=\cos\left(-\frac{\pi}{4}\right)=\cos\frac{\pi}{4}=\frac{\sqrt{2}}{2}$

(3) $\sin\frac{4}{3}\pi=\sin\left(\pi+\frac{\pi}{3}\right)=-\sin\frac{\pi}{3}=-\frac{\sqrt{3}}{2}$

(4) $\tan\frac{13}{6}\pi=\tan\left(2\pi+\frac{\pi}{6}\right)=\tan\frac{\pi}{6}=\frac{\sqrt{3}}{3}$

(5) $\cos(-60^\circ)=\cos60^\circ=\frac{1}{2}$

(6) $\sin120^\circ=\sin(90^\circ+30^\circ)=\cos30^\circ=\frac{\sqrt{3}}{2}$

(7) $\cos225^\circ=\cos(180^\circ+45^\circ)=-\cos45^\circ=-\frac{\sqrt{2}}{2}$

(8) $\tan300^\circ=\tan(360^\circ-60^\circ)=\tan(-60^\circ)=-\tan60^\circ=-\sqrt{3}$

다른 풀이

(6) $\sin120^\circ=\sin(180^\circ-60^\circ)=\sin60^\circ=\frac{\sqrt{3}}{2}$

(7) $\cos225^\circ=\cos(270^\circ-45^\circ)=-\sin45^\circ=-\frac{\sqrt{2}}{2}$

(8) $\tan300^\circ=\tan(270^\circ+30^\circ)=-\frac{1}{\tan30^\circ}=-\frac{1}{\frac{\sqrt{3}}{3}}=-\sqrt{3}$

356 답 (1) 최댓값: 3, 최솟값: -1 (2) 최댓값: $\frac{5}{4}$, 최솟값: -1

(1) $y=\sin x-\sin(\pi+x)+1$
$=\sin x-(-\sin x)+1$
$=2\sin x+1$
이므로 주어진 함수의 최댓값과 최솟값은 각각
$2+1=3,\ -2+1=-1$

(2) $y=\sin x+\cos^2 x$
$=\sin x+(1-\sin^2 x)$
$=-\sin^2 x+\sin x+1$
이때 $\sin x=t$라 하면
$-1\le t\le1$이고
$y=-t^2+t+1=-\left(t-\frac{1}{2}\right)^2+\frac{5}{4}$

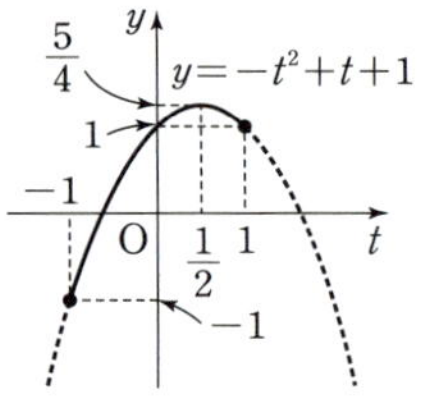

따라서 함수 $y=-t^2+t+1$는 $t=\frac{1}{2}$일 때 최댓값 $\frac{5}{4}$, $t=-1$일 때 최솟값 -1을 갖는다.

선생님 톡톡

삼각함수를 치환하여 정리하면 이차함수 또는 유리함수 꼴이 나타나는 경우가 있어. 따라서 이차함수와 유리함수의 그래프를 그릴 수 있어야 하고 제한된 범위에서 최대·최소를 구할 수 있어야 해.

유형 마스터 Pattern
• 본문 078~079쪽

357 답 ⑤

$\sin\frac{5}{6}\pi+\cos\frac{5}{3}\pi+\tan\frac{5}{4}\pi$
$=\sin\left(\pi-\frac{\pi}{6}\right)+\cos\left(2\pi-\frac{\pi}{3}\right)+\tan\left(\pi+\frac{\pi}{4}\right)$
$=\sin\frac{\pi}{6}+\cos\left(-\frac{\pi}{3}\right)+\tan\frac{\pi}{4}$
$=\sin\frac{\pi}{6}+\cos\frac{\pi}{3}+\tan\frac{\pi}{4}$
$=\frac{1}{2}+\frac{1}{2}+1=2$

358 답 ②

$\cos100^\circ+\sin160^\circ=\cos(90^\circ+10^\circ)+\sin(180^\circ-20^\circ)$
$=-\sin10^\circ+\sin20^\circ$
$=-0.1736+0.3420$
$=0.1684$

359 답 $\frac{5}{4}$

주기가 2π이므로 $\sin\frac{11}{4}\pi=\sin\frac{3}{4}\pi$

$\cos\frac{13}{6}\pi\cos\frac{11}{6}\pi+\sin\left(-\frac{\pi}{4}\right)\sin\frac{11}{4}\pi+\tan\frac{13}{6}\pi\tan\frac{10}{3}\pi$

$=\cos\left(2\pi+\frac{\pi}{6}\right)\cos\left(2\pi-\frac{\pi}{6}\right)+\left\{-\sin\frac{\pi}{4}\sin\left(\pi-\frac{\pi}{4}\right)\right\}$

$\qquad+\tan\left(2\pi+\frac{\pi}{6}\right)\tan\left(3\pi+\frac{\pi}{3}\right)$

$=\cos\frac{\pi}{6}\cdot\cos\left(-\frac{\pi}{6}\right)+\left(-\sin\frac{\pi}{4}\cdot\sin\frac{\pi}{4}\right)+\tan\frac{\pi}{6}\cdot\tan\frac{\pi}{3}$

주기가 π이므로 $\tan\left(2\pi+\frac{\pi}{6}\right)=\tan\frac{\pi}{6}$, $\tan\left(3\pi+\frac{\pi}{3}\right)=\tan\frac{\pi}{3}$

$=\cos^2\frac{\pi}{6}-\sin^2\frac{\pi}{4}+\tan\frac{\pi}{6}\cdot\tan\frac{\pi}{3}$

$=\left(\frac{\sqrt{3}}{2}\right)^2-\left(\frac{\sqrt{2}}{2}\right)^2+\frac{\sqrt{3}}{3}\cdot\sqrt{3}=\frac{5}{4}$

360 답 ①

$\sin\left(\frac{\pi}{2}-\theta\right)\cos(\pi+\theta)+\cos\left(\frac{\pi}{2}+\theta\right)\sin(\pi-\theta)$

$=\cos\theta\cdot(-\cos\theta)+(-\sin\theta)\cdot\sin\theta$

$=-(\cos^2\theta+\sin^2\theta)$

$=-1$

361 답 ③

$\sin(90^\circ-x)=\cos x$에서

$\sin 89^\circ=\sin(90^\circ-1^\circ)=\cos 1^\circ$,

$\sin 88^\circ=\sin(90^\circ-2^\circ)=\cos 2^\circ$,

$\sin 87^\circ=\sin(90^\circ-3^\circ)=\cos 3^\circ$,

$\vdots$

$\sin 46^\circ=\sin(90^\circ-44^\circ)=\cos 44^\circ$

이므로

$\sin^2 1^\circ+\sin^2 2^\circ+\sin^2 3^\circ+\cdots+\sin^2 89^\circ$

$=\sin^2 1^\circ+\sin^2 2^\circ+\cdots+\sin^2 43^\circ+\sin^2 44^\circ+\sin^2 45^\circ$

$\qquad+\cos^2 44^\circ+\cos^2 43^\circ+\cdots+\cos^2 2^\circ+\cos^2 1^\circ$

$=(\sin^2 1^\circ+\cos^2 1^\circ)+(\sin^2 2^\circ+\cos^2 2^\circ)+\cdots$

$\qquad+(\sin^2 44^\circ+\cos^2 44^\circ)+\sin^2 45^\circ$

$=\underbrace{1+1+\cdots+1}_{44\text{개}}+\left(\frac{\sqrt{2}}{2}\right)^2=\frac{89}{2}$

다른 풀이

$S=\sin^2 1^\circ+\sin^2 2^\circ+\sin^2 3^\circ+\cdots+\sin^2 89^\circ$ ······ ㉠

라 하면 $\sin(90^\circ-x)=\cos x$이므로

$\sin 1^\circ=\cos 89^\circ$, $\sin 2^\circ=\cos 88^\circ$, $\cdots$, $\sin 89^\circ=\cos 1^\circ$

$\therefore S=\cos^2 89^\circ+\cos^2 88^\circ+\cos^2 87^\circ+\cdots+\cos^2 1^\circ$ ······ ㉡

㉠, ㉡을 변끼리 더하여 정리하면

$2S=(\sin^2 1^\circ+\cos^2 1^\circ)+(\sin^2 2^\circ+\cos^2 2^\circ)+\cdots$

$\qquad+(\sin^2 89^\circ+\cos^2 89^\circ)$

$=\underbrace{1+1+\cdots+1}_{89\text{개}}=89$

$\therefore S=\frac{89}{2}$

362 답 ③

$\tan(90^\circ-x)=\frac{1}{\tan x}$에서

$\tan 89^\circ=\tan(90^\circ-1^\circ)=\frac{1}{\tan 1^\circ}$,

$\tan 87^\circ=\tan(90^\circ-3^\circ)=\frac{1}{\tan 3^\circ}$,

$\tan 85^\circ=\tan(90^\circ-5^\circ)=\frac{1}{\tan 5^\circ}$,

$\vdots$

$\tan 47^\circ=\tan(90^\circ-43^\circ)=\frac{1}{\tan 43^\circ}$

이므로

$\tan 1^\circ\times\tan 3^\circ\times\tan 5^\circ\times\cdots\times\tan 89^\circ$

$=\tan 1^\circ\times\tan 3^\circ\times\cdots\times\tan 41^\circ\times\tan 43^\circ\times\tan 45^\circ$

$\qquad\times\frac{1}{\tan 43^\circ}\times\frac{1}{\tan 41^\circ}\times\cdots\times\frac{1}{\tan 3^\circ}\times\frac{1}{\tan 1^\circ}$

$=\left(\tan 1^\circ\times\frac{1}{\tan 1^\circ}\right)\times\left(\tan 3^\circ\times\frac{1}{\tan 3^\circ}\right)\times\cdots$

$\qquad\times\left(\tan 43^\circ\times\frac{1}{\tan 43^\circ}\right)\times\tan 45^\circ$

$=1\times1\times\cdots\times1\times1=1$

363 답 ②

$\cos\left(x-\frac{\pi}{2}\right)=\cos\left(\frac{\pi}{2}-x\right)=\sin x$

$y=\sin x+2\cos\left(x-\frac{\pi}{2}\right)+1$

$=\sin x+2\sin x+1$

$=3\sin x+1$

이므로 주어진 함수의 최댓값과 최솟값은 각각

$3+1=4$, $-3+1=-2$

따라서 최댓값과 최솟값의 합은

$4+(-2)=2$

364 답 ①

$y=\sin(\pi-x)-3\cos\left(\frac{3}{2}\pi-x\right)+a$

$=\sin x-3(-\sin x)+a$

$=4\sin x+a$

이때 주어진 함수의 최댓값이 3이므로

$4+a=3 \qquad \therefore a=-1$

따라서 구하는 최솟값은

$-4+(-1)=-5$

365 답 ④

$y=2|3\cos x-1|+1$에서 $\cos x=t$라 하면 $-1\le t\le 1$이고

$y=2|3t-1|+1=|6t-2|+1$

따라서 함수 $y=2|3t-1|+1$은 $t=-1$일 때 최댓값 9, $t=\frac{1}{3}$일 때 최솟값 1을 가지므로

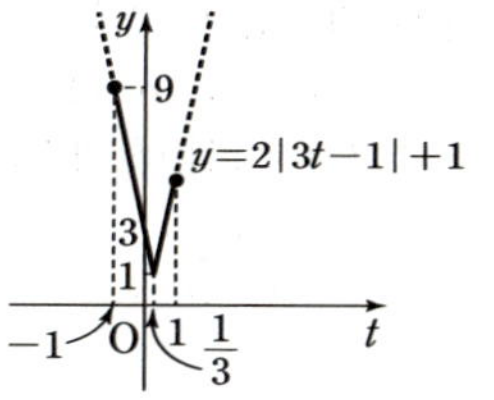

$M=9$, $m=1$

$\therefore M^2+m^2=9^2+1^2=82$

다른 풀이

$-1\le\cos x\le 1$이므로 $-3\le 3\cos x\le 3$

$-4\le 3\cos x-1\le 2$, $0\le|3\cos x-1|\le 4$

$0\le 2|3\cos x-1|\le 8 \qquad \therefore 1\le 2|3\cos x-1|+1\le 9$

따라서 함수 $y=2|3\cos x-1|+1$의 최댓값은 9, 최솟값은 1이다.

366 답 ⑤

$y=\sin^2 x+\cos x+1$

$=(1-\cos^2 x)+\cos x+1$

$=-\cos^2 x+\cos x+2$

이때 $\cos x=t$라 하면

$-1\le t\le 1$이고

$y=-t^2+t+2$

$=-\left(t-\frac{1}{2}\right)^2+\frac{9}{4}$

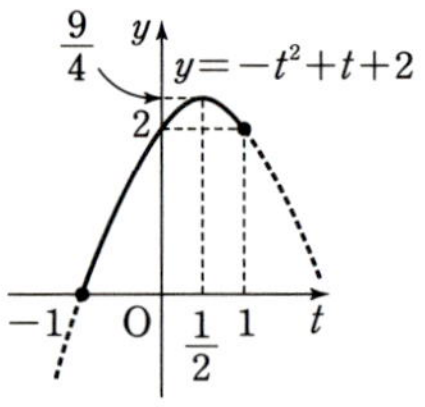

따라서 함수 $y=-t^2+t+2$는 $t=\frac{1}{2}$일 때 최댓값 $\frac{9}{4}$를 갖는다.

367 답 ④

$y=\dfrac{4\sin\left(\frac{\pi}{2}+x\right)+7}{2\cos x+3}$

$=\dfrac{4\cos x+7}{2\cos x+3}$

이때 $\cos x=t$라 하면 $-1\le t\le 1$이고

$y=\dfrac{4t+7}{2t+3}$

$=\dfrac{1}{2t+3}+2$

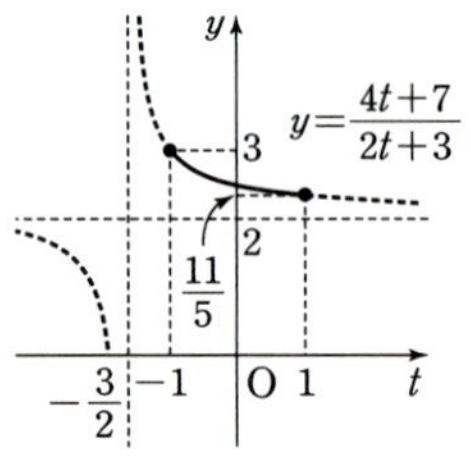

따라서 함수 $y=\dfrac{4t+7}{2t+3}$은 $t=-1$일 때 최댓값 3, $t=1$일 때 최솟값 $\frac{11}{5}$을 가지므로

$M=3,\ m=\frac{11}{5}$

$\therefore M-m=3-\frac{11}{5}=\frac{4}{5}$

368 답 ③

$y=\cos^2 x-2\cos\left(x+\frac{\pi}{2}\right)+a$

$=(1-\sin^2 x)+2\sin x+a$

$=-\sin^2 x+2\sin x+a+1$

이때 $\sin x=t$라 하면

$-1\le t\le 1$이고

$y=-t^2+2t+a+1$

$=-(t-1)^2+a+2$

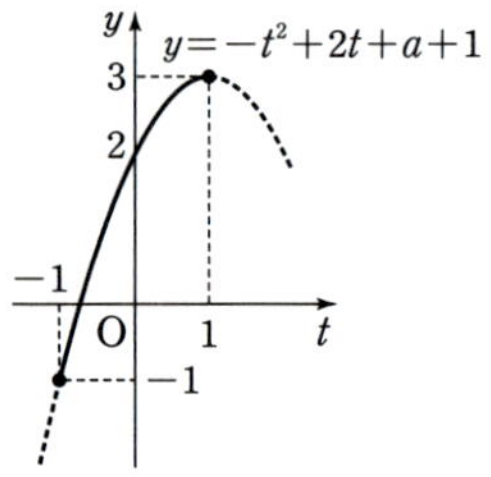

따라서 함수 $y=-t^2+2t+a+1$은 $t=1$일 때 최댓값 $a+2$를 가지므로

$a+2=3 \qquad \therefore a=1$

또한, $t=-1$일 때 최솟값을 가지므로

$m=-1$

$\therefore a+m=1+(-1)=0$

개념 체크 Concept · 본문 080쪽

369 답 (1) $x=\frac{\pi}{6}$ 또는 $x=\frac{5}{6}\pi$ (2) $x=\frac{3}{4}\pi$ 또는 $x=\frac{5}{4}\pi$ (3) $x=\frac{\pi}{3}$ 또는 $x=\frac{4}{3}\pi$ (4) $x=\frac{4}{3}\pi$ 또는 $x=\frac{5}{3}\pi$

(1) 오른쪽 그림과 같이 $0\le x<2\pi$에서 함수 $y=\sin x$의 그래프와 직선 $y=\frac{1}{2}$의 교점의 x좌표가 $\frac{\pi}{6}$, $\frac{5}{6}\pi$이므로

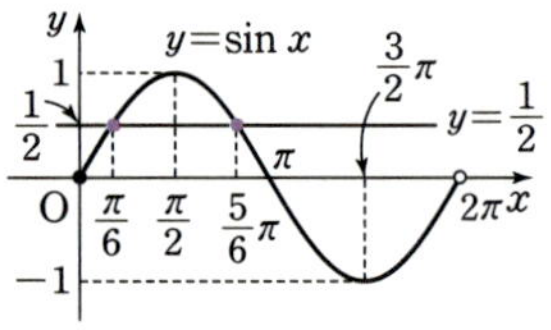

$x=\frac{\pi}{6}$ 또는 $x=\frac{5}{6}\pi$

(2) 오른쪽 그림과 같이 $0\le x<2\pi$에서 함수 $y=\cos x$의 그래프와 직선 $y=-\frac{\sqrt{2}}{2}$의 교점의 x좌표가 $\frac{3}{4}\pi$, $\frac{5}{4}\pi$이므로

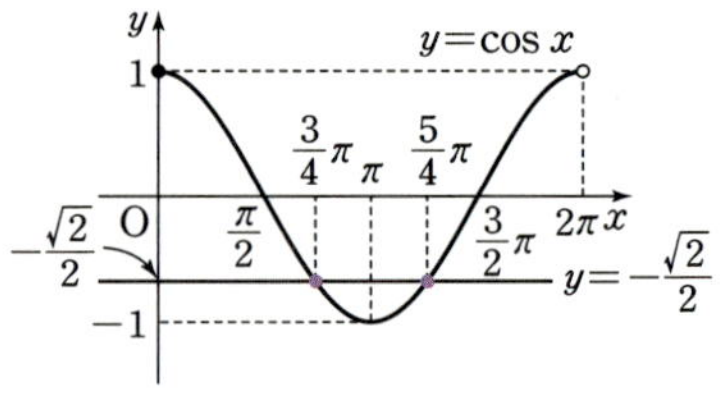

$x=\frac{3}{4}\pi$ 또는 $x=\frac{5}{4}\pi$

(3) 오른쪽 그림과 같이 $0\le x<2\pi$에서 함수 $y=\tan x$의 그래프와 직선 $y=\sqrt{3}$의 교점의 x좌표가 $\frac{\pi}{3}$, $\frac{4}{3}\pi$이므로

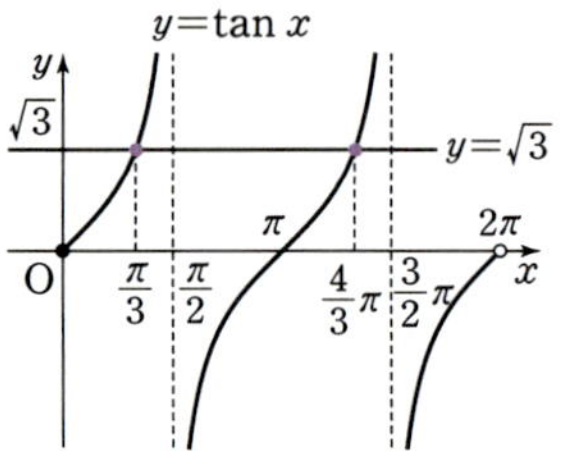

$x=\frac{\pi}{3}$ 또는 $x=\frac{4}{3}\pi$

(4) $2\sin x+\sqrt{3}=0$에서

$\sin x=-\frac{\sqrt{3}}{2}$

즉, 오른쪽 그림과 같이 $0\le x<2\pi$에서 함수 $y=\sin x$의 그래프와 직선 $y=-\frac{\sqrt{3}}{2}$의 교점의 x좌표가 $\frac{4}{3}\pi$, $\frac{5}{3}\pi$이므로

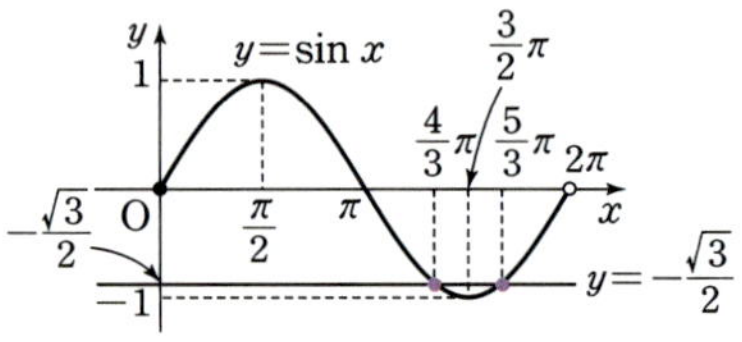

$x=\frac{4}{3}\pi$ 또는 $x=\frac{5}{3}\pi$

370 답 (1) $\frac{5}{4}\pi<x<\frac{7}{4}\pi$ (2) $0\le x<\frac{\pi}{6}$ 또는 $\frac{11}{6}\pi<x<2\pi$ (3) $\frac{\pi}{4}\le x<\frac{\pi}{2}$ 또는 $\frac{5}{4}\pi\le x<\frac{3}{2}\pi$ (4) $\frac{2}{3}\pi\le x\le\frac{4}{3}\pi$

(1) 주어진 부등식의 해는 오른쪽 그림과 같이 $0\le x<2\pi$에서 함수 $y=\sin x$의 그래프가 직선 $y=-\frac{\sqrt{2}}{2}$보다 아래쪽에 있는 부분의 x의 값의 범위이므로

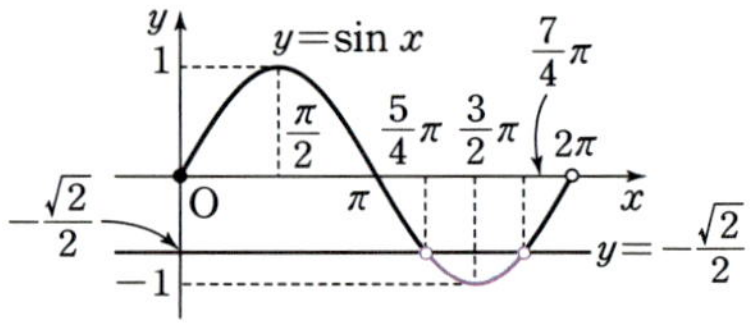

$\frac{5}{4}\pi<x<\frac{7}{4}\pi$

(2) 주어진 부등식의 해는 오른쪽 그림과 같이 $0\le x<2\pi$에서 함수 $y=\cos x$의 그래프가 직선 $y=\frac{\sqrt{3}}{2}$보다 위쪽에 있는 부분의 x의 값의 범위이므로

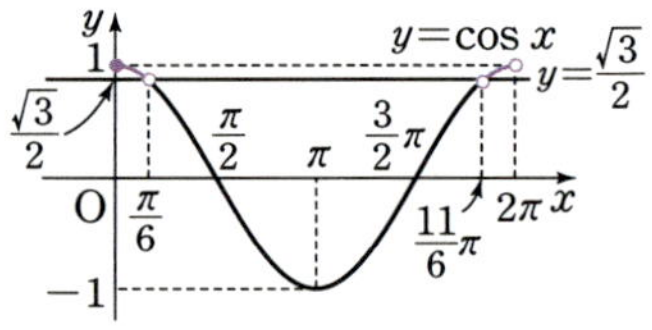

$0\le x<\frac{\pi}{6}$ 또는 $\frac{11}{6}\pi<x<2\pi$

(3) 주어진 부등식의 해는 오른쪽 그림과 같이 $0\le x<2\pi$에서 함수 $y=\tan x$의 그래프가 직선 $y=1$과 만나는 부분 또는 직선보다 위쪽에 있는 부분의 x의 값의 범위이므로

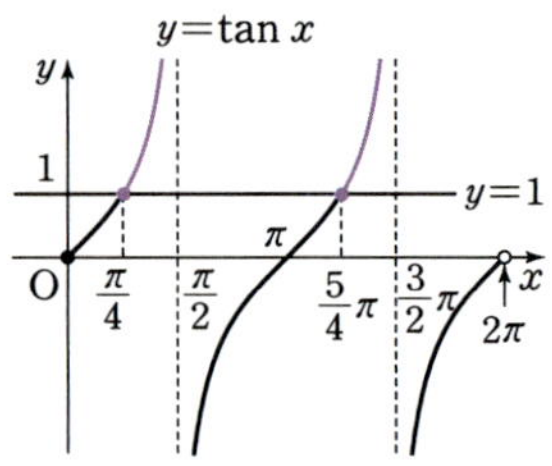

$\frac{\pi}{4}\le x<\frac{\pi}{2}$ 또는 $\frac{5}{4}\pi\le x<\frac{3}{2}\pi$

(4) $2\cos x+1\le 0$에서

$\cos x\le -\frac{1}{2}$

즉, 주어진 부등식의 해는 오른쪽 그림과 같이 $0 \le x < 2\pi$에서 함수 $y=\cos x$의 그래프가 직선 $y=-\frac{1}{2}$과 만나는 부분 또는 직선보다 아래쪽에 있는 부분의 x의 값의 범위이므로

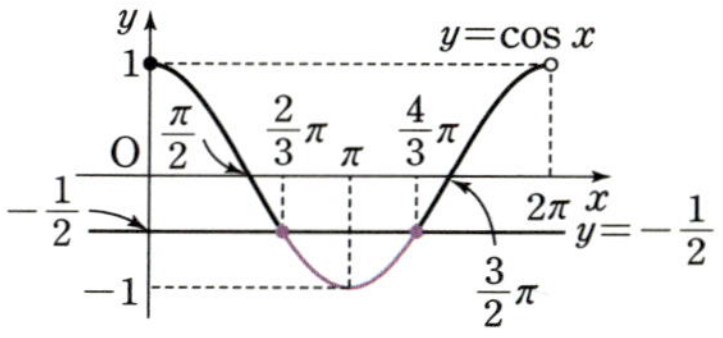

$\frac{2}{3}\pi \le x \le \frac{4}{3}\pi$

유형 마스터 Pattern

• 본문 081~083쪽

371 답 ④

$x-\frac{\pi}{6}=t$라 하면 $0 \le x < 2\pi$에서 $-\frac{\pi}{6} \le t < \frac{11}{6}\pi$이고

→ 함수 $y=\sin\left(x-\frac{\pi}{6}\right)$의 그래프보다 함수 $y=\sin t$의 그래프를 그리는 것이 더 쉽다.

$\sin\left(x-\frac{\pi}{6}\right)=\frac{1}{2}$에서

$\sin t=\frac{1}{2}$

즉, 오른쪽 그림과 같이 $-\frac{\pi}{6} \le t < \frac{11}{6}\pi$에서 위의 방정식을 만족시키는 t의 값은

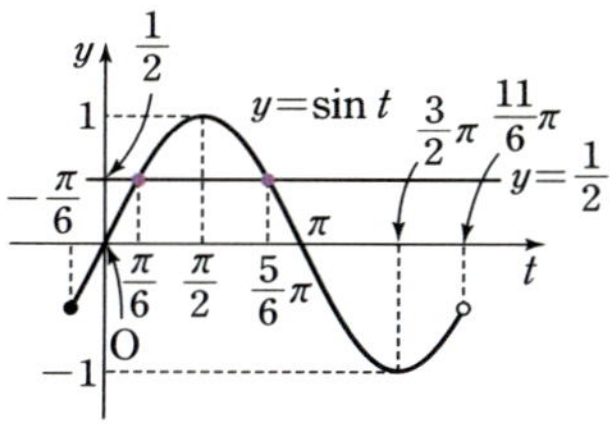

$t=\frac{\pi}{6}$ 또는 $t=\frac{5}{6}\pi$이므로

$x-\frac{\pi}{6}=\frac{\pi}{6}$ 또는 $x-\frac{\pi}{6}=\frac{5}{6}\pi$

$\therefore x=\frac{\pi}{3}$ 또는 $x=\pi$

따라서 모든 실근의 합은

$\frac{\pi}{3}+\pi=\frac{4}{3}\pi$

선생님 톡톡

$t=\frac{\pi}{6}$ 또는 $t=\frac{5}{6}\pi$에서 답을 $\frac{\pi}{6}+\frac{5}{6}\pi=\pi$라고 구하는 경우가 종종 있어. t의 값이 아닌 x의 값을 구해야 하는 것을 잊지 마!

372 답 ⑤

$x-\frac{\pi}{4}=t$라 하면 $0 \le x < 2\pi$에서 $-\frac{\pi}{4} \le t < \frac{7}{4}\pi$이고

$\tan\left(x-\frac{\pi}{4}\right)=\frac{\sqrt{3}}{3}$에서

$\tan t=\frac{\sqrt{3}}{3}$

즉, 오른쪽 그림과 같이 $-\frac{\pi}{4} \le t < \frac{7}{4}\pi$에서 위의 방정식을 만족시키는 t의 값은

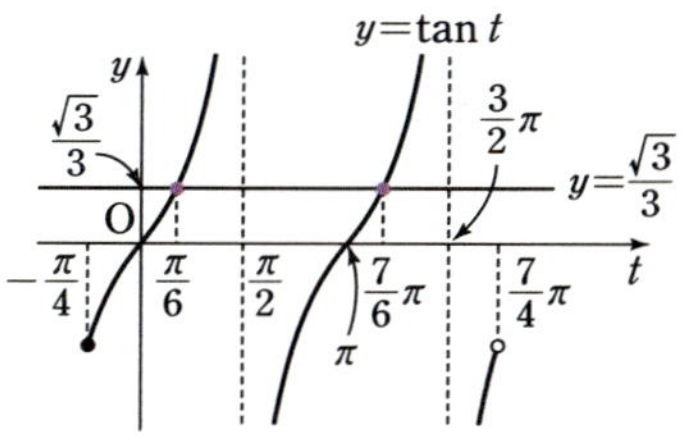

$t=\frac{\pi}{6}$ 또는 $t=\frac{7}{6}\pi$이므로

$x-\frac{\pi}{4}=\frac{\pi}{6}$ 또는 $x-\frac{\pi}{4}=\frac{7}{6}\pi$

$\therefore x=\frac{5}{12}\pi$ 또는 $x=\frac{17}{12}\pi$

따라서 모든 실근의 합은

$\frac{5}{12}\pi+\frac{17}{12}\pi=\frac{11}{6}\pi$

373 답 4

$x \ne \frac{\pi}{2}$, $x \ne \frac{3}{2}\pi$이므로 → 주어진 방정식에 $x=\frac{\pi}{2}$, $x=\frac{3}{2}\pi$를 대입했을 때 식을 만족시키지 않는다. 즉, $\cos x \ne 0$이므로 양변을 $\cos x$로 나눌 수 있다.

$\sqrt{3}\cos x=\sin x$에서

$\sqrt{3}=\frac{\sin x}{\cos x}$

$\therefore \tan x=\sqrt{3}$

즉, 오른쪽 그림과 같이 $0 \le x < 2\pi$에서 위의 방정식을 만족시키는 x의 값은

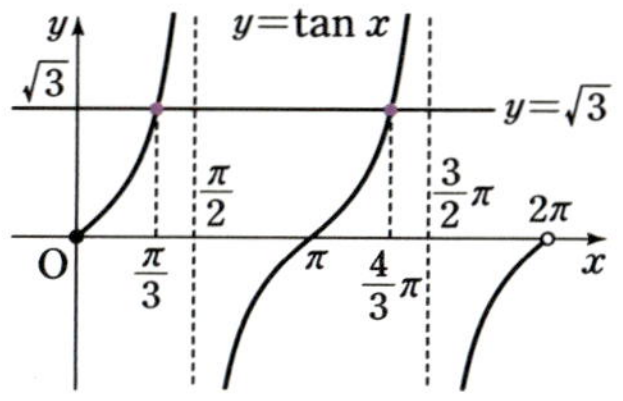

$x=\frac{\pi}{3}$ 또는 $x=\frac{4}{3}\pi$

따라서 $\alpha=\frac{\pi}{3}$, $\beta=\frac{4}{3}\pi$이므로

$\frac{\beta}{\alpha}=\frac{\frac{4}{3}\pi}{\frac{\pi}{3}}=4$

374 답 ③

$2\cos^2 x+3(\sin x-1)=0$에서

$2(1-\sin^2 x)+3\sin x-3=0$

$2\sin^2 x-3\sin x+1=0$

$(2\sin x-1)(\sin x-1)=0$

$\therefore \sin x=\frac{1}{2}$ 또는 $\sin x=1$

(i) $\sin x=\frac{1}{2}$일 때

$x=\frac{\pi}{6}$ 또는 $x=\frac{5}{6}\pi$

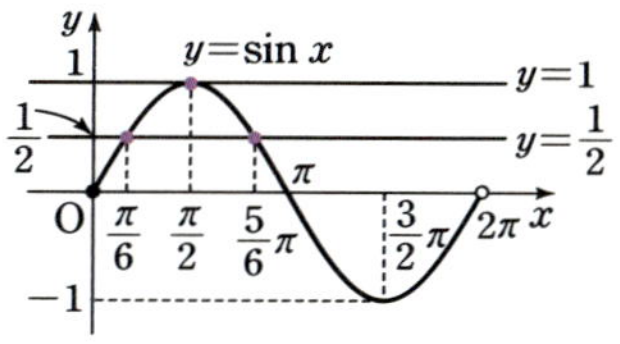

(ii) $\sin x=1$일 때

$x=\frac{\pi}{2}$

(i), (ii)에서 모든 실근의 합은

$\frac{\pi}{6}+\frac{5}{6}\pi+\frac{\pi}{2}=\frac{3}{2}\pi$

선생님 톡톡

이차식 꼴의 삼각방정식이므로 식을 정리하여 인수분해하면 두 다항식의 곱으로 인수분해 돼. 그 후에 **유형 11**의 방법처럼 풀면 돼.

375 답 3π

$2\sin^2 x-\cos x-1=0$에서

$2(1-\cos^2 x)-\cos x-1=0$

$2\cos^2 x+\cos x-1=0$

$(\cos x+1)(2\cos x-1)=0$

$\therefore \cos x=-1$ 또는 $\cos x=\frac{1}{2}$

(i) $\cos x=-1$일 때

$x=\pi$

(ii) $\cos x=\frac{1}{2}$일 때

$x=\frac{\pi}{3}$ 또는 $x=\frac{5}{3}\pi$

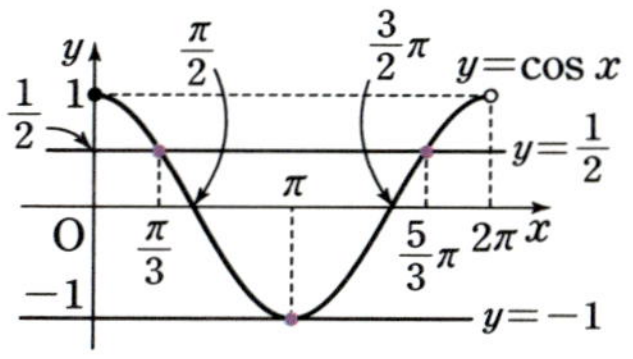

(i), (ii)에서 모든 실근의 합은

$\pi+\frac{\pi}{3}+\frac{5}{3}\pi=3\pi$

376 답 ③

$\tan x=\frac{3}{\tan x}$에서 $\tan^2 x=3$

$\therefore \tan x=-\sqrt{3}$ 또는 $\tan x=\sqrt{3}$

(i) $\tan x=-\sqrt{3}$일 때

$x=\frac{2}{3}\pi$ 또는 $x=\frac{5}{3}\pi$

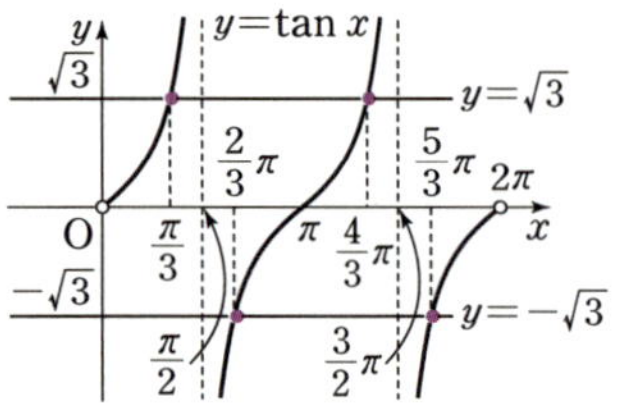

(ii) $\tan x=\sqrt{3}$일 때

$x=\frac{\pi}{3}$ 또는 $x=\frac{4}{3}\pi$

(i), (ii)에서

$a=\frac{\pi}{3},\ b=\frac{2}{3}\pi,\ c=\frac{4}{3}\pi,\ d=\frac{5}{3}\pi$

$\therefore a+d-(b+c)=\frac{\pi}{3}+\frac{5}{3}\pi-\left(\frac{2}{3}\pi+\frac{4}{3}\pi\right)=0$

377 답 ④

이차방정식 $2x^2-2x+\sin\theta=0$이 오직 하나의 실근을 가지려면 이 이차방정식의 판별식을 D라 할 때

$\frac{D}{4}=(-1)^2-2\sin\theta=0$

$1-2\sin\theta=0 \qquad \therefore \sin\theta=\frac{1}{2}$

$\therefore \theta=\frac{\pi}{6}$ 또는 $\theta=\frac{5}{6}\pi$

따라서 모든 θ의 값의 합은

$\frac{\pi}{6}+\frac{5}{6}\pi=\pi$

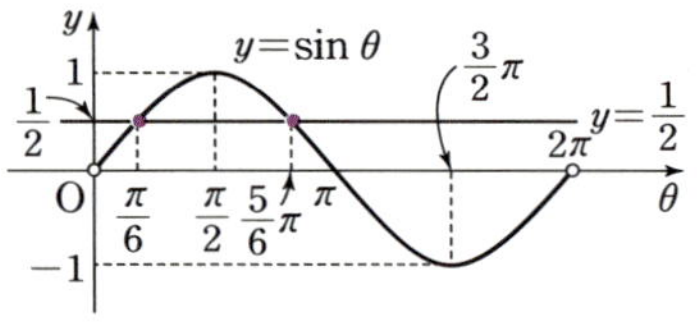

378 답 ①

이차방정식 $2x^2-4x\cos\theta+1=0$이 중근을 가지려면 이 이차방정식의 판별식을 D라 할 때

$\frac{D}{4}=(-2\cos\theta)^2-2=0$

$4\cos^2\theta=2,\ \cos^2\theta=\frac{1}{2}$

$\therefore \cos\theta=-\frac{\sqrt{2}}{2}$ 또는 $\cos\theta=\frac{\sqrt{2}}{2}$

(i) $\cos\theta=-\frac{\sqrt{2}}{2}$일 때

$\theta=\frac{3}{4}\pi$

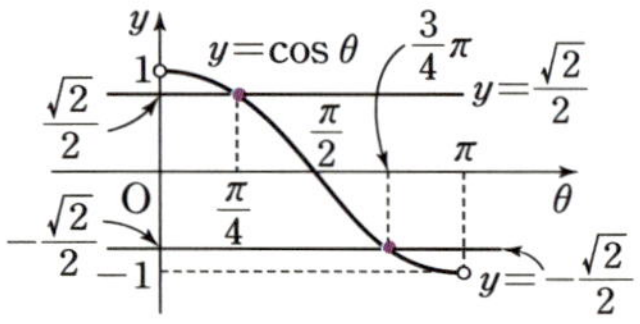

(ii) $\cos\theta=\frac{\sqrt{2}}{2}$일 때

$\theta=\frac{\pi}{4}$

(i), (ii)에서 $\alpha=\frac{\pi}{4},\ \beta=\frac{3}{4}\pi$이므로

$\tan(\alpha+2\beta)=\tan\left(\frac{\pi}{4}+2\times\frac{3}{4}\pi\right)$

$=\tan\frac{7}{4}\pi=\tan\left(2\pi-\frac{\pi}{4}\right)$

$=-\tan\frac{\pi}{4}=-1$

379 답 ③

$f(x)=x^2-x\cos\theta-3\cos\theta+1,\ g(x)=x\cos\theta-\sin^2\theta$라 하자.

두 함수 $y=f(x),\ y=g(x)$의 그래프가 한 점에서 만나려면 이차방정식 $f(x)=g(x)$의 판별식을 D라 할 때, $D=0$이어야 한다.

$x^2-x\cos\theta-3\cos\theta+1=x\cos\theta-\sin^2\theta$,

$x^2-2x\cos\theta-3\cos\theta+\sin^2\theta+1=0$

이므로

$\frac{D}{4}=(-\cos\theta)^2-(-3\cos\theta+\sin^2\theta+1)$

$=\cos^2\theta+3\cos\theta-\sin^2\theta-1$

$=\cos^2\theta+3\cos\theta-(1-\cos^2\theta)-1$

$=2\cos^2\theta+3\cos\theta-2$

$=(\cos\theta+2)(2\cos\theta-1)=0$

$\therefore \cos\theta=\frac{1}{2}$ ($\because -1\le\cos\theta\le1$)

즉, 오른쪽 그림과 같이 $0\le\theta<2\pi$에서 위의 방정식을 만족시키는 θ의 값은

$\theta=\frac{\pi}{3}$ 또는 $\theta=\frac{5}{3}\pi$

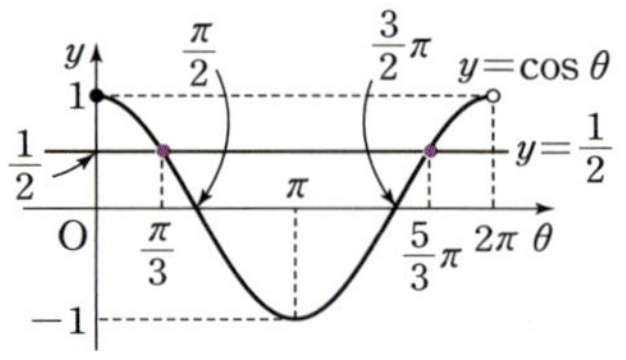

따라서 $\alpha=\frac{\pi}{3},\ \beta=\frac{5}{3}\pi$이므로

$\beta-\alpha=\frac{5}{3}\pi-\frac{\pi}{3}=\frac{4}{3}\pi$

380 답 ④

$x-\frac{\pi}{6}=t$라 하면 $0\le x<2\pi$에서 $-\frac{\pi}{6}\le t<\frac{11}{6}\pi$이고

$2\sin\left(x-\frac{\pi}{6}\right)+\sqrt{3}\le0$에서

$2\sin t+\sqrt{3}\le0 \qquad \therefore \sin t\le-\frac{\sqrt{3}}{2}$

즉, 오른쪽 그림과 같이 $-\frac{\pi}{6}\le t<\frac{11}{6}\pi$에서 위의 부등식의 해는

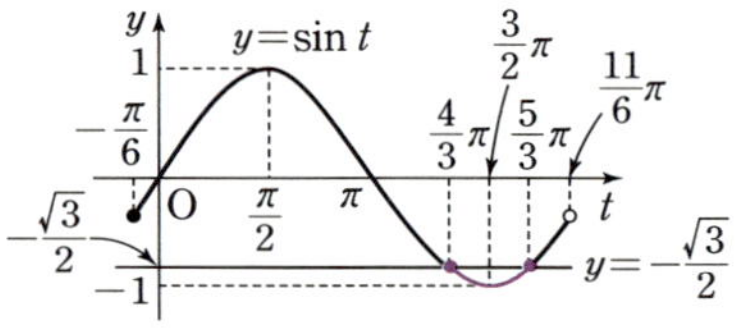

$\frac{4}{3}\pi\le t\le\frac{5}{3}\pi$이므로

$\frac{4}{3}\pi\le x-\frac{\pi}{6}\le\frac{5}{3}\pi$

$\therefore \frac{3}{2}\pi\le x\le\frac{11}{6}\pi$

따라서 $\alpha=\frac{3}{2}\pi,\ \beta=\frac{11}{6}\pi$이므로

$\alpha+\beta=\frac{3}{2}\pi+\frac{11}{6}\pi=\frac{10}{3}\pi$

381 답 $\frac{\pi}{12}<x<\frac{\pi}{4}$ 또는 $\frac{7}{12}\pi<x<\frac{3}{4}\pi$

$2x=t$라 하면 $0\le x<\pi$에서 $0\le t<2\pi$이고

$\sqrt{3}\tan 2x-1>0$에서

$\sqrt{3}\tan t-1>0 \qquad \therefore \tan t>\frac{\sqrt{3}}{3}$

즉, 오른쪽 그림과 같이 $0\le t<2\pi$에서 위의 부등식의 해는

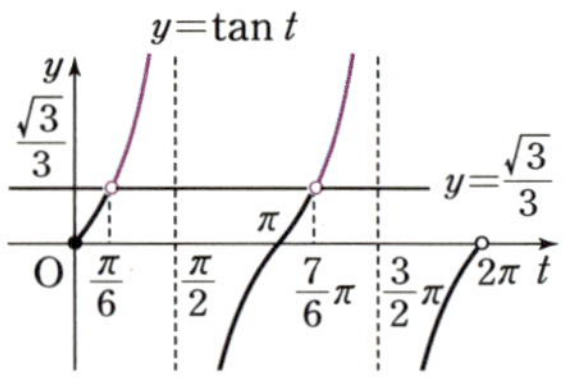

$\frac{\pi}{6}<t<\frac{\pi}{2}$ 또는 $\frac{7}{6}\pi<t<\frac{3}{2}\pi$이므로

$\frac{\pi}{6}<2x<\frac{\pi}{2}$ 또는 $\frac{7}{6}\pi<2x<\frac{3}{2}\pi$

$\therefore \frac{\pi}{12}<x<\frac{\pi}{4}$ 또는 $\frac{7}{12}\pi<x<\frac{3}{4}\pi$

직선 $t=\frac{\pi}{2}$, $t=\frac{3}{2}\pi$는 함수 $y=\tan t$의 그래프의 점근선이므로 $\frac{\pi}{2}$, $\frac{3}{2}\pi$는 t의 값의 범위에서 제외해야 한다.

382 답 ③

$\frac{\pi}{4}x=t$라 하면 $0\le x\le8$에서 $0\le t\le2\pi$이고

$-1\le2\cos\frac{\pi}{4}x\le\sqrt{3}$에서 $-1\le2\cos t\le\sqrt{3}$

$\therefore -\frac{1}{2}\le\cos t\le\frac{\sqrt{3}}{2}$

즉, 오른쪽 그림과 같이 $0 \le t \le 2\pi$에서 위의 부등식의 해는

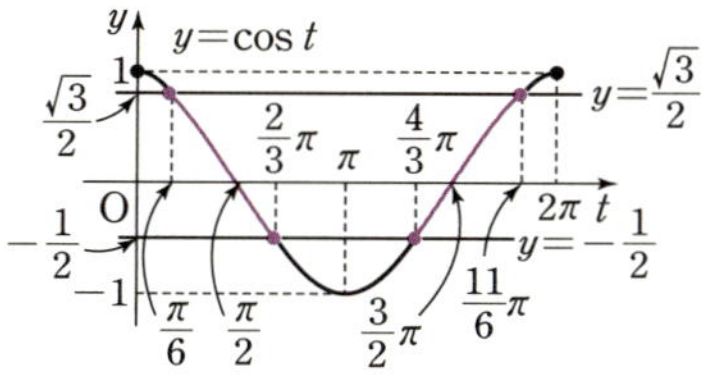

$\frac{\pi}{6} \le t \le \frac{2}{3}\pi$

또는 $\frac{4}{3}\pi \le t \le \frac{11}{6}\pi$

이므로

$\frac{\pi}{6} \le \frac{\pi}{4}x \le \frac{2}{3}\pi$ 또는 $\frac{4}{3}\pi \le \frac{\pi}{4}x \le \frac{11}{6}\pi$

$\therefore\ \frac{2}{3} \le x \le \frac{8}{3}$ 또는 $\frac{16}{3} \le x \le \frac{22}{3}$

따라서 정수 x의 개수는 1, 2, 6, 7의 4이다.

383 답 ②

$\cos^2 x - \sin^2 x + 5\cos x + 3 \le 0$에서

$\cos^2 x - (1 - \cos^2 x) + 5\cos x + 3 \le 0$

$2\cos^2 x + 5\cos x + 2 \le 0$

$(\cos x + 2)(2\cos x + 1) \le 0$

$\therefore\ -1 \le \cos x \le -\frac{1}{2}$ ($\because\ -1 \le \cos x \le 1$)

즉, 오른쪽 그림과 같이 $0 \le x < 2\pi$에서 위의 부등식의 해는

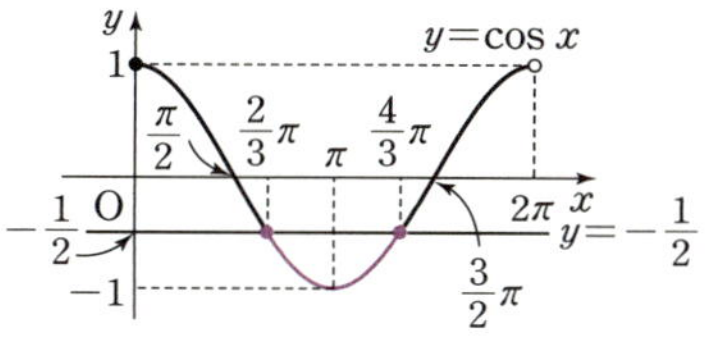

$\frac{2}{3}\pi \le x \le \frac{4}{3}\pi$

따라서 $\alpha = \frac{2}{3}\pi$, $\beta = \frac{4}{3}\pi$이므로

$\alpha + \beta = \frac{2}{3}\pi + \frac{4}{3}\pi = 2\pi$

384 답 $\frac{7}{6}\pi < x < \frac{3}{2}\pi$ 또는 $\frac{3}{2}\pi < x < \frac{11}{6}\pi$

$\sin^2 x - \cos^2 x + 3\sin x + 2 < 0$에서

$\sin^2 x - (1 - \sin^2 x) + 3\sin x + 2 < 0$

$2\sin^2 x + 3\sin x + 1 < 0$

$(\sin x + 1)(2\sin x + 1) < 0$

$\therefore\ -1 < \sin x < -\frac{1}{2}$

즉, 오른쪽 그림과 같이 $0 \le x < 2\pi$에서 위의 부등식의 해는

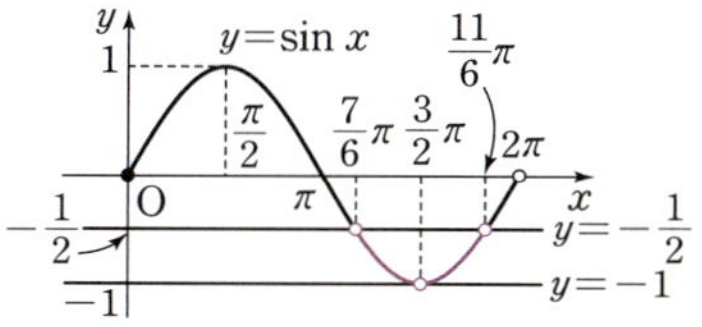

$\frac{7}{6}\pi < x < \frac{3}{2}\pi$

또는 $\frac{3}{2}\pi < x < \frac{11}{6}\pi$

385 답 ⑤

$\tan^2 x - (\sqrt{3} - 1)\tan x < \sqrt{3}$에서

$\tan^2 x - (\sqrt{3} - 1)\tan x - \sqrt{3} < 0$

$(\tan x + 1)(\tan x - \sqrt{3}) < 0$

$\therefore\ -1 < \tan x < \sqrt{3}$

즉, 오른쪽 그림과 같이 $0 \le x < \pi$에서 위의 부등식의 해는

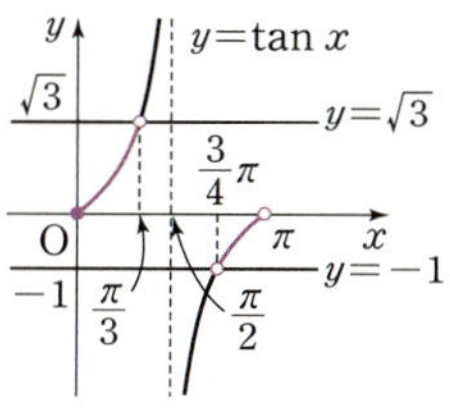

$0 \le x < \frac{\pi}{3}$ 또는 $\frac{3}{4}\pi < x < \pi$

따라서 $a = 0$, $b = \frac{\pi}{3}$, $c = \frac{3}{4}\pi$, $d = \pi$이므로

$a + b + c + d = 0 + \frac{\pi}{3} + \frac{3}{4}\pi + \pi = \frac{25}{12}\pi$

386 답 ③

이차방정식 $x^2 + 2x + \tan\theta = 0$이 실근을 갖지 않으려면 이 이차방정식의 판별식을 D라 할 때

$\frac{D}{4} = 1 - \tan\theta < 0$

$\therefore\ \tan\theta > 1$

즉, 오른쪽 그림과 같이 $0 \le \theta < \pi$에서 위의 부등식을 만족시키는 θ의 값의 범위는

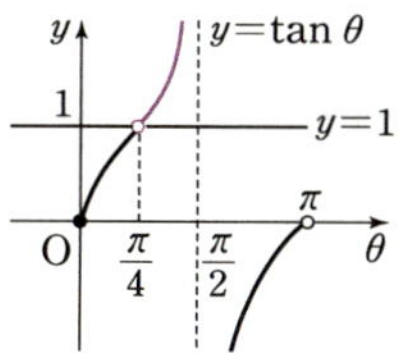

$\frac{\pi}{4} < \theta < \frac{\pi}{2}$

따라서 $\alpha = \frac{\pi}{4}$, $\beta = \frac{\pi}{2}$이므로

$\alpha + \beta = \frac{\pi}{4} + \frac{\pi}{2} = \frac{3}{4}\pi$

387 답 $\frac{7}{6}\pi$

이차방정식 $x^2 - 4x\sin\theta + 1 = 0$의 판별식을 D라 하면 주어진 부등식이 모든 실수 x에 대하여 성립하려면

$\frac{D}{4} = (-2\sin\theta)^2 - 1 \le 0$

$4\sin^2\theta - 1 \le 0$, $(2\sin\theta + 1)(2\sin\theta - 1) \le 0$

$\therefore\ -\frac{1}{2} \le \sin\theta \le \frac{1}{2}$

즉, 오른쪽 그림과 같이 $\frac{\pi}{2} \le \theta \le \frac{3}{2}\pi$에서 위의 부등식의 해는

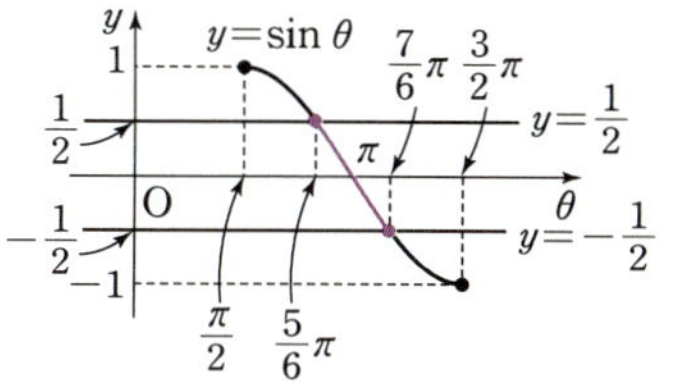

$\frac{5}{6}\pi \le \theta \le \frac{7}{6}\pi$

따라서 θ의 최댓값은 $\frac{7}{6}\pi$이다.

388 답 ④

$f(x) = x^2 - x\cos\theta + 2\cos\theta - 1$이라 하면 함수 $y = f(x)$의 그래프는 x축과 서로 다른 두 점에서 만나야 한다.

그중 한 점의 x좌표는 0보다 크고 1보다 작고, 다른 한 점의 x좌표는 0보다 작거나 1보다 커야 하므로 함수 $y = f(x)$의 그래프의 개형은 [그림 1] 또는 [그림 2]이어야 한다.

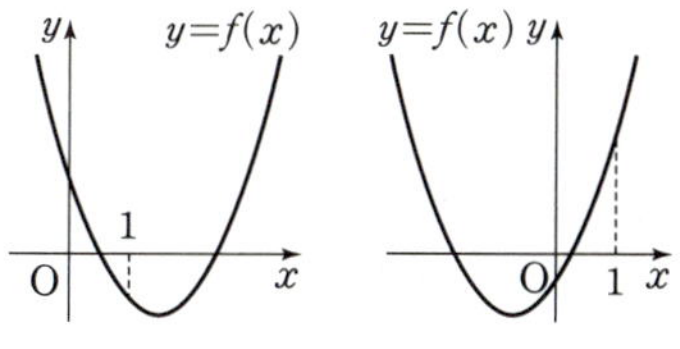

[그림 1] [그림 2]

즉, $f(0)f(1) < 0$이어야 하고

[그림 1]에서 $f(0) > 0$, $f(1) < 0$이므로 $f(0)f(1) < 0$
[그림 2]에서 $f(0) < 0$, $f(1) > 0$이므로 $f(0)f(1) < 0$

$f(0) = 2\cos\theta - 1$,

$f(1) = 1 - \cos\theta + 2\cos\theta - 1 = \cos\theta$

이므로

$(2\cos\theta - 1)\cos\theta < 0$

$\therefore\ 0 < \cos\theta < \frac{1}{2}$

오른쪽 그림과 같이 $0 \le \theta < \frac{\pi}{2}$에서 위의 부등식의 해는

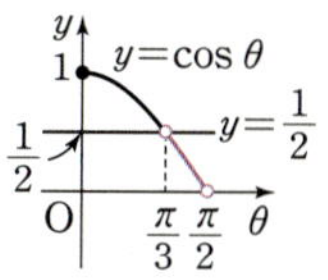

$\frac{\pi}{3} < \theta < \frac{\pi}{2}$

따라서 θ의 값이 될 수 있는 것은 ④이다.

실전력 업 Real · 본문 084~086쪽

389 답 1

One Point Lesson

함수의 그래프의 대칭성을 이용하여 a, b와 b, c에 대한 관계식을 각각 세운다.

함수 $f(x)=2\sin x$의 그래프는 직선 $x=\frac{\pi}{2}$에 대하여 대칭이므로

$\frac{a+b}{2}=\frac{\pi}{2}$ $\therefore a+b=\pi$ …… ㉠

함수 $y=2\sin x$의 그래프는 직선 …, $x=\frac{\pi}{2}$, $x=\frac{3}{2}\pi$, …에 대하여 대칭이다.

또한, 함수 $f(x)=2\sin x$의 그래프는 직선 $x=\frac{3}{2}\pi$에 대하여 대칭이므로

$\frac{b+c}{2}=\frac{3}{2}\pi$ $\therefore b+c=3\pi$ …… ㉡

㉡$-2\times$㉠을 하면

$-2a-b+c=\pi$ $\therefore \frac{c-b-2a}{6}=\frac{\pi}{6}$

$\therefore f\left(\frac{c-b-2a}{6}\right)=f\left(\frac{\pi}{6}\right)=2\sin\frac{\pi}{6}=2\times\frac{1}{2}=1$

390 답 ③

One Point Lesson

삼각함수의 그래프의 대칭성을 이용하여 도형을 분할한 후 같은 모양의 도형을 찾아 이동시킨다.

함수 $y=-\cos\pi x+1$의 그래프는 오른쪽 그림과 같고 빗금친 부분의 넓이는 같으므로 구하는 도형의 넓이는 가로의 길이가 $\frac{3}{2}-\frac{1}{2}=1$, 세로의 길이가 2인 직사각형의 넓이와 같다.

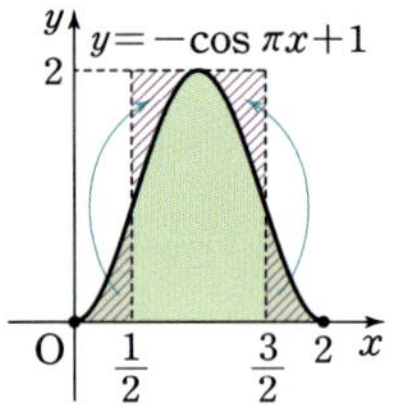

함수 $y=-\cos\pi x+1$의 최댓값과 최솟값의 차이다.

따라서 구하는 도형의 넓이는

$1\cdot2=2$

391 답 ④

One Point Lesson

평행이동한 그래프의 식을 구한 후 최댓값을 구한다.

함수 $y=-3\cos 2x$의 그래프를 x축의 방향으로 1만큼, y축의 방향으로 n만큼 평행이동한 그래프의 식은

$y=-3\cos 2(x-1)+n$

$\therefore f(x)=-3\cos 2(x-1)+n$

이때 함수 $f(x)$의 최댓값이 5이므로

$|-3|+n=5$, $3+n=5$ $\therefore n=2$

따라서 함수 $f(x)$의 최솟값 m은

$m=-|-3|+2=-1$

$\therefore m+n=-1+2=1$

392 답 ⑤

One Point Lesson

주기, 최댓값, 함숫값을 이용하여 미정계수를 결정한다.

조건 (가)에서

$\frac{2\pi}{|b|}=4\pi$, $|b|=\frac{1}{2}$ $\therefore b=\frac{1}{2}$ ($\because b>0$)

조건 (나)에서

$|a|+c=6$ $\therefore -a+c=6$ ($\because a<0$) …… ㉠

또한, $f\left(\frac{\pi}{6}\right)=3$이므로

$f\left(\frac{\pi}{6}\right)=a\cos\frac{1}{2}\left(\frac{\pi}{6}+\frac{\pi}{2}\right)+c$

$=a\cos\frac{\pi}{3}+c$

$=\frac{a}{2}+c=3$ …… ㉡

㉠, ㉡을 연립하여 풀면

$a=-2$, $c=4$

$\therefore a+b+c=-2+\frac{1}{2}+4=\frac{5}{2}$

393 답 ①

One Point Lesson

$0\le|\cos bx|\le1$, (주기)$=\frac{\pi}{|b|}$

주어진 함수의 그래프에서 최댓값과 최솟값이 각각 3, -1이므로

$a+c=3$, $c=-1$ $\therefore a=4$, $c=-1$

또한, 주기가 $\frac{3}{2}\pi-0=\frac{3}{2}\pi$이므로

$0\le x\le\frac{3}{2}\pi$에서의 그래프가 반복된다.

$\frac{\pi}{|b|}=\frac{3}{2}\pi$, $|b|=\frac{2}{3}$ $\therefore b=\frac{2}{3}$ ($\because b>0$)

$\therefore a+b+c=4+\frac{2}{3}+(-1)=\frac{11}{3}$

394 답 4

One Point Lesson

삼각함수 사이의 관계를 이용할 수 있도록 적절히 짝짓는다.

$\angle AOA_4=\frac{\pi}{2}$이고, $\sin\left(\frac{\pi}{2}+x\right)=\cos x$이므로

$\sin(\angle AOA_5)=\sin\left(\frac{\pi}{2}+\angle AOA_1\right)=\cos(\angle AOA_1)$,

$\sin(\angle AOA_6)=\sin\left(\frac{\pi}{2}+\angle AOA_2\right)=\cos(\angle AOA_2)$,

$\sin(\angle AOA_7)=\sin\left(\frac{\pi}{2}+\angle AOA_3\right)=\cos(\angle AOA_3)$

$\therefore \sin^2(\angle AOA_1)+\sin^2(\angle AOA_2)+\cdots+\sin^2(\angle AOA_7)$

$=\sin^2(\angle AOA_1)+\sin^2(\angle AOA_2)+\sin^2(\angle AOA_3)$
$+\sin^2(\angle AOA_4)+\cos^2(\angle AOA_1)$
$+\cos^2(\angle AOA_2)+\cos^2(\angle AOA_3)$

$=\{\sin^2(\angle AOA_1)+\cos^2(\angle AOA_1)\}$
$+\{\sin^2(\angle AOA_2)+\cos^2(\angle AOA_2)\}$
$+\{\sin^2(\angle AOA_3)+\cos^2(\angle AOA_3)\}$
$+\sin^2\frac{\pi}{2}$

$=1+1+1+1=4$

395 답 ①

One Point Lesson

삼각함수의 성질을 이용하여 각을 한 종류로 통일한 후 함수의 그래프를 그려서 주어진 범위에서 최댓값, 최솟값을 각각 구한다.

$y=a\cos x-\sin\left(x-\frac{\pi}{2}\right)-1$

$\sin\left(x-\frac{\pi}{2}\right)=-\sin\left(\frac{\pi}{2}-x\right)=-\cos x$

$=a\cos x-(-\cos x)-1$

$=(a+1)\cos x-1$

이때 함수 $y=(a+1)\cos x-1$의 최솟값이 3, 주기가 2π이므로 $\frac{5}{6}\pi\le x\le\frac{5}{3}\pi$에서 함수 $y=(a+1)\cos x-1$의 그래프는 오른쪽 그림과 같다.

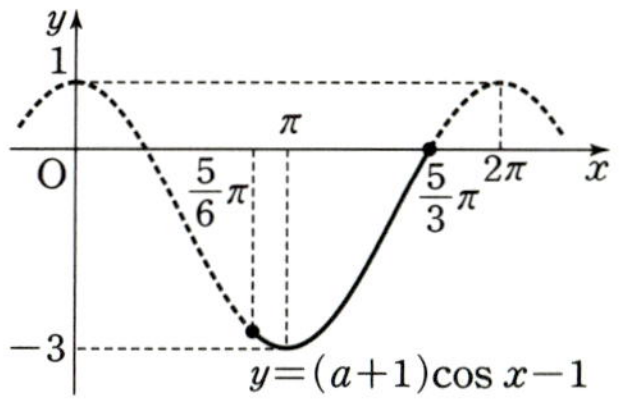

즉, $x=\pi$일 때 최솟값 -3을 가지므로

$(a+1)\cos\pi-1=-3$

$(a+1)\cdot(-1)-1=-3,\ -a-2=-3$

$\therefore\ a=1$

또한, $x=\frac{5}{3}\pi$일 때 최댓값을 가지므로

$2\cos\frac{5}{3}\pi-1=2\cdot\frac{1}{2}-1=0$

$\therefore\ M=0$

$\therefore\ a+M=1+0=1$

396 답 ②

One Point Lesson

삼각함수의 성질을 이용하여 각을 한 종류로 통일한 후 공통부분을 치환한다.

$$y=\frac{2\cos\left(\frac{3}{2}\pi-x\right)-a+3}{\sin(\pi+x)+2}$$

$$=\frac{-2\sin x-a+3}{-\sin x+2}$$

$$=\frac{2\sin x+a-3}{\sin x-2}$$

이때 $\sin x=t$라 하면 $-1\le t\le 1$이고

$$y=\frac{2t+a-3}{t-2}$$

$$=\frac{a+1}{t-2}+2$$

$a>0$에서 $a+1>1$이므로 함수의 그래프의 개형은 오른쪽 그림과 같다.

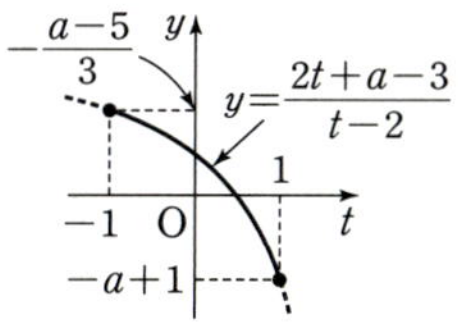

따라서 함수 $y=\frac{2t+a-3}{t-2}$은 $t=-1$일 때 최댓값 $-\frac{a-5}{3}$를 가지므로

$-\frac{a-5}{3}=1,\ a-5=-3\qquad\therefore\ a=2$

또한, $t=1$일 때 최솟값을 가지므로

$m=-1$

$\therefore\ a^2+m^2=2^2+(-1)^2=5$

397 답 ④

One Point Lesson

함수 $y=\sin x$의 그래프와 직선 $y=\frac{1}{4\pi}x$를 정확하게 그린 후 교점의 개수를 구한다.

주어진 방정식의 서로 다른 실근의 개수는 함수 $y=\sin x$의 그래프와 직선 $y=\frac{1}{4\pi}x$의 교점의 개수와 같고, 다음 그림과 같이 교점의 개수는 7이다.

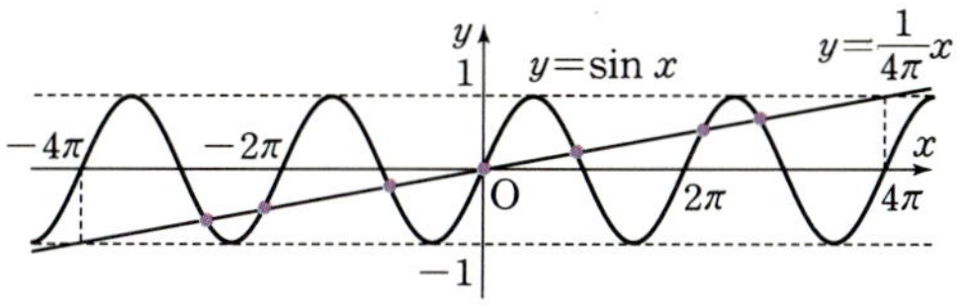

따라서 서로 다른 실근의 개수는 7이다.

398 답 ③

One Point Lesson

삼각함수의 성질을 이용하여 각을 한 종류로 통일한 후 주어진 방정식을 인수분해한다.

$2\cos\left(x-\frac{\pi}{2}\right)=\sqrt{2}\tan x$에서

$2\sin x=\sqrt{2}\tan x$ ← $\cos\left(x-\frac{\pi}{2}\right)=\cos\left(\frac{\pi}{2}-x\right)=\sin x$

$2\sin x\cos x=\sqrt{2}\sin x\ \left(\because\ \tan x=\frac{\sin x}{\cos x}\right)$

$2\sin x\cos x-\sqrt{2}\sin x=0$

$\sin x(2\cos x-\sqrt{2})=0$

$\therefore\ \sin x=0$ 또는 $\cos x=\frac{\sqrt{2}}{2}$

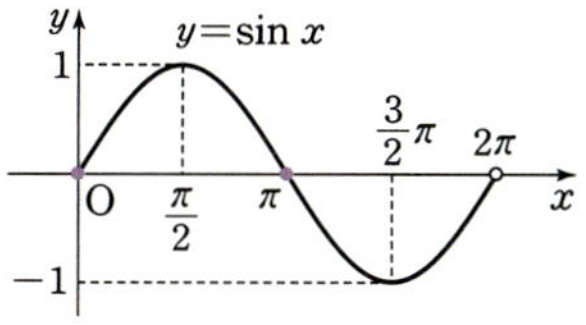

(i) $\sin x=0$일 때

$x=0$ 또는 $x=\pi$

(ii) $\cos x=\frac{\sqrt{2}}{2}$일 때

$x=\frac{\pi}{4}$ 또는 $x=\frac{7}{4}\pi$

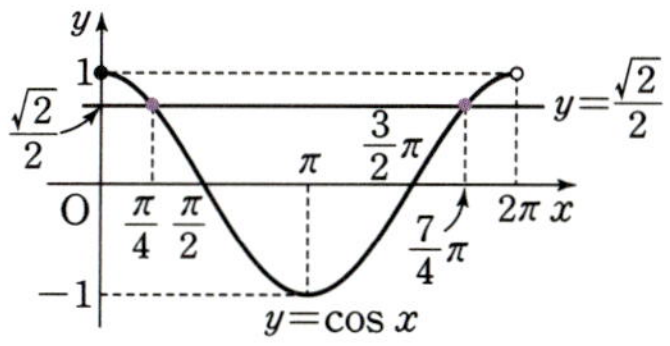

(i), (ii)에서 모든 실근의 합은

$0+\pi+\frac{\pi}{4}+\frac{7}{4}\pi=3\pi$

399 답 7

One Point Lesson

삼각함수를 한 종류로 통일한 후 공통부분을 치환한다.

$4\sin^2 x+2\cos x+k=0$에서

$4(1-\cos^2 x)+2\cos x+k=0$

$\therefore\ 4\cos^2 x-2\cos x-4=k$

즉, 주어진 방정식이 실근을 가지려면 함수 $y=4\cos^2 x-2\cos x-4$의 그래프와 직선 $y=k$가 적어도 한 점에서 만나야 한다.

이때 $\cos x=t$라 하면 $-1\le t\le 1$이고

$y=4t^2-2t-4=4\left(t-\frac{1}{4}\right)^2-\frac{17}{4}$

이므로 오른쪽 그림과 같이 함수 $y=4t^2-2t-4$의 그래프와 직선 $y=k$가 만나도록 하는 k의 값의 범위는

$-\frac{17}{4}\le k\le 2$

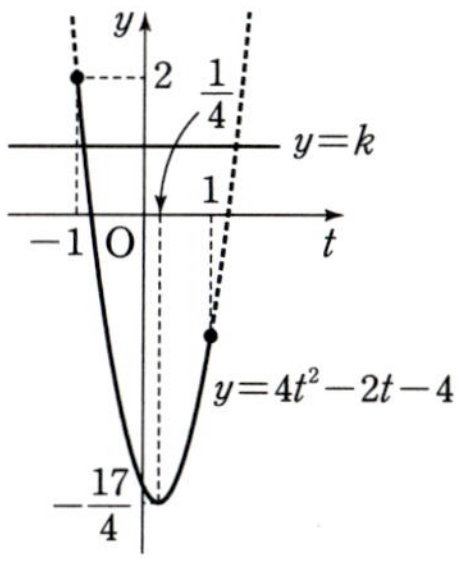

따라서 정수 k의 개수는

$-4,\ -3,\ -2,\ -1,\ 0,\ 1,\ 2$

의 7이다.

400 답 ①

One Point Lesson

삼각함수 사이의 관계를 이용하여 삼각함수를 한 종류로 통일한 후 삼각부등식을 푼다.

$\sin^2 x\ge\cos^2 x$에서 ← $\cos x=0$인 경우가 있으므로 $\frac{\sin^2 x}{\cos^2 x}\ge 1$, 즉 $\tan^2 x\ge 1$로 풀면 안 된다.

$\sin^2 x\ge 1-\sin^2 x,\ \sin^2 x-\frac{1}{2}\ge 0$

$\left(\sin x+\frac{\sqrt{2}}{2}\right)\left(\sin x-\frac{\sqrt{2}}{2}\right)\ge 0$

$\therefore\ \sin x\le -\frac{\sqrt{2}}{2}$ 또는 $\sin x\ge\frac{\sqrt{2}}{2}$

즉, 오른쪽 그림과 같이 $0\le x<2\pi$에서 위의 부등식의 해는

$\frac{\pi}{4}\le x\le\frac{3}{4}\pi$ 또는

$\frac{5}{4}\pi\le x\le\frac{7}{4}\pi$

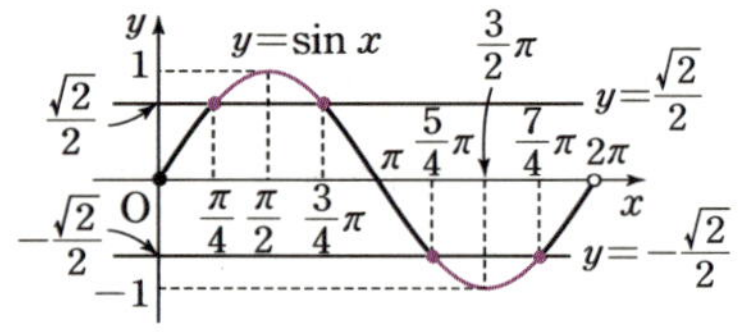

따라서 $a=\frac{\pi}{4}$, $b=\frac{3}{4}\pi$, $c=\frac{5}{4}\pi$, $d=\frac{7}{4}\pi$이므로

$a-b+c+d=\frac{\pi}{4}-\frac{3}{4}\pi+\frac{5}{4}\pi+\frac{7}{4}\pi=\frac{5}{2}\pi$

401 답 $\frac{\pi}{6}<x<\frac{\pi}{4}$

(i) $\frac{1}{2}<\sin x$일 때

오른쪽 그림과 같이 $0\le x<2\pi$에서 위의 부등식의 해는

$\frac{\pi}{6}<x<\frac{5}{6}\pi$

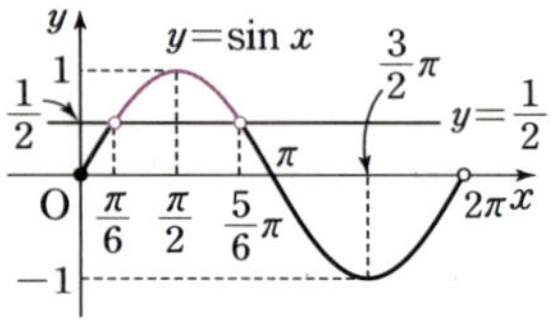

❶

(ii) $\sin x<\cos x$일 때

$0\le x<2\pi$에서 방정식 $\sin x=\cos x$의 해는

$\frac{\sin x}{\cos x}=1$에서 $\tan x=1$

$\therefore x=\frac{\pi}{4}$ 또는 $x=\frac{5}{4}\pi$

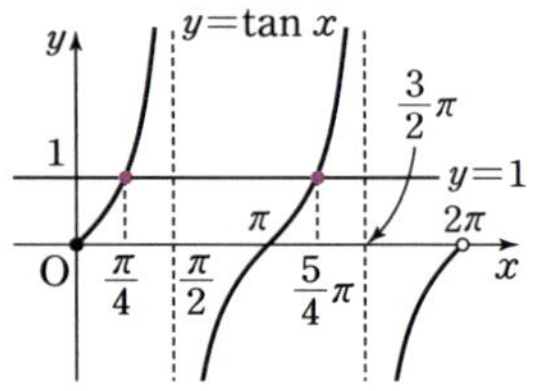

즉, 두 함수 $y=\sin x$, $y=\cos x$의 그래프는 오른쪽 그림과 같이 $x=\frac{\pi}{4}$ 또는 $x=\frac{5}{4}\pi$에서 만나므로 $0\le x<2\pi$에서 부등식 $\sin x<\cos x$의 해는

$0\le x<\frac{\pi}{4}$ 또는 $\frac{5}{4}\pi<x<2\pi$

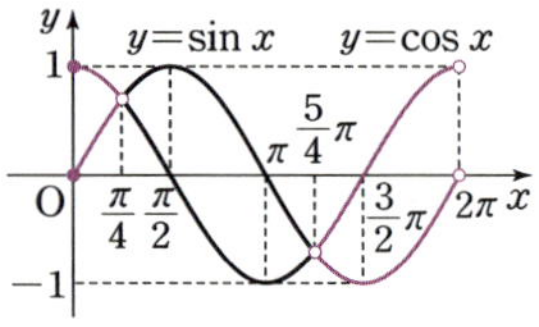

❷

(i), (ii)에서 주어진 부등식의 해는

$\frac{\pi}{6}<x<\frac{\pi}{4}$

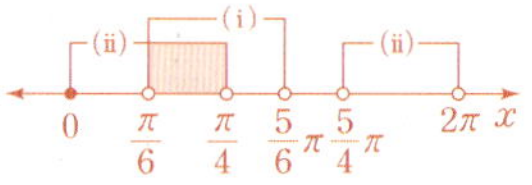

❸

채점 기준	배점 비율
❶ 부등식 $\frac{1}{2}<\sin x$의 해 구하기	40 %
❷ 부등식 $\sin x<\cos x$의 해 구하기	40 %
❸ 부등식 $\frac{1}{2}<\sin x<\cos x$의 해 구하기	20 %

선생님 톡톡

$\sin x<\cos x$에서 $\frac{\sin x}{\cos x}<1$로 계산하면 안 돼.

$0\le x<\frac{\pi}{2}$ 또는 $\frac{3}{2}\pi<x<2\pi$일 때 $\cos x>0$이라서 $\frac{\sin x}{\cos x}<1$이 되지만

$\frac{\pi}{2}<x<\frac{3}{2}\pi$일 때는 $\cos x<0$이라서 $\frac{\sin x}{\cos x}>1$이 돼.

07 삼각함수의 활용

개념 체크 Concept • 본문 088쪽

402 답 (1) $3\sqrt{3}$ (2) $4\sqrt{2}$

(1) 사인법칙에 의하여 $\frac{a}{\sin 60^\circ}=\frac{3\sqrt{2}}{\sin 45^\circ}$이므로

$a\sin 45^\circ=3\sqrt{2}\sin 60^\circ$, $\frac{\sqrt{2}}{2}a=\frac{3\sqrt{6}}{2}$, $\sqrt{2}a=3\sqrt{6}$

$\therefore a=3\sqrt{3}$

(2) 사인법칙에 의하여 $\frac{8}{\sin 135^\circ}=\frac{c}{\sin 30^\circ}$이므로

$8\sin 30^\circ=c\sin 135^\circ$, $4=\frac{\sqrt{2}}{2}c$, $\sqrt{2}c=8$

$\therefore c=4\sqrt{2}$

→ $\sin 135^\circ=\sin(90^\circ+45^\circ)=\cos 45^\circ$

403 답 (1) 60° 또는 120° (2) 30°

(1) 사인법칙에 의하여 $\frac{2}{\sin 45^\circ}=\frac{\sqrt{6}}{\sin C}$이므로

$2\sin C=\sqrt{6}\sin 45^\circ$

$\therefore \sin C=\sqrt{6}\cdot\frac{\sqrt{2}}{2}\cdot\frac{1}{2}=\frac{\sqrt{3}}{2}$ → 삼각방정식을 푼다.

이때 $0^\circ<C<180^\circ$이므로 $C=60^\circ$ 또는 $C=120^\circ$

삼각형의 한 내각의 크기이므로

(2) 사인법칙에 의하여 $\frac{\sqrt{3}}{\sin A}=\frac{3}{\sin 120^\circ}$이므로

$\sqrt{3}\sin 120^\circ=3\sin A$ → $\sin 120^\circ=\sin(90^\circ+30^\circ)=\cos 30^\circ$

$\therefore \sin A=\sqrt{3}\cdot\frac{\sqrt{3}}{2}\cdot\frac{1}{3}=\frac{1}{2}$ → 삼각방정식을 푼다.

이때 $0^\circ<A<180^\circ$이므로 → 삼각형의 한 내각의 크기이므로

$A=30^\circ$ 또는 $A=150^\circ$

그런데 $A=150^\circ$이면 $A+B=270^\circ$이므로 삼각형의 세 내각의 크기의 합이 180°라는 사실에 모순이다. → 문제에서 직접적으로 주어지지 않았지만 항상 확인해야 하는 중요한 과정이다.

$\therefore A=30^\circ$

404 답 (1) $2\sqrt{3}$ (2) $5\sqrt{2}$

(1) 삼각형 ABC의 외접원의 반지름의 길이를 R라 하면 사인법칙에 의하여

$\frac{6}{\sin 60^\circ}=2R$, $2R\sin 60^\circ=6$

$\therefore R=6\cdot\frac{1}{2}\cdot\frac{2}{\sqrt{3}}=2\sqrt{3}$

(2) 삼각형 ABC의 외접원의 반지름의 길이를 R라 하면 사인법칙에 의하여

$\frac{10}{\sin 135^\circ}=2R$, $2R\sin 135^\circ=10$

→ $\sin 135^\circ=\sin(90^\circ+45^\circ)=\cos 45^\circ$

$\therefore R=10\cdot\frac{1}{2}\cdot\frac{2}{\sqrt{2}}=5\sqrt{2}$

405 답 (1) 90° (2) 30° 또는 150°

(1) 사인법칙에 의하여 $\sin A=\frac{4}{2\cdot 2}=1$이므로

$A=90^\circ$ ($\because 0^\circ<A<180^\circ$)

(2) 사인법칙에 의하여 $\sin B=\frac{2}{2\cdot 2}=\frac{1}{2}$이므로

$B=30^\circ$ 또는 $B=150^\circ$ ($\because 0^\circ<B<180^\circ$)

406 답 (1) $\sqrt{2}$ (2) 1

(1) 사인법칙에 의하여

$a=2\cdot 1\cdot \sin 45^\circ=2\cdot 1\cdot \frac{\sqrt{2}}{2}=\sqrt{2}$

(2) 사인법칙에 의하여

$c=2\cdot 1\cdot \sin 150^\circ=2\cdot 1\cdot \frac{1}{2}=1$

$\sin 150^\circ=\sin(90^\circ+60^\circ)=\cos 60^\circ$

407 답 $1:1:\sqrt{3}$

$a:b:c=\sin A:\sin B:\sin C$

$=\sin 30^\circ:\sin 30^\circ:\sin 120^\circ$

$=\frac{1}{2}:\frac{1}{2}:\frac{\sqrt{3}}{2}=1:1:\sqrt{3}$

$\sin 120^\circ=\sin(90^\circ+30^\circ)=\cos 30^\circ$

유형 마스터 Pattern • 본문 089~090쪽

408 답 ③

삼각형 ABC에서 $A+B+C=180^\circ$이므로 (문제에서 주어지지 않았지만 이용할 수 있어야 한다.)

$A=180^\circ-(45^\circ+75^\circ)=60^\circ$

사인법칙에 의하여 $\frac{3}{\sin 60^\circ}=\frac{b}{\sin 45^\circ}$이므로

$3\sin 45^\circ=b\sin 60^\circ$, $\frac{3\sqrt{2}}{2}=\frac{b\sqrt{3}}{2}$

$3\sqrt{2}=b\sqrt{3}$

$\therefore b=\frac{3\sqrt{2}}{\sqrt{3}}=\sqrt{6}$

선생님 톡톡

삼각형의 세 내각의 크기의 합, 즉 $A+B+C=180^\circ$임을 이용하여 삼각형의 한 내각의 크기를 구하는 방법을 자주 사용하게 될 거야.

409 답 ④

사인법칙에 의하여 $\frac{5}{\sin 30^\circ}=\frac{4}{\sin B}$이므로

$5\sin B=4\sin 30^\circ$, $5\sin B=4\cdot\frac{1}{2}$

$\therefore \sin B=\frac{2}{5}$

$\therefore \cos^2 B=1-\sin^2 B=1-\left(\frac{2}{5}\right)^2=\frac{21}{25}$

410 답 ②

정삼각형 ABC의 외접원의 반지름의 길이를 R라 하자.

정삼각형 ABC의 한 내각의 크기는 60°이므로 사인법칙에 의하여 (문제에서 주어진 각에 대한 힌트이다.)

$\frac{3}{\sin 60^\circ}=2R$

$\therefore R=\frac{3}{\sin 60^\circ}\cdot\frac{1}{2}=\frac{3}{\frac{\sqrt{3}}{2}}\cdot\frac{1}{2}=\sqrt{3}$

411 답 ②

$a:b:c=2:4:5$이므로

$\sin A:\sin B:\sin C=2:4:5$이고

$\sin A=2k$, $\sin B=4k$, $\sin C=5k$ $(k>0)$라 하면

$\frac{\sin A+2\sin B+\sin C}{2\sin A-\sin B+3\sin C}=\frac{2k+2\cdot 4k+5k}{2\cdot 2k-4k+3\cdot 5k}$

$=\frac{15k}{15k}=1$

선생님 톡톡

비례식인 경우 비례상수를 도입하여 값을 정한 후 식의 값을 계산해야 해.

412 답 ③

$(a+b):(b+c):(c+a)=7:11:8$에서

$a+b=7t$, $b+c=11t$, $c+a=8t$ $(t>0)$라 하자.

위의 식을 연립하여 풀면

$a=2t$, $b=5t$, $c=6t$ $\quad\therefore a:b:c=2:5:6$

즉, $\sin A:\sin B:\sin C=a:b:c=2:5:6$이므로

$\sin A=2k$, $\sin B=5k$, $\sin C=6k$ $(k>0)$라 하면

$\frac{\sin A\sin B}{\sin^2 C}=\frac{2k\cdot 5k}{(6k)^2}=\frac{10k^2}{36k^2}=\frac{5}{18}$

413 답 ②

삼각형 ABC의 세 변의 길이 a, b, c에 대하여

$a+b+c=20$

$\therefore \sin A+\sin B+\sin C=\frac{a}{2\cdot 5}+\frac{b}{2\cdot 5}+\frac{c}{2\cdot 5}$

$=\frac{a+b+c}{10}=\frac{20}{10}=2$

414 답 ⑤

삼각형 ABC의 외접원의 반지름의 길이를 R라 하면 사인법칙에 의하여

$\sin A=\frac{a}{2R}$, $\sin B=\frac{b}{2R}$, $\sin C=\frac{c}{2R}$

이때 $\sin^2 A+\sin^2 B=\sin^2 C$에서

$\left(\frac{a}{2R}\right)^2+\left(\frac{b}{2R}\right)^2=\left(\frac{c}{2R}\right)^2$

$\therefore a^2+b^2=c^2$

따라서 삼각형 ABC는 $C=90^\circ$인 직각삼각형이다. (c가 빗변인 직각삼각형)

다른 풀이

$\sin A:\sin B:\sin C=a:b:c$이므로

$\sin A=ak$, $\sin B=bk$, $\sin C=ck$ $(k>0)$라 하자.

$\sin^2 A+\sin^2 B=\sin^2 C$에서 $(ak)^2+(bk)^2=(ck)^2$

$\therefore a^2+b^2=c^2$

선생님 톡톡

삼각형의 각에 대한 식을 변에 대한 식으로 변형하여 삼각형의 모양을 판단해야 해.

415 답 ①

삼각형 ABC의 외접원의 반지름의 길이를 R라 하면 사인법칙에 의하여

$\sin A=\frac{a}{2R}$, $\sin B=\frac{b}{2R}$, $\sin C=\frac{c}{2R}$

이때 $a\sin A=b\sin B=c\sin C$에서

$a\cdot\frac{a}{2R}=b\cdot\frac{b}{2R}=c\cdot\frac{c}{2R}$, $a^2=b^2=c^2$

$\therefore a=b=c$ → a, b, c는 삼각형의 변의 길이이므로 양수이다.

따라서 삼각형 ABC는 정삼각형이다.

다른 풀이

$\sin A : \sin B : \sin C = a : b : c$이므로

$\sin A = ak$, $\sin B = bk$, $\sin C = ck$ $(k>0)$라 하자.

$a \sin A = b \sin B = c \sin C$에서

$a^2k = b^2k = c^2k$, $a^2 = b^2 = c^2$

$\therefore a = b = c$

416 답 ④

주어진 이차방정식의 판별식을 D라 하면

$\frac{D}{4} = (\sin A)^2 - (\sin B + \sin C)(\sin B - \sin C) = 0$

$\sin^2 A - (\sin^2 B - \sin^2 C) = 0$

$\therefore \sin^2 A + \sin^2 C = \sin^2 B$

삼각형 ABC의 외접원의 반지름의 길이를 R라 하면 사인법칙에 의하여

$\sin A = \frac{a}{2R}$, $\sin B = \frac{b}{2R}$, $\sin C = \frac{c}{2R}$

이때 $\sin^2 A + \sin^2 C = \sin^2 B$에서

$\left(\frac{a}{2R}\right)^2 + \left(\frac{c}{2R}\right)^2 = \left(\frac{b}{2R}\right)^2$

$a^2 + c^2 = b^2$

따라서 삼각형 ABC는 $B = 90°$인 직각삼각형이다.

다른 풀이

$\sin A : \sin B : \sin C = a : b : c$이므로

$\sin A = ak$, $\sin B = bk$, $\sin C = ck$ $(k>0)$라 하자.

$\sin^2 A + \sin^2 C = \sin^2 B$에서

$(ak)^2 + (ck)^2 = (bk)^2$

$\therefore a^2 + c^2 = b^2$

417 답 ④

삼각형 ABC에서

$C = 180° - (A+B)$

$= 180° - (70° + 80°) = 30°$

이때 사인법칙에 의하여 $\frac{\overline{AB}}{\sin 30°} = \frac{\overline{BC}}{\sin 70°}$이므로

$\overline{AB} \sin 70° = \overline{BC} \sin 30°$, $2 \times 0.94 = \overline{BC} \times \frac{1}{2}$

$\therefore \overline{BC} = 4 \times 0.94 = 3.76(\text{km})$

따라서 두 지하철역 B, C 사이의 거리는 3.76 km이다.

418 답 ③

삼각형 ABC에서

$C = 180° - (A+B)$

$= 180° - (100° + 35°) = 45°$

이때 사인법칙에 의하여 $\frac{\overline{AB}}{\sin 45°} = \frac{\overline{BC}}{\sin 100°}$이므로

$\overline{AB} \sin 100° = \overline{BC} \sin 45°$ ...... ㉠

이때

$\sin 100° = \sin(180° - 80°)$

$= \sin 80° = 0.98$

이므로 ㉠에서

$\overline{AB} \times 0.98 = 49 \times \frac{\sqrt{2}}{2}$

$\therefore \overline{AB} = 49 \times \frac{1}{0.98} \times \frac{\sqrt{2}}{2} = 25\sqrt{2}\,(\text{m})$

따라서 두 선박 A, B 사이의 거리는 $25\sqrt{2}$ m이다.

419 답 ①

삼각형 PAB에서

$\angle APB = 180° - (\angle PAB + \angle PBA)$

$= 180° - (65° + 55°) = 60°$

이므로 사인법칙에 의하여

$\frac{100}{\sin 60°} = \frac{\overline{PA}}{\sin 55°}$

$100 \sin 55° = \overline{PA} \sin 60°$

$100 \times 0.82 = \overline{PA} \times \frac{\sqrt{3}}{2}$

$\therefore \overline{PA} = 82 \times \frac{2}{\sqrt{3}} = \frac{164\sqrt{3}}{3}(\text{m})$

이때 직각삼각형 PAQ에서

$\overline{PQ} = \overline{PA} \times \sin 60° = \frac{164\sqrt{3}}{3} \times \frac{\sqrt{3}}{2} = 82(\text{m})$

따라서 구하는 빌딩의 높이는 82 m이다.

개념 체크 Concept

• 본문 091쪽

420 답 (1) $\sqrt{7}$ (2) 1 (3) $2\sqrt{10}$

(1) 코사인법칙에 의하여

$b^2 = 2^2 + 3^2 - 2 \cdot 2 \cdot 3 \cdot \cos 60°$

$= 4 + 9 - 2 \cdot 2 \cdot 3 \cdot \frac{1}{2} = 7$

$\therefore b = \sqrt{7}$ ($\because b > 0$) → 삼각형의 한 변의 길이이므로

(2) 코사인법칙에 의하여

$c^2 = 2^2 + (\sqrt{3})^2 - 2 \cdot 2 \cdot \sqrt{3} \cdot \cos 30°$

$= 4 + 3 - 2 \cdot 2 \cdot \sqrt{3} \cdot \frac{\sqrt{3}}{2} = 1$

$\therefore c = 1$ ($\because c > 0$) → 삼각형의 한 변의 길이이므로

(3) 코사인법칙에 의하여

$a^2 = (2\sqrt{2})^2 + 4^2 - 2 \cdot 2\sqrt{2} \cdot 4 \cdot \cos 135°$ → $\cos 135° = \cos(90° + 45°) = -\sin 45°$

$= 8 + 16 - 2 \cdot 2\sqrt{2} \cdot 4 \cdot \left(-\frac{\sqrt{2}}{2}\right) = 40$

$\therefore a = 2\sqrt{10}$ ($\because a > 0$) → 삼각형의 한 변의 길이이므로

421 답 (1) $\frac{5}{7}$ (2) $\frac{5}{8}$

(1) 코사인법칙에 의하여

$\cos A = \frac{6^2 + 7^2 - 5^2}{2 \cdot 6 \cdot 7} = \frac{5}{7}$

(2) 코사인법칙에 의하여

$\cos C = \frac{2^2 + 2^2 - (\sqrt{3})^2}{2 \cdot 2 \cdot 2} = \frac{5}{8}$

422 답 (1) 60° (2) 30°

(1) 코사인법칙에 의하여

$\cos B = \frac{3^2 + 5^2 - (\sqrt{19})^2}{2 \cdot 3 \cdot 5} = \frac{1}{2}$ → $0° < B < 180°$에서 삼각방정식을 푼다.

$\therefore B = 60°$

(2) 코사인법칙에 의하여

$\cos A = \frac{(2\sqrt{3})^2 + 2^2 - 2^2}{2 \cdot 2\sqrt{3} \cdot 2} = \frac{\sqrt{3}}{2}$ → $0° < A < 180°$에서 삼각방정식을 푼다.

$\therefore A = 30°$

유형 마스터 Pattern · 본문 092~093쪽

423 답 ②

코사인법칙에 의하여

$b^2=4^2+6^2-2\cdot4\cdot6\cdot\cos 60^\circ$

$=16+36-2\cdot4\cdot6\cdot\frac{1}{2}=28$

$\therefore b=2\sqrt{7}$ ($\because b>0$) → 삼각형의 한 변의 길이이므로

이때 삼각형 ABC의 외접원의 반지름의 길이를 R라 하면 사인법칙에 의하여

$\frac{2\sqrt{7}}{\sin 60^\circ}=2R$

$\therefore R=\frac{2\sqrt{7}}{\frac{\sqrt{3}}{2}}\cdot\frac{1}{2}=\frac{2\sqrt{21}}{3}$

424 답 ④

코사인법칙에 의하여

$b^2=2^2+3^2-2\cdot2\cdot3\cdot\cos 120^\circ$ → $\cos 120^\circ=\cos(90^\circ+30^\circ)=-\sin 30^\circ$

$=4+9-2\cdot2\cdot3\cdot\left(-\frac{1}{2}\right)=19$

$\therefore b=\sqrt{19}$ ($\because b>0$) → 삼각형의 한 변의 길이이므로

이때 삼각형 ABC의 외접원의 반지름의 길이를 R라 하면 사인법칙에 의하여

$\frac{\sqrt{19}}{\sin 120^\circ}=2R$ → $\sin 120^\circ=\sin(90^\circ+30^\circ)=\cos 30^\circ$

$\therefore R=\frac{\sqrt{19}}{\frac{\sqrt{3}}{2}}\cdot\frac{1}{2}=\frac{\sqrt{57}}{3}$

따라서 삼각형 ABC의 외접원의 넓이는

$\pi R^2=\pi\left(\frac{\sqrt{57}}{3}\right)^2=\frac{19}{3}\pi$

425 답 ④

사인법칙에 의하여

$\frac{2}{\sin A}=2\cdot\sqrt{2}\quad\therefore \sin A=\frac{\sqrt{2}}{2}$

이때 $A<90^\circ$이므로 $\cos A>0$ → $B>90^\circ$이므로 $A<90^\circ$이다.

$\therefore \cos A=\sqrt{1-\sin^2 A}=\sqrt{1-\frac{1}{2}}=\frac{\sqrt{2}}{2}$

코사인법칙에 의하여

$2^2=b^2+(\sqrt{2})^2-2\cdot b\cdot\sqrt{2}\cdot\frac{\sqrt{2}}{2}$, $b^2-2b-2=0$

$\therefore b=1+\sqrt{3}$ ($\because b>0$) → 삼각형의 한 변의 길이이므로

→ 이차방정식의 근의 공식을 이용한다.

426 답 ②

$a:b:c=2:\sqrt{2}:3$이므로

$a=2k$, $b=\sqrt{2}k$, $c=3k$ $(k>0)$라 하자.

코사인법칙에 의하여

$\cos A=\frac{(\sqrt{2}k)^2+(3k)^2-(2k)^2}{2\cdot\sqrt{2}k\cdot3k}$

$=\frac{7k^2}{6\sqrt{2}k^2}=\frac{7\sqrt{2}}{12}$

선생님 톡톡

$k=1$일 때, 즉 $a=2$, $b=\sqrt{2}$, $c=3$으로 놓으면 더 빨리 풀 수 있어.

427 답 ④

$\sin A:\sin B:\sin C=a:b:c$이므로

$a:b:c=2:3:4$

$a=2k$, $b=3k$, $c=4k$ $(k>0)$라 하면 코사인법칙에 의하여

$\cos B=\frac{(4k)^2+(2k)^2-(3k)^2}{2\cdot4k\cdot2k}=\frac{11k^2}{16k^2}=\frac{11}{16}$

428 답 ②

삼각형 ABC에서 코사인법칙에 의하여

$\cos B=\frac{4^2+7^2-5^2}{2\cdot4\cdot7}=\frac{5}{7}$

또한, 삼각형 ABD에서 코사인법칙에 의하여

$\overline{AD}^2=4^2+4^2-2\cdot4\cdot4\cdot\cos B$

$=16+16-2\cdot4\cdot4\cdot\frac{5}{7}=\frac{64}{7}$

$\therefore \overline{AD}=\frac{8\sqrt{7}}{7}$ ($\because \overline{AD}>0$)

다른 풀이

$\overline{AD}=x$ $(x>0)$, $\angle ADB=\theta$라 하면

$\angle ADC=\pi-\theta$

이때 삼각형 ABD에서 코사인법칙에 의하여

$\cos\theta=\frac{4^2+x^2-4^2}{2\cdot4\cdot x}=\frac{x}{8}$ …… ㉠

또한, 삼각형 ADC에서 코사인법칙에 의하여

$\cos(\pi-\theta)=\frac{3^2+x^2-5^2}{2\cdot3\cdot x}$

$-\cos\theta=\frac{x^2-16}{6x}$

$\therefore \cos\theta=\frac{16-x^2}{6x}$ …… ㉡

㉠=㉡에서

$\frac{x}{8}=\frac{16-x^2}{6x}$

$6x^2=128-8x^2$, $14x^2=128$

$x^2=\frac{64}{7}\quad\therefore x=\frac{8\sqrt{7}}{7}$

$\therefore \overline{AD}=\frac{8\sqrt{7}}{7}$

429 답 ②

코사인법칙에 의하여

$\cos A=\frac{b^2+c^2-a^2}{2bc}$, $\cos C=\frac{a^2+b^2-c^2}{2ab}$

이때 $c\cos A=a\cos C$에서

$c\cdot\frac{b^2+c^2-a^2}{2bc}=a\cdot\frac{a^2+b^2-c^2}{2ab}$

$b^2+c^2-a^2=a^2+b^2-c^2$, $a^2=c^2$

$\therefore a=c$ → a, c는 삼각형의 변의 길이이므로 양수이다.

따라서 삼각형 ABC는 $a=c$인 이등변삼각형이다.

430 답 ①

삼각형 ABC의 외접원의 반지름의 길이를 R라 하면 사인법칙에 의하여

$\sin A=\frac{a}{2R}$, $\sin C=\frac{c}{2R}$

또한, 코사인법칙에 의하여

$\cos B=\frac{c^2+a^2-b^2}{2ca}$

이때 $2\sin A\cos B=\sin C$에서

$$2\cdot\frac{a}{2R}\cdot\frac{c^2+a^2-b^2}{2ca}=\frac{c}{2R}$$

$c^2+a^2-b^2=c^2$

$a^2=b^2$

$\therefore\ a=b$ → a, b는 삼각형의 변의 길이이므로 양수이다.

따라서 삼각형 ABC는 $a=b$인 이등변삼각형이다.

다른 풀이

$\sin A : \sin B : \sin C=a : b : c$이므로

$\sin A=ak$, $\sin B=bk$, $\sin C=ck$ $(k>0)$라 하자.

$2\sin A\cos B=\sin C$에서

$$2\cdot ak\cdot\frac{c^2+a^2-b^2}{2ca}=ck$$

$c^2+a^2-b^2=c^2$, $a^2=b^2$

$\therefore\ a=b$

431 답 ②

삼각형 ABC의 외접원의 반지름의 길이를 R라 하면 사인법칙에 의하여

$\sin A=\frac{a}{2R}$, $\sin B=\frac{b}{2R}$

또한, 코사인법칙에 의하여

$\cos A=\frac{b^2+c^2-a^2}{2bc}$, $\cos B=\frac{c^2+a^2-b^2}{2ca}$

이때 $\cos A\sin^2 B=\cos B\sin^2 A$에서

$$\frac{b^2+c^2-a^2}{2bc}\cdot\left(\frac{b}{2R}\right)^2=\frac{c^2+a^2-b^2}{2ca}\cdot\left(\frac{a}{2R}\right)^2$$

$b(b^2+c^2-a^2)=a(c^2+a^2-b^2)$

$b^3+bc^2-a^2b=ac^2+a^3-ab^2$

$(a^3-b^3)+(a-b)c^2+ab(a-b)=0$

$(a-b)(a^2+ab+b^2)+(a-b)(c^2+ab)=0$

$(a-b)\{(a+b)^2+c^2\}=0$

$\therefore\ a=b$ $(\because (a+b)^2+c^2>0)$

따라서 삼각형 ABC는 $a=b$인 이등변삼각형이다.

다른 풀이

$\sin A : \sin B : \sin C=a : b : c$이므로

$\sin A=ak$, $\sin B=bk$, $\sin C=ck$ $(k>0)$라 하자.

$\cos A\sin^2 B=\cos B\sin^2 A$에서

$$\frac{b^2+c^2-a^2}{2bc}\cdot(bk)^2=\frac{c^2+a^2-b^2}{2ca}\cdot(ak)^2$$

$b(b^2+c^2-a^2)=a(c^2+a^2-b^2)$

432 답 ②

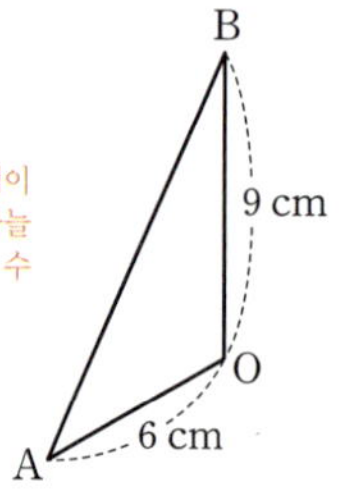

오른쪽 그림과 같이 짧은바늘의 끝을 A, 긴바늘의 끝을 B, 시계의 중심을 O라 하면

$\overline{OA}=6$ cm, $\overline{OB}=9$ cm

$\angle AOB=360°\times\frac{4}{12}=120°$ → 시계에 있는 숫자 사이의 간격이 일정하므로 긴바늘과 짧은바늘이 이루는 각의 크기를 구할 수 있다.

코사인법칙에 의하여

$\overline{AB}^2=6^2+9^2-2\times6\times9\times\cos 120°$ → $\cos 120°=\cos(90°+30°)=-\sin 30°$

$=36+81-2\times6\times9\times\left(-\frac{1}{2}\right)=171$

$\therefore\ \overline{AB}=3\sqrt{19}$ cm $(\because \overline{AB}>0)$

따라서 두 바늘 끝 사이의 거리는 $3\sqrt{19}$ cm이다.

433 답 ②

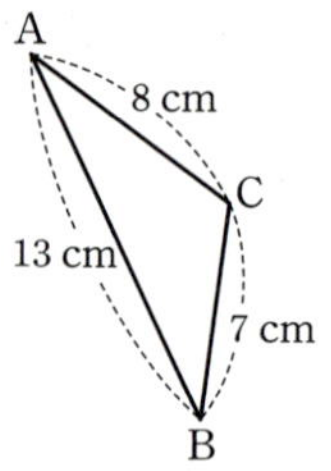

오른쪽 그림과 같이 삼각형의 세 꼭짓점을 각각 A, B, C라 하면 $\overline{AB}=13$ cm, $\overline{BC}=7$ cm, $\overline{CA}=8$ cm이고, 코사인법칙에 의하여

$\cos C=\frac{7^2+8^2-13^2}{2\cdot7\cdot8}=-\frac{1}{2}$ → 삼각방정식을 푼다.

$\therefore\ C=120°$ $(\because 0°<C<180°)$

이때 삼각형 ABC의 외접원의 반지름의 길이를 R라 하면 사인법칙에 의하여 $\frac{13}{\sin 120°}=2R$이므로

→ $\sin 120°=\sin(90°+30°)=\cos 30°$

$$R=\frac{13}{\frac{\sqrt{3}}{2}}\cdot\frac{1}{2}=\frac{13\sqrt{3}}{3}(\text{cm})$$

따라서 원래 접시의 반지름의 길이는 $\frac{13\sqrt{3}}{3}$ cm이다.

434 답 ⑤

은혜가 시속 4 km의 속력으로 30분만에 지점 C에 도착했으므로

$\overline{AC}=4\cdot\frac{1}{2}=2(\text{km})$

영주가 시속 20 km의 속력으로 30분만에 지점 C에 도착했으므로

$\overline{BC}=20\cdot\frac{1}{2}=10(\text{km})$

$\overline{AB}=x$ km $(x>0)$라 하면 코사인법칙에 의하여

$10^2=2^2+x^2-2\cdot2\cdot x\cdot\cos 60°$

$100=4+x^2-2\cdot2\cdot x\cdot\frac{1}{2}$

$100=4+x^2-2x$

$x^2-2x-96=0$

$\therefore\ x=1+\sqrt{97}$ → 이차방정식의 근의 공식을 이용한다.

따라서 두 지점 A, B 사이의 거리는 $(\sqrt{97}+1)$ km이다.

개념 체크 Concept

• 본문 094쪽

435 답 (1) $\frac{5\sqrt{3}}{2}$ (2) 20

(1) $\frac{1}{2}\cdot2\cdot5\cdot\sin 60°=\frac{1}{2}\cdot2\cdot5\cdot\frac{\sqrt{3}}{2}=\frac{5\sqrt{3}}{2}$

(2) $\frac{1}{2}\cdot10\cdot8\cdot\sin 150°=\frac{1}{2}\cdot10\cdot8\cdot\frac{1}{2}=20$

→ $\sin 150°=\sin(90°+60°)=\cos 60°$

436 답 (1) 90° (2) 45° 또는 135°

(1) $6=\frac{1}{2}\cdot6\cdot2\cdot\sin C$

$6=6\sin C$ $\therefore\ \sin C=1$ → $0°<C<180°$에서 삼각방정식을 푼다.

$\therefore\ C=90°$

(2) $8=\frac{1}{2}\cdot4\sqrt{2}\cdot4\cdot\sin B$

$8=8\sqrt{2}\sin B$ $\therefore\ \sin B=\frac{\sqrt{2}}{2}$ → $0°<B<180°$에서 삼각방정식을 푼다.

$\therefore\ B=45°$ 또는 $B=135°$

437 답 4

삼각형 ABC의 외접원의 반지름의 길이를 R라 하면 삼각형 ABC의 넓이는

$$\frac{abc}{4R}=\frac{48}{4\cdot3}=4$$

438 답 (1) $\sqrt{6}$ (2) $2\sqrt{2}$

(1) $2\cdot\sqrt{2}\cdot\sin 60^\circ=2\cdot\sqrt{2}\cdot\frac{\sqrt{3}}{2}=\sqrt{6}$

(2) $\sqrt{2}\cdot 2\sqrt{2}\cdot\sin 45^\circ=\sqrt{2}\cdot 2\sqrt{2}\cdot\frac{\sqrt{2}}{2}=2\sqrt{2}$

439 답 (1) 6 (2) $9\sqrt{2}$

(1) $\frac{1}{2}\cdot 4\cdot 3\sqrt{2}\cdot\sin 45^\circ=\frac{1}{2}\cdot 4\cdot 3\sqrt{2}\cdot\frac{\sqrt{2}}{2}=6$

(2) $\frac{1}{2}\cdot 6\sqrt{3}\cdot 2\sqrt{2}\cdot\sin 120^\circ=\frac{1}{2}\cdot 6\sqrt{3}\cdot 2\sqrt{2}\cdot\frac{\sqrt{3}}{2}=9\sqrt{2}$

[방법 1] $\sin 120^\circ=\sin(90^\circ+30^\circ)=\cos 30^\circ$
[방법 2] 두 대각선이 이루는 각의 크기는 $180^\circ-120^\circ=60^\circ$와 같으므로 $\sin 60^\circ=\frac{\sqrt{3}}{2}$

유형 마스터 Pattern

• 본문 095~096쪽

440 답 ③

코사인법칙에 의하여

$6^2=c^2+4^2-2\cdot c\cdot 4\cdot\cos 60^\circ$

$=c^2+16-2\cdot c\cdot 4\cdot\frac{1}{2}$

$=c^2+16-4c$

에서 $c^2-4c-20=0$ → 이차방정식의 근의 공식을 이용한다.

$\therefore c=2+2\sqrt{6}$ ($\because c>0$) → 삼각형의 한 변의 길이이므로

따라서 구하는 삼각형 ABC의 넓이는

$\frac{1}{2}\cdot(2+2\sqrt{6})\cdot 4\cdot\sin 60^\circ=\frac{1}{2}\cdot(2+2\sqrt{6})\cdot 4\cdot\frac{\sqrt{3}}{2}$

$=2\sqrt{3}+6\sqrt{2}$

441 답 ①

코사인법칙에 의하여

→ $b=\sqrt{3}$, 즉 무리수이므로 $\cos B$의 값을 구하는 것이 $\cos A$, $\cos C$의 값을 구하는 것보다 무리수 계산이 없어져 쉽게 구할 수 있다.

$\cos B=\frac{3^2+4^2-(\sqrt{3})^2}{2\cdot 3\cdot 4}=\frac{11}{12}$

$\therefore \sin B=\sqrt{1-\cos^2 B}$

$=\sqrt{1-\left(\frac{11}{12}\right)^2}=\frac{\sqrt{23}}{12}$ → $0^\circ<B<180^\circ$이므로 $0<\sin B\le 1$

따라서 구하는 삼각형 ABC의 넓이는

$\frac{1}{2}\cdot 3\cdot 4\cdot\frac{\sqrt{23}}{12}=\frac{\sqrt{23}}{2}$

442 답 ③

삼각형 ABC의 넓이가 $2\sqrt{5}$이므로

$\frac{1}{2}\cdot 3\cdot 4\cdot\sin B=2\sqrt{5}$

$\therefore \sin B=2\sqrt{5}\cdot\frac{1}{6}=\frac{\sqrt{5}}{3}$

따라서

$\cos B=\sqrt{1-\sin^2 B}$

$=\sqrt{1-\left(\frac{\sqrt{5}}{3}\right)^2}=\frac{2}{3}$ → 삼각형 ABC가 예각삼각형이므로 $0^\circ<B<90^\circ$이고, $0<\cos B<1$

이므로 코사인법칙에 의하여

$b^2=3^2+4^2-2\cdot 3\cdot 4\cdot\cos B$

$=9+16-2\cdot 3\cdot 4\cdot\frac{2}{3}=9$

$\therefore b=3$ ($\because b>0$) 삼각형의 한 변의 길이이므로

443 답 ⑤

$\sin 120^\circ=\frac{\sqrt{3}}{2}$, $\sin 30^\circ=\frac{1}{2}$ ← $\sin 120^\circ=\sin(90^\circ+30^\circ)=\cos 30^\circ$

따라서 구하는 삼각형 ABC의 넓이는

$2\cdot 6^2\cdot\sin 120^\circ\cdot\sin 30^\circ\cdot\sin 30^\circ=2\cdot 36\cdot\frac{\sqrt{3}}{2}\cdot\frac{1}{2}\cdot\frac{1}{2}=9\sqrt{3}$

다른 풀이 1

사인법칙에 의하여

$\frac{a}{\sin 120^\circ}=\frac{b}{\sin 30^\circ}=\frac{c}{\sin 30^\circ}=2\cdot 6$

$\therefore a=2\cdot 6\cdot\sin 120^\circ=2\cdot 6\cdot\frac{\sqrt{3}}{2}=6\sqrt{3}$,

$b=2\cdot 6\cdot\sin 30^\circ=2\cdot 6\cdot\frac{1}{2}=6$,

$c=6$

따라서 구하는 삼각형 ABC의 넓이는

$\frac{6\sqrt{3}\cdot 6\cdot 6}{4\cdot 6}=9\sqrt{3}$

다른 풀이 2

$b=6$, $c=6$이므로 구하는 삼각형 ABC의 넓이는

$\frac{1}{2}\cdot 6\cdot 6\cdot\sin 120^\circ=\frac{1}{2}\cdot 6\cdot 6\cdot\frac{\sqrt{3}}{2}=9\sqrt{3}$

444 답 $\frac{\sqrt{6}-\sqrt{2}}{4}$

$\sin 120^\circ=\frac{\sqrt{3}}{2}$, $\sin 45^\circ=\frac{\sqrt{2}}{2}$이고 ← $\sin 120^\circ=\sin(90^\circ+30^\circ)=\cos 30^\circ$

삼각형 ABC의 넓이가 $3-\sqrt{3}$이므로

$2\cdot 2^2\cdot\sin A\cdot\sin 120^\circ\cdot\sin 45^\circ=2\cdot 4\cdot\sin A\cdot\frac{\sqrt{3}}{2}\cdot\frac{\sqrt{2}}{2}$

$=2\sqrt{6}\sin A=3-\sqrt{3}$

$\therefore \sin A=\frac{3-\sqrt{3}}{2\sqrt{6}}=\frac{\sqrt{6}-\sqrt{2}}{4}$

$\frac{3-\sqrt{3}}{2\sqrt{6}}=\frac{(3-\sqrt{3})\sqrt{6}}{2\sqrt{6}\cdot\sqrt{6}}=\frac{3\sqrt{6}-3\sqrt{2}}{12}=\frac{\sqrt{6}-\sqrt{2}}{4}$

다른 풀이

사인법칙에 의하여

$\frac{b}{\sin 120^\circ}=\frac{c}{\sin 45^\circ}=2\cdot 2$

$\therefore b=2\cdot 2\cdot\sin 120^\circ=2\cdot 2\cdot\frac{\sqrt{3}}{2}=2\sqrt{3}$,

$c=2\cdot 2\cdot\sin 45^\circ=2\cdot 2\cdot\frac{\sqrt{2}}{2}=2\sqrt{2}$

이때 삼각형 ABC의 넓이가 $3-\sqrt{3}$이므로

$\frac{1}{2}\cdot 2\sqrt{3}\cdot 2\sqrt{2}\cdot\sin A=3-\sqrt{3}$, $2\sqrt{6}\sin A=3-\sqrt{3}$

$\therefore \sin A=\frac{3-\sqrt{3}}{2\sqrt{6}}=\frac{\sqrt{6}-\sqrt{2}}{4}$

445 답 ①

$\triangle ABC=\frac{1}{2}\cdot 4\sqrt{3}\cdot 2\sqrt{3}\cdot\sin 60^\circ$

$=\frac{1}{2}\cdot 4\sqrt{3}\cdot 2\sqrt{3}\cdot\frac{\sqrt{3}}{2}=6\sqrt{3}$ ...... ㉠

한편, 코사인법칙에 의하여

$b^2=(4\sqrt{3})^2+(2\sqrt{3})^2-2\cdot 4\sqrt{3}\cdot 2\sqrt{3}\cdot\cos 60^\circ$

$=48+12-2\cdot 4\sqrt{3}\cdot 2\sqrt{3}\cdot\frac{1}{2}=36$

$\therefore b=6$ ($\because b>0$) 삼각형의 한 변의 길이이므로

이때 삼각형 ABC의 내접원의 반지름의 길이를 r라 하면

$\triangle ABC=\frac{1}{2}r(2\sqrt{3}+6+4\sqrt{3})$

$=3(1+\sqrt{3})r$ …… ㉡

㉠=㉡에서

$6\sqrt{3}=3(1+\sqrt{3})r$

$\therefore r=\frac{6\sqrt{3}}{3(1+\sqrt{3})}=3-\sqrt{3}$ → $\frac{2\sqrt{3}}{\sqrt{3}+1}=\frac{2\sqrt{3}(\sqrt{3}-1)}{(\sqrt{3}+1)(\sqrt{3}-1)}=\frac{6-2\sqrt{3}}{2}=3-\sqrt{3}$

선생님 톡톡

두 가지 방법으로 구한 삼각형의 넓이가 같음을 이용한 거야.

446 답 ②

사각형 ABCD가 평행사변형이므로

$\overline{AD}=\overline{BC}=2$ → 평행사변형은 대변의 길이가 각각 같다.

따라서 구하는 평행사변형 ABCD의 넓이는

$3\cdot2\cdot\sin A=3\cdot2\cdot\frac{1}{3}=2$

다른 풀이

$A+B=\pi$이므로 → 평행사변형은 대각의 크기가 각각 같으므로 $A+B+C+D=2\pi$에서 $A+B+A+B=2\pi$ $\therefore A+B=\pi$

$\sin B=\sin(\pi-A)=\sin A=\frac{1}{3}$

따라서 구하는 평행사변형 ABCD의 넓이는

$3\cdot2\cdot\sin B=3\cdot2\cdot\frac{1}{3}=2$

447 답 ⑤

$A=C$이므로

$\sin A=\sin C=\sqrt{1-\cos^2 C}$

$=\sqrt{1-\left(-\frac{1}{3}\right)^2}=\frac{2\sqrt{2}}{3}$

따라서 구하는 평행사변형 ABCD의 넓이는

$3\cdot5\cdot\sin A=3\cdot5\cdot\frac{2\sqrt{2}}{3}=10\sqrt{2}$

448 답 ①

삼각형 ABC에서 코사인법칙에 의하여

$\cos B=\frac{4^2+8^2-6^2}{2\cdot4\cdot8}=\frac{11}{16}$

$\therefore \sin B=\sqrt{1-\cos^2 B}=\sqrt{1-\left(\frac{11}{16}\right)^2}=\frac{3\sqrt{15}}{16}$ → $0°<B<180°$이므로 $0<\sin B\le1$

따라서 구하는 평행사변형 ABCD의 넓이는

$4\cdot8\cdot\sin B=4\cdot8\cdot\frac{3\sqrt{15}}{16}=6\sqrt{15}$

다른 풀이

삼각형 ABC에서 헤론의 공식에 의하여

$\frac{4+8+6}{2}=9$

이므로

$\square ABCD=2\triangle ABC$

$=2\cdot\sqrt{9(9-4)(9-8)(9-6)}$

$=6\sqrt{15}$

449 답 ①

$\sin\theta=\sqrt{1-\cos^2\theta}=\sqrt{1-\left(\frac{4}{5}\right)^2}=\frac{3}{5}$ → $0°<\theta<180°$이므로 $0<\sin\theta\le1$

따라서 구하는 사각형 ABCD의 넓이는

$\frac{1}{2}\cdot5\cdot6\cdot\sin\theta=\frac{1}{2}\cdot5\cdot6\cdot\frac{3}{5}=9$

450 답 ③

$\angle ABC=\angle CAB=\angle BCA=60°$이므로 삼각형 ABC는 정삼각형이다.

$\therefore \overline{AC}=4$ → 정삼각형의 세 변의 길이는 같다.

따라서 구하는 사각형 ABCD의 넓이는

$\frac{1}{2}\cdot4\cdot7\cdot\sin120°=\frac{1}{2}\cdot4\cdot7\cdot\frac{\sqrt{3}}{2}=7\sqrt{3}$

→ $\sin120°=\sin(90°+30°)=\cos30°$

451 답 ④

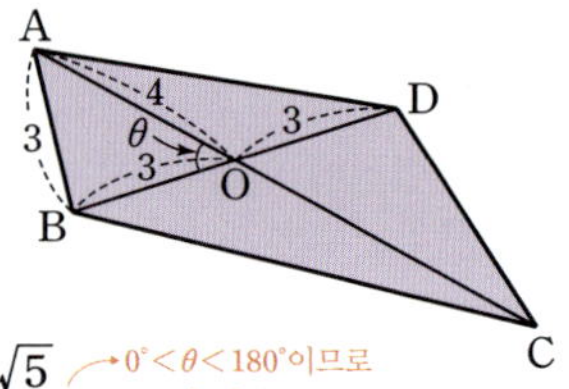

오른쪽 그림과 같이 $\angle AOB=\theta$라 하면 삼각형 ABO에서 코사인법칙에 의하여

$\cos\theta=\frac{3^2+4^2-3^2}{2\cdot3\cdot4}=\frac{2}{3}$

$\therefore \sin\theta=\sqrt{1-\cos^2\theta}=\sqrt{1-\left(\frac{2}{3}\right)^2}=\frac{\sqrt{5}}{3}$ → $0°<\theta<180°$이므로 $0<\sin\theta\le1$

이때 사각형 ABCD의 넓이가 $10\sqrt{5}$이므로

$\frac{1}{2}\cdot(4+\overline{OC})\cdot6\cdot\sin\theta=10\sqrt{5}$

$\frac{1}{2}\cdot(4+\overline{OC})\cdot6\cdot\frac{\sqrt{5}}{3}=10\sqrt{5}$

$4+\overline{OC}=10$

$\therefore \overline{OC}=6$

Real 실전력 업 • 본문 097~098쪽

452 답 ③

One Point Lesson

삼각형의 한 내각의 크기가 θ일 때, $0<\sin\theta\le1$이다.

사인법칙에 의하여 $\frac{4}{\sin60°}=\frac{c}{\sin C}$이므로

$4\sin C=c\sin60°$, $4\sin C=\frac{\sqrt{3}}{2}c$

$\therefore c=\frac{8\sqrt{3}}{3}\sin C$

이때 $0°<C<120°$이므로 c는 $C=90°$일 때, 최댓값 $\frac{8\sqrt{3}}{3}$을 갖는다.

→ $A+B+C=180°$이고 $A=60°$이므로

453 답 ②

One Point Lesson

먼저 ∠BAC의 크기를 구한 후 사인법칙을 이용하여 선분 AC의 길이를 구한다.

$\angle CAD=15°$에서 $\angle BAC=45°$ → $180°-(75°+90°)=15°$, $\angle BAC=\angle BAD-\angle CAD=60°-15°=45°$

삼각형 ABC에서 사인법칙에 의하여

$\frac{10}{\sin45°}=\frac{\overline{AC}}{\sin30°}$

$10\sin 30° = \overline{AC}\sin 45°$

$5 = \frac{\sqrt{2}}{2}\overline{AC}$

$\therefore \overline{AC} = 5\sqrt{2}$

이때 직각삼각형 ACD에서 $\sin 15° = \frac{\overline{CD}}{\overline{AC}}$이고, $\sin 15° = \frac{1}{4}$이므로

$\frac{\overline{CD}}{\overline{AC}} = \frac{1}{4}$

$4\overline{CD} = \overline{AC}$, $4\overline{CD} = 5\sqrt{2}$

$\therefore \overline{CD} = \frac{5\sqrt{2}}{4}$

454 답 ⑤

One Point Lesson

두 삼각형 ABC, DBC의 외접원은 일치한다.

주어진 원의 반지름의 길이를 R라 하면 삼각형 BCD에서 사인법칙에 의하여

$\frac{3}{\sin(\angle CBD)} = 2R$

$\therefore R = \frac{3}{\sin(\angle CBD)} \cdot \frac{1}{2} = \frac{3}{\frac{3}{5}} \cdot \frac{1}{2} = \frac{5}{2}$

따라서 삼각형 ABC에서 사인법칙에 의하여

$\sin(\angle ABC) = \frac{4}{2 \cdot \frac{5}{2}} = \frac{4}{5}$

455 답 ④

One Point Lesson

$\sin(A+B) = \sin(\pi - C) = \sin C$

$A+B+C=\pi$이므로

$\sin(A+B) : \sin(B+C) : \sin(C+A)$

$= \sin(\pi - C) : \sin(\pi - A) : \sin(\pi - B)$ ← 한 각에 대한 사인함수의 비로 나타내야 한다.

$= \sin C : \sin A : \sin B$

$= 4 : 2 : 3$

따라서 $a : b : c = \sin A : \sin B : \sin C = 2 : 3 : 4$이므로

$a=2k$, $b=3k$, $c=4k$ $(k>0)$라 하면

$\frac{c^2}{ab} = \frac{(4k)^2}{2k \cdot 3k} = \frac{16k^2}{6k^2} = \frac{8}{3}$

456 답 ④

One Point Lesson

삼각함수 사이의 관계와 사인법칙을 이용하여 주어진 등식을 a, b, c에 대하여 나타낸다.

삼각형 ABC의 외접원의 반지름의 길이를 R라 하면 사인법칙에 의하여

$\sin A = \frac{a}{2R}$, $\sin B = \frac{b}{2R}$, $\sin C = \frac{c}{2R}$

이므로

$\cos^2 A = 1 - \sin^2 A = 1 - \frac{a^2}{4R^2}$,

$\cos^2 B = 1 - \sin^2 B = 1 - \frac{b^2}{4R^2}$,

$\cos^2 C = 1 - \sin^2 C = 1 - \frac{c^2}{4R^2}$

이때 $\cos^2 A + \cos^2 B = 1 + \cos^2 C$에서

$\left(1 - \frac{a^2}{4R^2}\right) + \left(1 - \frac{b^2}{4R^2}\right) = 1 + \left(1 - \frac{c^2}{4R^2}\right)$

$\therefore a^2 + b^2 = c^2$

따라서 삼각형 ABC는 $C=90°$인 직각삼각형이다.

다른 풀이

$\cos^2 A + \cos^2 B = 1 + \cos^2 C$에서

$(1 - \sin^2 A) + (1 - \sin^2 B) = 1 + (1 - \sin^2 C)$

$\therefore \sin^2 A + \sin^2 B = \sin^2 C$

$\therefore a^2 + b^2 = c^2$ ($\because \sin A : \sin B : \sin C = a : b : c$)

457 답 4

One Point Lesson

주어진 조건에서 a, c 사이의 관계식을 구한 후 코사인법칙을 이용한다.

$\sin A : \sin B : \sin C = a : b : c$이므로

$\sin A = ak$, $\sin B = bk$, $\sin C = ck$ $(k>0)$라 하자.

$\sin A + 3\sin C = \sqrt{7}\sin B$에서

$ak + 3ck = \sqrt{7}bk$, $a + 3c = 14$ ($\because b = 2\sqrt{7}$)

$\therefore a = 14 - 3c$ …… ㉠

또한, 코사인법칙에 의하여

$(2\sqrt{7})^2 = c^2 + a^2 - 2ca\cos 120°$

$28 = c^2 + a^2 - 2ca \cdot \left(-\frac{1}{2}\right)$ ← $\cos 120° = \cos(90° + 30°) = -\sin 30°$

$\therefore 28 = c^2 + a^2 + ca$ …… ㉡

㉠을 ㉡에 대입하면

$28 = c^2 + (14-3c)^2 + c(14-3c)$

$28 = c^2 + 196 - 84c + 9c^2 + 14c - 3c^2$

$0 = 7c^2 - 70c + 168$, $c^2 - 10c + 24 = 0$, $(c-4)(c-6) = 0$

$\therefore c=4$ 또는 $c=6$

(i) $c=4$일 때

$a = 14 - 3 \cdot 4 = 2$ → $c=4$를 ㉠에 대입한다.

(ii) $c=6$일 때

$a = 14 - 3 \cdot 6 = -4$ → $c=6$을 ㉠에 대입한다.

즉, $a<0$이므로 삼각형이 결정되지 않는다.

(i), (ii)에서 $c=4$ ← 삼각형의 세 변의 길이는 양수이어야 한다.

458 답 ②

One Point Lesson

코사인법칙을 이용하여 삼각형의 한 내각에 대한 사인함수의 값을 구한다.

코사인법칙에 의하여

$\cos B = \frac{5^2 + 7^2 - 8^2}{2 \cdot 5 \cdot 7} = \frac{1}{7}$

$\therefore \sin B = \sqrt{1 - \cos^2 B} = \sqrt{1 - \left(\frac{1}{7}\right)^2} = \frac{4\sqrt{3}}{7}$ ← $0° < B < 180°$이므로 $0 < \sin B \le 1$

이때 삼각형 ABC의 외접원의 반지름의 길이를 R라 하면 사인법칙에 의하여 $\frac{8}{\sin B} = 2R$에서

$R = \frac{8}{\frac{4\sqrt{3}}{7}} \cdot \frac{1}{2} = \frac{7\sqrt{3}}{3}$

따라서 구하는 삼각형 ABC의 외접원의 넓이는

$\pi \cdot \left(\frac{7\sqrt{3}}{3}\right)^2 = \frac{49}{3}\pi$

459 답 ②

One Point Lesson

$\overline{CD}=x$라 하고, 두 선분 AD, BD의 길이를 x에 대한 식으로 나타낸다.

$\overline{CD}=x$라 하면
삼각형 ADC에서 $\overline{AD}=x$,
삼각형 BDC에서 $\overline{BD}=\sqrt{3}x$
삼각형 ABD에서 코사인법칙에 의하여
$50^2=(\sqrt{3}x)^2+x^2-2\cdot\sqrt{3}x\cdot x\cdot\cos 30^\circ$
$2500=4x^2-3x^2,\ x^2=2500$
$\therefore x=50\ (\because x>0)$
따라서 지면에서부터 열기구까지의 높이는 50 m이다.

460 답 ④

One Point Lesson

원에 내접하는 사각형의 대각의 합은 180°이다.

사각형 ABCD가 원에 내접하므로
$B+D=180^\circ$
$\therefore D=180^\circ-120^\circ=60^\circ$
$\therefore \triangle ACD=\frac{1}{2}\cdot 10\cdot 6\cdot \sin 60^\circ$
$=\frac{1}{2}\cdot 10\cdot 6\cdot \frac{\sqrt{3}}{2}=15\sqrt{3}$

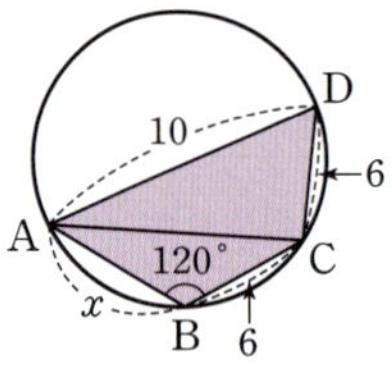

한편, 삼각형 ACD에서 코사인법칙에 의하여
$\overline{AC}^2=10^2+6^2-2\cdot 10\cdot 6\cdot \cos 60^\circ$
$=100+36-2\cdot 10\cdot 6\cdot \frac{1}{2}=76$
$\overline{AB}=x\ (x>0)$라 하면 삼각형 ABC에서
코사인법칙에 의하여
$\overline{AC}^2=x^2+6^2-2\cdot x\cdot 6\cdot \cos 120^\circ$ → $\cos 120^\circ=\cos(90^\circ+30^\circ)=-\sin 30^\circ$
$76=x^2+36-2\cdot x\cdot 6\cdot\left(-\frac{1}{2}\right)$
$x^2+6x-40=0,\ (x+10)(x-4)=0$
$\therefore x=4$
$\therefore \triangle ABC=\frac{1}{2}\cdot 4\cdot 6\cdot \sin 120^\circ$ → $\sin 120^\circ=\sin(90^\circ+30^\circ)=\cos 30^\circ$
$=\frac{1}{2}\cdot 4\cdot 6\cdot \frac{\sqrt{3}}{2}=6\sqrt{3}$
따라서 구하는 사각형 ABCD의 넓이는
$\triangle ABC+\triangle ACD=6\sqrt{3}+15\sqrt{3}=21\sqrt{3}$

해설 속 칠판 **원에 내접하는 사각형의 성질**

원에 내접하는 사각형 ABCD에 대하여 대각끼리의 합은 180°이다.
➡ $A+C=180^\circ$,
$B+D=180^\circ$

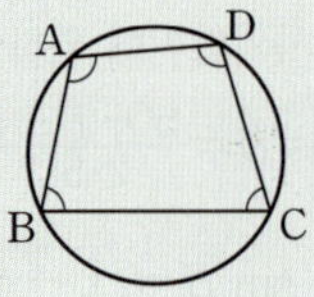

461 답 ①

One Point Lesson

$\overline{AB}=x$, $\overline{AD}=y$라 하고, 두 삼각형 ABC, BCD에서 각각 코사인법칙을 적용한다.

$\overline{AB}=x$, $\overline{AD}=y$라 하면 $\overline{CD}=x$, $\overline{BC}=y$
삼각형 ABC에서 코사인법칙에 의하여
$6^2=x^2+y^2-2xy\cos 60^\circ$
$36=x^2+y^2-2xy\cdot\frac{1}{2}$
$\therefore 36=x^2+y^2-xy$ …… ㉠
또한, 삼각형 BCD에서 코사인법칙에 의하여
$(5\sqrt{2})^2=y^2+x^2-2yx\cos 120^\circ$ → $B+C=180^\circ$이므로 $60^\circ+C=180^\circ$ $\therefore C=120^\circ$ / $\cos 120^\circ=\cos(90^\circ+30^\circ)=-\sin 30^\circ$
$50=x^2+y^2-2xy\cdot\left(-\frac{1}{2}\right)$
$\therefore 50=x^2+y^2+xy$ …… ㉡
㉡−㉠을 하면
$14=2xy$ $\quad\therefore xy=7$
따라서 구하는 평행사변형 ABCD의 넓이는
$xy\sin 60^\circ=7\cdot\frac{\sqrt{3}}{2}=\frac{7\sqrt{3}}{2}$

462 답 ④

One Point Lesson

$\square OABC=\frac{1}{2}\cdot\overline{AC}\cdot\overline{OB}\sin\theta=\triangle OAB+\triangle OBC$

$\overline{AC}=\sqrt{6^2+8^2}=10$, $\overline{OB}=\sqrt{4^2+6^2}=2\sqrt{13}$
이므로
$\square OABC=\frac{1}{2}\cdot 10\cdot 2\sqrt{13}\cdot\sin\theta$
$=10\sqrt{13}\sin\theta$ …… ㉠
또한,
$\square OABC=\triangle OAB+\triangle OBC$
$=\frac{1}{2}\cdot 6\cdot 6+\frac{1}{2}\cdot 8\cdot 4=34$ …… ㉡ → $\frac{1}{2}\cdot\overline{OA}\cdot$(점 B의 y좌표)$+\frac{1}{2}\cdot\overline{OC}\cdot$(점 B의 x좌표)
㉠=㉡에서
$10\sqrt{13}\sin\theta=34$
$\therefore \sin\theta=\frac{34}{10\sqrt{13}}=\frac{17\sqrt{13}}{65}$

463 답 $4\sqrt{3}$

→ $0^\circ<A<180^\circ$에서 코사인함수는 각의 크기가 커질수록 함숫값은 작아진다.

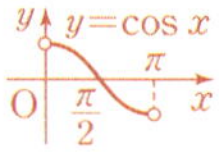

A의 크기가 최대일 때, $\cos A$는 최솟값을 갖는다.
❶
삼각형 ABC에서 코사인법칙에 의하여
$\cos A=\frac{8^2+c^2-4^2}{2\cdot 8\cdot c}=\frac{48+c^2}{16c}=\frac{3}{c}+\frac{c}{16}$
❷
이때 $\frac{3}{c}>0$, $\frac{c}{16}>0$이므로 산술평균과 기하평균의 관계에 의하여
$\frac{3}{c}+\frac{c}{16}\geq 2\sqrt{\frac{3}{c}\cdot\frac{c}{16}}$
$=\frac{\sqrt{3}}{2}$ $\left(\text{단, 등호는 }\frac{3}{c}=\frac{c}{16},\ \text{즉 }c=4\sqrt{3}\text{일 때 성립}\right)$
따라서 $c=4\sqrt{3}$일 때, $\cos A$는 최솟값 $\frac{\sqrt{3}}{2}$을 가지므로 구하는 c의 값은 $4\sqrt{3}$이다.
❸

채점 기준	배점 비율
❶ 각의 크기와 코사인함수의 관계 알기	20%
❷ $\cos A$를 c에 대한 식으로 나타내기	30%
❸ c의 값 구하기	50%

08 등차수열

개념 체크 Concept •본문 100쪽

464 답 (1) 4, 16 (2) 0, 0

(1) 두 번째 있는 항은 4이고, 네 번째 있는 항은 16이므로 제2항과 제4항은 각각 4, 16이다.

(2) 두 번째 있는 항은 0이고, 네 번째 있는 항도 0이므로 제2항과 제4항은 모두 0이다.

465 답 (1) 1, 4, 7, 10 (2) 0, 3, 8, 15

(1) $a_n=3n-2$에 $n=1, 2, 3, 4$를 차례대로 대입하면

$a_1=3\cdot1-2=1$, $a_2=3\cdot2-2=4$,

$a_3=3\cdot3-2=7$, $a_4=3\cdot4-2=10$

(2) $a_n=n^2-1$에 $n=1, 2, 3, 4$를 차례대로 대입하면

$a_1=1^2-1=0$, $a_2=2^2-1=3$,

$a_3=3^2-1=8$, $a_4=4^2-1=15$

466 답 (1) 2 (2) -3

(1) $3-1=5-3=7-5=\cdots=2$

(2) $7-10=4-7=1-4=\cdots=-3$

467 답 (1) $a_n=-2n+5$ (2) $a_n=3n-1$

(1) 첫째항이 3, 공차가 -2이므로

$a_n=3+(n-1)\cdot(-2)=-2n+5$

(2) 첫째항이 2, 공차가 $5-2=3$이므로

$a_n=2+(n-1)\cdot3=3n-1$

468 답 (1) -26 (2) 제14항

첫째항이 50, 공차가 -4이므로

$a_n=50+(n-1)\cdot(-4)=-4n+54$

(1) $a_n=-4n+54$에 $n=20$을 대입하면

$a_{20}=(-4)\cdot20+54=-26$

(2) -2를 제n항이라 하면

$-4n+54=-2$

$4n=56$

$\therefore n=14$

따라서 -2는 제14항이다.

469 답 9

$x=\frac{11+7}{2}=9$

유형 마스터 Pattern •본문 101~103쪽

470 답 ④

$a_1=1\times(1+1)$, $a_2=2\times(2+1)$, $a_3=3\times(3+1)$, $\cdots$

이므로 수열 $\{a_n\}$의 일반항은 $a_n=n(n+1)$로 추측할 수 있다.

$\therefore a_{10}=10\times(10+1)=110$

471 답 ②

$a_5=4=\frac{20}{5}$

즉, 수열 $\{a_n\}$의 각 항의 분모는 5와 7이 번갈아가면서 교대로 나타나므로 $6+(-1)^n$으로 추측할 수 있고, 분자는

$4=4\cdot1$, $8=4\cdot2$, $12=4\cdot3$, $\cdots$

이므로 $4n$으로 추측할 수 있다.

따라서 수열 $\{a_n\}$의 일반항은 $a_n=\frac{4n}{6+(-1)^n}$으로 추측할 수 있으므로

$a_{25}=\frac{4\cdot25}{6+(-1)}=20$

472 답 ②

$a_1=10-1$, $a_2=10^2-1$, $a_3=10^3-1$, $\cdots$

이므로 수열 $\{a_n\}$의 일반항은 $a_n=10^n-1$로 추측할 수 있다.

$\therefore \alpha=-1$

한편,

$b_1=\frac{2}{9}(10-1)$, $b_2=\frac{2}{9}(10^2-1)$, $b_3=\frac{2}{9}(10^3-1)$, $\cdots$

이므로 수열 $\{b_n\}$의 일반항은 $b_n=\frac{2}{9}(10^n-1)$로 추측할 수 있다.

$\therefore \beta=\frac{2}{9}$, $\gamma=-1$

$\therefore \alpha\beta\gamma=(-1)\cdot\frac{2}{9}\cdot(-1)=\frac{2}{9}$

473 답 ④

주어진 등차수열의 첫째항을 a, 공차를 d라 하자. → $a_n=a+(n-1)d$

제3항이 3이므로

$a+2d=3$ …… ㉠

제10항이 31이므로

$a+9d=31$ …… ㉡

㉡−㉠을 하면

$7d=28$ $\therefore d=4$

따라서 주어진 등차수열의 공차는 4이다.

474 답 58

등차수열 $\{a_n\}$의 첫째항을 a, 공차를 d라 하자. → $a_n=a+(n-1)d$

$a_3+a_7=26$에서 $(a+2d)+(a+6d)=26$

$\therefore a+4d=13$ …… ㉠

$a_{10}+a_{15}=71$에서 $(a+9d)+(a+14d)=71$

$\therefore 2a+23d=71$ …… ㉡

㉠, ㉡을 연립하여 풀면

$a=1$, $d=3$

따라서 $a_n=1+(n-1)\cdot3=3n-2$이므로

$a_{20}=3\cdot20-2=58$

> **선생님 톡톡**
> 등차수열의 일반항을 구하기 위해서는 첫째항 a와 공차 d를 알아야 해. 따라서 주어진 조건을 각각 a, d에 대한 식으로 나타낸 후 연립방정식을 풀어서 구하자.

475 답 ②

$a_n=3n+k$이므로 등차수열 $\{a_n\}$의 공차는 3

첫째항은 공차의 2배이므로 첫째항은 $2\cdot3=6$ ㉠

또한, $a_n=3n+k$에 $n=1$을 대입하면 $a_1=3+k$ ㉡

따라서 $3+k=6$이므로 (㉠=㉡이므로)

$k=3$

476 답 52

두 등차수열 $\{a_n\}$, $\{b_n\}$의 첫째항을 각각 a, b라 하고 공차를 각각 d, d'이라 하자. → $a_n=a+(n-1)d$, $b_n=b+(n-1)d'$

$a_3+b_3=16$에서 $(a+2d)+(b+2d')=16$

$\therefore a+b+2(d+d')=16$ ······ ㉠

$a_6+b_6=34$에서 $(a+5d)+(b+5d')=34$

$\therefore a+b+5(d+d')=34$ ······ ㉡

㉡−㉠을 하면

$3(d+d')=18$ $\therefore d+d'=6$

$d+d'=6$을 ㉠에 대입하면

$a+b+2\cdot6=16$ $\therefore a+b=4$

$\therefore a_9+b_9=(a+8d)+(b+8d')$

$=a+b+8(d+d')$

$=4+8\cdot6=52$

477 답 ④

등차수열 $\{a_n\}$의 첫째항을 a, 공차를 d라 하자. → $a_n=a+(n-1)d$

제5항이 55이므로

$a+4d=55$ ······ ㉠

제10항이 40이므로

$a+9d=40$ ······ ㉡

㉠, ㉡을 연립하여 풀면

$a=67$, $d=-3$

$\therefore a_n=67+(n-1)\times(-3)=-3n+70$

즉, $-3n+70<0$에서 $3n>70$

$\therefore n>\frac{70}{3}=23.\times\times\times$

따라서 처음으로 음수가 되는 항은 제24항이다.

→ $-3n+70<0$을 만족시키는 자연수 n의 최솟값

478 답 ②

등차수열 $\{a_n\}$의 첫째항을 a, 공차를 d라 하자. → $a_n=a+(n-1)d$

$a_8+a_{17}=0$에서

$(a+7d)+(a+16d)=0$

$\therefore 2a+23d=0$ ······ ㉠

$a_{15}-a_{10}=20$에서

$(a+14d)-(a+9d)=20$

$5d=20$ $\therefore d=4$

$d=4$를 ㉠에 대입하여 정리하면

$a=-46$

$\therefore a_n=-46+(n-1)\cdot4=4n-50$

따라서 $a_k=58$에서 $4k-50=58$

$4k=108$ $\therefore k=27$

479 답 ②

등차수열 $\{a_n\}$의 첫째항을 a, 공차를 d라 하자.

첫째항과 공차의 합이 -57이므로

$a+d=-57$ ······ ㉠

공차 d가 양수이므로 ㉠에 의하여 $a\leq0$ $\therefore d>a$

이때 첫째항과 공차의 차가 65이므로

$d-a=65$ ······ ㉡

㉠, ㉡을 연립하여 풀면

$a=-61$, $d=4$

$\therefore a_n=-61+(n-1)\times4=4n-65$

첫째항이 음수, 공차가 양수이므로 $a_ka_{k+1}<0$을 만족시키려면 제$(k+1)$항이 처음으로 양수가 되어야 한다.

즉, $4(k+1)-65=4k-61>0$에서

$4k>61$ $\therefore k>\frac{61}{4}=15.25$

따라서 조건을 만족시키는 자연수 k의 값은 16이다.

선생님 톡톡

$a_ka_{k+1}<0$, 즉 $a_n<0$, $a_{k+1}>0$을 만족시키는 k의 값을 구해도 되지만 조건의 특성을 파악하여 $a_{k+1}>0$을 만족시키는 k의 최솟값을 구하는 것이 계산 과정을 줄일 수 있어.

480 답 ④

주어진 등차수열의 공차를 d라 하자.

첫째항이 5, 제11항이 20이므로

$5+10d=20$, $10d=15$ $\therefore d=\frac{3}{2}$

이때 a_6은 주어진 등차수열의 제7항이므로

→ 일반항: $5+(n-1)\cdot\frac{3}{2}$

$a_6=5+6\cdot\frac{3}{2}=14$

481 답 ④

주어진 등차수열의 공차를 d라 하자.

첫째항이 38, 제$(n+2)$항이 -2이므로

$38+(n+1)d=-2$, $(n+1)d=-40$

$\therefore d=-\frac{40}{n+1}$

이때 a_9는 주어진 등차수열의 제10항이므로 $a_9=20$에서

$38+9\cdot\left(-\frac{40}{n+1}\right)=20$

$9\cdot\left(-\frac{40}{n+1}\right)=-18$

$n+1=20$ $\therefore n=19$

482 답 ①

주어진 등차수열의 공차를 d라 하자.

수열 -1, a_1, a_2, $\cdots$, a_7, 23은 첫째항이 -1, 제9항이 23이므로

$-1+8d=23$, $8d=24$ $\therefore d=3$

수열 23, b_1, b_2, $\cdots$, b_n, 41은 첫째항이 23, 공차가 3, 제$(n+2)$항이 41이므로

$23+(n+1)\cdot3=41$, $(n+1)\cdot3=18$

$n+1=6$ $\therefore n=5$

483 답 ②

세 수 $2a$, 7, $3a^2-2$가 이 순서대로 등차수열을 이루므로

$2\cdot7=2a+(3a^2-2)$, $3a^2+2a-16=0$

$(3a+8)(a-2)=0$

$\therefore a=2$ ($\because a>0$)

484 답 ③

세 수 -3, a, b가 이 순서대로 등차수열을 이루므로

$2a=-3+b$ $\therefore b=2a+3$ ······ ㉠

세 수 a^2, 13, b^2도 이 순서대로 등차수열을 이루므로

$2\cdot13=a^2+b^2$ ······ ㉡

㉠을 ㉡에 대입하면

$a^2+(2a+3)^2=26$, $5a^2+12a-17=0$

$(5a+17)(a-1)=0$

$\therefore a=1$ ($\because a$는 자연수)

$a=1$을 ㉠에 대입하면
$b=2\cdot1+3=5$
$\therefore\ a+b=1+5=6$

485 답 ④

이차방정식 $x^2-3x-7=0$에서 근과 계수의 관계에 의하여
$\alpha+\beta=3,\ \alpha\beta=-7$
세 수 $\alpha,\ k,\ \beta$가 이 순서대로 등차수열을 이루므로
$k=\frac{\alpha+\beta}{2}=\frac{3}{2}$
세 수 $\frac{1}{\alpha},\ l,\ \frac{1}{\beta}$도 이 순서대로 등차수열을 이루므로
$l=\frac{1}{2}\left(\frac{1}{\alpha}+\frac{1}{\beta}\right)=\frac{\alpha+\beta}{2\alpha\beta}=\frac{3}{2\cdot(-7)}=-\frac{3}{14}$
$\therefore\ k-l=\frac{3}{2}-\left(-\frac{3}{14}\right)=\frac{12}{7}$

486 답 ①

등차수열을 이루는 세 수를 $a-d,\ a,\ a+d$라 하면
세 수의 합이 9이므로
$(a-d)+a+(a+d)=9$
$3a=9\qquad\therefore\ a=3$
세 수의 곱이 -48이므로
$(3-d)\cdot3\cdot(3+d)=-48\ (\because\ a=3)$
$9-d^2=-16,\ d^2=25$
$\therefore\ d=\pm5$
따라서 세 수는 $-2,\ 3,\ 8$이므로 가장 큰 수와 가장 작은 수의 차는
$8-(-2)=10$

선생님 톡톡

주어진 수열의 첫째항을 a, 공차를 d로 놓고 문제를 풀 수도 있지만 세 수의 합, 곱과 같은 조건이 주어지면 이와 같이 푸는 게 훨씬 간단해.

487 답 8

등차수열을 이루는 네 수를 $a-3d,\ a-d,\ a+d,\ a+3d$라 하면
네 수의 합이 64이므로
$(a-3d)+(a-d)+(a+d)+(a+3d)=64$
$4a=64\qquad\therefore\ a=16$
가장 큰 수는 가장 작은 수의 7배이므로
$16+3d=7(16-3d)\ (\because\ a=16)$
$24d=96\qquad\therefore\ d=4$
따라서 이 수열의 공차 $2d$는
$2\cdot4=8$ (공차를 d로 착각하면 안 된다.)

488 답 ④

주어진 삼차방정식의 세 실근을 $a-d,\ a,\ a+d$라 하면
삼차방정식의 근과 계수의 관계에 의하여
$(a-d)+a+(a+d)=3$ ...... ㉠
$(a-d)a+a(a+d)+(a+d)(a-d)=k$ ...... ㉡
$(a-d)\cdot a\cdot(a+d)=-15$ ...... ㉢
㉠에서 $3a=3\qquad\therefore\ a=1$
㉢에서 $1-d^2=-15\ (\because\ a=1)$
$d^2=16\qquad\therefore\ d=\pm4$
따라서 세 실근은 $-3,\ 1,\ 5$이므로 ㉡에서
$k=(-3)\cdot1+1\cdot5+5\cdot(-3)=-13$

해설 속 칠판 삼차방정식의 근과 계수의 관계

x에 대한 삼차방정식 $ax^3+bx^2+cx+d=0$의 세 근을 $\alpha,\ \beta,\ \gamma$라 하면
➡ $\alpha+\beta+\gamma=-\frac{b}{a},\ \alpha\beta+\beta\gamma+\gamma\alpha=\frac{c}{a},\ \alpha\beta\gamma=-\frac{d}{a}$

개념 체크 Concept

• 본문 104쪽

489 답 (1) 240 (2) 890

(1) $\frac{15\{(-12)+44\}}{2}=240$
(2) $\frac{20\{2\cdot(-3)+(20-1)\cdot5\}}{2}=890$

490 답 (1) 140 (2) 120

(1) 주어진 수열은 첫째항이 5, 공차가 2인 등차수열이므로 첫째항부터 제10항까지의 합은
$\frac{10\{2\cdot5+(10-1)\cdot2\}}{2}=140$
(2) 주어진 수열은 첫째항이 30, 공차가 -4인 등차수열이므로 첫째항부터 제10항까지의 합은
$\frac{10\{2\cdot30+(10-1)\cdot(-4)\}}{2}=120$

491 답 (1) 1 (2) 20

(1) $a_{10}=S_{10}-S_9=(10+3)-(9+3)=1$
(2) $a_{10}=S_{10}-S_9=(10^2+10)-(9^2+9)=20$

492 답 (1) $a_1=-3,\ a_n=2n-1\ (n\ge2)$ (2) $a_n=4n-1$

(1) (i) $n=1$일 때, $a_1=S_1=1^2-4=-3$
(ii) $n\ge2$일 때
$a_n=S_n-S_{n-1}$
$=n^2-4-\{(n-1)^2-4\}$
$=n^2-4-(n^2-2n-3)$
$=2n-1$
(i), (ii)에서 수열 $\{a_n\}$의 일반항 a_n은
$a_1=-3,\ a_n=2n-1\ (n\ge2)$
(2) (i) $n=1$일 때, $a_1=S_1=2\cdot1^2+1=3$
(ii) $n\ge2$일 때
$a_n=S_n-S_{n-1}$
$=2n^2+n-\{2(n-1)^2+(n-1)\}$
$=2n^2+n-(2n^2-3n+1)$
$=4n-1$ ...... ㉠
이때 $a_1=3$은 ㉠에 $n=1$을 대입한 것과 같으므로
$a_n=4n-1$

유형 마스터 Pattern

• 본문 105~107쪽

493 답 555

등차수열 $\{a_n\}$의 첫째항을 a, 공차를 d라 하자. ($a_n=a+(n-1)d$)
$a_3=17$에서 $a+2d=17$ ...... ㉠
$a_7=33$에서 $a+6d=33$ ...... ㉡

㉠, ㉡을 연립하여 풀면
$a=9$, $d=4$
따라서 등차수열 $\{a_n\}$의 첫째항부터 제15항까지의 합은
$\frac{15\{2\cdot9+(15-1)\cdot4\}}{2}=555$

494 답 ①

등차수열 $\{a_n\}$의 첫째항과 공차를 모두 a라 하면 일반항 a_n은
$a_n=a+(n-1)a=an$
제10항이 20이므로
$10a=20 \qquad \therefore a=2$
따라서 등차수열 $\{a_n\}$의 첫째항부터 제20항까지의 합은
$\frac{20\{2\cdot2+(20-1)\cdot2\}}{2}=420$

495 답 ⑤

첫째항이 2, 제k항이 -40인 등차수열 $\{a_n\}$의 첫째항부터 제k항까지의 합이 -418이므로
$\frac{k\{2+(-40)\}}{2}=-418$, $-19k=-418 \qquad \therefore k=22$
즉, 제22항이 -40이므로 등차수열 $\{a_n\}$의 공차를 d라 하면
$2+21d=-40$, $21d=-42 \qquad \therefore d=-2$
따라서 수열 $\{a_n\}$의 공차는 -2이다.

496 답 445

등차수열 $\{a_n\}$의 첫째항을 a, 공차를 d라 하자. → $a_n=a+(n-1)d$
$a_3+a_4+a_5=30$에서
$(a+2d)+(a+3d)+(a+4d)=30$
$3a+9d=30 \qquad \therefore a+3d=10 \qquad \cdots\cdots$ ㉠
$a_7+a_8+a_9=66$에서
$(a+6d)+(a+7d)+(a+8d)=66$
$3a+21d=66 \qquad \therefore a+7d=22 \qquad \cdots\cdots$ ㉡
㉠, ㉡을 연립하여 풀면 $a=1$, $d=3$
$\therefore a_n=1+(n-1)\cdot3=3n-2$
이때 $a_{11}=31$, $a_{20}=58$이므로 등차수열 $\{a_n\}$의 제11항부터 제20항까지의 합은
$a_{11}+a_{12}+a_{13}+\cdots+a_{20}=\frac{10(31+58)}{2}=445$

497 답 ③

두 등차수열 $\{a_n\}$, $\{b_n\}$의 공차를 각각 d, d'이라 하면
$a_1+b_1=5$, $d+d'=7$
따라서 수열 $\{a_n+b_n\}$은 첫째항이 5, 공차가 7인 등차수열이므로
$(a_1+a_2+a_3+\cdots+a_{15})+(b_1+b_2+b_3+\cdots+b_{15})$
$=(a_1+b_1)+(a_2+b_2)+(a_3+b_3)+\cdots+(a_{15}+b_{15})$
$=\frac{15\{2\cdot5+(15-1)\cdot7\}}{2}=810$
→ 수열 $\{a_n+b_n\}$의 제15항 ➡ 항의 개수는 15

498 답 ②

두 등차수열 $\{a_n\}$, $\{b_n\}$의 공차를 각각 d, d'이라 하면
$a_1-b_1=2-5=-3$, $d-d'=3-(-2)=5$
따라서 수열 $\{a_n-b_n\}$은 첫째항이 -3, 공차가 5인 등차수열이므로
$(a_1+a_2+a_3+\cdots+a_{11})-(b_1+b_2+b_3+\cdots+b_{11})$
$=(a_1-b_1)+(a_2-b_2)+(a_3-b_3)+\cdots+(a_{11}-b_{11})$
$=\frac{11\{2\cdot(-3)+(11-1)\cdot5\}}{2}=242$

499 답 ⑤

$a_1=3-2\sqrt{2}$, $b_1=2\sqrt{2}$이므로 두 등차수열 $\{a_n\}$, $\{b_n\}$의 첫째항의 합은
$(3-2\sqrt{2})+2\sqrt{2}=3$
또한,
$a_2-a_1=(4-3\sqrt{2})-(3-2\sqrt{2})=1-\sqrt{2}$,
$b_2-b_1=(1+3\sqrt{2})-2\sqrt{2}=1+\sqrt{2}$
→ 등차수열의 일반항이 $pn+q$ (p, q는 상수) 꼴일 때 공차는 p이다.
이므로 두 등차수열 $\{a_n\}$, $\{b_n\}$의 공차의 합은
$(1-\sqrt{2})+(1+\sqrt{2})=2$
따라서 수열 $\{a_n+b_n\}$은 첫째항이 3, 공차가 2인 등차수열이므로
$(a_1+a_2+a_3+\cdots+a_{20})+(b_1+b_2+b_3+\cdots+b_{20})$
$=(a_1+b_1)+(a_2+b_2)+(a_3+b_3)+\cdots+(a_{20}+b_{20})$
$=\frac{20\{2\cdot3+(20-1)\cdot2\}}{2}=440$

500 답 ④

등차수열 $\{a_n\}$의 첫째항을 a, 공차를 d라 하자.
$S_{10}=165$에서
$\frac{10(2a+9d)}{2}=165 \qquad \therefore 2a+9d=33 \qquad \cdots\cdots$ ㉠
$S_{20}=630$에서
$\frac{20(2a+19d)}{2}=630 \qquad \therefore 2a+19d=63 \qquad \cdots\cdots$ ㉡
㉠, ㉡을 연립하여 풀면
$a=3$, $d=3$
$\therefore S_{30}=\frac{30\{2\cdot3+(30-1)\cdot3\}}{2}=1395$

다른 풀이

$S_{10}=165$, $S_{20}-S_{10}=630-165=465$이므로
수열 S_{10}, $S_{20}-S_{10}$, $S_{30}-S_{20}$, $\cdots$은 첫째항이 165, 공차가 300인 등차수열을 이룬다.
→ 제2항이 $S_{20}-S_{10}$, 첫째항이 S_{10}이므로 공차는 $(S_{20}-S_{10})-S_{10}=465-165=300$
$\therefore S_{30}=S_{10}+(S_{20}-S_{10})+(S_{30}-S_{20})$
$=\frac{3\{2\cdot165+(3-1)\cdot300\}}{2}=1395$

501 답 ③

등차수열 $\{a_n\}$의 첫째항을 a, 공차를 d라 하면
$a=S_1=58$
$S_5=250$에서
$\frac{5(2\cdot58+4d)}{2}=250$, $2d=-8$
$\therefore d=-4$
즉,
$S_k=\frac{k\{2\cdot58+(k-1)\cdot(-4)\}}{2}=\frac{k(-4k+120)}{2}=k(-2k+60)$,
$S_{2k}=\frac{2k\{2\cdot58+(2k-1)\cdot(-4)\}}{2}=k(-8k+120)$
이므로 $S_k=S_{2k}$에서
$k(-2k+60)=k(-8k+120)$
$-2k+60=-8k+120$ ← k가 자연수이므로 양변을 k로 나눌 수 있다.
$6k=60 \qquad \therefore k=10$

502 답 ②

등차수열 $\{a_n\}$의 첫째항을 a, 공차를 d라 하자.
$S_{10}=190$에서
$\frac{10(2a+9d)}{2}=190 \qquad \therefore 2a+9d=38 \qquad \cdots\cdots$ ㉠

$S_{15}+S_{35}=0$에서

$\frac{15(2a+14d)}{2}+\frac{35(2a+34d)}{2}=0$

$(3a+21d)+(7a+119d)=0$

$10a+140d=0 \quad \therefore a+14d=0 \quad \cdots\cdots$ ㉡

㉠, ㉡을 연립하여 풀면

$a=28, d=-2$

$\therefore a_n=28+(n-1)\cdot(-2)=-2n+30$

따라서 $a_5=20$, $a_{15}=0$이므로

$a_5+a_6+a_7+\cdots+a_{15}=\frac{11(20+0)}{2}=110$

503 답 ④

등차수열 $\{a_n\}$의 첫째항을 a, 공차를 d라 하면 → $a_n=a+(n-1)d$

$a=S_1=44$

$a_5=32$에서 $44+4d=32$

$4d=-12 \quad \therefore d=-3$

$\therefore a_n=44+(n-1)\times(-3)=-3n+47$

$a_n<0$에서 $-3n+47<0$

$3n>47$

$\therefore n>\frac{47}{3}=15.\times\times\times$

즉, 등차수열 $\{a_n\}$은 제16항에서 처음으로 음수가 되므로 S_n의 최댓값은 S_{15}이다.

$\therefore S_{15}=\frac{15\{2\times44+(15-1)\times(-3)\}}{2}=345$

504 답 ③

등차수열 $\{a_n\}$의 첫째항을 a, 공차를 d라 하자. → $a_n=a+(n-1)d$

제2항이 -52이므로

$a+d=-52 \quad \cdots\cdots$ ㉠

제6항이 -40이므로

$a+5d=-40 \quad \cdots\cdots$ ㉡

㉠, ㉡을 연립하여 풀면

$a=-55, d=3$

$\therefore a_n=-55+(n-1)\times3=3n-58$

$a_n>0$에서 $3n-58>0$

$3n>58$

$\therefore n>\frac{58}{3}=19.\times\times\times$

즉, 등차수열 $\{a_n\}$은 제20항에서 처음으로 양수가 되므로 S_n의 최솟값은 S_{19}이다.

$\therefore k=19$

505 답 ④

→ $a_n=-100+(n-1)d$

등차수열 $\{a_n\}$의 첫째항이 음수이고 S_n이 $n=13$에서 최솟값을 가지므로 $a_{13}<0$, $a_{14}>0$이다.

$a_{13}<0$에서 $-100+12d<0$

$12d<100$

$\therefore d<\frac{100}{12}=8.\times\times\times \quad \cdots\cdots$ ㉠

$a_{14}>0$에서 $-100+13d>0$

$13d>100$

$\therefore d>\frac{100}{13}=7.\times\times\times \quad \cdots\cdots$ ㉡

㉠, ㉡의 공통부분을 구하면

$7.\times\times\times<d<8.\times\times\times$

따라서 정수 d의 값은 8이다.

506 답 ③

100과 200 사이에 있는 자연수 중에서 6으로 나누었을 때의 나머지가 3인 수를 작은 것부터 차례대로 나열하면

$105, 111, 117, \cdots, 195$ → 첫째항이 105, 공차가 6인 등차수열

이때 $195=105+15\cdot6$에서 구하는 합은 첫째항이 105, 끝항이 195, 항의 개수가 16인 등차수열의 합과 같으므로

→ $195=105+(16-1)\cdot6$, 즉 제16항이다.

$\frac{16(105+195)}{2}=2400$

507 답 ②

→ 첫째항이 12, 공차가 4인 등차수열

두 자리의 자연수 중에서 4의 배수를 작은 것부터 차례대로 나열하면

$12, 16, 20, \cdots, 96 \quad \cdots\cdots$ ㉠ → $96=12+(22-1)\cdot4$, 즉 제22항이다.

이때 $96=12+21\cdot4$에서 ㉠은 첫째항이 12, 끝항이 96, 항의 개수가 22인 등차수열과 같으므로 그 합은

$12+16+20+\cdots+96=\frac{22(12+96)}{2}=1188$

두 자리의 자연수 중에서 7의 배수를 작은 것부터 차례대로 나열하면

$14, 21, 28, \cdots, 98 \quad \cdots\cdots$ ㉡ → 첫째항이 14, 공차가 7인 등차수열

이때 $98=14+12\cdot7$에서 ㉡은 첫째항이 14, 끝항이 98, 항의 개수가 13인 등차수열과 같으므로 그 합은 → $98=14+(13-1)\cdot7$, 즉 13항이다.

$14+21+28+\cdots+98=\frac{13(14+98)}{2}=728$

한편, 두 자리의 자연수 중에서 4와 7의 최소공배수인 28의 배수는 28, 56, 84이므로 그 합은

$28+56+84=168$

따라서 구하는 총합은

$1188+728-168=1748$

508 답 ②

자연수 k의 배수 중에서 100 이하인 수의 개수를 n이라 하고, 이 수를 작은 것부터 차례대로 나열하면

$k, 2k, 3k, \cdots, nk\ (nk\le100) \quad \cdots\cdots$ ㉠

이때 ㉠은 첫째항이 k, 끝항이 nk, 항의 개수가 n인 등차수열과 같고, 총합이 230이므로

$\frac{n(k+nk)}{2}=230, \frac{nk(n+1)}{2}=230$

$\therefore nk(n+1)=460=2^2\cdot5\cdot23 \quad \cdots\cdots$ ㉡

→ 460의 약수 $1, 2, 2^2, 5, 2\cdot5, 2^2\cdot5, 23, 2\cdot23, 2^2\cdot23, 5\cdot23, 2\cdot5\cdot23, 2^2\cdot5\cdot23$ 중에서 연속된 자연수는 (1, 2), (4, 5)뿐이다.

이때 n, $n+1$은 연속된 자연수이므로

(i) $n=1$, $n+1=2$인 경우

㉡에서 $k=\frac{460}{n(n+1)}=\frac{460}{1\cdot2}=230$

이때 $nk=230$이므로 $nk\le100$을 만족시키지 않는다.

(ii) $n=4$, $n+1=5$인 경우

㉡에서 $k=\frac{460}{n(n+1)}=\frac{460}{4\cdot5}=23$

(i), (ii)에서 $k=23$

509 답 ②

$S_n=n^2+3n$에서

(i) $n=1$일 때, $a_1=S_1=4$

(ii) $n\ge2$일 때

$a_n=S_n-S_{n-1}$

$=(n^2+3n)-\{(n-1)^2+3(n-1)\}$

$=2n+2 \quad \cdots\cdots$ ㉠

이때 $a_1=4$는 ㉠에 $n=1$을 대입한 것과 같으므로

$a_n=2n+2$

따라서 $a_1=4$, $a_{49}=100$이므로

$\underline{a_1+a_3+a_5+\cdots+a_{49}}=\frac{25(4+100)}{2}=1300$

항의 개수는 25

510 답 ①

$S_n=2n^2+kn+3-k$에서

(i) $n=1$일 때, $a_1=S_1=5$

(ii) $n\geq 2$일 때

$a_n=S_n-S_{n-1}$

$=(2n^2+kn+3-k)-\{2(n-1)^2+k(n-1)+3-k\}$

$=4n+k-2$ ······ ㉠

이때 수열 $\{a_n\}$이 첫째항부터 등차수열을 이루므로 $a_1=5$는 ㉠에 $n=1$을 대입한 것과 같아야 한다.

즉, $4+k-2=5$에서 $k=3$

따라서 $a_n=4n+1$이므로

$p=4$, $q=1$

$\therefore pq=4\cdot 1=4$

511 답 ①

$S_n=n^2-15n$, $S_n'=2n^2+kn$이라 하면

$a_8=S_8-S_7=(8^2-15\cdot 8)-(7^2-15\cdot 7)=0$,

$b_8=S_8'-S_7'=(2\cdot 8^2+8k)-(2\cdot 7^2+7k)=30+k$

이므로 $a_8=b_8$에서

$0=30+k$ $\therefore k=-30$

따라서

$a_{16}=S_{16}-S_{15}=(16^2-15\cdot 16)-(15^2-15\cdot 15)=16$,

$b_{16}=S_{16}'-S_{15}'=\{2\cdot 16^2+(-30)\cdot 16\}-\{2\cdot 15^2+(-30)\cdot 15\}$

$=32$

이므로

$a_{16}-b_{16}=16-32=-16$

Real 실전력 업

·본문 108~110쪽

512 답 ②

One Point Lesson

등차수열의 공차는 이웃하는 두 항의 차이다.

등차수열 $\{a_n\}$의 공차를 d라 하자.

$d=a_2-a_1=a_4-a_3=\cdots=a_{50}-a_{49}$이므로

$a_1-a_2+a_3-a_4+\cdots+a_{49}-a_{50}$

$=-\{(a_2-a_1)+(a_4-a_3)+\cdots+(a_{50}-a_{49})\}$

$=-25d=75$

에서 $d=-3$

따라서 $a_n=2+(n-1)\cdot(-3)=-3n+5$이므로

$a_{10}=-3\cdot 10+5=-25$

513 답 ①

One Point Lesson

두 등차수열 $\{a_n\}$, $\{b_n\}$의 일반항을 각각 구한다.

등차수열 $\{a_n\}$의 첫째항이 30, 공차가 -4이므로 일반항 a_n은

$a_n=30+(n-1)\cdot(-4)=-4n+34$

등차수열 $\{b_n\}$의 첫째항이 -15, 공차가 2이므로 일반항 b_n은

$b_n=-15+(n-1)\cdot 2=2n-17$

$b_k<a_k$에서 $2k-17<-4k+34$

$6k<51$ $\therefore k<\frac{51}{6}=8.5$

따라서 조건을 만족시키는 자연수 k의 최댓값은 8이다.

514 답 ①

One Point Lesson

a의 부호를 파악하여 주어진 등차수열의 공차를 구한다.

$a=|a_1|$이므로 $a>0$이고, 주어진 등차수열의 공차를 d라 하면 ($a_n=a+(n-1)d$)

제20항이 $-37<0$이므로

$d<0$

이때 $a\neq a_1$이므로 ($a=a_1$이면 $d=0$이므로 $a=-37$이어야 한다. 그런데 $a>0$이므로 모순이다.)

$a_1=-a$

$\therefore d=a_1-a=-a-a=-2a$ ······ ㉠

또한, 주어진 등차수열의 첫째항이 a, 제20항이 -37이므로

$a+19d=-37$ ······ ㉡

㉠을 ㉡에 대입하면

$a+19\cdot(-2a)=-37$

$-37a=-37$ $\therefore a=1$

515 답 39

One Point Lesson

등차중항을 이용하여 c, d, f, b, a, e의 순서로 값을 구한다.

세 수 1, c, 5가 이 순서대로 등차수열을 이루므로

$c=\frac{1+5}{2}=3$

세 수 3, d, 9가 이 순서대로 등차수열을 이루므로

$d=\frac{3+9}{2}=6$

세 수 1, 6, f가 이 순서대로 등차수열을 이루므로

$2\cdot 6=1+f$ $\therefore f=11$

세 수 b, 9, 11이 이 순서대로 등차수열을 이루므로

$2\cdot 9=b+11$ $\therefore b=7$

세 수 1, a, 7이 이 순서대로 등차수열을 이루므로

$a=\frac{1+7}{2}=4$

세 수 5, e, 11이 이 순서대로 등차수열을 이루므로

$e=\frac{5+11}{2}=8$

$\therefore a+b+c+d+e+f=4+7+3+6+8+11=39$

516 답 ①

One Point Lesson

네 변을 길이가 짧은 것부터 $a-3d$, $a-d$, $a+d$, $a+3d$로 놓는다.

직각삼각형 ABD에서 선분 BD가 빗변이므로

$\overline{AD}<\overline{BD}$, $\overline{AB}<\overline{BD}$

직각삼각형 BCD에서 선분 CD가 빗변이므로

$\overline{BD}<\overline{CD}$, $\overline{BC}<\overline{CD}$

또한, $\overline{BD}<\overline{BC}$이므로

$\overline{AD}<\overline{BC}<\overline{CD}$, $\overline{AB}<\overline{BC}<\overline{CD}$

즉, 등차수열을 이루는 사각형 ABCD의 네 변의 길이를
$a-3d$, $a-d$, $a+d$, $a+3d$ ($a>3d$, $d>0$)라 하면
$\overline{AB}=a-3d$, $\overline{AD}=a-d$, $\overline{BC}=a+d$, $\overline{CD}=a+3d$ 또는
$\overline{AD}=a-3d$, $\overline{AB}=a-d$, $\overline{BC}=a+d$, $\overline{CD}=a+3d$
네 변의 길이의 합이 8이므로 (주어진 조건으로는 $\overline{AB}$, $\overline{AD}$의 대소 관계를 결정할 수 없으므로)
$(a-3d)+(a-d)+(a+d)+(a+3d)=8$
$4a=8$ $\quad\therefore a=2$
두 직각삼각형 ABD, BCD에서 피타고라스 정리에 의하여
$\overline{AB}^2+\overline{AD}^2=\overline{BD}^2$ …… ㉠
$\overline{BC}^2+\overline{BD}^2=\overline{CD}^2$ …… ㉡
㉠을 ㉡에 대입하면
$\overline{BC}^2+(\overline{AB}^2+\overline{AD}^2)=\overline{CD}^2$
$(2+d)^2+(2-d)^2+(2-3d)^2=(2+3d)^2$
$2d^2-24d+8=0$, $d^2-12d+4=0$
$\therefore d=6\pm4\sqrt{2}$
(i) $d=6-4\sqrt{2}$인 경우
가장 짧은 변의 길이는
$2-3(6-4\sqrt{2})=12\sqrt{2}-16>0$
(ii) $d=6+4\sqrt{2}$인 경우
가장 짧은 변의 길이는
$2-3(6+4\sqrt{2})=-12\sqrt{2}-16<0$
이므로 이 경우는 조건을 만족시키지 않는다.
(i), (ii)에서 가장 짧은 변의 길이는 $12\sqrt{2}-16$이다.

517 답 ④

One Point Lesson

등차수열 $\{a_n\}$이 제몇 항까지 음수인지 구한다.

등차수열 $\{a_n\}$의 공차를 d라 하자. ($\rightarrow a_n=-32+(n-1)d$)
첫째항이 -32, 제25항이 40이므로
$-32+24d=40$, $24d=72$ $\quad\therefore d=3$
$\therefore a_n=-32+(n-1)\times3=3n-35$
$a_n>0$에서 $3n-35>0$
$3n>35$ $\quad\therefore n>\frac{35}{3}=11.\times\times\times$
즉, 등차수열 $\{a_n\}$은 첫째항부터 제11항까지 음수이고, 제12항부터 양수이다.
이때 $a_1=-32$, $a_{11}=-2$, $a_{12}=1$, $a_{30}=55$이므로
$|a_1|+|a_2|+|a_3|+\cdots+|a_{30}|$
$=-(a_1+a_2+a_3+\cdots+a_{11})+(a_{12}+a_{13}+a_{14}+\cdots+a_{30})$
$=-\frac{11\{(-32)+(-2)\}}{2}+\frac{19(1+55)}{2}$
$=-(-187)+532=719$

518 답 ①

One Point Lesson

선분 P_nQ_n을 n에 대한 식으로 나타낸다.

$Q_n(n, 3n+2)$이므로 $\overline{P_nQ_n}=3n+2$
즉, $\overline{P_1Q_1}+\overline{P_2Q_2}+\overline{P_3Q_3}+\cdots+\overline{P_kQ_k}$는 첫째항이 5, 공차가 3인 등차수열의 첫째항부터 제k항까지의 합과 같고, 그 합이 185이므로
$\frac{k\{2\cdot5+(k-1)\cdot3\}}{2}=185$
$k(3k+7)=370$, $3k^2+7k-370=0$
$(3k+37)(k-10)=0$ $\quad\therefore k=10$ ($\because k$는 자연수)

519 답 ②

One Point Lesson

(수열 -8, a_1, a_2, $\cdots$, a_n, 13의 공차)$=$(수열 13, b_1, b_2, $\cdots$, b_{2n}, 52의 공차)

주어진 등차수열의 공차를 d라 하자.
수열 -8, a_1, a_2, $\cdots$, a_n, 13은 첫째항이 -8, 제$(n+2)$항이 13이므로
$-8+(n+1)d=13$, $(n+1)d=21$
$\therefore d=\frac{21}{n+1}$
수열 13, b_1, b_2, $\cdots$, b_{2n}, 52는 첫째항이 13, 제$(2n+2)$항이 52이므로
$13+(2n+1)d=52$, $(2n+1)d=39$
$\therefore d=\frac{39}{2n+1}$
이때 $\frac{21}{n+1}=\frac{39}{2n+1}$이므로
$21(2n+1)=39(n+1)$, $3n=18$ $\quad\therefore n=6$
따라서 구하는 합은 첫째항이 -8, 끝항이 52, 항의 개수가 21인 등차수열의 합과 같으므로
$\frac{21(-8+52)}{2}=462$

520 답 ③

One Point Lesson

주어진 수열의 홀수 번째 항과 짝수 번째 항을 나누어 생각한다.

주어진 수열의 홀수 번째 항을 차례대로 나열하면
1, 3, 5, 7, 9, $\cdots$
이 수열을 $\{a_n\}$이라 하면 수열 $\{a_n\}$은 첫째항이 1, 공차가 2인 등차수열이다.
주어진 수열의 짝수 번째 항을 차례대로 나열하면
-1, 2, 5, 8, 11, $\cdots$
이 수열을 $\{b_n\}$이라 하면 수열 $\{b_n\}$은 첫째항이 -1, 공차가 3인 등차수열이다.
따라서 주어진 수열의 첫째항부터 제40항까지의 합은 수열 $\{a_n+b_n\}$의 첫째항부터 제20항까지의 합과 같다.
즉, 수열 $\{a_n+b_n\}$은 첫째항이 $1+(-1)=0$, 공차가 $2+3=5$인 등차수열이므로
$(a_1+b_1)+(a_2+b_2)+(a_3+b_3)+\cdots+(a_{20}+b_{20})$
$=\frac{20\{2\cdot0+(20-1)\cdot5\}}{2}=950$

521 답 42

One Point Lesson

수열 $\{a_n\}$의 첫째항과 공차를 구한 후 k에 대한 관계식을 세운다.

등차수열 $\{a_n\}$의 첫째항을 a라 하자.
첫째항부터 제5항까지의 합이 305이므로
$\frac{5(2a+4d)}{2}=305$ $\quad\therefore a+2d=61$ …… ㉠
제10항부터 제20항까지의 합이 275이므로
$\frac{11\{(a+9d)+(a+19d)\}}{2}=275$ (11: 항의 개수, $a+9d$: 제10항, $a+19d$: 제20항)
$\therefore a+14d=25$ …… ㉡
㉠, ㉡을 연립하여 풀면
$a=67$, $d=-3$

또한, 첫째항부터 제k항까지의 합이 390이므로

$$\frac{k\{2\cdot 67+(k-1)\cdot(-3)\}}{2}=390$$

$k(137-3k)=780$, $3k^2-137k+780=0$

$(3k-20)(k-39)=0$

$\therefore k=39$ ($\because$ k는 자연수)

$\therefore k-d=39-(-3)=42$

522 답 3

One Point Lesson

$S_k=S_l$에서 k와 l 사이의 관계를 파악하고, a_l의 값을 구한다.

등차수열 $\{a_n\}$의 공차를 d라 하자.

등차수열 $\{a_n\}$의 첫째항이 양수이고 S_n이 $n=k$, $n=l$에서 최댓값을 가지므로 공차 d는 음수이고 $k=l-1$, $a_l=0$ ($\because k<l$)이다.

$a_l=0$에서 $51+(l-1)d=0$

$51+kd=0$ ($\because k=l-1$)

$\therefore kd=-51$

이때 d가 음의 정수이므로 k는 51의 약수이다.

$\therefore k=17$, $d=-3$ ($\because 10<k<l<50$)

$\therefore a_{17}=51+16\cdot(-3)=3$

523 답 ①

One Point Lesson

(제11항부터 제20항까지의 합)$=S_{20}-S_{10}$

$a_1+a_3+a_5+\cdots+a_{2n-1}=2n^2-21n$에서

$a_1+a_3=-34$

$a_2+a_4+a_6+\cdots+a_{2n}=2n^2+kn$에서

$a_2=2+k$

이때 a_2는 a_1과 a_3의 등차중항이므로

$2+k=\frac{-34}{2}=-17$ $\quad\therefore k=-19$

한편, 등차수열 $\{a_n\}$의 첫째항부터 제n항까지의 합을 S_n이라 하면

$$\begin{aligned}S_{2n}&=a_1+a_2+a_3+a_4+\cdots+a_{2n-1}+a_{2n}\\&=(a_1+a_3+a_5+\cdots+a_{2n-1})+(a_2+a_4+a_6+\cdots+a_{2n})\\&=(2n^2-21n)+(2n^2-19n)=4n^2-40n\end{aligned}$$

따라서 등차수열 $\{a_n\}$의 제11항부터 제20항까지의 합은

$$\begin{aligned}a_{11}+a_{12}+a_{13}+\cdots+a_{20}&=S_{20}-S_{10}\\&=(4\cdot 10^2-40\cdot 10)-(4\cdot 5^2-40\cdot 5)\\&=0-(-100)=100\end{aligned}$$

524 답 ③

One Point Lesson

두 등차수열 $\{a_n\}$, $\{b_n\}$의 합 $\{a_n+b_n\}$도 등차수열을 이룬다.

$S_{29}+T_{29}=563$, $S_{30}+T_{30}=600$에서

$$\begin{aligned}a_{30}+b_{30}&=(S_{30}-S_{29})+(T_{30}-T_{29})=(S_{30}+T_{30})-(S_{29}+T_{29})\\&=600-563=37\end{aligned}$$

따라서 구하는 값 a_1+b_1은 등차수열 $\{a_n+b_n\}$의 첫째항이므로

$S_{30}+T_{30}=600$에서

$$\frac{30\{(a_1+b_1)+(a_{30}+b_{30})\}}{2}=600$$

(30: 항의 개수, a_1+b_1: 첫째항, $a_{30}+b_{30}$: 끝항)

$15(a_1+b_1+37)=600$

$\therefore a_1+b_1=3$

525 답 24

직각삼각형 ABC의 세 변의 길이를 $a-d$, a, $a+d$ $(a>d)$라 하면 ❶

$(a-d)+a+(a+d)=24$

$3a=24$ $\quad\therefore a=8$

이때 $8-d<8<8+d$이므로 피타고라스 정리에 의하여

$(8+d)^2=(8-d)^2+8^2$

$16d=-16d+64$ $\quad\therefore d=2$

즉, 세 변의 길이는 6, 8, 10이다. ❷

따라서 빗변이 아닌 두 변의 길이가 각각 6, 8이므로 직각삼각형 ABC의 넓이는

$\frac{1}{2}\cdot 6\cdot 8=24$ ❸

채점 기준	배점 비율
❶ 직각삼각형 ABC의 세 변의 길이를 각각 $a-d$, a, $a+d$로 놓기	20%
❷ 직각삼각형 ABC의 세 변의 길이 구하기	60%
❸ 직각삼각형 ABC의 넓이 구하기	20%

526 답 −165

등차수열 $\{a_n\}$의 공차를 d, 첫째항부터 제n항까지의 합을 S_n이라 하자.

$a_1+a_2+a_3+\cdots+a_8=a_1+a_2+a_3+\cdots+a_{13}$, 즉 $S_8=S_{13}$이므로

$$\frac{8\{2\cdot(-30)+7d\}}{2}=\frac{13\{2\cdot(-30)+12d\}}{2}$$

$-120+14d=-195+39d$

$25d=175$ $\quad\therefore d=3$

$\therefore a_n=-30+(n-1)\cdot 3=3n-33$ ❶

$a_n\geq 0$에서 $3n-33\geq 0$

$3n\geq 33$ $\quad\therefore n\geq 11$ ❷

따라서 등차수열 $\{a_n\}$은 $a_{11}=0$이고 제12항에서 처음으로 양수가 되므로 $a_1+a_2+a_3+\cdots+a_n$, 즉 S_n의 최솟값은 $S_{10}=S_{11}$이다.

$$\therefore S_{10}=\frac{10\{2\cdot(-30)+(10-1)\cdot 3\}}{2}=-165$$ ❸

채점 기준	배점 비율
❶ 등차수열 $\{a_n\}$의 일반항 구하기	40%
❷ $a_n\geq 0$을 만족시키는 n의 최솟값 구하기	20%
❸ $a_1+a_2+a_3+\cdots+a_n$의 최솟값 구하기	40%

09 등비수열

개념 체크 Concept · 본문 112쪽

527 답 (1) 2 (2) $\frac{1}{5}$

(1) $\frac{2}{1}=\frac{4}{2}=\frac{8}{4}=\cdots=2$

(2) $\frac{25}{125}=\frac{5}{25}=\frac{1}{5}=\cdots=\frac{1}{5}$

528 답 (1) $a_n=3\cdot(-4)^{n-1}$ (2) $a_n=\left(\frac{1}{3}\right)^{n-3}$

(1) 첫째항이 3, 공비가 -4이므로
$a_n=3\cdot(-4)^{n-1}$

(2) 첫째항이 9, 공비가 $\frac{3}{9}=\frac{1}{3}$이므로
$a_n=9\cdot\left(\frac{1}{3}\right)^{n-1}=\left(\frac{1}{3}\right)^{n-3}$

529 답 (1) $\frac{1}{4}$ (2) 제8항

첫째항이 4, 공비가 $\frac{1}{2}$이므로
$a_n=4\cdot\left(\frac{1}{2}\right)^{n-1}=\left(\frac{1}{2}\right)^{n-3}$

(1) $a_n=\left(\frac{1}{2}\right)^{n-3}$에 $n=5$를 대입하면
$a_5=\left(\frac{1}{2}\right)^{2}=\frac{1}{4}$

(2) $\frac{1}{32}$을 제n항이라 하면
$\left(\frac{1}{2}\right)^{n-3}=\frac{1}{32}$, $\left(\frac{1}{2}\right)^{n-3}=\left(\frac{1}{2}\right)^{5}$
$n-3=5$ $\quad\therefore n=8$
따라서 $\frac{1}{32}$은 제8항이다.

530 답 (1) 6 (2) 2

(1) $x^2=2\cdot18=36$ $\quad\therefore x=6$ ($\because x>0$)

(2) $x^2=(-3)\cdot\left(-\frac{4}{3}\right)=4$ $\quad\therefore x=2$ ($\because x>0$)

유형 마스터 Pattern · 본문 113~115쪽

531 답 ④

등비수열 $\{a_n\}$의 첫째항을 a, 공비를 r라 하자. → $a_n=ar^{n-1}$
제2항이 -9이므로
$ar=-9$ $\quad\cdots\cdots$ ㉠
제5항이 243이므로
$ar^4=243$ $\quad\cdots\cdots$ ㉡
㉡÷㉠을 하면
$r^3=-27$
$\therefore r=-3$ ($\because r$는 실수)
$r=-3$을 ㉠에 대입하면
$a=3$
따라서 $a_n=3\cdot(-3)^{n-1}$이므로
$a_3=3\cdot(-3)^2=27$

선생님 톡톡
등비수열의 일반항을 구하기 위해서는 첫째항 a와 공비 r를 알아야 해. 따라서 주어진 조건을 각각 a, r에 대한 식으로 나타낸 후 연립방정식을 풀어서 구하자.

532 답 $\frac{9}{2}$

등비수열 $\{a_n\}$의 첫째항을 a, 공비를 r $(r<0)$라 하자. → $a_n=ar^{n-1}$
$a_2=18$에서 $ar=18$ $\quad\cdots\cdots$ ㉠
$a_3:a_5=4:1$에서 $a_3=4a_5$
즉, $ar^2=4ar^4$이므로
$r^2=\frac{1}{4}$ $\quad\therefore r=-\frac{1}{2}$ ($\because r<0$)
$r=-\frac{1}{2}$을 ㉠에 대입하면 $a=-36$
따라서 $a_n=(-36)\cdot\left(-\frac{1}{2}\right)^{n-1}$이므로
$a_4=(-36)\cdot\left(-\frac{1}{2}\right)^3=\frac{9}{2}$

533 답 125

등비수열 $\{a_n\}$의 공비를 r라 하자.

$$\frac{a_2+a_3+a_4}{a_5+a_6+a_7}=\frac{a_1r+a_1r^2+a_1r^3}{a_1r^4+a_1r^5+a_1r^6}=\frac{a_1r(1+r+r^2)}{a_1r^4(1+r+r^2)}=\frac{1}{r^3}=\frac{1}{5}$$

이므로
$r^3=5$
$\therefore \frac{a_{10}}{a_1}=\frac{a_1r^9}{a_1}=r^9=(r^3)^3=5^3=125$

534 답 ①

등비수열 $\{a_n\}$의 첫째항이 $\frac{1}{2}$, 공비가 2이므로 일반항 a_n은
$a_n=\frac{1}{2}\cdot2^{n-1}=2^{n-2}$

$$\begin{aligned}\therefore\ &\log_2 a_1+\log_2 a_2+\log_2 a_3+\cdots+\log_2 a_{10}\\&=\log_2 2^{-1}+\log_2 2^0+\log_2 2^1+\cdots+\log_2 2^8\\&=\log_2(2^{-1}\cdot2^0\cdot2^1\cdot\cdots\cdot2^8)\\&=\log_2 2^{-1+0+1+\cdots+8}\\&=-1+0+1+\cdots+8=\frac{10(-1+8)}{2}=35\end{aligned}$$

535 답 6

등비수열 $\{a_n\}$의 첫째항이 5, 공비가 3이므로 일반항 a_n은
$a_n=5\cdot3^{n-1}$
$a_n>1000$에서 $5\cdot3^{n-1}>1000$
$\therefore 3^{n-1}>200$
이때 $3^4=81$, $3^5=243$이므로
$n-1\geq5$ $\quad\therefore n\geq6$
따라서 조건을 만족시키는 자연수 n의 최솟값은 6이다.

536 답 ③

등비수열 $\{a_n\}$의 첫째항을 a라 하자.

$a_4=8$에서 $a\cdot(-\sqrt{2})^3=8$

$-2\sqrt{2}a=8 \quad \therefore a=-2\sqrt{2}$

$\therefore a_n=(-2\sqrt{2})\cdot(-\sqrt{2})^{n-1}=2\cdot(-\sqrt{2})^n$

즉, $a_k=128$에서

$2\cdot(-\sqrt{2})^k=128$

$(-\sqrt{2})^k=64=2^6=(-\sqrt{2})^{12}$

$\therefore k=12$

537 답 ②

등비수열 $\{a_n\}$의 첫째항을 a, 공비를 r $(r>0)$라 하자.

$a_2=12$에서 $ar=12$ …… ㉠

$a_4=3$에서 $ar^3=3$ …… ㉡

㉡÷㉠을 하면

$r^2=\frac{1}{4} \quad \therefore r=\frac{1}{2}$ ($\because r>0$)

$r=\frac{1}{2}$을 ㉠에 대입하면

$a=24$

$\therefore a_n=24\cdot\left(\frac{1}{2}\right)^{n-1}=\frac{48}{2^n}$

즉, $\frac{48}{2^n}<\frac{1}{20}$에서 $\frac{1}{2^n}<\frac{1}{960}$

이때 $\frac{1}{2^9}=\frac{1}{512}$, $\frac{1}{2^{10}}=\frac{1}{1024}$이므로

$n\geq 10$

따라서 처음으로 $\frac{1}{20}$보다 작아지는 항은 제10항이다.

538 답 ②

주어진 등비수열의 공비를 r라 하자.

첫째항이 3, 제4항이 192이므로

$3\cdot r^3=192$, $r^3=64 \quad \therefore r=4$ ($\because r$는 실수)

이때 a, b는 각각 주어진 등비수열의 제2항, 제3항이므로

$a=3\cdot 4=12$, $b=3\cdot 4^2=48$ (일반항: $3\cdot 4^{n-1}$)

$\therefore a+b=12+48=60$

539 답 ③

x, y, z가 모두 양수이므로 주어진 등비수열의 공비를 r $(r>0)$라 하자.

첫째항이 32, 제5항이 162이므로

$32\cdot r^4=162$, $r^4=\frac{81}{16}=\left(\frac{3}{2}\right)^4$

$\therefore r=\frac{3}{2}$ ($\because r>0$)

이때 x, y, z는 각각 주어진 등비수열의 제2항, 제3항, 제4항이므로

$x=32\cdot\frac{3}{2}=48$, $y=32\cdot\left(\frac{3}{2}\right)^2=72$, $z=32\cdot\left(\frac{3}{2}\right)^3=108$

$\therefore x+y+z=48+72+108=228$ (일반항: $32\cdot\left(\frac{3}{2}\right)^{n-1}$)

540 답 4

주어진 등비수열의 첫째항이 6, 공비가 $-\frac{1}{3}$, 제$(n+2)$항이 $-\frac{2}{81}$이므로

$6\cdot\left(-\frac{1}{3}\right)^{n+1}=-\frac{2}{81}$, $\left(-\frac{1}{3}\right)^{n+1}=-\frac{1}{243}=\left(-\frac{1}{3}\right)^5$

$n+1=5 \quad \therefore n=4$

541 답 ①

세 양수 a, $2a+1$, $8a+4$가 이 순서대로 등비수열을 이루므로

$(2a+1)^2=a(8a+4)$, $4a^2=1$

$a^2=\frac{1}{4}$

$\therefore a=\frac{1}{2}$ ($\because a>0$)

542 답 ①

다항식 $f(x)=x^2+x+a$를 $x+1$, $x-1$, $x-4$로 나누었을 때의 나머지가 각각 $f(-1)=a$, $f(1)=a+2$, $f(4)=a+20$이므로

a, $a+2$, $a+20$은 이 순서대로 등비수열을 이룬다. 즉,

$(a+2)^2=a(a+20)$, $16a=4$

$\therefore a=\frac{1}{4}$

543 답 ④

이차방정식 $x^2-kx+8=0$의 서로 다른 두 실근이 α, β이므로 근과 계수의 관계에 의하여

$\alpha+\beta=k$, $\alpha\beta=8$ …… ㉠

α, β, $\alpha\beta$가 이 순서대로 등비수열을 이루므로

$\beta^2=\alpha\cdot\alpha\beta=\alpha^2\beta \quad \therefore \beta=\alpha^2$ ($\because \beta\neq 0$) …… ㉡

(이차방정식 $x^2-kx+8=0$에 $x=0$을 대입하면 $8=0$으로 모순이므로 0은 이차방정식 $x^2-kx+8=0$의 근이 될 수 없다.)

㉡을 ㉠의 $\alpha\beta=8$에 대입하면

$\alpha\cdot\alpha^2=8$, $\alpha^3=8$

$\therefore \alpha=2$ ($\because \alpha$는 실수)

$\alpha=2$를 ㉡에 대입하면

$\beta=4$

따라서 ㉠의 $\alpha+\beta=k$에서

$k=2+4=6$

544 답 ②

등비수열을 이루는 세 실수를 a, ar, ar^2이라 하면

세 실수의 합이 3이므로

$a+ar+ar^2=3$

$\therefore a(1+r+r^2)=3$ …… ㉠

또한, 세 실수의 곱이 -8이므로

$a\cdot ar\cdot ar^2=-8$, $(ar)^3=-8$

$ar=-2 \quad \therefore a=-\frac{2}{r}$

$a=-\frac{2}{r}$를 ㉠에 대입하면

$-\frac{2}{r}(1+r+r^2)=3$

$2r^2+5r+2=0$, $(r+2)(2r+1)=0$

$\therefore r=-2$ 또는 $r=-\frac{1}{2}$

$r=-2$일 때 $a=1$이고, $r=-\frac{1}{2}$일 때 $a=4$이므로 세 실수는

1, -2, 4

따라서 가장 작은 수는 -2이다.

545 답 ①

삼차방정식 $x^3+14x^2-84x+m=0$의 서로 다른 세 실근을 a, ar, ar^2이라 하면 삼차방정식의 근과 계수의 관계에 의하여

$a+ar+ar^2=-14$ …… ㉠

$a\cdot ar+ar\cdot ar^2+ar^2\cdot a=ar(a+ar+ar^2)=-84$ …… ㉡

$a\cdot ar\cdot ar^2=(ar)^3=-m$ …… ㉢

㉠을 ㉡에 대입하면

$ar\cdot(-14)=-84 \qquad \therefore ar=6$

$ar=6$을 ㉢에 대입하면

$6^3=-m \qquad \therefore m=-216$

546 답 ⑤

곡선 $y=2x^3-kx^2-10x$와 직선 $y=16x-16$의 교점의 x좌표는 삼차방정식 $2x^3-kx^2-10x=16x-16$의 실근과 같다.

즉, 삼차방정식 $2x^3-kx^2-26x+16=0$의 서로 다른 세 실근이 등비수열을 이루므로 세 실근을 a, ar, ar^2이라 하면 삼차방정식의 근과 계수의 관계에 의하여

$a+ar+ar^2=a(1+r+r^2)=\frac{k}{2}$ ...... ㉠

$a\cdot ar+ar\cdot ar^2+ar^2\cdot a=a^2r(1+r+r^2)=-13$ ...... ㉡

$a\cdot ar\cdot ar^2=(ar)^3=-8 \qquad \therefore ar=-2$ ...... ㉢

㉢을 ㉡에 대입하면

$-2a(1+r+r^2)=-13$

$\therefore a(1+r+r^2)=\frac{13}{2}$

따라서 ㉠에 의하여 $\frac{k}{2}=\frac{13}{2} \qquad \therefore k=13$

547 답 ②

1번째 튀어 오른 공의 높이는

$5\cdot\frac{2}{5}$(m)

2번째 튀어 오른 공의 높이는

$5\cdot\frac{2}{5}\cdot\frac{2}{5}=5\cdot\left(\frac{2}{5}\right)^2$(m)

3번째 튀어 오른 공의 높이는

$5\cdot\frac{2}{5}\cdot\frac{2}{5}\cdot\frac{2}{5}=5\cdot\left(\frac{2}{5}\right)^3$(m)

⋮

따라서 n번째 튀어 오른 공의 높이를 a_n이라 하면

$a_n=5\cdot\left(\frac{2}{5}\right)^n=\frac{2^n}{5^{n-1}}$ (m)

이므로 20번째 튀어 오른 공의 높이는

$a_{20}=\frac{2^{20}}{5^{19}}$ m

548 답 $\frac{1}{16}$

정사각형 A_1의 한 변의 길이는 $\sqrt{2}$

정사각형 A_2의 한 변의 길이는 $\sqrt{2}\cdot\frac{1}{\sqrt{2}}$

정사각형 A_3의 한 변의 길이는 $\sqrt{2}\cdot\frac{1}{\sqrt{2}}\cdot\frac{1}{\sqrt{2}}=\sqrt{2}\cdot\left(\frac{1}{\sqrt{2}}\right)^2$

⋮

따라서 정사각형 A_n의 한 변의 길이를 a_n이라 하면

$a_n=\sqrt{2}\cdot\left(\frac{1}{\sqrt{2}}\right)^{n-1}=\left(\frac{1}{\sqrt{2}}\right)^{n-2}$

이므로 정사각형 A_{10}의 한 변의 길이는

$a_{10}=\left(\frac{1}{\sqrt{2}}\right)^8=\frac{1}{16}$

549 답 ④

1회의 시행 후 남아 있는 종이의 넓이는 $16\cdot\frac{3}{4}$

2회의 시행 후 남아 있는 종이의 넓이는 $16\cdot\frac{3}{4}\cdot\frac{3}{4}=16\cdot\left(\frac{3}{4}\right)^2$

3회의 시행 후 남아 있는 종이의 넓이는 $16\cdot\frac{3}{4}\cdot\frac{3}{4}\cdot\frac{3}{4}=16\cdot\left(\frac{3}{4}\right)^3$

⋮

따라서 n회의 시행 후 남아 있는 종이의 넓이를 a_n이라 하면

$a_n=16\cdot\left(\frac{3}{4}\right)^n=\frac{3^n}{4^{n-2}}$

이므로 15회의 시행 후 남아 있는 도형의 넓이는

$a_{15}=\frac{3^{15}}{4^{13}}$

개념 체크 Concept

• 본문 116쪽

550 답 (1) 252 (2) $\frac{255}{128}$

(1) $\frac{4(2^6-1)}{2-1}=252$

(2) $\frac{1\left\{1-\left(\frac{1}{2}\right)^8\right\}}{1-\frac{1}{2}}=\frac{255}{128}$

551 답 (1) $3^{10}-1$ (2) $93(\sqrt{2}-1)$

(1) 주어진 수열은 첫째항이 2, 공비가 3인 등비수열이므로 첫째항부터 제10항까지의 합은

$\frac{2(3^{10}-1)}{3-1}=3^{10}-1$

(2) 주어진 수열은 첫째항이 -3, 공비가 $-\sqrt{2}$인 등비수열이므로 첫째항부터 제10항까지의 합은

$\frac{(-3)\{1-(-\sqrt{2})^{10}\}}{1-(-\sqrt{2})}=\frac{(-3)\cdot(-31)}{\sqrt{2}+1}$

$=\frac{93(\sqrt{2}-1)}{(\sqrt{2}+1)(\sqrt{2}-1)}$

$=93(\sqrt{2}-1)$

552 답 (1) $110(1.1^3-1)$ (2) $100(1.1^3-1)$

(1) 첫째항이 $10(1+0.1)=11$이고, 공비가 $1+0.1=1.1$인 등비수열의 첫째항부터 제3항까지의 합이므로

$\frac{11(1.1^3-1)}{1.1-1}=110(1.1^3-1)$

(2) 첫째항이 10이고, 공비가 $1+0.1=1.1$인 등비수열의 첫째항부터 제3항까지의 합이므로

$\frac{10(1.1^3-1)}{1.1-1}=100(1.1^3-1)$

유형 마스터 Pattern

• 본문 117~118쪽

553 답 ⑤

등비수열 $\{a_n\}$의 첫째항을 a, 공비를 r라 하자. → $a_n=ar^{n-1}$

$a_3=12$에서 $ar^2=12$ ...... ㉠

$a_6=96$에서 $ar^5=96$ ...... ㉡

㉡÷㉠을 하면

$r^3=8 \qquad \therefore r=2$ ($\because r$는 실수)

$r=2$를 ㉠에 대입하면

$4a=12 \qquad \therefore a=3$

따라서 등비수열 $\{a_n\}$의 첫째항부터 제6항까지의 합은

$\dfrac{3(2^6-1)}{2-1}=189$

554 답 255

등비수열 $\{a_n\}$의 첫째항을 $a\ (a>0)$, 공비를 $r\ (r>0)$라 하자. ($a_n=ar^{n-1}$)

$a_3+a_5=5$에서 $ar^2+ar^4=5$ …… ㉠

$a_6+a_8=40$에서 $ar^5+ar^7=r^3(ar^2+ar^4)=40$ …… ㉡

㉠을 ㉡에 대입하면

$5r^3=40,\ r^3=8 \qquad \therefore r=2\ (\because r>0)$

$r=2$를 ㉠에 대입하면

$4a+16a=5,\ 20a=5 \qquad \therefore a=\dfrac{1}{4}$

따라서 $S_8=\dfrac{\frac{1}{4}(2^8-1)}{2-1}=\dfrac{1}{4}(2^8-1)$이므로

$4S_8=4\cdot\dfrac{1}{4}(2^8-1)=255$

555 답 ②

등비수열 $\{a_n\}$의 첫째항을 a, 공비를 r라 하자. ($a_n=ar^{n-1}$)

$a_3=\dfrac{3}{2}$에서 $ar^2=\dfrac{3}{2}$ …… ㉠

$a_6=-\dfrac{3}{16}$에서 $ar^5=-\dfrac{3}{16}$ …… ㉡

㉡÷㉠을 하면

$r^3=-\dfrac{1}{8} \qquad \therefore r=-\dfrac{1}{2}\ (\because r$는 실수)

$r=-\dfrac{1}{2}$을 ㉠에 대입하면

$a\cdot\left(-\dfrac{1}{2}\right)^2=\dfrac{3}{2} \qquad \therefore a=6$

따라서 수열 $\{a_n{}^2\}$은 첫째항이 $6^2=36$, 공비가 $\left(-\dfrac{1}{2}\right)^2=\dfrac{1}{4}$인 등비수열이므로

$a_1{}^2+a_2{}^2+a_3{}^2+\cdots+a_{10}{}^2=\dfrac{36\left\{1-\left(\frac{1}{4}\right)^{10}\right\}}{1-\frac{1}{4}}=48\left(1-\dfrac{1}{2^{20}}\right)$

$\therefore k=48$

556 답 ②

등비수열 $\{a_n\}$의 첫째항을 a, 공비를 r라 하자. ($a_n=ar^{n-1}$)

$S_4=6$에서

$\dfrac{a(r^4-1)}{r-1}=6$ …… ㉠

$S_8=24$에서

$\dfrac{a(r^8-1)}{r-1}=\dfrac{a(r^4-1)(r^4+1)}{r-1}=24$ …… ㉡

㉡÷㉠을 하면

$r^4+1=4 \qquad \therefore r^4=3$

$r^4=3$을 ㉠에 대입하면

$\dfrac{2a}{r-1}=6 \qquad \therefore \dfrac{a}{r-1}=3$

$\therefore S_{20}=\dfrac{a(r^{20}-1)}{r-1}=\dfrac{a}{r-1}\{(r^4)^5-1\}$

$=3(3^5-1)=726$

다른 풀이

$S_4=6,\ S_8-S_4=24-6=18$이므로

수열 $S_4,\ S_8-S_4,\ \cdots,\ S_{20}-S_{16},\ \cdots$은 첫째항이 6, 공비가 3인 등비수열을 이룬다. (제2항이 S_8-S_4, 첫째항이 S_4이므로 공비는 $\dfrac{S_8-S_4}{S_4}=\dfrac{18}{6}=3$)

$\therefore S_{20}=S_4+(S_8-S_4)+(S_{12}-S_8)+(S_{16}-S_{12})+(S_{20}-S_{16})$

$=\dfrac{6(3^5-1)}{3-1}=726$

557 답 ④

등비수열 $\{a_n\}$의 첫째항을 a, 공비를 r라 하자. ($a_n=ar^{n-1}$)

$a_1+a_2+a_3+\cdots+a_{16}=160$에서

$\dfrac{a(r^{16}-1)}{r-1}=160$ …… ㉠

또한, 등비수열 $a_2,\ a_4,\ a_6,\ \cdots,\ a_{16}$의 첫째항은 $a_2=ar$이고, 공비는 r^2이므로

$a_2+a_4+a_6+\cdots+a_{16}=40$에서

$\dfrac{ar\{(r^2)^8-1\}}{r^2-1}=\dfrac{ar(r^{16}-1)}{(r-1)(r+1)}=40$ …… ㉡

㉡÷㉠을 하면

$\dfrac{r}{r+1}=\dfrac{1}{4},\ 4r=r+1,\ 3r=1 \qquad \therefore r=\dfrac{1}{3}$

558 답 ②

등비수열 $\{a_n\}$의 첫째항을 a, 공비를 r라 하자. ($a_n=ar^{n-1}$)

$a_1+a_2+a_3=5$에서

$a+ar+ar^2=a(1+r+r^2)=5$ …… ㉠

$a_4+a_5+a_6=10$에서

$ar^3+ar^4+ar^5=ar^3(1+r+r^2)=10$ …… ㉡

㉠을 ㉡에 대입하면

$5r^3=10 \qquad \therefore r^3=2$

$\therefore a_7+a_8+a_9+\cdots+a_{30}$

$=(a_1+a_2+a_3)+(a_4+a_5+a_6)+\cdots+(a_{28}+a_{29}+a_{30})-\{(a_1+a_2+a_3)+(a_4+a_5+a_6)\}$ ($a_4+a_5+a_6=a_1r^3+a_2r^3+a_3r^3$, $a_{28}+a_{29}+a_{30}=a_1r^{27}+a_2r^{27}+a_3r^{27}$)

$=(a_1+a_2+a_3)+r^3(a_1+a_2+a_3)+\cdots+(r^3)^9(a_1+a_2+a_3)-\{(a_1+a_2+a_3)+(a_4+a_5+a_6)\}$

$=\dfrac{(a_1+a_2+a_3)\{(r^3)^{10}-1\}}{r^3-1}-(5+10)$

$=\dfrac{5(2^{10}-1)}{2-1}-15=5(2^{10}-4)$

다른 풀이

$a_1+a_2+a_3=S_3=5,\ a_4+a_5+a_6=S_6-S_3=10$이므로

수열 $S_3,\ S_6-S_3,\ \cdots,\ S_{30}-S_{27},\ \cdots$은 첫째항이 5, 공비가 2인 등비수열을 이룬다.

$\therefore S_{30}=S_3+(S_6-S_3)+(S_9-S_6)+\cdots+(S_{30}-S_{27})$

$=\dfrac{5(2^{10}-1)}{2-1}=5(2^{10}-1)$

$\therefore a_7+a_8+a_9+\cdots+a_{30}=S_{30}-S_6$ ($S_6=(a_1+a_2+a_3)+(a_4+a_5+a_6)$)

$=5(2^{10}-1)-(5+10)=5(2^{10}-4)$

559 답 ①

$S_n=3\times2^{n+1}+k$에서

(i) $n=1$일 때, $a_1=S_1=12+k$

(ii) $n\ge2$일 때

$a_n=S_n-S_{n-1}$

$=(3\times2^{n+1}+k)-(3\times2^n+k)$

$=3\times2^n$ …… ㉠

이때 수열 $\{a_n\}$이 첫째항부터 등비수열을 이루려면 $a_1=12+k$는 ㉠에 $n=1$을 대입한 것과 같아야 하므로

$12+k=3\times2$

$\therefore k=-6$

다른 풀이

$S_n=3\times2^{n+1}+k=6\times2^n+k$에서

수열 $\{a_n\}$이 첫째항부터 등비수열을 이루려면

$6+k=0$

$\therefore k=-6$

560 답 ②

$a_4=S_4-S_3=(10\cdot4^2-16\cdot4)-(10\cdot3^2-16\cdot3)=54$,

$b_4=T_4-T_3=(p^4-4)-(p^3-4)=p^4-p^3=p^3(p-1)$

이므로 $a_4=b_4$에서

$p^3(p-1)=54=2\cdot3^3$

$\therefore p=3$ ($\because$ p는 자연수)

561 답 ④

$S_n=4^n+1$에서 $n\ge2$일 때

$a_n=S_n-S_{n-1}=(4^n+1)-(4^{n-1}+1)$

$=3\cdot4^{n-1}$ → $n\ge2$일 때, 수열 $\{a_n\}$은 공비가 4인 등비수열이다.

이때 a_2, a_3, a_4, $\cdots$가 등비수열이므로 수열 $\{a_{2n}\}$도 첫째항이 $a_2=3\cdot4=12$, 공비가 $4^2=16$인 등비수열이다.

562 답 ②

매년 초 적립금의 원리합계를 그림으로 나타내면 다음과 같다.

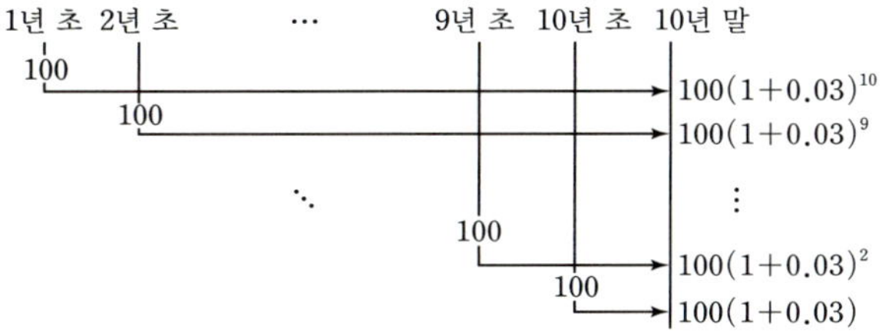

따라서 10년째 말의 적립금의 원리합계는

$100(1+0.03)+100(1+0.03)^2+\cdots+100(1+0.03)^9+100(1+0.03)^{10}$

$=100\times1.03+100\times1.03^2+\cdots+100\times1.03^9+100\times1.03^{10}$

$=\dfrac{100\times1.03\times(1.03^{10}-1)}{1.03-1}=\dfrac{100\times1.03\times0.33}{0.03}$

$=1133$(만 원)

선생님 톡톡

원리합계 문제는 이와 같이 그림으로 나타내어 매년 적립금에 대한 원리합계를 각각 구해야 실수를 줄일 수 있어.

563 답 280만 원

매년 말 적립금의 원리합계를 그림으로 나타내면 다음과 같다.

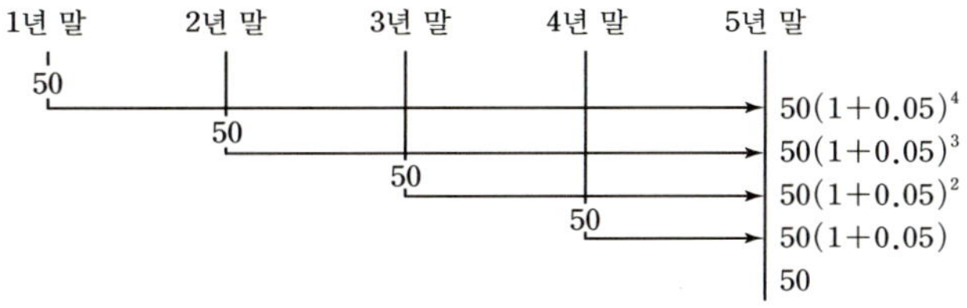

따라서 5년째 말의 적립금의 원리합계는

$50+50(1+0.05)+\cdots+50(1+0.05)^4$

$=50+50\times1.05+\cdots+50\times1.05^4$

$=\dfrac{50(1.05^5-1)}{1.05-1}=\dfrac{50\times0.28}{0.05}$

$=280$(만 원)

564 답 ⑤

매년 초에 적립해야 하는 금액을 a만 원이라 할 때, 매년 초 적립금의 원리합계를 그림으로 나타내면 다음과 같다.

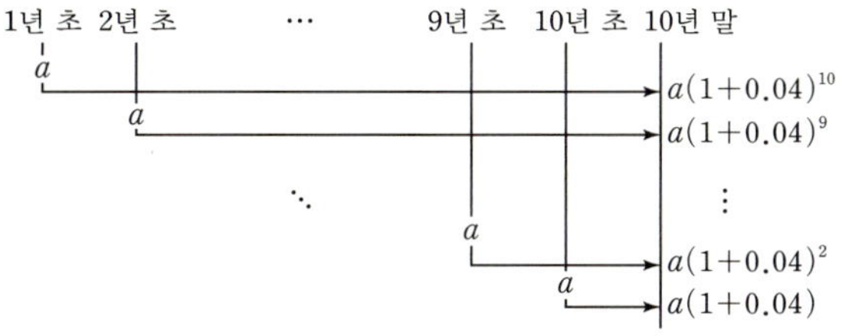

즉, 10년째 말의 적립금의 원리합계는

$a(1+0.04)+a(1+0.04)^2+\cdots+a(1+0.04)^9+a(1+0.04)^{10}$

$=a\times1.04+a\times1.04^2+\cdots+a\times1.04^9+a\times1.04^{10}$

$=\dfrac{a\times1.04\times(1.04^{10}-1)}{1.04-1}$

$=\dfrac{a\times1.04\times0.48}{0.04}$

$=12.48a$(만 원)

이때 $12.48a=6240$이어야 하므로

$a=500$

따라서 매년 초에 500만 원씩 적립해야 한다.

실전력 업 Real • 본문 119~120쪽

565 답 ②

One Point Lesson

주어진 두 등식을 첫째항과 공비로 나타내고 연립하여 일반항 a_n을 구한다.

등비수열 $\{a_n\}$의 첫째항을 a, 공비를 r라 하자. → $a_n=ar^{n-1}$

$a_2+a_5=-\dfrac{26}{9}$에서 $ar+ar^4=-\dfrac{26}{9}$

$\therefore ar(1+r^3)=-\dfrac{26}{9}$ ······ ㉠

$a_1a_2a_3=-27$에서 $a\cdot ar\cdot ar^2=-27$

$(ar)^3=-27$ $\therefore ar=-3$ ······ ㉡

㉡을 ㉠에 대입하면

$(-3)\cdot(1+r^3)=-\dfrac{26}{9}$

$1+r^3=\dfrac{26}{27}$, $r^3=-\dfrac{1}{27}$

$\therefore r=-\dfrac{1}{3}$ ($\because$ r는 실수)

$r=-\dfrac{1}{3}$을 ㉡에 대입하여 정리하면

$a=9$

따라서 $a_n=9\cdot\left(-\dfrac{1}{3}\right)^{n-1}$이므로

$a_6=9\cdot\left(-\dfrac{1}{3}\right)^5=-\dfrac{1}{27}$

566 답 ⑤

One Point Lesson

두 등비수열 $\{a_n\}$, $\{b_n\}$의 공비 사이의 관계식을 구한다.

등비수열 $\{a_n\}$의 첫째항을 a $(a>0)$, 공비를 r_1 $(r_1>0)$이라 하면 일반항 a_n은

$a_n=ar_1^{\ n-1}$

등비수열 $\{b_n\}$의 첫째항을 b $(b>0)$, 공비를 r_2 $(r_2>0)$라 하면 일반항 b_n은

$b_n=br_2^{\ n-1}$

$a_3=b_4$에서 $ar_1^{\ 2}=br_2^{\ 3}$ …… ㉠

$a_5=b_8$에서 $ar_1^{\ 4}=br_2^{\ 7}$ …… ㉡

㉡÷㉠을 하면 $r_1^{\ 2}=r_2^{\ 4}$

$\therefore r_2=\sqrt{r_1}$ $(\because r_1>0,\ r_2>0)$ …… ㉢

㉢을 ㉠에 대입하면

$ar_1^{\ 2}=b(\sqrt{r_1})^3$ $\quad\therefore b=a\sqrt{r_1}$

$\therefore b_n=a\sqrt{r_1}\cdot(\sqrt{r_1})^{n-1}=a(\sqrt{r_1})^n$

이때 $a_{17}=b_k$에서 $ar_1^{\ 16}=a(\sqrt{r_1})^k$

$r_1^{\ 16}=r_1^{\ \frac{k}{2}}$, $16=\dfrac{k}{2}$

$\therefore k=32$

567 답 ④

One Point Lesson

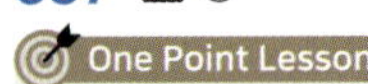

주어진 등비수열의 첫째항은 3, 제7항은 81이다.

$a_1,\ a_2,\ a_3,\ a_4,\ a_5$가 모두 양수이므로 주어진 등비수열의 공비를 r $(r>0)$라 하자.

첫째항이 3, 제7항이 81이므로

$3\cdot r^6=81,\ r^6=27$ $\quad\therefore r=\sqrt{3}$ $(\because r>0)$

이때 $a_1,\ a_2,\ \cdots,\ a_5$는 각각 주어진 등비수열의 제2항, 제3항, …, 제6항이므로

$a_1=3\cdot\sqrt{3},\ a_2=3\cdot(\sqrt{3})^2,\ \cdots,\ a_5=3\cdot(\sqrt{3})^5$

$$\begin{aligned}\therefore a_1a_2a_3a_4a_5&=3\sqrt{3}\cdot3(\sqrt{3})^2\cdot\cdots\cdot3(\sqrt{3})^5\\&=3^5\cdot(\sqrt{3})^{1+2+\cdots+5}\\&=3^5\cdot(3^{\frac{1}{2}})^{15}=3^{\frac{25}{2}}\end{aligned}$$

568 답 10

One Point Lesson

등차중항과 등비중항을 이용한다.

10, $y+1$, x는 이 순서대로 등차수열을 이루므로

$2(y+1)=10+x$ $\quad\therefore x=2y-8$ …… ㉠

9, $-2y$, x^2은 이 순서대로 등비수열을 이루므로

$(-2y)^2=9x^2$ $\quad\therefore 4y^2=9x^2$ …… ㉡

㉠을 ㉡에 대입하면

$4y^2=9(2y-8)^2,\ y^2-9y+18=0$

$(y-3)(y-6)=0$ $\quad\therefore y=3$ 또는 $y=6$

(i) $y=3$을 ㉠에 대입하면

$x=2\cdot3-8=-2<0$

이므로 $x>0$을 만족시키지 않는다.

(ii) $y=6$을 ㉠에 대입하면

$x=2\cdot6-8=4$

(i), (ii)에서 $x=4,\ y=6$이므로

$x+y=4+6=10$

569 답 56

One Point Lesson

세 수가 등비수열을 이루면 $a,\ ar,\ ar^2$으로 놓는다.

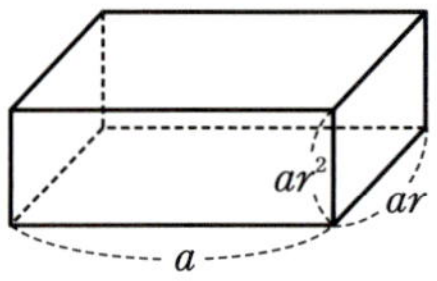

직육면체의 가로의 길이, 세로의 길이, 높이가 이 순서대로 등비수열을 이루므로 가로의 길이를 a, 세로의 길이를 ar, 높이를 ar^2이라 하자.

직육면체의 겉넓이가 112이므로

$2(a\cdot ar+a\cdot ar^2+ar\cdot ar^2)=112$

$\therefore ar(a+ar+ar^2)=56$ …… ㉠

또한, 직육면체의 부피가 64이므로

$a\cdot ar\cdot ar^2=64,\ (ar)^3=64$

$\therefore ar=4$

$ar=4$를 ㉠에 대입하면

$4(a+ar+ar^2)=56$

따라서 직육면체의 모든 모서리의 길이의 합은

$4(a+ar+ar^2)=56$

다른 풀이 → 등비중항을 이용한 풀이

직육면체의 가로의 길이를 a, 세로의 길이를 b, 높이를 c라 하면 $a,\ b,\ c$가 이 순서대로 등비수열을 이루므로

$b^2=ac$ …… ㉠

직육면체의 겉넓이가 112이므로

$2(ab+bc+ca)=112$

$\therefore ab+bc+ca=56$ …… ㉡

직육면체의 부피가 64이므로

$abc=64$ …… ㉢

㉠을 ㉢에 대입하면

$b^3=64$ $\quad\therefore b=4$ $(\because b>0)$

$b=4$를 ㉠에 대입하면

$ac=16$

즉, ㉡에서

$4a+4c+16=56$

$\therefore a+c=10$

따라서 직육면체의 모든 모서리의 길이의 합은

$4(a+b+c)=4\cdot(10+4)=56$

570 답 ②

One Point Lesson

매 시행마다 변의 개수는 4배씩 늘어난다.

도형 T_1의 한 변의 길이는 $\dfrac{1}{3}$

도형 T_2의 한 변의 길이는 $\dfrac{1}{3}\cdot\dfrac{1}{3}=\left(\dfrac{1}{3}\right)^2$

도형 T_3의 한 변의 길이는 $\dfrac{1}{3}\cdot\dfrac{1}{3}\cdot\dfrac{1}{3}=\left(\dfrac{1}{3}\right)^3$

⋮

즉, 도형 T_n의 한 변의 길이를 a_n이라 하면

$a_n=\dfrac{1}{3}\cdot\left(\dfrac{1}{3}\right)^{n-1}=\left(\dfrac{1}{3}\right)^n$

이때 매 시행마다 도형의 변의 개수가 4배씩 늘어나므로 도형 T_n의 둘레의 길이를 l_n이라 하면 수열 $\{l_n\}$은 첫째항이

$12\cdot a_1=12\cdot\frac{1}{3}=4$, 공비가 $4\cdot\frac{1}{3}=\frac{4}{3}$인 등비수열이다.

따라서 $l_n=4\cdot\left(\frac{4}{3}\right)^{n-1}$이므로 도형 T_{10}의 둘레의 길이는

$l_{10}=4\cdot\left(\frac{4}{3}\right)^9=\frac{2^{20}}{3^9}$

571 답 ②

One Point Lesson

이차방정식의 근과 계수의 관계를 이용하여 주어진 등비수열의 합을 간단히 한다.

이차방정식 $x^2+x+1=0$에서 근과 계수의 관계에 의하여

$\alpha+\beta=-1,\ \alpha\beta=1$ …… ㉠

$\alpha\beta=1$에서 $\frac{1}{\alpha}=\beta,\ \frac{1}{\beta}=\alpha$ …… ㉡

또한, $x^2+x+1=0$의 양변에 $x-1$을 곱하면

$(x-1)(x^2+x+1)=0$, 즉 $x^3-1=0$이므로 α, β는 삼차방정식 $x^3-1=0$의 근이다.

$\therefore\ \alpha^3=1,\ \beta^3=1$ …… ㉢

$$\therefore\ \left(1-\frac{1}{\alpha}+\frac{1}{\alpha^2}-\cdots-\frac{1}{\alpha^{19}}\right)\left(1-\frac{1}{\beta}+\frac{1}{\beta^2}-\cdots-\frac{1}{\beta^{19}}\right)$$

$=(1-\beta+\beta^2-\cdots-\beta^{19})(1-\alpha+\alpha^2-\cdots-\alpha^{19})$ ($\because$ ㉡)

$=\frac{1\{1-(-\beta)^{20}\}}{1-(-\beta)}\cdot\frac{1\{1-(-\alpha)^{20}\}}{1-(-\alpha)}=\frac{1-\beta^{20}}{1+\beta}\cdot\frac{1-\alpha^{20}}{1+\alpha}$

$=\frac{1-(\beta^3)^6\cdot\beta^2}{1+\beta}\cdot\frac{1-(\alpha^3)^6\cdot\alpha^2}{1+\alpha}=\frac{1-\beta^2}{1+\beta}\cdot\frac{1-\alpha^2}{1+\alpha}$ ($\because$ ㉢)

$=\frac{(1+\beta)(1-\beta)}{1+\beta}\cdot\frac{(1+\alpha)(1-\alpha)}{1+\alpha}$

$=(1-\beta)(1-\alpha)$

$=1-(\alpha+\beta)+\alpha\beta$

$=1-(-1)+1=3$ ($\because$ ㉠)

572 답 ②

One Point Lesson

각 해의 천연가스의 채굴량은 그 순서대로 등비수열을 이룬다.

2010년에 천연가스의 채굴량은 10만 m^3이고 매년 10 %씩 채굴량을 늘리면 n년 후의 천연가스의 총 채굴량은

$\frac{10(1.1^{n+1}-1)}{1.1-1}=100(1.1^{n+1}-1)$

이 천연가스가 고갈되려면

$100(1.1^{n+1}-1)\geq 400$에서

$1.1^{n+1}\geq 5$

이때 $1.1^{16}=4.6,\ 1.1^{17}=5.1$이므로

$n+1\geq 17$ $\quad\therefore\ n\geq 16$

따라서 천연가스가 모두 고갈되는 해는

$2010+16=2026$(년)

573 답 ⑤

One Point Lesson

등비수열 $\{a_n\}$의 첫째항을 a, 공비를 r라 하고, 주어진 등식을 각각 a, r에 대한 식으로 나타낸다.

등비수열 $\{a_n\}$의 첫째항을 a, 공비를 r라 하자.

$S_{20}=40$에서

$\frac{a(r^{20}-1)}{r-1}=40$

$\frac{S_{30}}{S_{10}}=13$에서

$$\frac{\frac{a(r^{30}-1)}{r-1}}{\frac{a(r^{10}-1)}{r-1}}=\frac{\frac{a(r^{10}-1)(r^{20}+r^{10}+1)}{r-1}}{\frac{a(r^{10}-1)}{r-1}}$$

$=r^{20}+r^{10}+1=13$

이므로 $(r^{10})^2+r^{10}-12=0$

$(r^{10}+4)(r^{10}-3)=0$ $\quad\therefore\ r^{10}=3$ ($\because\ r^{10}>0$)

$\therefore\ S_{40}=\frac{a(r^{40}-1)}{r-1}=\frac{a(r^{20}-1)(r^{20}+1)}{r-1}$

$=\frac{a(r^{20}-1)}{r-1}\cdot\{(r^{10})^2+1\}$

$=40\cdot(3^2+1)=400$

574 답 13

$a_n=ar^{n-1}$이라 하면 $\frac{1}{a_n}=\frac{1}{ar^{n-1}}=\frac{1}{a}\left(\frac{1}{r}\right)^{n-1}$이고 $a\neq0,\ r\neq0$ 이므로 수열 $\left\{\frac{1}{a_n}\right\}$은 첫째항이 $\frac{1}{a}$, 공비가 $\frac{1}{r}$인 등비수열이다.

One Point Lesson

수열 $\{a_n\}$이 등비수열을 이루면 수열 $\left\{\frac{1}{a_n}\right\}$도 등비수열을 이룬다.

수열 $\{a_n\}$이 등비수열이므로 수열 $\left\{\frac{1}{a_n}\right\}$도 등비수열이다.

등비수열 $\left\{\frac{1}{a_n}\right\}$의 첫째항을 p, 공비를 r라 하자.

$S_5=\frac{p(r^5-1)}{r-1},\ S_{10}=\frac{p(r^{10}-1)}{r-1}$이므로 $S_{10}=4S_5$에서

$\frac{p(r^{10}-1)}{r-1}=4\cdot\frac{p(r^5-1)}{r-1}$

$\frac{p(r^5-1)(r^5+1)}{r-1}=4\cdot\frac{p(r^5-1)}{r-1}$

$r^5+1=4$ $\quad\therefore\ r^5=3$

$\therefore\ S_{15}=\frac{p(r^{15}-1)}{r-1}=\frac{p(r^5-1)}{r-1}\cdot(r^{10}+r^5+1)$

$=S_5\cdot(3^2+3+1)=13S_5$

$\therefore\ k=13$

다른 풀이

수열 $\{a_n\}$이 등비수열이므로 수열 $\left\{\frac{1}{a_n}\right\}$도 등비수열이다.

이때 $S_{10}-S_5=4S_5-S_5=3S_5$이므로 수열 $S_5,\ S_{10}-S_5,\ S_{15}-S_{10},\ \cdots$은 첫째항이 S_5, 공비가 3인 등비수열을 이룬다.

즉, $S_{15}-S_{10}=S_5\cdot3^2$이므로

$S_{15}=9S_5+S_{10}=9S_5+4S_5=13S_5$

$\therefore\ k=13$

575 답 ⑤

One Point Lesson

수열 $\{a_n\}$이 첫째항부터 등비수열을 이룸을 이용하여 두 상수 p, q에 대한 관계식을 찾는다.

$S_n=p^{n+1}-q$에서

(i) $n=1$일 때, $a_1=S_1=p^2-q$

(ii) $n\geq2$일 때

$a_n=S_n-S_{n-1}$

$=(p^{n+1}-q)-(p^n-q)$

$=(p-1)p^n$ …… ㉠

이때 수열 $\{a_n\}$이 첫째항부터 등비수열을 이루므로 $a_1=p^2-q$는 ㉠에 $n=1$을 대입한 것과 같아야 한다.

즉, $p^2-q=(p-1)p$에서

$p^2-q=p^2-p \qquad \therefore p=q$

또한, 등비수열 $\{a_n\}$의 공비가 $\frac{1}{2}$이므로 ㉠에서

$p=\frac{1}{2}$

$\therefore p+q=\frac{1}{2}+\frac{1}{2}=1$

다른 풀이

$S_n=p^{n+1}-q=p\cdot p^n-q$에서

수열 $\{a_n\}$이 첫째항부터 등비수열을 이루므로

$p+(-q)=0 \qquad \therefore p=q$

576 답 27

등비수열 $\{a_n\}$의 첫째항이 30, 공비가 $-\frac{1}{2}$이므로 일반항 a_n은

$a_n=30\cdot\left(-\frac{1}{2}\right)^{n-1}$ → 공비가 음수이기 때문에 n이 짝수인 경우와 홀수인 경우로 나눈다.

❶

(i) n이 짝수인 경우 → $n-1$은 홀수이다.

$\frac{1}{100}<a_n<1$에서

$\frac{1}{100}<30\cdot\left(-\frac{1}{2}\right)^{n-1}<1$

그런데 이 경우는 $30\cdot\left(-\frac{1}{2}\right)^{n-1}>\frac{1}{100}$을 만족시키지 않는다.

❷

(ii) n이 홀수인 경우 → $n-1$은 0 또는 짝수이다.

$a_n=30\cdot\left(-\frac{1}{2}\right)^{n-1}=30\cdot(-1)^{n-1}\cdot\left(\frac{1}{2}\right)^{n-1}$

$=30\cdot\left(\frac{1}{2}\right)^{n-1}$

이므로 $\frac{1}{100}<a_n<1$에서

$\frac{1}{100}<30\cdot\left(\frac{1}{2}\right)^{n-1}<1$

$\frac{1}{3000}<\left(\frac{1}{2}\right)^{n-1}<\frac{1}{30}$

$\therefore n=7,\ 9,\ 11$

❸

(i), (ii)에서 조건을 만족시키는 자연수 n은 $n=7,\ 9,\ 11$이므로 그 합은

$7+9+11=27$

❹

채점 기준	배점 비율
❶ 등비수열 $\{a_n\}$의 일반항 a_n 구하기	20%
❷ n이 짝수인 경우, 조건을 만족시키지 않음을 보이기	30%
❸ n이 홀수인 경우, 조건을 만족시키는 자연수 n의 값 구하기	40%
❹ 모든 자연수 n의 값의 합 구하기	10%

10 수열의 합

개념 체크 Concept

• 본문 122쪽

577 답 (1) $2+4+6+8$ (2) $1+2+4+8+16$

(1) $\sum_{k=1}^{4}2k=2\cdot1+2\cdot2+2\cdot3+2\cdot4=2+4+6+8$

(2) $\sum_{n=1}^{5}2^{n-1}=2^0+2^1+2^2+2^3+2^4=1+2+4+8+16$

578 답 (1) $\sum_{k=1}^{8}2$ (2) $\sum_{k=1}^{50}\frac{1}{k}$

(1) 수열 2, 2, 2, 2, 2, 2, 2, 2의 제k항을 a_k라 하면 $a_k=2$이고, 항의 개수는 8이므로

$2+2+2+2+2+2+2+2=\sum_{k=1}^{8}a_k=\sum_{k=1}^{8}2$

(2) 수열 $1,\ \frac{1}{2},\ \frac{1}{3},\ \cdots,\ \frac{1}{50}$의 제$k$항을 a_k라 하면 $a_k=\frac{1}{k}$이고, 항의 개수는 50이므로

$1+\frac{1}{2}+\frac{1}{3}+\cdots+\frac{1}{50}=\sum_{k=1}^{50}a_k=\sum_{k=1}^{50}\frac{1}{k}$

579 답 (1) 34 (2) 14 (3) 22

(1) $\sum_{k=1}^{8}(a_k+3)=\sum_{k=1}^{8}a_k+\sum_{k=1}^{8}3=10+3\cdot8=10+24=34$

(2) $\sum_{k=1}^{8}(3b_k+4)=3\sum_{k=1}^{8}b_k+\sum_{k=1}^{8}4=3\cdot(-6)+4\cdot8=-18+32=14$

(3) $\sum_{k=1}^{8}(a_k-2b_k)=\sum_{k=1}^{8}a_k-2\sum_{k=1}^{8}b_k=10-2\cdot(-6)=10+12=22$

580 답 (1) 130 (2) 110 (3) 420

(1) $\sum_{k=1}^{10}(2k+2)=2\sum_{k=1}^{10}k+\sum_{k=1}^{10}2=2\cdot\frac{10\cdot11}{2}+2\cdot10=110+20=130$

(2) $\sum_{k=1}^{5}(3k^2-4k+1)=3\sum_{k=1}^{5}k^2-4\sum_{k=1}^{5}k+\sum_{k=1}^{5}1$

$=3\cdot\frac{5\cdot6\cdot11}{6}-4\cdot\frac{5\cdot6}{2}+1\cdot5$

$=165-60+5=110$

(3) $\sum_{k=1}^{6}k(k+1)(k-1)=\sum_{k=1}^{6}(k^3-k)=\sum_{k=1}^{6}k^3-\sum_{k=1}^{6}k$

$=\left(\frac{6\cdot7}{2}\right)^2-\frac{6\cdot7}{2}$

$=21^2-21=420$

$=21(21-1)$
$=21\cdot20$
$=420$

유형 마스터 Pattern

• 본문 123~126쪽

581 답 ③

$\sum_{k=1}^{n}(a_{2k-1}+a_{2k})=(a_1+a_2)+(a_3+a_4)+(a_5+a_6)+\cdots+(a_{2n-1}+a_{2n})$

$=\sum_{k=1}^{2n}a_k=2n^2$

이므로 $\sum_{k=1}^{10}a_k=2\cdot5^2=50$ ← 양변에 $n=5$를 대입

582 답 ①

$$\sum_{k=1}^{n}(a_{3k-2}+a_{3k-1}+a_{3k})=(a_1+a_2+a_3)+(a_4+a_5+a_6)+\cdots+(a_{3n-2}+a_{3n-1}+a_{3n})=\sum_{k=1}^{3n}a_k=4^n$$

이므로 $\sum_{k=1}^{15}a_k=4^5=2^{10}$ ← 양변에 $n=5$를 대입

583 답 870

$$\sum_{k=1}^{15}a_{2k-1}+\sum_{k=1}^{15}a_{2k}=(a_1+a_3+a_5+\cdots+a_{29})+(a_2+a_4+a_6+\cdots+a_{30})$$
$$=a_1+a_2+a_3+a_4+a_5+a_6+\cdots+a_{29}+a_{30}$$
$$=\sum_{k=1}^{30}a_k$$
$$=30^2-30=870$$

584 답 375

$\sum_{k=1}^{n}a_k=4n^2$에서 $\sum_{k=1}^{10}a_k=4\cdot10^2=400$

$\sum_{k=1}^{n}a_{2k}=5n$에서 $\sum_{k=1}^{5}a_{2k}=5\cdot5=25$

$$\therefore \sum_{k=1}^{5}a_{2k-1}=a_1+a_3+a_5+a_7+a_9$$
$$=(a_1+a_2+a_3+\cdots+a_{10})-(a_2+a_4+a_6+a_8+a_{10})$$
$$=\sum_{k=1}^{10}a_k-\sum_{k=1}^{5}a_{2k}$$
$$=400-25=375$$

다른 풀이

$\sum_{k=1}^{n}a_k=4n^2$에서 $\sum_{k=1}^{2n}a_k=4\cdot(2n)^2=16n^2$이고

$$\sum_{k=1}^{2n}a_k-\sum_{k=1}^{n}a_{2k}=(a_1+a_2+a_3+\cdots+a_{2n})-(a_2+a_4+a_6+\cdots+a_{2n})$$
$$=a_1+a_3+a_5+\cdots+a_{2n-1}$$
$$=\sum_{k=1}^{n}a_{2k-1}$$

이므로 $\sum_{k=1}^{n}a_{2k-1}=16n^2-5n$

$$\therefore \sum_{k=1}^{5}a_{2k-1}=16\cdot5^2-5\cdot5=375$$

585 답 ②

$$\sum_{k=1}^{20}(a_k+1)^2=\sum_{k=1}^{20}(a_k^2+2a_k+1)$$
$$=\sum_{k=1}^{20}a_k^2+2\sum_{k=1}^{20}a_k+\sum_{k=1}^{20}1$$
$$=20+2\cdot5+1\cdot20=50$$

586 답 ④

$\sum_{k=1}^{20}a_k=3\cdot20^2=1200$, $\sum_{k=1}^{20}b_k=-4\cdot20=-80$이므로

$$\sum_{k=1}^{20}(a_k+10b_k+15)=\sum_{k=1}^{20}a_k+10\sum_{k=1}^{20}b_k+\sum_{k=1}^{20}15$$
$$=1200+10\cdot(-80)+15\cdot20=700$$

587 답 8

$3(a_k+b_k)+(2a_k-3b_k)=5a_k$이므로 ← a_k+b_k와 $2a_k-3b_k$를 연립하여 b_k를 소거할 수 있는 식을 찾는다.

$$\sum_{k=1}^{10}3(a_k+b_k)+\sum_{k=1}^{10}(2a_k-3b_k)=5\sum_{k=1}^{10}a_k$$

또한,

$$\sum_{k=1}^{10}3(a_k+b_k)+\sum_{k=1}^{10}(2a_k-3b_k)=3\cdot(-20)+100=40$$

이므로 $5\sum_{k=1}^{10}a_k=40$

$$\therefore \sum_{k=1}^{10}a_k=8$$

다른 풀이

$\sum_{k=1}^{10}a_k=\alpha$, $\sum_{k=1}^{10}b_k=\beta$라 하자.

$\sum_{k=1}^{10}(a_k+b_k)=-20$에서 $\sum_{k=1}^{10}a_k+\sum_{k=1}^{10}b_k=-20$

$\therefore \alpha+\beta=-20$ …… ㉠

$\sum_{k=1}^{10}(2a_k-3b_k)=100$에서 $2\sum_{k=1}^{10}a_k-3\sum_{k=1}^{10}b_k=100$

$\therefore 2\alpha-3\beta=100$ …… ㉡

㉠, ㉡을 연립하여 풀면

$\alpha=8$, $\beta=-28$

$$\therefore \sum_{k=1}^{10}a_k=8$$

588 답 10

$2a_kb_k=(a_k+b_k)^2-(a_k^2+b_k^2)$이므로

$$\sum_{k=1}^{20}2a_kb_k=\sum_{k=1}^{20}\{(a_k+b_k)^2-(a_k^2+b_k^2)\}$$
$$=\sum_{k=1}^{20}(a_k+b_k)^2-\sum_{k=1}^{20}(a_k^2+b_k^2)$$
$$=50-30=20$$
$$\therefore \sum_{k=1}^{20}a_kb_k=\frac{1}{2}\sum_{k=1}^{20}2a_kb_k=\frac{1}{2}\cdot20=10$$

589 답 ③

$$\sum_{k=1}^{6}(2^k+1)^2=\sum_{k=1}^{6}(2^{2k}+2\cdot2^k+1)$$
$$=\sum_{k=1}^{6}4^k+2\sum_{k=1}^{6}2^k+\sum_{k=1}^{6}1$$
$$=\frac{4(4^6-1)}{4-1}+2\cdot\frac{2(2^6-1)}{2-1}+1\cdot6$$
$$=5460+252+6=5718$$

일반항이 $a_n=4^n$인 등비수열 $\{a_n\}$의 첫째항부터 제6항까지의 합

590 답 ⑤

$$\sum_{k=1}^{10}(3^k-3^{-k})^2=\sum_{k=1}^{10}(3^{2k}-2+3^{-2k})$$
$$=\sum_{k=1}^{10}9^k-\sum_{k=1}^{10}2+\sum_{k=1}^{10}\left(\frac{1}{9}\right)^k$$
$$=\frac{9(9^{10}-1)}{9-1}-2\cdot10+\frac{\frac{1}{9}\left\{1-\left(\frac{1}{9}\right)^{10}\right\}}{1-\frac{1}{9}}$$
$$=\frac{9^{11}}{8}-\frac{9}{8}-20+\frac{1}{8}-\frac{1}{8}\left(\frac{1}{9}\right)^{10}$$
$$=\frac{9^{11}}{8}-\frac{1}{8}\left(\frac{1}{9}\right)^{10}-21$$

일반항이 $a_n=\left(\frac{1}{9}\right)^n$인 등비수열 $\{a_n\}$의 첫째항부터 제10항까지의 합

591 답 ②

$S_n=\frac{1\cdot(3^n-1)}{3-1}=\frac{3^n-1}{2}$이므로

$$\sum_{k=1}^{20}S_k=\sum_{k=1}^{20}\frac{3^k-1}{2}=\frac{1}{2}\sum_{k=1}^{20}3^k-\sum_{k=1}^{20}\frac{1}{2}$$
$$=\frac{1}{2}\cdot\frac{3(3^{20}-1)}{3-1}-\frac{1}{2}\cdot20$$
$$=\frac{3^{21}-3}{4}-10=\frac{3^{21}}{4}-\frac{43}{4}$$

592 답 ④

$$\sum_{k=1}^{10}(2k)^2+\sum_{k=1}^{10}(2k+1)^2=\sum_{k=1}^{10}4k^2+\sum_{k=1}^{10}(4k^2+4k+1)$$
$$=8\sum_{k=1}^{10}k^2+4\sum_{k=1}^{10}k+\sum_{k=1}^{10}1$$
$$=8\cdot\frac{10\cdot11\cdot21}{6}+4\cdot\frac{10\cdot11}{2}+1\cdot10$$
$$=3080+220+10=3310$$

선생님 톡톡

괄호 안의 다항식을 정리한 후 $\sum k$, $\sum k^2$, $\sum k^3$ 꼴로 나누어 계산한다.

593 답 3090

다른 문자를 사용해도 그 값은 같다.

$$\sum_{k=1}^{10}(k^3-k^2)+\sum_{i=1}^{10}(i^2+i+1)=\sum_{k=1}^{10}(k^3-k^2)+\sum_{k=1}^{10}(k^2+k+1)$$
$$=\sum_{k=1}^{10}(k^3+k+1)$$
$$=\sum_{k=1}^{10}k^3+\sum_{k=1}^{10}k+\sum_{k=1}^{10}1$$
$$=\left(\frac{10\cdot11}{2}\right)^2+\frac{10\cdot11}{2}+1\cdot10$$
$$=3025+55+10=3090$$

594 답 ③

$$\sum_{k=1}^{n+1}(k^2-3k)=\sum_{k=1}^{n+1}k^2-3\sum_{k=1}^{n+1}k$$
$$=\frac{(n+1)(n+2)(2n+3)}{6}-3\cdot\frac{(n+1)(n+2)}{2}$$
$$=\frac{(n+1)(n+2)(n-3)}{3}=28$$

에서 $(n+1)(n+2)(n-3)-84=0$

$n^3-7n-90=0$, $(n-5)(n^2+5n+18)=0$

$\therefore n=5$ ($\because n$은 자연수)

595 답 945

$1^2+2^2+3^2+\cdots+k^2=\sum_{i=1}^{k}i^2=\frac{k(k+1)(2k+1)}{6}$이므로

$$\sum_{k=1}^{10}\frac{6(1^2+2^2+3^2+\cdots+k^2)}{k}=\sum_{k=1}^{10}\frac{6\cdot\frac{k(k+1)(2k+1)}{6}}{k}$$
$$=\sum_{k=1}^{10}(k+1)(2k+1)$$
$$=\sum_{k=1}^{10}(2k^2+3k+1)$$
$$=2\sum_{k=1}^{10}k^2+3\sum_{k=1}^{10}k+\sum_{k=1}^{10}1$$
$$=2\cdot\frac{10\cdot11\cdot21}{6}+3\cdot\frac{10\cdot11}{2}+1\cdot10$$
$$=770+165+10=945$$

596 답 ⑤

수열 1×4, 2×5, 3×6, $\cdots$, 15×18의 일반항을 a_n이라 하면

$a_n=n(n+3)=n^2+3n$ ← 규칙성을 찾아서 a_n을 유추한다.

$$\therefore 1\times4+2\times5+3\times6+\cdots+15\times18=\sum_{k=1}^{15}a_k=\sum_{k=1}^{15}(k^2+3k)$$
$$=\frac{15\times16\times31}{6}+3\times\frac{15\times16}{2}$$
$$=1240+360=1600$$

597 답 ④

주어진 수열의 일반항을 a_n이라 하면

$a_n=n(n+1)^2=n^3+2n^2+n$

따라서 첫째항부터 제10항까지의 합은

$$\sum_{k=1}^{10}a_k=\sum_{k=1}^{10}(k^3+2k^2+k)$$
$$=\left(\frac{10\times11}{2}\right)^2+2\times\frac{10\times11\times21}{6}+\frac{10\times11}{2}$$
$$=3025+770+55=3850$$

598 답 ①

주어진 수열의 일반항을 a_n이라 하면

$$a_n=1+2+2^2+\cdots+2^{n-1}=\frac{1(2^n-1)}{2-1}=2^n-1$$

즉, 주어진 수열의 첫째항부터 제30항까지의 합은

$$\sum_{k=1}^{30}a_k=\sum_{k=1}^{30}(2^k-1)$$
$$=\frac{2(2^{30}-1)}{2-1}-1\cdot30$$
$$=2^{31}-32$$

따라서 $a=31$, $b=32$이므로

$a+b=31+32=63$

599 답 ④

수열 $\frac{1}{n}$, $\frac{2}{n}$, $\frac{3}{n}$, $\cdots$, $\frac{n}{n}$의 제k항을 a_k라 하면

$$a_k=\frac{k}{n}$$
$$\therefore S_n=\sum_{k=1}^{n}a_k=\sum_{k=1}^{n}\frac{k}{n}=\frac{1}{n}\sum_{k=1}^{n}k$$
$$=\frac{1}{n}\cdot\frac{n(n+1)}{2}=\frac{n+1}{2}$$
$$\therefore S_{25}=\frac{25+1}{2}=13$$

600 답 ②

수열 $\frac{1^2}{n(n+1)}$, $\frac{2^2}{n(n+1)}$, $\frac{3^2}{n(n+1)}$, $\cdots$, $\frac{n^2}{n(n+1)}$의 제k항을 a_k라 하면

$$a_k=\frac{k^2}{n(n+1)}$$
$$\therefore \frac{1^2}{n(n+1)}+\frac{2^2}{n(n+1)}+\frac{3^2}{n(n+1)}+\cdots+\frac{n^2}{n(n+1)}$$
$$=\sum_{k=1}^{n}a_k=\sum_{k=1}^{n}\frac{k^2}{n(n+1)}=\frac{1}{n(n+1)}\sum_{k=1}^{n}k^2$$
$$=\frac{1}{n(n+1)}\cdot\frac{n(n+1)(2n+1)}{6}=\frac{2n+1}{6}$$

601 답 ②

수열 $1\times n$, $2\times(n-1)$, $3\times(n-2)$, $\cdots$, $n\times1$의 제k항을 a_k라 하면

$a_k=k(n-k+1)$

$$\therefore 1\times n+2\times(n-1)+3\times(n-2)+\cdots+n\times1$$
$$=\sum_{k=1}^{n}a_k=\sum_{k=1}^{n}k(n-k+1)$$
$$=\sum_{k=1}^{n}\{-k^2+(n+1)k\}$$
$$=-\frac{n(n+1)(2n+1)}{6}+(n+1)\times\frac{n(n+1)}{2}$$
$$=\frac{n(n+1)(n+2)}{6}$$

따라서 $a=1$, $b=2$, $c=6$ 또는 $a=2$, $b=1$, $c=6$이므로
$a+b+c=9$

602 답 ②

$$\sum_{n=1}^{8}\left\{\sum_{k=1}^{n}(k+n)\right\}=\sum_{n=1}^{8}\left(\sum_{k=1}^{n}k+\sum_{k=1}^{n}n\right)$$

k에 대한 수열의 합이므로 n은 상수이다.

$$=\sum_{n=1}^{8}\left\{\frac{n(n+1)}{2}+n^2\right\}$$
$$=\sum_{n=1}^{8}\left(\frac{3}{2}n^2+\frac{1}{2}n\right)$$
$$=\frac{3}{2}\cdot\frac{8\cdot9\cdot17}{6}+\frac{1}{2}\cdot\frac{8\cdot9}{2}$$
$$=306+18=324$$

603 답 266

$$\sum_{n=1}^{6}\left(\sum_{m=1}^{n}mn\right)=\sum_{n=1}^{6}\left(n\sum_{m=1}^{n}m\right)$$

m에 대한 수열의 합이므로 n은 상수이다.

$$=\sum_{n=1}^{6}\left\{n\cdot\frac{n(n+1)}{2}\right\}$$
$$=\frac{1}{2}\sum_{n=1}^{6}(n^3+n^2)$$
$$=\frac{1}{2}\left\{\left(\frac{6\cdot7}{2}\right)^2+\frac{6\cdot7\cdot13}{6}\right\}$$
$$=\frac{1}{2}(441+91)=266$$

604 답 2

$$\sum_{n=1}^{5}\left[\sum_{m=1}^{n}\left\{\sum_{k=1}^{m}(n+a)\right\}\right]=\sum_{n=1}^{5}\left\{\sum_{m=1}^{n}(n+a)m\right\}$$
$$=\sum_{n=1}^{5}\left\{(n+a)\cdot\frac{n(n+1)}{2}\right\}$$
$$=\frac{1}{2}\sum_{n=1}^{5}\{n^3+(1+a)n^2+an\}$$
$$=\frac{1}{2}\left\{\left(\frac{5\cdot6}{2}\right)^2+(1+a)\cdot\frac{5\cdot6\cdot11}{6}+a\cdot\frac{5\cdot6}{2}\right\}$$
$$=\frac{1}{2}(280+70a)$$
$$=140+35a=210$$

이므로 $35a=70$
$\therefore a=2$

605 답 ④

이차방정식의 근과 계수의 관계에 의하여
$m+n=13$, $mn=30$

$$\therefore \sum_{i=1}^{m}\left\{\sum_{j=1}^{n}(i+j)\right\}=\sum_{i=1}^{m}\left(\sum_{j=1}^{n}i+\sum_{j=1}^{n}j\right)$$
$$=\sum_{i=1}^{m}\left\{in+\frac{n(n+1)}{2}\right\}$$
$$=n\cdot\frac{m(m+1)}{2}+\frac{n(n+1)}{2}\cdot m$$
$$=\frac{mn}{2}(m+n+2)$$
$$=\frac{30}{2}(13+2)=225$$

다른 풀이

$x^2-13x+30=0$에서 $(x-3)(x-10)=0$
$\therefore x=3$ 또는 $x=10$
이때 $m=3$, $n=10$이라 하면

$m=10$, $n=3$이라 해도 계산 결과는 같다.

$$\sum_{i=1}^{m}\left\{\sum_{j=1}^{n}(i+j)\right\}=\sum_{i=1}^{3}\left\{\sum_{j=1}^{10}(i+j)\right\}$$
$$=\sum_{i=1}^{3}\left(\sum_{j=1}^{10}i+\sum_{j=1}^{10}j\right)$$
$$=\sum_{i=1}^{3}\left(10i+\frac{10\cdot11}{2}\right)$$
$$=10\cdot\frac{3\cdot4}{2}+55\cdot3$$
$$=60+165=225$$

606 답 ③

수열 $\{a_n\}$의 첫째항부터 제n항까지의 합을 S_n이라 하면
$S_n=n^2$
(i) $n=1$일 때, $a_1=S_1=1$
(ii) $n\geq2$일 때

$$a_n=S_n-S_{n-1}$$
$$=n^2-(n-1)^2$$
$$=2n-1 \quad \cdots\cdots ㉠$$

이때 $a_1=1$은 ㉠에 $n=1$을 대입한 것과 같으므로
$a_n=2n-1$
따라서 $a_{2k-1}=2(2k-1)-1=4k-3$이므로

$$\sum_{k=1}^{10}a_{2k-1}=\sum_{k=1}^{10}(4k-3)$$
$$=4\cdot\frac{10\cdot11}{2}-3\cdot10$$
$$=220-30=190$$

607 답 ④

수열 $\{a_n\}$의 첫째항부터 제n항까지의 합을 S_n이라 하면
$S_n=n^3-2n^2+n$
$n\geq2$일 때

$$a_n=S_n-S_{n-1}$$
$$=(n^3-2n^2+n)-\{(n-1)^3-2(n-1)^2+(n-1)\}$$
$$=3n^2-7n+4$$

따라서 $a_{2k}=3\cdot(2k)^2-7\cdot2k+4=12k^2-14k+4$이므로

$$\sum_{k=1}^{5}a_{2k}=\sum_{k=1}^{5}(12k^2-14k+4)$$
$$=12\cdot\frac{5\cdot6\cdot11}{6}-14\cdot\frac{5\cdot6}{2}+4\cdot5$$
$$=660-210+20=470$$

608 답 ②

수열 $\{a_n\}$의 첫째항부터 제n항까지의 합을 S_n이라 하면
$S_n=3^n-1$
(i) $n=1$일 때, $a_1=S_1=2$
(ii) $n\geq2$일 때

$$a_n=S_n-S_{n-1}$$
$$=(3^n-1)-(3^{n-1}-1)$$
$$=2\cdot3^{n-1} \quad \cdots\cdots ㉠$$

이때 $a_1=2$는 ㉠에 $n=1$을 대입한 것과 같으므로
$a_n=2\cdot3^{n-1}$

$$\therefore \sum_{k=1}^{10}\frac{1}{a_k}=\sum_{k=1}^{10}\frac{1}{2\cdot3^{k-1}}=\frac{1}{2}\sum_{k=1}^{10}\left(\frac{1}{3}\right)^{k-1}$$
$$=\frac{1}{2}\cdot\frac{1\left\{1-\left(\frac{1}{3}\right)^{10}\right\}}{1-\frac{1}{3}}$$
$$=\frac{3}{4}\left(1-\frac{1}{3^{10}}\right)$$

개념 체크 Concept

• 본문 127쪽

609 답 (1) $\frac{10}{11}$ (2) $\frac{175}{132}$

(1) $\sum_{k=1}^{10}\frac{1}{k(k+1)}=\sum_{k=1}^{10}\frac{1}{(k+1)-k}\left(\frac{1}{k}-\frac{1}{k+1}\right)$

$=\sum_{k=1}^{10}\left(\frac{1}{k}-\frac{1}{k+1}\right)$

$=\left(1-\frac{1}{2}\right)+\left(\frac{1}{2}-\frac{1}{3}\right)+\left(\frac{1}{3}-\frac{1}{4}\right)+\cdots+\left(\frac{1}{10}-\frac{1}{11}\right)$

$=1-\frac{1}{11}=\frac{10}{11}$

(2) $\sum_{k=2}^{11}\frac{2}{(k-1)(k+1)}=\sum_{k=2}^{11}\frac{2}{(k+1)-(k-1)}\left(\frac{1}{k-1}-\frac{1}{k+1}\right)$

$=\sum_{k=2}^{11}\left(\frac{1}{k-1}-\frac{1}{k+1}\right)$

$=\left(1-\frac{1}{3}\right)+\left(\frac{1}{2}-\frac{1}{4}\right)+\left(\frac{1}{3}-\frac{1}{5}\right)+\cdots+\left(\frac{1}{9}-\frac{1}{11}\right)+\left(\frac{1}{10}-\frac{1}{12}\right)$

$=1+\frac{1}{2}-\frac{1}{11}-\frac{1}{12}$

$=\frac{175}{132}$

선생님 톡톡

부분분수로의 변형으로 값을 소거할 때는 어떤 규칙으로 소거되는지 파악하는 게 중요해.

610 답 (1) 6 (2) 4

(1) $\sum_{k=1}^{15}\frac{2}{\sqrt{k}+\sqrt{k+1}}=2\sum_{k=1}^{15}\frac{\sqrt{k+1}-\sqrt{k}}{(\sqrt{k+1}+\sqrt{k})(\sqrt{k+1}-\sqrt{k})}$

$=2\sum_{k=1}^{15}\frac{\sqrt{k+1}-\sqrt{k}}{(k+1)-k}$

$=2\sum_{k=1}^{15}(\sqrt{k+1}-\sqrt{k})$

$=2\{(\sqrt{2}-1)+(\sqrt{3}-\sqrt{2})+(\sqrt{4}-\sqrt{3})+\cdots+(\sqrt{16}-\sqrt{15})\}$

$=2(4-1)=6$

(2) $\sum_{k=1}^{4}\frac{4}{\sqrt{2k-1}+\sqrt{2k+1}}$

$=4\sum_{k=1}^{4}\frac{\sqrt{2k+1}-\sqrt{2k-1}}{(\sqrt{2k+1}+\sqrt{2k-1})(\sqrt{2k+1}-\sqrt{2k-1})}$

$=4\sum_{k=1}^{4}\frac{\sqrt{2k+1}-\sqrt{2k-1}}{(2k+1)-(2k-1)}=2\sum_{k=1}^{4}(\sqrt{2k+1}-\sqrt{2k-1})$

$=2\{(\sqrt{3}-1)+(\sqrt{5}-\sqrt{3})+(\sqrt{7}-\sqrt{5})+(\sqrt{9}-\sqrt{7})\}$

$=2(3-1)=4$

611 답 $9\times2^{11}+2$

$S=1\times2+2\times2^2+3\times2^3+\cdots+10\times2^{10}$이라 하면

$2S=1\times2^2+2\times2^3+\cdots+9\times2^{10}+10\times2^{11}$

$$\begin{array}{rl} S= & 1\times2+2\times2^2+3\times2^3+\cdots+10\times2^{10} \\ -)\ 2S= & \quad 1\times2^2+2\times2^3+\cdots+9\times2^{10}+10\times2^{11} \\ \hline -S= & 2+2^2+2^3+\cdots+2^{10}-10\times2^{11} \end{array}$$

$\therefore S=-(2+2^2+2^3+\cdots+2^{10})+10\times2^{11}$

$=-\frac{2(2^{10}-1)}{2-1}+10\times2^{11}=9\times2^{11}+2$

612 답 (1) $(1, 2, 3, \cdots, n)$ (2) $\frac{n(n+1)}{2}$ (3) 5

(1) 첫 번째 군은 (1), 2번째 군은 $(1, 2)$, 3번째 군은 $(1, 2, 3)$, ⋯
따라서 n번째 군은 $(1, 2, 3, \cdots, n)$이다.

(2) n번째 군의 항의 개수가 n이므로 첫 번째 군부터 n번째 군까지의 항의 개수는
$\sum_{k=1}^{n}k=\frac{n(n+1)}{2}$

(3) $n=9$일 때, $\frac{9(9+1)}{2}=45$
$n=10$일 때, $\frac{10(10+1)}{2}=55$
따라서 제50항은 제10군의 5번째 항이므로 5이다.

유형 마스터 Pattern

• 본문 128~130쪽

613 답 ⑤

수열 $\frac{1}{2^2-1}, \frac{1}{4^2-1}, \frac{1}{6^2-1}, \cdots, \frac{1}{20^2-1}$의 일반항을 a_n이라 하면

$a_n=\frac{1}{(2n)^2-1}=\frac{1}{(2n-1)(2n+1)}$

$=\frac{1}{2}\left(\frac{1}{2n-1}-\frac{1}{2n+1}\right)$

$\therefore \frac{1}{2^2-1}+\frac{1}{4^2-1}+\frac{1}{6^2-1}+\cdots+\frac{1}{20^2-1}$

$=\sum_{k=1}^{10}a_k=\sum_{k=1}^{10}\frac{1}{2}\left(\frac{1}{2k-1}-\frac{1}{2k+1}\right)$

$=\frac{1}{2}\left\{\left(1-\frac{1}{3}\right)+\left(\frac{1}{3}-\frac{1}{5}\right)+\left(\frac{1}{5}-\frac{1}{7}\right)+\cdots+\left(\frac{1}{19}-\frac{1}{21}\right)\right\}$

$=\frac{1}{2}\left(1-\frac{1}{21}\right)=\frac{10}{21}$

614 답 $\frac{200}{101}$

수열 $1, \frac{1}{1+2}, \frac{1}{1+2+3}, \cdots, \frac{1}{1+2+3+\cdots+100}$의 일반항을 a_n이라 하면

$a_n=\frac{1}{1+2+3+\cdots+n}=\frac{1}{\sum_{i=1}^{n}i}$

$=\frac{2}{n(n+1)}=2\left(\frac{1}{n}-\frac{1}{n+1}\right)$

$\therefore 1+\frac{1}{1+2}+\frac{1}{1+2+3}+\cdots+\frac{1}{1+2+3+\cdots+100}$

$=\sum_{k=1}^{100}a_k=\sum_{k=1}^{100}2\left(\frac{1}{k}-\frac{1}{k+1}\right)$

$=2\left\{\left(1-\frac{1}{2}\right)+\left(\frac{1}{2}-\frac{1}{3}\right)+\left(\frac{1}{3}-\frac{1}{4}\right)+\cdots+\left(\frac{1}{100}-\frac{1}{101}\right)\right\}$

$=2\left(1-\frac{1}{101}\right)=\frac{200}{101}$

615 답 ③

$(g\circ f)(k)=g(f(k))=g(2k+2)$

$=(2k+2)^2-1=(2k+1)(2k+3)$

$\therefore \sum_{k=1}^{10} \frac{4}{(g \circ f)(k)}$

$= \sum_{k=1}^{10} \frac{4}{(2k+1)(2k+3)} = \sum_{k=1}^{10} 2\left(\frac{1}{2k+1} - \frac{1}{2k+3}\right)$

$= 2\left\{\left(\frac{1}{3} - \frac{1}{5}\right) + \left(\frac{1}{5} - \frac{1}{7}\right) + \left(\frac{1}{7} - \frac{1}{9}\right) + \cdots + \left(\frac{1}{21} - \frac{1}{23}\right)\right\}$

$= 2\left(\frac{1}{3} - \frac{1}{23}\right) = \frac{40}{69}$

616 답 ②

수열 $\frac{2}{\sqrt{1}+\sqrt{3}}, \frac{2}{\sqrt{2}+\sqrt{4}}, \frac{2}{\sqrt{3}+\sqrt{5}}, \cdots, \frac{2}{\sqrt{7}+\sqrt{9}}$의 일반항을 a_n이라 하면

$a_n = \frac{2}{\sqrt{n}+\sqrt{n+2}} = \frac{2(\sqrt{n+2}-\sqrt{n})}{(\sqrt{n+2}+\sqrt{n})(\sqrt{n+2}-\sqrt{n})}$

$= \sqrt{n+2} - \sqrt{n}$

$\therefore \frac{2}{\sqrt{1}+\sqrt{3}} + \frac{2}{\sqrt{2}+\sqrt{4}} + \frac{2}{\sqrt{3}+\sqrt{5}} + \cdots + \frac{2}{\sqrt{7}+\sqrt{9}}$

$= \sum_{k=1}^{7} a_k = \sum_{k=1}^{7} (\sqrt{k+2} - \sqrt{k})$

$= (\sqrt{3}-1) + (\sqrt{4}-\sqrt{2}) + (\sqrt{5}-\sqrt{3}) + \cdots + (\sqrt{8}-\sqrt{6}) + (\sqrt{9}-\sqrt{7})$

$= 3 + 2\sqrt{2} - \sqrt{2} - 1 = 2 + \sqrt{2}$

617 답 ②

$\frac{1}{a_k} = \frac{2}{\sqrt{2k-1}+\sqrt{2k+1}}$

$= \frac{2(\sqrt{2k+1}-\sqrt{2k-1})}{(\sqrt{2k+1}+\sqrt{2k-1})(\sqrt{2k+1}-\sqrt{2k-1})}$

$= \sqrt{2k+1} - \sqrt{2k-1}$

즉,

$\sum_{k=1}^{n} \frac{1}{a_k} = \sum_{k=1}^{n} (\sqrt{2k+1} - \sqrt{2k-1})$

$= (\sqrt{3}-1) + (\sqrt{5}-\sqrt{3}) + (\sqrt{7}-\sqrt{5}) + \cdots + (\sqrt{2n+1}-\sqrt{2n-1})$

$= \sqrt{2n+1} - 1 = 8$

이므로 $\sqrt{2n+1} = 9$, $2n+1 = 81$

$2n = 80 \qquad \therefore n = 40$

618 답 ②

$\sum_{k=1}^{8} \frac{k+1}{\sqrt{k^2+k}+\sqrt{k^2+3k+2}}$

$= \sum_{k=1}^{8} \frac{(k+1)(\sqrt{k^2+3k+2}-\sqrt{k^2+k})}{(\sqrt{k^2+3k+2}+\sqrt{k^2+k})(\sqrt{k^2+3k+2}-\sqrt{k^2+k})}$

$= \sum_{k=1}^{8} \frac{(k+1)(\sqrt{k^2+3k+2}-\sqrt{k^2+k})}{(k^2+3k+2)-(k^2+k)}$

$= \sum_{k=1}^{8} \frac{(k+1)(\sqrt{k^2+3k+2}-\sqrt{k^2+k})}{2(k+1)}$

$= \sum_{k=1}^{8} \frac{\sqrt{k^2+3k+2}-\sqrt{k^2+k}}{2}$

$= \sum_{k=1}^{8} \frac{\sqrt{(k+1)(k+2)}-\sqrt{k(k+1)}}{2}$

$= \frac{1}{2}\{(\sqrt{2\cdot 3}-\sqrt{1\cdot 2}) + (\sqrt{3\cdot 4}-\sqrt{2\cdot 3}) + (\sqrt{4\cdot 5}-\sqrt{3\cdot 4}) + \cdots + (\sqrt{9\cdot 10}-\sqrt{8\cdot 9})\}$

$= \frac{1}{2}(3\sqrt{10}-\sqrt{2})$

619 답 5

$\sum_{k=1}^{31} a_k = \sum_{k=1}^{31} \log_2 \frac{k+1}{k}$

$= \log_2 \frac{2}{1} + \log_2 \frac{3}{2} + \log_2 \frac{4}{3} + \cdots + \log_2 \frac{32}{31}$

$= \log_2 \left(\frac{2}{1} \cdot \frac{3}{2} \cdot \frac{4}{3} \cdot \cdots \cdot \frac{32}{31}\right)$

$= \log_2 32$

$= \log_2 2^5 = 5$

다른 풀이

$\sum_{k=1}^{31} a_k = \sum_{k=1}^{31} \log_2 \frac{k+1}{k}$

$= \sum_{k=1}^{31} \{\log_2 (k+1) - \log_2 k\}$

$= (\log_2 2 - \log_2 1) + (\log_2 3 - \log_2 2) + (\log_2 4 - \log_2 3) + \cdots + (\log_2 32 - \log_2 31)$

$= \log_2 32 - \underbrace{\log_2 1}_{0} = \log_2 2^5 = 5$

620 답 ②

$\sum_{k=1}^{n} \log_5 \frac{2k+3}{2k+1} = \log_5 \frac{5}{3} + \log_5 \frac{7}{5} + \log_5 \frac{9}{7} + \cdots + \log_5 \frac{2n+3}{2n+1}$

$= \log_5 \left(\frac{5}{3} \cdot \frac{7}{5} \cdot \frac{9}{7} \cdot \cdots \cdot \frac{2n+3}{2n+1}\right)$

$= \log_5 \frac{2n+3}{3} = 3$

에서 $\log_5 \frac{2n+3}{3} = \log_5 5^3$

$\frac{2n+3}{3} = 125$, $2n = 372$

$\therefore n = 186$

621 답 ②

$\sum_{k=2}^{27} \log_3 \frac{k^2-1}{k^2} = \sum_{k=2}^{27} \log_3 \frac{(k-1)(k+1)}{k\cdot k}$

$= \log_3 \frac{1\cdot 3}{2\cdot 2} + \log_3 \frac{2\cdot 4}{3\cdot 3} + \log_3 \frac{3\cdot 5}{4\cdot 4} + \cdots + \log_3 \frac{26\cdot 28}{27\cdot 27}$

$= \log_3 \left(\frac{1}{2} \cdot \frac{3}{2} \cdot \frac{2}{3} \cdot \frac{4}{3} \cdot \frac{3}{4} \cdot \frac{5}{4} \cdot \cdots \cdot \frac{26}{27} \cdot \frac{28}{27}\right)$

$= \log_3 \left(\frac{1}{2} \cdot \frac{28}{27}\right) = \log_3 \frac{14}{27}$

$= \log_3 14 - \log_3 3^3$

$= \log_3 14 - 3$

622 답 ③

$S = \sum_{k=1}^{10} (k \times 2^{k-1})$이라 하면

$S = 1\times 1 + 2\times 2 + 3\times 2^2 + \cdots + 10\times 2^9$

$2S = 1\times 2 + 2\times 2^2 + \cdots + 9\times 2^9 + 10\times 2^{10}$

$$\begin{array}{rl} S = & 1\times 1 + 2\times 2 + 3\times 2^2 + \cdots + 10\times 2^9 \\ -\big)\ 2S = & \qquad 1\times 2 + 2\times 2^2 + \cdots + 9\times 2^9 + 10\times 2^{10} \\ \hline -S = & 1 + 2 + 2^2 + \cdots + 2^9 - 10\times 2^{10} \end{array}$$

$\therefore S = -(1+2+2^2+\cdots+2^9) + 10\times 2^{10}$

$= -\frac{1(2^{10}-1)}{2-1} + 10\times 2^{10} = 9\times 2^{10} + 1$

따라서 $a=9$, $b=1$이므로

$a+b = 9+1 = 10$

623 답 ①

$S=\frac{1}{2}+\frac{2}{2^2}+\frac{3}{2^3}+\cdots+\frac{20}{2^{20}}$이라 하면

$\frac{1}{2}S=\frac{1}{2^2}+\frac{2}{2^3}+\cdots+\frac{19}{2^{20}}+\frac{20}{2^{21}}$

$$\begin{array}{rl} S= & \frac{1}{2}+\frac{2}{2^2}+\frac{3}{2^3}+\cdots+\frac{20}{2^{20}} \\ -\big)\ \frac{1}{2}S= & \qquad\frac{1}{2^2}+\frac{2}{2^3}+\cdots+\frac{19}{2^{20}}+\frac{20}{2^{21}} \\ \hline \frac{1}{2}S= & \frac{1}{2}+\frac{1}{2^2}+\frac{1}{2^3}+\cdots+\frac{1}{2^{20}}-\frac{20}{2^{21}} \end{array}$$

$\therefore S=\left(1+\frac{1}{2}+\frac{1}{2^2}+\cdots+\frac{1}{2^{19}}\right)-\frac{20}{2^{20}}$

$=\frac{1\left\{1-\left(\frac{1}{2}\right)^{20}\right\}}{1-\frac{1}{2}}-\frac{20}{2^{20}}$

$=2-\frac{11}{2^{19}}$

624 답 ⑤

$f(3)=3+3\cdot3^2+5\cdot3^3+\cdots+19\cdot3^{10}$이므로

$3f(3)=1\cdot3^2+3\cdot3^3+5\cdot3^4+\cdots+17\cdot3^{10}+19\cdot3^{11}$

$$\begin{array}{rl} f(3)= & 3+3\cdot3^2+5\cdot3^3+\cdots+19\cdot3^{10} \\ -\big)\ 3f(3)= & \quad 1\cdot3^2+3\cdot3^3+\cdots+17\cdot3^{10}+19\cdot3^{11} \\ \hline -2f(3)= & 3+2\cdot3^2+2\cdot3^3+\cdots+2\cdot3^{10}-19\cdot3^{11} \end{array}$$

$\therefore 2f(3)=-3-2(3^2+3^3+\cdots+3^{10})+19\cdot3^{11}$

$=-3-2\cdot\frac{3^2(3^9-1)}{3-1}+19\cdot3^{11}$

$=18\cdot3^{11}+6$

$\therefore f(3)=9\cdot3^{11}+3=3^{13}+3$

625 답 ④

주어진 수열을

$\underset{\text{제1군}}{(1)}$, $\underset{\text{제2군}}{(2, 1)}$, $\underset{\text{제3군}}{(3, 2, 1)}$, $\underset{\text{제4군}}{(4, 3, 2, 1)}$, $\cdots$

과 같이 묶으면 제n군의 첫 번째 항은 n이므로 처음으로 나타나는 20은 제20군의 첫 번째 항이다.

이때 제n군의 항의 개수는 n이므로 제1군부터 제19군까지의 항의 개수는

$\sum_{k=1}^{19}k=\frac{19\cdot20}{2}=190$

따라서 $190+1=191$이므로 처음으로 나타나는 20은 제191항이다.

(1: 제20군의 첫 번째 항)
(190: 제1군부터 제19군까지에 포함된 모든 항의 개수)

626 답 ②

주어진 수열을

$\underset{\text{제1군}}{\left(\frac{1}{2}\right)}$, $\underset{\text{제2군}}{\left(\frac{1}{3}, \frac{2}{3}\right)}$, $\underset{\text{제3군}}{\left(\frac{1}{4}, \frac{2}{4}, \frac{3}{4}\right)}$, $\underset{\text{제4군}}{\left(\frac{1}{5}, \frac{2}{5}, \frac{3}{5}, \frac{4}{5}\right)}$, $\cdots$

와 같이 묶으면 제n군의 n개의 항의 분모는 모두 $n+1$이고 분자는 각각 1부터 n까지이다.

제1군부터 제n군까지의 항의 개수는

$\sum_{k=1}^{n}k=\frac{n(n+1)}{2}$

즉, $\underset{66}{\frac{11\cdot12}{2}}<\underset{66+4}{70}\le\frac{12\cdot13}{2}$이므로 제70항은 제12군의 4번째 항이다.

이때 제12군은 $\left(\frac{1}{13}, \frac{2}{13}, \frac{3}{13}, \frac{4}{13}, \cdots, \frac{12}{13}\right)$이므로 제70항은 $\frac{4}{13}$이다.

627 답 ①

주어진 수열을

$\underset{\text{제1군}}{\{(1, 3), (3, 1)\}}$, $\underset{\text{제2군}}{\{(1, 5), (3, 3), (5, 1)\}}$,

$\underset{\text{제3군}}{\{(1, 7), (3, 5), (5, 3), (7, 1)\}}$, $\cdots$

과 같이 묶으면 제n군의 첫 번째 항은 $(1, 2n+1)$이다.

제n군의 항의 개수는 $n+1$이므로 제1군부터 제n군까지의 항의 개수는

$\sum_{k=1}^{n}(k+1)=\frac{n(n+1)}{2}+1\cdot n=\frac{n(n+3)}{2}$

즉, $\underset{104}{\frac{13\cdot16}{2}}<\underset{104+6}{110}\le\frac{14\cdot17}{2}$이므로 제110항은 제14군의 6번째 항이다.

이때 제14군은 $\{(1, 29), (3, 27), (5, 25), (7, 23), (9, 21), (11, 19), \cdots, (29, 1)\}$이므로 제110번째 항은 $(11, 19)$이다.

따라서 $a=11$, $b=19$이므로

$a-b=11-19=-8$

628 답 ①

제n행에는 n개의 자연수가 있고, 제n행의 첫 번째 자연수는

{제1행부터 제$(n-1)$행까지의 자연수의 개수}$+1$

이므로 제10행의 왼쪽에서 3번째 수는

$\sum_{k=1}^{9}k+3=\frac{9\cdot10}{2}+3=45+3=48$

Real 실전력 업

• 본문 131~132쪽

629 답 ①

One Point Lesson

Σ의 정의를 이용하여 $\sum_{k=1}^{9}(a_k+a_{k+1})$을 적당히 나열한 후 정리한다.

$\sum_{k=1}^{9}(a_k+a_{k+1})=(a_1+a_2)+(a_2+a_3)+(a_3+a_4)+\cdots+(a_9+a_{10})$

$=2(a_1+a_2+a_3+\cdots+a_{10})-a_1-a_{10}$

$=2\sum_{k=1}^{10}a_k-a_1-a_{10}$

이때 $\sum_{k=1}^{n}(a_k+a_{k+1})=n^2+2n$에서

$\sum_{k=1}^{9}(a_k+a_{k+1})=9^2+2\cdot9=99$이므로

$2\sum_{k=1}^{10}a_k-a_1-a_{10}=99$

$\therefore a_{10}=2\sum_{k=1}^{10}a_k-a_1-99=2\cdot55-1-99=10$

630 답 ②

One Point Lesson

주어진 두 식의 양변을 뺀 후 Σ의 성질을 이용한다.

$\sum_{k=1}^{10}\frac{a_k^2}{a_k+1}-\sum_{k=1}^{10}\frac{1}{a_k+1}=\sum_{k=1}^{10}\frac{a_k^2-1}{a_k+1}=\sum_{k=1}^{10}\frac{(a_k-1)(a_k+1)}{a_k+1}$

$=\sum_{k=1}^{10}(a_k-1)=\sum_{k=1}^{10}a_k-1\cdot10$

$=\sum_{k=1}^{10}a_k-10$

이때

$\sum_{k=1}^{10} \frac{a_k^2}{a_k+1} - \sum_{k=1}^{10} \frac{1}{a_k+1} = 50-5=45$

이므로 $\sum_{k=1}^{10} a_k - 10 = 45$

$\therefore \sum_{k=1}^{10} a_k = 45+10=55$

631 답 ④

One Point Lesson

나머지정리를 이용하여 수열 $\{a_n\}$의 일반항 a_n을 구한다.

→ 다항식 $f(x)$를 일차식 $x-a$로 나누었을 때의 나머지는 $f(a)$이다.

나머지정리에 의하여

$a_n = f(4) = 4^n(4-1) = 3\cdot 4^n$

$$\begin{aligned}\therefore \sum_{k=1}^{100} a_k &= \sum_{k=1}^{100} 3\cdot 4^k \\ &= 3\sum_{k=1}^{100} 4^k \\ &= 3\cdot\frac{4(4^{100}-1)}{4-1} \\ &= 4^{101}-4\end{aligned}$$

632 답 ③

One Point Lesson

주어진 등식의 좌변의 각 항을 수열이라 생각하고 제k항을 구한다.

수열 $\left(\frac{n+1}{n}\right)^2, \left(\frac{n+2}{n}\right)^2, \left(\frac{n+3}{n}\right)^2, \cdots, \left(\frac{2n}{n}\right)^2$의 제$k$항을 a_k라 하면

$a_k = \left(\frac{n+k}{n}\right)^2$

즉,

$$\begin{aligned}&\left(\frac{n+1}{n}\right)^2 + \left(\frac{n+2}{n}\right)^2 + \left(\frac{n+3}{n}\right)^2 + \cdots + \left(\frac{2n}{n}\right)^2 \\ &= \sum_{k=1}^{n} a_k = \sum_{k=1}^{n}\left(\frac{n+k}{n}\right)^2 \\ &= \sum_{k=1}^{n}\left(1+\frac{2k}{n}+\frac{k^2}{n^2}\right) \\ &= \sum_{k=1}^{n} 1 + \frac{2}{n}\sum_{k=1}^{n} k + \frac{1}{n^2}\sum_{k=1}^{n} k^2 \\ &= 1\cdot n + \frac{2}{n}\cdot\frac{n(n+1)}{2} + \frac{1}{n^2}\cdot\frac{n(n+1)(2n+1)}{6} \\ &= n+(n+1)+\frac{(n+1)(2n+1)}{6n} \\ &= \frac{(7n+1)(2n+1)}{6n} \\ &= \frac{5(n-2)^2}{n}\end{aligned}$$

이므로 $30(n-2)^2 = (7n+1)(2n+1)$

$16n^2-129n+119=0$

$(16n-17)(n-7)=0$

$\therefore n=7$ ($\because$ n은 자연수)

633 답 ②

One Point Lesson

n, k가 자연수임을 알고, $\sin\frac{kn\pi}{2}=0$이 되는 조건을 찾는다.

k 또는 n이 짝수일 때, $\sin\frac{kn\pi}{2}=0$이다.

$$\begin{aligned}\therefore &\sum_{n=1}^{10}\left(\sum_{k=1}^{n} 2^k \sin\frac{kn\pi}{2}\right) \\ &= \sum_{n=1}^{10}\left(2\sin\frac{n\pi}{2} + 2^3\sin\frac{3n\pi}{2} + 2^5\sin\frac{5n\pi}{2} + \cdots + 2^n\sin\frac{n^2\pi}{2}\right) \\ &= 2\sin\frac{\pi}{2} + \left(2\sin\frac{3\pi}{2} + 2^3\sin\frac{9\pi}{2}\right) \\ &\quad + \left(2\sin\frac{5\pi}{2} + 2^3\sin\frac{15\pi}{2} + 2^5\sin\frac{25\pi}{2}\right) \\ &\quad + \left(2\sin\frac{7\pi}{2} + 2^3\sin\frac{21\pi}{2} + 2^5\sin\frac{35\pi}{2} + 2^7\sin\frac{49\pi}{2}\right) \\ &\quad + \left(2\sin\frac{9\pi}{2} + 2^3\sin\frac{27\pi}{2} + 2^5\sin\frac{45\pi}{2}\right. \\ &\quad \left. + 2^7\sin\frac{63\pi}{2} + 2^9\sin\frac{81\pi}{2}\right) \\ &= 2+(-2+2^3)+(2-2^3+2^5)+(-2+2^3-2^5+2^7) \\ &\quad +(2-2^3+2^5-2^7+2^9) \\ &= 2+6+26+102+410=546\end{aligned}$$

634 답 ③

One Point Lesson

평균이 $2n+1$임을 이용하여 수열 $\{a_n\}$의 첫째항부터 제n항까지의 합을 구한다.

$\frac{a_1+a_2+a_3+\cdots+a_n}{n} = 2n+1$이므로

$a_1+a_2+a_3+\cdots+a_n = n(2n+1)$

$\therefore \sum_{k=1}^{n} a_k = n(2n+1) = 2n^2+n$

수열 $\{a_n\}$의 첫째항부터 제n항까지의 합을 S_n이라 하면

$S_n = 2n^2+n$에서

(i) $n=1$일 때, $a_1=S_1=3$

(ii) $n\geq 2$일 때

$$\begin{aligned}a_n &= S_n - S_{n-1} \\ &= (2n^2+n) - \{2(n-1)^2+(n-1)\} \\ &= 4n-1 \quad \cdots\cdots \text{㉠}\end{aligned}$$

이때 $a_1=3$은 ㉠에 $n=1$을 대입한 것과 같으므로

$a_n = 4n-1$

$$\begin{aligned}\therefore \sum_{k=1}^{10} a_{2k} &= \sum_{k=1}^{10}(8k-1) \\ &= 8\cdot\frac{10\cdot 11}{2} - 1\cdot 10 \\ &= 440-10=430\end{aligned}$$

635 답 ④

One Point Lesson

자연수의 거듭제곱의 합을 이용하여 분모를 간단히 한다.

$$\begin{aligned}S_n &= \sum_{k=1}^{n}\frac{k(k+1)}{1^3+2^3+3^3+\cdots+k^3} = \sum_{k=1}^{n}\frac{k(k+1)}{\sum_{i=1}^{k} i^3} \\ &= \sum_{k=1}^{n}\frac{k(k+1)}{\left\{\frac{k(k+1)}{2}\right\}^2} = \sum_{k=1}^{n}\frac{4}{k(k+1)} = \sum_{k=1}^{n} 4\left(\frac{1}{k}-\frac{1}{k+1}\right) \\ &= 4\left\{\left(1-\frac{1}{2}\right)+\left(\frac{1}{2}-\frac{1}{3}\right)+\left(\frac{1}{3}-\frac{1}{4}\right)+\cdots+\left(\frac{1}{n}-\frac{1}{n+1}\right)\right\} \\ &= 4\left(1-\frac{1}{n+1}\right) = \frac{4n}{n+1}\end{aligned}$$

이때 $S_m = \frac{27}{7}$에서 $\frac{4m}{m+1} = \frac{27}{7}$

$28m = 27(m+1)$

$\therefore m=27$

636 답 ④

One Point Lesson

주어진 등식의 분모를 유리화하고, $a_{k+1}-a_k=$(공차)임을 이용한다.

등차수열 $\{a_n\}$의 공차를 d $(d>0)$라 하면

$$\sum_{k=1}^{10}\frac{1}{\sqrt{a_k+1}+\sqrt{a_{k+1}+1}}$$

$$=\sum_{k=1}^{10}\frac{\sqrt{a_k+1}-\sqrt{a_{k+1}+1}}{(\sqrt{a_k+1}+\sqrt{a_{k+1}+1})(\sqrt{a_k+1}-\sqrt{a_{k+1}+1})}$$

$$=\sum_{k=1}^{10}\frac{\sqrt{a_k+1}-\sqrt{a_{k+1}+1}}{a_k-a_{k+1}}=\sum_{k=1}^{10}\frac{\sqrt{a_{k+1}+1}-\sqrt{a_k+1}}{a_{k+1}-a_k}$$

$$=\frac{1}{d}\sum_{k=1}^{10}(\sqrt{a_{k+1}+1}-\sqrt{a_k+1})\ (\because\ a_{k+1}-a_k=d)$$

$$=\frac{1}{d}\{(\sqrt{a_2+1}-\sqrt{a_1+1})+(\sqrt{a_3+1}-\sqrt{a_2+1})$$
$$+(\sqrt{a_4+1}-\sqrt{a_3+1})+\cdots+(\sqrt{a_{11}+1}-\sqrt{a_{10}+1})\}$$

$$=\frac{1}{d}(\sqrt{a_{11}+1}-\sqrt{a_1+1})$$

$$=\frac{1}{d}(\sqrt{(-1+10d)+1}-\sqrt{-1+1})$$

$$=\frac{\sqrt{10}}{\sqrt{d}}=\sqrt{2}$$

에서 $\sqrt{d}=\sqrt{5}$ $\quad\therefore\ d=5$

$\therefore\ a_5=-1+4\cdot5=19$

637 답 ①

One Point Lesson

$\log_{k+1}(k+2)$를 분모, 분자가 일정한 규칙이 있는 분수 꼴로 나타낸다.

$$\sum_{k=1}^{62}\log_{\sqrt{6}}\{\log_{k+1}(k+2)\}$$

$$=\sum_{k=1}^{62}2\log_6\frac{\log(k+2)}{\log(k+1)}$$

$$=2\left(\log_6\frac{\log 3}{\log 2}+\log_6\frac{\log 4}{\log 3}+\log_6\frac{\log 5}{\log 4}+\cdots+\log_6\frac{\log 64}{\log 63}\right)$$

$$=2\log_6\left(\frac{\log 3}{\log 2}\cdot\frac{\log 4}{\log 3}\cdot\frac{\log 5}{\log 4}\cdot\cdots\cdot\frac{\log 64}{\log 63}\right)$$

$$=2\log_6\frac{\log 64}{\log 2}=2\log_6(\log_2 64)$$

$$=2\log_6(\log_2 2^6)=2\log_6 6=2$$

638 답 ④

One Point Lesson

$\sum_{k=1}^{10}ka_k=S$라 하고 $S-\frac{1}{2}S$를 계산하여 S의 값을 구한다. (공비: $\frac{1}{2}$)

$a_n=\left(\frac{1}{2}\right)^{n-1}$이므로 $\sum_{k=1}^{10}ka_k=S$라 하면

$$S=\sum_{k=1}^{10}k\left(\frac{1}{2}\right)^{k-1}$$

$$=1+2\cdot\frac{1}{2}+3\left(\frac{1}{2}\right)^2+\cdots+10\left(\frac{1}{2}\right)^9$$

$$\frac{1}{2}S=1\cdot\frac{1}{2}+2\left(\frac{1}{2}\right)^2+3\left(\frac{1}{2}\right)^3+\cdots+9\left(\frac{1}{2}\right)^9+10\left(\frac{1}{2}\right)^{10}$$

$$\begin{array}{rl} S= & 1+2\cdot\frac{1}{2}+3\left(\frac{1}{2}\right)^2+\cdots+10\left(\frac{1}{2}\right)^9 \\ -)\ \frac{1}{2}S= & \quad 1\cdot\frac{1}{2}+2\left(\frac{1}{2}\right)^2+\cdots+9\left(\frac{1}{2}\right)^9+10\left(\frac{1}{2}\right)^{10} \\ \hline \frac{1}{2}S= & 1+\frac{1}{2}+\left(\frac{1}{2}\right)^2+\cdots+\left(\frac{1}{2}\right)^9-10\left(\frac{1}{2}\right)^{10} \end{array}$$

$$\therefore\ S=2+1+\frac{1}{2}+\cdots+\left(\frac{1}{2}\right)^8-10\left(\frac{1}{2}\right)^9$$

$$=\frac{2\left\{1-\left(\frac{1}{2}\right)^{10}\right\}}{1-\frac{1}{2}}-10\left(\frac{1}{2}\right)^9=4-3\left(\frac{1}{2}\right)^7$$

639 답 96

One Point Lesson

각 줄의 첫 번째에 있는 수의 규칙을 파악한다.

각 줄의 첫 번째에 있는 자연수는 차례대로 1^2, 2^2, 3^2, $\cdots$이므로 10번째 줄의 첫 번째에 있는 수는 $10^2=100$이다.

10번째 줄의 첫 번째에 있는 자연수부터 10번째에 있는 자연수까지 1씩 작아지므로 10번째 줄의 왼쪽에서 5번째에 있는 수는

$100-4=96$ ← n번째 줄의 첫 번째에 있는 수부터 n번째에 있는 수까지 1씩 작아진다.

640 답 2020

등차수열 $\{a_n\}$의 첫째항을 a, 공차를 d라 하자.

$\sum_{k=1}^{3}a_{3k-2}=30$에서

$$\sum_{k=1}^{3}a_{3k-2}=a_1+a_4+a_7$$
$$=a+(a+3d)+(a+6d)$$
$$=3(a+3d)=30$$

이므로 $a+3d=10$ $\quad\cdots\cdots$ ㉠

또한, $\sum_{k=2}^{5}a_{3k-1}=84$에서

$$\sum_{k=2}^{5}a_{3k-1}=a_5+a_8+a_{11}+a_{14}$$
$$=(a+4d)+(a+7d)+(a+10d)+(a+13d)$$
$$=2(2a+17d)=84$$

이므로 $2a+17d=42$ $\quad\cdots\cdots$ ㉡

❶

㉠, ㉡을 연립하여 풀면

$a=4$, $d=2$

$\therefore\ a_n=4+(n-1)\cdot2=2n+2$

❷

$$\therefore\ \sum_{k=1}^{10}{a_k}^2=\sum_{k=1}^{10}(2k+2)^2$$
$$=4\sum_{k=1}^{10}(k^2+2k+1)$$
$$=4\left(\frac{10\cdot11\cdot21}{6}+2\cdot\frac{10\cdot11}{2}+1\cdot10\right)$$
$$=4(385+110+10)=2020$$

❸

채점 기준	배점 비율
❶ 등차수열 $\{a_n\}$의 첫째항을 a, 공차를 d라 하고, $\sum_{k=1}^{3}a_{3k-2}$, $\sum_{k=2}^{5}a_{3k-1}$을 각각 a, d에 대한 식으로 나타내기	40%
❷ 등차수열 $\{a_n\}$의 일반항 a_n 구하기	20%
❸ $\sum_{k=1}^{10}{a_k}^2$의 값 구하기	40%

11 수학적 귀납법

Concept 개념 체크 • 본문 134~135쪽

641 답 (1) 17 (2) 3

(1) $a_{n+1}=2a_n-1$에서

$a_2=2a_1-1=2\cdot3-1=5$

$a_3=2a_2-1=2\cdot5-1=9$

$\therefore\ a_4=2a_3-1=2\cdot9-1=17$

(2) $a_{n+2}=a_n-a_{n+1}$에서

$a_3=a_1-a_2=1-2=-1$

$\therefore\ a_4=a_2-a_3=2-(-1)=3$

642 답 (1) $a_1=-1,\ a_{n+1}=a_n+3\ (n=1,\ 2,\ 3,\ \cdots)$

(2) $a_1=2,\ a_{n+1}=a_n-4\ (n=1,\ 2,\ 3,\ \cdots)$

(1) 주어진 수열은 첫째항이 -1, 공차가 3인 등차수열이므로

$a_1=-1,\ a_{n+1}=a_n+3\ (n=1,\ 2,\ 3,\ \cdots)$

(2) 주어진 수열은 첫째항이 2, 공차가 -4인 등차수열이므로

$a_1=2,\ a_{n+1}=a_n-4\ (n=1,\ 2,\ 3,\ \cdots)$

643 답 (1) $a_n=2n+1$ (2) $a_n=-n-2$

(1) $a_{n+1}=a_n+2$에서 주어진 수열은 공차가 2인 등차수열이다.

이때 첫째항이 3이므로

$a_n=3+(n-1)\cdot2=2n+1$ — 첫째항이 a, 공차가 d인 등차수열의 일반항 a_n은 $a_n=a+(n-1)d$

(2) $a_{n+1}-a_n=-1$에서 주어진 수열은 공차가 -1인 등차수열이다.

이때 첫째항이 -3이므로

$a_n=-3+(n-1)\cdot(-1)=-n-2$

644 답 (1) $a_1=2,\ a_{n+1}=2a_n\ (n=1,\ 2,\ 3,\ \cdots)$

(2) $a_1=27,\ a_{n+1}=\frac{1}{3}a_n\ (n=1,\ 2,\ 3,\ \cdots)$

(1) 주어진 수열은 첫째항이 2, 공비가 2인 등비수열이므로

$a_1=2,\ a_{n+1}=2a_n\ (n=1,\ 2,\ 3,\ \cdots)$

(2) 주어진 수열은 첫째항이 27, 공비가 $\frac{1}{3}$인 등비수열이므로

$a_1=27,\ a_{n+1}=\frac{1}{3}a_n\ (n=1,\ 2,\ 3,\ \cdots)$

645 답 (1) $a_n=2\cdot3^{n-1}$ (2) $a_n=3\cdot\left(\frac{1}{2}\right)^{n-1}$

(1) $a_{n+1}=3a_n$에서 주어진 수열은 공비가 3인 등비수열이다.

이때 첫째항이 2이므로

$a_n=2\cdot3^{n-1}$ → 첫째항이 a, 공비가 r인 등비수열의 일반항 a_n은 $a_n=ar^{n-1}$

(2) $\frac{a_{n+1}}{a_n}=\frac{1}{2}$에서 주어진 수열은 공비가 $\frac{1}{2}$인 등비수열이다.

이때 첫째항이 3이므로

$a_n=3\cdot\left(\frac{1}{2}\right)^{n-1}$

646 답 (1) 48 (2) -134 (3) -34

(1) $a_{n+1}=a_n+n$에 $n=1,\ 2,\ 3,\ \cdots,\ 9$를 차례대로 대입하여 변끼리 더하면

$$\begin{aligned}&a_2=a_1+1\\&a_3=a_2+2\\&a_4=a_3+3\\&\quad\vdots\\+)\ &a_{10}=a_9+9\\\hline&a_{10}=a_1+(1+2+3+\cdots+9)\\&\quad=3+\frac{9(1+9)}{2}=3+45=48\end{aligned}$$

(2) $a_{n+1}=a_n-3n$에 $n=1,\ 2,\ 3,\ \cdots,\ 9$를 차례대로 대입하여 변끼리 더하면

$$\begin{aligned}&a_2=a_1-3\cdot1\\&a_3=a_2-3\cdot2\\&a_4=a_3-3\cdot3\\&\quad\vdots\\+)\ &a_{10}=a_9-3\cdot9\\\hline&a_{10}=a_1-3(1+2+3+\cdots+9)\\&\quad=1-3\cdot\frac{9(1+9)}{2}=1-135=-134\end{aligned}$$

(3) $a_{n+1}-a_n=-n+1$에서 $a_{n+1}=a_n-n+1$ …… ㉠

㉠에 $n=1,\ 2,\ 3,\ \cdots,\ 9$를 차례대로 대입하여 변끼리 더하면

$$\begin{aligned}&a_2=a_1-1+1\\&a_3=a_2-2+1\\&a_4=a_3-3+1\\&\quad\vdots\\+)\ &a_{10}=a_9-9+1\\\hline&a_{10}=a_1-(1+2+3+\cdots+9)+1\cdot9\\&\quad=2-\frac{9(1+9)}{2}+1\cdot9=2-45+9=-34\end{aligned}$$

647 답 (1) 1 (2) 11 (3) 3^{45}

(1) $a_{n+1}=\frac{n}{n+1}a_n$에 $n=1,\ 2,\ 3,\ \cdots,\ 9$를 차례대로 대입하여 변끼리 곱하면

$$\begin{aligned}&a_2=\frac{1}{2}a_1\\&a_3=\frac{2}{3}a_2\\&a_4=\frac{3}{4}a_3\\&\quad\vdots\\\times)\ &a_{10}=\frac{9}{10}a_9\\\hline&a_{10}=\frac{1}{10}a_1=\frac{1}{10}\times10=1\end{aligned}$$

(2) $a_{n+1}=\frac{n+2}{n}a_n$에 $n=1,\ 2,\ 3,\ \cdots,\ 9$를 차례대로 대입하여 변끼리 곱하면

$$\begin{aligned}&a_2=\frac{3}{1}a_1\\&a_3=\frac{4}{2}a_2\\&a_4=\frac{5}{3}a_3\\&a_5=\frac{6}{4}a_4\\&\quad\vdots\\&a_9=\frac{10}{8}a_8\\\times)\ &a_{10}=\frac{11}{9}a_9\\\hline&a_{10}=a_1\times\frac{1}{2}\times10\times11=\frac{1}{5}\times55=11\end{aligned}$$

(3) $a_1=1$, $a_{n+1}\div a_n=3^n$에서 $a_{n+1}=3^n a_n$ ...... ㉠

㉠에 $n=1, 2, 3, \cdots, 9$를 차례대로 대입하여 변끼리 곱하면

$$a_2=3^1 a_1$$
$$a_3=3^2 a_2$$
$$a_4=3^3 a_3$$
$$\vdots$$
$$\times)\ a_{10}=3^9 a_9$$
$$a_{10}=(3^1\times3^2\times3^3\times\cdots\times3^9)a_1$$
$$=3^{1+2+3+\cdots+9}\times1=3^{\frac{9(1+9)}{2}}=3^{45}$$

유형 마스터 Pattern

• 본문 136~138쪽

648 답 ③

$a_1=3<5$이므로 $a_2=a_1+1=3+1=4$

$a_2=4<5$이므로 $a_3=a_2+2=4+2=6$

$a_3=6\geq5$이므로 $a_4=\frac{a_3}{3}=\frac{6}{3}=2$

$a_4=2<5$이므로 $a_5=a_4+4=2+4=6$

따라서 $a_5=6\geq5$이므로

$a_6=\frac{a_5}{5}=\frac{6}{5}$

649 답 ③

$a_{n+2}=2a_n-a_{n+1}$에 $n=1, 2, 3, 4$를 차례대로 대입하면

$a_3=2a_1-a_2=2a-b$

$a_4=2a_2-a_3=2b-(2a-b)=-2a+3b$

$a_5=2a_3-a_4=2(2a-b)-(-2a+3b)=6a-5b$

$a_6=2a_4-a_5=2(-2a+3b)-(6a-5b)=-10a+11b$

$a_4=5$이므로

$-2a+3b=5$ ...... ㉠

$a_6=13$이므로

$-10a+11b=13$ ...... ㉡

㉠, ㉡을 연립하여 풀면

$a=2$, $b=3$

$\therefore a+b=2+3=5$

650 답 ②

$a_{n+1}=2a_n+2$에 $n=1, 2, 3, \cdots, 9$를 차례대로 대입하면

$a_2=2a_1+2=2\cdot2+2=2^2+2$

$a_3=2a_2+2=2(2^2+2)+2=2^3+2^2+2$

$a_4=2a_3+2=2(2^3+2^2+2)+2=2^4+2^3+2^2+2$

$\vdots$

$a_{10}=2^{10}+2^9+2^8+\cdots+2=\frac{2(2^{10}-1)}{2-1}=2046$

→ 첫째항이 2, 공비가 2인 등비수열의 첫째항부터 제10항까지의 합과 같다.

651 답 ③

$a_{n+1}+4=a_n$에서

$a_{n+1}=a_n-4$

즉, 수열 $\{a_n\}$은 첫째항이 30, 공차가 -4인 등차수열이므로

$a_n=30+(n-1)\cdot(-4)=-4n+34$

$a_k=2$에서 $-4k+34=2$

$4k=32$ $\therefore k=8$

> 선생님 톡톡
> 먼저 주어진 관계식을 변형하여 수열 $\{a_n\}$이 어떤 수열인지 알아내야 해.

652 답 ②

$a_n-a_{n+1}+3=0$에서 $a_{n+1}=a_n+3$

즉, 수열 $\{a_n\}$은 첫째항이 a, 공차가 3인 등차수열이므로

$a_n=a+(n-1)\cdot3=3n+a-3$

$a_{10}=10$에서 $a+27=10$

$\therefore a=-17$

653 답 ④

$a_{n+2}-a_{n+1}=a_{n+1}-a_n$에서 수열 $\{a_n\}$은 등차수열이고

$a_1=a$, $a_2-a_1=b-a$

이므로 첫째항이 a, 공차가 $b-a$이다.

$\therefore a_n=a+(n-1)(b-a)$

$3a_3=a_8$에서 $3\{a+2(b-a)\}=a+7(b-a)$

$-3a+6b=-6a+7b$

$\therefore b=3a$ ...... ㉠

$a_6=22$에서 $a+5(b-a)=22$

$\therefore -4a+5b=22$ ...... ㉡

㉠, ㉡을 연립하여 풀면 $a=2$, $b=6$

$\therefore a+b=2+6=8$

654 답 ②

$\frac{a_{n+1}}{2}=a_n$에서 $a_{n+1}=2a_n$

즉, 수열 $\{a_n\}$은 첫째항이 5, 공비가 2인 등비수열이므로

$a_n=5\cdot2^{n-1}$

$a_k>1000$에서

$5\cdot2^{k-1}>1000$, $2^{k-1}>200$

이때 $2^7=128$, $2^8=256$이므로

$k-1\geq8$ $\therefore k\geq9$

따라서 자연수 k의 최솟값은 9이다.

> 선생님 톡톡
> **유형 02**와 마찬가지로 주어진 관계식을 변형하여 수열 $\{a_n\}$이 어떤 수열인지 알아내야 해.

655 답 ③

$\frac{a_n+3}{a_{n+1}+1}=3$에서 $a_n+3=3(a_{n+1}+1)$ $\therefore a_{n+1}=\frac{1}{3}a_n$

즉, 수열 $\{a_n\}$은 첫째항이 729, 공비가 $\frac{1}{3}$인 등비수열이므로

$a_n=729\cdot\left(\frac{1}{3}\right)^{n-1}=3^6\cdot3^{-n+1}=3^{-n+7}$

따라서 $a_{10}=3^{-3}$이므로 $k=-3$

656 답 ⑤

${a_{n+1}}^2=a_n a_{n+2}$에서 수열 $\{a_n\}$은 등비수열이다.

등비수열 $\{a_n\}$의 공비를 r라 하면

$\frac{a_{10}}{a_2}+\frac{a_{12}}{a_4}+\frac{a_{14}}{a_6}=12$에서

$\frac{2r^9}{2r}+\frac{2r^{11}}{2r^3}+\frac{2r^{13}}{2r^5}=12$, $r^8+r^8+r^8=12$, $3r^8=12$

따라서 $r^8=4$이므로

$a_{25}=2r^{24}=2(r^8)^3=2\cdot 4^3=128$

657 답 ④

$S_n=2a_n-3$에 $n=1$을 대입하면

$S_1=2a_1-3$에서

$a_1=2a_1-3 \quad \therefore a_1=3$

또한, $S_{n+1}=2a_{n+1}-3$이므로

$a_{n+1}=S_{n+1}-S_n$

$=(2a_{n+1}-3)-(2a_n-3)$

$=2a_{n+1}-2a_n$

$\therefore a_{n+1}=2a_n$

따라서 수열 $\{a_n\}$은 첫째항이 3이고 공비가 2인 등비수열이므로

$a_n=3\cdot 2^{n-1}$

$\therefore a_5=3\cdot 2^4=48$

658 답 ③

$S_n=2a_n+3n$에 $n=1$을 대입하면

$S_1=2a_1+3$에서

$a_1=2a_1+3 \quad \therefore a_1=-3$

또한, $S_{n+1}=2a_{n+1}+3n+3$이므로

$a_{n+1}=S_{n+1}-S_n$

$=(2a_{n+1}+3n+3)-(2a_n+3n)$

$=2a_{n+1}-2a_n+3$

$\therefore a_{n+1}=2a_n-3$

위의 식에 $n=1, 2, 3, 4$를 차례대로 대입하면

$a_2=2a_1-3=2\cdot(-3)-3=-9$

$a_3=2a_2-3=2\cdot(-9)-3=-21$

$a_4=2a_3-3=2\cdot(-21)-3=-45$

$a_5=2a_4-3=2\cdot(-45)-3=-93$

$\therefore a_2-a_5=-9-(-93)=84$

659 답 ⑤

$S_2=a_1-2=3-2=1$

$\therefore a_2=S_2-S_1=1-3=-2$ ($\because S_1=a_1$)

$S_{n+1}=a_n-2$에서 $S_n=a_{n-1}-2$ $(n\geq 2)$이므로

$a_{n+1}=S_{n+1}-S_n$

$=(a_n-2)-(a_{n-1}-2)$

$=a_n-a_{n-1}$ $(n\geq 2)$

위의 식에 $n=2, 3, 4, 5$를 차례대로 대입하면

$a_3=a_2-a_1=-2-3=-5$

$a_4=a_3-a_2=-5-(-2)=-3$

$a_5=a_4-a_3=-3-(-5)=2$

$\therefore a_6=a_5-a_4=2-(-3)=5$

660 답 ④

$a_{n+1}=4^n a_n$에 $n=1, 2, 3, \cdots, 19$를 차례대로 대입하여 변끼리 곱하면

$a_2=4^1a_1$

$a_3=4^2a_2$

$a_4=4^3a_3$

$\vdots$

$\times)\ a_{20}=4^{19}a_{19}$

$a_{20}=(4^1\cdot 4^2\cdot 4^3\cdot\cdots\cdot 4^{19})a_1$

$=4^{1+2+3+\cdots+19}\cdot 1=4^{\frac{19(1+19)}{2}}=4^{190}$

$\therefore \log_2 a_{20}=\log_2 4^{190}=\log_2 2^{380}=380$

661 답 ⑤

$$\frac{1}{\sqrt{n+1}+\sqrt{n}}=\frac{\sqrt{n+1}-\sqrt{n}}{(\sqrt{n+1}+\sqrt{n})(\sqrt{n+1}-\sqrt{n})}=\sqrt{n+1}-\sqrt{n}$$

이므로 $a_{n+1}-a_n=\dfrac{1}{\sqrt{n+1}+\sqrt{n}}$에서

$a_{n+1}-a_n=\sqrt{n+1}-\sqrt{n} \quad \therefore a_{n+1}=a_n+\sqrt{n+1}-\sqrt{n}$

위의 식에 $n=1, 2, 3, \cdots, 24$를 차례대로 대입하여 변끼리 더하면

$a_2=a_1+\sqrt{2}-\sqrt{1}$

$a_3=a_2+\sqrt{3}-\sqrt{2}$

$a_4=a_3+\sqrt{4}-\sqrt{3}$

$\vdots$

$+)\ a_{25}=a_{24}+\sqrt{25}-\sqrt{24}$

$a_{25}=a_1+5-1=3+5-1=7$

662 답 ③

$a_{n+1}=a_n\log_{n+1}(n+2)=a_n\cdot\dfrac{\log(n+2)}{\log(n+1)}$

위의 식에 $n=1, 2, 3, \cdots, 14$를 차례대로 대입하여 변끼리 곱하면

$a_2=a_1\cdot\dfrac{\log 3}{\log 2}$

$a_3=a_2\cdot\dfrac{\log 4}{\log 3}$

$a_4=a_3\cdot\dfrac{\log 5}{\log 4}$

$\vdots$

$\times)\ a_{15}=a_{14}\cdot\dfrac{\log 16}{\log 15}$

$a_{15}=a_1\cdot\dfrac{\log 16}{\log 2}=10\cdot 4=40$

$\dfrac{\log 2^4}{\log 2}=\dfrac{4\log 2}{\log 2}=4$

663 답 ⑤

$(n+1)$일째 되는 날의 물의 양은 n일째 되는 날의 물의 양의 80 %에 200 L를 더한 양과 같으므로 (20 % 사용하면 남은 양은 80 %이다.)

$a_{n+1}=\dfrac{80}{100}a_n+200$

$\therefore a_{n+1}=\dfrac{4}{5}a_n+200$

따라서 $s=\dfrac{4}{5}$, $t=200$이므로

$st=\dfrac{4}{5}\cdot 200=160$

664 답 ②

n일 후 이 공장에서 보유한 원료 A의 양을 a_n t이라 하면

$a_1=100\times\dfrac{60}{100}+10=70$, $a_{n+1}=\dfrac{3}{5}a_n+10$

위의 식에 $n=1, 2, 3, \cdots$을 차례대로 대입하면

$a_2=\dfrac{3}{5}a_1+10=\dfrac{3}{5}\times 70+10=52$

$a_3=\dfrac{3}{5}a_2+10=\dfrac{3}{5}\times 52+10=41.2$

$a_4=\dfrac{3}{5}a_3+10=\dfrac{3}{5}\times 41.2+10=34.72$

따라서 원료 A의 양이 40 t 미만이 되는 날은 4일 후이다.

665 답 14

$a_1=4(3-2)=4$, $a_{n+1}=4(a_n-2)=4a_n-8$ (4마리로 분열, 2마리는 죽고)

$\therefore k=-8$

위의 식에 $n=1, 2, 3, \cdots$을 차례대로 대입하면

$a_2=4a_1-8=4\cdot4-8=8$

$a_3=4a_2-8=4\cdot8-8=24$

$a_4=4a_3-8=4\cdot24-8=88$

$a_5=4a_4-8=4\cdot88-8=344$

$a_6=4a_5-8=4\cdot344-8=1368$

⋮

따라서 처음으로 500마리 넘게 관찰되는 것은 6시간 후이므로

$m-k$의 최솟값은 $m=6$일 때 → m이 최소일 때 $m-k$가 최솟값을 갖는다.

$6-(-8)=14$

개념 체크 Concept

• 본문 139쪽

666 답 (가) 1 (나) $(k+1)^2$

(i) $n=1$일 때,

(좌변)=(우변)=$\boxed{1}$

이므로 주어진 등식이 성립한다.

(ii) $n=k$일 때, 주어진 등식이 성립한다고 가정하면

$1+3+5+\cdots+(2k-1)=k^2$ → $n=k+1$일 때 $2n-1$의 값이다.

위의 식의 양변에 $2k+1$을 더하면

$1+3+5+\cdots+(2k-1)+(2k+1)=k^2+(2k+1)$

$=\boxed{(k+1)^2}$

따라서 (가), (나)에 알맞은 것은 각각 1, $(k+1)^2$이다.

667 답 (가) $1+h$ (나) $k+1$

(ii) $n=k\ (k\geq2)$일 때, 주어진 부등식이 성립한다고 가정하면

$(1+h)^k>1+kh$

$1+h>0$이므로 위의 식의 양변에 $\boxed{1+h}$를 곱하면

$(1+h)^{\boxed{k+1}}>(1+kh)\times(\boxed{1+h})$ → 좌변을 $(1+h)^{k+1}$으로 만들기 위해서

$=1+(k+1)h+kh^2$

$>1+(\boxed{k+1})h$ ← $kh^2>0$이므로

따라서 (가), (나)에 알맞은 것은 각각 $1+h$, $k+1$이다.

유형 마스터 Pattern

• 본문 140~142쪽

668 답 ④

가장 작은 짝수는 2이고 2씩 커지므로

(i) $n=\boxed{2}$일 때, $p(n)$이 성립함을 보인다.

(ii) $n=k$일 때, $p(n)$이 성립한다고 가정하면

$n=\boxed{k+2}$일 때도 $p(n)$이 성립함을 보인다.

따라서 (가), (나)에 알맞은 것은 각각 2, $k+2$이다.

선생님 톡톡

(i)에 의하여 $p(2)$가 참이다.

(ii)에 의하여 $p(2+2)$, 즉 $p(4)$가 참이다.

(ii)에 의하여 $p(4+2)$, 즉 $p(6)$이 참이다.

⋮

즉, 명제 $p(n)$이 모든 짝수 n에 대하여 성립함을 알 수 있어.

669 답 ④

$X=\{3, 7, 11, 15, 19, \cdots\}$이므로 집합 X의 원소는 첫째항이 3, 공차가 4인 등차수열을 이룬다.

먼저 첫째항 3에 대하여 $p(3)$이 참임을 보이고 $p(3)$이 참일 때 $p(7)$이 참임을 보이면 된다.

마찬가지로 $p(7)$이 참일 때 $p(11)$이 참임을 보이면 된다.

⋮

즉, $p(3)$이 참이고 $p(k)$가 참일 때 $p(k+4)$도 참임을 보이면 집합 X의 모든 원소 x에 대하여 명제 $p(x)$가 참이다. (4 → 공차)

따라서 반드시 보여야 하는 것은 ㄴ, ㄹ이다.

670 답 ②

조건 (가)에서 $p(1)$이 참이므로 조건 (나)에서 $p(2)$가 참이다.

$p(2)$가 참이므로 조건 (나)에서 $p(4)$가 참이다.

$p(4)$가 참이므로 조건 (나)에서 $p(8)$이 참이다.

⋮

즉, 자연수 m에 대하여 $p(2^{m-1})$은 모두 참이다.

또한, 조건 (가)에서 $p(3)$이 참이므로 조건 (나)에서 $p(6)$이 참이다.

$p(6)$이 참이므로 조건 (나)에서 $p(12)$가 참이다.

$p(12)$가 참이므로 조건 (나)에서 $p(24)$가 참이다.

⋮

즉, 자연수 l에 대하여 $p(3\cdot2^{l-1})$은 모두 참이다.

이때 $96=3\cdot2^5$이므로 $p(96)$은 반드시 참이다.

671 답 ②

$p(3)$이 참이면 주어진 조건에 의하여 $p(5)$, $p(7)$, $p(9)$, $\cdots$가 모두 참이다.

즉, 3 이상의 모든 홀수에 대하여 $p(n)$은 참이다.

또한, $p(4)$가 참이면 주어진 조건에 의하여 $p(6)$, $p(8)$, $p(10)$, $\cdots$이 모두 참이다.

즉, 4 이상의 모든 짝수에 대하여 $p(n)$은 참이다.

따라서 3 이상의 자연수 n에 대하여 $p(3)$, $p(4)$가 참이면 명제 $p(n)$이 성립하므로

$a=3$, $b=4$ 또는 $a=4$, $b=3$

$\therefore a+b=7$

672 답 ②

(ii) $n=k$일 때, 주어진 등식이 성립한다고 가정하면

$1+2+2^2+\cdots+2^{k-1}=2^k-1$

위의 식의 양변에 $\boxed{2^k}$을 더하면

$1+2+2^2+\cdots+2^{k-1}+\boxed{2^k}=2^k-1+\boxed{2^k}$

$=2\times2^k-1$

$=\boxed{2^{k+1}-1}$

따라서 (가), (나)에 알맞은 것은 각각 2^k, $2^{k+1}-1$이다.

673 답 ⑤

(i) $n=1$일 때,

(좌변)=(우변)=$\boxed{\frac{1}{3}}$

이므로 주어진 등식이 성립한다.

(ii) $n=k$일 때, 주어진 등식이 성립한다고 가정하면

$$\frac{1}{1\times3}+\frac{1}{3\times5}+\cdots+\frac{1}{(2k-1)(2k+1)}=\frac{k}{2k+1}$$

위의 식의 양변에 $\boxed{\dfrac{1}{(2k+1)(2k+3)}}$을 더하면 ($n=k+1$일 때 $\dfrac{1}{(2n-1)(2n+1)}$의 값이다.)

$$\frac{1}{1\times3}+\frac{1}{3\times5}+\cdots+\frac{1}{(2k-1)(2k+1)}+\boxed{\frac{1}{(2k+1)(2k+3)}}$$
$$=\frac{k}{2k+1}+\boxed{\frac{1}{(2k+1)(2k+3)}}=\frac{2k^2+3k+1}{(2k+1)(2k+3)}$$
$$=\frac{(2k+1)(k+1)}{(2k+1)(2k+3)}=\frac{k+1}{2k+3}=\frac{k+1}{2(k+1)+1}$$

따라서 $a=\dfrac{1}{3}$, $f(k)=\dfrac{1}{(2k+1)(2k+3)}$이므로

$$f\left(\frac{1}{a}\right)=f(3)=\frac{1}{7\cdot9}=\frac{1}{63}$$

674 답 ②

(ii) $n=2$ $(k\ge2)$일 때, 주어진 부등식이 성립한다고 가정하면

$$1+\frac{1}{2^2}+\frac{1}{3^2}+\cdots+\frac{1}{k^2}<2-\frac{1}{k}$$

위의 식의 양변에 $\boxed{\dfrac{1}{(k+1)^2}}$을 더하면 ($n=k+1$일 때 $\dfrac{1}{n^2}$의 값이다.)

$$1+\frac{1}{2^2}+\frac{1}{3^2}+\cdots+\frac{1}{k^2}+\boxed{\frac{1}{(k+1)^2}}<2-\frac{1}{k}+\boxed{\frac{1}{(k+1)^2}}$$
$$=2-\frac{(k+1)^2-k}{k(k+1)^2}$$
$$=2-\frac{\boxed{k^2+k+1}}{k(k+1)^2}$$

따라서 (가), (나)에 알맞은 것은 각각 $\dfrac{1}{(k+1)^2}$, k^2+k+1이다.

675 답 ③

(i) $n=1$일 때,

(좌변)$=\boxed{6}$, (우변)$=3$

이므로 주어진 부등식이 성립한다.

(ii) $n=m$일 때, 주어진 부등식이 성립한다고 가정하면

$(m+2)!>\boxed{3^m}$

이므로

$$(m+3)!=(m+3)\times(m+2)!$$
$$>(m+3)\times\boxed{3^m}$$

이때 m은 자연수이므로 ($m\ge1$, $m+3\ge4>3$)

$$(m+3)!>(m+3)\times\boxed{3^m}$$
$$>3\times\boxed{3^m}$$
$$=\boxed{3^{m+1}}$$

따라서 $a=6$, $f(m)=3^m$, $g(m)=3^{m+1}$이므로

$$\frac{f(a)}{g(2)}=\frac{f(6)}{g(2)}=\frac{3^6}{3^3}=3^3=27$$

실전력 업 Real · 본문 143~144쪽

676 답 ②

One Point Lesson

주어진 식에 $n=1, 2, 3, \cdots$을 차례대로 대입하여 수열 $\{a_n\}$의 규칙을 찾는다.

$a_{n+1}=1-\dfrac{1}{a_n}$에 $n=1, 2, 3, \cdots$을 차례대로 대입하면

$$a_2=1-\frac{1}{a_1}=1-\frac{1}{2}=\frac{1}{2}$$
$$a_3=1-\frac{1}{a_2}=1-2=-1$$
$$a_4=1-\frac{1}{a_3}=1-(-1)=2$$
$$\vdots$$

($a_4=2=a_1$이므로 $a_1=a_4=a_7=a_{10}=\cdots$이다. 마찬가지로 $a_2=a_5=a_8=a_{11}=\cdots$, $a_3=a_6=a_9=a_{12}=\cdots$이다.)

즉, 수열 $\{a_n\}$은 2, $\dfrac{1}{2}$, -1이 이 순서대로 반복되므로

$$a_1+a_2+a_3+\cdots+a_{50}=(a_1+a_2+a_3)+(a_4+a_5+a_6)+\cdots+(a_{46}+a_{47}+a_{48})+a_{49}+a_{50}$$
$$=16(a_1+a_2+a_3)+a_{49}+a_{50}$$
$$=16\left\{2+\frac{1}{2}+(-1)\right\}+2+\frac{1}{2}=\frac{53}{2}$$

677 답 ③

One Point Lesson

$a_{n+2}-2a_{n+1}+a_n=0$을 변형하여 수열 $\{a_n\}$을 파악한다.

$a_{n+2}-2a_{n+1}+a_n=0$에서 $2a_{n+1}=a_{n+2}+a_n$이므로 수열 $\{a_n\}$은 등차수열이다.

수열 $\{a_n\}$의 공차를 d라 하면 $a_3=62$에서

$68+2d=62$, $2d=-6$ $\quad\therefore d=-3$

$\therefore a_n=68+(n-1)\times(-3)=-3n+71$

이때 첫째항이 양수, 공차가 음수이므로

$a_n<0$에서 $-3n+71<0$

$\therefore n>\dfrac{71}{3}=23.\times\times\times$

즉, 수열 $\{a_n\}$은 첫째항부터 제23항까지 양수이고, 제24항부터 음수이다.

이때 $f(k)$는 수열 $\{a_n\}$의 첫째항부터 제k항까지의 합이므로 $k=23$일 때 최댓값을 갖는다.

따라서 $f(k)$의 최댓값은

$$f(23)=\sum_{n=1}^{23}a_n=\frac{23\{2\times68+(23-1)\times(-3)\}}{2}=805$$

(첫째항이 68, 공차가 -3, 항의 개수가 23인 등차수열의 합)

678 답 ④

One Point Lesson

등차수열의 공차가 음수이면 반드시 음수인 항이 존재한다.

조건 (나)의 $4(a_{n+1}+a_n)^2=16a_na_{n+1}+9$에서

$(a_{n+1}+a_n)^2=4a_na_{n+1}+\dfrac{9}{4}$, $(a_{n+1}-a_n)^2=\dfrac{9}{4}$

$\therefore a_{n+1}-a_n=\pm\dfrac{3}{2}$

(i) $a_{n+1}-a_n=\dfrac{3}{2}$인 경우

수열 $\{a_n\}$은 첫째항이 31, 공차가 $\dfrac{3}{2}$인 등차수열이므로

$$a_n=31+(n-1)\cdot\frac{3}{2}=\frac{3}{2}n+\frac{59}{2}$$

(ii) $a_{n+1}-a_n=-\dfrac{3}{2}$인 경우

수열 $\{a_n\}$은 첫째항이 31, 공차가 $-\dfrac{3}{2}$인 등차수열이지만 음수인 항이 존재하므로 조건 (가)를 만족시키지 않는다.

($a_n=31+(n-1)\cdot\left(-\dfrac{3}{2}\right)=-\dfrac{3}{2}n+\dfrac{65}{2}<0$에서 $n>\dfrac{65}{3}=21.\times\times\times$이므로 제22항부터 음수이다.)

(i), (ii)에서 $a_{51}=\dfrac{3}{2}\cdot51+\dfrac{59}{2}=106$

679 답 ⑤

One Point Lesson

$\log_2 a_{n+1}-\log_2 a_n=2$를 변형하여 수열 $\{a_n\}$을 파악한다.

$\log_2 a_{n+1}-\log_2 a_n=2$에서

$\log_2 \frac{a_{n+1}}{a_n}=2$

$\frac{a_{n+1}}{a_n}=2^2=4$

$\therefore a_{n+1}=4a_n$

즉, 수열 $\{a_n\}$은 첫째항이 $\frac{1}{p}$, 공비가 4인 등비수열이므로

$S_n=\frac{\frac{1}{p}(4^n-1)}{4-1}=\frac{4^n-1}{3p}$

따라서

$S_6=\frac{4^6-1}{3p}=\frac{4095}{3p}=\frac{1365}{p}$

$=\frac{3\cdot5\cdot7\cdot13}{p}$

이므로 S_6의 값이 자연수가 되도록 하는 소수 p의 최댓값은 13이다.

680 답 ④

One Point Lesson

$2S_{n+1}-2S_n$을 이용하여 a_{n+1}과 a_n 사이의 관계식을 구한다.

$2S_n=(n+1)a_n$에서 $2S_{n+1}=(n+2)a_{n+1}$

위의 두 식을 변끼리 빼면

$2S_{n+1}-2S_n=(n+2)a_{n+1}-(n+1)a_n$

$2a_{n+1}=(n+2)a_{n+1}-(n+1)a_n$ ($\because a_{n+1}=S_{n+1}-S_n$)

$na_{n+1}=(n+1)a_n$

$\therefore \frac{a_{n+1}}{n+1}=\frac{a_n}{n}$

이때 $b_n=\frac{a_n}{n}$이라 하면 $b_{n+1}=b_n$이고, $b_1=\frac{a_1}{1}=4$이므로 수열 $\{b_n\}$은 모든 항이 4이다.

따라서 $b_{10}=\frac{a_{10}}{10}=4$에서

$a_{10}=4\cdot10=40$

681 답 ③

One Point Lesson

원을 1개 추가할 때마다 교점이 몇 개 생기는지 파악한다.

n개의 원에 1개의 원을 추가하면 이 원은 기존의 n개의 원과 각각 두 점에서 만나므로 $2n$개의 새로운 교점이 생긴다.

$\therefore a_2=2,\ a_{n+1}=a_n+2n$ ← 원이 최소 2개 있어야 교점이 생긴다.

위의 식에 $n=2, 3, 4, \cdots, 14$를 차례대로 대입하여 변끼리 더하면

$$\begin{array}{rl} & a_3=a_2+2\cdot2 \\ & a_4=a_3+2\cdot3 \\ & a_5=a_4+2\cdot4 \\ & \vdots \\ +) & a_{15}=a_{14}+2\cdot14 \\ \hline & a_{15}=a_2+2(2+3+4+\cdots+14) \\ & \quad =2+2\cdot\frac{13(2+14)}{2}=210 \end{array}$$

682 답 ⑤

One Point Lesson

$n=m+1$일 때, 주어진 등식의 좌변에 새로 생기는 항을 간단히 한다.

(ii) $n=m$일 때, 주어진 등식이 성립한다고 가정하면

$\sum_{k=1}^{m}\{k(k+1)\times(k+1)!+(k+2)!\}$

$=(m+1)\times(m+2)!-2$

위의 식의 양변에 $\{(m+1)^2+2(m+1)+2\}\times\{(m+1)+1\}!$, 즉 $(\boxed{m^2+4m+5})\times(m+2)!$을 더하면 ← $k=m+1$일 때 $(k^2+2k+2)\times(k+1)!$의 값이다.

$\sum_{k=1}^{m+1}\{k(k+1)\times(k+1)!+(k+2)!\}$

$=(m+1)\times(m+2)!-2+(\boxed{m^2+4m+5})\times(m+2)!$

$=(\boxed{m^2+5m+6})\times(m+2)!-2$

$=(m+2)\times(m+3)!-2$

← $(m^2+5m+6)\times(m+2)!=(m+2)(m+3)\times(m+2)!=(m+2)\times(m+3)!$

따라서 $f(m)=m^2+4m+5$, $g(m)=m^2+5m+6$이므로

$f(4)+g(2)=(4^2+4\times4+5)+(2^2+5\times2+6)=57$

683 답 ①

One Point Lesson

$n=k+1$일 때, 주어진 부등식의 좌변에 새로 생기는 항을 알아본다.

(ii) $n=k$일 때, 주어진 부등식이 성립한다고 가정하면

$1-\frac{1}{2}+\frac{1}{3}-\frac{1}{4}+\cdots+\frac{1}{2k-1}-\frac{1}{2k}<\boxed{1-\frac{1}{4k}}$

위의 식의 양변에 $\boxed{\frac{1}{2k+1}-\frac{1}{2k+2}}$을 더하면 ← $n=k+1$일 때 $\frac{1}{2n-1}-\frac{1}{2n}$의 값이다.

$1-\frac{1}{2}+\frac{1}{3}-\frac{1}{4}+\cdots+\frac{1}{2k-1}-\frac{1}{2k}+\boxed{\frac{1}{2k+1}-\frac{1}{2k+2}}$

$<1-\frac{1}{4k}+\boxed{\frac{1}{2k+1}-\frac{1}{2k+2}}$

$<1-\frac{1}{4(k+1)}\ \left(\because -\frac{1}{4k}+\frac{1}{4(k+1)}+\frac{1}{2k+1}-\frac{1}{2k+2}<0\right)$ ← $-\frac{1}{4k^2+4k}+\frac{1}{4k^2+6k+2}<0$

따라서 $f(k)=1-\frac{1}{4k}$, $g(k)=\frac{1}{2k+1}-\frac{1}{2k+2}$이므로

$f(14)+g(3)=\left(1-\frac{1}{56}\right)+\left(\frac{1}{7}-\frac{1}{8}\right)=1$

684 답 5

$a_{n+1}=\sqrt{a_na_{n+2}}$에서 $a_{n+1}{}^2=a_na_{n+2}$이므로 수열 $\{a_n\}$은 모든 항이 양수인 등비수열이다.

❶

등비수열 $\{a_n\}$의 첫째항을 a, 공비를 r $(r>0)$라 하면

$a_2=2$에서 $ar=2$ …… ㉠

$a_4=4$에서 $ar^3=4$ …… ㉡

㉡÷㉠을 하면

$r^2=2$ $\quad\therefore r=\sqrt{2}$ ($\because r>0$), $a=\sqrt{2}$ ($\because$ ㉠)

$\therefore a_n=(\sqrt{2})^n$

❷

따라서 수열 $\{a_n\}$은 n이 짝수일 때 정수이므로 $a_1, a_2, a_3, \cdots, a_{10}$ 중 정수인 항의 개수는 $a_2, a_4, a_6, a_8, a_{10}$의 5이다.

❸

채점 기준	배점 비율
❶ 조건 (나)에서 수열 $\{a_n\}$이 등비수열임을 알기	50%
❷ 수열 $\{a_n\}$의 일반항 구하기	30%
❸ $a_1, a_2, a_3, \cdots, a_{10}$ 중 정수인 항의 개수 구하기	20%

Memo

Memo